Mike Friedrichsen · Gerhard Vowe (Hrsg.)

Gewaltdarstellungen in den Medien

Mike Friedrichsen · Gerhard Vowe (Hrsg.)

Gewaltdarstellungen in den Medien

Theorien, Fakten und Analysen

Westdeutscher Verlag

Der Westdeutsche Verlag ist ein Unternehmen der Bertelsmann Fachinformation.

Umschlaggestaltung: Horst Dieter Bürkle, Darmstadt
Druck und buchbinderische Verarbeitung: Lengericher Handelsdruckerei, Lengerich
Gedruckt auf säurefreiem Papier
Printed in Germany

ISBN 3-531-12768-3

Inhalt

Einleitung

Gesellschaftliche Rahmenbedingungen

Kommunikationswissenschaftliche Befunde

Wie gewaltig sind die Medien?
Ein Plädoyer für differenzierte Antworten

Gerhard Vowe/Mike Friedrichsen

Kein anderes Bild aus den letzten Jahren zeigt das Problem der Gewalt so konzentriert und zugleich so vielschichtig wie dieses:

Schemenhaft erkennbar sind zwei Jungen, die ein Kleinkind, den zweijährigen James Bulger, unter einem Vorwand aus einem Liverpooler Einkaufszentrum locken und die ihn wenige Stunden später auf grauenvolle Weise töten werden.

Anhand dieser Aufnahme vom 12.2.1993 läßt sich die Problematik "Gewalt in den Medien" verdeutlichen: Dabei ist nicht gemeint, daß dieser Tag, diese Sekunde, dieses Ereignis die öffentliche Debatte über Barbarei und Brutalität, über das Ende von Kultur und Zivilisation und eben auch über das Verhältnis von Medien und Gewalt ausgelöst hätte. Im Gegenteil: Diese Momentaufnahme ist so oft wiedergegeben worden, so viele Male gesendet und gedruckt worden, daß sie zeitlos geworden ist. Aus drei Gründen hat sich dieses Bild in die kollektive Erinnerung eingebrannt:

1. Das Bild fängt genau den Augenblick ein, in dem bereits etwas passiert ist und ein Geschehen seinen Lauf nimmt, aber noch nicht vollendet ist. Noch könnte jemand eingreifen - die Mutter, ein Passant, ein Schutzmann.

2. Es fängt eben gerade keinen Augenblick im eigentlichen Sinne ein, es ist ein Videostandbild, im nachhinein aus den Speicherbeständen von fünfzehn automatischen Überwachungskameras herausgesucht. Es ist nicht der Schnappschuß eines

Beobachters oder die Skizze eines Zeugen. Es hat eben niemanden unter all den Anwesenden und Vorbeihastenden gegeben, der die Szene wahrgenommen hätte. In der Stadt vermeidet das "Public eye" den Blickkontakt.

3. Das Bild gibt ohne Inszenierung und ohne Schonung den Blick frei auf eine Gesellschaft, die ein solches Verbrechen ermöglicht. Die beiden Jungen haben den schreienden und bald dann auch offensichtlich mißhandelten Kleinen an einem Nachmittag vier Kilometer lang durch die Stadt getrieben, ohne daß jemand von den Hunderten, die ihren Weg kreuzten und ihnen begegneten, sie überholten oder ihnen auswichen, aufmerksam geworden oder gar eingeschritten wäre. Liverpool habe, so schrieb denn auch die "Times", einen "Mord auf dem Gewissen".

Entsetzen, Schuld, Scham und Wut entluden sich in einer Trauer, die die ganze Stadt umfaßte, und im Versuch, die rasch gefaßten Täter - zwei Zehnjährige - zu lynchen. Fassungslos stand im Februar 1993 England und mit ihm die halbe Welt vor der Unerklärlichkeit der Tat. Es war kein Motiv, kein Grund, kein Sinn zu erkennen. Unerklärlich ist unerträglich, und so war auch hier sehr schnell eine Erklärung zur Hand; sie wurde in der Berichterstattung von Prozeß erst dem Richter in den Mund gelegt, dann in allen Gazetten und Reports angeboten: "Ein Horror-Video machte die zwei Jungen zu Monstern" - wußte das Berliner Boulevard-Blatt "BZ". Den Plot für die Tat soll der Film "Child play III" geliefert haben, in dem eine vom Teufel besessene Puppe erst ihren Schöpfer tötet, dann selbst in einer langwierigen Prozedur zerstückelt wird. Das Filmgeschehen und der Mord an James weisen zahlreiche Parallelen bis in Details auf, die eine Verbindung geradezu aufdrängen. Und so ist dann auch die Konsequenz klar: "Burn Your Video Nasty" - so heißt es, einer Teufelsaustreibung nahekommend, in einer Kampagne des "Daily Mirror" gegen die Videos, "die die Herzen der Kinder vergiften". Die BZ vom 26.11.1993 setzt dem noch eins drauf: "Alle indizierten Filme müßten verbrannt, mit Säure überschüttet werden. Damit wir unseren Kindern die Unschuld wiedergeben."

Der Mord wurde im Februar 1993 verübt, der Prozeß fand im November 1993 statt. So beinhaltet diese Aufnahme die Hochphase der Auseinandersetzung um eine Regulierung der Fernsehgewalt. Während des Jahres 1993 wurde auch in Deutschland darum gerungen, ob und wie die Gewaltdarstellung in TV-Programmen zu reglementieren sei. Und wie in einem Zerrspiegel zeigt sich in der Erklärung für das Liverpooler Geschehen die kognitive Struktur der Debatte um Medien und Gewalt überhaupt.

Die Art und Weise, mit der durch ein Horror-Video zu erklären versucht wird, daß zwei Kinder ein Kind töten, ist kein Einzelfall. Wir finden Parallelen in zahlreichen anderen Fällen - zunehmend auch als Erklärungen von Tätern selbst und ihren Verteidigern in die entsprechenden Gerichtsverfahren eingebracht (vgl. Kunczik 1983) - und als generelle in der Öffentlichkeit weitverbreitete Theorie, wie die Gewalt von Jugendlichen zu erklären sei (vgl. Glogauer 1990, 1991).[1] Die kogni-

1 Werner Glogauer vertritt diese Alltagstheorien zum Zusammenhang von Medien und Gewalt in Wort und Schrift und kann somit als Kronzeuge für die kognitive Struktur der Alltagserklärung dienen.

tive Struktur dieser Erklärung ist davon geprägt, daß ein Kausalzusammenhang zwischen Medienrezeption und Gewaltausübung konstruiert wird - ein Konnex mit vier speziellen Merkmalen. Der Zusammenhang zwischen Mediendarstellung und Anwendung von Gewalt ist in der gängigen Meinung

- monokausal - d.h., eine einzige Ursache hat eine einzige Wirkung, bzw ein Phänomen hat eine einzige Ursache. Dies bedeutet hier: Die Seelen der Kinder werden durch die Medien vergiftet. Wird ihnen dieses Gift entzogen, so sind die Seelen wieder unschuldig.
- unmittelbar - d.h., die Gewalthandlungen folgen der Rezeption von Gewalt ohne Zeitverzug und ohne Zwischenschritt.
- linear - d.h., je größer die unabhängige Variable - hier die Rezeption von Gewaltdarstellungen -, desto größer auch die abhängige Variable - hier die Gewalthandlung.[2]
- symmetrisch - d.h., Ursache und Wirkung sind durch augenfällige Ähnlichkeiten verbunden, zum Beispiel, daß die dargestellte Gewaltszene in der realen Handlung imitiert wird.[3]

Auf diese Weise erhält die Alltagserklärung eine enorme Eingängigkeit und Einprägsamkeit, die sie über den Einzelfall hinaus zum Erklärungsschema für den Zusammenhang von Medien und Gewalt überhaupt prädestiniert.

Wie läßt sich die Attraktivität derart reduktionistischer Erklärungsmodelle begründen? Warum beherrscht nach wie vor die Stimulationsthese mit ihrem simplen Reiz-Reaktionsschema die öffentliche Diskussion und das allgemeine Denken? Sie tut dies aus drei Gründen. Der wichtigste ist, daß sie *kognitiv* außerordentlich *attraktiv* ist. Sie ist unmittelbar verständlich, weil die Erklärung mit wenigen Faktoren auskommt und diese in einer Weise verknüpft, die festeingefahrenen Heuristiken, den Faustregeln der Kognition, entspricht. So setzt die Analogisierung von Ursache und Wirkung auf der Assoziationsheuristik auf (vgl. Vowe 1994).

Hinzu kommt, daß die Attribution auf "*die* Medien" *aus moralischer Warte hoch attraktiv* ist, weil es eine klare Trennung von Gut und Böse ermöglicht. Mit der Stimulationsthese hat das Böse seinen Platz und einen Namen. Das Böse liegt außerhalb des Menschen. Die Unschuld der Kinder muß nicht grundsätzlich in Frage gestellt werden, sondern sie gilt es vor dem Außen zu schützen. Die Verantwortung für Gewalt und anderes Unbill dieser Welt ist klar zuzuweisen. Es ist befriedigender, "den Medien" Schuld zuzuweisen, als "gesellschaftlichen Strukturen", "Gruppenprozessen", "Erziehung", "Politik" oder gar dem Zusammenwirken aller dieser Faktoren. Dadurch wirkt die Stimulationsthese entlastend - unmittelbar für Eltern und Pädagogen, aber eben auch für Politiker.

---

2 Vgl. dazu Glogauer (1990, S. 377): "Je häufiger sich ein Kind... brutalen Medien aussetzt, desto größer ist seine Bereitschaft selbst Gewalt anzuwenden und sie bei Konflikten einzusetzen."

3 Zur Symmetrie siehe Kepplinger/Dahlem (1990, S. 384) und Tversky/Kahnemann (1982). Glogauer (1990) führt Beispiele an, wo Jugendliche eine in den Medien gesehene Tötungsart nachahmen. Von daher ist auch die Konzentration der Debatte auf Horror und Action-Videos zu erklären, da die Merkmale der Alltagserklärung dabei besonders gut greifen - besonders eben auch die Annahme einer Symmetrie von Ursache und Wirkung.

Zum dritten ist die Stimulanzthese von hoher *pragmatischer Attraktivität*. Dies soll bedeuten, sie bietet wie keine zweite These Handlungsmöglichkeiten an. Ihr folgend, kann man Forderungen stellen, Programme ausarbeiten, Maßnahmen kontrollieren. Es kann etwas getan werden. Dabei sollte nicht übersehen werden, daß das medienbezogene Erklärungsmodell vielfältig instrumentalisierbar ist. Der Verweis auf Medien lenkt das öffentliche Augenmerk von anderen Faktoren ab, und auch der Wettstreit *zwischen* den Medien spielt eine Rolle. Bestimmte Medien an den Pranger zu stellen, lindert ein wenig die Frustration, der die Verlierer im Kampf um die Publikumsgunst ausgesetzt sind, und es hilft dabei, öffentlich Stimmung für eine Reglementierung des Wettstreits zu schaffen, um den Newcomern härtere Bandagen anzulegen.

Die Stimulationsthese ist also in mehrerer Hinsicht hoch attraktiv - sie ist dadurch öffentlich stark präsent. Deshalb ist sie ein Faktor von sozialer und politischer Bedeutung, mit dem agiert und auf den reagiert wird.

Doch trotz aller Attraktivität der Stimulanzthese: Es hat sich mehr und mehr herausgestellt, daß die entsprechenden Theorien als Grundlage systematischer Forschung nicht geeignet sind. Das einfache Reiz-Reaktions-Muster mag für das alltägliche Denken Plausibilität besitzen, es ist aber für eine systematische Aufdekkung des Zusammenhangs von Gewaltdarstellung und Gewalthandlung nicht geeignet. In allen genannten Merkmalen - Monokausalität, Linearität, Unmittelbarkeit und Symmetrie - hat sich die Forschung von den Strukturen der Alltagskognition entfernt. Sowohl in der "Diagnose" als auch in der "Therapie" sieht Wissenschaft das Verhältnis wesentlich differenzierter.

Beispiele für dieses differenzierte und differenzierende Denken finden sich in diesem Buch. Jeder der insgesamt 19 Beiträge enthält kontra-intuitive Momente, die dokumentieren, wie weit sich das wissenschaftliche Denken vom Alltagsverständnis in diesem Problemfeld entfernt hat.

Im ersten Teil werden einzelne Aspekte der *gesellschaftlichen Rahmenbedingungen* beleuchtet.

So kann *Jürgen Mansel* (Universität Bielefeld) in seinem Eröffnungsbeitrag zeigen, daß die öffentliche Problemwahrnehmung einseitig ist: Jugendliche und Kinder reagieren auf die Herausforderungen und Belastungen der Adoleszenz eben nicht nur mit Aggressivität nach außen - der die öffentliche Aufmerksamkeit gewiß ist -, sondern viel häufiger mit psychosomatischen Beschwerden.

Wolfram Schulz (Freie Universität Berlin) vergleicht in seiner Sekundärdatenanalyse die Akzeptanz von Gewalt als Mittel politischer Auseinandersetzung in sechs EG-Ländern. Entgegen landläufiger Meinung stößt politisch motivierte Gewalt nur auf sehr geringe Zustimmung - mit allerdings interessanten Unterschieden, z.B. zwischen Frankreich und Deutschland.

Hans-Dieter Kübler (Fachhochschule Hamburg) stellt etliche Stereotypen der Gewaltdebatte in Frage, z.B., ob sich die Gewaltspirale tatsächlich in dem Maße dreht, wie allgemein angenommen. Er macht nachhaltig deutlich, wie sehr die Diskussion um Gewalt in Medien - einschließlich der diversen inhaltsanalytischen Studien - eine Waffe in der Auseinandersetzung *zwischen* den Medien ist.

Ralf Vollbrecht (Gesamthochschule Essen) macht am Beispiel jugendkultureller Szenen deutlich, wie fruchtbar es ist, danach zu fragen, wozu Medien im Kontext spezifischer Milieus dienen. Aus dieser Sicht erhalten Gewaltdarstellungen einen völlig anderen Sinn, als ihnen in der gängigen Wirkungsdiskussion zugewiesen wird.

Im zweiten Teil werden *kommunikationswissenschaftliche Befunde* zum Verhältnis von Medien und Gewalt erläutert.

Die zahlreichen historischen Parallelen zur aktuellen Debatte um die Wirkung von Medien und die mittlerweile beeindruckende Vielfalt empirischer Wirkungsforschung lassen *Michael Kunzcik* (Universität Mainz) Abstand halten zu den Aufgeregtheiten der öffentlichen Auseinandersetzung und führen ihn zu einer relativierenden Einschätzung der Relevanz von Mediengewalt für die Ausübung von Gewalt.

Auch *Uli Gleich* (Universität Koblenz-Landau) referiert die viel zitierten und vielschichtigen Ergebnisse der verschiedenen Inhaltsanalysen zum Gewaltangebot im TV-Programm (Fazit: Gewalt ist "an der Tagesordnung"), macht aber deutlich, welche komplexen methodischen Probleme dabei zu berücksichtigen sind und daß diese Befunde beileibe nicht als Wirkungsaussagen zu verstehen sind, wie es in öffentlichen Verlautbarungen implizit oder explizit immer wieder geschieht.

Lothar Mikos (Freie Universität Berlin) versucht, der Faszination von Action- und Horrorfilmen auf die Spur zu kommen; er warnt nicht, sondern zeigt, welche Motive Kinder und Jugendliche haben, sich diesen "anderen Welten" mit ihrem Versprechen der "Angstlust" zuzuwenden.

Nach der Lektüre des Beitrags von *Uwe Hasebrink* (Hans-Bredow-Institut, Hamburg) wird man nicht mehr behaupten, gewalthaltige Fernsehsendungen seien massenattraktiv - man muß vielmehr von in vielfacher Hinsicht differenzierten Profilen derjenigen Zuschauer ausgehen, die sich bevorzugt (fiktionalen) Gewaltdarstellungen zuwenden.

Stefan Aufenanger (Universität Hamburg) stellt im Rahmen der strukturanalytischen Rezeptionsforschung die subjektiven Rezeptionsweisen von Kindern dar, wobei er insbesondere auf das "Verstehen" von Gewalt im Fernsehen eingeht.

Hans-Bernd Brosius (Universität Mainz) und *Frank Esser* (Universität Mannheim) zeichnen detailliert nach, auf welchen Stufen der Eskalation fremdenfeindlicher Gewalt in Deutschland die Medien welche empirisch nachweisbare Rolle spielen. Sie bestätigen in ihrer Analyse weder einfach gestrickte Schuldzuweisungen noch Unschuldsbeteuerungen.

Einen anderen Aspekt medialer Gewalt thematisiert *Tibor Kliment* (Medienforschungsabteilung des Hessischen Rundfunks, Frankfurt). Er faßt die vorliegenden Studien zum Verhältnis von politisch motivierter Gewalt und Medienberichterstattung dahingehend zusammen, daß Medien die Anwendung von Gewalt bei politischen Protesten prämieren und dadurch Gewalt in Konflikten zwar nicht erzeugen, aber verstärken.

Mike Friedrichsen und *Stefan Jenzowsky* (Freie Universität Berlin) unterziehen die Studien zum Verhältnis von Gewalt und Medien der methodologischen Kritik und machen nachhaltig deutlich, auf welch dünnem Eis sich die Befunde in diesem Bereich bewegen - und damit auch die Schlußfolgerungen daraus.

Den dritten Teil des Buches *Konsequenzen* eröffnet *Bruno Stafski* (Familienberatungsstelle Berlin-Zehlendorf) mit einem engagierten und anschaulich begründeten pädagogischen Plädoyer für mehr Auseinandersetzung in den Familien über Fernsehen und über Nicht-Fernsehen.

Wolfgang Schulz (Hans-Bredow-Institut, Hamburg) entäuscht diejenigen, die nach rechtlichen Argumenten für verschärfte Eingriffe in die Rundfunkfreiheit suchen. Er schlägt statt dessen vor, mehr Alternativen zur regulativen Steuerung zu nutzen, z.B. eine verstärkte Selbstkontrolle und die Aktivierung des Publikums.

In Ergänzung dazu zeigt *Susanne Grams* (Medienanstalt Berlin-Brandenburg) einerseits, wie differenziert das Instrumentarium ist, über das Landesmedienanstalten in ihrer Aufsichtstätigkeit gegenüber den privaten Rundfunkanbietern verfügen, andererseits, an welche Grenzen diese Aufsicht stößt.

Im letzten Teil des Buches soll ein *Fazit* gezogen werden. Zunächst stellt *Hans-Jürgen Wulff* (Freie Universität Berlin) eine alternative Sichtweise vor.

Danach resümiert *Eva Schabedoth* (Freie Universität Berlin) die verschiedenen Ansätze zur Analyse von Medieninhalten. Sie fordert die Einbeziehung kognitionspsychologischer Befunde auf der einen und filmwissenschaftlicher Theorieangebote sowie allgemein kulturtheoretischer Ansätze auf der anderen Seite, um zu präziseren Befunden zu gelangen.

Mike Friedrichsen (Freie Universität Berlin) bettet die vorliegenden Beiträge in den Gesamtkontext der Kommunikationsforschung ein und versucht einen Ausblick in die Zukunft der "Gewalt-in-den-Medien-Forschung".

Mit diesem Buch und seinen Beiträgen wollen Autoren und Herausgeber dem Leser ermöglichen, eine persönliche Antwort auf drei zentrale Fragen zu finden, für die das Thema "Medien und Gewalt" exemplarisch steht, deren Bedeutung aber weit über dieses Thema hinaus geht.

Die erste dieser Kernfragen ist: *Wie mächtig sind die Medien?*

Nicht nur in der Gewaltdiskussion, auch wenn z.B. die Wirkungen von Medien auf die politischen Kräfteverhältnisse erwogen werden, ist immer wieder zu beobachten[4], wie Thesen von der Allmacht der Medien aufgestellt werden und im Gegenzug die völlige Harm- und Folgenlosigkeit der Medien behauptet wird. Die Lektüre des Buches soll dazu beitragen, der Dichotomie von Allmacht und Ohnmacht der Medien zu entkommen und zu helfen, eine differenzierte Antwort zu formulieren.

Die zweite Frage geht mit der Beantwortung der ersten einher: *Wie kommt man zu tragfähigen Antworten?* Woher wissen wir z.B., welche Gewalt Medien haben? Nicht nur in Debatten zum Thema "Medien und Gewalt" stehen sich mehr oder weniger deutlich zwei Fraktionen gegenüber: Die "Fragezeichenfraktion" einerseits sieht die adäquate Vorgehensweise darin, in Frage zu stellen, also alles und jedes zu problematisieren und durch das Aufwerfen immer neuer Fragen - seien es

4 Ein schönes Beispiel bietet die deutsche Rezeption der Regierungsbildung in Italien durch Berlusconi.

historische Relativierungen, methodische Einwände oder Ideologieverdacht - jeder Antwort die Glaubwürdigkeit zu nehmen. Die "Ausrufezeichenfraktion" andererseits sieht die adäquate Vorgehensweise darin, ein einmal gefaßtes Urteil zu untermauern, sich also in der Bestätigung ihrer wie auch immer gewonnenen Gewißheiten nicht durch Einwände verwirren zu lassen.

Auch hier, so hoffen wir, trägt die Lektüre mit dazu bei, die Dichotomie von Fragezeichen und Ausrufezeichen aufzugeben und differenzierte Antworten auf die Frage nach der adäquaten Vorgehensweise zu formulieren, - Antworten, in denen Raum für Fragezeichen *und* Ausrufezeichen bleibt.

Die dritte Leitfrage schließt an die ersten beiden an: *Was folgt daraus?* Was ist zu tun? Ob nun Politik, Pädagogik oder Publizistik - überall werden Konsequenzen aus den Wirkungsdebatten gefordert und gezogen - nicht nur im Hinblick auf das Thema Gewalt. In der Auseinandersetzung um die Angemessenheit von Maßnahmen fallen zwei Extrempositionen auf. Die eine sieht die Entwicklung als den normalen, etwas unruhigen Lauf der Welt und setzt infolgedessen ganz auf Selbstregulierung, bei der sich Gegenkräfte schon bilden werden, wenn es denn not tut. Die andere sieht die Welt kurz vor ihrem Untergang und fordert sofortige Umkehr, ein Gegensteuern mit aller Kraft, Katastrophenalarm und Mobilisierung aller Reserven.

Vielleicht kann dieses Buch dazu anregen, jenseits von Ungerührtheit und Aufgeregtheit eine Position zu formulieren, die von Verantwortung und Augenmaß gleichermaßen geprägt ist.

Die Aufsätze dieses Bandes gehen zum größten Teil auf Vorträge zurück, die im Rahmen einer Tagung des Studiengangs Journalisten-Weiterbildung an der Freien Universität im Mai 1994 gehalten wurden. Den Autoren sei gedankt, daß sie ihre Vorträge für die Drucklegung gründlich überarbeitet haben. Allen Tagungsteilnehmern - insbesondere den Studenten des Studiengangs - sei für ihre zahlreichen Fragen und kritischen Ergänzungen gedankt. Durch die Konfrontation mit der Praxis der journalistischen Arbeit - Gelegenheit dazu bietet der Berliner Studiengang Journalisten-Weiterbildung in hohem Maße - ist, so hoffen wir, eine interessante Beschreibung des derzeitigen Forschungs- und Diskussionsstandes zum Thema Medien und Gewalt entstanden.

Armin Scholl danken wir für die kritische Durchsicht des Manuskripts und die zahlreichen inhaltlichen Anmerkungen. Zu danken ist vor allem Axel Hagemeier, der mit sehr viel Umsicht und Kreativität die Druckvorlagen - insbesondere für die Abbildungen und Tabellen - erstellt hat. Für die finanzielle Unterstützung danken wir dem Studiengang Journalisten-Weiterbildung sowie dem Verein der Freunde der Publizistik in Berlin.

Literatur

Glogauer, W. (1990): Delinquenz Heranwachsender durch Medieneinflüsse. Ergebnisse einer Studie. In: Zeitschrift für Rechtspolitik, 23, 10, S. 376-380

Glogauer, W. (1991): Kriminalisierung von Kindern und Jugendlichen durch Medien. Baden-Baden.

Kepplinger, H.M./Dahlem S. (1990): Medieninhalte und Gewaltanwendung. In: Schwind, H.D. u.a. (Hg.): Ursachen, Prävention und Kontrolle von Gewalt. Analysen und Vorschläge der Unabhängigen Regierungskommission zur Verhinderung und Bekämpfung von Gewalt (Gewaltkommission). Band III. Berlin, S. 383-390.

Kunczik, M. (1993): Werden Bilder zu Vorbildern? In: Tendenz, Nr. III. S. 22-25.

Tversky, A./Kahnemann, D. (1982): Causal schemas in judgements under uncertainty. In: Kahnemann, D./Slovic, P./Tversky, A. (Hg.): Judgement under uncertainties. Cambridge, S. 117-128.

Vowe, G. (1994): Politische Kognition. Umrisse eines kognitionsorientierten Ansatzes für die Analyse politischen Handelns. In: Politische Vierteljahresschrift, 35, 3, S. 423-447.

Gesellschaftliche Rahmenbedingungen

"Problemverhaltensweisen" Jugendlicher und deren öffentliche Wahrnehmung[1]

Jürgen Mansel

Wurden im Zusammenhang mit der Lebensphase Jugend zunächst die angenehmen Seiten dieses Entwicklungsabschnitts, wie die Freistellung von produktiver Tätigkeit zum Zwecke der Selbstfindung und des ungestörten Aufbaus des Selbst, und damit die Chancen und nahezu unbeschränkten Entwicklungsmöglichkeiten hervorgehoben, so rücken in der modernen sozialwissenschaftlichen Diskussion zunehmend auch die Risiken in das Blickfeld, mit denen Personen bereits in den frühen Entwicklungsstadien konfrontiert werden. Deutlich wird dabei, daß bereits Kinder und Jugendliche - wollen sie den an sie gestellten Anforderungen gerecht werden - erheblichen Belastungen ausgesetzt sind, schwierige Problemlagen und/ oder Statuspassagen zu bewältigen haben und weitreichende, zum Teil das gesamte weitere Leben prägende Entscheidungen treffen müssen. Nicht selten fühlen sich dabei Kinder und Jugendliche überfordert. Folgen der Belastungen und vielfältigen Verunsicherungen können - im Sprachduktus streßtheoretischer Konzeptionen - Fehlanpassungsleistungen und problematische Formen der Belastungsregulation sein. Derartige "Problemverhaltensweisen" lassen sich danach unterscheiden, ob sie einerseits nach außen gerichtet sind und a) wie bei aggressivem Verhalten andere Personen oder fremden Besitz schädigen oder b) wie beim Konsum legaler Drogen sich langfristig negativ auf den eigenen Gesundheitsstatus auswirken und andererseits nach innen gerichtet sind und wie im Falle von z.B. Selbstwertschädigungen oder psychosomatischen Beschwerden die eigene psychische, emotionale, soziale oder physische Befindlichkeit beeinträchtigen (Mansel/Hurrelmann 1991).

Von diesen exteriorisierenden und interiorisierenden Reaktionen Jugendlicher als zwei entgegengesetzten Polen problematischer Belastungsregulation in prekären Lebenslagen rücken in jüngerer Zeit in der öffentlichen Diskussion aggressive und gewalthaltige Verhaltensweisen in den Mittelpunkt der Aufmerksamkeit. Die Debatten konzentrieren sich dabei nicht selten ausschließlich auf das vermeintliche Fehlverhalten der Jugendlichen, so daß soziale Konditionen und strukturelle Gegebenheiten, die den Hintergrund von Gewalthandlungen bilden, ebenso außer Sichtweite geraten wie die Tatsache, daß Gewalthandlungen schon immer zu einem von Jugendlichen im Vergleich zu anderen Altersgruppen überproportional häufig angewandten Verhaltensrepertoire gehören. Angesichts der teilweise dramatischen Berichte in den Medien über die Aktivitäten nicht nur von jugendlichen Hooligans, Skinheads, Punks usw. drängt sich bei der Auseinandersetzung mit aggressiven Verhaltensweisen Jugendlicher zunächst die Frage in den Vorder-

---

1 Der vorliegende Beitrag entstand im Rahmen der Forschungsarbeiten des Teilprojektes "Problembelastung Jugendlicher aus unterschiedlichen sozialen Lebenslagen" des Sonderforschungsbereiches 227 "Prävention und Intervention im Kindes- und Jugendalter" an der Universität Bielefeld.

grund, ob sich in den letzen Jahren die Qualität und insbesondere die Quantität der Gewalttaten seitens Jugendlicher verändert hat.

1 Zunahme von Gewalt und Aggressivität im Jugendalter?

Fragen nach der quantitativen Entwicklung von Gewalttätigkeiten werden in der öffentlichen Diskussion, aber zum Teil auch in wissenschaftlichen Untersuchungen häufig leichtfertig unter Rückgriff auf Daten aus offiziellen Kriminalstatistiken beantwortet. Von den speziell in der polizeilichen Kriminalstatistik ausgewiesenen steigenden Zahlen jugendlicher "Gewalttäter" auf eine Zunahme von Gewalthandlungen und Gewaltbereitschaft bei Jugendlichen zu schließen, erweist sich jedoch als ein voreiliger Trugschluß.

In der kriminalsoziologischen Diskussion wurde darauf hingewiesen, daß die Daten aus diesen Statistiken nicht nur das Resultat der Häufigkeit spezifischer Verhaltensweisen einzelner Bevölkerungsgruppen sind, sondern auch die Art und Weise der Definition dieser Verhaltensweisen seitens Betroffener oder Beobachter beinhalten (Kitsuse/Cicourel 1963). Bei der Definition einer Handlung als Gewalttat - und dies verdeutlichen nicht zuletzt die höchstrichterlichen Auseinandersetzungen um den Gewaltbegriff im Rahmen der Auslegung des Nötigungsparagraphen - liegen jedoch sehr breite Ermessensspielräume vor. Untersuchungen zur Beantwortung der Frage nach der Veränderung der Häufigkeit von Gewalttaten, denen das offiziell registrierte "gewaltförmige" und/oder "kriminelle" Verhalten zugrundeliegt, vernachlässigen jedoch die aufgrund einer zur Last gelegten Handlung einsetzenden Prozesse der Definition, Aushandlung und Zuschreibung des Etiketts "Gewalttäter".

Die in der polizeilichen Kriminalstatistik ausgewiesenen steigenden Zahlen jugendlicher Gewalttäter müssen nämlich keineswegs das Resultat vermehrt auftretenden gewalthaltigen Verhaltens sein. Sie können auch darauf basieren, daß sich im Zuge eines allgemeinen Wandels von Normvorstellungen die Grenzen, ab welcher Verhaltensweisen als Gewalttat bzw. als nicht mehr tolerierbare Handlungen erachtet werden, verschoben haben. Auch eine veränderte Bewertung der sozial akzeptierten Formen der Auseinandersetzungen im Rahmen (zwischenmenschlicher) Interaktionen kann bewirken, daß die Zahl der als Gewaltakte registierten Handlungen ansteigt. In diesem Sinne kann davon ausgegangen werden, daß infolge der Zunahme streßhaltiger Situationen im Lebensalltag (Badura/Pfaff 1989), der Zunahme von mikro- und makrosozialen Risikolagen, der aus den Individualisierungsprozessen resultierenden Verunsicherungen in der Lebensführung und der Aufweichung zwischenmenschlicher Beziehungen (Beck 1986) Personen für auffällige und unerwünschte Verhaltensweisen sensibilisiert und gleichzeitig zunehmend mehr Verhaltensweisen als störend empfinden. Auch bei einer wachsenden Bereitschaft, ein Verhalten als abweichend und/oder gewalthaltig zu definieren und zur Strafverfolgung und Sanktionierung dazu speziell geschaffene Behörden einzuschalten, steigen die Zahlen von Tatverdächtigen und in offiziellen Statistiken registrierter jugendlicher "Gewalttäter" an, ohne daß sich notwendig quantitativ oder qualitativ etwas auf der Verhaltensebene dieser Personengruppe verändert haben muß. Sie sind dann primär das Resultat einer Sensibilisierung gegenüber unerwünschten Handlungen und eines veränderten Anzeigeverhaltens in der Bevölkerung.[2]

Damit in einem Zusammenhang steht, daß für die Registrierung als Täter in der polizeilichen Kriminalstatistik der Tatverdacht ausreicht. Tatverdächtig ist dabei jeder, der aufgrund des polizeilichen Ermittlungsergebnisses zumindest hinreichend verdächtigt wird, eine mit Strafe bedrohte Handlung ausgeführt zu haben (z.B. Statistisches Jahrbuch 1982, S. 325). Für die Polizei und die Erfassung in der polizeilichen Kriminalstatistik gilt somit das Prinzip: im Zweifelsfall gegen den Angeklagten (vgl. auch Blankenburg 1976, S. 20). Ob es sich bei der zur Last gelegten Tat um eine Straf- bzw. Gewalttat handelt und ob der Verdächtige tatsächlich der Täter ist, wird erst von den im Strafprozeßverlauf nachfolgenden Instanzen mit juristischer Evidenz ermittelt. Dabei ist bedeutsam, daß die sich in den Strafverfolgungsstatistiken für Abgeurteilte und Verurteilte ausdrückenden quantitativen Entwicklungstrends nicht mit denen identisch sind, die auf der Basis der Daten der polizeilichen Kriminalstatistiken ermittelt werden. Die Trends sind im Gegenteil teilweise sogar gegenläufig (Albrecht/Lamnek 1979). Die polizeiliche Kriminalstatistik erweist sich somit kaum als eine valide Grundlage für Aussagen zur quantitativen Entwicklung von Gewalttaten.

Auch der Rückgriff auf über Versichungerungsstatistiken ermittelte Schadenssummen (einschließlich ärztlicher Behandlungskosten) z.B. infolge vandalistischen Verhaltens Jugendlicher ermöglicht keine zuverlässigen Aussagen zur Gewaltentwicklung. Übersehen wird dabei z.B., daß die uns im Alltag umgebenden Dinge im materiellen Umfeld einerseits von wachsender (technischer) Qualität und damit teurer und andererseits anfälliger für Beschädigungen sind.[3] Dadurch steigt die durch Fehlverhalten entstandene Höhe der Schäden, ohne daß sich das zugrundeliegende Verhalten verändert haben muß.

Einen kritischer Betrachtung standhaltenden, zuverlässigen Beleg für steigende Gewalt zu liefern, ist damit erheblich schwieriger, als es auf den ersten Blick erscheint. Gewichtige Verzerrungsfaktoren sind zu reflektieren, wenn anhand offizieller Statistiken Trends zur quantitativen Entwicklung von Gewalthandlungen nachvollzogen werden sollen. Aber auch wenn steigende Zahlen jugendlicher

---

2 In diesem Fall verkleinert sich lediglich das "Dunkelfeld," da mehr vorher nicht angezeigte, aber potentiell strafrechtlich relevante oder am Rande der Illegalität stehende Handlungen oder Bagatelldelikte polizeilich registriert werden.

3 Richtete z.B. der "frustrierte Schüler" vor 20 Jahren sich in seiner Wut gegen das im Unterricht in dieser Zeit zentral angewandte Medium: die Schultafel, so ist heute das Objekt der zerstörerischen Gewalt möglicherweise der Overhead-Projektor oder der Videorecorder. Während die konventionelle Schultafel bei kleineren Beschädigungen keineswegs ihren funktionalen Wert verlor und/oder der Schaden durch hauseigenes Personal (Hausmeister) beseitigt werden konnte, ist der finanzielle Aufwand zur Beseitigung eines Schadens am Videorecorder unvergleichlich höher. Bereits bei einem leichten Defekt ist die Funktionsfähigkeit gefährdet. Zur Wiederherstellung müssen hausexterne Reparaturdienste beauftragt werden.

Tatverdächtiger wenig mit einem tatsächlichen Anstieg von Gewalthandlungen Jugendlicher zu tun haben, so hat der Anstieg offiziell registrierter Tatverdächtiger in der polizeilichen Kriminalstatistik und die nicht zuletzt darauf basierende öffentliche Diskussion über den vermeintlichen Gewaltanstieg doch Wirkungen, die nicht zu unterschätzen sind. In den Köpfen der Rezipienten wird der Eindruck erzeugt, als nehme die Gewalt zu. Gewalt wird damit zunehmend zu einer Gefahr, von der man persönlich betroffen sein könnte. Die Wahrnehmung einer solchen Gefahr bewirkt, daß Personen in Situationen, die auf entsprechendes hindeuten, sensibler werden. Unter diesem Eindruck erfährt nun die reale Situation eine veränderte Interpretation. Es steigt die Bereitschaft, auffälliges Verhalten als gewalthaltige Handlung zu interpretieren. Die Informationen über die Gewaltzunahme bewirken damit, daß Personen häufiger auffälliges Verhalten bewußt wahrnehmen und in einem zweiten Schritt dieses Verhalten als gewalthaltig interpretieren und bewerten. Die Medieninformationen über steigende Gewalt scheinen damit durch die persönliche alltägliche Wahrnehmungen bestätigt zu werden. In diesem sich wechselseitig bedingenden Prozeß wird die Gewaltzunahme subjektiv zur Realität und damit auch als objektive Realität erlebt.

Die Sensibilisierung gegenüber Gewalttaten führt im Zusammenhang mit der Verrechtlichung weiter Lebensbereiche und der gestiegenen Bereitschaft zur Mobilisierung von Recht letztlich dazu, daß zunehmend mehr Taten und Täter bei den staatlichen Kontrollagenturen angezeigt werden. Im Sinne einer sich selbst erfüllenden Prophezeiung steigt die Zahl offiziell registrierter Tatverdächtiger weiter an, ohne daß sich auf der Verhaltensebene und in der Quantität von Gewalttaten eine tatsächliche Veränderung vollzogen haben muß. Registriert werden zunehmend Bagatelltaten, die im Randbereich strafrechtlicher Regulierung oder von Gewalt zu verorten sind oder mit keinem von beiden etwas zu tun haben.[4] Etikettiert und problematisiert werden zunehmend auch Handlungen, die aus kindlichem und jugendlichem Spielverhalten resultieren (Albrecht/Lamnek 1979).

Damit sollen gegenwärtig sich abzeichnende Entwicklungen keineswegs bagatellisiert werden. Zweifelsohne ist der Anteil der Jugendlichen, die sich in nicht akzeptabler Form zu profilieren bzw. einen persönlichen Vorteil/Gewinn zu verschaffen versuchen, gestiegen. Der prozentuale Anstieg dürfte jedoch aufgrund der oben genannten Faktoren deutlich geringer ausfallen, als er in offiziellen Statistiken ausgewiesen bzw. in der öffentlichen Diskussion der Eindruck erweckt wird. Hinzu kommt, daß einerseits in Einzelfällen, die jedoch sehr schnell publik werden, ein Ausmaß an Brutalität gezeigt wird, das nicht nur erschreckend sondern auch im Verhaltensrepertoire von Jugendlichen neu ist, und andererseits neue, ebenso abstoßende wie subtile und äußerlich kaum einsehbare Formen an Gewalthandlungen ersonnen und praktiziert werden. Angesichts dieser Entwicklungen ist aber eine Dramatisierung ebensowenig angebracht wie eine Bagatellisierung. Es

4 Im Rahmen einer in anderem Zusammenhang durchgeführten Analyse von Staatsanwaltschaftsakten (Mansel 1989) konnten wir eine eindrucksvolle Sammlung zusammenstellen, mit welchen Sachverhalten sich Polizei und Staatsanwaltschaft zunehmend auseinandersetzen (müssen).

gilt, ein realitätsgerechtes Bild zu entwickeln, um der Gewaltentstehung nach Möglichkeit im Vorfeld präventiv entgegenwirken zu können. Dies heißt, daß nicht erst dann zu intervenieren ist, wenn sich ein aggressives Potential angereichert hat, sondern bereits einzugreifen ist, bevor eine Bereitschaft zur Ausführung von Gewalthandlungen angelegt ist.

Im folgenden geht es deshalb zunächst darum, zentrale Hintergründe für "Problemverhaltensweisen" Jugendlicher und speziell die Bedingungen herauszuarbeiten, die relevant sind, daß eine sich potentiell bereits im Kindheitsalter entwickelte Gewaltbereitschaft im Jugendalter nicht abgebaut wird, sondern auf einem hohen Niveau erhalten bleibt. Im Anschluß wird die Häufigkeit aggressiven Verhaltens als eine exteriorisierende Reaktion auf prekäre Lagen mit der Häufigkeit des Auftretens psychosomatischer Beschwerden als interiorisierende Form problematischer Belastungsregulation Jugendlicher verglichen (Kap. 3). Danach werden die Konstellationen und sozialen Konditionen dargestellt, die einerseits für das Auftreten psychosomatischer Beschwerden und andererseits beim Umschlagen einer latent vorhandenen Gewaltbereitschaft in tatsächliche Gewalthandlungen relevant sind. Abschließend werden Maßnahmen zur Reduktion jugendlichen "Problemverhaltens" diskutiert. Die empirischen Analysen stützen sich auf Daten aus dem Forschungsprojekt "Problembelastung Jugendlicher in unterschiedlichen sozialen Lebenslagen"[5].

2 Hintergründe für "Problemverhaltensweisen" Jugendlicher

Auch wenn in der öffentlichen Diskussion häufig ausschließlich die äußere Erscheinungsform der Gewalthandlungen Jugendlicher interessiert und Fragen nach den Hintergründen - wenn überhaupt - nur am Rande thematisiert werden, so wird in Debatten häufig sehr schnell Einigkeit über ein scheinbar zumindest gewaltverstärkendes Faktum erzielt: Gemeint ist die Art und die Häufigkeit filmischer Inzenierungen von Gewalthandlungen. Argumentiert wird, daß nicht nur die Gewaltdarstellung in Horrorfilmen oder Comics, sondern in den Medien allgemein, für Kinder und Jugendliche eine Vorbildfunktion habe, sie zu entsprechen-

5 Zentraler Gegenstand dieses Projekts sind die Verarbeitungs- und Reaktionsformen Jugendlicher auf prekäre soziale Lebenslagen und kritische (Lebens-)Ereignisse. Hierzu werden die spezifischen Bedingungen der individuellen Situation in den Bereichen Familie und Freizeit, Schule und Beruf und deren subjektiver Rezeption erhoben, um sie zu spezifischen Streßreaktionen und problematischen Formen der Belastungsregulation in Beziehung zu setzen. Grundlage bilden Daten, die im Herbst/Winter 1989/90 erhoben wurden. Mit Hilfe eines standardisierten Erhebungsinstrumentes wurden in drei strukturtypischen Gebieten Nordrhein-Westfalens, einem Ballungszentrum (Essen), einem solitären Verdichtungsgebiet (Bielefeld) und in einer ländlichen Region (Kreis Lippe) eine nach der Verteilung auf die unterschiedlichen Schul- und/oder Ausbildungstypen repräsentative Auswahl von Jugendlichen in der Sekundarstufe I (N = 1583 Schülerinnen und Schüler) und in der Sekundarstufe II (N = 2086 Jugendliche) im Klassenverband befragt (Mansel/Hurrelmann 1991, S. 57ff.).

den Handlungen anleite oder Phantasien anrege und damit Gewalthandlungen zu einer mehr oder minder belanglosen Alltagssache im Leben der heranwachsenden Generation mache.

Ihren Reiz gewinnt diese These meines Erachtens vor allem dadurch, wie sie es den am Erziehungsprozeß unmittelbar oder über die Rahmenbedingungen mittelbar beteiligten Personen, sowohl den Eltern als auch den Lehrern, den Vertretern der Kommunen ebenso wie politischen Führungskräften, ermöglicht, sich von aller Verantwortlichkeit für Gewalthandlungen Jugendlicher freizusprechen. Die Medien und insbesondere die privaten Fernsehsender werden so zum Sündenbock; sie selbst haben damit hingegen nichts oder nur wenig zu tun. Wenn es um die Genese einer individuellen Disposition zu Gewaltanwendung geht, haben die Medien jedoch - wenn überhaupt - nur eine marginale Bedeutung.[6] Die Medien und die von ihnen repräsentierte Welt entfalten in der Regel ihre Wirkungen nur an der Oberfläche der Persönlichkeitsstruktur der Rezipienten. Sollen aber tieferliegende individuelle Verhaltensdispositionen einer Person angesprochen werden, müssen Lebensbedingungen aus dem sozialen Umfeld angesprochen werden, die eine Person oder ihre Entwicklungsmöglichkeiten unmittelbar tangieren. Die Hintergründe jugendlicher Gewaltbereitschaft sind demnach primär in zentralen sozialen und materiellen Lebensbedingungen von Personen zu suchen.

> "Als Gewalt und/oder Gewaltbereitschaft fördernde soziale Lebensbedingungen wurden in wissenschaftlichen Untersuchungen insbesondere die aus den Individualisierungsprozessen resultierenden Verunsicherungen im Alltagshandeln, in der Lebensplanung und der Zielrealisierung, die Desintegrationspotentiale in den Beziehungen und Lebenszusammenhängen und die fehlende Kommunikation über gemeinsame Norm- und Wertvorstellungen herausgearbeitet" (Heitmeyer 1992).

Im folgenden soll ein weiterer, mit dem vorgenannten verwandter Komplex in den Lebenszusammenhängen der heute heranwachsenden Generation herausgearbeitet werden, der bei der Genese von "Problemverhaltensweisen" im Jugendalter allgemein und für die individuelle Disposition zur Ausführung von Gewalthandlungen speziell maßgeblichen Anteil hat. Im Mittelpunkt der Betrachtungen dieses Teils

---

6 Voraussetzung, daß eine Person sich durch die Gewaltdarstellung in den Medien zu entsprechendem Verhalten anregen läßt, ist, daß sie in anderen Lebenszusammenhängen eine individuelle Bereitschaft zur Gewaltanwendung ausgebildet hat. Auch wenn die Medien für den Verbreitungsgrad von Gewalthandlungen maximal eine marginale Rolle einnehmen, so sind sie hochbedeutsam für deren Qualität. Die gesteigerte Brutalität in Auseinandersetzungen dürfte ein Resultat dessen sein, daß sich Täter nicht in die Rolle des Opfers und der von ihm in Konsequenz der Gewalthandlung erlebten Schmerzen hineinversetzen (können). Die Einnahme der Opferperspektive wird in Gewaltvideos und insbesondere in Comics, in denen die Figuren unzählige Male "plattgewalzt" werden, danach aber immer wieder ihre alte Form einnehmen und am weiteren Geschehen unbeschädigt teilhaben, verunmöglicht. Auch wenn Jugendlichen die Irrealität des Geschehens bewußt ist, verlieren sie dadurch das Gespür für die Folgen des eigenen Handelns. "Brutale" Gewalttäter sind in diesem Sinne primär die unkritischen Rezipienten opferloser Gewaltdarstellungen, nicht hingegen diejenigen, die im Fernsehen mit Anteilnahme die Folgen der Terrorakte, z.B. in Ruanda, verfolgen. Letztere werden sogar eher für die Leiden der Opfer sensibilisiert.

stehen die Diskrepanzen in den Ansprüchen Jugendlicher an eine als erstrebenswert erachtete Lebensführung und den Möglichkeiten, diesen Ansprüchen im Rahmen der real vorgefundenen Sozialisationsbedingungen Geltung zu verschaffen.

2.1 Ansprüche Jugendlicher an ein "erfülltes" Leben

Die Diskussion um die Ansprüche und Erwartungshaltungen der heranwachsenden Generation war in den achtziger Jahren weitgehend von einer Position geprägt, die u.a. von Noelle-Neumann/Strümpel (1984) vertreten wurde. Aus ihren Untersuchungen leiteten die Autoren gravierende Veränderungen in den Werthaltungen und Orientierungsmustern der heranwachsenden Generation ab. Im Unterschied zu vorhergehenden Generation verliere die Arbeit für die Jugend an Bedeutung. Orientierungspunkt werde die Freizeit. Arbeit sei ausschließlich ein Mittel zum Zweck. Präferiert würden einfache Arbeiten, die bei möglichst geringen Anstrengungen ein Maximum an Verdienst versprechen, der es erlaubt, in der Freizeit ein angenehmes und abwechslungsreiches Leben zu führen.

Es ist jedoch mehr als fraglich, ob die These von der sogenannten "Null-Bock-Generation" die Erwartungshaltungen der Jugendlichen richtig widerspiegelt. So wurde herausgearbeitet, daß die Befunde undifferenziert und pauschalisierend, zudem das Resultat einer unzureichenden Operationalisierung und damit ein methodisches Artefakt seien (Jagodzinski 1985; Reuband 1985). Um die intergenerationalen Veränderungen in den individuellen Werthaltungen und Zielsetzungen detaillierter zu erfassen, ist es erforderlich, die Entwicklungen im Zusammenspiel mit den jeweiligen Lebensbedingungen und Bildungsmöglichkeiten, den Beschäftigungs- und Konsumchancen der einzelnen Generationen zu sehen. Nach dem Zweiten Weltkrieg waren die einzelnen Generationen in der Phase der familialen und schulischen Sozialisation und des Berufseinstiegs zum Teil sehr unterschiedlichen Konfigurationen von Lebensbedingungen ausgesetzt. Diese unterschiedlichen, objektiv gegebenen gesellschaftlichen Rahmenbedingungen des Aufwachsens sind der Hintergrund, daß die einzelnen Generationen je nach aktuell anstehenden Problemlagen und den sich bietenden Lösungsmöglichkeiten spezifische Bewältigungsstile und Zielvorstellungen entwickelten (Fend 1988).

In der Nachkriegszeit waren die Zielvorstellungen der Eltern für die Entwicklung der Kinder angesichts der materiellen Nöte von dem Wunsch geprägt, daß die eigenen "Kinder es einmal besser haben sollten." In den Zeiten des wirtschaftlichen Wiederaufbaus und des sogenannten "Wirtschaftswunders" erfuhren sie, daß ihre Mühen und Anstrengungen "Früchte" trugen. Ihre Kinder, die heutige Elterngeneration, machten die Erfahrung, daß durch Fleiß und Leistung ein neuer Wohlstandsstatus realisiert werden konnte und daß sich die gesteigerten Bildungsinvestitionen der Eltern lohnten, denn gute Schulleistungen stellten weitgehend auch den beruflichen Erfolg sicher und ermöglichten damit eine Befreiung von materiellen Zwängen. Unter diesen Bedingungen wurden für die heutige Elterngeneration der Pflichtethos und die Leistungsbereitschaft zu handlungsleitenden Prinzipien.

Die heutige Jugend wächst hingegen unter Verhältnissen auf, unter denen die Notwendigkeiten der materiellen Existenzbewältigung und -sicherung in den Hintergrund gerückt sind. Nicht nur Grundnahrungsmittel sondern auch Konsum- und Luxusgüter stehen in Mengen zur Verfügung. Bereits in der Kindheitsphase werden erhebliche Besitz- und "Reichtümer" zusammengetragen. Im Jugendalter besteht infolge der hohen Taschengeldzuwendungen, die in der Regel ohne die Erbringung spezifischer Leistungen gewährt werden, die Möglichkeit, an den Angeboten des Konsumwaren-, Kultur- und Freizeitmarktes in relativer Eigenständigkeit zu partizipieren. Spezifische Leistungen und Anstrengungen sind also keine zwingende Voraussetzung mehr, um in den Genuß von spezifischen Gütern zu kommen. Im Gegenteil haben Jugendliche heute im Unterschied zu den vorangegangenen Generationen angesichts der Engpässe auf dem Arbeits- und Ausbildungsstellenmarkt beobachtet und/oder die Erfahrung gemacht, daß gute Leistungen zwar eine notwendige, aber nicht mehr hinreichende Bedingung dafür sind, eine attraktive berufliche Position oder einen angestrebten gesellschaftlichen Status zu erlangen. Auch die erfolgreiche Absolvierung des Lehramtsstudienganges stellt keineswegs sicher, später als Lehrer tätig sein zu können. Der Zwang durch eigene Leistungen den Erhalt der materiellen Grundversorgung und ein als angemessen erachtetes Konsumniveau zu sichern, prägt das Bewußtsein der neuen Generation nur noch marginal. Im Gegenteil, der Nutzeffekt eigener Leistungen und Anstrengungen kann in Frage gestellt werden, da sie keine Garantie mehr für die Realisierbarkeit beruflicher Zielvorstellungen sind. Damit wird ein Freiraum für die Formulierung neuer Ansprüche geschaffen, die als erstrebenswert erachtet und als zu realisierende Ziele definiert werden. Infolge von Individualisierungsschüben und gefördert durch offenere Beziehungsstrukturen in den Sozialisationsinstanzen, durch liberalere Erziehungsstile und -techniken in Familie und Schule werden Gleichberechtigung, Selbständigkeit und Handlungsautonomie zu zentralen Zielvorstellungen der heranwachsenden Generation. Die individuelle Persongenese, die Selbstverwirklichung und die Identitätsfindung geraten damit selbst in den Mittelpunkt der zu lösenden Probleme (Fend 1988, S. 116ff.).

Diese Überlegungen stehen mit unseren eigenen Befunden zur Arbeitsorientierung Jugendlicher zu Beginn der neunziger Jahre in Einklang.[7] Zwar messen die Jugendlichen dem Aspekt "einen Beruf auszuüben, der die Freizeit nicht beeinträchtigt" eine relativ hohe Bedeutung bei, so daß auch unsere Daten eine relativ ausgeprägte Freizeitorientierung bei Jugendlichen widerspiegeln. Gegen die sogenannte "Null-Bock-Hypothese" spricht jedoch, daß der Aspekt "viel Geld zu verdienen" unter den Kriterien für die Berufswahl relativ abgeschlagen erst an fünfter Stelle rangiert. Daß Jugendliche insbesondere den Aspekten "wenig Anstrengung/einfache Arbeit" und "keine Kontrolle durch Vorgesetzte", die laut den Inter-

7 Die Jugendlichen sollten dabei auf einer vierstufigen Skala die Bedeutsamkeit von unterschiedlichen (in Tab. 1 aufgeführten) Aspekten bei ihrer Entscheidung für oder gegen einen Beruf einstufen. In einer explorativen Faktorenanalyse werden vier Faktoren extrahiert, die unterschiedliche Dimensionen der Arbeitsorientierung darstellen.

pretationen von Noelle-Neumann/Strümpel an vorderer Stelle rangieren müßten, die geringste Bedeutung beimessen, widerlegt die "Null-Bock-Hypothese."

Weitgehend unabhängig vom Ausbildungsstatus messen die Jugendlichen die größte Bedeutung einem Aspekt der materiellen und instrumentellen Berufsorientierung - dies ist mit Sicherheit auch Folge der Entwicklung auf dem Arbeitsmarkt - bei, nämlich: der Sicherheit vor Arbeitslosigkeit. Danach rangiert ein Aspekt der ideellen Orientierung an inhaltlich komplexen Tätigkeiten. Daß Jugendliche bei der Berufswahl den zweitgrößten Wert darauf legen, daß sie im Rahmen ihrer Tätigkeit eigenständig und kreativ arbeiten können, die berufliche Tätigkeit mit ihren inhaltlichen Interessen in Einklang steht und ihnen Möglichkeiten bietet, die erlernten Fähigkeiten und Fertigkeiten umzusetzen und weiterzuentwickeln, ist als Indiz zu werten, daß die Selbstverwirklichung zu einem vorrangigen Bestandteil in der Bedürfnishierarchie der Jugendlichen geworden ist (vgl. auch Herz 1989, S. 595ff.).

Mit der ideellen Anspruchshaltung nach Selbstverwirklichung treten Jugendliche an das eigene Leben heran. Im folgenden soll auf die Möglichkeiten eingegangen werden, diesen Anspruch im Rahmen des Sozialisationsprozesses zu realisieren.

2.2 Sozialisationsbedingungen in zentralen Ausbildungseinrichtungen

Schulische Sozialisation: Den größten Teil ihres Alltags verbringen Jugendliche, die das Pflichtschulalter noch nicht überschritten haben, in der Schule bzw. mit der Verrichtung von schulischen Aufgaben. Als den primären Zweck der eigenen Anstrengungen zur Bewältigung von schulischen Anforderungen und als die primäre Aufgabe von Schule erachten dabei über drei Viertel dieser Jugendlichen die Vorbereitung auf den Beruf (Tab. 2). Eine soziale Funktion (Treffen mit Freunden) schreiben hingegen nur die wenigsten Jugendlichen der Schule zu. Daß in der Schule verwertbares Wissen erworben wird, sieht ein deutlich geringerer Anteil (etwa die Hälfte) der Jugendlichen in der Sekundarstufe I.

Die überwiegende Mehrheit der Jugendlichen schreibt damit der Schule primär eine instrumentelle Funktion zu. Sie sehen sie als eine Einrichtung, die ein Abschlußzertifikat ausstellt, das zum Eintritt in das Erwerbsleben berechtigt. Nach der Sichtweise der Mehrzahl der Jugendlichen stellt sich somit der eigentliche Nutzeffekt schulischen Lernens erst in einer "fernen" Zukunft ein. Dies hat einschneidende Folgen für den Schulalltag, denn die Schule hat bei dieser Sichtweise nur wenig mit ihren aktuellen Interessen und Bedürfnissen zu tun. Schule trägt in diesem Sinne auch nur wenig dazu bei, daß sie ihre aktuellen Probleme und Aufgaben außerhalb des Schulalltags bewältigen können (Hurrelmann 1988, S. 765ff.). Schulische Lernarbeit macht folglich einem Großteil der Schüler nur wenig Freude. Schulisches Lernen wird fast ausschließlich als Pflicht erlebt und damit zu einem äußeren Zwang.

Tab. 1: Bedeutung einzelner Aspekte der Arbeitstätigkeit für Jugendliche in der Sekundarstufe II bei der Entscheidung für oder gegen einen Beruf

Mittelwerte (0 = ganz unwichtig; 100 = sehr wichtig)

	Gesamt	Gymn. OS	Azubi	BFS	BGJ / VK	Arbeitsl./ Jungarb.
Faktor 1: Materielle und instrumentelle Orientierung						
Sicherheit vor Arbeitslosigkeit	79.8	80.3	78.7	84.5	84.3	75.3
Aufstiegsmöglichkeiten	72.4	72.5	71.8	75.0	77.6	69.2
Viel Geld verdienen	61.2	60.7	59.2	62.0	70.4	75.7
Faktor 2: Ideelle Orientierung an inhaltlich komplexen Tätigkeiten						
Eigenständige und kreative Tätigkeit	76.7	78.2	76.2	78.0	76.0	70.4
Verantwortungsvolle Aufgabe	56.0	55.0	55.9	61.0	55.5	55.7
Arbeit mit Menschen	60.3	61.2	58.6	71.1	52.4	61.4
Nützliche Arbeit	60.1	60.5	57.4	72.6	60.8	63.0
Faktor 3: Orientierung an einfacher und ungestörter Arbeit						
Keine Kontrolle	57.3	58.3	55.7	61.2	52.6	63.6
Wenig Anstrengung	34.5	33.4	32.4	40.4	45.4	43.7
Faktor 4: Freizeitorientierung						
Beruf ausüben, der Freizeit nicht beeinträchtigt	71.1	69.9	70.5	75.6	74.2	75.2

Tab. 2: Funktionen von Schule aus der Sicht von Jugendlichen in der Sek. I

Mehrfachnennungen (in Prozent)

	Gesamt	Hauptschule	Realschule	Gymnasium	Gesamtschule
Vorbereitung auf den Beruf	77.5	76.9	81.0	74.3	81.0
Erwerb von Wissen	51.4	42.8	53.5	59.7	45.6
Vorbereitung auf das Leben als Erwachsener	28.6	28.1	31.6	26.6	28.6
Treffen mit Freunden	15.4	10.1	13.9	22.6	11.9

Die Schüler müssen diesem Zwang nachkommen - und haben dazu auch allen Grund, denn sie wissen, daß der Erhalt eines hochwertigen Abschlußzertifikates und gute Schulleistungen für sie die nahezu einzige Möglichkeit sind, um die Chancen für einen erfolgreichen Einstieg in das Erwerbsleben zu verbessern und beim Statusübergang die beruflichen Optionen realisieren zu können.[8] Daß sich der entscheidende Nutzeffekt schulischen Lernens erst in einer späteren Lebensphase einstellt, führt nicht nur dazu, daß ein hoher Anteil von Jugendlichen die hohe verbal bekundete Leistungsmotivation[9] im Schulalltag nicht in tatsächliches Verhalten umsetzen kann, denn der späte Nutzeffekt allein ist bei vielen Jugendlichen nicht Anreiz genug, die Motivation zu fördern. Unter der Sichtweise, etwas unter Zwang zu tun, d.h. etwas tagtäglich zu machen, was man eigentlich nicht will, aber dennoch tun muß, wird die Schule darüber hinaus zu einer Einrichtung, die den Einzelnen für den größten Teil des Tages daran hindert, die eigenen Fertigkeiten und Fähigkeiten entsprechend der eigenen Interessenslage weiterzuentwickeln. Aufgrund dieser Bedingungen, die einerseits aus dem Arbeitsmarkt in das gesellschaftliche Teilsystem Schule hereingetragen werden, die aber andererseits auch durch die Art und Weise der Unterrichtsorganisation und der -gestaltung in der Schule selbst erzeugt werden, wird die Schule für Jugendliche, die ihr primär eine instrumentelle Funktion zuschreiben, zu einem Ort, der die Selbstverwirklichung und die Realisierung eigener Ansprüche behindert. Die Kluft zwischen eigener Interessenslage, dem Wunsch nach Selbstverwirklichung und den (versagten) Möglichkeiten, diesen Anspruch einer Realisierung zuzuführen, ist eine gewichtige Grundlage für "Problemverhaltensweisen", die damit erlebte Ungerechtigkeit ist auch verantwortlich für die Genese von Gewaltbereitschaft bzw. daß eine potentiell in der Kindheit entwickelte Disposition für Gewalthandlungen nicht zurückgebildet wird.

Chancen beim Eintritt in das Erwerbsleben: Verlassen die Jugendlichen das allgemeinbildende Schulwesen, vollziehen sie damit einen Schritt, der in der Regel für das gesamte weitere Leben von maßgeblicher Bedeutung ist, denn mit der Entscheidung für einen spezifischen Beruf und der beruflichen Erstplazierung erfolgt weitgehend eine Festschreibung des späteren beruflichen Status und der Tätigkeit, die man Tag für Tag zu verrichten hat.

Der Statusübergang von der Schule in den Beruf bzw. in die berufliche Ausbildung markiert einen zentralen Punkt sowohl der arbeitsmarktpolitischen (z.B. Stegmann/Kraft 1982, S. 20ff.; Palamidis/Schwarze 1989, S. 114ff.) als auch der sozialwissenschaftlichen Diskussion der achtziger Jahre (z.B. Heinz/Krüger/Rettke/Wachtveilt/Witzel 1985; Baethge/Hantsche/Pelull/Voskamp 1988). Grundlage der Debatte war, daß seit Mitte der siebziger Jahre infolge des Überhangs der

8 Im 8. Schuljahr geben sich nur 4% der Jugendlichen insgesamt und weniger als 15% der Hauptschüler mit dem Hauptschulabschluß zufrieden. Auch zu Beginn des 10. Schuljahres hofft die Hälfte der Hauptschüler einen qualifizierteren mittleren Abschluß erwerben zu können (Holler/Hurrelmann 1991, S. 259).

9 Im Rahmen unserer Befragungen geben etwa 95% der Schülerinnen und Schüler an, daß es ihnen "wichtig" oder sogar "sehr wichtig" ist, in der Schule gute Leistungen zu zeigen.

Nachfrage nach Ausbildungsplätzen gegenüber dem Ausbildungsplatzangebot eine hohe Zahl von Jugendlichen nach dem Ende der Schulzeit

- keinen Ausbildungs- und/oder Arbeitsplatz erhielt,
- aufgrund einer (antizipierten) Chancenlosigkeit für den Erhalt eines Ausbildungsplatzes eine Tätigkeit als un- oder angelernter Arbeiter aufnahm,
- eine Überbrückungsmaßnahme oder Warteschleife absolvierte, um nicht "auf der Straße zu sitzen",
- sich mangels anderer Angebote in einem Beruf ausbilden ließ, der den Ansprüchen und Erwartungen an den Beruf, den inhaltlichen Interessen und individuellen Fähigkeiten nicht gerecht wurde und/oder
- sich mangels Alternativen in einem Beruf ausbilden ließ, der keine berufliche Zukunftsperspektive bot.

Trotz des sich seit Beginn der neunziger Jahre abzeichnenden Überhangs des Ausbildungsplatzangebotes gegenüber der -nachfrage gestaltet sich der Statusübergang (auch bei der zur Zeit der zugrundeliegenden Erhebung vergleichsweise günstigen Konjunktur- und Arbeitsmarktlage) keineswegs unproblematisch. Zwar ist 1991 der Anteil der unvermittelten Ausbildungsplatzbewerber im Westteil der Bundesrepublik Deutschland deutlich auf 3,1 Prozent zurückgegangen (IBW 1991), aber auch der geringe Anteil besagt, daß sich Jugendliche keineswegs sicher sein können, nicht zu denjenigen zu gehören, die keinen Ausbildungsplatz erhalten.[10] Aufgrund weiterhin bestehender regionaler Engpässe in spezifischen Berufsbereichen ist darüber hinaus keineswegs sichergestellt, daß das im Grundgesetz verankerte Recht auf Freiheit der Berufswahl realisiert ist und Jugendliche sich in einem Ausbildungsberuf ausbilden lassen können, der ihren individuellen Interessen und Ansprüchen gerecht wird.

Entsprechend geben auch zu Beginn der neunziger Jahre von den Jugendlichen in der Sekundarstufe II lediglich 57,0 Prozent an, daß sie den aktuell realisierten Ausbildungsweg bzw. -beruf bereits vor dem Statusübergang angestrebt hatten. 16,9 Prozent der Jugendlichen waren sich vor dem Statusübergang noch im Unklaren über den zu beschreitenden Ausbildungsweg bzw. den zu erlernenden Ausbildungsberuf und 26,0 Prozent der Jugendlichen geben an, daß sie ihre berufsbezogenen Optionen nicht realisieren konnten (Tab. 3).

Von den Auszubildenden, also dem Teil der Jugendlichen, der sich der Konkurrenz auf dem Arbeitsmarkt ausgesetzt hatte, der den Statusübergang von der Schule in die Berufsausbildung vollzogen und eine berufliche Erstplazierung erworben hatte, gab deutlich weniger als die Hälfte (44,2 %) an, daß sie ihre beruflichen Vorstellungen verwirklichen konnten. Über ein Drittel (36,7 %) der Auszubildenden gibt ausdrücklich an, daß sie beim Statusübergang ihre Optionen nicht realisieren konnten. Infolge der strukturellen Zwänge und der regionalen Engpässe

10 In den neuen Bundesländern zeichnet sich aktuell ein Ausmaß von Arbeitslosigkeit ab, das das in den achtziger Jahren für die alten Bundesländer gemessene überschreitet. Seit dem Abflauen des durch die deutsche Vereinigung und die Erschließung neuer Absatzmärkte bedingten Konjunkturaufschwungs hat sich auch im Westteil des Landes die Arbeits- und Ausbildungsplatzmisere wieder verschärft.

im berufsbereichspezifischen Arbeitmarkt muß sich auch noch zu Beginn der neunziger Jahre ein nicht unerheblicher Teil der Jugendlichen beim Übergang von der Schule in den Beruf beruflich umorientieren und einen anderen als angestrebten Ausbildungsweg und/oder Ausbildungsberuf realisieren. Die berufliche Umorientierung ist dabei nicht selten verbunden mit einer Rücknahme oder Revision inhaltlicher Interessen und Ansprüche an die Erwerbsarbeit. Mit dem Zwang zur beruflichen Umorientierung und dem Erlernen eines nicht angestrebten Berufes wird betroffenen Jugendlichen die Realisierung beruflicher Ziele und damit auch ihres Lebensentwurfes unmöglich gemacht.

Tab. 3: Realisierung beruflicher Ziele im Zusammenhang mit dem Ausbildungsstatus Jugendlicher

Relative Zeilenhäufigkeiten (Prozentwerte)

	Hatte den aktuellen Ausbildungsweg angestrebt			Würde aufgrund der Erfahrungen den gleichen Ausbildungsweg wiederwählen		
	ja	weiß nicht	nein	ja	weiß nicht	nein
Gymnasiale Oberstufe	83.9	10.5	5.6	85.3	10.3	4.4
Auszubildende	44.2	19.2	36.7	41.7	26.1	32.2
Berufsfachschüler	54.3	15.9	29.9	47.2	30.2	22.6
BGJ / Vk.	47.0	28.9	24.1	42.2	42.2	15.7
Arbeitsl. / Jungarb.	17.3	30.0	52.7	20.4	34.5	45.1
Gesamt	57.0	16.9	26.0	56.2	21.8	22.0
Chi-Square	370.1			420.8		
Signifikanz <	0.001			0.001		

Infolge ihrer aktuellen Erfahrungen im Rahmen der schulischen und/oder beruflichen Ausbildung würde nur etwas mehr als die Hälfte (56,2 %) der Jugendlichen den letztlich realisierten Ausbildungsweg wiederwählen.[11] Bei den Auszubildenden und den Jugendlichen, die eine berufsqualifizierende oder -vorbereitende Ausbildung absolvieren, ist es hingegen weniger als die Hälfte, die den gewählten Ausbildungsweg bzw. -beruf nochmals ergreifen würde. Etwa ein Viertel (22,0 %) der Jugendlichen insgesamt und ein Drittel (32,2 %) der Auszubildenden ist sich

11 Diese Jugendlichen sind nicht gleichzusetzen mit denen, die beim Statusübergang ihre beruflichen Optionen nicht realisieren konnten, denn einem Teil dieser Jugendlichen gelingt es unter Umständen über eine Rekonstruktion der eigenen Biographie (Heinz/Krüger/Rettke/ Wachtveitl/Witzel 1985), dem letztendlich realisierten Ausbildungsweg positive Seiten abzugewinnen und sich mit dem Resultat der Bemühungen um einen Ausbildungsplatz zu arrangieren. Gleichzeitig wurden bei einem Teil der Jugendlichen, die den angestrebten Ausbildungsweg realisieren konnten, ihre Vorstellungen von dem gewählten Ausbildungsweg bzw. -beruf in der Praxis nicht eingelöst, so daß sie nach den ersten Erfahrungen eine andere Ausbildung präferieren würden.

sicher, daß sie bei nochmaliger Entscheidung einen anderen als den realisierten Ausbildungsweg bzw. -beruf anstreben würden.

Daß ein relativ hoher Anteil von Jugendlichen einerseits beim Statusübergang nicht den angestrebten Ausbildungsweg realisieren kann und andererseits aufgrund der aktuellen Erfahrungen einen anderen Ausbildungsweg bzw. -beruf präferiert, verdeutlicht, daß auch in der Sekundarstufe II viele Jugendlichen mit ihrer schulischen/beruflichen Situation unzufrieden sind. Diese Jugendlichen verrichten Tag für Tag eine Tätigkeit, die mit ihren aktuellen Interessen und Ansprüchen an die Erwerbsarbeit nicht in Einklang steht. Eine den individuellen Motiven und Bedürfnissen entsprechende Entfaltung von Fertigkeiten und Fähigkeiten, der Erweiterung von Kenntnissen und Wissensbeständen ist nicht gewährleistet. Die Selbstverwirklichung im Erwerbsleben wird diesen Jugendlichen somit weitgehend verweigert. Hier liegt wiederum eine Basis für spezifische "Problemverhaltensweisen" Jugendlicher. Bei diesen Jugendlichen wird die Gewaltbereitschaft auch in dieser Phase auf einem hohen Niveau gehalten.[12]

Daß die hier ausgewiesenen Diskrepanzen zwischen den im Sozialisationsprozeß ausgebildeten, individuellen Ansprüchen und Erwartungen einerseits und den begrenzten Möglichkeiten, diese in der Praxis zu realisieren andererseits neben den aus den Individualisierungsprozessen resultierenden Verunsicherungen und Risikolagen (Heitmeyer/Olk 1990; Heitmeyer/Sander 1992) und den (aus den strukturellen Veränderungen der Jugendphase folgenden) Inkonsistenzen in den Autonomiegraden auf den einzelnen Handlungsebenen (Hurrelmann/Rosewitz/ Wolf 1985) ein Hintergund für "Problemverhalten" ebenso wie für die viel beklagte Gewaltbereitschaft unter Jugendlichen sind, zeigt an, daß diese nicht in ominösen Randbereichen des gesellschaftlichen Lebens entstehen, sondern ihre Basis in zentralen gesellschaftlichen Strukturen haben und in einem Prozeß entstehen, an dessen Ausgestaltung wir alle beteiligt sind. Im folgenden soll nun am Beispiel aggressiven Verhaltens und von psychosomatischen Beschwerden die Häufigkeit exteriorisierender und interiorisierender Reaktionen auf prekäre Lebenslagen verglichen werden.

12 Dieser Argumentation mag entgegengehalten werden, daß auch frühere Generationen Schule als Zwang erfahren haben und früher - wenn auch in vermindertem Ausmaß - nicht jeder seine beruflichen Optionen realisieren konnte. Dies ist zweifelsohne richtig. Aber dies allein macht den Unzufriedenheit erzeugenden Tatbestand nicht aus. Ebenso wichtig ist dabei die Anspruchsseite der handelnden Subjekte, und daß die Ansprüche infolge struktureller Barrieren nicht realisiert werden können. Die hohen, möglicherweise teilweise überzogenen Ansprüche an eine eigenständige und kreative, inhaltlich interessante und den eigenen Ansprüchen gerecht werdende berufliche Tätigkeit, die Möglichkeiten der Selbstverwirklichung bietet, waren in früheren Generationen weder quantitativ noch qualitativ so stark ausgeprägt wie bei der heute heranwachsenden Generation.

3 Häufigkeit von "Problemverhaltensweisen" im Jugendalter

3.1 Aggressives Verhalten

Die Tatsache, an der Realisierung eigener Ansprüche strukturell behindert zu werden, erzeugt nicht nur Unzufriedenheit, sondern auch Unmut und gegebenenfalls Ärger, Wut und Zorn. Da Jugendliche keine konkreten Personen als Verursacher ihrer Situation sehen (können), bleibt unklar, wer der Adressat der Wut und des Zorns sein kann. Aggressive, gegen andere Personen oder Sachen gerichtete Verhaltensweisen sind insofern als Verarbeitungsform zu verstehen, die den Betroffenen "Luft" schaffen, die eine empfundene Belastung mehr oder minder kurzfristig abbaut, ohne daß dadurch aber die eigentliche Ursache der Unzufriedenheit beseitigt wird. Unabhängig von den spezifischen Konditionen, die relevant sind, daß Gewaltbereitschaft in tatsächliche Gewalthandlungen umschlägt, soll im folgenden die Verbreitung aggressiver Reaktionen unter Jugendlichen dargestellt werden (Tab. 4).[13]

Weniger als ein Viertel der Jugendlichen in der Sekundarstufe II und etwa vier Zehntel der Schüler und Schülerinnen in der Sekundarstufe I geben an, im Zeitraum des letzten Jahres eine gewalthaltige, im StGB kodifizierte und damit potentiell kriminalisierbare Handlung[14] ausgeführt zu haben. Am häufigsten unter den aggressiven Handlungen sind - bezeichnet in den Kategorien des Strafgesetzbuches - Körperverletzung, Erpressung, Raub (bzw. Diebstahl unter erschwerenden Umständen) und Sachbeschädigung.

Erwartungsgemäß werden aggressive Handlungen von den männlichen Jugendlichen deutlich häufiger ausgeführt als von den weiblichen. Der Anteil derer, die entsprechende Handlungen im Zeitraum des letzten Jahres mindestens einmal ausgeführt haben, ist sowohl bei den Einzelhandlungen als auch bei dem Gesamtbelastungsausmaß unter den männlichen Jugendlichen annähernd doppelt so groß

---

13 Um zu erfahren, welche Prozentsätze von Jugendlichen zu aggressiven oder gewaltförmigen Verhaltensweisen "neigen," sollten die Jugendlichen angeben, ob und welche in Tab. 4 aufgeführten Verhaltensweisen sie innerhalb der letzten zwölf Monate ausgeführt haben. Mit diesen Fragen wird gezielt nur der Teilbereich potentiell kriminalisierbarer Handlungen erfaßt, dem ein aggressives Handlungspotential, eine zerstörerische Absicht und/oder das Motiv, andere zu schädigen, mehr oder minder immanent ist. Handlungen, die wie z.B. der Diebstahl und die Unterschlagung ausschließlich der persönlichen Bereicherung dienen können, wurden nicht berücksichtigt (bei einer explorativen Faktorenanalyse laden Diebstahls- und Eigentumsdelikte auf einem gesonderten Faktor).

14 Das sich hinter diesen Kategorien verbergende Verhalten muß nicht notwendig strafrechtlich relevant sein. Die Frage, ob man jemanden bedroht hat, damit er/sie das tut, was man will, kann auch von einem Jugendlichen bejaht werden, der den dreijährigen Bruder unter Androhung von Gewalt dazu bewegen will, nach Benutzung der Toilette die Toilettenspülung zu betätigen.
Werden Eigentums- und Vermögensdelikte hinzugezogen, so erhöht sich der Anteil der Jugendlichen, die im Zeitraum der letzten zwölf Monate eine potentiell strafrechtlich relevante Handlung ausgeführt haben, bei den Jugendlichen in der Sek. II auf 35,0% und in der Sek. I auf 49,2%.

Tab. 4: Prozentsätze der Jugendlichen, die im letzten Jahr aggressive Verhaltensweisen ausgeführt haben

	Sekundarstufe II			Sekundar stufe I
	Insgesamt	Männlich	Weiblich	
N =	2062	995	1075	1573
Jemanden absichtlich schlagen oder verprügeln	12.2	15.6	9.0	29.6
Jemanden bedrohen, damit diese Person das tut, was der Akteur will	8.6	11.6	5.9	10.6
Jemanden eine Sache mit Gewalt wegnehmen	7.9	10.8	5.2	15.5
Sachen von anderen absichtlich zerstören oder beschädigen	7.4	11.0	4.1	11.9
Mindestens eine Handlung	22.0	29.3	15.2	38.8

wie bei den jungen Frauen.[15] Zusätzlich üben die jüngeren Jugendlichen in der Sekundarstufe I deutlich häufiger als die ältere Altergsgruppe in der Sekundarstufe II gewalthaltige Verhaltensweisen aus. Bei der Körperverletzung ist der Anteil bei den Älteren fast nur noch halb so groß.

Situationen, in denen eine Person nicht in der Lage ist, ihre Ziele zu realisieren oder Anforderungen erfolgreich zu bewältigen, lösen nicht nur Unzufriedenheit aus. Im Falle des Mißerfolgs können sie auch zu Trauer oder Neid auf diejenigen, die es geschafft haben, führen. Sie können auch zu einer Bedrohung für das Selbst werden und damit Ängste oder andere negative Gefühle nach sich ziehen. Durch die häufige Wahrnehmung negativer Gefühle kann über komplexe Prozesse im endokrinen, nervalen und immunologischen (erhöhte Anfälligkeit für Erkrankungen infolge einer Schwächung der Abwehrkräfte, der Regenerationsfähigkeit und -bereitschaft) System des menschlichen Organismus auch die gesundheitliche Befindlichkeit in Mitleidenschaft gezogen werden (Nitsch 1981, S. 57ff. und S. 131ff.; Badura 1985, S. 338ff.). Am Beispiel der psychosomatischen Beschwerden Jugendlicher soll im folgenden vergleichend zu den aggressiven Verhaltensweisen die Verbreitung interiorisierender Formen problematischer Belastungsregulation dargestellt werden (Tab. 5).

15 Dies ist gerade deshalb von Bedeutung, weil die jungen Frauen häufiger als ihre männlichen Altersgenossen aggressive Gefühle empfinden (Mansel/Hurrelmann 1991, S. 178f.).

Tab. 5: Prozentsätze der Jugendlichen, die im letzten Jahr "manchmal" oder "häufig" psychosomatische Beschwerden gehabt haben

	Sekundarstufe II			Sekundarstufe I
	Gesamt	Männlich	Weiblich	
N =	2062	995	1075	1573
Kopfschmerzen	52.6	38.2	65.9	44.9
Nervosität / Unruhe	49.5	39.4	58.9	38.1
Schmerzen in verschied. Körperteilen	41.1	34.4	47.3	39.4
Konzentrationsschwierigkeiten	40.9	31.3	49.8	30.8
Magenbeschwerden	32.3	21.4	42.4	28.4
Schwindelgefühle	30.9	19.7	41.3	30.1
"Einschlafen von Fingerspitzen und Füßen"	30.4	26.5	34.1	29.6
Schluckauf	29.4	19.5	38.6	39.1
Schlaflosigkeit / Schlafstörungen	24.1	20.1	27.8	23.1
Übelkeit	23.9	15.3	31.9	24.0
Starkes Herzklopfen	22.8	18.9	26.4	19.1
Appetitlosigkeit	21.4	14.8	27.6	18.7
Händezittern	20.4	15.6	24.9	17.1
"Kloß im Hals"	16.6	10.4	22.3	13.6
Durchfall / Verstopfung	15.9	11.8	19.8	10.4
Schweißausbrüche	14.5	12.2	16.8	14.0
Atembeschwerden	11.8	10.6	12.9	11.4
Alpträume	10.4	7.4	13.2	8.2
Gewichtsverlust wegen Beunruhigung	9.8	5.6	13.7	5.7
Fieber	9.3	8.1	10.4	11.1
Mindestens ein Symptom	88.4	81.8	94.6	84.7

3.2 Psychosomatische Beschwerden

Psychosomatische Beschwerden sind Ausdruck und Reaktionen einer Überforderung der Anpassungs- und Verarbeitungskapazitäten des Organismus und der Psyche. Sie sind funktionelle Störungen des Körpers und können bei einer Chronifizierung manifeste organische Schäden zur Folge haben. Sie führen so zu einer Beeinträchtigung der Handlungs- und Leistungsfähigkeit des Individuums und gehen einher mit einem partiellen Verlust der Körperbeherrschung.[16]

Im Durchschnitt haben die Jugendlichen fünf unterschiedliche psychosomatische Beschwerden "manchmal" oder "häufig." Lediglich 11,6 Prozent der älteren und 15,3 Prozent der jüngeren Jugendlichen leidet unter keinem der in dieser Liste erfaßten Symptomen "häufig" oder "manchmal". Der Anteil der Jugendlichen, die im Zeitraum des letzten Jahres unter mindestens einer psychosomatischen Beschwerde "manchmal" oder "häufig" gelitten hat, ist in dieser Altersgruppe damit viermal so groß wie der Anteil der Jugendlichen, die sich im Zeitraum des letzten Jahres mindestens einmal in einer Weise aggressiv verhalten haben, die potentiell strafrechtlich geahndet werden könnte - in der jüngeren Alterskohorte sind es hingegen nur etwas mehr als doppelt so viele. Dennoch überwiegen die interiorisierenden Formen der Belastungsregulation deutlich gegenüber den exteriorisierenden.

Die Häufigkeit des Auftretens von psychosomatischen Beschwerden bei Jugendlichen stellen das in den siebziger Jahren geschaffene Klischee von der widerstandsfähigen, belastbaren und gesunden Jugend mehr als in Frage. Von der Öffentlichkeit wird dies jedoch kaum zur Kenntnis genommen. Während in den Medien fast alltäglich über neue Gewalt- und "Greueltaten" Jugendlicher berichtet und damit gleichzeitig die heranwachsende Generation aufgrund ihres "ungebührlichen Benehmens" auf die "Anklagebank gesetzt" wird, werden solche Befindlichkeitsstörungen Jugendlicher kaum zur Kenntnis genommen. Im Unterschied zu außengerichteten zerstörerischen Verhaltensweisen, sind sie für Außenstehende nicht sichtbar. Außer dem Schaden an der eigenen Person haben interiorisierende Formen problematischer Belastungsregulation zunächst keine unmittelbaren Konsequenzen.[17]

Dennoch zeigt die Häufigkeit gerade der psychosozial bedingten Beeinträchtigungen der Gesundheit, daß Jugendliche heute durch die vorgefundenen sozialen Lebensbedingungen belastet und bei der Bewältigung der Erwartungen und Anforderungen zum Teil überfordert werden. Sind die psychosomatischen Beschwerden aber tatsächlich eine Folge der Belastungen durch die soziale Lebenssituation, oder sind sie - wie aus Sicht der klassischen Medizin behauptet werden könnte - ausschließlich Ausdruck der bio-physischen Konstitution von Fehlernährung oder mangelnder Bewegung von Personen?

---

16 Zur Messung der Belastung in Form häufigen Auftretens psychosomatischer Beschwerden wurde in Anlehnung an die "Mental-Health"-Skala (Langner 1962) eine Liste von zwanzig verschiedenen Beschwerden (aufgeführt in Tab. 5) zusammengestellt, für die die Jugendlichen jeweils angeben sollten, ob sie im Zeitraum des letzten Jahres "häufig", "manchmal", "selten" oder "nie" aufgetreten sind.

17 Wenn sie als Fehlzeiten am Arbeitsplatz oder als ärztliche Behandlungskosten zu Buche schlagen, werden sie mit den sie auslösenden Bedingungen nur noch in Ausnahmefällen in Verbindung gebracht.

4 "Problemverhaltensweisen" Jugendlicher im Zusammenhang mit der sozialen Lebenssituation

4.1 Belastungen, Unzufriedenheit und psychosomatische Beschwerden

In Abb. 1 wurde anhand der für die einzelnen Jugendlichen in der Sekundarstufe II ermittelten empirischen Daten mit Hilfe von Lisrel VII (Jöreskog/Sörbom 1988) ein Modell entwickelt, in dem die Zusammenhänge von sozialer Lebenssituation und der Häufigkeit des Auftretens von psychosomatischen Beschwerden schematisch dargestellt sind.[18]

Ausgangspunkt in diesem Modell sind einschneidende Versagens- und Mißerfolgserlebnisse der Jugendlichen im Rahmen ihres schul- und berufsbezogenen Ausbildungsprozesses. Solche Erfahrungen führen dazu - und dies erscheint banal -, daß die Jugendlichen ihre im Rahmen des Ausbildungsprozesses erbrachten Leistungen als weniger zufriedenstellend erachten. Weniger banal ist, daß die objektiven Mißerfolgserlebnisse gemeinsam mit der subjektiv wahrgenommenen Leistungsschwäche dazu beitragen, daß die Unzufriedenheit der Jugendlichen mit der aktuellen schulischen/beruflichen Tätigkeit zunimmt. Mit der wahrgenommenen Leistungsschwäche und der Unzufriedenheit mit der Tätigkeit steigt die Wahrscheinlichkeit, daß sich die Jugendlichen durch die Anforderungen, die in Schule und Beruf an sie gestellt werden, stark belastet oder gar überlastet fühlen. Die Unzufriedenheit mit der Ausbildungssituation und insbesondere die wahrgenommene Belastung der Jugendlichen bei der Bewältigung der schulischen/beruflichen Anforderungen beeinflussen in sehr starken Ausmaß die Häufigkeit des Auftretens von psychosomatischen Beschwerden.

Für die Häufigkeit psychosomatischer Beschwerden sind auch als problematisch erachtete Bedingungen der familialen Interaktion relevant. Insbesondere die elterlichen Sorgen, daß der Sohn/die Tochter die schulischen und beruflichen Ziele zu hoch gesteckt hat und deshalb nicht erreichen kann, erhöhen die Wahrscheinlichkeit des Auftretens von psychosomatischen Beschwerden einmal unmittelbar und zum anderen auch vermittelt über zwei indirekte Wege. Zum einen nehmen Jugendliche, deren Eltern diese Sorge haben, die schulischen und/oder beruflichen Anforderungen eher als belastend wahr, zum anderen verstärkt diese Sorge gemeinsam mit den Beziehungsproblemen zu den Eltern die Konfliktdichte in der familialen Interaktion, die wiederum psychosomatische Beschwerden wahrscheinlicher macht.

---

18 Die auspartialisierten Pfadkoeffizienten geben dabei jeweils die Stärke des Einflusses von einer Variable auf die andere wieder, wobei der Einfluß der Stärke der anderen im Modell enthaltenen Variablen jeweils berücksichtigt wurde. Zur Operationalisierung der einzelnen im Modell enthaltenen Variablen (latente Konstrukte) siehe Mansel/Hurelmann (1991).

Abb. 1: Strukturmodell: Häufigkeit von psychosomatischen Beschwerden Jugendlicher im Zusammenhang mit der sozialen Lebenssituation

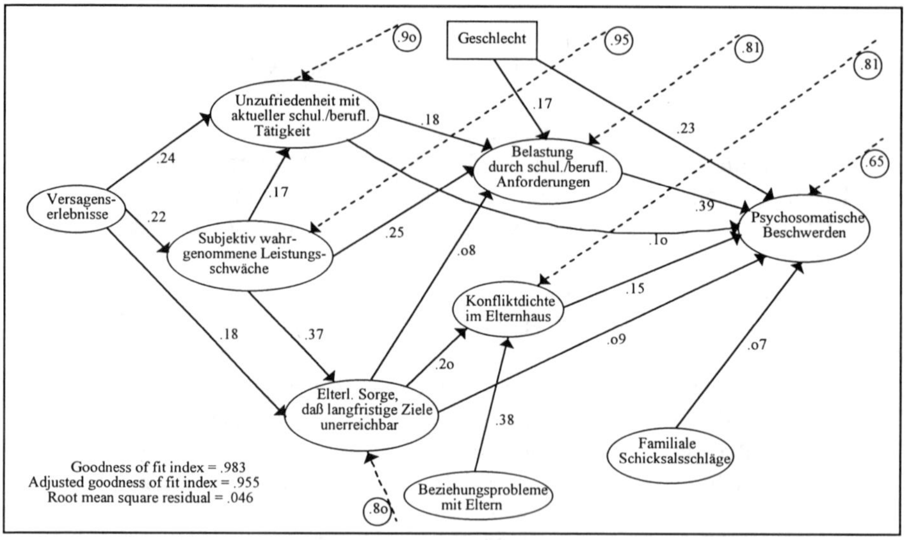

Zudem führen familiale Schicksalsschläge wie der Tod naher Angehöriger und die Trennung der Eltern zu einem vermehrten Auftreten von psychosomatischen Beschwerden bei Jugendlichen. Der Einfluß dieser kritischen Lebensereignisse, die in der psychologischen Streßforschung lange Zeit als die gewichtigsten Auslöser für Streßreaktionen betrachtet wurden, ist aber sehr viel geringer als z.B. die über einen längeren Zeitraum andauernde Belastung durch die schulischen/beruflichen Anforderungen.

Insbesondere das Geschlecht steht in einem engen unmittelbaren aber auch vermittelten Verhältnis zu der Häufigkeit des Auftretens von psychosomatischen Beschwerden. Mädchen fühlen sich zum einen eher durch die Anforderungen in Schule und Beruf belastet. Sie sind gleichzeitig - infolge der im Sozialisationsprozeß "erlernten" interiorisierenden Verarbeitung von Problemlagen in einem verstärkten Ausmaß - anfälliger für psychosomatische Beschwerden.

Relevant im Rahmen der sozialen Lebenssituation der Jugendlichen für die Häufigkeit des Auftretens von psychosomatischen Beschwerden sind somit primär die wahrgenommenen Belastungen durch die schulischen/beruflichen Anforderungen, gefolgt von dem Geschlecht, der Konfliktdichte im Elternhaus, den elterlichen Sorgen und den familialen Schicksalsschlägen. Insgesamt werden durch diese Variablen - wie das Residuum (umrandete Zahlen an den gestrichelten Linien) in der Abbildung zeigt - 35 Prozent der Varianz im Ausmaß der Belastung in Form von psychosomatischen Beschwerden erklärt.

4.2 Die Umsetzung von Gewaltbereitschaft in Gewalthandlungen

Nicht nur die psychosomatischen Beschwerden, sondern auch aggressive Verhaltensweisen sind eine Folgeerscheinung prekärer sozialer Lebenslagen. Die Hintergründe, die für interiorisierende oder exteriorisierende Formen der Belastungsregulation relevant sind, sind teilweise die gleichen und/oder überlappen sich. Dennoch treten die beiden unterschiedlichen Verarbeitungsformen nur in Einzelfällen gleichzeitig in massiver Form auf. Die relativ geringe Korrelation der Häufigkeit des Auftretens psychosomatischer Beschwerden mit der der Ausführung aggressiver Verhaltensweisen von nur $r = .14$ zeigt an, daß in der Tendenz Jugendliche Problemlagen entweder innen- oder außengerichtet verarbeiten.

Als ein Faktor, der die Ausführung "krimineller" Handlungen begünstigt, wurde in der kriminologischen Forschung immer wieder die soziale Unterprivilegierung (der Herkunftsfamilie) der Jugendlichen angeführt. Die soziale Lage steht jedoch lediglich in einem Zusammenhang mit der Wahrscheinlichkeit, von der Polizei als Tatverdächtiger registriert bzw. von einem Gericht verurteilt zu werden. Für selbstberichtete Delinquenz bzw. aggressive Verhaltensweisen hat die soziale Position - ebenso wie die Nationalität[19] - der Betroffenen kaum eine Erklärungskraft (vgl. auch Albrecht/Howe 1992). Relevanter für das Umschlagen von Gewaltbereitschaft in Gewalthandlungen sind andere Faktoren in der sozialen Lebenssituation von Jugendlichen.

Im Unterschied zu den psychosomatischen Beschwerden ist dabei die Situation in Schule und Beruf von marginaler Bedeutung. Von den Faktoren aus dem Bereich der schulischen/beruflichen Situation steht lediglich die sich nachträglich einstellende Unzufriedenheit mit der bisherigen Schullaufbahn in einer korrelativen Beziehung zu den aggressiven Verhaltensweisen. Jugendliche, die infolge der Unzufriedenheit mit der aktuellen beruflichen Situation sich selbst vorwerfen, während der Schulzeit zu wenig getan zu haben, um den Schulabschluß zu erwerben, der (vermeintlich) Voraussetzung für den Erfolg beim Statusübergang in den Beruf und die Realisierung beruflicher Optionen ist, tendieren eher zu aggressiven Verhaltensweisen. Andere Variablen der beruflichen Situation weisen in einem Strukturmodell, in dem auch Bedingungen aus der familialen und freizeitbezogenen Situation berücksichtigt werden, keinen unmittelbaren, statistisch signifikanten Zusammenhang zu den aggressiven Verhaltensweisen auf.

19 Der Anteil der jugendlichen Ausländer, die angeben, mindestens eine aggressive Handlung ausgeführt zu haben, liegt um lediglich 6% über dem der Deutschen (vgl. auch Mansel 1990, S. 56ff). Daß aber gemessen am jeweiligen Bevölkerungsanteil der Anteil der polizeilich Tatverdächtigen bei den jungen Ausländern bei etwa dem dreifachen der Deutschen liegt, zeigt an, daß für einen jungen Ausländer, wenn er eine potentiell kriminalisierbare Handlung ausgeführt hat, die Wahrscheinlichkeit, bei der Polizei angezeigt zu werden, sehr viel größer ist als für einen Einheimischen. Da aber unter den Delikten, aufgrund welcher gegen junge Ausländer ermittelt wird, überproportional häufig Bagatelldelikte enthalten sind, werden Strafverfahren gegen junge Ausländer auch überproportional häufig durch die Staatsanwaltschaft eingestellt (Mansel 1986), so daß junge Ausländer - wiederum gemessen am jeweiligen Bevölkerungsanteil - nur marginal häufiger durch ein Gericht verurteilt werden als junge Deutsche (Mansel 1985).

Im Rahmen der familialen Sozialisation und deren Wahrnehmung durch die Jugendlichen sind vor allem

- eine als mangelhaft zu erachtende Qualität in den Beziehungen zu den Eltern und in diesem Sinne eine geringe Offenheit der Eltern als Ansprechpartner für die Jugendlichen,
- eine hohe Konfliktdichte in der familialen Interaktion und
- die Wahrnehmung der elterlichen Erziehungsverhaltensweisen als restriktiv, einengend und eingrenzend

von Bedeutung für eigenes aggressives Verhalten. Als ein Hintergrund für diese Zusammenhänge kann dabei erachtet werden, daß diese Jugendlichen im Rahmen ihrer familialen Sozialisation am eigenen Körper Gewalt oder Gewaltandrohung als ein Mittel erfahren haben, mit dem andere (in diesem Fall die Eltern) ihre Interessen und Ziele, ihre Erwartungen und Verhaltensregeln durchsetzen.

Im Rahmen der freizeitbezogenen Situation erweist sich die subjektive Einstellung zur Bedeutsamkeit spezifischer Statusgüter für die Akzeptanz in der Gleichaltrigengruppe in Verbindung mit der Verfügbarkeit solcher Güter als bedeutsam. Vertreten Jugendliche die Ansicht, daß für die Anerkennung in der Gleichaltrigengruppe spezifische Besitztümer, Statusgüter oder andere materielle Dinge Voraussetzung sind, und können sie über derartige Güter nicht verfügen, so steigt die Wahrscheinlichkeit der Ausführung gewaltförmigen Verhaltens. Hintergrund dieser Beziehung ist vermutlich, daß Jugendliche mit gewaltförmigem Verhalten mangelnde Akzeptanz in der Gruppe auszugleichen versuchen.

Aus diesen Befunden kann geschlossen werden, daß für die Umsetzung einer latenten Gewaltbereitschaft in gewaltförmiges Verhalten spezifische Erfahrungen einen zentralen Stellenwert haben, nämlich Erfahrungen, daß gewalttätiges Verhalten ein probates Mittel sein kann, um

- in der sozialen Auseinandersetzung eigene Interessen und Zielvorstellungen gegenüber anderen durchzusetzen oder um
- in der sozialen Interaktion Aufmerksamkeit, Anerkennung oder Akzeptanz zu erfahren.

Gewalttätiges Verhalten wird zusätzlich wahrscheinlicher, je

- weniger Mittel alternativ zur Verfügung stehen oder je
- geringer die Effektivität alternativer Mittel eingeschätzt wird,

um das Ziel oder Aufmerksamkeit zu erreichen.

5 Schlußfolgerungen

Die Erfahrung, daß gewalthaltiges Verhalten geeignet ist, um Ziele oder Ansprüche durchzusetzen, ist somit ein gewichtiger Verstärker für die Ausführung von Gewalthandlungen. Dies macht präventive oder interventive Maßnahmen zur Verhinderung von Gewalt schwierig. Werden Gewalttätigkeiten primär durch repressive (möglicherweise Gewalt androhende oder Freiheit entziehende) Maßnahmen verhindert, wird gerade diese Erfahrung bestätigt. Verhält sich eine gewaltbereite Person ausschließlich infolge einer Strafandrohung nicht gewalttätig, macht sie die Erfahrung, daß Gewalt zu Erfolg führt. Entsprechende Maßnahmen haben von daher einen paradoxen Kern. Demgegenüber sollten solche Maßnahmen den Vorzug erhalten, die dazu beitragen, Gewaltbereitschaft zu reduzieren.

Deshalb reicht es nicht aus, wenn Jugendlichen verdeutlicht wird, daß Gewalttätigkeiten eine sozial keineswegs akzeptable Form der Auseinandersetzung sind. Jugendliche müssen entsprechende Regeln zwar kennen und auch internalisieren, aber sie müssen auch im alltäglichen Lebenskontext demokratische und diskursive Kommunikationsstile erlernen, einüben und dabei erfahren, daß solche Formen der Auseinandersetzung Erfolg bringen, daß dabei die Meinungen der Mehrheit akzeptiert und Auffassungen von Minderheiten toleriert werden.

Nicht nur der familiale sondern auch der schulische Alltag ist hierbei ein zentrales Lern- und Experimentierfeld. Hierzu ist es erforderlich, daß Schüler praktisch mehr Möglichkeiten erhalten, an Entscheidungsfindungen über die Gestaltung des schulischen Alltags zu partizipieren. Die Mitbestimmungsmöglichkeiten sollten jedoch nicht auf die räumliche und künstlerische Ausgestaltung des Schulgebäudes, des Schulhofes und der Klassenzimmer beschränkt bleiben, sondern auch die Unterrichtsinhalte einbeziehen. Wenn Schüler den Eindruck gewinnen, daß die Unterrichtsinhalte nicht nur deshalb vermittelt werden, weil sie in mehr oder minder starren Curricula seitens der Schulbürokratie festgeschrieben wurden, öffnen sich Möglichkeiten für die Einsicht, daß in der Schule erlerntes Wissen nicht nur hilft, um Aufgaben, die in einer fernen Zukunft an sie gestellt werden, gerecht werden zu können, sondern daß sie auch bedeutsam ist für die Bewältigung von aktuell anstehenden Problemlagen. Über die Abstimmungsprozesse von Unterrichtsinhalten zwischen Lehrern und Schülern sowohl für größere Unterrichtseinheiten als auch über deren Teilsegmente erhalten die Schüler die Möglichkeit, aktuelle Interessenslagen stärker in das Unterrichtsgeschehen einzubringen oder zumindest Verbindungslinien zu diesen herzustellen. Damit wird den Schülern die Möglichkeit gegeben, die Inhalte schulischen Lernens nicht mehr als oktroyiert zu betrachten, sondern als etwas, was sie selbst lernen wollen oder bei dem sie rational nachvollziehen können, daß sie es brauchen. Mit der demokratischen Abstimmung über Unterrichtsinhalte kann im schulischen Alltag die alltäglich erfahrene Diskrepanz zwischen dem Anspruch nach Selbstverwirklichung und den Möglichkeiten, Fähigkeiten und Fertigkeiten gemäß eigenen Bedürfnissen und Interessenslagen zu entfalten und weiterzuentwickeln, reduziert werden. Damit kann nicht nur eine Grundlage der Gewaltbereitschaft, sondern jugendlichen "Problemverhaltens" allgemein zunehmend abgebaut werden.

Literatur

Albrecht, G./Howe, C.-W. (1992): Soziale Schicht und Delinquenz. Verwischte Spuren oder falsche Fährte? In: KZfSS, 44 (4), S. 697-730.

Albrecht, P.-A./Lamnek, S. (1979): Jugendkriminalität im Zerrbild der Statistik. Eine Analyse von Daten und Entwicklungen. München.

Badura, B. (1985): Zur Soziologie der Krankheitsbewältigung. Oder: Das emotionale Defizit soziologischer Handlungstheorie. In: Zeitschrift für Soziologie, 14 (5), S. 339-348.

Badura, B./Pfaff, H. (1989): Streß, ein Modernisierungsrisiko? Mikro- und Makroaspekte soziologischer Belastungsforschung im Übergang zur postindustriellen Zivilisation. In: KZfSS, 41 (4), S. 644-668.

Baethge, M./Hantsche, B./Pelull, W./Voskamp, U. (1988): Jugend: Arbeit und Identität. Lebensperspektiven und Interessenorientierungen von Jugendlichen. Opladen.

Beck, U. (1986): Risikogesellschaft. Auf dem Weg in eine andere Moderne. Frankfurt am Main.

Blankenburg, E.: Vorwort. In: Steffen, W. (1976): Analyse polizeilicher Ermittlungstätigkeit aus der Sicht des späteren Strafverfahrens. München.

Fend, H. (1988): Sozialgeschichte des Aufwachsens. Bedingungen des Aufwachsens und Jugendgestalten im 20. Jahrhundert. Frankfurt/M.

Heinz, W. R./Krüger, H./Rettke, U./Wachtveitl, E./Witzel, A. (1985): Hauptsache eine Lehrstelle. Jugendliche vor den Hürden des Arbeitsmarktes. Weinheim.

Heitmeyer, W. (1992): Desintegration und Gewalt. In: Deutsche Jugend, 40 (3), S. 109-122.

Heitmeyer, W./Olk, T. (Hg.) (1990): Individualisierung von Jugend. Gesellschaftliche Prozesse, subjektive Verarbeitungsformen, jugendpolitische Konsequenzen. Weinheim/München.

Heitmeyer, W./Sander, U. (1992): Individualisierung und Verunsicherung. In: Mansel, J. (Hg.): Reaktionen Jugendlicher auf gesellschaftliche Bedrohung. Untersuchungen zu ökologischen Krisen, internationalen Konflikten und politischen Umbrüchen als Stressoren. Weinheim/München, S. 38-58.

Herz, T.A. (1989): Einstellung zu Beruf und Postmaterialismus unter Jugendlichen. In: Markefka, M./Nave-Nerz, R. (Hg.): Handbuch für Familien- und Jugendforschung. Band 2: Jugendforschung. Neuwied, S. 591-606.

Holler, B./Hurrelmann, K. (1991): Die psychosozialen Kosten hoher Bildungserwartungen. Eine-Vier-Jahres-Studie über das Bildungsverhalten im Jugendalter. In: Pekrun, R./Fend, H.: Schule und Persönlichkeitsentwicklung. Ein Resümee der Längsschnittforschung. Stuttgart, S. 254-271.

Hurrelmann, K. (1988): Schulische "Lernarbeit" im Jugendalter. Zur Verbindung von praktischem und theoretischem Lernen. In: Zeitschrift für Pädagogik, 43 (6), S. 761-780.

Hurrelmann, K./Rosewitz, B./Wolf, H. K. (1985): Lebensphase Jugend. Eine Einführung in die sozialwissenschaftliche Jugendforschung. Weinheim/München.

Jagodzinski, W. (1985): Gibt es einen intergenerationalen Wertewandel zum Postmaterialismus? In: Zeitschrift für Sozialisationsforschung und Erziehungssoziologie, 5 (1), S. 71-88.

Jöreskog, K. G./Sörbom, D. (1988): Lisrel 7. A guide to the program and applications. Chicago.

Kitsuse, J./Cicourel, A. (1963): A note of the use of statistics. In: Social Problems, 11, S. 131-139.

Langner, T. S. (1962): A twenty-two item screening score of psychiatric symptoms indicating impairment. In: Journal of Health and Human Behavior, 3, S. 269-276.

Mansel, J. (1985): Gefahr oder Bedrohung? Die Quantität des "kriminellen" Verhaltens der Gastarbeiternachkommen. In: Kriminologisches Journal, 17 (3), S. 169-185.

Mansel, J. (1986): Die unterschiedliche Selektion von jungen Deutschen, Türken und Italienern auf dem Weg vom polizeilich Tatverdächtigen zum gerichtlich Verurteilten. In: Monatsschrift für Kriminologie und Strafrechtsreform, 69 (6), S. 309-325.

Mansel, J. (1988): Die Disziplinierung der Gastarbeiternachkommen durch Organe der Strafrechtspflege. In: Zeitschrift für Soziologie, 17 (5), S. 349-364.

Mansel, J. (1989): Die Selektion innerhalb der Organe der Strafrechtspflege am Beispiel von jungen Deutschen, Türken und Italienern. Eine empirische Untersuchung zur Kriminalisierung durch formelle Kontrollorgane. Frankfurt am Main/Bern/New York.

Mansel, J. (1990): Kriminalisierung als Instrument zur Ausgrenzung und Disziplinierung. Oder: "Ausländer richten ihre Kinder zum Diebstahl ab." In: Kriminologische Bibliographie, 17 (3), S. 47-65.

Mansel, J./Hurrelmann, K. (1991): Alltagsstreß bei Jugendlichen. Eine Untersuchung über Lebenschancen, Lebensrisiken und psychosoziale Befindlichkeiten im Statusübergang. Weinheim/München.

Nitsch, J. R. (Hg.) (1981): Streß. Theorien, Untersuchungen, Maßnahmen. Bern/Stuttgart/Wien.

Noelle-Neumann, E./Strümpel, B. (1984): Macht Arbeit krank? Macht Arbeit glücklich? Eine aktuelle Kontroverse. München.

Palamidis, H./Schwarze, J. (1989): Jugendliche beim Übergang in eine betriebliche Berufsausbildung und in die Erwerbstätigkeit. Literaturüberblick und neuere empirische Ergebnisse. In: Mitteilungen aus der Arbeitsmarkt- und Berufsforschung, 22 (1), S. 114-124.

Reuband, K.-H. (1985): Arbeit und Wertewandel - Mehr Mythos als Realität. In: Kölner Zeitschrift für Soziologie und Sozialpsychologie, 37 (4), S. 723-746.

Stegmann, H./Kraft, H. (1982): Jugendliche an der Schwelle von der ersten Berufsfindung in die Erwerbstätigkeit: Methode und erste Ergebnisse der Wiederholungserhebung Ende 1980. In: Mitteilungen aus der Arbeitsmarkt- und Berufsforschung, 15 (1), S. 20-35.

Die Akzeptanz und Beurteilung von Gewalt als Mittel politischer Auseinandersetzung im europäischen Vergleich

Wolfram Schulz

1 Einleitung

Politisch motivierte Gewalttaten sind nicht nur in der Bundesrepublik ein immer wieder auftretendes Phänomen. Gerade die rechtsextremen und ausländerfeindlichen Anschläge der letzten Jahre, die sich in vielen westeuropäischen Ländern antreffen lassen, richten die Aufmerksamkeit erneut auf das Problem der politischen Gewalt. War nach dem Nachlassen terroristischer Aktivitäten in den siebziger Jahren und dem Abklingen gewalttätiger Demonstrationen Anfang der achtziger Jahre die politisch motivierte Gewalt der extremen Linken ein wenig in den Hintergrund getreten, wird seit den Ereignissen von Rostock, Mölln und Solingen die Diskussion um politische Gewalt vor allem im Zusammenhang mit der extremen Rechten geführt (Schneider/Hoffmann-Lange 1993; Eckert/Willems 1993).

Im folgenden Artikel werden die Ursachen der Einstellung zu politisch motivierter Gewalt in den sechs bevölkerungsreichsten EG-Ländern (Westdeutschland, Niederlande, Großbritannien, Frankreich, Italien, Spanien) anhand von Eurobarometer-Umfragen aus dem Jahr 1989 analysiert. Die Unterschiede zwischen den politischen Kulturen in den verschiedenen Ländern sind gerade im Kontext politisch motivierter Gewalt von besonderem Interesse, da die Erfahrungen mit dem Terrorismus der siebziger Jahre gezeigt haben, wie unterschiedlich die Hintergründe dieses Phänomens in den verschiedenen Staaten sowie die staatlichen Reaktionen darauf waren. Nicht nur die Akzeptanz und Teilnahme an politischen Gewalttaten werden hierbei untersucht, sondern auch die Einstellungen zu illegalen politischen Aktionen, die zwar noch keine physische Gewalt im engeren Sinne darstellen, aber die Möglichkeit einer Verwicklung in gewaltsame Auseinandersetzungen beinhalten. Auf der anderen Seite gehört auch die Befürwortung des Einsatzes staatlicher Gewaltmaßnahmen durchaus in den Kontext politischer Gewalt, stellt staatliche Repression doch die Reaktion auf politisch motivierte Gewalttaten dar, die ihrerseits zur Eskalation gewaltsamer Konflikte beitragen kann.

Die Anwendung politischer Gewalt ist - zumindest in den westlichen Industrieländern - in der Regel auf gesellschaftliche Minderheiten begrenzt, d.h. Täter- wie auch Opfergruppen sind kleine Minderheiten. Insofern sind die direkten Auswirkungen von politischer Gewalt auf die Gesellschaft oft nur begrenzt. Die Chancen gewaltbereiter politischer Gruppen, auf dem Wege gewaltsamer Aktionen etwas zu erreichen, liegen denn auch eher darin, Aufmerksamkeit zu schaffen, den Blick der

Öffentlichkeit auf ihre politischen Zielsetzungen zu lenken und durch deren Thematisierung Handlungsbedarf für die etablierte Politik zu schaffen. Darüber hinaus kann der Aufmerksamkeitseffekt andere Gruppen oder Personen zur Nachahmung der gewaltsamen Aktionen veranlassen.

In diesem Zusammenhang kommt dem Feld der Kommunikation eine besondere Bedeutung zu, kann doch die Verbreitung von Informationen über politische Gewalttaten durch die Massenmedien für deren Wahrnehmung eine wichtige Rolle spielen und die Haltung zu staatlicher Repression, illegalen politischen Aktivitäten und politischen Gewalttaten mitbeeinflussen. Dabei lassen sich von der immer öfter beklagten Konzentration der medialen Berichterstattung über politische Konflikte auf deren violente Aspekte auch Wirkungen auf das politische Gewaltpotential erwarten. Die Organisation von illegalen politischen Aktivitäten - zu denen ja auch die gewaltsamen Aktionen zählen - bedarf zudem eines Kommunikationsnetzes zur Mobilisierung und Information potentieller Aktivisten, für die die interpersonelle Kommunikation sicherlich eine größere Rolle spielt als die etablierten Massenmedien.

2 Verständnis und Formen politischer Gewalt

Politische Gewalt ist nicht ohne weiteres mit anderen Formen der Gewalttätigkeit gleichzusetzen. Im Gegensatz zu diesen wird sie mit politischen Zielsetzungen und Einstellungen begründet bzw. legitimiert, und ihr Kontext sind spezifische politische Konflikte. Die Frage, was eigentlich unter politischer Gewalt zu verstehen ist, läßt sich nicht ohne weiteres beantworten. Dies hängt damit zusammen, daß allein der Begriff Gewalt noch nicht eindeutig definiert ist. So kann zwischen der direkten Gewalt gegen Personen oder gegen Sachen unterschieden werden, des weiteren zwischen der physischen Gewalt, die eine Schädigung von Personen oder Sachen nach sich zieht, sowie psychischer Gewalt, die keine feststellbare Nachwirkung hat, sondern in der Androhung von physischer Gewalt besteht (vgl. Neidhardt 1986). Gewalt, die nicht persönlich ausgeübt wird, wird als strukturelle oder indirekte Gewalt bezeichnet, sie ist durch das soziale System vorgegeben und wird von Galtung (1975) als die Ursache der Differenz zwischen dem in einer Gesellschaft Möglichen und der Realität verstanden, wie sie sich z.B. in systemimmanenten Ungerechtigkeiten wie ungleichen Lebenschancen und Machtverhältnissen zeigt (vgl. auch Hennig 1989). Des weiteren läßt sich bei politischer Gewalt zwischen innergesellschaftlicher und zwischenstaatlicher politischer Gewalt (z.B. Kriege) unterscheiden. Im folgenden werde ich mich jedoch auf die Bereitschaft zu und die Akzeptanz von direkter und persönlicher Gewalt in innerstaatlichen politischen Konflikten beschränken.

Auch in der Öffentlichkeit ist das Verständnis von politischer Gewalt eher diffus. Im Rahmen der Political-Action-Studie (Barnes/Kaase et al. 1979; Jennings/van Deth et al. 1990) wurden 100 Befragte gebeten zu beschreiben, was sie persönlich unter Gewalt in der Politik verstehen. Es zeigte sich ein eher diffuses Gewaltverständnis, wobei direkte physische Gewalt nur von einer Minderheit benannt wurde (vgl. Kaase/Neidhardt 1990, S. 45-47). In einer repräsentativen Umfrage der Gewaltkommission der Bundesregierung aus dem Jahre 1989 zeigte sich, daß die Etikettierung bestimmter Handlungen seitens privater und staatlicher Gruppen als politische Gewalt sehr stark vom politischen Standpunkt abhing; Anhänger vor allem der Grünen sahen ausländerfeindliche Übergriffe und Polizeieinsätze als Gewalt an, Anhänger von CDU/CSU eher illegale Protestaktionen und gewalttätige Demonstrationen (S. 51).

Ein Kennzeichen politischer Gewalt ist ihre Legitimisierung durch die sie Ausübenden oder die mit ihr sympathisierenden Beobachter. Dabei darf nicht vergessen werden, daß nicht nur bei Personen mit extremen ideologischen Standpunkten Rechtfertigungsgründe für den Einsatz von Gewalt anzutreffen sind, sondern Tyrannenmord und Widerstand gegen totalitäre Regime in einem demokratischen Gemeinwesen allgemein anerkannte Legitimationen für den Einsatz von Gewalt sind. Inwieweit in der Bevölkerung solche Rechtfertigungen von Gewalt auf Zustimmung stoßen, hängt von der politischen Einstellung ab (Kaase/Neidhardt 1990, S. 53ff.). So wird von beiden Polen des politischen Spektrums zumeist die Gewalt der anderen Seite auch als solche bezeichnet und verurteilt, während diejenige der eigenen Seite als legitim und eher als Notwehr angesehen wird.

Gewalt kann von politischen Gruppen zielgerichtet als Mittel zur Durchsetzung im politischen System nicht wahrgenommener Interessen eingesetzt werden, kann aber durchaus auch nur eine Reaktion auf angebliche oder tatsächliche gesellschaftliche Mißstände sein. Der gezielte Einsatz von Gewalt zur Erreichung politischer Ziele ist ein Kennzeichen revolutionärer Strategien, so wie sie historisch bei kommunistischen und anarchistischen wie auch bei faschistischen Bewegungen anzutreffen sind. Dabei wird die Strategie vor allem auf zwei Ziele ausgerichtet sein: Erstens, Reaktionen der staatlichen Seite bzw. der Gesellschaft insgesamt hervorzurufen - z.B. im Sinne der RAF (Rote Armee Fraktion), den Staat als "faschistisch" zu entlarven und dadurch langfristig eine revolutionäre Situation zu schaffen - und zweitens, Aufmerksamkeit für die eigene Bewegung und ihre politischen Ideen zu erringen. Eine erkennbar gezielte Gewaltanwendung hier in Deutschland kann als Kennzeichen des organisierten Terrorismus der RAF, aber auch bei den autonomen und anderen linksextremen Gruppen sowie mit Einschränkung beim organisierten Rechtsradikalismus beobachtet werden.

Politische Gewalt ist eine - wenn auch illegale - Form politischer Beteiligung. In den bisherigen Studien zur politischen Partizipation werden allgemein konventionelle und unkonventionelle Formen politischer Beteiligung unterschieden, erstere beziehen sich auf Wahlen, Parteien und andere traditionelle Aktivitäten, letztere auf das gesamte Spektrum von Unterschriftensammlungen und Bürgerinitiativen bis hin zur aktiven Gewaltanwendung (Uehlinger 1988; Fuchs 1984 und 1994; Klingemann 1991). Eine weitere Unterscheidung läßt sich zwischen legalen und illegalen unkonventionellen Beteiligungsformen treffen, wobei letztere aus gewaltlosen Aktionen wie Steuerverweigerung bis hin zu verbotenen Demonstrationen oder der dezidierten Gewaltanwendung gegen Sachen bzw. Personen bestehen kann. Politische Gewalt kann also als unkonventionelle und illegale Partizipationsform angesehen werden, die lange Zeit für die linksextreme Szene in der Bundesrepublik (z.B. "Autonome Gruppen") eine sehr typische Form des politischen Protests darstellte.

Gewalt wird oft in Situationen ausgeübt, in denen politische Gruppen die Grenzen der Legalität überschritten haben; d.h. nicht genehmigte Demonstrationen, Häuserbesetzungen, Straßenblockaden etc. führen oft erst zu Gewalttaten. Dabei ist jedoch noch lange nicht gesagt, daß die Bereitschaft zu und Teilnahme an illegalen politischen Aktionen mit Gewaltbereitschaft gleichzusetzen ist. Zwar gibt es einen empirisch nachweisbaren Zusammenhang (Uehlinger 1988, S. 204ff.), aber viele Gruppen, die sich an solchen illegalen Aktivitäten beteiligen, sind nach ihrem eigenen Selbstverständnis durchaus gewaltfrei eingestellt; sehr oft wird sogar vorab das richtige gewaltfreie Reagieren auf das Handeln der Polizei trainiert. Daneben gibt es Personen, die erst durch überzogenen Einsatz der Staatsmacht zu Gewalttaten veranlaßt werden, so daß die Beteiligung an illegalen Aktionen eher ein "Durchgangsstadium zu politischer Gewalt" darstellt (Eckert 1992, S. 84f.). Diejenigen, die bei illegalen Aktionen von vornherein auf Gewalt setzen und gewaltfreie illegale Handlungen sogar ablehnen, sind erfahrungsgemäß eher eine Minderheit.

Ein elementarer Faktor in der Entstehung von Gewaltsituationen ist die Art der staatlichen Reaktion. Der Einsatz repressiver Maßnahmen soll nach dem "Abschreckungsmodell" dazu führen, daß die protestierenden Bürger bei zunehmender Polizeigewalt von der Gewalt Abstand nehmen - er führt jedoch nach dem "Eskalationsmodell" eher zu zunehmender Gewalt auf der Bürgerseite. Beide Modelle können für sich alleine sicherlich nicht das Entstehen politischer Gewalt erklären; schließlich führt das völlige Fehlen von staatlicher Repression kaum zu einem Abnehmen dieser Gewalt. Ein Beispiel für die Eskalation durch fehlende staatliche Reaktionen stellen die Ereignisse von Rostock 1992 dar, wo fehlende polizeiliche Präsenz und Reaktion rechtsradikale Gewalttäter geradezu ermutigten. Eine jenseits der notwendigen und verhältnismäßigen Polizeigewalt zunehmende Repression kann jedoch die Gewalt eskalieren lassen, denn sie schafft zum einen Rechtfertigungsgründe für die Bürgergewalt, zum anderen Empörung seitens bislang unbeteiligter Kreise, die sich teilweise erst durch die erlebte Repression zur Gewaltausübung veranlaßt sehen könnten (vgl. Neidhardt 1989; DeNardo 1985, S. 188ff.). Insofern gehört der Aspekt staatlicher Repression in die Diskussion um die Entstehung von politischer Gewalt, denn ihre Anwendung bestimmt oft den Ablauf von gewalttätigen politischen Konflikten. Die Akzeptanz bzw. Befürwortung von harter Repressionmaßnahmen seitens der Bürger ist deshalb für die Gewaltfreiheit politischer Konflikte in einer Gesellschaft genauso von Bedeutung wie die Akzeptanz bzw. Befürwortung von politischer Gewalt seitens der Bürger.

3 Politische Gewalt als Agressionsentladung oder Instrument politischer Einflußnahme?

Das Auftreten von Gewalt bei Straßendemonstrationen ist nicht selten Folge von spontanen Agressionsentladungen bzw. einer Eskalation zwischen Polizei und militanten Demonstranten, so daß die Zielgerichtetheit von Demonstrationsgewalt oft genug bezweifelt werden kann. Gerade bei den jüngsten rechtextremen Übergriffen ist trotz der teilweise durchaus vorhandenen organisatorischen Planung eine Tendenz zur eher spontanen Gewaltausübung feststellbar, deren Rechtfertigung in der Ablehnung von Ausländern gesucht wird. Gewalt ist dabei oft dasjenige Element, welches die rechtsradikalen Gruppen zusammenhält, während die autoritär-fremdenfeindliche Ideologie dafür die Rechtfertigung und das Feindbild liefert und gleichzeitig zur Eskalation durch die Konfrontation mit antifaschistischen oder ausländischen Gruppen beiträgt (Heitmeyer 1989, S. 209). Das Zustandekommen von politischer Gewalt ist also in hohem Maße von der jeweiligen "Gegenseite" (sei es nun die gegnerische politische Gruppe oder die Staatsmacht) mitbestimmt und oft genug eher situativ bestimmt als von gezielter politischer Aktivität.

Ein wesentlicher Faktor für eine Ausübung politischer Gewalt ist sicherlich die individuelle Disposition zur Gewaltausübung. Eine grundsätzliche Bereitschaft zur Anwendung von Gewalt führt aber nicht unbedingt zu deren Anwendung in politischen Konflikten, letztere wiederum kann durchaus mit einer allgemeinen Ablehnung von Gewalt im privaten Bereich kompatibel sein, wobei diese Gewalt in diesen Fällen eben nur durch politische Zielsetzungen als legitim und notwendig angesehen wird. In anderen Fällen wiederum wird die politische Zielsetzung von Gewalt nur als Deckmantel zur Rechtfertigung genutzt, während deren Ausübung im Grunde von einer allgemeinen Gewaltbereitschaft bestimmt wird, für die die vielfältigsten sozialen und psychischen Faktoren eine Rolle spielen können. Gerade die Welle von ausländerfeindlichen Gewalttaten durch Jugendliche vor allem aus den neuen Bundesländern, bei denen oft eigentlich unpolitische Gruppenbildungen mit einem autoritär-fremdenfeindlichen Weltbild einhergehen und zur Aggression gegen Ausländer führen, zeigen, daß politische Gewalt nicht immer auch als Form bewußten politischen Handelns interpretiert werden kann, sondern mitunter auch alltägliche Gewalt in "politischer Verkleidung" ist, deren zugrundeliegende Agression sich ohne das vorhandene ausländerfeindliche Umfeld in anderen Gewalttaten niederschlagen würde (vgl. Pilz 1993; Heitmeyer 1993; Schneider/Hoffmann-Lange 1993; Claus/Herter 1994). Ein solcher Gewalttransfer aus dem Alltag in die Politik ist sicherlich auch bei linksextremen Gruppierungen nicht völlig auszuschließen, so daß die Trennlinie zwischen latenter, allgemeiner Gewaltbereitschaft und der Bereitschaft zur politischer Gewalt bei manchem politischen Gewalttäter eher als verschwommen angesehen werden kann. Uehlinger vermutet sogar, "daß das Erwägen von politischer Gewalt höchstens sekundär mit dem politischen Bereich, primär aber mit Persönlichkeitsfaktoren verknüpt ist." (Uehlinger 1988, S. 210; vgl. auch Schmidtchen 1983, S. 217ff.)

Trotzdem ist politische Gewalt "nicht einfach die Verlängerung alltäglicher Gewalt aus Familien, Straßen und Stadien in die Politik hinein." (Eckert 1992, S. 92) Sie ist vielmehr in erster Linie eine Form politischen Handelns, welches es dem Individuum erlaubt, sich über die vom politischen System vorgebenen Kanäle hinaus an der Politik zu beteiligen. Die Grauzone zwischen noch gewaltfreiem illegalen Handeln und der Anwendung von politischer Gewalt gegen Sachen und/ oder Personen ist vielschichtig und der tatsächliche Schritt zur Gewaltausübung hängt von einer Vielzahl von situativen Bedingungen und vor allem von der staatlichen Reaktion auf den Bürgerprotest ab.

In der Theorie lassen sich grundsätzlich vier verschiedene Erklärungsansätze zur Entstehung von politischer Gewalt finden (vgl. zusammenfassend Eckert/Willems 1993, S. 36ff.).

- Makrosoziologische Ansätze versuchen, aus strukturellen Spannungen innerhalb von Gesellschaft das Entstehen von Unzufriedenheit zu erklären, die unter anderem auch in der Anwendung politischer Gewalt münden kann. Gerade in Phasen wirtschaftlicher und sozialer Krisen müßte demnach politische Gewalt besonders häufig auftreten.
- Aus der empirischen Beobachtung, daß soziale Ungleichheit und Unterdrückung über lange Zeit nicht zu Konflikten führen, während oft gerade in Phasen relativen Wohlstands es zu Protest und Aufruhr kommt, stellt die Theorie der relativen Deprivation den makroziologischen Ansätzen die These entgegen, daß es in erster Linie auf das subjektive Gefühl von Ungleichheit ankommt und erst in zweiter Linie auf die objektive soziale Lage.
- Die subjektive Sicht des Individuums, in makrosoziologischen wie sozialpsychologischem Ansatz eher vernachlässigt, da beide vor allem auf gesellschaftliche Rahmenbedingungen abheben, wird in den utilitaristischen Theorien des individuellen Handelns ins Zentrum gestellt. Hiernach erklärt sich dieses durch den Wert der Konsequenzen aus diesem Handeln und der Wahrscheinlichkeit ihrer Realisierung. Die individuellen Präferenzen und die erwarteten Gratifikationen bleiben dabei jedoch zumeist außerhalb des Erklärungsmodells, so daß für die Entstehung von politischer Gewalt nur erklärt werden kann, warum sich Individuen an ihre beteiligen, nicht aber, warum es in bestimmten historischen Situationen zu politischer Gewaltanwendung kommt und welche gesellschaftlichen Ursachen ihr zugrundeliegen.
- Eine weitere Variante der Erklärung politischer Gewalt ist, diese als Phänomen von Interaktion bzw. Eskalation zu begreifen; der Ablauf von Konflikten wird dabei als Prozeß verstanden und die Entstehung von Gewalt in einen situativen Zusammenhang gestellt. Gewaltbereitschaft wird also nicht so sehr als festliegendes Persönlichkeitsmerkmal behandelt, sondern als mögliche Verhaltensoption in bestimmten Konfliktsituationen.

Alle diese Theorien vermögen für sich allein zumeist nur Teilaspekte der Entstehung von politischer Gewalt zu erklären. Oft ist ihre Umsetzung in eine empirische Analyse eher schwierig und es können nur einzelne Hypothesen aus ihnen überprüft werden. Gerade Interaktionsprozesse sowie utilitaristische Motive für individuelles Handeln sind zudem in der Regel empirisch nur schwer meßbar.

4 Politische Gewalt im Kommunikationsprozeß

Häufig wird die Rolle der Medien in der Diskussion über die Entstehung politischer Gewalt nur wenig beachtet. Analysen der Berichterstattung der Massenmedien über Demonstrationen, Unruhen und terroristische Anschläge haben jedoch oft genug gezeigt, daß Journalisten der Darstellung von Gewalt gegenüber gewaltlosem Protest bzw. den Hintergründen des Konflikts den Vorzug geben. Am Beispiel einer Vietnam-Demonstration in London zeigten Halloran u.a. (1970) auf, wie die Presse sich in ihrer Berichterstattung auf Zusammenstöße mit der Polizei konzentrierte, während der insgesamt friedliche Verlauf der Veranstaltung völlig in den Hintergrund trat. Eine solche Darstellung kann die Rezeption von politischem Protest dahingehend beeinflussen, daß der politischen Gewalt in der öffentlichen Diskussion darüber ein sehr viel höherer Stellenwert zukommt als bei den tatsächlich stattgefundenen Ereignissen. Das Zustandekommen einer auf Gewalt konzentrierten Berichterstattung läßt sich mit der Orientierung der Journalisten bei der Informationsauswahl an Nachrichtenfaktoren (vgl. Staab 1990; Kepplinger 1991) wie Frequenz (Gewaltaktionen sind kurzfristige Ereignisse), Negativismus (im Gegensatz zur positiven Meldung von Gewaltfreiheit einer Demonstration) und Konsonanz (entsprechend der Erwartungshaltung des Publikums) erklären. Die zunehmende Gewalt nicht nur nur im Unterhaltungsprogramm, sondern auch in der politischen Berichterstattung des Fernsehens ist gerade in jüngster Zeit wiederholt festgestellt worden (Winterhoff-Spurk 1994) und weist auf den hohen Stellenwert von violenten Aspekten für die Nachrichtenauswahl hin.

Die Berichterstattung über politischen Protest sowie darin vorkommende Gewaltaktionen kann für deren Rechtfertigung in der Öffentlichkeit entscheidend sein. Zum einen kann dabei die Etikettierung der Konfliktparteien ("Chaoten" für Demonstranten, "Bullen" für Polizisten, "Terroristen" oder "Freiheitskämpfer" für bewaffnete Gruppen) ein Mittel zur publizistischen Stützung der einen oder anderen Seite sein, zum anderen kann dafür die Darstellung der Konfliktsituation durch die Gewichtung bei der Erwähnung von Gewalttaten seitens der Beteiligten genutzt werden. Angesichts der "asymmetrischen" Konfliktsituation (Kepplinger 1979, S. 330f.) wird in der Berichterstattung über länger andauernde Konflikte zwischen Staat und Bürgern (Studentenrevolte, AKW-Protest etc.) im Laufe der Zeit zunehmend kritischer über die staatliche Seite berichtet, da nichtstaatliche Gewalt von vornherein als illegitim, staatliche hingegen als legitim angesehen und somit deren Angemessenheit stärker zur Diskussion gestellt wird (Schulz 1968; Kepplinger 1979).

Bezüglich der Wirkung massenmedialer Darstellung von Gewalt in gesellschaftlichen Konflikten läßt sich eine Reihe von Effekten vermuten (vgl. zusammenfassend Dahlem 1989, S. 253ff.). So kann durch die Überbetonung der violenten Aspekte eines Konflikts einer Minderheit (auch innerhalb des Spektrums protestierender Bürger) überproportionale Publizität zuteil werden, die sie ohne die Anwendung von Gewalt nie erfahren hätte. Des weiteren kann die genaue Darstellung von Gewalttaten zur Nachahmung anregen (vgl. Brosius/Weihmann 1991). Dieser Vorgang wird entsprechend der sozialen Lerntheorie von Bandura (1973) auch allgemein als eine mögliche Wirkung von massenmedialen Gewaltdarstellungen bezeichnet. Durch Medien können bestimmte Stereotypen von Gewalttätern verbreitet werden, die von anderen Personen als Vorbilder empfunden werden ("Streetfighter", "Skinheads"). Auch die negative Darstellung dieser Stereotypen muß einer solchen Nachahmung dabei nicht unbedingt entgegenwirken, wenn die potentiellen Nachahmer ohnehin schon im Gegensatz zum politischen System stehen und negative Bewertungen der Medien, die für sie zu diesem System gehören, eher als positiv ansehen.

Die Ausblendung der Rahmenbedingungen von politischen Konflikten unter gleichzeitiger Überbetonung vom tatsächlichen Ausmaß der ausgeübten Gewalt wiederum kann der gesellschaftlichen Sanktionierung drastischer Repressionsmaßnahmen und damit der Gewalteskalation Vorschub leisten, während gleichzeitig adäquate Antworten auf die dem Konflikt zugrundeliegenden Problem seitens der Gesellschaft erschwert werden. Ein weiterer Aspekt ist die "erfolgreich" erscheinende Anwendung politischer Gewalt (vgl. Gamson 1980, S. 72-88), die bei Frustrationen über die Unweglichkeit politischer Strukturen als erfolgversprechende Alternative zu den legalen politischen Einflußkanälen erscheint (vgl. Brosius/Esser 1995). Das sich an Gewaltaktionen beteiligende Individuum kann durch zeitlich begrenzte Handlungen sogar zum (wenn auch in der Regel anonymen) Akteur im Fernsehen werden, ohne dabei ein aufwendiges politisches Engagement an den Tag legen zu müssen. Gerade Jugendlichen - sei es aus dem links- oder rechtsextremen Spektrum - mag politische Gewalt deshalb auch als besonders attraktiv erscheinen, weil sie glauben, so dem Gefühl eigener Bedeutungslosigkeit zu entgehen.

Zusammengefaßt können Wirkungen der Darstellung politischer Gewalt in den Massenmedien also in mehrfacher Hinsicht erfolgen: 1. Sie kann Aufmerksamkeit für militante politische Gruppen und deren Ziele sowie deren mögliche Akzeptanz erzeugen. 2. Es besteht die Möglichkeit der Nachahmung der medialen Darstellung von politischer Gewalt durch andere Gruppen oder Individuen ("Lernen am Modell"). 3. Sie kann suggerieren, politische Gewalt sei ein erfolgreiches Gegenmodell zu den verfaßten politischen Einflußkanälen. 4. Sie kann zu steigender Zustimmung zu repressiven Maßnahmen führen, vor allem dann, wenn politische Gewalt losgelöst von den gesellschaftlichen Ursachen dargestellt wird und politische Gewalttäter nicht vom friedlichen Protest unterschieden werden, sondern vielmehr eine Stereotypenbildung in der Darstellung des Bürgerprotests vorherrscht.

Kommunikation ist aber nicht nur für die Weitervermittlung politischer Gewalt in Form von medialer Berichterstattung von Bedeutung, sie stellt für politische Gewaltaktionen, wie im übrigen auch für alle weiteren Formen politischer Partizipation, eine entscheidende Voraussetzung dar, ohne die deren Organisation undenkbar wäre. Da im Gegensatz zu konventioneller wie unkonventioneller legaler Partizipation über illegale Aktionsformen nicht offen in den Massenmedien informiert wird, haben alternative "Szeneblätter", Flugblätter, Treffs von Aktivisten sowie Mund-zu-Mund-Propaganda einen besonders hohen Stellenwert (vgl. Schmidtchen, S. 227). Die interpersonale Kommunikation ist zur Vorbereitung von nicht verfaßten und illegalen Aktionsformen also vermutlich von größerer Bedeutung als die massenmediale Kommunikation. Zudem zeichnet sich vor allem die linke Szene durch einen hohen Grad an Politisierung aus, der sich in einer überdurchschnittlich großen Zahl von politischen Gesprächen wiederspiegelt. Die meisten Massenmedien werden in diesen Kreisen hingegen als "bürgerlich" und systemtreu angesehen und zur Information eher weniger stark in Anspruch genommen. Ähnliches kann mit Einschränkungen sicherlich gleichfalls für die rechtsextreme Szene angenommen werden, wenn auch die allgemeine Politisierung der meisten ihrer Mitglieder und Sympathisanten geringer sein dürfte.

5 Politische Gewalt in Westeuropa

Das Phänomen der politischen Gewalt nicht nur für die Bundesrepublik, sondern auch im europäischen Ausland zu untersuchen, rechtfertigt sich nicht nur mit der angestrebten politischen, wirtschaftlichen und sozialen Einigung der Europäischen Gemeinschaft. Die sicherlich spektakulärste und auch folgenreichste Anwendung politischer Gewalt in Europa seit Kriegsende im Terrorismus der 70er Jahre ereignete sich nicht nur in Deutschland, sondern auch in anderen westeuropäischen Ländern. Zwar war die Bildung von auch gesellschaftlich bedeutenden terroristischen Gruppen auf Italien und die Bundesrepublik begrenzt, aber das Protestpotential, aus welchem sich die deutsche RAF und die italienischen Roten Brigade rekrutierten, existierte auch in anderen westeuropäischen Ländern, so daß die Frage gestellt werden kann, warum in einigen Ländern der EG die politische Gewalt so stark eskalierte und in anderen nicht. Zudem ist die Bewältigung von gesellschaftlichen Konflikten in den verschiedenen EG-Ländern unterschiedlich verlaufen, wurde das Protestpotential in Ländern wie Frankreich und den Niederlanden weitgehend integriert, führten Ausgrenzung und staatliche Repression hierzulande und in Italien zu einer Gewalteskalation (vgl. Steinert 1984).

Für diese Analyse werde ich mich auf die sechs bevölkerungsreichsten Länder der EG beschränken, d.h. auf Deutschland, die Niederlande, Großbritannien, Frankreich, Italien und Spanien. Jedes dieser Länder weist hinsichtlich des Vorkommens politischer Gewalt in der jüngsten Vergangenheit Besonderheiten auf (vgl. Steinert 1984; Backes/Jesse 1989).

Die *Bundesrepublik Deutschland* kennt das Vorkommen politischer Gewalt hauptsächlich seit der Studentenrevolte 1967/68 und der Eskalation der Auseinandersetzung von rebellierenden Studenten mit der Staatsmacht, in deren Folge bewaffnete Terrororganisationen wie die RAF, die "Revolutionären Zellen" (RZ) sowie die "Bewegung 2. Juni" entstanden. Ein Kennzeichen der Entwicklung des linken Protestpotentials in Deutschland in den sechziger und siebziger Jahren war dessen Ausgrenzung seitens der etablierten Parteien sowie das gleichzeitige Fehlen einer politisch bedeutsamen Partei der Linken, die imstande gewesen wäre, diese Gruppen zu integrieren. Die Partei der Grünen, die sich im Anschluß an die Anti-AKW-Bewegung und die Hausbesetzerbewegung formierte, hat - obwohl keine linksrevolutionäre Bewegung - vermutlich eine wesentliche Rolle bei der Integrierung der Protestbewegung ins politische System gespielt. Rechte Gewalt gab es zwar schon in den sechziger und siebziger Jahren, erst die zunehmende Politisierung des Ausländerthemas in den achtziger Jahren führte jedoch zu steigenden Zahlen rechtsextremer Kriminalität bzw. einer größeren Aufmerksamkeit seitens der Medien und der staatlichen Organe.

In den *Niederlanden* hat es im Gegensatz zu der Entwicklung in Deutschland zwar Protestbewegungen gegeben, die durchaus auch Gewalt ausübten. Eine Eskalation hin zum organisierten Terrorismus hat hier aber nie stattgefunden. Behörden und Parteien haben trotz zeitweise harter repressiver Maßnahmen, z.B. gegen die Kraker (Hausbesetzer)-Bewegung in Amsterdam, immer auch versucht, Anliegen und Ziele der Protestbewegungen in die eigene Politik mitaufzunehmen und dadurch eine Eskalation verhindert. Zudem sind traditionell gesellschaftliche Konflikte eher durch Kompromißlösungen als durch Konfrontation gekennzeichnet (vgl. Lepszy 1984).

In *Großbritannien* ist politische Gewalt vor allem durch das Nordirland-Problem und weniger durch die Eskalation einer linken Protestbewegung entstanden. Die Terrororganisation IRA (Irish Republican Army) wiederum hat eher einen konfessionellen Hintergrund und ist trotz der teilweise vorhandenen organisatorischen Verbindungen zur deutschen RAF kaum mit dieser zu vergleichen. Allerdings hat die IRA - im Gegensatz zu den protestantischen Terrorgruppen - die Gewalt in die britische Gesellschaft auch außerhalb Nordirlands mit Bombenattentaten hineingetragen. Die dadurch provozierten drastischen staatlichen Repressionsmaßnahmen riefen wiederum Bürgerproteste als Antwort auf polizeilichen Übergriffen und Justizskandale hervor. Politische Straßengewalt ist aus den Konfrontationen der linken Hausbesetzer- und Punker-Szene mit der Polizei bekannt und auch die rassistischen Übergriffe von National-Front-Aktivisten oder Skinheads sind ein Indikator für das Vorhandensein politisch motivierter Gewaltausübung. Eine Hinwendung zum bewaffneten Terror hat es - im Gegensatz zu Deutschland und Italien - aber weder auf der rechten noch der linken Seite des politischen Spektrums gegeben.

In *Frankreich* kann man sicherlich von einer Art revolutionärer Tradition sprechen. Barrikaden und Straßenkämpfe sind schon aus den französischen Revolutionen von 1830 und 1848 bekannt und weckten noch im Mai 1968 die Illusion, eine breite Koalition aus Studenten, Arbeitern und Angestellten wäre in der Lage, die Regierung zu stürzen. Auch insgesamt sind gesellschaftliche Konflikte sehr oft von Konfrontationen zwischen Staatsmacht und Bürgerprotest gekennzeichnet, wobei dies nicht nur für den Protest der linker Bewegungen gilt, sondern durchaus auch hin und wieder auf den Protest anderer gesellschaftlicher Gruppen zutrifft (z.B. bei Bauernprotesten gegen die EG-Politik). Die polizeiliche Repression ist zwar in der Regel vergleichsweise hart, Eskalationen in Richtung Schußwaffengebrauch sind auf der anderen Seite jedoch stets vermieden worden (vgl. Steinert, S. 487). Trotz des Vorhandenseins terroristischer Gruppen wie der Action Directe hat der Terrorismus in Frankreich keine größere gesellschaftliche Bedeutung gewonnen, das Vorhandensein einer starken KP sowie die fehlende Ausgrenzung des Protestpotentials konnten das Abgleiten linksradikaler Gruppen in den bewaffneten Kampf zumeist auffangen. Im Zuge des wachsenden Rechtsradikalismus in Form von Wahlerfolgen der Front National von Le Pen haben jedoch seit Anfang der achtziger Jahre verstärkt ausländerfeindliche Gewalttaten stattgefunden.

Italien zeichnet sich nicht nur durch die Entstehung einer bedeutenden Terrororganisation auf der Linken, der Roten Brigaden (BR), aus, sondern auch durch einen lange Jahre aktiven rechtsextremen Terrorismus, dessen Aktivitäten ihren Höhepunkt in Bombenanschlägen mit einer großen Anzahl ziviler Opfer fanden wie z.B. dem Attentat auf den Bahnhof von Bologna 1980. Der linksradikale Terrorismus ging im Gegensatz zur deutschen RAF nicht nur aus der Studenrevolte von 1968 hervor, sondern speiste sich auch aus dem nicht gewerkschaftlich organisierten Arbeiterprotest süditalienischer Gastarbeiter. Die Rolle der italienischen Polizei, in verschiedenen und oft nicht miteinander kooperierenden Körperschaften organisiert, ist im Kampf gegen den Terrorismus wie auch überhaupt gegen politischen Protest vor allem durch extreme Repression gekennzeichnet gewesen, die zusammen mit der weitverbreiteten Korruption und Ineffizienz der staatlichen Instanzen ein wesentliches Element zur Legitimierung politischer Gewalt darstellt. Ein bedeutsamer Aspekt ist hierbei auch, daß die Bürger insgesamt wenig Vertrauen in die Sicherheitskräfte haben und es so gut wie keine Zusammenarbeit zwischen beiden Seiten gibt (vgl. Steinert 1984, S. 476).

Spanien ist insofern ein Sonderfall, als daß es bis 1975 diktatorisch regiert wurde. Die zentralistische Hispanisierungspolitik der Franco-Regierung war ursächlich für das Entstehen der baskischen Terrororganisation ETA, die bis heute am bewaffneten Kampf um die Unabhängigkeit festhält, auch wenn ihre Basis in der baskischen Bevölkerung eher dünn ist. Politische Gewalt und staatliche Repression sind deshalb auch weitgehend von diesem Konflikt geprägt worden, der ähnlich wie der Nordirland-Konflikt in Großbritannien einen anderen Hintergrund hat als der Terrorismus in Deutschland oder Italien.

Bei den hier aufgeführten Ländern lassen sich m.E. drei Gruppen unterscheiden: Erstens, Italien und Deutschland als Länder, in denen es eine Entwicklung der linksextremen (in Italien auch der rechtsextremen) Szene hin zur Organisation eines ideologisch motivierten Terrorismus gab, der in den siebziger Jahren in einer dramatischen Auseinandersetzung mit dem Staat mündete; zweitens, Großbritannien und Spanien als Länder, in denen Regionalkonflikte zum bewaffneten Kampf von politischen Organisationen führten und das Bild der politischen Gewalt prägten; drittens, Länder wie Frankreich und vor allem die Niederlande, in denen es zwar gewalttätige politische Konflikte in größerem Ausmaß gegeben hat, die aber nicht zu einem gesamtgesellschaftlich bedeutsamen Terrorismus führten.

Heutzutage haben als virulente Formen des Terrorismus nur die IRA und ETA überlebt, wenn auch der Nordirlandkonflikt jüngst in eine Phase der Verhandlungen übergegangen ist. Die deutsche RAF und die italienischen Roten Brigaden hingegen sind weitestgehend geschwächt; während die Roten Brigaden sich von einer Verhaftungswelle im Jahre 1987 nicht mehr erholt haben, hat die RAF seit dem spektakulären Attentat auf den Bankier Herrhausen kaum noch "Erfolge" aufweisen können, in der linksextremen Szene ist sie zunehmend isoliert und ihr Versuch, eine "westeuropäische Guerilla" aufzubauen, kann angesichts des Zusammenbruchs der meisten westeuropäischen Terrorgruppen als gescheitert angesehen werden (vgl. Horchem 1990).

Eine europaweite neue Form der politischen Gewalt hat sich hingegen mit dem Aufkommen eines ausländerfeindlichen Rechtsextremismus abgezeichnet, der nicht nur in Ländern mit totalitärer Vergangenheit wie Italien und Deutschland, sondern auch in fast allen anderen EG-Ländern in Form von rechtsextremen Wahlerfolgen auf der einen und organisierter Gewalt auf der anderen auftritt (vgl. Bauer/Niedermayer 1990). Daneben existiert natürlich weiterhin das Problem der Straßengewalt linksextremer Gruppen, die sich in jüngster Zeit auch in Reaktion auf die Aktionen der extremen Rechten äußert und so zu einer neuen Form der Eskalation, diesmal nicht mehr zwischen Staatsmacht und Bürgerprotest, sondern zwischen den extremen Polen des politischen Spektrums führen kann.

6 Politischer Protest, politische Gewalt und Repressionshaltung im europäischen Vergleich

Die empirische Basis dieser Untersuchung bilden Umfragen aus den sechs bevölkerungsreichsten Ländern der EG, die im Rahmen des sogenannten Eurobarometers (Nr. 31) für die EG-Kommission durchgeführt wurden (vgl. auch Kaase/Neidhardt 1990; Bauer/Niedermayer 1990). Aufgrund der voneinander abweichenden statistischen Ausgangslagen in den einzelnen Ländern wurden auch unterschiedliche Stichprobenverfahren angewandt, so wurden in (West-) Deutschland (N = 1024) und Spanien (N = 1001) zufällige Haushaltsstichproben, in den Niederlanden (N = 1025) zufällige Personenstichproben und in Großbritannien (N = 976), Frankreich (N = 1005) und Italien (N = 1022) Quotenstichproben erhoben. Für Nordirland wurde eine Sonderstichprobe mit 300 Befragten gezogen, die aber angesichts der besonderen politischen Lage dieses Teils von Großbritannien nicht in die Untersuchung miteinbezogen wurde. Da die Umfragen noch vor der Vereinigung beider deutscher Staaten durchgeführt wurden, beziehen sich alle deutschen Angaben nur auf die Länder der alten Bundesrepublik. Im Fragebogen waren u.a. Fragen nach der Bereitschaft zur Beteiligung an politischen Partizipationsformen, Akzeptanz bzw. Ablehnung staatlicher Repressionsmaßnahmen, Assoziationen mit dem Begriff Gewalt, politischen Einstellungen sowie zum Kommunikationsverhalten enthalten.

Abhängige Variablen in dieser Studie sind nicht nur die Beteiligungsbereitschaft an politischer Gewaltausübung, sondern auch die Bereitschaft zur Teilnahme an illegalen politischen Aktionen sowie die Einstellung zur staatlichen Repression. Der additive Index *Bereitschaft zu illegalen Aktionen* (habe mich schon beteiligt/würde mich bei wichtiger Sache daran beteiligen/würde mich in außergewöhnlicher Situation beteiligen/würde mich unter keinen Umständen beteiligen) besteht aus den Items "Beteiligung an einem wilden Streik", "Besetzung von Fabriken, Ämtern und anderen Gebäuden" sowie "Aufhalten des Verkehrs mit einer Demonstration". Die *Bereitschaft zu politischer Gewalt* wurde in gleicher Weise mit den Items "Beschädigung fremden Eigentums" und "Anwendung von Gewalt gegen Personen" gemessen. Der additive Index *Repressionshaltung* wurde anhand der Ablehnung von bzw. Zustimmung zu (voll/im großen und ganzen) vier Repressionsmaßnahmen gebildet (...wenn Polizisten mit Schlagstöcken gegen Demonstranten vorgehen, ...wenn Gerichte harte Strafen gegen solche Protestierer verhängen, die sich gegen die Anweisungen der Polizei zur Wehr setzen, ...wenn die Regierung zur Aufrechterhaltung von Sicherheit und Ordnung jede öffentliche Demonstration verbietet, ...wenn die "Regierung des jeweiligen Landes" "Militäreinheiten des jeweiligen Landes" einsetzt, um einen Streik zu beenden).

Tab. 1 zeigt die Ablehnung von illegalen Aktionen, politischer Gewalt sowie staatlicher Repression in den sechs untersuchten EG-Ländern. Die Prozentwerte beziehen sich jeweils auf die Zahl derjenigen Befragten, die alle genannten Formen illegaler politischer Beteiligung, beide Formen politischer Gewalt sowie alle aufgeführten Formen staatlicher Repression strikt ablehnen:

Tab. 1: Grundsätzliche Ablehnung von illegaler politischer Aktivität, politischer Gewalt und staatlicher Repression in sechs EG-Ländern

Prozentwerte*

Ablehnung von ...	D	NL	GB	F	I	E
illegaler Aktivität	60	52	54	39	50	64
politischer Gewalt	93	90	90	85	92	93
staatl. Repression	8	4	7	16	20	31
Minimum N =	*(900)*	*(906)*	*(808)*	*(900)*	*(896)*	*(826)*

* Die Prozentangaben summieren sich nicht zu hundert, Basis ist für jede Prozentzahl die Summe der Befragten, die auf die jeweiligen Fragen eine Antwort gab.

Es fällt sofort auf, daß überwältigende Mehrheiten in allen sechs Ländern politische Gewalt grundsätzlich ablehnen. Am niedrigsten fällt dabei die Ablehnung in Frankreich aus, am höchsten ist sie in Westdeutschland und Spanien. Daß die

Franzosen noch den höchsten Anteil an potentieller politischer Gewaltbereitschaft aufweisen, läßt sich aus der revolutionären Tradition dieses Landes erklären sowie durch die Tatsache, daß in Frankreich nicht nur politisch extreme Gruppen oft in Konfrontation mit der staatlichen Seite geraten. Dafür spricht auch die weitaus geringere Ablehnung illegaler politischer Aktionen, die weit unter dem EG-Durchschnitt liegt (vgl. auch Kaase/Neidhardt 1990, S. 24f.). Die Ablehnung illegaler politischer Beteiligung fällt wie schon bei der politischen Gewalt in Deutschland und Spanien am höchsten aus. Hinsichtlich der staatlichen Repressionsmaßnahmen gibt es eine Trennlinie zwischen den nördlichen und südlichen Ländern, während in Westdeutschland, Großbritannien und den Niederlanden nur ein sehr geringer Prozentsatz jegliche staatliche Repression ablehnt, sind es in Frankreich, Italien und vor allem in Spanien zwischen 16 und 31 Prozent. Dies mag dadurch erklärt werden, daß in den mediterranen Ländern das Verhältnis Bürger-Staat von sehr viel mehr Mißtrauen geprägt ist; in Spanien, wo jeder dritte alle vier Repressionsmaßnahmen voll ablehnt, spielen vermutlich auch die Erfahrungen mit der Staatsmacht während der Franco-Diktatur eine Rolle.

Mit Hilfe eines semantischen Differentials wurden die Assoziationen der Befragten mit dem Begriff Gewalt erhoben, dabei wurden Adjektive der Bewertungsdimension (schlecht-gut, nötig-unnötig, häßlich-schön, gefährlich-ungefährlich) und der Kraft-Dimension (stark-schwach, aufregend-langweilig, wirksam-unwirksam) verwendet (zu einer entsprechenden Faktorenanalyse vgl. Kaase/ Neidhardt 1990, S.41ff.). Um zu untersuchen, ob bestimmte Sichtweisen von Gewalt mit der Bereitschaft zu einer Teilnahme an politischer Gewaltausübung einhergehen und so womöglich Hinweise auf individuelle Motivationen für eine solche zu erhalten, wurde die Bereitschaft zur politischen Gewalt mit den Assoziationspaaren korreliert.

Tab. 2: Zusammenhang zwischen der Bereitschaft zu politischer Gewalt und Gewaltassoziationen in sechs EG-Ländern (Semantisches Differential)

Signifikante Korrelationen (Pearsons r)

Assoziationspaar	D	NL	GB	F	I	E
unnötig - nötig	.23	.15	.15	.18	.11	.16
schwach - stark	-	.10	-	-	-	-
schlecht - gut	.20	.22	.14	.16	.21	.08
häßlich - schön	.21	.20	.13	.22	.17	.10
langweilig - aufregen	-	.13	.13	.13	-	-
unwirksam - wirksam	.12	.12	.13	.16	.14	.09
harmlos - gefährlich	.19	.18	.09	.15	.17	-
Minimum N	*(953)*	*(908)*	*(925)*	*(907)*	*(861)*	*(821)*

* Koeffizienten mit einer Irrtumswahrscheinlichkeit p > .05 werden nicht ausgewiesen.

Vier von den Assoziationspaaren zeigen durchgehend signifikante Korrelationen mit der Bereitschaft zu politischer Gewalt (vgl. Tab. 2). Personen, die zu politischer Gewaltausübung bereit sind, bringen also Gewalt mit den Bezeichnungen *nötig*, *gut*, *schön* und *wirksam* eher in Verbindung als diejenigen, die politische Gewalt ablehnen. Außer für Spanien gilt das gleiche auch für die Assoziation von Gewalt als *gefährlich.* Nur in den Niederlanden, Großbritannien und Frankreich steht Gewaltbereitschaft in einem signifikanten Zusammenhang mit der Etikettierung von Gewalt als aufregend, was wiederum Rückschlüsse auf eher hedonistische Motive zur politischen Gewaltausübung in diesen Ländern nahelegt. Die Etikettierung von Gewalt als stark steht nur in den Niederlanden mit der Bereitschaft zu politischer Gewalt in Zusammenhang. Hinsichtlich des Zusammenhangs zwischen politischer Gewaltbereitschaft und Gewaltverständnis zeigt sich zwar insgesamt eine recht große Übereinstimmung in den verschiedenen europäischen Ländern, die nur in drei Ländern gefundenen Korrelationen mit der Assoziation von Gewalt als aufregend zeigt jedoch, daß hier womöglich unterschiedliche individuelle Motivationen zur politischen Gewaltausübung entsprechend der jeweiligen "Protestkultur" vorliegen.

7 Determinanten der Bereitschaft zu illegalen Aktionsformen und politischer Gewalt sowie der Akzeptanz staatlicher Repression

Um die mit politischer Gewalt im Zusammenhang stehenden Einstellungen im europäischen Vergleich zu erklären, bietet es sich an, für die einzelnen Stichproben aus den sechs hier untersuchten Ländern jeweils multiple Regressionsmodelle zu schätzen. Übergreifend für alle Länder wird ein Grundmodell zur Erklärung der Bereitschaft zu illegalen Aktionsformen und politischer Gewalt sowie der Einstellung zur staatlichen Repression angenommen, deren Prädiktoren aus drei unterschiedlichen Bereichen - soziodemographische Daten, Attitüden bzw. Wertvorstellungen und Kommunikationsverhalten - stammen. Als weitere unabhängige Variable geht zur Erklärung der Bereitschaft zur Anwendung politischer Gewalt die Bereitschaft zur Beteiligung an illegalen Aktionen mit ein, da diese als ein Durchgangsstadium zur Verwicklung in politische Gewaltausübung angesehen werden kann. Die Hauptkomponenten des Modells lassen sich graphisch wie in Abb. 1 darstellen.

Soziodemographische Variablen sind dabei *Alter*, *Geschlecht* (männlich=0, weiblich=1), *Bildung* (gemessen in Jahren der Schul- bzw. Hochschulbildung) sowie *Urbanität* (Land, Kleinstadt, Großstadt). Analysen zu politischer Beteiligung haben ergeben, daß vor allem in den älteren Generation illegale Formen der Beteiligung abgelehnt werden, während diese bei Jüngeren eher auf Akzeptanz stoßen. Ähnliches gilt natürlich auch für die Bereitschaft zu politischer Gewalt, während die Zustimmung zu staatlichen Repressionsmaßnahmen mit dem Alter eher zunimmt (vgl. Kaase/Neidhardt 1990).

Abb. 1: Grundmodell zur Erklärung der Einstellungen zu politischer Gewalt durch soziodemographische, Einstellungs- und Kommunikationsvariablen

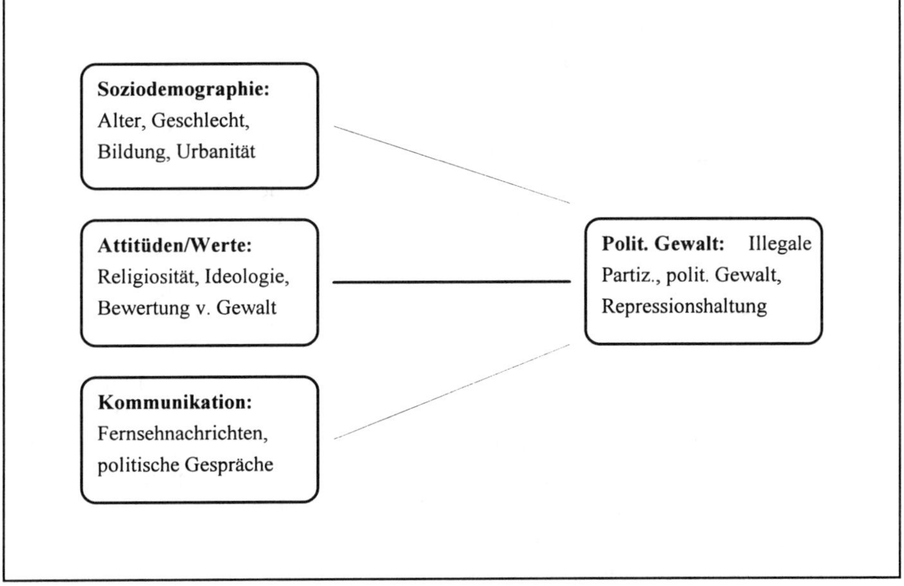

Ein weiterer Faktor zur Erklärung von Gewaltbereitschaft ist das Geschlecht. So tendieren Männer in der Regel in weit höherem Maße zur Anwendung von Gewalt, das gleiche gilt für die Teilnahme an illegalen Aktionen. Aggressionsbereitschaft scheint bei Frauen allgemein sehr viel geringer ausgebildet zu sein als bei ihren männlichen Geschlechtsgenossen. Bildung steht mit Formen unkonventioneller Beteiligung generell in einem positiven Zusammenhang, auch hinsichtlich illegaler bis gewalttätiger Beteiligungsformen läßt sich also eine stärkere Affinität höher gebildeter junger Personen vermuten. Urbanität schließlich kann insoweit ein wichtiger Faktor sein, als daß illegale Aktionen wie auch politische Gewalt und die darauf erfolgenden staatlichen Repressionen häufiger in Großstädten auftreten bzw. erlebbar sind. Wenn auch Bürgerprotest gegen Großflughäfen und AKWs eher auf dem Lande erfolgt, so ist für Bürger im großstädtischen Raum der direkte Kontakt mit illegalen wie gewalttätigen Formen politischer Beteiligung eher wahrscheinlich als auf dem Lande.

Attitüden und Wertvorstellungen sind zum einen die grundsätzliche *Bewertung von Gewalt*, die in Form der Assoziation von diesem Begriff mit den Adjektiven gut oder schlecht gemessen wird (semantisches Differential). Zwar kann eine Etikettierung von Gewalt als "gut" nicht unbedingt als zugrundeliegendes Persönlichkeitsmerkmal genommen werden, da ja gerade Erfahrungen politischer Gewalt bzw. politische Zielsetzungen eine Person dazu gebracht haben mögen, Gewalt als positiv zu beurteilen. Trotzdem soll in Ermangelung eines besseren Indikators diese Variable als Annäherung an eine grundsätzliche Einstellung der Befragten zur Gewalt genommen werden. Zur Messung von *Religiosität* wurde die Frage verwendet, ob sich Befragte als Atheisten, nicht sehr religiös oder religiös bezeichnen. Genauso wie der *Postmaterialismus*-Index (Materialist, gemischt Wertorientierungen, Postmaterialist) handelt sich dabei um Wertvorstellungen, die im Gegensatz zu Einstellungen eher langfristig angelegt sind, letzterer orientiert sich am Konzept des Wertewandels in modernen Industriegesellschaften von Ronald Inglehart (1971). Materialisten sind dabei Bürger, die traditionelle Werte wie die Aufrechterhaltung von Ruhe und Ordnung sowie Preisstabilität neuen Werte wie der Wahrung der Meinungsfreiheit und der Schaffung größerer Mitbestimmungsrechte den Vorzug geben, Postmaterialisten solche, die die neuen Werten präferieren. Empirischen Studien haben immer wieder auf den Zusammenhang zwischen solchen Wertorientierungen und politischen Partizipationsformen hingewiesen (Kaase/Neidhardt 1990, S. 36f.; Klingemann 1991, S. 395f.). Die *Links-Rechts-Dimension*, erhoben mit einer Zehn-Punkte-Skala (1=links, 10=rechts), gibt die ideologische Position wieder (vgl. Fuchs/Klingemann 1990). Durch eine einfache Manipulation dieser Variable kann auch Extremismus gemessen werden, in dem die Mittelpositionen (5 und 6) zu einem Wert 0 zusammengefaßt werden und 1 bis 4 die Entfernung in beide Richtungen angeben. Der Vorteil dabei ist, daß losgelöst von der Links-Recht-Dimension extreme ideologische Positionen erhoben werden können, die beide unabhängig voneinander im Zusammenhang mit der Anwendung politischer Gewalt stehen können. Eine weitere unabhängige Variable ist die Einstellung zum *Gesellschaftssystem*, die auf der Frage basiert, ob der Befragte den "Status quo" auf alle Fälle erhalten, die Gesellschaft durch Reformen schrittweise verändern oder einen revolutionären Umbruch herbeiführen wolle. Diese Variable stellt zusätzlich zur Links-Rechts-Dimension einen weiteren Indikator zur Messung von Konservativismus bzw. Radikalismus dar.

Auf das Kommunikationsvariablen wurden anfänglich drei, später nur noch zwei Informationsfragen verwendet. Die Frage, wie oft der Befragte eine Tageszeitung liest, erwies sich in keinem der Modelle als signifikanter Prädiktor und wurde fallengelassen. Verwendet wurde die Variable *Fernsehnachrichten* (Nutzungshäufigkeit: Täglich, einige Male in der Woche, ein- bis zweimal in der Woche, seltener, nie) sowie die Häufigkeit der Teilnahme an *politischen Gesprächen* (oft, ab und zu, nie). Die interpersonale Kommunikation ist dabei nicht nur ein Indikator von Informationsverhalten, sondern gibt auch das politische Umfeld des Befragten wieder, da in politisch sehr aktiven Kreisen von einer hohen Diskussionsbereitschaft auszugehen ist.

Tab. 3 zeigt die Ergebnisse der Modellschätzungen für die Bereitschaft zur Beteiligung an illegalen Aktionen. Durchgehend gute Prädiktoren sind Alter, die Links-Rechts-Dimension sowie die interpersonale Kommunikation. Mit zunehmendem Alter sinkt diese Bereitschaft in allen sechs Ländern, am stärksten ist dieser Zusammenhang in den Niederlanden und Frankreich, am schwächsten in Spanien.

Tab. 3: Regressionsmodelle zur Erklärung der Bereitschaft zu illegalen politischen Aktionen in sechs EG-Ländern mit soziodemographischen, Einstellungs- und Kommunikationsvariablen

signifikante Betas*

	D	NL	GB	F	I	E
Alter	-.14	-.24	-.17	-.23	-.21	-.09
Geschlecht (weibl.)	-*	-.10	-	-.06	-	-
Bildung	-	.08	-	-	-	-
Urbanität	-	.09	-	-	-	-
Bewertung von Gewalt	-	.16	.06	.14	.10	-
Religiosität	-.09	-	-.12	-.08	-.10	-.19
Postmaterialismus	.17	.11	-	.08	.11	.12
Links-Rechts-Skala	-.08	-.21	-.26	-.18	-.13	-.11
Extremismus	-	.06	.13	-	-	-
Gesellschaftssystem	.07	.11	-	.08	-	-
TV-Nachrichten	-.11	-	-	-	-	-
Politische Gespräche	.15	.14	.13	.14	.12	.10
R^2	.19	.31	.22	.24	.20	.21
Minimum N =	*(835)*	*(839)*	*(821)*	*(827)*	*(739)*	*(632)*

* Koeffizienten mit einer Irrtumswahrscheinlichkeit p > .05 werden nicht ausgewiesen. Paarweiser Ausschluß fehlender Werte.

Die Frage der ideologischen Einordnung ins Links-Rechts-Schema ist zwar überall signifikant - je weiter Befragte sich politisch rechts einordnen, desto geringer ist auch ihre Bereitschaft zur Teilannahme an illegalen Aktionen -, erstaunlicherweise sind aber einige Unterschiede hinsichtlich deren Gewichtigkeit festzustellen. Während in den Niederlanden und Großbritannien diese Variable einen sehr starken Einfluß ausübt, fällt dieser in Spanien und vor allem in Deutschland eher schwach aus.

Die Frage nach einer postmaterialistischen Wertorientierung ist hierzulande im Gegenzug ein sehr viel wichtigerer Prädiktor, ein Umstand, der sich womöglich mit den Erfahrungen vieler Bürger mit der nicht nur im linken Spektrum vertretenen Anti-AKW-und Friedens-Bewegung erklären läßt. Die Bereitschaft, zur Durchsetzung von politischen Zielen auch Gesetze zu brechen, steigt mit der Häufigkeit politischer Gespräche in allen sechs Ländern. Dies ist allerdings nicht so sehr im Sinne einer Kausalwirkung zwischen Informationsverhalten und Partizipationsbereitschaft, sondern eher dahingehend zu interpretieren, daß politische Diskussionen Kennzeichen politisch aktiver Kreise ist, die Variable also in diesem Modell die Zugehörigkeit zu politisch aktiven Milieus wiedergibt.

Religiosität übt in fünf Ländern einen negativen Einfluß auf die Bereitschaft zu illegaler politischer Beteiligung aus, je stärker Befragte sich der Religion verbunden fühlen, desto eher beharren sie auf der Rechtstaatlichkeit politischer Partizipation. Sicherlich ist diese Variable gleichzeitig ein starker Indikator für ein eher konservatives Weltbild, am stärksten fällt sie dabei in Spanien ins Gewicht, was angesichts der historischen Entwicklung dieses Landes mit seinem Antagonismus zwischen der im Katholizismus verwurzelten Rechten und einer eher antiklerikalen Linken sowie vor dem Hintergrund der klerikal-faschistischen Franco-Diktatur plausibel erscheint. Das diese Variable in den Niederlanden hingegen nicht signifikant ist, kann damit erklärt werden, daß in der niederländischen Gesellschaft der Konflikt zwischen Klerikalismus und Laizismus durch die gesellschaftlichen Kompromisse zwischen Katholiszismus, Calvinismus, liberalem Bürgertum und Arbeiterbewegung nicht recht zum Tragen kam und so keine so bedeutsame Position in der Ausformung politischer Einstellungen einnimmt (vgl. Lepszy 1984).

Der Extremismus nimmt unabhängig von der Links-Rechts-Dimension nur in den Niederlanden und Großbritannien Einfluß auf die Bereitschaft zu illegaler Beteiligung, die in diesen Ländern also nicht nur auf der linken Seite des politischen Spektrums, sondern auch auf der extrem rechten Position anzutreffen ist. Ins Auge fällt außerdem der nur in den Niederlanden vorhandene positive Einfluß von Bildung und Urbanität, ein Umstand, der sich vielleicht am ehesten durch die außerordentliche Bedeutung der auf Amsterdam konzentrierten Kraker-(Hausbesetzer-)Bewegung erklären läßt. Besonders auffällig ist der negative Einfluß der Nutzung von Fernsehnachrichten, der nur in Deutschland auftritt. Inwieweit es sich hierbei um tatsächliche Medienwirkungen - womöglich durch die Konzentration der Fernsehberichterstattung auf die violenten Aspekte (Steine werfende Vermummte) von illegalen Protestaktionen - handelt, läßt sich nicht abschließend beantworten. Es spricht immerhin auch einiges dafür, daß der Zusammenhang hier eher ein Artefakt des Zusammenhangs zwischen staatsbürgerlichem Selbstverständnis und Mediennutzung ist, wobei ersteres in unserem Modell die eigentlich bedeutsame Variable ist. Dabei mag der außerordentliche Stellenwert öffentlich-rechtlicher Nachrichtensendungen (dabei vor allem der ARD-"Tagesschau") im Fernsehverhalten eine Rolle spielen, deren tägliche Nutzung nicht nur das allgemeine Informationsverhalten prägt (vgl. Darschin/Frank 1990, S. 258), sondern womöglich gleichzeitig bestimmte weltanschauliche Positionen wiederspiegelt.

Die moralische Bewertung von Gewalt zeigt sich für die illegale Beteiligungsbereitschaft in den Niederlanden, Großbritannien, Frankreich und Italien als signifikant, d.h. eine positive Evaluation von Gewalt steigert sie in diesen Ländern. Dies weist daraufhin, daß eine Akzeptanz von Gewalt als positivem Mittel dort durchaus eine Einfluß auf die Beteiligung an illegalen Aktionen haben kann. Die Abwesenheit dieses Faktors in Deutschland hängt vermutlich mit der hierzulande großen Bedeutung des gewaltfreien Widerstands zusammen, der zwar illegale Aktionen rechtfertigt, Gewalt aber strikt ablehnt.

Tab. 4: Regressionsmodelle zur Erklärung der Bereitschaft zu politischer Gewalt in sechs EG-Ländern mit soziodemographischen, Einstellungs- und Kommunikationsvariablen

signifikante Betas*

	D	NL	GB	F	I	E
Alter	-*	-	-.10	-.12	-	-
Geschlecht (weibl.)	-	-	-.07	-.12	-	-
Bildung	-	-	-	-	-	-
Urbanität	-	-	-	-	-	-
Bewertung von Gewalt	.18	.15	.08	.10	.14	-
Religiosität	-	-	-	-.07	-	-
Postmaterialismus	-	-	-	-	-	-
Links-Rechts-Skala	.07	-	-	-	.10	-
Extremismus	-	-	-	-	.14	-
Gesellschaftssystem	-	-	-	-	-	.07
TV-Nachrichten	-	-	-.13	-	-.07	-
Politische Gespräche	-	-	-	-	-	-
Illegale Aktionen	.40	.34	.33	.25	.33	.49
R^2	.19	.18	.18	.15	.22	.25
Minimum N =	*(835)*	*(839)*	*(821)*	*(827)*	*(739)*	*(632)*

* Koeffizienten mit einer Irrtumswahrscheinlichkeit p > .05 werden nicht ausgewiesen. Paarweiser Ausschluß fehlender Werte.

Zur Erklärung der Bereitschaft zu politischer Gewalt (vgl. Tab. 4) ist in allen sechs Ländern die Bereitschaft zur Beteiligung an illegalen Aktionen ein durchgehend starker Prädiktor. Politische Gewaltausübung wird also vor allem von denjenigen in Erwägung gezogen, die die Legalität politischen Protests nicht zur Vorausetzung für eine Beteiligung ansehen. Unabhängig davon ist eine positive moralische Bewertung von Gewalt ein weiterer signifikanter Prädiktor in allen Länder außer Spanien. Die Disposition zur Gewalt im allgemeinen kann also als zweite wichtige Determinante der Bereitschaft zur politischen Gewaltanwendung angesehen werden. Auffällig ist weiterhin, daß die Links-Rechts-Dimension in Deutschland und Italien positiv ins Gewicht fällt; je weiter rechts ein Befragter steht, desto stärker wird seine Bereitschaft zur politischen Gewaltanwendung. Ohne die Berücksichtigung der Teilnahme an illegalen politischen Aktionen fällt dieser Zusammenhang entgegengesetzt aus, die positiven Koeffizienten der Links-Rechts-Skala in diesen beiden Ländern zeigen also die vorhandene Gewaltbereitschaft der extremen

Rechten an, wenn die Beteiligungsbereitschaft an den typischen Aktionsformen der Linken herauspartialisiert wird. In Italien zeigt sich zusätzlich noch Extremismus als signifikanter Prädiktor; dies weist auf die in diesem Land starke Affinität der extremen Pole des politischen Spektrums zur Gewaltausübung hin, die sich historisch im Terror der Roten Brigaden wie auch der neofaschistischen Rechten gezeigt hat. Besonders auffällig ist, daß in Großbritannien wie Italien die Häufigkeit des Ansehens von Fernsehnachrichten mit der politischen Gewaltbereitschaft in einem negativen Zusammenhang steht. Ob dies nun ein Effekt besonders drastischer Darstellungen politischer Gewalt in Nachrichtensendungen (z.B. terroristischer Anschläge etc.) in diesen Ländern ist, oder es sich dabei - ähnlich wie man es für Deutschland vermuten kann - nur um eine Auswirkung des Zusammentreffens bestimmter staatsbürgerlicher Attitüden und Formen der Mediennutzung handelt, muß im Rahmen dieser Analyse dahingestellt bleiben.

Tab. 5: Regressionsmodelle zur Erklärung von Repressionshaltung in sechs EG-Ländern mit soziodemographischen, Einstellungs- und Kommunikationsvariablen

signifikante Betas*

	D	NL	GB	F	I	E
Alter	.08	.10	-	.14	-	.22
Geschlecht (weibl.)	-.08	-	-	-	-	-.10
Bildung	-.06	-.12	-.10	-	-.11	-
Urbanität	-.08	-.11	-	-.09	-	-
Bewertung von Gewalt	.06	-	-	-	-	-
Religiosität	-	-	-	-	-	-
Postmaterialismus	-.24	-.21	-.18	-.19	-.11	-.17
Links-Rechts-Skala	.28	.25	.36	.29	.26	.17
Extremismus	-	.07	-	-	-	-
Gesellschaftssystem	-.13	-.10	-.06	-	-	-
TV-Nachrichten	-	-	-	-	-	-
Politische Gespräche	-	-	-.10	-.08	-	-
R^2	.28	.27	.27	.23	.14	.15
Minimum N =	*(815)*	*(882)*	*(735)*	*(820)*	*(723)*	*(632)*

* Koeffizienten mit einer Irrtumswahrscheinlichkeit p > .05 werden nicht ausgewiesen. Paarweiser Ausschluß fehlender Werte.

Die Einstellung zu staatlicher Repression (vgl. Tab. 5) wird durchgehend von der Links-Rechts-Dimension sowie der postmaterialistischen Wertorientierung bestimmt. Rechte und materialistisch orientierte Befragte neigen erwartungsgemäß zu einer Zustimmung zu staatlicher Repression, während Linke und Postmaterialisten diese eher ablehnen. Daß in den Niederlanden extreme politische Positionen die Akzeptanz staatlicher Repression erhöhen, ist sicherlich ein erstaunliches Ergebnis. Zwar läßt sich damit zeigen, daß auch gerade auf der extremen Linken autoritäre Maßnahmen - vor allem, wenn sie von linken Regimes getroffen werden - befürwortetet werden, warum sich dieser Zusammenhang aber gerade und nur in den Niederlanden zeigt, muß dahingestellt bleiben. Die Einstellung zur möglichen Veränderung des Gesellschaftssystems hat nur in den nordeuropäischen Ländern einen Einfluß auf die Akzeptanz staatlicher Repression, wo die Befürworter des Status quo vermehrt zur Befürwortung, Anhänger revolutionärer Veränderungen hingegen zur Ablehnung von Repressionsmitteln neigen. Die Abwesenheit dieses Faktors in den romanischen Ländern mag damit erklärt werden, daß dort das Verhältnis Bürger-Staat generell distanzierter und die Ablehnung bzw. Befürwortung von staatlicher Gewalt weniger von der Einstellung zum Gesellschaftssystem geprägt ist als von anderen Faktoren. Die auch insgesamt geringere Varianzerklärung der Modelle vor allem in Italien und Spanien spricht gleichfalls für diese Annahme.

Der positive Effekt von Alter in einer Reihe von Ländern entspricht der Erwartung, daß mit zunehmendem Alter gesellschaftlicher Protest abgelehnt und daher die Repression als notwendig angesehen wird. Dabei ist natürlich auch der Unterschied zwischen den ersten Nachkriegsgenerationen und den Generationen nach 1968 bedeutsam. Der negative Effekt von Urbanität und Bildung in einigen Ländern bestätigt, daß bürgerlicher Protest am ehesten in urbanen und höher gebildeten Gruppen anzutreffen ist, die dementsprechend auch gegen den Einsatz staatlicher Repression eingestellt sind. Interessant ist, daß eine positive moralische Bewertung von Gewalt nur in Deutschland die Akzeptanz von Repressionsmaßnahmen erhöht. Anscheinend wird nur hierzulande für die Bewertung staatlicher Repression auch diejenige der Gewalt im allgemeinen bedeutsam, während in anderen Ländern derartige Maßnahmen weniger als Gewalt sondern eher als notwendige Mittel zur Durchsetzung staatlicher Legitimität angesehen werden. Der negative Effekt der politischen Gesprächsteilnahme in Großbritannien und Frankreich ist sicherlich - wie schon zuvor deren positiver Effekt in allen Ländern auf die Bereitschaft zur illegalen Partizipation - mit deren hoher Frequenz in politisch aktiven Kreisen zu erklären, in denen staatliche Repression als den eigenen Aktivitäten entgegengesetzt angesehen wird. Fernsehnachrichtennutzung wie auch Religiosität spielen in keinem der untersuchten Länder eine Rolle für die Bewertung staatlicher Repression.

8 Zusammenfassung

Politische Gewalt ist ein Phänomen, welches sich in allen Ländern dieser Welt wiederfindet. Es ist sicherlich nicht übertrieben, nicht so sehr die Anwesenheit von politischer Gewalt als deren Abwesenheit als "voraussetzungreichere[n] (und möglicherweise erklärungsbedürftigere[n] und damit unwahrscheinlichere[n] Tatbestand" (Eckert/Willems 1993, S. 35) anzusehen. Die Regelung politischer Konflikte auf gewaltfreiem Wege ist ein Wesensmerkmal der Verfassung demokratischer Systeme, daß politische Gewalt trotzdem auftritt, liegt in der Regel am Fehlen adäquater Regelungsmechanismen für bestimmte gesellschaftliche Konflikte, die in allen westlichen Demokratien von Zeit zu Zeit auftreten. Die Lösung gewaltätiger Konflikte hängt immer davon ab, in welchem Maße staatliche Repression und politische Kompromißbereitschaft adäquate Antworten auf den gesellschaftlichen Protest darstellen, d.h. inwieweit staatliches Überreagieren oder auf der anderen Seite das Fehlen polizeilicher Maßnahmen den Konflikt eskalieren lassen bzw. die Umsetzung der vom Bürgerprotest geforderten Ziele in die politische Agenda von Staat und Parteien den Konflikt zu entschärfen vermag. Letzteres kann sich angesichts irrationaler Beweggründe des Protests (z.B der Fremdenfeindlichkeit) oft als zweifelhaft erweisen, so kann die einfache Übersetzung durch Gewalttaten proklamierter politischer Ziele in die Politik (wie z.B. der Asylkompromiß zwichen Bundesregierung und SPD-Opposition 1992) Gewalt als erfolgreiches Mittel erscheinen lassen und eher zu einer weiteren Eskalation beitragen.

Am Beispiel der hier untersuchten sechs EG-Ländern zeigt sich, daß politische Gewalt als Form der politischen Beteiligung in Westeuropa generell auf nur geringe Zustimmung stößt, ihre Akzeptanz aber durchgehend von den gesellschaftlichen Konflikten der letzten zwanzig Jahre geprägt ist. Persönlichkeitsbedingte Variablen sind sicherlich ein wichtiger Grund für die Bereitschaft zu politischer Gewalt, deren wichtigste Determinante jedoch eher die Bereitschaft zur Beteiligung an unverfaßten und illegalen Protestaktionen ist, indem sie eine entscheidende, oft eher situativ geprägte Voraussetzung für eine tatsächliche Gewaltausübung darstellen. Die Bereitschaft zur illegalen Partizipation ihrerseits ist in allen sechs Ländern ein Produkt der ideologischen Konflikte wie auch der Zugehörigkeit zu politisch aktiven Kreisen, die oft genug eine Voraussetzung für die Teilnahme an illegalen Aktionen ist. Das gleiche gilt im übrigen auch für die Einstellung zu staatlichen Repressionsmaßnahmen, deren wesentliche Determinanten die Links-Rechts-Dimension und die Wertorientierungen darstellen.

Zwischen den einzelnen Ländern zeigen sich Unterschiede, die sich mit der unterschiedlichen Entwicklung bzw. der aus dieser entstandenden jeweiligen politischen Kultur heraus erklären lassen. Die Zustimmung zu illegalen und gewalttätigen Aktionsformen fällt - womöglich aufgrund seiner revolutionären Tradition - in Frankreich höher aus als in anderen Ländern. Die Ablehnung staatlicher Repression wiederum ist in den Mittelmeerländern aufgrund der dort größeren Distanz zwischen Staat und Bürger stärker ausgeprägt als in den nordeuropäischen

Ländern. Diese Unterschiede spiegeln sich auch in den Erklärungsmodellen für illegale und gewalttätige Partizipationsbereitschaft sowie Repressionshaltung wieder. Der Trend zu rechtsextremer Gewaltbereitschaft zeigt sich in Deutschland und Italien, die Nutzung von Fernsehnachrichten hat in Großbritannien wie auch in Italien einen negativen Effekt in bezug auf die Bereitschaft zu politischer Gewalt, wenn deren Interpretation im Sinne einer Medienwirkung auch spekulativ bleiben muß. Die Teilnahme an politischen Gesprächen kann als Indikator für die Zugehörigkeit zu politisch aktiven Milieus angesehen werden, in denen eine hohe Bereitschaft zur Beteiligung an illegalem Bürgerprotest anzutreffen ist.

Ein wichtiges Fazit dieser Analyse ist sicherlich, daß eine vergleichende Perspektive im europäischen Rahmen durchaus sehr wichtige Hinweise auf die Allgemeingültigkeit bestimmter Annahmen über politisches Verhalten insgesamt geben kann und die Unterschiede zwischen den verschiedenen politischen Kulturen darzustellen vermag, die bei einer Beschränkung auf die rein deutsche Perspektive - oder die eines anderen Landes - nicht sichtbar werden. Dies kann sich vor allem dort als fruchtbar erweisen, wo besondere politische Entwicklungen ganz spezifische Formen der politischen Auseinandersetzung hervorgerufen haben, die nicht allein durch übergreifende theoretische Modelle, sondern nur unter Einbeziehung des historisch-sozialen Kontextes des betreffenden Landes angemessen erklärt werden können.

Literatur

Backes, U./Jesse, E. (1989): Politischer Extremismus in westeuropäischen Demokratien - Rechtsextremismus, Linksextremismus und Terrorismus im Vergleich. In: Backes, U./Jesse E.: Extremismus und Demokratie. Bonn, S. 7-44.

Bandura, A. (1973): Aggression. A social learning analysis, Englewood Cliffs.

Barnes, S. H./Kaase, M. et al. (1979): Political Action. Mass Participation in Five Western Democracies. Beverly Hills u. London.

Bauer, P./Niedermayer, O. (1990): Extrem rechtes Potential in den Ländern der Europäischen Gemeinschaft. In: Aus Politik und Zeitgeschichte. Beilage zur Wochenzeitschrift "Das Parlament", Nr. 46-47, S. 15-26.

Brosius, H./Weihmann, G. (1991): The contagiousness of mass mediated terrorism. In: European Journal of Communication, 6, S. 63-75.

Brosius, H./Esser, F. (1995): Fernsehen als Brandstifter? Unerwünschte Nebenwirkungen der Berichterstattung über fremdenfeindliche Gewalt, S. 235-257.

Claus, T./Herter, D. (1994): Jugend und Gewalt. Ergebnisse einer empirischen Untersuchung an Magdeburger Schulen. In: Aus Politik und Zeitgeschichte. Beilage zur Wochenzeitschrift "Das Parlament", Nr. 38, S. 10-20.

Dahlem, S. (1989): Politische Gewalt in den Massenmedien. In: Heitmeyer, W./Möller, K./Sünker, H. (Hg.): Jugend - Staat - Gewalt. Politische Sozialisation von Jugendlichen, Jugendpolitik und politische Bildung. Weinheim/München, S. 245-261.

Darschin, W./Frank, B. (1990): Tendenzen im Zuschauerverhalten. Fernsehgewohnheiten und Fernsehreichweiten im Jahr 1989. In: Media Perspektiven 4/90, S. 254-269.

DeNardo, J. (1985): Power in Numbers. The Political Strategy of Protest and Rebellion. Princeton.

Eckert, R. (1992): Politische Beteiligung, Proteste und Gewalttätigkeit. In: Starzacher, K./Schacht, K./Friedrich, B. u.a. (Hg.): Protestwähler und Wahlverweigerer. Krise der Demokratie? Köln, S. 77-93.

Eckert, R./Willems, H. (1993): Politisch motivierte Gewalt. In: Informationszentrum Sozialwissenschaften (Hg.): Gewalt in der Gesellschaft - eine Dokumentation zum Stand der sozialwissenschaftlichen Forschung seit 1985. Bonn, S. 27-59.

Fuchs, D. (1984): Die Aktionsformen der neuen sozialen Bewegungen. In: Falter, J. W./Fenner, C./Greven, M. T. (Hg.): Politische Willensbildung und Interessenvermittlung. Opladen, S. 621-634.

Fuchs, D./Klingemann, H.-D. (1990): The Left-Right-Schema. In: Jennings, M. K./Deth, J. W. van et al. (Hg.): Continuities in Political Action. A Longitudinal Study of Political Orientations in Three Western Democracies. Berlin/New York, S. 203-234.

Galtung, J. (1975): Strukturelle Gewalt. Beiträge zur Friedens- und Konfliktforschung. Reinbek.

Gamson, W. A. (1975): The Strategy of Social Protest. Homewood (Ill.).

Halloran, J. D./Elliot, P./Murdock, G. (1970): Demonstrations and Communication: A Case Study. Harmondsworth.

Heitmeyer, W. (1989): Rechtsextremistisch motivierte Gewalt und Eskalation. In: Heitmeyer, W./Möller, K./Sünker, H. (Hg.): Jugend - Staat - Gewalt. Politische Sozialisation von Jugendlichen, Jugendpolitik und politische Bildung. Weinheim/München, S. 205-218.

Heitmeyer, W. (1993): Gesellschaftliche Desintegrationsprozesse als Ursachen von fremdenfeindlicher Gewalt und politischer Paralysierung. In: Aus Politik und Zeitgeschichte. Beilage zur Wochenzeitschrift "Das Parlament", Nr. 2-3, S. 3-13.

Hennig, E. (1989): Was leistet das Konzept der "strukturellen Gewalt"?. In: Heitmeyer, W./Möller, K./Sünker, H. (Hg.): Jugend - Staat - Gewalt. Politische Sozialisation von Jugendlichen, Jugendpolitik und politische Bildung. Weinheim/München, S. 57-79.

Horchem, H. J. (1990): Der Verfall der Roten Armee Fraktion. In: Aus Politik und Zeitgeschichte. Beilage zur Wochenzeitschrift "Das Parlament", Nr. 46-47, S. 54-61.

Inglehart, R. (1977): The Silent Revolution: Changing Values and Political Styles Among Western Publics. Princeton.

Kaase, M./Neidhardt, F. (1990): Politische Gewalt und Repression. Ergebnisse von Bevölkerungsumfragen. In: Schwind, H. D./Baumann, J. u.a. (Hg.): Ursachen, Prävention und Kontrolle von Gewalt. Analysen und Vorschläge der

Unabhängigen Regierungskommission zur Verhinderung und Bekämpfung von Gewalt (Gewaltkomission): Band IV. Berlin, S. 1-71.

Kepplinger, H. M. (1979): Der Einfluß der Konfliktstruktur auf die Darstellung und Wahrnehmung politischer Gewalt. Zwei empirische Untersuchungen. In: Publizistik, 24, 3, S. 317-336.

Kepplinger, H. M./Weissbecker, H. (1991): Negativität als Nachrichtenideologie. In: Publizistik, 36, 3, S. 330-342.

Klingemann, H.-D. (1991): Bürger mischen sich ein: Die Entwicklung der unkonventionellen politischen Beteiligung in Berlin, 1981-1990. In: Klingemann, H.-D./Stöss, R./Weßels, B. (Hg.): Politische Klasse und politische Institutionen. Probleme und Perspektiven der Elitenforschung. Opladen, S. 375-403.

Lepszy, N. (1984): Die "Versäulungsdemokratie" in der Krise? Zur politischen Kultur der Niederlande. In: Reichel, P. (Hg.): Politische Kultur in Westeuropa. Bürger und Staaten in der Europäischen Gemeinschaft. Bonn, S. 270-291.

Neidhardt, F. (1984): Gewalt. Soziale Bedeutungen und sozialwissenschaftliche Bestimmungen des Begriffs. In: Bundeskriminalamt (Hg.): Was ist Gewalt? Auseinandersetzungen mit einem Begriff. Bd. 1: Strafrechtliche und sozialwissenschaftliche Darlegungen (Sonderband der BKA - Forschungsreihe, von Volker Krey und Friedhelm Neidhardt). Wiesbaden, S. 109-147.

Neidhardt, F. (1989): Gewalt und Gegengewalt. Steigt die Bereitschaft zu Gewaltaktionen mit zunehmender staatlicher Kontrolle und Repression? In: Heitmeyer, W./Möller, K./Sünker, H. (Hg.): Jugend - Staat - Gewalt. Politische Sozialisation von Jugendlichen, Jugendpolitik und politische Bildung. Weinheim/München, S. 233-243.

Pilz, G. A. (1993): Jugend, Gewalt und Rechtsextremismus. Möglichkeiten und Notwendigkeiten politischen, polizeilichen und (sozial-) pädagogischen Handelns. Hannover.

Schmidtchen, G. (1983): Jugend und Staat. Übergänge von Bürger-Aktivität zur Illegalität. In: Matz, U./Schmidtchen, G. (Hg.): Gewalt und Legitimität. Analysen zum Terrorismus Bd. 4/1. Opladen, S. 105-264.

Schneider, H./Hoffmann-Lange, U. (1993): Gewaltbereitschaft und politische Orientierungen Jugendlicher. Ergebnisse empirischer Studien bei Jugendlichen in West- und Ostdeutschland. In: Landeszentrale für politische Bildung Baden-Württemberg (Hg.): Agression und Gewalt. Stuttgart, S. 115-135.

Schulz, W. (1968): Die Studentendemonstrationen beim Schah-Besuch in Berlin. Ergebnisse einer Inhaltsanalyse der Publizistischen Stichprobe. In: Publizistik, 13., 1, S. 30-40.

Staab, H. (1990): Formale Struktur und empirischer Gehalt der Nachrichtenwerttheorie. Freiburg u.a.

Steinert, H. (1984): Sozialstrukturelle Bedingungen des "linken Terrorismus" der 70er Jahre. Aufgrund eines Vergleichs der Entwicklungen in der Bundesrepublik Deutschland, in Italien, Frankreich und den Niederlanden. In: Sack, F./Steinert, H. (Hg.): Protest und Reaktion. Opladen (Reihe Analysen zum Terrorismus Bd. 4/2) S. 387-601.

Uehlinger, H. (1988): Politische Partizipation in der Bundesrepublik. Opladen.

Winterhoff-Spurk, P. (1994): Gewalt in Fernsehnachrichten. In: Jäckel, M./Winterhoff-Spurk, P.: Politik und Medien. Analysen zur Entwicklung der politischen Kommunikation. Berlin, S. 55-69.

Mediengewalt: Sozialer Ernstfall oder medienpolitischer Spielball? Ein Dauerthema im Interessenclinch zwischen Politik, Kommerz und Wissenschaft

Hans-Dieter Kübler

1 Gewalt - ein gesamtgesellschaftliches Phänomen

Gewalt wird in Deutschland alltäglich, Aggressivität selbstverständlich - titelte der "Spiegel" Mitte Januar 1994 (Nr. 3 vom 17. Januar 1994, S. 70ff.) für aufmerksame Zeitgenossen gewiß nicht zum ersten Mal, und wie dieses Magazin tun es immer wieder viele andere Medien, auf mehr oder weniger gesichertem Fundament.

Die Indizien dafür - so heißt es allenthalben - häufen sich alarmierend: Die Kriminalitätsraten steigen unaufhaltsam, zumal die Quote der Raubdelikte rasant eskaliere . Besonders verbreite sich eine Art alltägliche Militanz, die von der offiziellen Kriminalstatistik nicht erfaßt wird. Auf deutschen Schulhöfen regiere nur noch rohe Gewalt, schon in den Kindergärten und Kindertagesheimen malträtieren sich die Kleinen mit brutaler Rücksichtlosigkeit, ohne Gefühl und Verantwortung für die Befindlichkeit des Anderen. Und was in den Familien täglich passiere, lassen die offiziellen Daten nur erahnen: Über 1.400 Fälle von Kindesmißhandlungen wurden 1993 bekannt, mehr als eine Million Kinder - so schätzte der Kinderschutzbund 1994 ("Frankfurter Rundschau" Nr. 217 vom 17. September 1994) - werden von ihren Eltern mit Gegenständen geschlagen, fast 60.000 erleiden dadurch körperliche Verletzungen. Aber die meisten Tätlichkeiten in den Familien bleiben unentdeckt. Ebenso im Dunkeln liegen die Mißhandlungen und die sexuellen Nötigungen von Frauen in den Familien: bis zu vier Millionen nehmen manche Hochrechungen an. Viele Schüler, besonders in den Großstädten, tragen ständig waffenähnliche Gerätschaften oder gar Mordwerkzeuge mit sich herum, bedrohen damit ihre Altersgenossen und werden immer häufiger gegeneinander tätlich.

Auch die allgemeinen Einstellungen scheinen sich zu ändern: Gewalt werde zunehmend enttabuisiert. Umfragen bestätigen, daß immer mehr Erwachsene glauben, viele Konflikte seien nur noch mit Gewalt zu lösen. Opfer werden vor allem Schwache und Benachteiligte, an denen sich Wut und Ohnmacht gleichermaßen stellvertretend austoben: Behinderte, Obdachlose, Alte und Homosexuelle, Ausländer und politisch Andersdenkende. Die vagabundierenden, mehr und mehr auch professionell verbreiteten Ideologien des Rassismus und der Überlegenheit des wieder erstandenen "arischen" Menschen liefern umstandslos Rechtfertigungen für grausige Exzesse und glorifizieren obendrein die demonstrativ verdrängte Minderwertigkeit als völkisches Heldentum und maskulinen Schneid.

Grassiert eine Art Entzivilisierung, eine Regression menschlicher Evolution und abendländischer Rationalität oder vollzieht sich nur eine Angleichung an amerikanische Verhältnisse, eine Infiltration und Eruption der sogenannten Dritten Welt im Innern der bislang satten und geordneten Wohlstandsstaaten? Kommt die menschliche Natur, der Wolf, wieder zu seinen ureigenen Instinkten, weil die Reviere und Futterplätze knapper werden oder weil ihm - angesichts des vielbeschworenen Werteverfalls und der verlorenen emotionalen und sozialen Bindungen - immer weniger Grenzen und Verpflichtungen auferlegt werden? Oder lassen sich am Ende all die ungezügelten Exzesse wieder beruhigen oder gar sanieren, wenn die gesellschaftlichen Krisen und sozialen Verwerfungen behoben sind? Wenn dies aber nicht gelingt, was leider wahrscheinlich ist, womit ist künftig zu rechnen?

Oder sind all diese Nachrichten und Trendbeschreibungen über eine dramatisch ansteigende Verrohung und Kriminalisierung der bundesdeutschen Gesellschaft nur geschickt und perfid überzeichnete Sensations- und Panikmache der Medien, die auf diese Weise mit den vagabundierenden Ängsten der Menschen spielen, ihnen vermeintlich handfeste Erklärungen für diffuse Verunsicherungen, Desorientierungen und Zukunftsbefürchtungen liefern, aber im Grunde nur ihre Auflagenzahlen und Einschaltquoten gegen eine immer härtere Konkurrenz steigern wollen?

Auf all diese und noch einige andere Fragen finden sich vielfältige Antworten und Erklärungen, meist übertreffen sie sich gegenseitig oder widersprechen sich sogar, und jede noch so weit hergeholte Explikation pocht auf ihre spezielle Plausibilität, Wahrhaftigkeit und Evidenz. Diesen Anspruch verfechten sowohl die wissenschaftlichen Diskurse als auch die öffentlichen, vor allem aber die über die Medien ausgetragenen Diskussionen. Schlüssige und letztgültige Antworten und Erklärungen auzubieten, kann wohl niemand mehr für sich beanspruchen; deshalb können sie auch nur Denk- und Diskussionsanstöße sein.

Doch zuvor noch ein weitere Vorbemerkung: Einige rekonstruktive Blicke in die Kultur- und Mediengeschichte klären darüber auf, daß die meisten vorgebrachten Befunde, Theorien und Argumente zur Mediengewalt nicht unbedingt neu sind (vgl. auch Kunczik 1993b; 1994, S. 16ff.). Neu an der gegenwärtigen Debatte ist vor allem ihr gestiegenes und weiter steigendes Potential an Eigendynamik und Selbstbezüglichkeit, die zweifelsohne auch politische Implikationen hat. Will heißen: was einmal in die Öffentlichkeit gelangt ist - und seien es auch nur Vermutungen oder gar Erfindungen - wird so häufig wiederholt und gewendet, bis es selbst als Faktum, als unbestreitbarer wissenschaftlicher Befund und als hochrespektable Erklärung erscheint, ohne daß man sich noch seiner wahren oder empirischen Substanz versichert oder versichern muß. An einer Fülle von Beispielen ließe sich dieser Umstand verifizieren. Diese sogenannte Selbstreferentialität und autopoietische Selbststeuerung öffentlicher Themenzirkulation - wie es im Fachjargon heißt - nimmt ständig zu, sie ist Resultat wie Preis der expandierenden

Mediengesellschaft - selbst da oder gerade da, wo die Medien mitbetroffen oder direkt involviert sind (vgl. dazu Merten u.a. 1994). Daß mit solcher Selbstreferentialität geschickt Politik betrieben werden kann, aus welcher Position und mit welcher Zielsetzung auch immer, soll hier exemplarisch aufgezeigt werden. Aber sie erschwert oder verhindert sogar die unvoreingenommene, sachliche Auseinandersetzung. Begründet vermuten läßt sich auch, daß diese selbstreferentielle Regeneration öffentlicher Themen für solche soziale Felder zunimmt oder potenziert wird, für die gesicherte Befunde noch immer sehr dürftig sind, längerfristige Vergleichsmöglichkeiten fehlen und Erklärungen weit auseinanderdriften oder sich sogar widersprechen, für die dennoch dringender Bedarf nach Erklärungen und erst recht nach Abhilfen besteht und dies sowohl aus der subjektiven Sicht einzelner - wie etwa für die Pädagogin und den Pädagogen vor Ort - als auch für die gesamte Gesellschaft. Dabei wuchern und überbieten sich die simplen Rechtfertigungen oder die vorgeblich eindeutigen Schuldzuweisungen, die vermeintliche Evidenzbehauptungen und ein die Ohnmacht übertönender Aktivismus.

2 Offizielle Gewaltforschung und -registratur Befunde der Gewaltkommission der Bundesregierung

Defizite und Erklärungsnöte auf dem gesamten Terrain der Gewaltforschung mußte zuletzt auch die "Unabhängige Regierungskommission zur Verhinderung und Bekämpfung von Gewalt" konstatieren, die die Bundesregierung entsprechend den Vorbildern in den USA und Frankreich 1987 einsetzte und deren 36 hochkarätige Mitglieder, Fachleute in allen beteiligten Disziplinen, 1990 ihren vierbändigen Bericht vorlegten (Schwind u.a. 1990, 1993). Anhand weniger Sachverhalte seien diese Lücken belegt:

1. Auch dieses voluminöse und differenzierte Gutachten entdeckte in der öffentlichen Meinung einen verbreiteten Umschwung, genauer: einen Anstieg der Gewaltwahrnehmung und -besorgnis. Doch eindeutige Gründe seien dafür nicht zweifelsfrei zu identifizieren. Denn eine genaue und übereinstimmende Einschätzung der objektiven Sicherheitslage (Kriminalitätslage) in der Bundesrepublik sei zumindest zur Zeit - 1989/90 - nicht möglich; vielmehr können je nach statistischer Rubrizierung sogar rückläufige oder stagnierende Tendenzen bei den meisten Gewaltdelikten seit 1982 festgestellt werden (ebd., S. 242).

Auch für die 90er Jahre verzeichnen die offiziellen Statistiken nur geringfügige Anstiege der Kriminalitätsrate - 1992 um 9,2 Prozent, 1993 um 2,7 Prozent -, 1994 sogar eine fallende Tendenz. Jedenfalls sind sie - so seriöse Kriminologen wie etwa der Hannoveraner Christian Pfeiffer - keineswegs so dramatisch, wie es in der Öffentlichkeit dargestellt wurde. Außerdem resultieren sie fast ausschließlich aus dem Zuwachs von Bagatelldelikten und seien im Vergleich mit anderen Ländern in Europa und anderswo weitaus geringer (Klingst/Pfeiffer 1994; Pfeiffer 1994; Lehne 1994).

2. Wiederholt und sensationsheischend berichten die Medien auch von anschwellender Aggressivität und rücksichtloser Brutalität in den Schulen, aber - so die Schlußfolgerung der Kommission - "für den behaupteten generellen Gewaltanstieg im hiesigen Schulbereich [finden sich] (zumindest bisher) [also bis 1989] keine empirischen Belege" (Schwind u.a., S. 70f.). Auch die Gewalttätigkeit in Sport-Stadien stagniere eher, ein Anstieg sei bis 1989 nicht zu verzeichnen (ebd., S. 246).

Inzwischen liegen für die Schule einige wenige Detailstudien vor, die sich mit dem angeblich wachsenden Vandalismus und der zunehmenden Brutalität der Schüler untereinander befassen. Doch auch sie können bislang keine generelle Eskalation, keine Zunahme aggressiver und gewaltförmiger Handlungen "'auf breiter Front'" (Bründel/Hurrelmann 1994, S. 5) verifizieren. Nach den wiederholt vorgetragenen Schätzungen des Bielefelder Jugendforschers K. Hurrelmann (siehe auch Freitag/Hurrelmann 1993) neigt eine Minderheit von etwa fünf bis zehn Prozent fast ausnahmlos männlicher Jugendlicher zu Aggressions- und Gewalthandlungen oder zeigen bei Befragungen demonstrativ Gewaltbereitschaft. Diese Gruppe findet sich außerdem verstärkt in bestimmten Schultypen, unter bestimmten objektiven und subjektiven Bedingungen und vor allem in Großstädten.

Diese Größenordnungen bestätigte im Herbst 1994 eine Studie von K. Meier und K.-J. Tillmann (1994) an hessischen Schulen, bei der Schulleitungen und Schüler nach ihren Gewalterfahrungen befragt wurden: "Zwischen dem öffentlichen Bild einer Gewaltbelastung in unseren Schulen und der Einschätzung der hessischen Schulleitungen" - so das Fazit der Studie - "bestehen große Diskrepanzen": Schutzgelderpressungen und Gruppenprügeleien, aber auch körperliche Bedrohungen von Lehrkräften seien alles andere als alltägliche Erscheinungen. All diese Delikte sind schon einmal vorgekommen, aber in den meisten Schulen recht selten. Sie ereignen sich vornehmlich in einigen wenigen, sozial besonders belasteten Schulen, in denen sich Problemkonstellationen häufen. Dies sind vor allem Schulen für Lernhilfe, aber auch Haupt- und Realschulen, und zwar insbesondere in südhessichen Stadtbezirken.

Ob sich die Zahl der aggressiven Übergriffe im Vergleich zu früher drastisch erhöht habe, können all diese Momentaufnahmen nicht stichhaltig errechnen, da es keine verläßlichen Vergleichsdaten für frühere Phasen gibt. Dazu bedürfte es identischer Erhebungen zu verschiedenen Zeiträumen unter möglichst gleichen Bedingungen, also langfristiger Vergleichsstudien. Solange diese nicht vorliegen lassen sich allgemeine quantitative Veränderungen nicht verläßlich nachweisen.

Immerhin nehmen etliche Beobachtungen jener Problemgruppen an, daß sich bei körperlichen Ausschreitungen die Formen und Qualitäten verändert und deutlich verschärft haben. Ihre Drastik habe offenbar zu der nachhaltigen öffentlichen Wahrnehmung von Gewalt an den Schulen beigetragen. Neben den üblichen Raufereien und Kraftproben werden häufiger als früher Gewalttätigkeiten registriert - so allerdings eher subjektive Beobachtungen von Beteiligten und Betroffenen denn repräsentative Erhebungen -, die mit waffenähnlichen Gegenständen ausgetragen werden und die jegliche Rücksicht oder Einfühlung für die Leiden der

Opfer vermissen lassen. Auch wenn der Unterlegene schon am Boden liegt, wird weiter geschlagen, getreten und geknebelt - mitunter bis knapp vor dem physischen Exitus. Offenbar haben etliche Kinder und Jugendliche heute weniger Verantwortung oder auch nur Einfühlung in die Befindlichkeit und die Leidensfähigkeit anderer oder sie erlauben es sich und anderen nicht mehr, solche Gefühle und Rücksichtnahmen zu zeigen.

Solche Indifferenz und Kälte - "cool" heißt es unter den Jugendlichen heute - sei auch bei den verbalen Auseinandersetzungen zu beobachten: Auch sie - so eine Befragung in Schleswig-Holstein - verlaufen zunehmend roher, rücksichtsloser, gespickt mit üblen Schimpfworten aus der Gosse, mit Herabwürdigungen, Verächtlichmachungen und Diskriminierungen, zumal von sozialen, ethnischen und anderen Minderheiten (Ferstl u.a. 1993).

3. Nach wie vor - so stellte die offizielle Gewaltkommission außerdem fest, und so ergeben auch die Befunde von Klaus Hurrelmann und anderen - wird in den Familien am häufigsten und wohl auch am empfindlichsten Gewalt ausgeübt. Aber wiederum fehlen verläßliche Daten über das Ausmaß dieser familiären Gewaltanwendung, und auch ihre Ursachen wie ihre alltäglichen Formen sind noch nicht hinlänglich untersucht. Viele Familien - so lassen die genannten Daten erkennen - haben noch immer für sich individuelle oder eher intuitive Kriterien von legitimer und nicht-legitimer Gewaltanwendung (wie auch die Diskussion um § 163 BGB signalisiert). Trotz aller öffentlicher Sanktionierung ist die körperliche Züchtigung von Kindern in mehr als der Hälfte der Familien noch Usus, in vielen auch als erklärtes Strafritual unter Zuhilfenahme von Schlaginstrumenten (Schwind u.a., S.76). Und manche Gewaltanwendung, die am Rande oder auch jenseits der Legalität verläuft, bleibt unter dem Deckmantel familiärer Privatheit, insbesondere die sexuelle Nötigung von Mädchen.

Die meisten Kinder erdulden die Peinigungen in den ersten Lebensjahren, als Säuglinge und Kleinkinder, zumal wenn sie unerwünscht sind. Junge Eltern, häufiger übrigens die Mütter als die Väter, sind die Täter (Ebd., S. 73). Eine lange Leidensbiographie mit Gewalterfahrungen, die sie meist unerwartet, wehrlos und unerklärt ertragen müssen, liegt vor diesen Kindern. "Wer Gewalt in der Familie als erfolgreiches Konfliktlösungsmittel kennengelernt hat, wird sie mit hoher Wahrscheinlichkeit auch später anwenden", folgert die Gewaltkommission aufgrund verschiedener Untersuchungen (Ebd., S. 81). Kinder und Jugendliche, die Opfer von Mißhandlungen ihrer Eltern sind oder waren, neigen später eher zur Gewalttätigkeit und seien besonders delinquenzgefährdet. Daß sich die Gewalt in Familie und Verwandtschaft bei Mädchen häufig der sexuellen Demütigung und des sexuellen Mißbrauchs bedient, macht sie noch heimtückischer und verwerflicher.

M. Freitag und K. Hurrelmann (1993) schätzen außerdem, daß sich bei etwa 15 Prozent der Kinder und Jugendlichen pro Jahrgang die Eltern nicht so intensiv und ausdauernd um die Entwicklung ihrer Kindern kümmern (können), wie es nötig wäre, und daß bei ihnen die Gefahr der Verwahrlosung mit Erfahrungen von Regellosigkeit und Unsicherheiten drohe.

4. Die Gewaltkommission berücksichtigte noch nicht die erst nach 1990 massiv aufgebrochenen Formen des extremen Rechtsradikalismus und Rassismus mit ihren skrupellosen Gewaltangriffen gegen Ausländer und andere Minderheiten. 1989 rubrizierte die Kommission unter politisch motivierter Gewalt noch so heterogene Gruppierungen und Formen wie militante Randalierer vornehmlich der autonomen Szene, des "Schwarzen Blocks", aber auch ökologische und Anti-Atomkraft-Demonstranten, Blockadenbeteiligte und Hausbesetzer. Daß sich im rechtsradikalen Lager neue Kräfte formieren und bald schon zum Generalangriff gegen die Demokratie antreten, wie es in den letzten Jahren bei den Morden in Mölln, Solingen und anderswo zu erleben war, wurde noch nicht bemerkt. Inzwischen gehen die rechtsradikalen Kräfte sehr professionell mit den Medien und ihren Neigungen zur Sensationsmache um (Erb 1992; Kübler 1993c).

Allerdings bedürfen diese jüngsten Formen des Gewaltausbruchs gesonderter Erklärungen und Motivforschungen. Die inzwischen reich erschienene Literatur ist voll davon (Hoffmeister/Sill 1992; Melzer 1992; Lange 1993; Stöss 1993). Die Studien des bekannten Bielefelder Extremismusforscher W. Heitmeyer (1992; u.a. 1993) belegen, daß die Mehrheit der rechtsextrem und rechtsradikal auffällig gewordenen Jugendlichen - wiederum fast ausschließlich Jungen und Männer - keine wirklich "rechte" Orientierung haben, die sie zur konstanten Grundlage ihres Handelns erheben. Vielmehr leiden sie eher unter einem diffusen, meist undurchschaubaren Gemenge von Wertirritationen und politischen Verirrungen, von Versagenserlebnissen und Vereinzelungserfahrungen, von Ohnmachtsgefühlen und Zukunftsängsten, die sie durch besonders demonstrative Militanz und autoritatives Gruppengehabe überspielen wollen. Als Führungsfiguren bieten sich dafür besonders gewaltbereite und/oder intellektuell überlegene Charaktere an. Bei den meisten Jungen halten solche Bindungen und Identifikationen aber nur für eine gewisse Zeit an, bis sie sich infolge neuer struktureller Konstellationen anderen oder festeren Orientierungen zuwenden. Nur ein kleiner harter Kern, der sich durch besondere Faktoren bildet, bleibt unbelehrbar und unverbesserlich. Daß die Gewaltkommission die schon damals erkennbaren Keime ignorierte, daran bestätigt sich wieder einmal, wie schnell sich auch analytische Akzentuierungen ändern bzw. wie zeitabhängig selbst wissenschaftliche Registraturen und Interpretationen von sozialen Phänomenen sind.

3 Analytische Problemfelder der Gewaltforschung

Schon diese wenigen Beispiele deuten an, daß Gewalt ein allgemeines gesellschaftliches Phänomen darstellt. Es kann gewiß nicht auf den einen oder anderen sozialen Bereich beschränkt werden und ist auch nicht als klar abgrenzbares soziales Phänomen zu isolieren. Dementsprechend sind viele Ursachen und Motive für Gewalt verantwortlich. Vorderhand zu beachten ist auch, daß Gewalt als Begriff dem staatsrechtlichen und juristischen Vokabular entstammt und damit andere semantische Umfelder aktiviert als der eher sozialwissenschaftliche Begriff der

Aggression und Aggressivität, der seinerseits auf eine vielfältige semantische Tradition und unzählige analytische Erklärungsansätze rekurriert (Selg 1972; Schwind u.a. 1990). Inzwischen umspannen die angeführten Theorien und Erklärungen nahezu alle Sichtweisen auf das Menschsein und das menschliche Handeln. Eine simple, zumal eindimensionale Ursachenidentifikation nach landläufigen Vorstellungen oder gar nach dem physikalischen Schema: Wenn x, dann y - sie gibt es nicht - und sie kann und darf es auch nicht geben, es sei denn, man möchte sich und andere irreführen oder trösten.

Es wird bereits kontrovers eingeschätzt, ob menschliches Zusammenleben ein bestimmtes, wenn auch gezügeltes und womöglich legitimiertes Maß an Gewalt braucht oder nur nicht vermeiden kann - erinnert sei an das anerkannte Gewaltmonopol des Staates -, ob Aggression gleichsam der menschlichen Natur inhärent ist und eben nur durch Zivilisation und Normen domestiziert wird (Freuds Vorstellung von der menschlichen Libido und mit ihm viele Naturrechtsphilosophien gehen in diese Richtung), oder ob Aggression und Gewalt Ergebnis wie Ausdruck sozialer Deformation und kultureller Desintegration sind und daher prinzipiell eliminierbar. Für K. Hurrelmann sind Gewaltformen etwa "immer Symptome für eine 'soziale Störung', sie sind so etwas wie eine soziale Krankheit der ganzen Gesellschaft" (Bründel/Hurrelmann, 1994). Ein solches Urteil fußt insgeheim auf der Utopie einer gewaltfreien Gesellschaft, die wohl außerhalb realistischer Möglichkeiten liegt.

Aber wenn etwas gleichermaßen komplex und diffus, letztlich auch bedrohlich ist und jeden betrifft, weil es überall vorkommt bzw. viele Ursachen und Anlässe haben kann, dann verwundert es kaum, daß immer wieder einfache, vermeintlich schlüssige oder gar logische Erklärungen gesucht oder aufgedrängt werden. Die Politik verhält sich da nicht anders als die berüchtigte Volksmeinung; auch sie braucht häufig Ablenkungs-, wenn nicht Verdrängungsstrategien, ja nicht selten erzeugt und benutzt sie sie aus taktischen Motiven. Dafür gibt es auch in der Diskussion um die Mediengewalt genügend Anhaltspunkte. Wissenschaftliche Argumentation muß sich hingegen um Redlichkeit und Differenzierung bemühen, auch wenn dann die probaten Erklärungen meist hinfällig werden und solche Akribie verunsichert oder gar frustriert.

Die Nuancen oder auch Gegensätzlichkeiten treten nämlich bereits bei den unzähligen Versuchen, Gewalt und /oder Agression überhaupt zu definieren zu Tage, d.h. schlüssig zu beschreiben, welcher soziale Tatbestand mit dem Begriff Gewalt oder Aggression gemeint ist (siehe auch Kunczik 1994, S. 10ff.). Die Spannweite ist erheblich, doch Übereinstimmung konnte bislang nur auf einem kleinsten gemeinsamen Nenner erzielt werden, wie er etwa in der Alltagssprache akzeptiert wird: Brutale, handgreifliche Tätlichkeiten bis hin zu Vergewaltigung und Mord akzeptiert wohl eine überwiegende Mehrheit als Gewalt bzw. Aggression; anders fallen die Urteile bei subtileren und nicht manifesten Formen der Gewalt aus, und differieren dürften sie auch bei den Rechtfertigungen und Begründungen von Gewalthandlungen.

Auch die regierungsamtliche Gewaltkommission beklagte die uferlose Inflationierung des Begriffs, die selbst vor der sonst so peniblen Rechtsprechung nicht mehr Halt mache und zog sich auf einen restriktiven Begriff auf der Grundlage des staatlichen Gewaltmonopols zurück. Demzufolge faßte sie unter Gewalt

- "Gewalttätigkeiten gegen Personen und/oder Sachen unabhängig von Nötigungsintentionen" sowie
- "Formen physischen Zwanges als nötigender Gewalt" (Schwind u.a., S. 38).

Alle andere Definitionen rubrizierte die Kommission aus eher rechtlicher Sicht als "polemische Begriffe", die nicht genügend objektiv seien. Immerhin ging sie mit diesen beiden Begriffsdimensionen schon über das landläufige Verständnis hinaus, das unter Gewalt meist nur "die zielgerichtete, direkte physische Schädigung von Menschen [und/oder Sachen] durch Menschen" faßt. Doch - so muß man nachfragen - was sind Gewalttätigkeiten, was sind sie gegen Personen, was gegen Sachen? Sind beide gleicher Qualität, gleichen Ursprungs und von gleicher Motivation? Was unterscheidet Gewaltformen von "Formen psychischen Zwangs"? Und was hat es auf sich mit der Trennung der Nötigungsintentionen? Analytisch-terminologisch bietet die Kommission dafür weitere Erklärungen und Differenzierungen an, aber sie in der konkreten Forschungspraxis zu verifizieren, dies dürfte recht schwierig sein.

Außerdem ignoriert die Kommission die gesamte psychische und verbale Gewalt, die - wie etwa aus den Familien- und Schuluntersuchungen bekannt ist - im engen zwischenmenschlichen Kontakt sowohl an Zahl wie an Qualität überwiegt. Und erst recht unbeachtet ließ die Kommission die sogenannte strukturelle Gewalt. Bereits 1969 formulierte der norwegische Friedensforscher Johan Galtung (1971) diesen bis heute am weitesten gefaßten Gewaltbegriff. Es ist auch der brisanteste, weil er unweigerlich Gesellschaftskritik impliziert und die identifizierbaren, sozialen Ursachen von Gewalt primär in den jeweils vorfindlichen gesellschaftlichen Verhältnissen sucht. Nach Galtungs Definition liegt Gewalt nämlich immer "dann vor, wenn Menschen so beeinflußt werden, daß ihre aktuelle somatische und geistige Verwirklichung geringer ist als ihre potentielle Verwirklichung" (ebd., S. 57). Bedenkt man diese Definition in ihrer analytischen Reichweite als auch in ihrer politischen Konsequenz, wird unschwer deutlich, daß sowohl die Gesellschaft als ganze als auch ihre politisch zu verantwortende soziale Verfassung auf dem Prüfstand steht, nicht mehr nur ihre gewalttätigen Auswüchse und Minderheiten. An einem solch umfassenden, schonungslosen Lagebericht dürfte wohl keine Regierung Interesse haben. Doch auch die empirische Verifikation dieses weiten Gewaltbegriffs von Galtung ist in den Sozialwissenschaften nur schwer zu erreichen, sie ist bislang m.W. nicht hinreichend versucht worden; das bleibt sozusagen Programm - oder, wie es die Gewaltkommission sah, strategisches Anliegen des jeweiligen "politischen Standorts" (Schwind u.a. S. 36).

Ungeachtet solcher Definitionsprobleme muß man bei der analytische Erfassung von Gewalt deren soziale Existenz und Realisation bedenken: Gewalthandlungen passieren vornehmlich spontan, unbeaufsichtigt und unkontrollierbar. In der Regel kann man den Vollzug einer Gewalthandlung erst am Opfer oder am

Schaden registrieren. Dieses Dilemma macht die empirische Erhebung so schwierig; unter analytischen Kriterien bleibt die Registratur von Gewalt stets defizitär und nachgängig. Denn Gewalthandlungen ereignen sich äußerst selten pur und isoliert, sie sind Teil von Handlungsketten, die von unterschiedlichen Motiven, Wahrnehmungen, Bewertungen und Empfindungen vorangetrieben werden sowie unterschiedliche Verursachungsmomente, Neben- und Haupthandlungen besitzen. Gewalt bildet in der Regel den Abschluß eskalierender, von den Beteiligten nicht anders zu lösender Konflikte. Diese Voraussetzungen werden von den subjektiven Einstellungen und Perzeptionen der Betroffenen ganz unterschiedlich beurteilt und bewertet. Man muß nicht in die Niederungen bayerischer Volkskultur hinabsteigen, um manche Schlägerei nur als Austoben überschüssiger Körperkraft und/oder als maskuline Attitüde zu bagatellisieren.

Damit ist das zweite Dilemma angesprochen: Was die einen schon als Gewalt empfinden, ist es für andere längst nicht. Frauen dürften dafür ein anderes, empfindlicheres Sensorium haben als Männer, da sie häufiger und schmerzlicher Opfer von Gewalt sind. Und in den Familien herrschen ebenfalls differierende Definitionen und Bewertungen darüber, was eine gewalttätige Handlung ist. Aber all diese Differenzen und Einschätzungen decken die üblichen empirischen Erhebungen meist weitgehend zu. Dennoch gehen solche semantischen Prämissen in alle Erhebungen, in Befragungen, Beobachtungen wie in Inhaltsanalysen von Medien ein - methodisch kontrolliert oder eben unbemerkt.

Diese Überlegung trifft erst recht auf die Befragungen zur Gewaltbereitschaft zu. Sie werden in der Regel den Registraturen der Gewalttätigkeit vorgezogen, weil sie einfacher und grober, eben mit standardisierten Fragebogen, jederzeit zu ermitteln sind. Aber sie sind reine Einstellungsbefragungen und unterliegen daher noch ungleich stärker den subjektiven Definitionen und Bewertungen der Befragten. Außerdem muß dabei für jeden Aussagenden gewissermaßen die juristische Unschuldsvermutung bis zum Beweis des Gegenteils gelten: Die Unterscheidung zwischen dem, was er oder sie meint oder sagt, und dem, was er oder sie tut, muß berücksichtigt und methodisch bedacht werden.

Dabei sind auch Interpretationen zu Rate zu ziehen, die das Ausleben von symbolischer Gewalt, also das Ausleben von Aggressivität in Zeichen und Medien, als Ventil und Chance zur Aufarbeitung erfahrener, womöglich struktureller Gewalt sehen. Die besonders unter sensiblen Schul-Pädagogen übliche Behauptung, die Sprache der Jugendlichen sei roher und rücksichtsloser geworden, könnte - sofern dieses Behauptung zutrifft - auch in dieser Richtung gedeutet werden, ohne daß dadurch Rückschlüsse auf das wirkliche Verhalten der Jugendlichen zwingend gezogen werden können. Im übrigen lassen sich solche Klagen schon in der Antike bei Platon und Seneca finden und begleiten seitdem die wechselseitigen Beurteilungen der Generationen.

Wird der Zuwachs der Gewalttätigkeit oder Gewaltbereitschaft von Jugendlichen prätendiert, müßten vergleichende, zu verschiedenen Zeitpunkten, aber mit denselben Methoden vorgenommene Erhebungen vorliegen. Doch solche validen Vergleiche gibt es hierzulande nicht, sondern nur einmalige Momentaufnahmen, mit meist sehr unterschiedlichen Instrumentarien, die an unterschiedlichen Probanden vorgenommen wurden. Dennoch werden sie miteinander in Beziehung gesetzt, was methodisch nicht korekt ist, und daraus werden Trends und Entwicklungen hochgerechnet. Außerdem greift man mehr und mehr zu methodischen Krücken, die ihrerseits ihre Einschränkungen haben: Man bedient sich des Erinnerungsvermögens und befragt etwa Erzieher und Schulleiter, wie es im Vergleich zu heute früher an ihrer Einrichtung oder Schule zuging. Daß dabei die negativen Einschätzungen überwiegen, verwundert eigentlich kaum, wenn man allgemein die wechselseitigen Einschätzungen von Generationen kennt. Und besonders lang gediente Pädagogen, zumal in leitender Stellung, können zur Verklärung der Vergangenheit und zur Verdüsterung der Gegenwart neigen. Jedenfalls handelt man sich mit diesem Vorgehen so viele wertende und emotionale Faktoren ein, daß es kaum gelingen kann, daraus einigermaßen verläßliche objektive Daten zu gewinnen. Doch in der öffentliche Präsentation und Rezeption werden solche Einschränkungen gemeinhin übergangen oder nicht genügend betont, so daß die Daten als definitive Wahrheit betrachtet werden. Selbst nüchterne, relativierende oder gar beruhigende Einschätzungen und Daten zum Thema Gewalt werden weniger beachtet als die dramatischen, aufrührenden: Offenbar beurteilen sich die Generation eher von ihren auffallenden, möglichst negativen Extremen her als von ihren Normalitäten, wozu inzwischen die Medien mit ihren Maximen von Aufmerksamkeitslenkung und Wirklichkeitsformierung erheblich beitragen.

4 Mediengewalt - probater Vorwand?

Kollektive Besorgnisse um die steigenden Gewalthaltigkeit der Gesellschaft, Erklärungs- und Handlungsnöte von Wissenschaft, Pädagogik und Politik sowie anhaltende Unsicherheit über mögliche oder gar erfolgversprechende Handlungen verleiten wohl allzuleicht immer wieder dazu, auf vermeintlich einfache Verursachungszusammenhänge zurückzugreifen und diese geradezu apodiktisch zu beschwören, zumal sie für jeden sichtbar oder gar Anlaß für Ärger sind: Gemeint ist der Anteil, den die Massenmedien zur wachsenden Gewalttätigkeit und Gewaltbereitschaft in der Gesellschaft beitragen.

Evident, wenn nicht sogar logisch zwingend scheint dieser Zusammenhang auf den ersten Blick jedenfalls zu sein: Denn die Medien - allen voran heute Fernsehen und Video, worauf sich die Sichtweise meist verengt - führen pausenlos vor, welche gemeinen, brutalen und violenten Handlungen von Menschen ausgedacht und verübt werden (können). Sie sind gewissermaßen permanente Anstifter und Vorbilder und haben in den letzten Jahren durch ihre wachsende Zahl, ihre Programmexpansion und ihre Konkurrenz nicht nur diese Funktionen quantitiv ausgedehnt, sondern auch - so zumindest der subjektive Augenschein - ihre Qualität und Intensität enorm verschärft. Und was so extensiv genutzt wird, wie alle Einschaltquoten und Nutzungsdaten belegen, das kann - so die landläufige Meinung - nicht ohne Wirkung sein: weder beim einzelnen noch bei der Gesellschaft als ganze. So formulierte auch Mitte Dezember 1993 die Fernsehjournalistin Heike Mundzeck in einem vom Bundesjugendministerium geförderten Film: "Es gibt keine einflußlosen Bilder" - zumal nicht für Kinder und Jugendliche (vgl. Adam 1993).

Besonders bei spektakulären Einzelfällen werden solch vermeintlich plausiblen und zwingenden Verursachungen immer wieder angeführt: Nicht nur der britische Premierminster Major, auch der verantwortliche Richter behauptete in seiner Urteilsbegründung, daß die beiden Jungen aus Liverpool, die den zweijährigen James Bulger töteten, von dem Horror-Video "Child's Play 3" angestiftet worden seien (Weale 1993). Auch sie hatten wie in dem Video ihr Opfer mit blauer Farbe beschmiert und an einem Bahndamm ermordet. Für den "Spiegel" wurden diese Behauptungen in seinem Jahresrückblick sogleich zur dokumentierbaren Gewißheit: "Das Video 'Child's Play 3' verwirrte die zehnjährigen Robert Thompson und Jon Venables so, daß sie den zweijährigen James Bulger umbrachten", lautet die einschlägige Bildunterschrift in der letzten Ausgabe des Jahres 1993 (Nr. 52, vom 27. Dezember 1993, S. 143). Dabei versicherte Jon Venables' Vater wiederholt, sein Sohn habe die ausgeliehene Videokassette nicht gesehen, und auch im Prozeß konnte nichts dergleichen bewiesen werden. So vereinfachen und vereindeutigen sich unter der Hand Erklärungssuche und Ratlosigkeit angesichts einer Tat, die bis heute für viele unverständlich, erschütternd und unheimlich ist. Zu dem Prozeß hatte übrigens Gerhard Mauz (1993), einer der klügsten und senibelsten Justizkommentatoren, einen Monat zuvor im "Spiegel" geschrieben: "Nicht die Kinder werden schlechter. Die Welt wird immer schlechter für Kinder". Was die Presse, zumal die englische, diesen beiden Kindern seit der Urteilsverkündung antat, indem sie sie öffentlich als Bastarde und Mißgeburten der Natur brandmarkte, und wie sich etliche Erwachsene verhielten, die die beiden Jungen lynchen wollten, das wurde öffentlich keineswegs im gleich unerbittlichem Maße verurteilt.

In Deutschland behauptete schon 1991 der Augsburger Pädagoge Werner Glogauer (1991; 1994) in seiner spektakulären Untersuchung von Gerichtsakten, daß Kinder und Jugendliche durch Fernsehen und Video kriminalisiert würden: Allerdings fand er unter den 37 angeblich untersuchten Fällen nur vier, die bei den Verhandlungen - aus welchen Motiven heraus auch immer - angaben, sie seien von Fernseh- oder Videovorbildern angestiftet worden. Doch nicht einmal bei diesen vier Delinquenten konnte Glogauer den Wahrheitsgehalt dieser Aussage belegen (Schorb/Swoboda 1991), und ebensowenig überprüft er, ob sie die Hinweise auf ihren Medienkonsum nur als entlastenden Vorwand benutzten - eine Rationalisierungspraxis, die in der Forschung schon mehrfach untersucht wurde: "Je intensiver und übertriebener 'Experten' auf die große Gefährlichkeit der Gewaltdarstellung verweisen, desto öfter berufen sich Täter auf diese These" (Kunczik 1994, S. 107). All diese Vorbehalte hinderten Glogauer nicht daran, seine fragwürdigen Behauptungen zu verallgemeinern, bei allen Gelegenheiten zu bekräftigen und seine unhaltbare Publikation inzwischen in vierter Auflage zu verbreiten.

Mag hie und da der Nachweis von der Gewaltanstiftung durch Medien bei einem konkreten Einzelfall, wenn auch vage, gelingen, ist es ungleich komplizierter, fast ausssichtslos, allgemeine, überdauernde und kollektiv gültige Gesetzmäßigkeiten und mindestens unbezweifelbare Korrelationen aufzustellen, obschon sich die einschlägigen Wissenschaften seit Jahren darum bemühen, und zwar von verschiedenen Positionen und Disziplinen aus. Insgesamt 5000 Studien sollen mittlerweile weltweit für diese Fragestellung durchgeführt worden sein, und da es sich um einen von vielen naheliegenden, oft auch erwünschten Zusammenhang handelt, sind viele Meinungsführer in Wissenschaft und Öffentlichkeit nicht abgeneigt, selbst die schwächsten oder auch stark relativierenden Indizien zu unterstützen.

So zieht auch die (ehemalige) Jugend- und Familienministerin Angela Merkel aus dem Sondergutachten, das der Mainzer Kommunikationsforscher Hans Mathias Kepplinger für die Gewaltkommission anfertigte, den Schluß:

> "Der Gewaltbericht der Bundesregierung aus dem Jahre 1990 hat klar hervorgehoben, daß Gewaltdarstellungen in Medien gewaltfördernde Auswirkungen haben können, und zwar gerade dort, wo ohnehin entsprechend Dispositionen und Handlungsbereitschaften vorhanden sind. Gewalt im Fernsehen kann zu ihrer Verdichtung und Verstärkung führen, kann ihnen eine Richtung geben" (1993, S. 3).

Seither wird die Ministerin nicht müde, die Veranstalter zur Gewaltreduzierung in ihren Programmen aufzufordern oder ihnen, falls sie nicht dazu bereit sind, mit gesetzlichen Reglementierungen zu drohen (zuletzt "Spiegel", Nr. 19, 9. Mai 1994, S. 40ff.).

Aber trotz allem Eifer und Aktivitätsdrang lassen sich derzeit kaum mehr als konditionale Formulierungen über die potentiellen Wirkungen aufbieten, und nur sie werden in der Kommunikations- und Medienforschung weithin geteilt. Sie reflektieren den Stand der wissenschaftlichen Erkenntnis, übrigens nicht erst den jüngsten, sondern den seit nunmehr über 30 Jahren, als die amerikanischen Forschungspioniere W. Schramm, J. Lyle und E.B. Parker 1961 formulierten:

> "Für bestimmte Kinder, unter bestimmten Bedingungen, ist Fernsehen schädlich. Für andere Kinder unter den gleichen Bedingungen oder für die gleichen Kinder unter anderen Bedingungen kann Fernsehen von Vorteil sein. Für die meisten Kinder unter den meisten Bedingungen sind die meisten Fernsehsendungen weder schädlich noch besonders günstig" (zit. nach Comdat 1993, S. 97).

Zu ähnlichem Urteil kommt jüngst M. Kunczik (1994), wohl der profundeste und solideste Kenner der einschlägigen Forschung hierzulande, der im Vorwort der aktualisierten Auflage seines Reports konstatiert: "Das Wesentliche über die Wirkungen von Gewaltdarstellungen haben schon die älteren Studien erbracht."

5 Die symbolische Gewalt der Medien

Seit diesen kaum widerlegbaren Einsichten streben Forschungen danach, herauszufinden, unter welchen Bedingungen bei welchen Rezipienten die eine oder andere Wirkung eintritt oder eintreten mag, oder genauer formuliert: unter welchen sozialen und individuellen Konstellationen welche Rezipienten welchen Nutzen oder Schaden aus dem Fernsehen, inzwischen auch aus dem Videoangebot, ziehen.

Um dies zu erläutern, sind einige analytische Unterscheidungen zu treffen:

1. Mediengewalt ist symbolische Gewalt.

In den landläufigen und heftigen Debatten um Mediengewalt wird häufig übersehen oder zu wenig berücksichtigt, daß die Medien symbolische oder zeichenhafte, also nicht physisch wirkliche Realitäten präsentieren. Mithin sind auch die von ihnen dargestellten Gewaltformen symbolische. So banal diese Unterscheidung ist, sie wird sowohl bei der Wahrnehmung wie bei den Wirkungsvermutungen unentwegt ignoriert.

Auch anerkannte Kommunikationsforscher vertun sich mitunter bei dieser elementaren Differenz: So schlagen Kepplinger und Dahlem (1990) vor, bei der Mediengewalt zwischen natürlicher und künstlicher sowie zwischen realer und fiktiver Gewalt zu unterscheiden. Unter der Darstellung realer Gewalt verstehen sie die Präsentation von Verhaltensweisen, die physische und psychische Schädigungen beabsichtigen oder bewirken. Die Darstellung fiktionaler Gewalt bedeutet demgegenüber die Präsentation von Verhaltensweisen, die dies nur vorgeben. Unter natürlicher Gewaltdarstellung wird die lebensechte Präsentation (Realfilm), unter künstlicher Darstellung die artifizielle Präsentation (Zeichentrickfilm usw.) verstanden. Die meisten Inhaltsanalysen und Studien zur Untersuchung der Auswirkungen von Mediengewalt beziehen sich demnach auf den Typus natürliche, fiktionale Gewalt, also auf Spielfilme.

Doch diese Typologisierung ist höchstens auf den ersten Blick valide und trennscharf. Tatsächlich huldigt sie einem semiotischen Positivismus und beurteilt die Fernseh-Kommunikate nach der Intention der Produktion und ihrer vordergründigen formalen Fasson. Doch die moderne Fernsehproduktion unterläuft selbst schon solch äußerliche Formate, wie der dubiose Trend zum sogenannten Reality-TV besonders eindrücklich signalisiert. Auch vorgeblich natürliche, reale Gewaltdarstellungen können gestellt, inszeniert, manipuliert sein - die Berichterstattung über den Golfkrieg lieferte dazu eklatante Beweise (MacArthur 1993) - , und symbolisch, also medial und semiotisch vermittelt, sind alle Fernsehpräsentationen.

Von seiten der Zuschauer können sich schließlich ganz andere Wahrheitskriterien und Wertigkeiten ergeben; aber nur ihre Wahrnehmungen und Deutungen werden wenn überhaupt in ihren subjektiven Einstellungen und Handlungen wirksam - nicht die vermeintlich objektivistische Registraturen des Bildschirms durch standardisierte Inhaltsanalysen.

Vergleichende Analysen von Gewaltdarstellungen in verschiedenen Medien, ihrer gestalterischen Optionen und ihrer Wirkungspotentiale sind ebenfalls noch kaum geleistet. Würden alle Medien, also auch die gedruckten und die auditiven, in die Betrachtung einbezogen, würden sich die semiotischen Qualitäten und ihre notwendigen Differenzierungen noch verkomplizieren. Zwar konzentriert sich die Diskussion heute auf das mächtigste Medium, das Fernsehen, vielleicht noch auf Video und Bildschirmspiele, aber die anderen Medien standen in ihrer Geschichte jeweils unter denselben Verdächtigungen, und zwar fast immer mit denselben Vorwürfen und mit denselben apodiktischen Behauptungen (siehe auch Kunczik 1994, S. 16ff.). Das gilt schon für die gedruckte Literatur spätestens im 18. Jahrhundert. 1911 diagnostizierte bereits ein Richter in Berlin, "daß häufiges Anschauen von Schundfilmen mit fast mathematischer Sicherheit zu einer Verrohung des Jugendlichen führen muß" (zit. Comdat, 1993, S. 94). Und die Comics standen in den 50er Jahren unter dem schweren, immer wieder beschworenen Verdacht, die damals erstmals auftretende Kriminalität und Aggression - bekannt geworden als die Halbstarken-Krawalle - verursacht zu haben (Dolle-Weinkauf, 1990; Kunczik 1994, S. 31ff.). Die spezifischen Beschaffenheiten und Qualitäten dieser medial und semiotisch unterschiedlichen Gewaltdarstellungen sind bis heute noch nicht hinlänglich aufgearbeitet, zumal nicht in einer medien- und kulturhistorisch vergleichenden Synopse.

Eilige Verdächtigungen ziehen sich durch die gesamte Mediengeschichte. Die über die Mediengewalt beginnen wohl bei der Kontroverse zwischen Plato und Artistoteles über die Wirkungen des Theaters. Plato vertrat damals die These, szenische Darstellungen von Gewalt seien für die Zuschauer schädlich, sein Schüler Aristoteles glaubte an ihre reinigende (kathartische) Wirkung. Schädigung oder Katharsis - sie waren schon damals virulent und blieben es bis heute.

Warum symbolische Gewalt von vielen als bedrohlicher wahrgenommen wird als reale Gewalt, ist nicht ganz erklärlich. Aber diese Diskrepanz ist bislang noch kaum untersucht. Ein Grund dafür mag darin liegen, daß die symbolische Gewalt via Medien den meisten viel häufiger begegnet als reale Gewalt. Außerdem präsentiert sich die mediale Gewalt als ungleich verdichteter, drastischer und eindeutiger als die reale Gewalt; insofern täuscht sie ständig über ihre eigentliche, nämlich symbolische Qualität hinweg. Und auch nicht ganz auszuschließen ist, daß ihre Massierung und Intensität in den Medien letztlich die Wirklichkeitsbilder vieler beeinflußt - wovon etwa der amerikanische Medienforscher George Gerbner (1978; 1981) ausgeht und womit er seinen speziellen Ansatz der "Kultivierung" durch das Fernsehen begründet (siehe dazu Burdach 1987).

Diese Risiken, den medialen Suggestionen zu verfallen, rufen womöglich jene vielfältigen Besorgnisse und Verunsicherungen hervor: Denn die enorme Expansion der Medien, die Omnipräsenz und Allverfügbarkeit ihrer suggestiven Medienwelten erschweren mehr und mehr, tatsächliche von inszenierter Realität zu unterscheiden bzw. strikte und zweifelsfreie Kriterien für diese Unterscheidung zu haben und weiterzugeben. Zwar sagt man gemeinhin Kindern nach, daß sie erst am Ende ihre kognitiven Entwicklung zwischen Wirklichkeit und Fiktion sicher unterscheiden können. Diese Diagnose stammt aus den Erkenntnissen des berühmten Entwicklungspsychologen Jean Piaget, aber auch sie dürfen nicht einfach in heutige Zeit unbefragt übernommen werden, sondern bedürfen der ständigen empirischen Überprüfung und Differenzierung hinsichtlich der Subjekte. Denn die opulente, omnipotente Medienwelt macht auch Erwachsene unsicher: Zum einen richtet sie die Wirklichkeit so zu, daß sie wie ein mediale aussieht - das gilt für die politische Szene ebenso wie für den Sport, die Kultur, die Unterhaltung, selbst für den Alltag -, zum andern gaukelt sie in pseudodokumentarischen Bildern vor, das Dargestellte sei Wirklichkeit, obwohl er inszeniert ist. Was wirklich wird, das entscheiden außerhalb des unmittelbaren Erfahrungs- und Handlungskreises mehr und mehr die Fernsehbilder, und was in den Bildern ist, muß man wohl oder übel als wirklich annehmen.

2. Alle symbolische Gewalt ist von Menschen gemacht, inszeniert - selbst wenn sie beabsichtigt, Wirklichkeit wiederzugeben.

Alle symbolische Gewalt in den Medien ist - so ist gegenüber jenen Verunsicherungen festzuhalten - von Menschen produzierte, in Szene gesetzte Gewalt, auch die in den Nachrichten und Berichten vorgeblich nur dokumentierte. Nur der Grad ihrer Wirklichkeitsprätention ist unterschiedlich, die Art ihrer Präsentation obliegt der Entscheidung der Produzenten. Allein der Gattungsrahmen der einzelnen Präsentation signalisiert dem Rezipienten noch einigermaßen den Grad der Wirklichkeitspräsentation, einen Wirklichkeitscharakter, der freilich in der modernen Produktion mehr und mehr verwischt wird. Geglaubt werden kann ihm daher nur noch unter Vorbehalt, im Grunde immer weniger: Bilder in den Nachrichten gelten noch als wirklicher als Bilder in der Serie oder im Spielfilm.

Überprüfen läßt sich dieses Glaubwürdigkeitsversprechen in den allermeisten Fällen nicht. Daher kann man auch nicht - zumindest immer weniger verläßlich - befinden, ob das Präsentierte irgendwo wirklich war, d.h. tatsächlich stattgefunden hat, oder auch nur für die Kamera inszeniert wurde. Es verwundert daher nicht, daß auch die Glaubwürdigkeit der Fernsehbilder - auch die der Nachrichten - bei der Bevölkerung seit Jahren merklich abnimmt (Berg/Kiefer 1992, S. 253ff.).

Der Einbuße an Glaubwürdigkeit läuft entgegen die vielbeklagte Tendenz entgegen, daß selbst in den Nachrichten und aktuellen Berichten die Bilder - so scheint es zumindest - drastischer, schockierender und rücksichtsloser werden (oder sie beide befördern sich womöglich wechselseitig). Allerdings ist diese Entwicklung bislang ebenfalls nicht im Trend empirisch überprüft worden, so daß es sich wie bei manchen anderen Beobachtungen nur auf den subjektiven Augenschein vertrauen läßt (Winterhoff-Spurk 1994).

3. Bildschirmgewalt ist nicht unterschiedslos identisch, sondern muß nach ihren Wirklichkeitsprätentionen, Gattungs- und Handlungskontextem sowie nach ihren Beeinflussungspotentialen differenziert werden.

Die meisten Untersuchungen mit ihrem pauschalen Begriff von Mediengewalt nivellieren die kategorialen, zumindest phänotypischen Unterschiede, die sich nach wie vor aus der Präsentationsform und ihrer Realitätsprätention ergeben. Sie am Kommunikat wie in der Wahrnehmung und Beurteilung der Rezipienten zu unterscheiden, ist aber immer noch wichtig, weil die verschiedenen Formen und Grade der Wahrnehmung die potentiellen Wirkungen beeinflussen.

Denn ebenso wie symbolische Wirklichkeit von Menschen produziert wird, vollzieht sich die Wahrnehmung und Interpretation nicht automatisch oder nach vermeintlich physikalischen Gesetzen der Kausalität, vielmehr ist daran das erkennende Subjekt maßgeblich beteiligt - oder entscheidet sogar, bei unterschiedlichen Sinnebenen, autonom darüber: Die analytischen Ansichten gehen auch darüber auseinander. Jedenfalls müssen die subjektiven Dispositionen und Affinitäten berücksichtigt werden, um überhaupt zu Aussagen über Wahrnehmung und Auswirkungen von Bildschirmgewalt zu gelangen.

Eines der wichtigen Lernprogramme, das alle Rezipienten absolvieren und Kinder jeweils neu erarbeiten, ist, daß die Sendegenres immer noch gewisse Kriterien der Wahrhaftigkeit und Wirklichkeitsgrades vorgeben - auch wenn sich die kategorialen Differenzen zunehmend verwischen. Bildschirmgewalt als symbolische Gewalt läßt sich also zumindest unterteilen in

- *symbolisch-dokumentarische* Gewalt, wie sie in den Nachrichten und in den aktuellen Berichten übermittelt wird,
- in *symbolisch-fiktionale* Gewalt, wie sie vor allem in dramatisch inszenierten Spielhandlungen eingesetzt wird und inzwischen zu einem fast unvermeidlich dramaturgischen Mittel geworden ist.

Zwischen diesen beiden Polen finden sich etliche Zwischenformen, entsprechend den formalen Vermischungen und Überlagerungen, die es inzwischen im Fernsehen gibt: also

- *pseudodokumentarische* Formen wie etwa im vorgeblichen Reality-TV oder auch
- *pseudofiktionale* Formen wie in den Spiel- und Talkshows, für die ebenfalls Inszenierungsstrategien erkennbar sind, in die sich Individuen gleichsam als Rollen oder Typen einspannen lassen.

Fiktional, aber außerdem in einer noch abstrakteren Symbolik präsentieren die Zeichentrickfilme mediale Gewalt. In ihnen sind Figuren wie Handlungen bekanntlich auf schematische Stereotypen reduziert, die fast schon nach fixen Programmen ablaufen (Kunczik 1983; Schorb u.a. 1992).

Doch damit nicht genug: Die Medien ihrerseits reflektieren und kommentieren, was in der Gesellschaft vor sich geht bzw. worüber sie diskutiert und schließen sich selbst dabei als Gegenstände ein. Deshalb fanden sich in letzter Zeit zunehmend Sendungen, in denen über die Mediengewalt, aber auch über andere Formen der Gewalt - etwa über reale - diskutiert, sie analysiert und beurteilt werden. Diese *symbolisch-reflexive* Medien-Gewalt unbesehen und unterschiedslos den anderen Gewaltformen zuzuschlagen, ist nicht nur unangemessen, es wäre auch unredlich. Freilich können solche Thematisierungen auch unter geheucheltem Vorwand vorgenommen werden, bei vielen Medien sind die Grenzen fließend, die Akzentuierungen absichtlich verwischt.

Reflexive Gewaltdarstellungen brauchen nicht nur dokumentarisch zu sein; sie lassen sich selbstverständlich auch in Spielhandlungen, also in fiktionale Kontexte, einbetten: Spielfilme wie die von David Lynch (Seeßlen 1994) oder der im Herbst 1994 angelaufene Thriller von Oliver Stone "Natural Born Killers", beanspruchen für sich, mit der überaus drastischen Darstellung von Gewalt im Film zugleich wirkliche soziale Gewalt zu kommentieren oder gar zu ächten. Sie tun es freilich mit allen effektheischenden und schonungslosen Mittel des modernen Action-Kinos (Kilb 1994; Schiff/Avedon 1994).

Schließlich darf ein noch verzwickterer Zusammenhang nicht unerwähnt bleiben: Wenn in unserer Gesellschaft nur noch wahrgenommen wird, zumindest politisch nur noch registriert wird, was Medienaufmerksamkeit erzielt, wenn aber die Medien getreu ihrer Nachrichtenmaxime, daß nur das Ungewöhnliche und Abweichende neu und berichtenswert ist, ihrerseits vorzugsweise dann aufmerksam machen und berichten, wenn Gewalt, Aktion und Gefahr im Spiel ist, dann mehren sich *referentielle* Formen von Gewalt und Aktion in den Medien, wie man sie nennen könnte. Will heißen: das Spekulieren auf das Medien-Interesse als Öffentlichkeitsinteresse fordert Konflikte heraus oder heizt sie wenigstens an, weil sonst keine Bildschirmpräsenz erreicht werden kann.

Einige Aspekte der Vorfälle in Rostock, die bis heute nicht ganz aufgeklärt sind, lassen solch wechselseitige Eskalationen erahnen: Nicht nur wollten Jugendliche mit ihren blindwütigen Aktionen auf die gesamte soziale Misere in den Plattenbausiedlungen aufmerksam machen, indem sie sich in das damals brisante Thema des Rechtsradikalismus und Rassismus einklinkten. Umgekehrt haben auch angeblich Journalisten Jugendliche animiert, als Rechtsextremisten und Neo-Faschisten zu posieren, weil solche Posen für die Nachrichtenstories und für das gerade herrschende Meinungsklima attraktiver und verkäuflicher waren (Erb 1992).

All dies Formen von Fernsehgewalt in Inhaltsanalysen unterschiedslos aufzusummieren und damit ihre semantisch-intentionalen Differenzen zu verwischen, wie dies früher üblich war, verschleiert mehr, als es erklärt - vollends dann, wenn nur die Art der Delikte und die Zahl der Opfer registriert wird. Die verschiedenen inhaltlichen Tendenzen von Gewaltdarstellungen werden dadurch nicht erfaßt. Verzerrende Registraturen und damit Attribuierungen von Violenz können nicht ausgeschlossen werden.

6 Aktuelle Inhaltsanalysen zur Fernsehgewalt

Aktuelle Inhaltsanalysen zur Fernsehgewalt gibt es inzwischen mehr als früher - nämlich insgesamt drei -, aber entgegen allen öffentlichen Aufgeregtheiten, die meist in der Addition von registrierten Deliktarten und Leichen gipfeln, sieht ihre Bilanz recht nüchtern aus:

Zum ersten Mal wurde Mitte 1991 eine statistisch konstruierte Woche der wichtigsten Fernsehprogramme ausgezählt: Es war ein Auftrag der Landesanstalt für Rundfunk in Nordrhein-Westfalen an den Utrechter Medienforscher Jo Groebel, übrigens ursprünglich gar nicht als repräsentativ-empirische Inhaltsanalyse gedacht, sondern als ein empirisch unterstütztes Gutachten, um den recht hilflosen

Jugendschützer in der Landesanstalt für Rundfunk einige verläßliche Kriterien für ihre Beurteilung an die Hand zu geben.

Groebel bediente sich eines Vorbildes aus den USA und machte daraus jene Studie, die mittlerweile öffentlich Furore machte, weil sie offenbar ins politische Kalkül paßte: In den USA hatte George Gerbner, Direktor der renommierten Annenberg School of Communication (Philadelphia) auf Veranlassung der 1968 eingesetzten "National Commission On the Causes and Prevention of Violence" seit Beginn der 70er Jahre jährlich die wichtigsten Fernsehprogramme auf ihre Gewalthaltigkeit vermessen, und diese sogenannten "Violences Profiles" avancierten de facto zu einer Art nationalen Zensur für das Fernsehen. Als signifikantes Kriterium für die Gefährlichkeit eines Programms wurde die Zahl der Opfer registriert, gleich ob sie in den Nachrichten, in Comics oder in Spielfilmen vorkamen (Gerbner 1978, 1981; vgl. auch Burdach 1987; Kunczik 1994, S. 122ff.).

Außerdem beließ es Gerbner nicht bei dieser Registratur der Opfer, vielmehr leitete er aus ihr Wirkungsvermutungen ab, die zwischenzeitlich als sogenannte Kultivierungshypothese in die Wissenschaft eingegangen sind. Nach Befragungen von Vielsehern über ihr Weltbild, das häufiger negativer und bedrohlicher ausfiel als das von Wenigsehern, folgerte Gerbner, daß diese düstere und ängstliche Sicht der Dinge von den Katastrophen- und Verbrechensbildern des Fernsehens herrühe, sozusagen: kultiviert (besser: sozialisiert) werde. Andere mögliche Ursachen, die vielleicht für beides, für einen erhöhten Fernsehkonsum wie für eine ängstliche Weltsicht, verantwortlich sein könnten, ignorierte Gerbner. Ende der 70er Jahre wurden seine Studien, vor allem auch seine Rolle als informeller Zensor von Fachkollegen scharf kritisiert: Weder seien seine Methoden haltbar noch oder erst recht nicht seine Schlußfolgerungen und seine Funktion als Zensor. Offensichtlich unter dem Eindruck dieser Kritik stellte Gerbner 1981 seine Erhebung der Gewaltprofile des Fernsehens ein, womit auch seine informelle Zensorrolle entfiel.

Ohne Frage ist die Studie Groebels intelligenter und differenzierter angelegt als Gerbners Vermessungen und berücksichtigt die Vielfalt von Aspekten, die hierzulande in der Gewaltforschung vorgebracht werden. Erstmals liegt ein recht facettenreicher und umfänglicher Gewaltbegriff vor, wie er zuvor noch nicht in einer Medienanalyse empirisch angewendet wurde: "Als Agression gilt jede Handlung, die einer oder mehreren anderen Person(en), der eigenen Person oder einem Gegenstand erkennbar Schaden zufügt. Dabei ist die endgültige Schädigung beabsichtigt oder wird zur Erreichung eines Zieles in Kauf genommen" (Groebel/ Gleich 1993, S. 136).

Aber auch diese Definition beschwört - wie die der Gewaltkommission - kritische Einwände und Nachfragen nach Unterscheidungen herauf, zumal sie die symbolische Beschaffenheit und die semantische Kontextgebundenheit von Fernsehgewalt unberücksichtigt läßt. Erkennbar werden diese Defizite besonders an den Befunden: Wie andere Studien zuvor zählten auch Groebel und seine Mitarbeiter die Zahl und Art der Opfer auf dem Bildschirm aus, die seither wie Rekordmarken durch die Öffentlichkeit geistern: 70 Mordszenen passieren täglich in den sechs untersuchten Programmen von ARD, ZDF, Sat 1, RTL, Tele 5 und Pro 7,

481 in einer Woche. Groebel und seine Mitarbeiter errechneten darüber hinaus eine Art Gewaltindex - einen auf dieser schmalen Materialbasis recht riskanten Generalisierungsanspruch, der zumal die privaten Kanäle schlecht aussehen ließ: allen voran Pro 7 und das inzwischen eingestellte Programm von Tele 5.

Tab. 1: Verteilung der aggressiven Ereignisse als Anteil am jeweiligen Gesamtprogramm

Sender	Gesamtprogamm	Programm 18 - 20 Uhr
ARD	6,7 %	7,9 %
ZDF	7,2 %	5,5 %
ARD/ZDF (vormit.)	2,1 %	
Sat 1	1 7,3 %	3,9 %
RTL	10,7 %	22,8 %
Tele 5	11,7 %	7,9 %
Pro 7	12,7 %	52,0 %

Quelle: Groebel/Gleich 1993, S. 69f.

Beide Indikatoren - Zahl der Morde wie sogenannter Gewaltindex - wurden - nicht zuletzt von Groebel selbst - mehrfach in der Öffentlichkeit verbreitet, ohne daß die gesamte Studie mit ihren Differenzierungen und Einschränkungen zur Verfügung stand (Groebel 1992a, 1992b). Die Publikation erschien erst Mitte 1993, doch längst wurde und wird mit diesen Ziffern Politik gemacht.

Denn wieder einmal wurden aus einigen inhaltsanalytischen Daten alle denkbaren Folgerungen auf mögliche und gewisse Wirkungen angestellt; auch Groebel selbst hielt sich nicht strikt an das Aussagepotential seiner Studie, sondern spekulierte mit dem Hinweis auf eine eigene frühere und auf andere Untersuchungen über eine wachsende Verängstigung bei Vielsehern, über zunehmende Gewöhnung an gewalttätiger Konfliktlösung und über Abstumpfung (1982; vgl. auch Kunczik 1994, S. 117ff.; Groebel 1994) - alles angenommene Tendenzen, wie sie von Gerbner immer wieder vermutet, von anderen aber auch immer wieder relativiert oder in Abrede gestellt wurden.

In diesem aufgewühlten Echo gingen andere Befunde der Studie von 1991 unter, die es wert wären, weiter untersucht zu werden. Einige seien hervorgehoben:

1. Nur sichtbare körperliche und absichtliche Schädigung konnten Groebel und seine Mitarbeiter registrieren. Andere Formen entzogen sich der unmittelbaren empirischen Identifizierung. Von den 750 aufgezeichneten Programmstunden waren umgerechnet 25 Stunden pro Woche mit körperlicher Gewalt angefüllt, oder - anders kalkuliert - in 47,7 Prozent oder in 582 Sendungen wurde zumindest einmal Aggression oder Bedrohung in irgendeiner Form thematisiert. Demnach wären Versuche ratsam, andere Formen der Gewaltdarstellungen - mindestens im Sinne

der genannten Gewaltdefinition der Regierungskommission - theoretisch einzubeziehen und empirisch nachzuweisen.

2. Die überwiegende Zahl der Aggressionen und Bedrohungen - etwa 60 Prozent - ist in den fiktionalen Sendeformen, also in Spielfilmen und Serien, zu finden, gefolgt von den Trickfilmen. Nachrichten und Dokumentationen steuern zum Aggressionspotential nur 15 Prozent bei; außerdem stellen sie Aggressionen und Gewalthandlungen häufig explizit negativ dar. Die Spielfilme und Serien setzen Gewalt und Aggression in der Regel gezielt dramaturgisch als Spannungsmoment und Actionbetonung ein und bewerten sie damit positiv. Meist geschieht dies am Anfang, als Attraktionsköder, so daß sich Gewalthandlungen in den ersten zehn Minuten einer Folge auffällig ballen.

Dies scheint ein Mittel zu sein, das die Macher einsetzen, um die Zuschauer angesichts des verschärften Konkurrenzkampfes an ihren Kanal zu binden. Bei mehr als 40 Prozent der Ereignisse war die Aggression initiativ interessengeleitet, z.B. als polizeiliche Maßnahme, aus materiellen Gründen, ideologisch bedingt oder auch, um einen Akteur zu verletzen. Aber rund ein Drittel der violenten Aktionen ließ überhaupt keine Motive erkennen. Auch diese ersten inhaltlichen Differenzierungen gelte es, weiter zu treiben und sie auf mittlere Sicht in Beziehung zu möglichen Dispositionen von Zuschauergruppen zu setzen.

3. In den Handlungsabfolgen gehorchen nach Groebels Befunden Aggression und Gewalt fast immer simplen Kausalitäten oder Wenn-dann-Relationen, etwa nach den Motti: Wenn man angegriffen wird, schlägt man zurück. Wenn man etwas haben will, nimmt man es sich - häufig mit Gewalt. Unschwer vorstellbar ist, daß solche Lebensweisheiten vorhandene Normengefüge und Weltbilder mindestens bestärken, sofern sie in der Wirklichkeit der Zuschauer auch gelten. Davon auszugehen, fällt nicht schwer. Doch wie sie letztlich tatsächlich verarbeitet werden, läßt sich - dies muß immer wieder betont werden - nicht allein von den Bildschirmpräsentationen und der offensichtlich Analogie der Normen ableiten.

4. Unterscheidet man die sogenannten Ereignisrahmen, in denen Aggression und Gewalt stattfinden, so dominieren Kriminalität und Verbrechen mit 40 Prozent deutlich. Mit 15 Prozent folgen Science Fiction und Fantasy. Komik und Gewalt finden sich besonders häufig in Trickfilmen und mit elf Prozent insgesamt im Programm. Dabei ist häufig Schadenfreude mit ihm Spiel. Auf politische Konflikte und Krieg entfallen jeweils rund sieben Prozent.

5. Nach Herkunft spezifiziert, enthalten die aus den USA stammenden Sendungen, vor allem die Serien, den höchsten Anteil an Gewaltformen, die in Deutschland produzierten Programme halten sich mit acht Prozent zurück. Amerikanische Serien werden vornehmlich als ebenso attraktives wie preisgünstiges Werbeumfeld eingesetzt, bei ARD und ZDF also im Vorabendprogramm, bei den privaten Kanälen den ganzen Tag über, aber auch besonders während der heiß umkämpften Werbezeit. Es ist auch die Zeit, in der - statistisch betrachtet - die meisten Kinder vor dem Bildschirm sitzen. Nach den Berechnungen Groebels kommen innerhalb dieses Zeitraums täglich 20 physische Gewaltszenen vor.

Soweit einige Befunde besagter Studie, der einzigen bislang, die in dieser Differenziertheit der Öffentlichkeit vorliegen. Wert wäre gewiß, sie nicht nur zu aktualisieren, sondern auch weiterzuführen und in einigen ihrer kritischen Punkte zu korrigieren. Doch dies ist bislang in ausreichende Allgemeinheit nicht geschehen, entgegen aller öffentlich vorgebrachten Besorgnis. Allein die Rundfunkanstalten haben für sich weitere Untersuchungen in Auftrag gegeben, zunächst RTL, inzwischen auch ARD und ZDF:

RTL, das in der Wertung von Groebel und Gleich nach Pro 7 und Tele 5 auf dem dritten Platz der Aggressionsskala landete, gab bei dem Münsteraner Kommunikationswissenschaftler Klaus Merten zwei weitere inhaltsanalytische Untersuchungen1992 und 1993 in Auftrag, die freilich nur als halböffentliche Publikationen zur Verfügung stehen (Comdat 1993a, 1993b). Mertens Studien untersuchten die Programmwochen vom 11. bis 17. November 1992 und vom 20. März bis 3. April 1993; sie weisen weniger Indikatoren auf als die Groebels; dafür behauptet Merten aber, daß seine verläßlicher sind als die Groebelschen. Insbesondere unterscheidet er zwischen intentionaler (als vom Täter beabsichtigte) und non-intentionaler Gewalt (wie z.B. Unglück oder Naturkatastrophe) und bezieht den Kontext, also den Realitätsgehalt der Darstellung, die Unmittelbarkeit, das Ausmaß an Violenz sowie den gegebenfalls apriori unterstellbaren positiven Ausgang der Sendung mit ein. Die Registratur der Zahl und der Art der Opfer lehnt Merten als unerheblich ab. Dagegen empfiehlt er einen nach Dauer und geschätztem Grausamkeitsgrad errechneten Gewaltindex für die Sendungen (Comdat 1993b, S. 18ff.)

Man braucht nur Mertens Einschätzung nicht zu teilen, "daß diese [seine] Untersuchung [...] die präziseste und am besten verallgemeinerbare Analyse zur Gewaltdarstellung deutscher Fernsehprogramme abgibt" (Ebd., S. 15), um sich zu fragen, warum sie nicht ebenso breit wie die Groebelsche in der Öffentlichkeit diskutiert wird oder aber von einigen Kommentatoren sogleich als tendenziös, im Sinne des Auftraggebers, eingeschätzt wurde (Gassen 1993; Esslinger 1993). In einem freilich etwas gewagten Vergleich der drei erhobenen Jahre (1991, 1992, 1993) kommt Merten zu dem Ergebnis, daß "RTL der einzige Sender ist, der sein Volumen an Gewaltdarstellung - teils stark, teils weniger stark - zurückfährt" (Ebd. S. 7). Immerhin liegt es noch über dem von ARD und ZDF, mit Sat 1 und Vox in der Mitte. Spitzenreiter bleibt Pro 7. Alle anderen Sender hätten ihr Gewaltvolumen nicht verringert.

ARD und ZDF behielten über die drei Jahre generell ihren moderaten Level bei, die Werte für Sat 1 und Pro 7 haben mehr oder weniger zugenommen. Nur RTL zeigt eine Abnahme von Mord- und Totschlagsopfer zwischen 1991 und 1993.

Weitere Auswertungen galten einzelnen Genres: Bei den Nachrichten verringert sich - laut Comdat (1993b, S. 99) - die Dauer der dargestellten körperlichen Gewalt tendenziell für alle Sender, absolut am stärksten bei RTL, relativ am stärksten bei Pro 7.

Abb. 1: Anzahl der Gewaltsequenzen mit der Darstellung von Mord/Totschlag

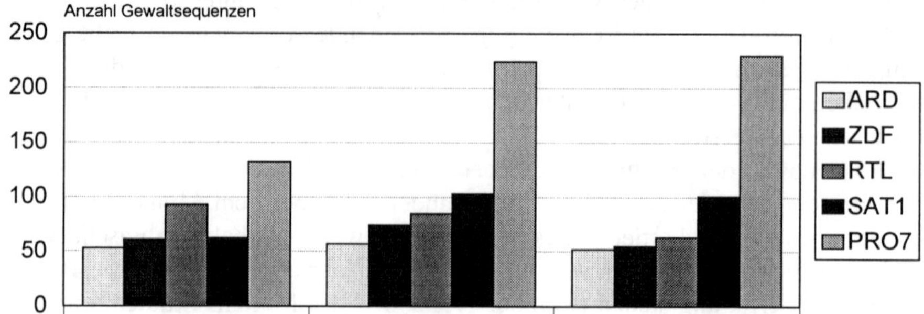

	Gröbel 1991, 1993: 72	Comdat 1992	Comdat 1/2* 1993
ARD	53	57	52
ZDF	61	74	55
RTL	93	85	63
SAT1	62	103	101
PRO7	132	224	230
Gesamt	401	543	499

*durch die Halbierung können Rundungsfehler auftreten

Quelle: Comdat 1993b, S. 103

Beim Genre Comic (Zeichentrickfilm) reduzierte sich für alle Sender die Dauer der Darstellung von köperlicher Gewalt, in absoluten Daten am stärksten bei Pro 7 und RTL, relativ am stärksten bei Pro 7. Auch in den Spielfilmen ging die Darstellung von körperlicher Gewalt für alle Sender mit Ausnahme von Sat 1 zurück, am stärksten bei RTL. In der Sendeform Serie verringerte sich die Darstellung von körperlicher Gewalt für aller Sender, am stärksten absolut bei Pro 7 und RTL, relativ am stärksten bei RTL.

Inzwischen läßt sich Mertens Einschätzung erst recht nicht mehr halten, und auch Groebels Definition und Analyse sind überholt. Denn seit Anfang 1994 liegen die ersten Ergebnisse der von ARD und ZDF in Auftrag gegebenen Gewaltstudie vor, die das Kölner Institut für empirische Medienforschung unter ihrem Leiter Udo Michael Krüger (1994) durchführte. Pikanterweise bezieht sie sich auch auf zwei Programmwochen in 1993, nämlich auf den 1. bis 7. März 1993 und den 21. bis 27. Juni 1993, allerdings nur auf Informations-Programme von 17 bis 23 Uhr, und kommt jedoch - soll man sagen: erwartungsgemäß? - zu ganz anderen Ergebnissen als Merten.

Aber zunächst sei dieser Untersuchung bescheinigt, daß sie die theoretisch-analytischen Sondierungen und die methodische Reflexion über Mediengewalt und ihre inhaltsanalytische Erfassung ungleich weiter vorantreibt als ihre Vorläuferinnen. Endlich werden

- die qualitativen Aspekte der Gewaltdarstellung berücksichtigt;
- die Intentionen, die Programmkontexte und die Wirklichkeitspräsumption von Gewalt einbezogen;

- die Prozeßhaftigkeit und die verschiedenen, typisierbaren Momente von Gewalthandlungen gesehen, und
- all diese Dimensionen miteinander korreliert, um zu kontextbezogenen Aussagen zu gelangen.

Denn vorweg wurde bedacht, wie Mediengewalt beschaffen ist und wie sie im Handlungsgeschehen abläuft:

> "1. Gewalt vollzieht sich als Prozeß und hat eine formal-logische Struktur. Elemente dieser Struktur sind Täter, Tat/Ereignis (Unfall/Katastophe), Opfer, Betroffener und Schaden.
> 2. Die Darstellung von Gewalt kann den Prozeß mit allen Strukturelementen berücksichtigen (Maximalvariante) oder sich auf einzelne Strukturelemente oder nur eines dieses Strukturelemente beschränken (Minimalvariante).
> 3. Die Präsentationsart von Gewalt erfolgt unabhängig von der Gewaltstruktur. Jedes Strukturelement der Gewalt kann in der Präsentationsart variieren, und zwar in einer Weise, daß es entweder keine Präsentation enthält oder nur verbal oder sichtbar/filmisch (ohne O-Ton) oder sichtbar/filmisch mit O-Ton präsentiert wird" (Kröger 1994, S. 74).

Aus diesen Überlegungen leiten Kröger und seine Mitarbeiter folgende Definition für Mediengewalt ab: "Gewalt ist die absichtliche Herbeiführung sowie das nicht beabsichtigte Eintreten von physischem, psychischem, materiellem, sozialem und ökologischem Schaden" (ebd., S. 73). Auch diese Definition rekurriert auf den Schadensbegriff, darüber besteht in der Forschung inzwischen Konsens. Außerdem nimmt sie beide Verursachungsoptionen auf: die willentliche und die unwillentliche. Schließlich erweitert diese Definition die Art der Schädigungen, auf psychische einerseits und auf soziale und ökologische andererseits, wobei allerdings in dieser ersten Publikation nicht expliziert wird, was unter diese recht weitreichenden Attribute gefaßt wird und wie sie vor allem in der empirisch-analytischen Anwendung operationalisiert und identifiziert werden: Wie werden etwa die von Galtung apostrophierten strukturellen Schädigungen, die zudem noch latent auftreten können, codiert und bewertet?

Aus diesen recht gründlichen Vorüberlegungen folgt ferner, daß Fernsehprogramme nicht pauschal auf Gewalthaltigkeit hin untersucht und klassifiziert werden können, sondern getrennt nach einzelnen Programmkontingenten. Kröger u.a. unterscheiden Informationsangebote, Fictionangebote (ohne Kinderprogramm und Zeichentrick) sowie Kinderprogramme (nonfiktional und fiktional einschließlich Zeichentrickfilmen) - letzteres aufgrund seiner besonderen Brisanz für dieses Thema. Mit der Auswahl erfassen sie bei ARD und ZDF über vier Fünftel, bei Sat 1 und RTL knapp drei Viertel des Gesamtprogramms ohne Werbung.

Auf diese vier Hauptprogramme - mit einem Marktanteil von über 70 Prozent des Gesamtfernsehmarktes in der Bundesrepublik - konzentrierte sich die Untersuchung, die zu Beginn 1994 eine erste Publikation erfuhr: Zunächst wurden nur die Informationssendungen analysiert, für die der Gewaltbegriff zusätzlich spezifiziert wurde. Denn dokumentarische, real-authentische und fiktionale, inszenierte Darstellungen von Mediengewalt haben - so die richtige Erkenntnis Krögers - schon bei ihrer Entstehung differente Modi: Bei den dokumentarischen hat die Kamera in der Regel keinen Zugang zum Geschehen selbst und muß daher zwangsläufig die sichtbaren Folgen hervorheben, wohingegen die inszenierte Gewaltdarstellung den Täter und die sichtbare Vorbereitung wie Ausübung der Gewalttat herausstreichen, vor allem der Spannung wegen. Die Folgen und Leiden der Opfer werden hingegen für die Dramaturgie als unbedeutender erachtet - übrigens auch eine Diskrepanz, die für eine einschlägige Unterscheidung zwischen Reality-TV und Dokumentation herangezogen werden kann. Dementsprechend wurde für die Gewaltdarstellung in Informationssendungen definiert, daß sie dann vorliegt, "wenn Gewalt thematisiert wird und mindestens ein Element der Gewaltstruktur - Täter/Ereignis, Opfer, Betroffener, Schaden - sichtbar dargestellt wird" (Kröger 1994, S 74).

Ohne Frage ist auch diese letzte Untersuchung nur eine punktuelle Momentaufnahme über die interessierende Frage, ob die Gewalt im Fernsehen in den letzten Jahren zu- oder abgenommen hat, ob sie drastischer, brutaler und rücksichtloser geworden ist oder sich in den tolerierten Grenzen der Dramaturgie hält, gibt auch diese Studie keine Auskunft. Solche Trendskizzen wagte allein K. Merten mit seinen recht oberflächlichen Vergleichen und kommt zu den genannten degressiven Befunden. Dennoch seien wiederum einige Befunde aus der ARD/ZDF-Studie angeführt:

1. ARD und ZDF bieten ungleich mehr Informationen - und zwar sowohl politische wie auch gesellschaftliche - als die privaten Sender: ARD 32,7 %, ZDF 43,2 %, RTL 22 % und Sat 1 15,8 %. In all diesen Programmtypen strahlen ARD und ZDF deutlich weniger Gewalt aus als Sat 1 und RTL.

2. Diese quantitativen Unterschiede zwischen den Sendern gelten tendenziell für alle Darstellungsvarianten der Gewalt. Die Gewaltraten sind am höchsten, wenn unter einer weiten Definition alle Gewaltformen einbezogen sind. Am zweithäufigsten werden Opfer gezeigt, ohne sichtbare Gewalttaten und -ereignisse, danach folgen sichtbare Gewalttaten und -ereignisse, schließlich "hard violence". Je schärfer die Kriterien für die Darstellungsvarianten formuliert werden, desto geringer werden die Gewaltraten bei allen Sendern, aber die Proportionen bleiben; will heißen: die privaten bieten von allen Gewaltformen deutlich mehr als die öffentlich-rechtlichen.

3. Die qualitativen Unterschiede zwischen den öffentlich-rechtlichen und den privaten Sendern bei ihren Gewaltdarstellungen kommen durch die Art der Sendungen, in denen Gewalt gezeigt wird, und durch deren Gewichtung gemäß der Programmstruktur zustande. Bei ARD und ZDF erscheint Gewalt eher in tagesaktuellen und politisch-gesellschaftlichen Sendungen, die häufig aufklärerische oder meinungsbildende Absichten haben, bei Sat 1 und RTL wird Gewalt eher in Boulevard- und Reality-TV-Sendungen präsentiert.

So machte in den untersuchten Wochen bei ARD neben den "Tagesthemen" der ARD-Brennpunkt "Spielen, Foltern, Töten - Wenn Kinder morden", eine Auseinandersetzung mit dem erwähnten Kindesmord in Liverpool, über 12 Prozent der ARD-Gewaltrate aus. Beim ZDF bestritten mehrere kritischen Reportagen - eine über den Brandanschlag in Solingen - fast 28 Prozent. Beide Kanäle boten also Gewaltdarstellungen, die den genannten reflexiven und zugleichen referentiellen

Formen zuzurechen sind und wohl kaum mit den unmittelbaren Präsentationen von Gewalt zusammengezählt werden dürfen. Bei Sat 1 waren die Sendungen "Retter" (20 %), "Akut" (16,2 %) und "Regionalreport" (15,3 %), bei RTL "Explosiv - Das Magazin" (über 42 %), "Notruf" und "Auf Leben und Tod" die gewaltträchtigsten im Informationsbereich.

4. ARD und ZDF unterscheiden sich bei ihren Gewaltdarstellungen von Sat 1 und RTL tendenziell in allen Programmkategorien - am wenigsten in den Nachrichten - durch eine andere Themenselektion und Relevanzebene der Gewalt. Bei den öffentlich-rechtlichen Sendern bestimmen in stärkerem Maß reale politische Konflikte und aktuelle gesellschaftliche Problembereiche die Gewaltdarstellung, bei den privaten Sendern sind es eher Kriminalität, privater Alltag und Unfälle/ Katastrophen (Kröger 1994).

Mit Recht fragen Kröger u.a. am Ende ihrer Studie danach, ob diese Formen der Gewaltdarstellung, die die privaten Sender favorisieren, unbedingt zum gesetzlich fixierten Programmauftrag gehören.

Es sei noch einmal betont: Inhaltsanalysen sagen nichts über die tatsächliche Wahrnehmung von Mediengewalt der Rezipienten aus. Sie beschreiben nur das vorfindliche Angebot, also potentielle Rezeptionsmöglichkeiten. Dabei muß berücksichtigt werden:

1. Die wenigsten Zuschauer bekommen das gesamte Programm, erst recht alle Programme mit, so daß sich auf diese Weise alle Hochrechnungen über die Gewalthaltigkeit der Programme hinsichtlich ihrer subjektiven Repräsentation deutlich relativieren.
2. Nicht alle Fernsehprogramme werden jeweils erfaßt, weshalb eine sogenannte Gewaltrate für *das* Fernsehen recht ungenau ist. Für das gesamte angebotene Programm - etwa einschließlich der Dritten - sind die Proportionen zu hoch, konzentriert man sich auf die Marktführer und deren meist gesehenen Zeiten sind die Gewaltraten womöglich zu niedrig.
3. Einige Zuschauergruppen sehen mehr, andere Zuschauergruppen weniger Fernsehgewalt, entsprechend ihren Fernsehgewohnheiten. Pauschale Additionen violenter Inhalte summieren empirisch recht unwahrscheinliche Kumulationen auf, die sich so kaum in den alltäglichen Fernsehgewohnheiten wiederfinden dürften. Differenzierungen zumal hinsichtlich diverser Zuschauergruppen sind also unbedingt erforderlich.
4. Ebenfalls unberücksichtigt bleiben die vielfältigen Möglichkeiten, sich mit Video individuelle Programme und Sehoptionen zusammenzustellen.

Abermals wird damit bekräftigt, daß von der Deskription der Programme und der Registratur ihrer violenten Inhalte, so lückenhaft und ungenügend sie außerdem sind, keine unmittelbaren Schlußfolgerungen auf Perzeptionen und Wirkungen von Mediengewalt bei den Rezipienten möglich und sinnvoll sind.

7 Wirkungspotentiale von Mediengewalt und Defizite der Wirkungsforschung

Daß Fernsehen, Video und auch Computer, dessen gewaltträchtige Spiele mittlerweile ebenfalls in der Diskussion sind (Messias/Schnepper-Fries o.J. [1993]), für Kinder und Jugendliche selbstverständlich geworden sind, bedarf keiner ausführlichen Begründung. Wie sehr sie Wirklichkeit ersetzen oder verdrängen und welche Sektoren der Wirklichkeit dies sind, wird nach wie vor unterschiedlich beurteilt, erst recht auch bei welchen Kindern und Jugendlichen (Charlton/Neumann-Braun 1992; Kübler 1993d; 1994). Dies gilt auch für gewalthaltige Programme.

Jugendsoziologie und -psychologie machen etwa Medieneinflüsse äußerst selten - zumindest niemals allein - für abweichendes oder gewalttätiges Verhalten Jugendlicher verantwortlich, ja thematisieren sie oft genug nicht einmal als mögliche Erklärung (Dudek 1993). Umgekehrt befaßt sich die Medienforschung viel zu wenig mit den entwicklungsbedingten und sozialen Kontexten von Kindern und Jugendlichen heute. Da lassen noch etliche interdisziplinäre Integrationsbemühungen auf sich warten.

Beispielsweise ermittelte die Shell-Jugendstudie "Jugend '92", die erstmals im Sommer 1991 repräsentativ über 4.000 Jugendliche im Alter von 13 bis 29 Jahren im gesamten Deutschland befragte, keine signifikant gestiegene Gewaltbereitschaft. Allerdings erhob sie nicht direkt einschlägige Einstellungen, sondern fragte nur nach der Einschätzung, den Sympathie- und Antipathiewerten verschiedener Subkulturen unter Jugendlichen. Danach lehnten über 80 Prozent der 13- bis 29jährigen Befragten gewaltanfällige Subkulturen wie die der Hooligans und der Skinheads rigoros ab. Nur jeweils zwei Prozent befürworteten Gewalt gegen Personen oder die Beschädigung fremden Eigentums. Dramatisch gestiegen sei hingegen im Vergleich zur letzten Shell-Studie von 1985 die politische Entfremdung gegenüber den etablierten Instanzen (Parteien) und traditionellen Werten, und dies - was noch gravierender ist -, obwohl die Jugendlichen 1991 deutlich optimistischer in ihre Zukunft blickten als 1985: 72 Prozent in den alten und sogar 76 Prozent in den neuen Bundesländern erhofften für sich eine bessere, allerdings wohl nur noch private Zukunft. Doch krisenfest dürfte dieser Optimismus nicht sein. Die einschneidenden sozialen Folgeprobleme der Vereinigung belasteten gerade Jugendliche in den neuen Bundesländern. Je mehr ihre eigene soziale Situation gefährdet schien, umso nachhaltiger verbreiteten sich Enttäuschung, Wut und die Suche nach Sündenböcken (Zinnecker/Fischer 1992, S. 217ff.).

An die Skala von Sympathie und Antipathie der Shell-Studie läßt sich - hochaktuell - die "Spiegel"-Umfrage Jugend 1994 anfügen: Auch die 1994 befragten 14- bis 29jährigen finden verträgliche, engagierte Jugendliche sympathisch und lehnen militante ab (vgl. Tab. 2).

Gewiß ließe sich über Sinn und Unsinn, über Beliebigkeit oder Triftigkeit mancher dieser Kategorien heftig debattieren; aber damit wären abermals methodologische Überlegungen über die empirische Erforschung von Gewalt aufgenommen, die eingangs umrissen wurden.

Tab. 2: "Spiegel"-Umfrage Jugend '94

Welche Jugendlichen sind Ihnen sympathisch?		Wen oder was hassen Sie?	
Alternative	27 %	Rechtsradikale	29 %
Ökos	26 %	Gewalt, Krieg	16 %
Hippies	20 %	Kollegen, Verwandte	15 %
Techno	17 %	Politiker	13 %
Manta-Fahrer	15 %	Asylanten, Ausländer	9 %
Rocker	14 %	Soz. Ungerechtigkeit	7 %
Punks	9 %	Umweltzerstörer	5 %
Yuppies	7 %	Tierquälerei	4 %
Grufties	5 %	Lehrer	2 %
Stinos	4 %	Faulenzer	1 %
Teds	4 %	Autofahrer	1 %
Skinheads	2 %	Spießer	1 %

Quelle: "Spiegel", Nr. 38 vom 19. Sept. 1994, S. 77 und 84

Nimmt man die Befunde für einen Augenblick für bare Münze, so indizieren sie jedenfalls kaum einen signifikanten Anstieg der Gewaltbereitschaft Jugendlicher zwischen 1991 und 1994.

Studien über die Wahrnehmung von Mediengewalt und die Beeinflussung durch Mediengewalt sind hierzulande - wiederum ganz entgegen der öffentlichen Sorge - äußerst rar (Schorb u.a. 1984; Kunczik 1987; Theunert 1987; Kübler 1993a; Kunczik 1994). 1990 gab die Hamburger Anstalt für Neue Medien eine qualitative Fallstudie beim Institut Jugend Film Fernsehen in Auftrag (Theunert u.a. 1992), die sich mit den Gewalterfahrungen 8- bis 13jähriger Kinder. Danach können Kinder schon recht früh zwischen realer und Mediengewalt unterscheiden. Die mediale Gewalt nehmen sie aber mit den Kategorien wahr, die sie in ihrem Lebensumfeld und in ihrem Alltag für reale Gewalt lernen, und beurteilen sie entsprechend. Die Erfahrungen und damit auch die Wahrnehmungen seien zwar von Kind zu Kind individuell unterschiedlich, aber als Grundmuster zieht sich durch, daß Kinder Gewalt vor allem aus der Perspektive des Opfers sehen - so wie sie sich offenbar selbst im Alltag als Schwächere und Abhängige erleben (Theunert u.a., 1992, S. 197). Damit ergeben sich evidente Verbindungen zu realen Gewalterfahrungen der Kinder, die in dieser Studie aber nur angedacht, nicht analytisch aufarbeitet wurden. Eine weitere Fallstudie dieses Instituts (Schorb u.a. 1992), die bei Kindern im Alter von 7 bis 14 Jahren durchgeführt wurde, widerlegte 1991 die gängigen Behauptungen, daß Kinder allein brutale Cartoons wie "He-Man" oder die "Turtels" mögen. Die meisten Kinder bevorzugen hingegen Zeichentrickfilme mit Humor und Alltagsgeschichten; nicht starke Kämpfer stehen mehrheitlich hoch im Kurs - dafür begeistern sich allenfalls Jungen, nicht aber Mädchen - , vielmehr sind "liebenswerte Chaoten" die attraktiven Helden.

In Nordrhein-Westfalen gab die Landesanstalt für Rundfunk eine ähnliche gelagerte Untersuchung wiederum an Groebel, für die aber noch keine abschließenden Ergebnisse vorliegen (Groebel 1992c). Spärlich ist also die Ausbeute an neueren Wirkungsstudien. Gemessen an der öffentlichen Aufgeregtheit erscheint dieses Manko reichlich skandalös; es rechtfertigt jedenfalls keine der ventilierten Schlußfolgerungen, erst recht keine der immer wieder geforderten Maßnahmen. Zieht man indes in Betracht, daß dieser Art Wirkungsforschung wohl kaum verläßlichere und brauchbare Ergebnisse wird zeitigen können (Kübler 1989; Merten 1994), könnte man dieses Defizit auch als gelassene oder berechtigte Reaktion der Forschung gegenüber einem öffentlich aufgebauschten Thema deuten. Schon 1975 kam eine amerikanische Kommission (Leifer u.a. 1975, S. 23) nach mehrjähriger Arbeit an dem fünfbändigen "Report on Television and Social Behavior" des amerikanischen Gesundheitsministeriums (Surgeon General) (1972) zu dem nüchternen Fazit, man solle es mit dieser Art Wirkungsforschung bewenden lassen und sich mit der unwiderlegbaren Einsicht begnügen, daß Mediengewalt keinen förderlichen Einfluß auf Kinder und auf Individuen überhaupt habe. Künftige Forschungsaktivitäten und -gelder sollte man in ergiebige Fragestellungen investieren.

Sie müßten - wie Kunczik es vorschlägt - soziale Milieus und Motivationskonstellationen entdecken, die die Gefährdungen erhöhen, wo sich also in diversen Zusammenspielen von real erfahrener und symbolischer, mithin medialer Gewalt solche Risiken steigern. Damit sind die Varianten der Lerntheorie, des Handelns nach geschätzten Vorbildern, angesprochen, wie sie inzwischen von der Mehrheit der Forscher vertreten werden. Zuvor sind Wahrnehmungsgeflogenheiten und Deutungskonzepte zu ergründen, mit denen überhaupt ferngesehen wird. Wenn beispielweise in der "Spiegel"-Jugend-Studie 1994 ("Spiegel", Nr. 38 vom 19. Sept. 1994) auf die Frage "Wie empfinden Sie Gewaltszenen in einem Film" 49 Prozent sagen: "abstoßend", 36 Prozent "spannend" und 14 Prozent: "ich schaue weg", dann signalisieren diese Aussagen bereits drei Wahrnehmungsmodalitäten, die nicht ohne Einfluß auf die Verarbeitung, aber auch auf die möglichen Wirkungen sein dürften. Sicherlich gibt es noch einige andere Wahrnehmungsformen. Erst in den letzten Jahren - mit der allgemeinen Neuorientierung der Kommunikationsforschung (Kübler 1989; Kunczik 1994, S. 47ff.) - sind in Pilotstudien solche subjektiven oder "funktionalen Inhaltsanalysen" angegangen worden. Sie setzen die Kommunikate und ihre Inhalte nicht absolut, sondern fragen nach deren subjektiven Repräsentation bei diversen Rezipienten und den damit verbundenen potentiellen Deutungen.

Die internationale Forschung, wie sie seit Jahren mit beachtlicher Kontinuität und verläßlicher Sorgfalt der Mainzer Kommunikationsforscher M. Kunczik (1987, 1993a und b, 1994) aufarbeitet, verfolgt solche Perspektiven ebenfalls noch nicht mehrheitlich und konsequent genug, zeigt aber in der einen oder anderen Studie zumindest konstruktive Ansätze. Anfang 1993 und 1994 faßte Kunczik

- aus Anlaß der hierzulande heftig ausgetragenen Gewaltdebatte - noch einmal die anerkannten Befunde - auf der Grundlage von fast 5.000 Studien - zusammen:

1. Keine Untersuchung konnte bislang beweisen, daß der Konsum von Fernsehgewalt und/oder Gewaltfilmen alleiniger oder auch nur vorrangiger Verursacher von Verhaltensauffälligkeiten bzw. -störungen gewesen sei, vielmehr sei immer eine Vielzahl andere Probleme beteiligt gewesen.

2. Bei Verhaltensauffälligkeiten ließ sich stets eine Zusammenhang zwischen der häuslichen Situation - also dem Gewaltfilmkonsum der Eltern, der Gewalttätigkeit der Eltern untereinander oder den Kindern gegenüber, dem vernachlässigenden Erziehungsstil - und dem kindlichen Konsum von Gewaltfilmen entdecken. Der Konsum von Gewaltfilmen ist demnach - so folgert Kunczik - nicht Verursacher für schädliche Wirkungen, vielmehr "Indikator für fehlgeschlagene Erziehungsbemühungen bzw. für eine ungünstige Erziehungssituation". Deshalb schlägt M. Kunczik (1993a) für künftige Untersuchungen gezielte Studien unter sozial belasteten Probandengruppen vor: "Personen mit einer starken Ausprägung des Persönlichkeitsmerkmals Aggressivität, Kinder aus Problemfamilien, Personen aus sozialen Brennpunkten", wobei er wohl die forschungsethische Implikationen für ein solche Konzentration noch nicht genügend bedacht hat.

3. Daß unter solchen Voraussetzungen gewalttätige Vorbilder auf dem von Erwachsenen gestalteten und geschätzten Bildschirm persönliches brutales und/ oder abweichendes Verhalten rechtfertigen, überhaupt in eine bestimmte Fassung bringen, in eine bestimmte Richtung lenken oder generell bekräftigen kann, dies unterstreicht die Lerntheorie schon seit längerem. Anders formuliert: Mediengewalt kann für violente Bestrebungen eine gesellschaftlich verbreitete und damit insgeheim anerkannte Form und Realitisationsmodalität bereitstellen oder - mit solchen Atributen versehen - partiell legitimieren.

4. Denn daß Gewalt erfolgreich ist, sich lohnt, und von Identifikationsfiguren ausgeübt wird, auf welcher Seite sie auch stehen, daß Gewalt meist als einzige Möglichkeit von Konfliktlösungen angeboten wird, dies gehört zum ständigen, penetranten Lehrplan der Fernsehfilme: "Im Fernsehen werden Handlungsmodelle angeboten, die demonstrieren, wie mit Hilfe illegitimer Mittel (Gewalt) als legitim anerkannte Ziele (Wohlstand, Macht, Prestige, Gerechtigkeit) erreicht werden" (Kunczik 1993b, S. 99).

Außerdem wird Gewalt in den Medien so ins Szene gesetzt, also dramaturgisch instrumentiert, daß sie alle Aufmerksamkeit auf sich zieht: Sie ist deutlich vom Handlungsumfeld durch Action und Dynamik (wie Musik) abgesetzt; sie wird positiv bewertet, ist simpel, also relativ leicht wahrzunehmen und zu reproduzieren, und gilt vor allem für männliche Figuren als das einzig erfolgreiche Mittel.

All dies sind Bedingungen, die das Lernen am Modell und das Lernen als Erfolg - zwei Spielarten der Lerntheorie - als recht günstig und wahrscheinlich erscheinen lassen und weshalb seriöse Forscher dieser Theorie mit all ihren Versionen die größte Erklärungskraft zubilligen - zumal oder wiewohl sie immer nach neuen unterstützenden wie hemmende Faktoren suchen.

Denn nach wie vor bleibt jede Stimulation oder Lerneigung, erst recht die Bereitschaft oder der Umstand, das Gelernte in einer vergleichbaren Situation oder für vergleichbare Ziele anzuwenden, von einer fast unendlichen Vielzahl von Faktoren beeinflußt: vom Inhalt, der dramatischen Gestaltung, dem Handlungskontext, der Art und Weise der Gewaltdarstellung, besonders aber von der Persönlichkeit des jeweiligen Zuschauers (Alter, Intelligenz, soziale Position und Integration, biographische Erfahrung und situativer Befindlichkeit) sowie von der Situation, in der gesehen wird (allein, mit Freunden, in der Clique, mit Eltern), wie auch von der Situation, in der das violente Handlungsmodell möglicherweise aktiviert werden soll. Einstellungen und Handlungsvollzug sind immer zweierlei.

5. Diese lerntheoretischen Varianten werden heute den in den einschlägigen Handbücher immer wieder rekapitulierten anderen Thesen vorgezogen. Bekanntlich sind dies

- die Katharsisthese, wonach Gewaltdarstellungen Aggression beim Zuschauer abbauen,
- die Inhibitionsthese, wonach Gewaltdarstellungen eher die eigene Aggression aus Angst heraus hemmen,
- die Stimulationsthese, wonach Gewaltdarstellungen Aggressionsbereitschaft anregen,
- die Habitualisierungsthese, wonach Fernsehgewalt Abstumpfung gegenüber realer Gewalt bewirkt,
- die Suggestionsthese, wonach Mediengewalt zu Nachahmungstaten in einer vorgeblich brutalen Wirklichkeit anrät,
- die Erregungsthese, wonach Fernsehgewalt allgemeine emotionale Erregungen hervorruft und damit auch das Aggressionspotential erhöht,
- die Rechtfertigungsthese, wonach Mediengewalt zur individuellen Legitimierung von Aggression und Verbrechen beiträgt,

und einige andere Konzepte mehr (Kunczik 1994).

All diese Vermutungen über Zusammenhänge können sich in der einen oder anderen Konstellationen wiederfinden, sofern für sie berücksichtigt wird, daß - wie schon erwähnt - Menschen zur Interpretation und Reflexion fähig und ständig dazu angehalten sind, und dies erst recht bei dargestellter, symbolischer und/oder inszenierter Gewalt. Außer weniger reflexhafter, instinktiver Reaktionen gibt es somit keine einlinigen, monokausalen Wirkungen im Sinne physikalischer Gesetzmäßigkeiten. Wenn zwischen Wahrnehmung und Interpretation, Einstellung und erst recht dann der Tat Verstand, Phantasie, normative und soziale Kontrolle treten, dann entscheiden all diese Faktoren über die Lernergebnisse und Wirklichkeitsbilder, nicht, zumindest nicht allein die Images von Fernsehen und Video.

6. Nach erneuter Durchsicht sowohl der Geschichte dieses Themas wie auch der neuerlichen Diskussion kommt auch M. Kunczik zu dem ernüchternden Schluß, "daß eigentlich keine neuen Argumente hinzugekommen sind". Damit will er keineswegs behaupten, "daß Fernsehgewalt keine negativen Auswirkungen haben kann", aber zu Kulturpessimismus bestehe kein Anlaß, sofern die Fernseh-

anstalten durch Selbstbeschränkung das Ausmaß der Gewaltdarstellungen begrenzen (Kunczik 1993b, S. 112; 1994, S. 33f.).

8 Mediengewalt im politischen Interessenclinch

Wer in den letzten Jahren ein wenig die Diskussionen um die Mediengewalt verfolgt hat, dem fällt auf, daß die beiden letzten Studien - sowohl die umstrittene von K. Merten wie die seriöse von ARD/ZDF - längst nicht mehr den Grad der Öffentlichkeit erlangt haben und so heftig diskutiert wurden wie die Studie von Groebel u.a. - zumal in der Zeit, als diese noch nicht veröffentlicht war.

Darf man deshalb vermuten, daß

- sich das faktische Problem der Gewalthaltigkeit der Fernsehprogramme relativiert hat - wie das K. Merten in seinen Vergleichen unterstellt, wie es auch die ARD/ZDF-Studie mit ihrem vergleichsweise geringfügigen, jedenfalls kaum besorgniserregenden Befunden nahelegt und wie es in diesem Jahr dem Wirken der "Freiwilligen Fernsehkontrolle" der privaten Sender bereits bescheinigt wird (Gollnick 1994)?
- Oder bevorzugen die öffentlichen Meinungsträger inzwischen andere Argumentationsketten für die Gewaltbereitschaft und das Gewaltpotential der Gesellschaft, in denen die Medien nicht mehr als so maßgebend angesehen werden?
- Oder haben sich die (politischen) Interessen, die mit der Identifizierung der Medien als vorrangige Gewaltstimulantien bestimmte Ziele und Zwecke durchsetzen wollten, erledigt, geändert, oder werden sie nunmehr mit anders gearteten verbalen Waffen bestückt?

Um diese Fragen verläßlich und differenziert zu beantworten, bedürfte es mindestens so eingehender und subtiler Untersuchungen der öffentlichen Repräsentation dieses Themas wie der Mediengewalt selbst. Denn bei der zunehmenden Selbstreferentialität der Medien bzw. der von ihnen popularisierten Themen entscheidet nicht mehr nur die reale, medienunabhängige Existenz eines sozialen Phänomens über seine öffentliche Wahrnehmung und Behandlung. Ebensosehr - wenn nicht nachhaltiger - bestimmen seine öffentliche Karriere und - bei negativen Attributen - seine Bedrohungspotentiale in und durch die Medien seine Dynamik und Relevanz. Will sagen: ob Mediengewalt als besorgniserregend oder als harmlos, als Sujet öffentlicher Aufmerksamkeit oder als Anstoß zum politischen Handeln begriffen wird, darüber entscheiden die Medien bis zu einem bestimmten Grad selbst mit - bis zu welchem: diese Frage ist umstritten und analytisch noch nicht hinreichend geklärt (Merten u.a. 1994). Und natürlich lassen sich solch brisante Themen wie ihre Repräsentanzstrategien auch gut als Nebenkriegsschauplätze oder Ablenkungsmanöver einsetzen oder auch mißbrauchen - davor ist keines der Themen gefeit, davor schützt auch kein so integres Anliegen.

Um dafür empirische Größenordnungen zu sondieren, müßten sämtliche einschlägige Kommunikate der Medien gesichtet, klassifiziert und beurteilt werden, die sich in den letzten Jahren mit Gewaltphänomenen und mit medialer Mediengewalt befaßt haben. Dies kann hier nicht akkurat-repräsentativ geschehen, aber vielleicht bis zu einem gewissen Grad symptomatisch. Anhand der entdeckten Argumentationsmuster und Gewichtungen lassen sich schwerpunktmäßig vier Phasen oder - da zeitliche Überschneidungen unausweichlich sind - vier Akzentuierungen unterscheiden:

1. In der ersten Phase, Ende der 80er, Anfang der 90er Jahre, wurden wiederholt randalierende Gruppen von sozial benachteiligten Jugendlichen apostrophiert, für deren aggressives Verhalten die Ursachen auch bei den Medien behauptet oder vermutet wurden: Es waren vor allem kleinere, recht lockere Gangs etwa türkischer, aber auch deutscher Jungen, die man damals noch nach den Vorgaben der Jugendforschung, allerdings auch nach den von ihnen selbst favorisierten Etiketten bezeichnete oder stigmatisierte: Erinnert sei an die grauen Wölfe, an die Punks, die Skin-Heads, die Hooligans, die Fans der Hip-Hop-Musik. Die Szene-Journalisten K. Farin und E. Seidel-Pielen fabulierten bereits vom "Krieg in den Städten" (1991), der zwischen den Jugendgangs tobte, und warnten vor bürgerkriegsähnlichen Aufstände aller gegen aller. Und andere Sozialreportagen pflichteten solchen Einschätzungen bei.

2. In der nächsten Phase - mit zeitliche Überlappungen - wurde die Gewaltbereitschäft und -tätigkeit von Kindern und Jugendlichen generell angeprangert. "Kampfplatz Schule" titelte beispielsweise der "Stern" (Nr. 8, 18. Februar 1993), davor hatte er selbst ("Stern", Nr. 42 vom 10. Oktober 1991: "Schlagringe im Tornister") und auch der "Spiegel" (Nr. 42 vom 12. Oktober 1992: "Die rasten einfach aus") über den "Dauerkrieg" in den Klassenzimmern berichtet. Vermeintlich verläßliche Untersuchungen oder auch nur fachkundige Beobachtungen wußten aus Kindergärten, Schulen und Jugendtreffs, daß sich Kinder und Jugendliche mit Waffen oder waffenähnliche Gegenstände bedrohten, daß sie sich schikanierten, quälten und vor allem jede Gnade gegenüber dem unterlegenen Opfer vergäßen. Besonders von Frankfurter und Berliner Schulen wurden solche Greueltaten reportiert, und immer wieder wurden einzelne erschütternde Fälle umgehend verallgemeinert: "Und dann hängten die den Viktor auf. Zehntklässler brachten einen Mitschüler beinahe ums Leben" (Die Zeit Nr. 8 vom 19. Februar 1993, S. 19). Für die Sensationspresse mutierten solch - in Wahrheit sehr komplizierten - Einzelfälle umstandslos zum personalen Fanal einer unaufhaltsamen Verrohung der gesamten Jugend - auch wenn sie ihre Behauptungen selten verifizieren konnte.

Zu dieser Zeit wurden auch die Befunden besagter Gewaltkommission im Auftrag der Bundesregierung veröffentlicht. Daß sie in der Presse kaum diskutiert wurden, jedenfalls ihre relativierenden Ergebnisse im Vergleich zu jenen sensationsheischenden Anprangerungen untergingen, läßt etwas von dem öffentlichen Klima erahnen. Außerdem gab damals die Landesanstalt für Rundfunk (LfR) in Nordrhein-Westfalen als erste Medienanstalt - genauer noch: der recht konservativ besetzte Ausschuß für Jugendschutz - jenes Gutachten bei Jo Groebel in Auftrag, entgegen manchen Voten des Forschungsausschusses, dessen Mitglieder vor einer unergiebigen "Leichen-Zählerei" warnten.

Daß Groebel u.a. über den ursprünglichen Auftrag, nämlich einige Formulierungs- und Legitimationshilfen für die erwünschten Indizierungen zu liefern, hinausgingen, kam der LfR im nachhinein sehr gelegen - noch heute gilt dieses Gutachten und seine öffentliche Publizität als gelungene Öffentlichkeitsarbeit - und ließ diese Studie zum ersten einschlägigen Forschungsprojekt avancieren. Gewiß war mit ihm auch beabsichtigt, eine respektable Handhabe zu bekommen, um die überaus selbstbewußt auftretenden Privatsender ein wenig zu disziplinieren und dem allfälligen Vorwurf zu begegnen, die Landesmedienanstalten seien wirkungslose Papiertiger und mit ihrer Programmaufsicht überfordert. Inzwischen mündeten diese Bestrebungen zum einen in den "Bericht zur Lage des Fernsehens" ein, den eine Kommission dem Bundespräsidenten Richard von Weizsäcker im Feburar 1994 vorlegte, zum anderen in besagte "Freiwillige Selbstkontrolle Fernsehen" (FSF), die die privaten Sender seit April 1994 unterhalten und die angeblich bis September bereits die Ausstrahlung von 17 bedenklichen Filme verhindern haben soll (Von Gottberg 1994; Gollnick 1994).

3. Die dritte Phase oder Facette kulminierte mit den Brandanschlägen und Morden von Hoyerswerda, Rostock, Mölln, Solingen und etliche anderen, wo rechtsradikale und neonazistisch aufgehetzte Jugendliche ihre neu entdeckte Militanz und rassistische Menschenverachtung meinten austoben zu müssen. Die Medien spielten dabei anfangs eine recht dubiose, wenn nicht verantwortungslose Rolle - wie der Bielefelder Jugend- und Extremismusforscher W. Heitmeyer 1992 kritisierte: "Medienkampagnen, wie sie nach Hoyerswerda abliefen, dienen nur zur Ausbeutung von Moral, bewirken aber nichts. Die Medien haben zwar durchaus ein Interesse an Gewalt, denn Gewalt verkauft sich gut. Aber es darf nicht ständige Gewalt sein, sondern es müssen Konjunkturen wie in Rostock her. Und wenn es keine realen Gewaltkonjunkturen gibt, dann stellen sie die Medien eben selber her und täuschen so über die alltäglichen Ursachen von Gewalt hinweg" (Heitmeyer 1992, S. 4).

Ob Jugendliche in Rostock etwa von Journalisten dazu animiert wurden, sich vor die Kamera zu stellen und fremdenfeindliche, antisemitische und menschenverachtende Losungen zu brüllen, wurde zeitweise heftig debattiert; doch der Sachverhalt ist offenbar nicht hinreichend geklärt worden (Erb 1992; Foraci 1992). Zum Glück regten etliche Journalisten anschließend Diskussionen und Selbstverpflichtungen dahingehend an, daß sich die Medien nicht zu öffentlichkeitswirksamen Bühnen für rechtsradikale Hirngespinste und Möchtegern-Helden hergeben oder Jugendliche gar dazu anstacheln dürfen (Zabka 1993) - eine Debatte, die bei Winfried Bonengels Film "Beruf Neonazi" erneut einsetzte und bis heute anläßlich dessen gelegentlicher Aufführung immer wieder ausbricht.

Aber offensichtlich und immer weniger plausibel wurde auch, daß Neigungen zum Rechtsradikalismus und psychopathogene Strebungen, schwächere Menschen als rassistisch verbrämte Sündeböcke für die persönlich erlittenen Versagungen und Diskriminierungen zu unterdrücken oder gar zu vernichten, nicht länger mehr allein den Medien und der darin präsentierten Violenz angelastet werden können. Insofern wurden dieser probate Verursachungskomplex für die Verbreitung und

Verschärfung rechtsradikaler und neonazistischer Strömungen kaum bemüht - fast zu wenig, wenn man an die einschlägigen rechten Organe und die sie produzierenden Verlagen denkt. Nur rechtsradikale Songs und Video- bzw. Computerspiele beschäftigen etwa die Indzierungsgremien der Bundesprüfstelle für jugendgefährdende Schriften (Lange 1994).

4. Anders verliefen die Begründungen und Schuldzuweisungen wiederum anläßlich der Vorlage der Kriminalitäts-Statistik 1993: "Focus" (Nr. 6, S. 68ff.) machte daraus am 7. Februar 1994 eine Titelstory über "Ausländerkriminalität" unter der etwas infamen Überschrift: "Trotz Mölln und Solingen: Das Thema Ausländerkriminalität kann nicht länger tabuisiert werden", mußte aber zugleich einräumen: "Der steile Anstieg der Kriminalität seit 1989 ist 'nicht hausgemacht'". Selbst "Die Zeit" (Nr. 51 vom 17. Dezember 1993, S. 23) läßt in einem Lokalbericht über die Kriminalitätsrate in Köln ("Es brodelt am Dom. Kriminalitätsrate 93 - viele Diebe sind nur auf Durchreise. Die ganz alltägliche Gewalt") den dort statistisch tätigen Kriminaldirektor Franz-Josef Huppert angesichts der gestiegenen Gewalttätigkeit gegenüber den Opfern räsonieren: "Schauen Sie sich doch an, wieviel tausend Morde über den Fernsehen reinflimmern." Eher nebenbei wird hingegen erwähnt, daß die Steigerungsraten in den 80er Jahren beträchtlich höher ausgefallen waren als in den 90er Jahren und daß die Entwicklungen der einzelnen Vergehen ganz unterschiedlich verlaufen, etliche Gewaltdelikte sogar rückläufig sind (vgl. auch "Der Spiegel" Nr. 52, vom 27. Dezember 1993: "Rekorde bei Raub und Klau. Erste Trends der Kriminalitätsstatistik von 1993").

Erst in einem fünf Monate später publizierten Dossier (Klingst/Pfeiffer 1994) rückten kriminologische Experten in der "Zeit" die Proportionen zurecht und erläuterten die wirklichen sozialen Probleme. Dies geschah in der "Frankfurter Rundschau" (Lehne 1994) schon im Februar, im "Spiegel" (Pfeiffer 1994) zuletzt noch im Juni 1994, ebenfalls mit kriminologischen Experten. Überhaupt scheinen sich seither öffentliche Stimmen und Darstellungen zu mehren, die zum einen die Gewalteskalation zumindest als pauschale in Frage stellen oder relativieren und auf spezielle Problemzonen hinweisen und die zum anderen die Rolle der Medien als Sensationsstimulatien und Bedrohungsmächte reflektieren oder gar kritisieren. Am offensivsten tat dies "Die Woche" in ihrer Nr. 12 vom 18. März 1993 mit ihrer provozierenden Titel-Überschrift auf Seite 1: "Der Kinder-Krieg. Die Kids sind unglücklicher und gewalttätiger denn je - heißt es. Alles Medien-Mache. Das Gegenteil ist wahr" und mit einem sachlichen Referat in der Rubrik "Wissenschaft & Gesellschaft" (Skalnik/Rollin 1993). Auch dieser Beitrag hier stützt sich auf etliche solcher Publikationen. So ließe sich womöglich bereits eine weitere Phase oder Akzentsetzung ansetzen, in der relatvierende, reflektierende und differenzierende Argumente zu Gewalt und Medien wiederum die Oberhand gewinnen. Doch die Mediengeschichte erinnert nur zu gut daran, daß hysterische und apodiktische Versionen jederzeit wieder aufleben können.

Denn in laienhaften und alltäglichen Ursachen-Erklärungen für Gewaltneigungen ist der Kausalnexus Mediengewalt und reale Gewalt gleichwohl nach wie vor bei der Hand und plausibel. Das mag auch der Grund gewesen sein, weshalb

Innenminister Manfred Kanther (" 'Tatort' ohne Mordszenen. Innenminister Kanther über Gewalt im Fernsehen") ihn noch im Frühjahr 1994 (Neue Westfälische, Nr. 65 vom 18. März 1994) erneut hervorhob, nochmals auf Groebels andere Statistiken verwies, aber nur noch eine Selbsteinschränkung der Medien verlangte. Gesetzliche Verschärfungen, wie sie die (ehemalige) Jugendministerin A. Merkel lange Zeit einforderte, seien nicht geplant - so daß man sich fragen muß, wem die Kampagne genützt oder was sie bewirkt haben sollte. Sind die Bildschirme inzwischen tatsächlich weniger brutal, gewaltabstinenter geworden, haben sich die sozialen Probleme und die mit ihr verbundenen Gewaltphänomene in der Gesellschaft reduziert und zumindest relativiert? Was soll und kann dann noch der immer wieder apostrophierte Hohe Medienrat, ähnlich dem "Broadcasting Standards Council", bewirken, den der frühere Bundespräsident und mit ihm die von ihm berufene Kommission in ihrem Bericht favorisierten (Bericht 1994, S. 134)?

Eine kleine medienpolitische Pikanterie besonderer Art wies übrigens Th. Adam (1993) in der "Frankfurter Rundschau" (Adam 1993) der immerfort beflissenen Jugendministerin im vergangenen Dezember nach: Zur mitternächtlichen Stunde strahlte das ZDF am 16. Dezember 1993 einen erziehungskritischen Beitrag der Medienpädagogin Heike Mundzeck zum Thema "Kinder und Gewalt" mit dem Titel "Manchmal hab' ich große Angst" aus. Dieser denkbar ungeeignete Sendetermin für einen solchen Film kann sich Adam nur dadurch erklären, daß das ZDF den Film verstecken wollte - vermutlich wegen seiner nicht ganz legalen Finanzierung. Der Film wurde nämlich weitgehend vom Ministerium für Jugend subventioniert, und außerdem kam Frau Merkel in ihm ausgiebig zu Wort und konnte darin ihre damals noch recht forsche Linie vertreten. Daß das ZDF sich - so Adam - "45 Minuten lang als filmische Abspielstätte von Regierungspolitik hergibt" und - wie man hinzufügen muß: just bei diesem Thema - , dies kann selbst der wohl verschämt gewählte Sendeplatz schwerlich kaschieren. Aber - so muß man wohl am Ende fragen - exempliziert diese kleine Affäre nicht symptomatisch, wie mit dem Thema Mediengewalt und soziale Gewalttätigkeit hierzulande umgegangen wird, wie wenig es davor gefeit ist, medien- und interessenpolitischer Spielball zu sein und immer wieder zu werden?

Literatur

Adam, Th. (1993): Kuckucksei im ZDF-Programm. Bundesjugendministerium finanziert Film über TV-Gewalt. In: Frankfurter Rundschau, Nr. 292, 16. Dezember 1993.

Berg, K./Kiefer, M.-L. (Hg.) (1992): Massenkommunikation: Eine Langzeitstudie zur Mediennutzung und Medienbewertung. Baden-Baden (Schriftenreihe: Media Perspektiven, Bd. 12).

Bericht zur Lage des Fernsehens für den Präsidenten der Bundesrepublik Deutschland Richard von Weizsäcker, vorgelegt von J. Groebel u.a. o.O. im Februar 1994.

Bründel, H./Hurrelmann, K. (1994): Zunehmende Gewaltbereitschaft von Kindern und Jugendlichen. In: Aus Politik und Zeitgeschichte. Beilage zur Wochenzeitung "Das Parlament" Nr. 38, S. 3-9.

Burdach, K. (1987): "Violence Profile" und Kultivierungsanalyse: Die Vielseherforschung George Gerbners. In: Schenk 1987, S. 344-368.

Charlton, M./Neumann-Braun, K. (1992): Medienkindheit - Medienjugend. Eine Einführung in die aktuelle kommunikationswissenschaftliche Forschung. München.

Comdat (Communication Data Research) (1993a): Darstellung von Gewalt im Fernsehen. Inhaltsanalyse 11.- 17. 11. 92. Abschlußbericht. Untersuchung im Auftrag von RTL. Münster.

Comdat (1993b): Darstellung von Gewalt im Fernsehen. Programmanalyse: 20. 3. - 3. 4. 1993. Untersuchung im Auftrag von RTL. 2 Bde. Münster.

Dolle-Weinkauff, B. (1990): Comics. Geschichte einer populären Literaturform in Deutschland. Weinheim und Basel.

Dudek, P. (1993): Zwischen Krise und Optimismus. Die neuen Jugendstudien zeichnen ein widersprüchliches Bild. In: "Das Parlament" Nr. 11 vom 12. März 1993.

Erb, R. (1992): Machen die Medien den Extremismus erst "salonfähig"? In: Das Parlament, Nr. 51 vom 11. Dezember 1992.

Esslinger, D. (1993): Oh Professor, Oh Statistik. Wie ein Fernsehwissenschaftler in einer Studie zu den Resultaten kommt, welche seine Auftraggeber von ihm erwarten. In: Süddeutsche Zeitung vom 26. Januar 1993.

Farin, K./Seidel-Pielen, E. (1991): Krieg in den Städten. Jugendgangs in Deutschland. Berlin.

Ferstl, R. u.a. (1993): Gewalt und Aggression in schleswig-holsteinischen Schulen. In: Zeitschrift für Pädagogik, 39, 5, S. 775-798.

Foraci, F. (1993): Zuviel Problemdarstellung - zu wenig vom alltäglichen Leben. Die Medien auf der Suche nach einem neuen Ausländerbild. In: Das Parlament, Nr. 2-3 vom 15. Januar 1993, S. 17.

Freitag, M./Hurrelmann, K. (1993): Gewalt an Schulen: In erster Linie ein Jungen-Phänomen. In: Neue Deutsche Schule, 45, 20. April 1993, S. 24-25.

Galtung, J. (1971): Gewalt, Frieden und Friedensforschung. In: Senghaas, D. (Hg.): Kritische Friedensforschung. Frankfurt/M., S. 55-104.

Gassen, P. (1993): "Die blaue Säule der Graphik". RTL legt eine Gewalt-Studie vor - und kommt prima dabei weg. In: Süddeutsche Zeitung vom 23. und 24. Januar 1993.

Gerbner, G. (1978): Über die Ängstlichkeit von Vielsehern. In: Fernsehen und Bildung, 12, S. 9-16 .

Gerbner, G. (1981): Die "angsterregende Welt" des Vielsehers. In: Fernsehen und Bildung, 15, S. 17-23.

Glogauer, W. (1991; 1994): Kriminalisierung von Kindern und Jugendlichen durch Medien. Wirkungen gewalttätiger, sexueller, pornographischer und satanischer Darstellungen, 4. Aufl. Baden-Baden.

Gollnick, I. (1994): Medienlandschaft in Bewegung. Neue Herausforderungen für die Gesellschaft. In: Das Parlament, Nr. 41 vom 14. Oktober 1994.

Gottberg, J. von (1994): Die Arbeit der FSF. In: Jugend Medien Schutz-Report, 17, 3, S. 3-5.

Groebel, J. (1982): "Macht" das Fernsehen die Umwelt bedrohlich. In: Publizistik, 27, S. 152-165.

Groebel, J. (1992a): Mit Gewaltszenen buhlen TV-Anstalten um Einschaltquoten. Täglich werden in deutschen Unterhaltungsprogrammen etwa 70 Menschen ermordert. In: Frankfurter Rundschau, Nr. 97 vom 25. April.

Groebel, J. (1992b): Gewalt im deutschen Fernsehen. Ergebnisse einer vergleichenden Untersuchung der Gewaltprofile öffentlich-rechtlicher und privater Fernsehprogramme. In: Landesanstalt für Rundfunk 1992, S. 24-35.

Groebel, J. (1992c): Untersuchung der subjektiven Wahrnehmung von Fernsehgewalt sowie der ihr zugrundliegenden Gewaltbegriffe bei 12- bis 17jährigen, Landau/Frankfurt (Manuskript).

Groebel, J. (1994): Gewaltdarstellungen im Fernsehen. Ein Thema bleibt auf der Tagesordnung. In: Das Parlament, Nr. 41 vom 14. Oktober 1994.

Heitmeyer, W. (1992): Die Gesellschaft löst sich auf. Warum greifen Jugendliche zur Gewalt? In: Die Zeit, Nr. 43 vom 16. Okt. 1992.

Heitmeyer, W. u.a. (1993): Die Bielefelder Rechtsextremismus-Studie. Erste Langzeituntersuchung zur politischen Sozialisation männlicher Jugendlicher. Weinheim/München 1993.

Hoffmeister, D./Sill, O. (1992): Zwischen Aufstieg und Ausstieg. Autoritäre Einstellungsmuster bei Jugendlichen/jüngeren Erwachsenen. Opladen.

Jugend '92 (1992). Lebenslagen, Orientierungen und Entwicklungsperspektiven im vereinigten Deutschland. Studie im Auftrag des Jugendwerks der Deutschen Shell, durchgeführt von Psydata, Frankfurt/M. und Berlin, 4 Bände. Opladen.

Kepplinger, H.M./Dahlem, S. (1990): Medieninhalte und Gewaltanwendung. In: Schwind, H.-D. u.a. 1990, S. 170ff.

Kilb, A. (1994): Die zwei Höllen. In: Die Zeit, Nr. 38 vom 16. September 1994.

Klingst, M. und Pfeiffer, Ch. (1994): Tatort Deutschland. In: Die Zeit, Nr. 21 vom 20. Mai 1994.

Krüger, U.-M. (1994): Gewalt in Informationssendungen und Reality TV. Quantitative und qualitative Unterschiede im öffentlich-rechtlichen und privaten Fernsehen. In: Media Perspektiven, H. 2, S. 72-85.

Kübler, H.-D. (1989): Medienforschung: Zwischen Stagnation und Innovation. Eine Skizze des Diskussionsstandes aus qualitativer Sicht. In: Baacke, D./Kübler, H.-D. (Hg.): Qualitative Medienforschung. Konzepte und Erprobungen. Tübingen, S. 7-71.

Kübler, H.-D. (1993a): Mediengewalt und reale Gewalt. Forschungsansätze und Beurteilungskriterien. In: Video-Akzente, H. 1, S. 29-33.

Kübler, H.-D. (1993b): Mediengewalt. Sozialer Ernstfall oder medienpolitischer Spielball? In: medien praktisch, 17, 65, S. 4-9.

Kübler, H.-D. (1993c): Reale Gewalt als Ereignis - Mediengewalt als Alltäglichkeit? Die Medien im Kontext von Gewalt, Rechtsextremismus und Fremdenfeindlichkeit. In: außerschulische Bildung. Materialien zur politischen Jugend- und Erwachsenenbildung, H. 2, S. 133-140.

Kübler, H.-D. (1993d): Zwischen Imagination und Wirklichkeit. Strukturen und Tendenzen inszenierter Kindheit. in: Tietze, W./Roßbach, H.-G. (Hg.): Erfahrungsfelder in der frühen Kindheit. Bestandsaufnahme und Perspektiven. Freiburg im Breisgau, S. 56-96.

Kübler, H.-D. (1994): Images, Szenerien und Identitäten. Voraussetzungen und Perspektiven für eine zeitgemäße Bibliotheksarbeit für und mit Jugendlichen. In: Einkaufszentrale für öffentliche Bibliotheken GmbH (Hg.): Neue Betriebsformen, Jugendliche, Multimedialität. Reutlingen, S. 82-108.

Kunczik, M. (1983): Wirkungen von Gewaltdarstellungen in Zeichentrickfilmen. In: Media Perspektiven, Nr. 5, S. 338-342.

Kunczik, M. (1987): Gewaltforschung. In: Schenk, M.: Medienwirkungsforschung. Tübingen. S. 167-193.

Kunczik, M. (1993a): Gewalt im Fernsehen. Stand der Wirkungsforschung und neue Befunde. In: Media Perspektiven, Nr. 3, S. 98-107.

Kunczik, M. (1993b): Gewaltdarstellungen - ein Thema seit der Antike. In: Media Perspektiven, Nr. 3, S. 108-113.

Kunczik, M. (1994): Gewalt und Medien. 2. überarbeitete und aktualisierte Auflage. Köln u.a.

Landesanstalt für Rundfunk (Hg.) (1992): Gewalt im Fernsehen: (K)ein Thema für Kindergarten und Schule? LfR-Workshop 6. Februar 1992. Düsseldorf (LfR-Dokumentation, Band 8).

Lange, A. (1993): Was die Rechten lesen. Fünfzig rechtsextremistische Zeitschriften. Ziele, Inhalte, Taktik. München.

Lehne, W. (1994): Kriminalität ist nicht das Problem Nummer 1. In: Frankfurter Rundschau Nr. 34 und 35 vom 10. und 11. Februar 1994.

Leifer D. u.a. (1975): Kind und Fernsehen - Aktionsplan für künftige Forschungen. In: Fernsehen und Bildung, 9, 1, S. 9-28.

MacArthur, J.R. (1993): Die Schlacht der Lügen. Wie die USA den Golfkrieg verkauften. München.

Maunz, G. (1993): Man nennt sie "Mißgeburten". In: Der Spiegel, Nr. 48, vom 29. Nov. 1993, S. 171.

Meier, U./Tillmann, K.-J. (1994): Gewalt in der Schule - ein Medienproblem. Zwischen dem öffentlichen Bild und der Einschätzung von Schulleitern besteht eine große Diskrepanz. In: Frankfurter Rundschau, Nr. 208 vom 7. Sept. 1994.

Melzer, W. (1992): Jugend und Politik in Deutschland. Gesellschaftliche Einstellungen, Zukunftsorientierungen und Rechtsextremismus-Potential Jugendlicher in Ost- und Westdeutschland. Opladen.

Merkel, A. (1993): Gewalt in den Medien. Aufklärung und Verantwortungsbereitschaft stärken. In: BPjS-aktuell, Nr. 2, S. 3-6.

Merten, K. u.a. (1994): Die Wirklichkeit der Medien. Eine Einführung in die Kommunikationswissenschaft. Opladen.

Messias, H./Schnepper-Fries, H. (o.J. [1993]): Wie gefährlich sind Computerspiele. Anmerkungen zur Indizierungspraxis der Bundesprüfstelle. In: Medienrundbrief, hrsg. Referat Medienarbeit, J 324. Behörde für Schule, Jugend und Berufsbildung. Amt für Jugend. Hamburg, Nr. 17.

Pfeiffer, Ch. (1994): Politik der großen Zahl. Der Kriminologe Christian Pfeiffer über Bonner Tricks im Umgang mit der Verbrechensstatistik. In: "Der Spiegel", Nr. 24, 13. Juni 1994, S. 53ff.

Schenk, M. (1987): Medienwirkungsforschung. Tübingen.

Schiff, St./Avedon, R. (1994): Der letzte wilde Mann. In: Zeitmagazin, Nr. 43 vom 21. Oktober 1994.

Schorb, B. u.a. (1992): Wenig Lust auf starke Kämpfer: Zeichentrickserien und Kinder. München (BLM-Schriftenreihe Bd. 19).

Schorb, B. u.a. (Hg.) (1984): Gewalt im Fernsehen - Gewalt des Fernsehens. Sindelfingen (medien + bildung, Bd. 7).

Schorb, B./Swoboda, W.H. (Hg.) (1991): Medienpädagogen kommentieren populäre Thesen über die Wirkung von Gewaltdarstellungen und Sexualität im Fernsehen auf Kinder und Jugendliche. Dokumentation einer bundesweiten Experten-Befragung. München.

Schramm, W./Lyle, J./Parker, E.B. (1961): Television in the lives of our children. Stanford.

Schwind, H.-D. (1993): Gewalt in Familie und Schule - aus der Sicht der Anti-Gewaltkommission der Bundesregierung. In: Thema Jugend Nr. 2, März 1993, S. 9-11.

Schwind, H.-D. u.a. (Hg.) (1990): Ursachen, Prävention und Kontrolle von Gewalt. Analysen und Vorschläge der Unabhängigen Regierungskommission zur Verhinderung und Bekämpung von Gewalt (Gewaltkommission), Endgutachten, Bd. 1. Bonn.

Selg, H. (Hg.) (1972): Zur Aggression verdammt? Stuttgart u.a.

Seeßlen, G. (1994): David Lynch und seine Filme. Marburg u.a.

Sklanik, Ch./Rollin, M. (1993): Böse Krümelmonster? Das Bild in den Medien ist falsch: Jugendliche waren schon immer gewalttätig. In: Die Woche, Nr. 12, 18. März 1993.

Stöss, R. (1993): Rechtsextremismus und Wahlen in der Bundesrepublik. In: Aus Politik und Zeitgeschichte. Beilage zur Wochenzeitung "Das Parlament", Nr. 11 vom 12. März 1993, S. 50-61.

Theunert, H. (1987): Gewalt in den Medien - Gewalt in der Realität: Gesellschaftliche Zusammenhänge und pädagogisches Handeln. Opladen.

Theunert, H. u.a. (1992): Zwischen Vergnügen und Alltag - Fernsehen im Alltag von Kindern. Eine Untersuchung zur Wahrnehmung und Verarbeitung von Fernsehinhalten durch Kinder aus unterschiedlichen soziokulturellen Milieus in Hamburg. Hamburg (Schriftenreihe der Hamburgischen Anstalt für neue Medien, Bd. 5).

Weale, S. (1993): Child's Play Teil drei - der Film zum Mord? Nach dem Urteil gegen die Kinder von Preston wird in England wieder über Gewalt-Filme diskutiert. In: Wochenpost, Nr. 49 vom 2. Dezember 1993.

Winterhoff-Spurk, P. (1994): Gewalt in Fernsehnachrichten. In: Jäckel, M./Winterhoff-Spurk, P. (Hg.): Politik und Medien. Entwicklungen der politischen Kommunikation. Berlin, S. 55-69.

Zabka, G. (1993): Was tun? Die Tagung "Rechtsradikalismus und Medienrealität". In: epd/Kirche und Rundfunk Nr. 7 vom 27. Januar 1993.

Zinnecker, J./Fischer, A. (1992): Jugendstudie '92. Die wichtigsten Ergebnisse im Überblick. In: Jugend '92 a.a.O., Bd. 1, S. 213-306.

Jugendkulturelle Szenen und ihre Medien

Ralf Vollbrecht

In den 50er Jahren wird Pop- und Rockmusik zum Ausdrucksmedium der neu entstehenden Jugendkulturen ("Teenager", "Halbstarke"). Jugendliche schaffen damit erstmals eigene soziale Milieus in Abgrenzung von der Welt der Erwachsenen. Diese subkulturellen Milieus sind gekennzeichnet durch die (unterschiedliche) Verwendung der Symbolmedien Musik, Mode und Ausdrucksgestus. Sie existieren aber insofern auch ganz real, als die Jugendlichen "nach Sozialräumen suchen und sich auch Sozialräume schaffen, in denen sie, wenn auch nur partiell, existieren" (Baacke 1985, S. 158).

Im Zuge der gesellschaftlichen Individualisierungs- und Pluralisierungsprozesse haben sich auch die Jugendkulturen - vor allem seit Ende der 70er Jahre - immens ausdifferenziert. Gleichzeitig kommt es zu einer *Globalisierung* durch die inzwischen weltweite Verbreitung und Vermarktung der erfolgreichen Produkte der Rock- und Pop-Szene sowie einer *Verallgemeinerung* in dem Sinn einer wachsenden Unschärfe der Trennlinien von eigenständigen Jugendkulturen zur "Gesamtkultur", da die letztere zunehmend jugendkulturelle Elemente assimiliert und der Gestus von "Jugendlichkeit" in andere Lebensaltersstufen übernommen wird. In den 60er Jahren bezeichneten Soziologen dies als "Puerilismus der Gesamtkultur" (Tenbruck 1962) - heute scheint die Gesamtgesellschaft insgesamt zur "Erlebnisgesellschaft" (Schulze 1992) mutiert zu sein.

Bis in die 60er und 70er Jahre sind jugendliche Gesellungsformen mit einem klassen-, schicht- oder milieuspezifisch gefärbtem Begriff jugendlicher Subkultur beschrieben worden, der ein hierarchisches Verhältnis zwischen der jeweiligen Jugendkultur und der dominanten Erwachsenenkultur unterstellt. Im Begriff der Subkultur ist immer auch die Abweichung von einer enggeführten Normalität dieser Erwachsenenkultur mitgedacht - am deutlichsten in der 68er-Bewegung und der Hippie-Subkultur, die sich auch selbst als Gegenkulturen verstanden. Die Feindschaft des "Establishments", die vor allem die Rockmusik auf sich zog (Sendeverbote im Rundfunk, öffentliche Zerstörungen von Schallplatten), hat gezeigt, wie sehr die Definitionsherrschaft über Situationen und die Kontrolle des durch die Erwachsenen repräsentierten Lebenssystems über jugendkulturelle Ausdrucksmedien in Frage gestellt werden können.

Spätestens seit den achtziger Jahren ist es nicht mehr möglich, Jugendkulturen generell als Gegenkulturen aufzufassen. Sicherlich haben auch viele "spätere" Jugendkulturen - etwa in der Ökologiebewegung - Alternativen in der gesellschaftlichen Entwicklung aufgezeigt, und ebenso lassen sich noch immer bestimmte Jugendkulturen als Ausdruck eines Protests gegen gesellschaftliche Zustände deuten. Auf die in den letzten Jahren inflationäre Entstehung immer neuer "Freizeit-Stile" sowie auf die zahlreichen "Revivals" von Jugendkulturen aus den 50er bis 70er Jahren trifft dies aber immer weniger zu.

Frühe jugendkulturelle Gruppierungen blieben mehrheitlich auf ihr Herkunftsmilieu bezogen, das auch in gewisser Weise präjudizierte, welche Gruppierung für einen Jugendlichen attraktiv und zugänglich war. Natürlich handelte es sich auch bei diesen Jugendkulturen um

> "[...] *Absetzbewegungen* - in dem Sinne, daß nicht die Alltäglichkeit des Pflichtmilieus fortgesetzt wurde, sondern im Bannraum von Pop-Musik, schicker Kleidung und bedeutungsvollen Gesten und Verhaltensweisen eine Gegenwelt entstand, die den Alltag vergessen ließ, obwohl sie, als Reaktion und Reflex, ihm doch zugehörte." (Baacke 1994, S. 22).

Heutige Jugendkulturen sind von ihren sozialen Herkunftsmilieus weitgehend abgekoppelt. Beispielsweise ist ein proletarischer Hintergrund für einen Jugendlichen keineswegs notwendig, um Skinhead werden zu können. Besondere soziale Lebenslagen können zwar die Disposition für oder gegen bestimmte Jugendkulturen verstärken - Vorhersagen des biographischen Verlaufs von Szene-Zugehörigkeiten sind dennoch wenig verläßlich. Es zeigt sich vielmehr, daß heute der Anschluß an Jugendkulturen eher situativ erfolgt, "als kurzfristig wirkender Stimulus eines reizvoll erscheinenden Arrangements, aufgrund der Orientierung an Freunden, die das Experiment des 'Andersseins' schon eingegangen sind, etc." (Baacke 1994, S. 23f.). Erleichtert wird dies dadurch, daß fast alle in Deutschland anzutreffenden Jugendkulturen Importware (Globalisierung!) und schon deshalb *wählbare* Muster sind, die eher nach ästhetischen als nach sozialen Gesichtspunkten assimiliert werden.

Die Zuordnung zu einem Lebensstil ist dennoch nicht völlig beliebig. Die Bedeutung eines Stils ist einerseits gebunden an den subjektiv intendierten Verwendungssinn im biographischen Kontext (wie kann ich zeigen, wer ich bin oder wer ich sein will?), andererseits aber auch an eine strukturale Ebene, auf der die Bedeutung eines Zeichens sich erst aus dem Kontext anderer Zeichen ergibt. Die von Außenstehenden nicht immer leicht zu entschlüsselnden Chiffren eines Lebensstils können also nicht beliebig plaziert werden, denn wir bewegen uns schon immer in einer Zeichenwelt von Bedeutungen, und durch soziale Verbreitung ebenso wie durch Kommerzialisierung werden Stil-Accessoires aufgehoben und entwertet.

Die Dechiffrierung der Zeichenwelten von Jugendkulturen ist also mit dem Problem konfrontiert, daß die dauerhafte Verwendung eines Zeichens keineswegs auch die Konstanz des damit Bezeichneten impliziert. Da sich im Zeitablauf die Bedeutungsfelder verschieben und damit auch die Einzelbedeutungen sich verändern, können aus Zeichen stilistischer Innovation leicht Ikonen konservativen Beharrens werden. Sich als Punk zu stilisieren bedeutet beispielsweise zu Beginn und gegen Ende der achtziger Jahre etwas völlig verschiedenes.

An Herkunftsmilieus ist die Wahl der Zeichen jedoch nicht mehr gebunden. Mit der Loslösung vom jeweiligen Herkunftsmilieu wandeln sich Jugendkulturen zu *Szenen*, die sich in öffentlichen Räumen aufbauen und die gleichzeitig den direkten persönlichen Kontakt und das Bedürfnis nach Zusammengehörigkeit in überschaubaren Gruppierungen ermöglichen. Diese jugendkulturellen Szenen sind darüber hinaus gekennzeichnet durch die Erfahrungsmöglichkeit von Intensität und Action außerhalb institutionell verfestigter Zusammenhänge. Der Begriff "Szene" - abgeleitet von der Wand (skené) des antiken griechischen Theaters (ein Begriff, der wiederum abgeleitet ist vom altgriechischen Wort für "schauen"), vor der die Schauspieler auftraten - beinhaltet also eine sozialökologische Qualität, die sich auf den actiongeladenen Erlebnisgehalt und auf die Möglichkeit zur Selbstdarstellung bezieht. Jugendkulturelle Szenen lassen sich im Unterschied zur Szene des Theaters allerdings nicht planen, sondern entstehen überall dort, wo Jugendliche diese Qualitäten erfahren können. In heutigen Lebenswelten sind die Orte, an denen Szenen sich konstituieren, überwiegend die künstlichen Orte des Freizeit- und Konsumsektors mit ihren medienvermittelten Erlebnissurrogaten (vgl. Baacke 1994).

Medien ermöglichen freilich auch eine virtuelle oder imaginierte Szene-Zugehörigkeit, wobei die jeweiligen Symbole für Zugehörigkeit symbolisch angeeignet oder im weiten Feld der Merchandising-Produkte auch von einzelnen erworben werden können, die keiner jugendkulturellen Gruppierung "real" angehören. In der Regel sind Jugendkulturen aber sehr real, und ihre Grenzen verlaufen wie in den 50er Jahren auch heute noch vielfach entlang spezifischer Musikrichtungen. Das ehemals für Jugendliche so bedeutsame Radio ist allerdings längst nicht mehr *das* Jugendmedium par excellence. Andere Medien sind hinzugekommen. Das Fernsehen - lange Zeit ein typisches "Familienmedium" und daher jugendkulturell unbedeutender als das Radio - ist heute nicht nur in den Wohnzimmern beheimatet, sondern (zusätzlich) in den meisten Jugend- und in vielen Kinderzimmern. Die Entstehung spezieller Musikspartenkanäle, die sich gezielt an ein jugendliches Publikum wenden, spiegelt diese Entwicklung. Weitere Medien, um die sich Jugendkulturen gruppieren, sind Video und Computer, aber auch Medienorte wie Diskotheken und das Kino (zu letzterem siehe Baacke/Schäfer/Vollbrecht 1994). Jugendliche Verkehrsformen, ihre Sprache, Kleidung, ihr entäußertes Lebensgefühl, ihre Erwartungen an die Zukunft, ihre Haltung zur Berufsarbeit, ihr Umgehen mit Gleichaltrigen und eben auch ihre spezifische Mediennutzung definieren Erscheinungsformen und Habitus der jeweiligen Jugendkulturen.

Aufgrund ihrer auffälligen Ausdrucks-Codes erfreuen sich Jugendkulturen der besonderen Aufmerksamkeit von Jugendforschern sowie des Mediensystems, das nicht nur die Kommerzialisierung der Stile und die damit verbundene Verbreitung (d.h. auch: partielle Durchsetzung!) - im Quartanfieber von Skandalon, Entschärfung, Verallgemeinerung und Entwertung - erst ermöglicht, vorantreibt und nebenbei parasitär den Gewinn aus einer medienspezifischen Ökonomie der Aufmerksamkeit einstreicht.

Unter die Lupe der Wissenschaft genommen bzw. in die Arena des Medienzirkus gestellt werden etwa die Vielseher (besser vertraut mit ihren Fernsehfiguren als mit realen Personen ihrer Umwelt), Computerfreaks (Hacker, Mail-Box-Gruppen, Computer-Chaos-Clubs mit gesellschaftspolitischem Engagement, souveräne Kenner der neuesten Computer-, Fantasy- und Adventure-Spiele usw.), Kino-Ästheten und Video-Fans (vom Wohnzimmer-Cineasten mit Kult- und Kulturfilmvorlieben bis zum Hard-Core-Horror-Spezialisten, der den langen Ausbildungsweg vom "Novizen" über den "Touristen" zum "Baf" und "Freak" absolviert hat), diskothekensüchtige Spätheimkehrer in Cowboystiefeln und mit gespoilertem Kleinwagen, Spielhallen-Freaks mit nervösem Daumen und nicht-stoffgebundener Sucht, jugendliche Großkonsumenten von Literatur (diverser Gattungen) und natürlich die verschiedendsten Musik-Kulturen: Schwermetaller mit tätowierten Träumen auf dem Oberarm, Rock 'n' Roller mit Tolle, Petticoat und Vorliebe nicht nur für Milchmix, Acid-Genießer mit eigenem House-Mix, auf Authentizität und Echtheit pochende Fans des "Unplugged"-Alt-Rocks, Independent-Puristen, Noten-Intellektuelle, Neo-Hippies, Red-Skins, Sharp-Skins, Oi!-Skins, NF-Skins, multikulturell oder reaktionär angehauchte Hiphopper, Liebhaber von Punk, Grunge, Death Metal und Trash Metal, Doom, Rap, Dance, Techno, Trance, Rechts-Rock, Gangsta-Rap u.v.a.m.

Die Zeiten, als Einheit herrschte in der jugendlichen Subkultur, sind lange vorbei. Kaum jemand kann noch all die Zeichen entziffern im Szene-Dschungel von Trash Metal bis Cyberpunk mit all den verschiedenen Szene-Outfits, ihren jeweiligen In-Medien, häufig auch eigenen Marktsegmenten und den nicht mehr selbstverständlich "progressiven" Philosophien.

Einen besseren Durchblick verspricht man sich von Sehhilfen: Typologien, die Schneisen in den Dschungel schlagen und einen Blick auf bedeutsame Gemeinsamkeiten und Unterschiede erlauben. Typologisch lassen sich - mit einem sehr groben Raster - vier Gruppen von Jugendlichen im Hinblick auf Jugendkulturen unterscheiden: Neben den unauffälligen *Sozial-Integrierten*, die sich noch am ehesten an Lebensstilen und Werthaltungen der Eltern und der Erwachsenenwelt orientieren, gibt es die *Gegenkulturell-Orientierten* in den neuen sozialen Bewegungen, die sich durch starkes gesellschaftliches Engagement und entsprechenden Veränderungswillen auszeichnen. Daneben gibt es die *Action-Orientierten*, die Action- und Intensiv-Erlebnisse oft mit vollem Körpereinsatz suchen und ein ausgesprochenes Risikoverhalten an den Tag legen. Besonders auffällig sind die jugendlichen *Manieristen*, die zu den Protagonisten der Erlebnisgesellschaft gezählt werden können und dem Motto: "Sein ist Design" zu folgen scheinen (ausführlich Ferchhoff 1993). Diese Gruppierungen unterscheiden sich auch in ihrer Mediennutzung, vor allem hinsichtlich ihrer Lektüregewohnheiten und der jeweils bevorzugten Musikgattungen (vgl. Ferchhoff/Sander/Vollbrecht 1989).

Ein Nachteil solcher Typologien ist ihre sehr grobe Rasterung. So können z.B. Skinheads generell zu den Action-Orientierten gerechnet werden, aber es bestehen immense Unterschiede sowohl zu anderen action-orientierten Jugendkulturen - etwa "linken" Autonomen und Streetfightern - als auch zwischen politisch eher "links" stehenden Red-Skins, rechtsradikalen NF-Skins und den eher "fun"-orientierten Oi!-Skins, deren Bezeichnung sich aus einer Simplifizierung von "Joy" ableitet, mit der Musikgruppen dieses Spektrums ihre Lieder intonieren (oi! oi! oi! statt: eins, zwei, drei).

Die "feinen Unterschiede" in den Jugendkulturen werden nur sichtbar mittels dichter Beschreibungen der Szenen aus Binnen- und Außenperspektive. Diese

Kärrnerarbeit ist ausgesprochen undankbar angesichts der Variantenfülle symbolischer Selbstgestaltung und des Erfindungsreichtums von Jugendlichen und Jugendkulturen, die den Sozialwissenschaftler zum ewigen Verlierer im Hase-und-Igel-Spiel verdammen.

Nun leben nicht alle Tiere im Dschungel und nicht alle Jugendlichen in jugendkulturellen Szenen. Es wäre jedoch ein Irrtum anzunehmen, daß die vielen "main-stream"-Jugendlichen von jugendkulturellen Entwicklungen unberührt bleiben könnten. Auch wenn sich soziale Veränderungen zunächst meist an den Rändern zeigen, wirken sie viel weiter als eine rasch an neue Normalitäten adaptierte Wahrnehmung suggeriert. Besonders deutlich wird dies im Post-Punk, dessen stilistische Verallgemeinerungen z.B. im Bereich der Haarmode innerhalb kürzester Zeit in jedem Damenfrisiersalon zu bewundern waren.

Einen bestimmten Stil als Lebenswelt und als Bekenntnis aufzufassen, ist für Jugendliche heute nur *eine* unter mehreren wählbaren Optionen. In Jugendkulturen ist daher die Unterscheidung zwischen *Zentrum* und *Peripherie* wesentlich. Nicht jedes jugendkulturelle Emblem, nicht jede Vorliebe für eine bestimmte Musikrichtung etc. ist Zeichen dafür, daß ein Jugendlicher sein Selbstbild in einem - selbst immerwährenden Wandlungsprozessen unterliegenden - jugendkulturellen Stil zentriert. Der gar nicht so seltene Wechsel Jugendlicher von einer Jugendkultur in eine andere zeigt, daß es nicht nur um Selbst-Darstellung, sondern auch um Selbst-Suche und Ich-Findung geht. An Jugendkulturen zu partizipieren kann dann auch Ausdruck von Originalitätszwang sein, also der Versuch, Einzigartigkeit und gerade Nicht-Gruppenzugehörigkeit auszudrücken: Bloß keine graue Maus sein!

Eine weitere Gruppe von Jugendlichen verhält sich eher als jugendkulturelle Grenzgänger, die sich in ihrer Szene genauso gut auskennen wie im Alltag der "Normalos". Die Differenz von unterschiedlichen Handlungsanforderungen und Werteprioritäten in unterschiedlichen Teilsystemen der Gesellschaft - einerseits die leistungsorientierte Schule und Berufswelt, andererseits der auf Hedonismus und Konsum abhebende Freizeitsektor - übernehmen diese Jugendlichen in ihr Selbstkonzept und betätigen sich als "part-time"-Stylisten mit Sinn für Notwendigkeiten.

Die Übergänge sind fließend. Neben Jugendlichen mit unterschiedlich stark ausgeprägter Szene-Zugehörigkeit gibt es jedenfalls eine Mehrheit von meist jüngeren Jugendlichen ("main-stream"), deren "Stil" sich kennzeichnen läßt als eine Melange aus institutioneller Integration, manieristischer Offenheit im Outfit und gelegentlichen Eskapaden in jugendkulturellen Milieus. Was und wer zum "main-stream" gehört, wird dabei von den Szenen entschieden (vgl. Baacke 1985, S. 158).

Im folgenden sollen drei jugendkulturelle Szenen und ihre Medien kurz skizziert werden. Dabei handelt es sich um die größte neuere Musikszene *Techno* (sprich: Tekkno), um die gewaltaffine *Skinhead-Szene* sowie um die Szene der *Horrorvideofans*.

1 Beispiel: Techno-Szene

Fast unbemerkt von einer breiteren Öffentlichkeit ist "Techno" zu Anfang der 90er Jahre zur derzeit wohl größten Massenbewegung in Europa avanciert. Für Jugendliche existiert - im Widerspruch zu modischen Thesen - offenbar auch das, was nicht (oder so gut wie nicht) in den Massenmedien präsent ist. Die Unauffälligkeit von Techno resultiert daraus, daß diese Szene keinen politischen oder kulturellen Konsens stört - mal abgesehen vom Drogenkonsum eines Teiles der Szene, den man den meisten Jugendkulturen ohnehin unterstellt - und gewaltträchtigere Szenen die Schlagzeilen beherrschen.

Techno ist die "ideale" Verkörperung einer hedonistischen Freizeitkultur, die dem unverblümten Totalanspruch folgt: "Spaß haben" bis zum Umfallen und mit Aufputschmitteln und Drogen, wenn es denn sein muß. "Fun" und "Abfahren auf Musik" sind angesagt, und gesucht wird die Befreiung im "reinen Sound". Von den Hippies übernommen ist das Leitmotiv von "love, peace and unity".

Musikalisch hat Techno seinen Ursprung in der amerikanischen "House"-Musik, die sich in England im Gefolge des Hippie-Revivals zum "Acid-House" wandelt und die Etablierung der Droge "Ecstasy" mit sich bringt. Techno ist eine Synthese aus "Acid-House" und "Electronic Body-Music", eine synthetisch erzeugte Instrumentalmusik, die ausschließlich von ihrem spezifischen Rhythmus getragen wird.

Im Unterschied zu anderen Musikkulturen hat Techno bislang keinen Star-Kult um die Bands entwickelt. Der Techno-Fan selbst gilt als Interpret der Musik, während die Bands hinter ihren eigenen Sound und abstrakte Video-Collagen zurücktreten. Technomusik ist in diverse Stilrichtungen differenziert (z.B. Trance, Tribal, Ambient) und wird seit 1992 verstärkt kommerziell vermarktet. Zumeist auf Independent-Labels erscheinen derzeit monatlich ca. 500 Neuerscheinungen.

Die Freizeitinteressen von Techno-Fans sind ausgerichtet auf große Techno-Parties, auf denen die Diskjockeys eine kreative Schlüsselstellung einnehmen. Diese DJ's sind oft bekannter als Techno-Bands und besitzen ein unverwechselbares Image, das in ihrer spezifischen Musikauswahl und im Styling ihrer Person zum Ausdruck kommt. Techno-Parties sind kommerzielle Veranstaltungen mit meist happigen Eintrittspreisen und mehreren tausend Teilnehmern und Teilnehmerinnen. Diese Parties werden ebenso wie der zugehörige Tanzstil als "Rave" (to rave = rasen, toben, schwärmen) bezeichnet. Diese "Raserei" und "Schwärmerei" äußert sich in einem Tanzmarathon, der sich am Wochenende bis zu 48 Stunden hinziehen kann - oft bis zur totalen Erschöpfung der Tanzenden. "Ecstasy", "Gatorade", "Red Bull" oder "Guarana" mit ihrer aufputschenden Wirkung helfen, die mit dem Rave verbundenen körperlichen Anstrengungen durchzuhalten.

In den (allerdings hochkommerziellen) Großveranstaltungen wie der jährlichen "Love Parade" und "Mayday" mit mehr als hunderttausend Teilnehmern finden sich Anklänge an die Hippies der 60er Jahre. Diese Veranstaltungen werden ebenso wie Raves hauptsächlich durch Mundpropaganda bekanntgemacht, aber die

Szene verfügt auch über eigene Medien, Flyer (oft im teuren Vierfarbendruck) und Techno-Zeitschriften als Kauf- und Konsumleitfäden.

Techno ist die intuitive und subversive Antwort auf die überbordende Technisierung einer Gesellschaft, die sich in der Reiz- und Informationsüberflutung aller Lebensbereiche einschließlich der Freizeit zeigt. Kritik an der Gesellschaft ist für Jugendkulturen nicht neu - neu ist der Modus, in dem die Kritik vorgebracht wird.

Während die *Hippies* die "große Verweigerung" in einer Gegengesellschaft zu leben versuchten und später die *Alternativen* in Diskursen und mit Öko-Action nach Greenpeace-Art eine öko-moralische Rückbesinnung der Gesellschaft einforderten, verwendet Techno das Mittel der Dekonstruktion durch fröhliche Übersteigerung ins Groteske. Wenn der technischen Reizüberflutung und medialen Umzingelung schon nicht zu entkommen ist, dann kann man immer noch tanzen auf dem künstlichen Vulkan und in der Woche brav zur Schule oder arbeiten gehen.

Techno hält der Gesellschaft einen Spiegel vor, der nicht aus dem trüben Glas eines folgenlosen Kulturpessimismus geschliffen ist. Techno steht für das wahnhaft übersteigerte Fortschreiten einer bloß instrumentell-technischen Vernunft, das abzulehnen wir keine Wahl mehr zu haben scheinen (wie die Ökologiebewegung zehn Jahre zuvor noch glaubte). Techno probt den Overkill der technischen Möglichkeiten, symbolisiert im alles überdeckenden Soundteppich der synthetischen Klanggeneratoren und im Irrlicht der Light-Shows, Laser- und Nebelkanonen. Im "Unity"-versprechenden Involvement des Raves findet sich die Gemeinschaft und Gemeinsamkeit der Nutznießer und zugleich Opfer allumfassender Technisierung. Diese ist wie im "richtigen Leben" auch im Rave nicht ungefährlich, der für einige Tänzer und Tänzerinnen im Overkill ihres körperlichen Leistungsvermögens endet.

2 Beispiel: Skinhead-Szene

Die Skinheadszene ist im Hinblick auf ihre politische Ausrichtung und die Bereitschaft zu gewalttätiger Aktion sehr heterogen. Ihr gehören sowohl "linke" Red-Skins wie "rechtsextremistische" NF-Skins und viele - bloß an Symbolik und Musik interessierte - "Freizeit-Skins" an, so daß korrekter von Skinhead-Szenen im Plural gesprochen werden sollte. Im Blickpunkt der Öffentlichkeit stehen vor allem die gewaltbereiten Skins des politisch rechtsextremen und neonazistischen Spektrums. Hinsichtlich des Provokationsaspekts treten diese Skins das Erbe des Punk an, wobei die Provokationsebene vom ästhetischen Ausdruck auf die politische Einstellungsebene und die damit korrespondierende (Gewalt-) Handlungsebene verlagert wird. Die Differenzlinien der o.g. vierteiligen Typologie von Jugendkulturen sind damit für die grundlegenden Merkmale der Skin-Bewegung unbrauchbar: "in ihr verbindet sich nämlich Action mit ideologischer Aufladung (Protest)" (Baacke 1994, S. 26), also zwei Merkmale, die bislang Jugendkulturen nur im Modus des entweder/oder zuzurechnen waren.

Skinhead-Szenen entstanden erstmals in den 60er Jahren in den Arbeitervierteln englischer Städte. Sie waren ein prägnantes Beispiel einer milieugebundenen Jugendkultur mit ausgeprägtem Territorialprinzip. In Deutschland fungierte die Skin-Bewegung von Anfang an eher als Sammelbecken von Bedürfnis- und Gefühlslagen, die sich auf Maskulinität, Kameradschaft, "Action" und Benachteiligtsein beziehen.

Die musikalischen Quellen sind *Punk* und *Metal*, deren musikalischer Gestus ebenso wie der vom Punk bekannte Tanz (Pogo) übernommen werden, während die Inhalte der Songs verändert sind. Im Bereich des "Rechts-Rocks" gibt es auf dem Markt (meist im Label "Rock-O-Rama") etwa 50 bekanntere Bands und etwa genauso viele, die bislang nur mit Demotapes vertreten sind. Politisch organisiert ist nur ein kleiner Teil sowohl der Skinheads insgesamt als auch speziell der Bands. Eine von der "Gesellschaft für Medienpädagogik und Kommunikationskultur" durchgeführte Untersuchung über "Rock von Rechts" (Baacke/Grüninger/Lindemann/Thier 1994) ordnet die Songtexte dieser Bands auf dem politischen Spektrum zwischen Stammtischparolen und eindeutig neonazistischen Aussagen ein. Neben politischen Inhalten thematisieren die Songs u.a. die Umweltproblematik, "Reenes" (weibliche Skinheads), Kameradschaft und exzessiven Alkoholgenuß (Grüninger/Lindemann/Thier 1994, S. 121).

Eine Konzertöffentlichkeit wird auch in den Skin-Szenen vor allem durch Flüsterpropaganda hergestellt. Die Skin-Szenen haben aber darüber hinaus Zugriff auf eine breite multimediale Verwertung von Bands, Themen und Images über ein reichhaltiges Merchandisingangebot, Konzertvideos, Computerspiele und etwa 70 verschiedene Fanzines.

Diese "Zines" oder "Skinzines" sind - im Widerspruch zum häufig vertretenen Vorwurf der Sprachlosigkeit der Szene, die aus der durchaus vorhandenen Bereitschaft von Skins abgeleitet wird, "schlagende Argumente" anzubringen - von großer Bedeutung für die Skinheadszene und erreichen trotz geringer Auflagen (ca. 50 bis 3000 mit einer Ausnahme von 10.000) große Verbreitung. Die genannte GMK-Untersuchung weist darauf hin, daß diese Zines eine der wenigen Artikulationsmöglichkeiten der Szene sind. Die Aufmachung der Skinzines folgt meist dem gleichen Schema:

> "Auf der ersten Seite befindet sich bei fast allen Heften ein Artikel des Herausgebers, in dem über das Heft informiert wird, danach wechseln sich kopierte Zeitungsartikel, Berichte von Treffen und Konzerten, Band-Interviews, Photos, Plattenkritiken, Tätowiermotive, Zeichnungen, Fußballberichte und Kontaktadressen ab. Da die Herausgeber von Fanzines häufig viele ihrer Leser persönlich kennen, stammt der überwiegende Teil der Beitrage aus Briefen, die dem Verfasser an die in den Heften angegebene Adresse zugeschickt werden. Die Berichte und Stellungnahmen aus den Leserbriefen werden in den Zines oft mit den betreffenden Zeitungsartikeln abgedruckt. Dabei wird häufig die aus der Sicht der Jugendlichen einseitige, verzerrte Berichterstattung der Zeitungen über die Aktionen der Skins angesprochen, die Gewalttaten medienwirksam in Szene setzen, ohne die Hintergründe näher zu beleuchten" (Grüninger/Thier 1994, S. 10).

Im Zentrum der Zines steht jedoch die Musik. Interviews mit und Informationen über Bands sowie Musikcharts und TopTens der Leser nehmen den größten Raum ein.

Genauere Informationen zu einzelnen deutschen und ausländischen Bands (mit Beispieltexten) liefert die genannte GMK-Untersuchung (Baacke/Grüninger/Lindemann/Thier 1994), die auch Hintergründe des "Rock von Rechts" erläutert und pädagogische Strategien aufzeigt.

3 Beispiel: Horrorvideofans

Am Beispiel der Horrorfans oder "Splatter"-Szene soll eine jugendliche Fankultur beschrieben werden, deren Zentralmedium Video ist und nicht wie bei den bisher betrachteten Szenen die Musikmedien. Wie für die rechte Skin-Szene ist auch für die Video-Horror-Szene die Gewalt ein zentraler Aspekt. Ein wesentliche Unterschied zwischen beiden Szenen, der nicht verwischt werden darf, ist der von ästhetischer Distanzierung (wie rudimentär auch immer) und undistanzierter Handlungsbereitschaft. Eine gewalttätige Handlung auszuüben, ist aber etwas anderes als ihre ästhetische Gestaltung und Rechtfertigung im Medium von Sprache und Bild (bzw. der Genuß dieser Darstellungen). Über die möglichen Folgen, die wiederum von gewalttätigen Texten und Bilddarstellungen ausgehen können, streitet die Wirkungsforschung ebenso lange wie kontrovers.

Die öffentliche Meinung hat dagegen ihr Urteil schnell gefällt - auch wenn keine statistisch signifikanten Abweichungen zwischen der Gruppe der Horrorfans und der übrigen Bevölkerung hinsichtlich "Kettensägemassakern" und "Muttertags"-Schlächtereien bekannt sind - und es ist verständlich angesichts der "Splatter"- und "Slasher"-Filme mit ihren Phantasiewelten der Zombies, Mutanten, Brain-Eaters und Kettensägemörder, in denen beim blutigen Detail nicht abgeblendet und geschnitten wird. Eine besondere Art von "Lebensintensität" und die tiefe Liebe zum fleischlichen Grauen offenbart sich in diesen Filmen, wenn das blanke Messer konsequent in den Bauch gerammt wird und die Axt zielsicher zwischen die Augen trifft. Was fasziniert Jugendliche an solchen Filmen und warum gehen sie mit diesen Produkten so um, wie sie es alltäglich praktizieren?

Vogelgesang (1991) hat versucht, aus der Innenperspektive des Videosehers das komplexe Beziehungsverhältnis zwischen Video und jugendlichen Rezipienten auszuleuchten. Er fragt also nicht, welche Auswirkungen Horrorvideos auf Jugendliche haben, sondern in welchen Lebens- und Erfahrungszusammenhängen die Nutzung der Filme steht.

Die Gründe für den stupenden Erfolg von Gewaltdarstellungen sieht Vogelgesang, dessen Ergebnisse ich im folgenden referiere, in individuellen und gesellschaftlichen Bedürfnislagen, die sich zivilisationstheoretisch erklären lassen. Die Zivilisationsgeschichte läßt sich - Elias zufolge - als Steigerung der Selbstkontrollkapazitäten begreifen: äußere Zwänge werden durch innere Zwänge substituiert. Der damit einhergehenden Enteignung und Entfremdung des eigenen Körpers steht heute eine Wiederentdeckung und "Wiederkehr des Körpers" entgegen, die sich z.B. auch im Sport-, Fitneß- und Gesundheitskult äußert. Die wachsende körperbezogene Aufmerksamkeit und die vermarktete Körperinszenierung produzieren einen hohen Erwartungsdruck in Richtung auf Fitneß, Schlanksein, Gesundsein, Sportlichkeit und Attraktivität, aber auch neue körperbezogene Ängste, diesen Erwartungen nicht gerecht zu werden, vom eigenen Körper hintergangen zu werden. Auf die Irritationen dieses neuen Körperkults reagiert die Kunst mit der fundamentalen Antithese, die in der Symbolik des zerstückelten Körpers Gestalt annimmt. Credo dieser neuen Ästhetik ist die Gewißheit, sich nirgendwo geborgen fühlen zu können, vielleicht am allerwenigsten in seinem eigenem Körper. Auch Videogewalt mag so verstanden werden können als schockierende Gegenperspektive, die der Entlarvung des Körpermythos als neuem Ort des Schreckens dient.

Als individuelle Motive, sich Video-Nasties anzuschauen, nennt Vogelgesang die qualitativ neue Form von "Spannung" oder "thrill", das Interesse an technischen Finessen, das zusätzlich von Fanzines wie "Cinefex" oder "Fangoria" bedient wird, sowie die Inszenierung von "Schock-Bildern", die Veranschaulichungsmaximierung durch Hyperrealismus und Körperzerstörung und die Grenzerfahrung einer medialen Mutprobe, bei der es nicht um den Genuß der Gewaltdarstellung als solcher geht, sondern um das Standhalten, den Widerstand gegen die Darstellung. Die Unterscheidung von fiktiver und realer Gewalt bleibt jedoch - entgegen gängigen Vorstellungen - stets bewußt. Sie wird sogar als Distanzierungs- und Selbstthematisierungsstrategie in bedrohlichen Videoszenen eingesetzt.

Interessant ist die Frage nach spezifischen Video-Erlebnis-Karrieren: Kommt es zu einer Erosion der Schockwirkungen oder gilt ein Steigerungsprinzip, das ständig härtere Kost verlangt? Die biographischen Analysen der Vielseher zeigen, daß Reizverlust und Wirkungsveralltäglichung auftreten, wobei die entstehenden Wahrnehmungsroutinen die Valenz der Schockbilder entdramatisieren. Zunächst von Grausamkeit und Schockwirkung schier überwältigt, weiß man schließlich, was kommt, und gewinnt wieder die Oberhand über die Schockbilder. Der Grad der psychischen Beanspruchung scheint dabei in umgekehrt proportionalem Verhältnis zur Konsumintensität zu stehen. Bei videoerfahrenen Jugendlichen kommt es zu einem Gratifikationsverfall mit nachlassendem Interesse an harten Videofilmen. Ein Entwarnungssignal also, das die Faszination für Videohorror im Verlauf einer "normalen" Videokarriere als temporäre Erscheinung anzeigt.

Horrorvideofans bilden eine eigene jugendkulturelle Szene, die als relativ neue Variante von Medienspezialkulturen interpretiert werden kann. Thematisch geht es also um Horrorvideos, funktional jedoch um Gruppenerlebnisse wie in anderen Jugendkulturen, die als Orte der Selbst-Inszenierung und Ich-Konturierung dienen. Damit eröffnet sich für das Verständnis des Phänomens der Gewaltvideos eine neue Perspektive.

Die Filme stehen zwar im Mittelpunkt, aber es geht in den Jugendgruppen, die sich überwiegend aus männlichen Jugendlichen zusammensetzen, auch um die Inszenierung von Qualitäten wie Selbstbehauptung, Coolness oder Affektbeherrschung. Geboten wird ein Experimentierfeld der Selbstdarstellung mit Entspannungs- und Entlastungscharakter gegenüber den Rationalitätsansprüchen des Alltags. Allgemeine Kennzeichen von Jugendstilen und Fankulturen (dies gilt z.B. auch für Fußball-, Motorrad- oder Musikfans) wie die gruppenspezifische Aneignung von Gegenständen und ein kollektiv geteilter Wissensfundus, in dem sich Gruppenzugehörigkeit und individuelle Kompetenz spiegeln, lassen sich auch in Horrorfan-Gruppen zeigen. Hier wird Filmwissen - z.B. über die Genese von Genres, die Marktsituation oder dramaturgische Gestaltungsmittel - erworben und erweitert, aber auch selektiert und kanonisiert. Horrorvideosessions erscheinen als kollektives Happening, als privates Gruselkabinett und/oder als Bühne der Selbstdarstellung.

Selbst die Aneignung von indizierten und konfiszierten Videos gewinnt so stilbildenden Charakter (ähnlich bei indizierter Skin-Musik). Jugendschutzmaßnahmen wirken hier insofern kontraproduktiv, als die Fangruppe sich in ihren Außenbeziehungen bewußt von den Eltern sowie pädagogischen und rechtlichen Kontrollinstanzen absetzt und nach innen auch darüber ihre kollektive Identität stabilisiert.

An die Erwachsenenautoritäten richten die jugendlichen Horrorfans den Vorwurf von Inkompetenz und Unsachlichkeit, der Vogelgesang zufolge aus der erlebten Alltagserfahrung resultiert, daß die meisten Erwachsenen schlicht abblocken und keinen genre-adäquaten Zugang zu den neuen Horrorfilmen haben: der moralische Zeigefinger tritt an die Stelle von Filmbetrachtung und Filmwissen. Vogelgesang spricht hier von einem tiefen Graben zwischen den Wahrnehmungskulturen der Generationen, da die Videoliteralität der Erwachsenen nur rudimentär ausgebildet sei.

Als Fazit aus Vogelgesangs Studie läßt sich festhalten: Horrorvideogruppen stellen eine fantypische Ausweichwelt dar, in der männliche Jugendliche im Kontext problematischer Aspekte männlicher Rollenattribute in einer Art "medialexpressivem Guerillakrieg" gegen die zivilisatorische Zurückdrängung spontaner Handlungsimpulse und die Hypertrophie des Reflexiven revoltieren. Die Faszination für mediale Gewalt und Horror kann also nicht a priori als pathologisch bezeichnet werden. Sie ist vielmehr Ausdruck einer Grundstörung des Zivilisationsprozesses. Die Vehemenz, mit der gerade Jugendliche das Horrorvideoangebot in Anspruch nehmen, ist als Indiz dafür zu werten, daß die Entemotionalisierung des Alltags und die Vorverlegung von Selbstzwängen ins Kindes- und frühe Jugendalter weitreichende Konsequenzen für das Ausleben von Sinnlichkeit, Körperlichkeit und Gefühlen haben.

4 Fazit

Zu den Merkmalen, die vielen Jugendkulturen gemein sind, gehören die "Lust an der Provokation" (Rusinek 1993, S. 99) ebenso wie die Tendenz, sich gegenüber anderen Szenen und gegenüber der Erwachsenenwelt ästhetisch abzusetzen (manchmal auch mit weiteren Mitteln) und dabei auch Medien einzusetzen.

Die Medienvermittlung jugendkultureller Symboliken ist kein neues Phänomen. Bereits in der Romantik initiierten die "Leiden des jungen Werther" eine spezifische Jugendtracht, die Gründung studentischer Orden vollzog sich im Anschluß an Berichte über erste Ordensgründungen an der Universität Jena, und in der Jugendbewegung um die Jahrhundertwende war der Fahrtbericht nicht unwichtiger als die Fahrt selbst (Rusinek 1993, S. 100). Der Medieneinfluß wird jedoch stärker, je mehr wir uns der Gegenwart nähern, und bestimmte Musikszenen sind ohne Medien ebensowenig denkbar wie die Szene der Horrorvideofans.

Die Temposteigerung der Mediengesellschaft spiegelt sich in den Jugendkulturen, die in immer rascherer Folge neue Blüten und Sumpfblüten hervorbringt. Möglich wird dies dadurch, daß in der Gesamtgesellschaft die Milieus ihre Bindungskraft weitgehend eingebüßt haben (oder schlicht nicht mehr existieren) und die Stelle ehemals milieubezogener jugendlicher Subkulturen heute weitgehend von Freizeit-Szenen als wählbaren und abwählbaren Formationen eingenommen wird. Wie diese Szenen sich jeweils weiterentwickeln, ist kaum prognostizierbar. Die drei Szene-Beispiele zeigen aber auch: Jugendkulturelle Szenen entstehen nicht zufällig und beliebig, sondern als Reaktionen auf gesamtgesellschaftliche Entwicklungen und spezifische Problemlagen.

Literatur

Baacke, D. (1985): Jugendkulturen und Popmusik. In: Baacke, D./Heitmeyer, W. (Hg.): Neue Widersprüche. Jugendliche in den achtziger Jahren. Weinheim/München, S. 154-174.

Baacke, D. (1994): Ortlos - sinnlos. Verschiebungen in jugendkulturellen Milieus. In: Baacke, D./Thier, M./Grüninger, C./Lindemann, F.: Rock von Rechts. Medienpädagogische Handreichung 3 (GMK - Schriften zur Medienpädagogik 14). Bielefeld, S. 21-30.

Baacke, D./Schäfer, H./Vollbrecht, R. (1994): Treffpunkt Kino. Weinheim/München.

Ferchhoff, W. (1993): Jugend an der Wende des 20. Jahrhunderts. Lebensformen und Lebensstile. Opladen.

Ferchhoff, W./Sander, U./Vollbrecht, R. (1989): Jugendkulturen und ihre Medien. In: Kulturpolitische Mitteilungen. Zeitschrift der Kulturpolitischen Gesellschaft, Nr. 47 IV/1989, S. 11-17.

Grüninger, C./Thier, M. (1994): Lese- und Gebrauchshinweise. In: Baacke, D./Thier, M./Grüninger, C./Lindemann, F.: Rock von Rechts. Medienpädagogische Handreichung 3 (GMK - Schriften zur Medienpädagogik 14). Bielefeld, S. 7-20.

Grüninger, C./Lindemann, F./Thier, M. (1994): Rechte Bands auf dem deutschen Markt - Überblick und Bewertung. In: Baacke, D./Thier, M./Grüninger, C./Lindemann, F: Rock von Rechts. Medienpädagogische Handreichung 3 (GMK - Schriften zur Medienpädagogik 14). Bielefeld, S. 32-123.

Rusinek, B.-A. (1993): Das Glück der Provokation. Gewalt in historischen Jugendkulturen. In: Breyvogel, W. (Hg.): Lust auf Randale. Jugendliche Gewalt gegen Fremde. Bonn, S. 83-105.

Schulze, G. (1992): Die Erlebnisgesellschaft. Kultursoziologie der Gegenwart. Frankfurt.

Tenbruck, F. H. (1962): Jugend und Gesellschaft. Freiburg.

Vogelgesang, W. (1991): Jugendliche Video-Cliquen. Action- und Horrorvideos als Kristallisationspunkte einer neuen Fankultur. Opladen.

Kommunikationswissenschaftliche Befunde

Wirkungen von Gewaltdarstellungen
Zum aktuellen Stand der Diskussion

Michael Kunczik

1 Zur Aktualität des Themas

Die Thematik Fernsehen und Gewalt ist auch heute (1994) von ungebrochener Aktualität.[1] So hat Bundesinnenminister Manfred Kanther im Oktober 1993 in Berlin auf einer vom Innenministerium veranstalteten Fachtagung "Gemeinsame Verantwortung für den inneren Frieden" eine Ächtung von Gewalt gefordert. Wenn man die hohe Zahl der Morde auf der Mattscheibe betrachte, meinte der Minister, "dann brauchen wir nicht erst lange nach möglichen Effekten suchen." Der Minister führte weiter aus "Hinter jeder Gewalt- oder Porno-Szene im deutschen Fernsehen steht die Entscheidung eines Journalisten. [...] Der Vorwurf, wer private Medien zugelassen hat, trage nun die Verantwortung für ihr Programm, ist schlicht dümmlich" (Kanther 1993, S. 10).

Bereits Bundeskanzler Helmut Schmidt befaßte sich im November 1979 mit der Thematik der Wirkung von Gewaltdarstellungen und klagte über "zuviel Totschlag, zuviel Grausamkeit, zuviel Katastrophe in der Nachrichtengebung". Der Kanzler, der ja den fernsehfreien Tag forderte, warnte: "Auch das hat erzieherische Wirkungen auf junge Menschen! Und zwar stärker als durch die Bild-Zeitung! Mit anderen Worten: der öffentlich-rechtliche Charakter der Fernseh-Anstalten erscheint mir dringend wünschenswert für eine humane Gesellschaft, aber seine Existenz allein reicht zur Erhaltung des Humanums noch nicht aus - es muß bewußter Wille hinzukommen." (Schmidt 1979, S. 772) Zugleich wurde eine unter dem Einfluß des Zwanges, hohe Einschaltquoten erzielen zu müssen, durch Kommerzialisierung erfolgende *Spirale der Programmverflachung* prophezeit. Dreizehn Jahre später, im November 1992, sah sich Bundeskanzler Helmut Kohl veranlaßt, in einem Schreiben an den Vorsitzenden des Rundfunkrats des Südwestfunks massiv gegen die erfolgte Ausstrahlung des Films "Terroristen" zu protestieren: "Mein dringendes Anliegen an Sie ist: Tragen Sie dafür Sorge, daß künftig im Programm des SWF keine Sendungen ausgestrahlt werden, in welchen die Ausübung von Gewalt gegen die Repräsentanten unseres Staates dargestellt wird." (Der Brief ist abgedruckt in der Frankfurter Allgemeinen Zeitung vom 28. 11. 1992.)

Mediengewalt ist auch 1993 immer noch ein aktuelles Thema, was insbesondere darauf zurückzuführen ist, daß das Monopol der öffentlich-rechtlichen Anstalten inzwischen nicht mehr existiert, wobei sich die ARD-Intendanten und Gremienvorsitzenden dagegen verwahren, in die Gewaltdebatte pauschal miteinbe-

1 Eine zusammenfassende Diskussion der Medien-und-Gewalt-Forschung gibt Kunczik (1994).

zogen zu werden (vgl. Gemeinsame Position der ARD-Intendanten 1993, S. 4). So forderte der bayerische Ministerpräsident Stoiber Anfang September 1993 eine gesellschaftliche Ächtung von Mediengewalt. Über Gewalt in den Medien solle nicht länger diskutiert werden, sondern es müsse etwas unternommen werden.

Die inzwischen erfolgte Veränderung der deutschen Fernsehlandschaft hat aber nicht bewirkt, daß die öffentlich-rechtlichen Anstalten aus der Schußlinie geraten sind. So attackiert der Pädagoge Werner Glogauer im Jahre 1993 ganz massiv eine vom ZDF gesendete Serie:

> "Die vom ZDF in grellen Farben angepriesene Sendung gibt nicht nur das gesamte gesellschaftliche Leben der Lächerlichkeit preis, sondern sie zielt auf systematische Zersetzung aller positiven zwischenmenschlichen Werte, wie Achtung vor dem anderen, Toleranz und Rücksichtnahme, Hilfsbereitschaft und Gemeinsinn, konstruktive Problemlösung und nicht zuletzt Bildung und Wissen. Darüber hinaus schrecken die Macher der Sendung nicht davor zurück, die Negation dieser Werte, ihre Umkehrung, an deren Stelle zu setzen: Das rücksichtslose Ausleben jeglicher Impulse und Affekte, hemmungslose Aggressivität und Destruktivität werden geschürt und verherrlicht. Hinter einer vordergründig menschlich anrührenden Komik verbirgt sich eine radikale Entmenschlichung."

Diese offensichtlich gar schreckliche und menschenverachtende Serie, vor die der besorgte Pädagoge meint das geschätzte (oder wohl eher nicht geschätzte, denn es muß sich um einen Haufen höchst bedauernswerter Individuen handeln, auf die das Programm so wirkt, wie Glogauer meint) Publikum schützen zu müssen, ist die Zeichentrickserie "Die Simpsons" (Vgl. Glogauer 1993, S. 155). Die von diesem Autor vertretene Position, direkt vom Inhalt auf vermutete Wirkungen zu schließen, stammt aus der Mottenkiste der Wirkungsforschung, ist eindeutig falsch und in Laienkreisen offensichtlich unausrottbar.[2] Wenn schon diese lustige und harmlose Trickfilm-Serie als Ausgeburt des Teufels charakterisiert und attackiert wird, dann bleibt zu fragen, was denn vor dem Urteil Glogauers überhaupt noch Bestand haben könnte?

2 Gewaltdefinition

Die Konzepte Aggression und Gewalt werden im Zusammenhang mit der Diskussion um mögliche Effekte massenmedialer Gewaltdarstellung häufig sehr unterschiedlich definiert oder gar ohne Definition verwandt. Unter personaler Gewalt (Aggression) wird im folgenden die beabsichtigte physische und/oder psychische Schädigung einer Person, von Lebewesen und Sachen durch eine andere Person verstanden. Auf den Aspekt der strukturellen Gewalt, also die in einem sozialen System eingebaute Gewalt, die sich, ohne daß ein konkreter Akteur sichtbar sein muß und ohne daß sich die Opfer struktureller Gewalt dessen bewußt sein müssen,

2 Glogauer stellt die absolut unhaltbare Behauptung auf, mindestens jedes zehnte Gewaltverbrechen, das jugendlichen Tätern angelastet werde, gehe "eigentlich aufs Konto der Medien" (zitiert in: Der Spiegel, 2, 1993, S. 169).

in ungleichen Machtverhältnissen (Lebenschancen) äußert (vgl. Galtung 1971), wird hier nicht weiter eingegangen, da dieser Aspekt in der Forschung zur Wirkung medialer Gewaltdarstellungen bislang kaum beachtet worden ist.

Eine wichtige Dimension zur Klassifikation von Gewalt ist deren Legitimität bzw. Illegitimität. So wird der Terminus Gewalt im Rahmen der Analyse sozialer Konflikte vor allem auf Verhaltensweisen angewandt, die nicht durch ein Gesetz legitimiert sind (vgl. Converse 1968, S. 482f.). Die synonyme Verwendung von Gewalt und Illegitimität läßt sich z.B. in den USA belegen. Im Falle der Gleichsetzung von Legalität und Legitimität können so Aktionen staatlicher Organe, die das Zufügen von Schaden bei anderen Akteuren beabsichtigen oder zur Folge haben, als nicht gewalttätig bezeichnet werden (vgl. z.B. Blumenthal 1972, S. 71ff.). Andere Möglichkeiten den Gewaltbegriff zu differenzieren, bieten etwa die Unterscheidung in rationale vs. irrationale Gewalt, aktive vs. reaktive Gewalt oder destruktive vs. konstruktive Gewalt. Angesichts der begrifflichen Breite fordert die Gewaltkommission einen eindeutigen Gewaltbegriff, der restriktiv verstanden wird: "Der Gewaltbegriff soll aus der Sicht des staatlichen Gewaltmonopols bestimmt werden. Dabei soll es primär um Formen des physischen Zwanges als nötigender Gewalt sowie Gewalttätigkeiten gegen Personen und/oder Sachen gehen" (vgl. Schwind/Baumann, 1990).

Kepplinger und Dahlem (vgl. Kepplinger/Dahlem 1990, S. 384) unterscheiden zwischen natürlicher und künstlicher sowie zwischen realer und fiktiver Gewalt. Unter der Darstellung realer Gewalt wird dabei die Präsentation von Verhaltensweisen verstanden, die physische und psychische Schädigungen beabsichtigen oder bewirken. Die Darstellung fiktionaler Gewalt bedeutet demgegenüber die Präsentation von Verhaltensweisen, die dies nur vorgeben. Unter natürlicher Gewaltdarstellung wird die lebensechte Präsentation (Realfilm), unter künstlicher Darstellung die artifizielle Präsentation (Zeichentrickfilm usw.) verstanden. Die bislang durchgeführten Inhaltsanalysen und Studien zur Untersuchung der Auswirkungen von Mediengewalt haben sich zumeist mit dem Typus natürlicher, fiktiver Gewalt befaßt. Die Darstellung realer Gewalt und deren Wirkungen sind in der Forschung bislang demgegenüber vergleichsweise vernachlässigt worden.

3 Zur Einschätzung des Forschungsstandes

Mit der im ersten Abschnitt erfolgten polemischen Argumentation soll keine Verharmlosung möglicher negativer Effekte massenmedialer Gewaltdarstellungen erfolgen. Das Gegenteil ist der Fall, denn zu Besorgnis besteht durchaus Anlaß und zwar, was die Wirkung auf bestimmte Individuen und Problemgruppen angeht. Im übrigen besteht inzwischen in der Forschung in dieser Hinsicht weitgehender Konsens. Gleichwohl ist davor zu warnen, daß sozusagen das Kind voreilig mit dem Bade ausgeschüttet wird, die legitimen Rechte des Zuschauers auf spannende Unterhaltung, die auch Gewalt und Horror umfaßt, mißachtet werden und schließlich Zensur ausgeübt wird, die immer die Neigung in sich trägt, schließlich auch die Informationssendungen einschließen zu wollen.

Die Katharsisthese, wonach der Konsum von Mediengewalt die Menschen friedlicher mache, weil dadurch aggressive Neigungen auf sozial unschädliche Weise abgeleitet werden würden, wird praktisch nicht mehr vertreten. Inzwischen gewichtet auch Seymour Feshbach, der die Katharsisthese für lange Zeit vertreten hat, die vorliegenden Befunde neu: "Die Ergebnisse zeigen mir, daß die Bedingungen, unter denen eine Katharsis auftreten kann, nicht alltäglich sind, während die aggressionsfördernden Bedingungen sehr viel häufiger vorkommen" (Feshbach 1989, S. 71).

Die These, daß Kinder Gewalt im Fernsehen konsumieren sollten, wird nur von einer kleinen Minderheit vertreten, deren bekanntester Vertreter Bruno Bettelheim war. Bettelheim argumentierte, es sei für Kinder sehr wichtig, die richtige Einstellung zur Gewalt zu entwickeln; die Augen davor zu verschließen, könne kaum als förderlich angesehen werden. Bettelheim forderte aber, daß Eltern gemeinsam mit den Kindern fernsehen sollten (vgl. Bettelheim 1988). Eine extreme Position nimmt William McGuire ein, der 1986 in einem Aufsatz über "The myth of massive media impact" hinsichtlich der Wirkung von Mediengewalt ausführt, die Effekte seien schwach, es gebe keine Gefährdung durch Mediengewalt außer der einen Gefahr: Ein Verbot von Gewaltdarstellungen würde weiteren Zensurmaßnahmen Tür und Tor öffnen. Im übrigen sei, so lautet die weitere Argumentation, Autofahren, das Trinken von Alkohol, Geschlechtsverkehr und Kirchgang gefährlicher für Leib und Leben als Mediengewalt (vgl. McGuire 1986, S. 197).

Hinsichtlich der Qualität der Forschung allerdings gilt noch immer ein Resümee, das die DFG-Kommission Wirkungsforschung 1986 gezogen hat, nämlich daß man über den Zusammenhang zwischen Massenkommunikation und Gesellschaft, über die Wirkungsgesetze der Medien, zu wenig wisse (vgl. DFG 1986). Ferner wurde konstatiert, daß die vorliegenden Forschungsarbeiten zwar thematisch vielfältig, aber zugleich auch disparat wären. Oft gebe es zu einem bestimmten Problem nur eine einzige Studie. Anschlußuntersuchungen, Replikationen oder Falsifikationsversuche seien die Ausnahme. Dadurch entstehe der Eindruck von bruchstückhaften, zerstückelten Befunden, zwischen denen kein Zusammenhang bestehe, die einander sogar widersprechen würden. Bei einer solchen Datenlage sei an eine theoretische Integration der vielen Einzelergebnisse nicht zu denken. Die Forderung nach *der* einen Theorie der Medienwirkung sei nicht erfüllbar, weil die Medien und ihre Inhalte viel zu verschieden wären. Auch seien die Randbedingungen, unter denen die Medien wirkten, viel zu komplex, als daß es möglich wäre, sie in einem konsistenten Satz von Hypothesen zusammenzufassen. Von der Kommission werden deshalb Bemühungen um Wirkungstheorien geringer oder mittlerer Reichweite gefordert; angemahnt werden in diesem Kontext auch Theorien zur Wirkung von Gewaltdarstellungen.

Eine Analyse der zur Habitualisierungsthese vorliegenden Befunde zeigt ebenfalls, daß die in den Studien erhaltenen Befunde bruchstückhaft, zusammenhanglos und widersprüchlich sind. Selbst diese in der Literatur so oft als empirisch belegt dargestellte These ist keineswegs bewiesen (vgl. Fröhlich/Kunczik/Vossel/Bleh/Streit 1993). Ein Musterbeispiel für eine verworrene Forschungslage ist der Forschungsbericht "Television and Behavior", in dem im Jahre 1982 die amerikanische Wirkungsforschung der zehn davorliegenden Jahre zusammenfassend gewürdigt wurde (U.S. Department of Health and Human Services). Auf Seite 89 ist innerhalb eines einzigen Absatzes zu lesen, daß die jüngsten Forschungsergebnisse die früheren Befunde bestätigen würden, wonach zwischen Fernsehgewalt und späterer Aggressivität eine Kausalbeziehung bestehe. Wenige Zeilen später steht, bislang habe keine einzige Studie den eindeutigen Nachweis dafür erbracht, daß der Konsum von Fernsehgewalt zu späterer Aggressivität führe. Um die Situation noch etwas weiter zu verwirren: In ebendiesem Report veröffentlichen Milavsky u.a. die Resultate zweier ausgesprochen sorgfältig durchgeführter Panel-Studien. Das Resümee dieser Forscher lautet, daß Fernsehgewalt ganz offensichtlich keinen Beitrag zur späteren Aggressivität der Rezipienten liefert. Allerdings sei nochmals betont, daß inzwischen in der Literatur Konsens darüber besteht, daß bei bestimmten Subpopulationen bzw. Persönlichkeiten Mediengewalt aggressivitätssteigernd wirken kann.

4 Beispiele für Nachahmungstaten

Unbestreitbar ist, daß es immer wieder zur Nachahmung von in Massenmedien gezeigten Taten gekommen ist. Allerdings ist es nahezu ausgeschlossen zu prognostizieren, welche in den Medien in Fiktion oder Realität dargestellte Tat in welchem Ausmaß nachgeahmt wird bzw. handlungsauslösend wirkt. Hier sollen ohne Anspruch auf Systematik und Vollständigkeit einige Fälle vorgestellt werden. So tötete zu Beginn der 70er Jahre ein Junge seine Familie, indem er heimlich zermahlenes Glas unter das Essen mischte; eine Verhaltensweise, die er am Abend zuvor im Fernsehen beobachtet hatte (vgl. Liebert 1974). In der dritten Dezemberwoche des Jahres 1966 erfolgte eine Welle von Bombendrohungen gegen amerikanische Fluggesellschaften, weil am 13. Dezember 1966 die amerikanische Fernsehgesellschaft NBC trotz vorangegangener heftiger Proteste der Pilotenvereinigung den Film "Doomsdayflight" sendete, in dem ein Bombenanschlag auf ein Flugzeug durch einen geistesgestörten Täter gezeigt wurde. Noch während die Sendung lief, traf die erste Bombendrohung ein. Insgesamt erfolgten in der Woche nach dieser Sendung so viele Bombendrohungen wie ansonsten in einem Monat. Diese Beispiele können aus zwei Blickwinkeln gesehen werden. Einmal als eindeutiger Beweis für Nachahmung, zum anderen als Beweis dafür, daß kriminelle Fernsehmodelle offensichtlich doch nicht von jedermann nachgeahmt werden, sondern nur von sehr wenigen Individuen. Denn nahezu alle Fernsehzuschauer, die den Film "Doomsdayflight" gesehen hatten, verspürten ganz offensichtlich nicht die geringste Neigung, Bombendrohungen auszuführen.

Ähnliches gilt auch für den Tatort-Krimi "Haie vor Helgoland", der ebenfalls eine Nachahmungstat auslöste. Zwei Wochen nachdem der Krimi gesendet worden war, in dem drei Männer einen Helgoland-Dampfer überfallen, wurde die Tat nachgeahmt. Zwei Männer (die Gesamtzuschauerzahl lag bei ca. 17 Millionen) erbeuteten 60.000 DM. Die Frage ist, ob angesichts solcher Einzeltaten deshalb die anderen fast 17 Millionen Zuschauer auf den Spaß des Krimis verzichten sollen? Ich würde meinen: Nein! Ansonsten müßte man auch die Micky-Maus verbieten, denn selbst diese Kinderzeitschrift hat schon böse Buben zu Untaten angestiftet. In Norwegen wurde eine Untat kopiert, die in einem gerade erschienen Micky-Maus-Heft vorgestellt worden war: In Anlehnung an einen Coup der Panzerknackerbande hatten die Nachahmungstäter den Nachtsafe der Sparkasse von Lörenskog mit einem Hinweis versehen, man möge doch ausnahmsweise den darüber hängenden Briefkasten der Bank benutzen, wenn man Geld deponieren wolle, da der Safe kaputt sei. Geschäftsleute befolgten den Rat und deponierten rund 200.000 Norwegische Kronen an Tageseinnnahmen in dem ungesicherten Briefkasten, den die Diebe ohne Schwierigkeiten aufbrachen.

Noch vor kurzem nahm die Problematik der möglichen Effekte von Video-Horror-Filmen in der Gewaltdiskussion eine bevorzugte Stellung ein. Insbesondere in der Boulevardpresse wurde der Eindruck erweckt, zwischen Video-Brutalitäten und realen Brutalitäten bestehe ein kausaler Zusammenhang. Der Kölner "Express" etwa schrieb: "Immer mehr Morde sind offensichtlich von Horror-Videos inspiriert." Eine Schlagzeile der "Bild-Zeitung" lautete: "Menschenfleisch in Dosen - war's ein Video-Kannibale?" Dieser Eindruck einer Kausalbeziehung wurde noch verschärft durch die Berichte von Erziehern, die ebenfalls gern negative Effekte der Mediengewalt als aufgrund ihrer Erfahrungen zweifelsfrei nachgewiesen ansehen. In den meisten Fällen aber ist eine einwandfreie monokausale Schuldzuschreibung nicht möglich; es handelt sich in den meisten Fällen um subjektive Impressionen von Journalisten oder anderen nicht wissenschaftlich geschulten Beobachtern.

So haben Ende August 1992 in Bordeaux zwei dreizehn Jahre alte Schüler versucht, 20.000 Franc (etwa 6000 Mark) zu erpressen (FAZ, 27. 8. 1992, Nr. 199, S. 7). Sie schickten dem Direktor eines Unternehmens drei Briefe, in denen sie drohten, den Sohn des Mannes zu töten, wenn er nicht 6000 Mark an sie zahle. Der Polizei gegenüber argumentierten sie, sie hätten ausprobieren wollen, "ob Erpresserszenen aus Fernsehkrimis auch in Wirklichkeit funktionieren". Ein ähnliches Delikt hat sich in Deutschland ereignet. Ein 14jähriger Schüler überfiel in Wirges mit dem Revolver seines Vaters eine Bank und erbeutete 50.000 DM. Gegenüber der Polizei behauptete der Junge, der Überfall sei eine Mutprobe gewesen. Er wollte besser sein als die Bankräuber im Fernsehen, die immer geschnappt werden würden (vgl. "Der Spiegel", 9, 1993, S. 239). In beiden Fällen ist nicht auszuschließen, daß es sich um Schutzbehauptungen der Schüler handelte.

In bezug auf Nachahmungstaten gelangt die Gewaltkommission zu folgendem Resümee: "Da Gewaltdarstellungen nur bei wenigen Beobachtern eine direkte gewaltauslösende Wirkung haben, sind Nachahmungstaten oft ohnehin gewaltorientierter Menschen wohl nicht das eigentliche Problem der Gewalt in den Medien." (Schwind/Baumann 1990, S. 96). Ähnlich argumentiert Henning Haase, die Befunde psychologischer Laborexperimente würden gerne stark überinterpretiert und im Forschungsdesign liegende Probleme ignoriert. Ein Zusammentreffen der im Labor isolierten relevanten potentiellen Wirkungsaspekte (z.B. Stimulusähnlichkeit, Aggressionsbereitschaft des Rezipienten usw.) sei zwar möglich, aber wenig wahrscheinlich. Haase schreibt: "...treffen sie in einer Person und einer Situation zusammen, dann ist dies auf die gesamte Population bezogen ein höchst seltenes Ereignis, individuell bedauerlich aber gesamtgesellschaftlich ein Randproblem." (Haase 1981, S. 25). Hierbei ist natürlich bei Millionen von Zuschauern zu fragen, ab wann das Randproblem zum sozialen Problem werden kann. Dies wäre ja schon der Fall, wenn Wirkungen direkter Art im Promillebereich auftreten würden und genau davon muß ausgegangen werden, wie noch an Hand der Ergebnisse der Befragung von Psychiatern und Psychologen gezeigt werden wird.

5 Zur historischen Dimension der Gewaltdiskussion

Die Diskussion um die Auswirkung von Mediengewalt ist keineswegs neu oder gar auf das Fernsehen beschränkt; vielmehr wiederholen sich die Argumentationsketten bzw. Thesen, mit denen Gewalt in den Medien bzw. auf der Bühne und in der Literatur bekämpft wurde, im Verlaufe der Jahrhunderte immer wieder (vgl. z.B. Kunczik 1993). Hierzu sei als Beispiel eine Variante der Habitualisierungsthese herausgegriffen. Wenn die Bundesministerin für Frauen und Jugend Angela Merkel 1993 (vgl. Merkel 1993) von einer "Spirale der Reizüberflutung" spricht, dann ist damit folgendes gemeint: Rezipienten gewöhnen sich zunehmend an die im Fernsehen gezeigten gewaltsamen Inhalte. Diese Gewöhnung geht soweit, daß die im Fernsehen gezeigten Inhalte immer gewaltsamer produziert werden müssen, um den Zuschauer in einer Situation des Wettbewerbs zwischen verschiedenen Anbietern an einen Sender zu binden. Die Folge ist also ein Publikum, das gegenüber einer zunehmenden Gewaltpräsentation im Fernsehen zunehmend resistent wird.

Das Argument ist interessant, aber nicht neu. Eine intensive Diskussion dieser Reizüberflutungsthese fand bei der Einführung des als höchst gefährlich angesehenen Neuen Mediums Stummfilm statt (obwohl dies einige Autoren gar nicht verstehen wollten, da die Figuren auf sie ohnehin wie mit Mehl bestäubt wirkten). Der Psychiater und Neurologe Robert Gaupp verwies auf die Marktgängigkeit von Schauerdramen, die Kassenstücke darstellen, und stellt das Problem der Reizüberflutung heraus: "Allein der Kinematograph wirkt schädlicher und nervenzerstörender durch die zeitliche Konzentration der Vorgänge. Beim Lesen können wir beliebig halt machen [...] anders beim Kino." (Gaupp 1911/12, S. 66). Gaupp klagte über die widerliche Spekulation auf die Freude des Menschen am Krassen und Schauerlichen, am Sentimentalen, am sexuell Aufregenden, die sich überall breit mache. Grauenerregende Dinge würden gezeigt, wie die Schrecken der Bartholomäusnacht, die Folter der Inquisition, die Grausamkeiten der russischen Justiz. Sexuelle Schweinereien würde die Polizei zwar im allgemeinen zurückhalten, aber eine lüsterne Erotik komme immer noch zu ihrem Recht. Es sei kein Zweifel, "daß das "Kino, in dem Kinder und Halberwachsene immer mehr zu Hause werden, auch nach dieser Richtung hin eine ernste Gefahr darstellt. Für noch gefährlicher halte ich die oft grauenhaft plastischen Darstellungen aus dem *Verbrecherleben.*"

Victor Noack klagte im Jahre 1912 über die "Kienschundfabrikanten" und die von ihnen produzierten Titel, die in gar furchtbaren Filmplakaten beworben werden:

> "*Verkauft, Geldgier, Des Lebenden Gruft, Die rote Herberge, Die Stunde der Rache, Das Opfer im Keller* ... Und die Bilder dazu! Die dargestellten Figuren toben, schreien, röcheln. Die Gesten bekunden tödliche Angst oder brutale, vernichtende Raserei. Die Augen stieren wie im Wahnsinn, blutunterlaufen" (Noack 1912, S. 75).

Noack verweist auf den kommerziellen Hintergrund und die gesamtgesellschaftliche Bedeutung der Schundfilme, wobei auf die Problematik der Abstumpfung verwiesen wird, die dazu führe, daß immer stärkere Reize angeboten werden müßten:

> "Der Kapitalist macht's Geschäft, die Ausgebeuteten sind nicht nur die schlecht besoldeten Operateure, Klavierspieler, Erklärer usw.; ausgebeutet wird in erster Linie das Publikum, die Masse, deren Schaulust, Sensationslüsternheit und Empfänglichkeit für erotische Stimulantia der Kientopp-Unternehmer spekulativ in Rechnung stellt, und auf deren kontinuierliche Steigerung er deswegen eifrig bedacht ist." (Noack 1912, S. 73).

Willy Rath, der ebenfalls auf den kommerziellen Erfolg der Sensationsdramen verweist, führt eine Auswahl von Mitte August bis Ende September 1912 verbotener Filme an und zitiert aus den polizeilichen Randbemerkungen:

> "Meuchelmord, Schauerroman schlimmster Art - Flucht eines Sträflings - Verschleppung eines Mädchens [...] - Zusammentreffen von Anarchisten in einem Schlupfwinkel, Verpakkung von Bomben [...] Unterschlagung [...] Freiheitsberaubung, Vergewaltigung [...]" (Rath 1913, S. 81.)

Rath stellt die auch für die *Gute alte Zeit* zentrale Frage: "Will denn das Volk den Schund?"

Bereits damals waren die Gegner der Mediengewalt in der Überzahl, und nur wenige Autoren argumentierten so differenziert wie der Jurist Albert Hellwig, der u.a. darauf verwies, daß nicht erst der Kinematograph die Neigung zur seichten Zerstreuung geschaffen hat (vgl. Hellwig 1913, S. 100) und daß der Einfluß der Schundfilms im Einzelfall nur sehr schwer nachweisbar wäre (vgl. Hellwig 1913, S. 714). Bereits beim Stummfilm konstatierten einige Autoren geschlechtsspezifische Variationen der Medienwirkung. Grempe schrieb in *Gegen die Frauenverblödung im Kino*:

> "Nachweislich wirkt das bewegliche Lichtbild mit seinen eindringlichen Darstellungen außerordentlich nachhaltig auf jeden, sogar auf Männer. Manch ein Besucher ist schon bei aufregenden Szenenreihen ohnmächtig geworden. Angesichts der größeren seelischen Erregbarkeit, dem Vorwiegen des Gefühlslebens bei der Frau, müssen die lebenden Lichtbilder auf sie noch viel stärker wirken als auf den Mann." (Grempe 1912/13, S. 121).

Nur wenige Autoren, wie etwa Alfred Döblin, verwiesen auf die positiven Folgen der Mediengewalt. Döblin äußerte sich 1909 über *Das Theater* der kleinen Leute und deren Vorliebe für Gewalt und Sensationen. Zwar wußte auch Döblin, daß im Kino Kriminalaffären mit einem Dutzend Leichen und grauenvolle Verbrecherjagden einander drängten. Ferner gab es faustdicke Sentimentalität: der blinde sterbende Bettler und der Hund, der auf seinem Grabe verrecke. Gleichwohl aber ist für Döblin

> "[...] der Kientopp ein vorzügliches Mittel gegen den Alkoholismus, schärfste Konkurrenz der Sechserdestillen; man achte, ob die Lebercirrhose und die Geburten epileptischer Kinder nicht in den nächsten zehn Jahren zurückgehen. Man nehme dem Volk und der Jugend nicht die Schundliteratur noch den Kientopp; sie brauchen die sehr blutige Kost ohne die breite Mehlpampe der volkstümlichen Literatur und die wässrigen Aufgüsse der Moral." (Döblin 1909, S. 155.)

Allerdings ist unbestreitbar und wohl kein Diskussionspunkt, daß zwischen der Zeit des Stummfilms und der gegenwärtigen Situation auf dem Medienmarkt deutliche Unterschiede bestehen. Angesichts der Vielzahl der Programme und der Möglichkeiten des Videos besteht für an violenten Inhalten interessierten Personen keine Schwierigkeit, sich ein ausschließlich aus Gewalt bestehendes Programm zusammenzustellen.

6 Inhaltsanalysen

Im internationalen Kontext durchgeführte Inhaltsanalysen von Gewaltdarstellungen weisen insgesamt in eine recht einheitliche Richtung, was angesichts des hohen Anteils der in den USA hergestellten Fernsehserien, die auch als Modell für Eigenproduktionen dienen, nicht sonderlich überraschend ist.[3] Fernsehgewalt ist mit der maskulinen Rolle verbunden und wird zwischen Fremden ausgeübt. Gewalt kann für den Empfänger zwar tödlich sein, wird aber nur selten als mit Schmerzen oder Qualen verbunden dargestellt. Gewalt wird von den als gut oder als schlecht charakterisierten Protagonisten erfolgreich als Instrument zur Erreichung von Zielen und zur Lösung von Konflikten eingesetzt. Insgesamt wird gewalttätiges Verhalten in den Unterhaltungssendungen des Fernsehens als normale, alltägliche Verhaltensstrategie gezeigt, auf die auch moralisch integre Indi-

3 Dies gilt allerdings nicht für Gewaltdarstellungen in ostasiatischen audio-visuellen Medien. So sind japanische Fernsehprogramme noch wesentlich violenter als US-amerikanische Programme. Während in den US-Filmen Gewalt von den schlechten, negativen Protagonisten erlitten wird, wobei kaum Blut, Wunden usw. gezeigt werden, sind in Japan oftmals die positiven Protagonisten die Opfer von Gewalt, wobei die negativen Konsequenzen durch das Zeigen von Blut und Wunden unterstrichen werden; vgl. z.B. Iwao, S. u.a.: Japanese and U.S. media: Some cross-cultural insights into TV violence. In: Journal of Communication, 31, 1981. Heidt kann belegen, daß in Hong-Kong-Serien das Böse und die Gefahr in der Gesellschaftsstruktur selbst verwurzelt sind. Die Innehaber gesellschaftlicher Spitzenpositionen sind Repräsentanten des Bösen, vgl. Heidt, E.U.: Television in Singapore. Singapore 1983.

viduen ohne Skrupel zurückgreifen. Vielfach wird diese Gewalt als Notwehr legitimiert. Im Fernsehen werden Handlungsmodelle angeboten, die demonstrieren, wie mit Hilfe illegitimer Mittel (Gewalt) als legitim anerkannte Ziele (Wohlstand, Macht, Prestige, Gerechtigkeit) erreicht werden.

Umstritten ist allerdings in der Literatur die Interpretation dieses inhaltsanalytischen Befundes. Friedrich Hacker behauptet, Gewalt sei die "geheime Botschaft" der Massenmedien (vgl. Hacker 1988). Auch nach Gerbner verbreitet das Fernsehen das Bild einer Welt, die violent, erbärmlich und gefährlich sei (vgl. Gerbner/Gross 1976). Dolf Zillmann (1980) sieht demgegenüber die Hauptbotschaft der Fernsehkrimis darin, daß Kriminelle gefaßt und eingesperrt werden, damit die Straßen sicherer werden. Weil das Gute immer siege, sei die Botschaft des Fernsehens, die Welt sei sicher.

Von der hier charakterisierten Struktur der Gewaltdarstellungen weichen auch die Befunde eines 1991 erstellten Gewaltprofils des deutschen Fernsehprogramms nicht ab. Der Vergleich des Angebots öffentlich-rechtlicher und privater Sender, der in der Öffentlichkeit intensiv diskutiert worden ist, erlaubt keine Aussagen über eventuelle Wirkungen. Allerdings sind die Ergebnisse dieser Studie instrumentell genutzt worden, um die Fernsehanstalten unter Druck zu setzen. So wird z.B. festgestellt, daß (1991) im deutschen Unterhaltungsprogramm täglich etwa 70 Menschen ermordet werden; am meisten in Pro 7 mit ca. 20 Toten täglich, RTL täglich ca. 13; Sat 1 täglich ca. 9; ZDF täglich ca. 7 und am wenigsten in der ARD mit 6 Mordopfern pro Tag (vgl. Groebel/Gleich 1993, S. 125).

Die Quantität der Gewalt ist dabei, abgesehen vom Gesichtspunkt des repetitiven Zeigens, für die zu erwartenden Wirkungen nicht entscheidend, da zwischen der Quantität der Gewaltakte und der von Zuschauern wahrgenommenen Violenz kein konsistenter Zusammmenhang besteht, d.h. vom Ausmaß der festgestellten Gewalt kann nicht auf eventuelle Wirkungen geschlossen werden. Die von Groebel und Gleich aufgestellte Behauptung, man könne davon ausgehen, "daß es durchaus einen Konsens in der Wahrnehmung gibt; Alltags- und wissenschaftliche Kategorien weichen nicht voneinander ab" (Groebel/Gleich 1993, S. 37), ist für das von ihnen vorgelegte Kategorienschema wohl nur unter sehr eingeschränkten Bedingungen haltbar. So kann Tate aufzeigen, daß die Rezipienten grundsätzlich weniger Gewalt in Fernsehprogrammen wahrnehmen als aufgrund der Resultate von Inhaltsanalysen erwartet wird (vgl. Tate 1977). Eine in Australien von Edgar (vgl. Edgar 1977) durchgeführte Studie erbringt vergleichbare Befunde. Die Einstufung bestimmter Verhaltensweisen als gewalttätig oder nicht variiert sehr stark und ist u.a. abhängig vom jeweiligen Filmgenre, vom Ausmaß der Involviertheit des Rezipienten, von dessen Lebenserfahrung und spezifischen Persönlichkeitsmerkmalen (z.B. Selbstbewußtsein). Der zwar nicht gewaltfreie, aber aus der Perspektive des "Leichenzählers" relativ harmlose Film "Our Mother's House" (aus der Perspektive der jugendlichen Rezipienten bot der Film aber eine Vielzahl von Identifikationsmöglichkeiten wie z.B. den Tod der Mutter, zerbrochene Ehe, Geheimnisse vor Erwachsenen haben usw.) wurde als violenter eingestuft als der brutale Kriegsfilm "The Dirty Dozen", der eine Vielzahl spektakulärer und aufregender, blutrünstiger Szenen enthält. Edgar argumentiert, daß die von ihr untersuchten Jugendlichen bezüglich der Wahrnehmung von Gewalt wesentlich kritischer und distanzierter waren als diejenigen, die das Fernsehen ständig ob seiner vorgeblichen Sozialschädlichkeit attackieren. Gewalt war für die Jugendlichen nicht im geringsten verwirrend und wurde in Relation zum jeweiligen Filmgenre beurteilt. Allerdings ist damit keinesfalls ausgeschlossen, daß die Inhalte nicht doch gelernt werden. Auch Parke u.a. (vgl. Parke 1977) stellen fest, daß Filme, die bezüglich des Ausmaßes der in ihnen gezeigten interpersonalen physischen Aggression keine signifikanten Unterschiede aufweisen, je nach Handlungskontext als lustig oder brutal eingeordnet werden. So gehören Schießereien zum Western, aber sie werden deshalb vom durchschnittlichen Rezipienten nicht als Gewalt wahrgenommen. Gewalt im Western wird als ritualisierte bzw. stereotypisierte Handlungssequenz eingeschätzt, die nichts mit der "Realität" zu tun hat (vgl. Howitt/Cumberbatch 1975, S. 127; Schorb/Theunert 1982). Insbesondere werden Gewaltakte in Sendungen, in denen man derartiges erwartet (z.B. Kriminalserien) von den Rezipienten nicht automatisch als Gewalt wahrgenommen und eingestuft (vgl. BBC 1972, S. 17). Persönlichkeitsmerkmale wie Furcht, Aggressivität, Extraversion, Neurotizismus usw. beeinflussen nach den Ergebnissen der BBC die Wahrnehmung von Fernsehgewalt. Dabei zeigten die etwas furchtsameren, die introvertierteren und die weniger aggressiven Individuen größere Besorgnis bezüglich der Effekte von Fernsehgewalt. Die Beziehungen zwischen Persönlichkeitsvariablen und der Wahrnehmung von Gewalt sind aber derart komplex, daß die psychologische Forschung hier erst am Anfang steht (vgl. zusammenfassend Wober 1986). So stellt etwa Gunter (vgl. Gunter 1985) in bezug auf die Variable Neurotizismus in Großbritannien fest, daß die neurotischeren Individuen Western-Szenen und Szenen aus britischen Kriminalserien eher als violent wahrnehmen als weniger neurotische Individuen. Letztere wiederum betrachteten Szenen aus amerikanischen Kriminalserien und Cartoon-Gewalt als furchterregender als die mehr neurotischen Probanden. Vergleichbar wenig konsistent bzw. aussagekräftig sind die Resultate, die Diener und Woody vorlegen (vgl. Diener/Woody 1981).

Die von der Forschungsabteilung der BBC vorgelegten Daten belegen eindeutig, daß zwischen der objektiven inhaltsanalytischen Einstufung der Gewalttätigkeit einzelner Sendungen und dem Anteil der Zuschauer, die das entsprechende Programm ebenfalls als sehr violent einstufen, keine bzw. nur eine sehr schwache Beziehung besteht (vgl. BBC 1972). Auf der Basis der Quantität von Gewaltakten einer Sendung ist ganz offensichtlich eine Vorhersage der Zuschauerreaktionen nicht möglich, d.h. das Handlungsumfeld der jeweiligen Gewaltakte sowie die Persönlichkeiten und das soziale Umfeld der jeweiligen Rezipienten müssen berücksichtigt werden.

Als abgesichert kann folgende Hypothese gelten: Je realistischer ein Film (bzw. eine Fernsehsendung) beurteilt wird, als desto violenter wird er (sie) auch empfunden. Für die Wirkung von Zeichentrickfilmen gilt noch immer ein 1983 gezogenes Resümee, wonach Zeichentrickfilme und Slap-stick-Filme zwar Gewaltakte enthalten, aber keinerlei negative Effekte auf die Rezipienten haben und zwar auch nicht auf Kinder (vgl. Kunczik 1983, S. 341).[4] Zeichentrickfilme sind bei Kindern einfach deshalb beliebt, weil sie Bewegung haben, unerwartete Juxtapositionen aufweisen, normale physikalische Gesetze ignorieren und Charaktere beinhalten, die eher dem Geschmack von Kindern als von Erwachsenen entsprechen. Abgesehen davon sind Kinder und Jugendliche in der Lage, zwischen realer und fiktiver Gewalt zu unterscheiden. So können Adoni u.a. (vgl. Adoni/Cohen/Mane 1984 S. 50) aufzeigen, daß selbst junge Menschen zwischen dem, was sie aus dem Fernsehen lernen, und dem, was sie in der sozialen Umwelt lernen, zu differenzieren vermögen ("Young people are consciously able to differentiate between what they learn from television and what they learn from direct experience"). Nach den Resultaten dieser Studie kommt es zu keiner Verwischung dieser beiden Realitätsebenen.

Gerade bei Zeichentrickfilmen sagt die rein numerische Quantität der "Gewaltakte" nichts über deren Wahrnehmung durch die Rezipienten aus. Haynes kann belegen, daß sich Kinder bezüglich der Wahrnehmung von Cartoon-Gewalt deutlich von Erwachsenen unterscheiden (vgl. Haynes 1978). Howitt und Cumberbatch zeigen, daß Zeichentrickfilme ungeachtet der in ihnen enthaltenen "objektiv" hohen Gewaltrate nicht als violent, sondern als lustig eingestuft werden (vgl. Howitt/Cumberbatch 1974). Gerade für die Erforschung der Wirkungen auf Kinder gilt, daß bereits "vor" der eigentlichen Wirkungsforschung bei der Inhaltsanalyse eine Neuorientierung erfolgen muß. Da Kinder und Jugendliche nach Altersstufen unterschieden identische Inhalte unterschiedlich wahrnehmen bzw. nutzen, ist es sinnvoll, bei der Bildung inhaltsanalytischer Kategorien die Wahrnehmung der Inhalte zugrunde zu legen (vgl. z.B. Hazard 1967). Ein solches Vorgehen ist zwar sehr aufwendig, scheint aber, wie die Untersuchung von Mariann P. und Charles Winick zeigt, durchaus durchführbar (vgl. Winick/Winick 1979). Die Autoren, die sich an Piaget anlehnen, können zeigen, daß bei der Wahrnehmung von Fernsehinhalten durch Kinder und Erwachsene bzw. durch nach Altersstufen differenzierte Kinder bezüglich solcher Dimensionen wie Phantasie, Glaubwürdigkeit und Gewalt starke Differenzen bestehen. Erst im Alter von 10 bis 12 Jahren nehmen die Kinder die Inhalte wie die Erwachsenen wahr. Tom van der Voort (vgl. van der Voort 1982) kann bezüglich der Wahrnehmung und Verarbeitung von Mediengewalt durch Kinder u.a. zeigen, daß die nach den Ergebnissen von Inhaltsanalysen "objektiv" violenten Zeichentrickfilme "Tom und Jerry" oder "Popeye" als nicht der Realität entsprechend eingeschätzt und nicht ernst genommen werden. Allerdings soll damit keine voreilige Verharmlosung von Comics erfolgen; so werden in jüngster Zeit in MTV, dem Musikkanal, mit Beavis und Butthead zwei jugendliche Comicfiguren als Identifikationsobjekte angeboten, die ein ausgesprochen asoziales, kriminelles und violentes Verhalten an den Tag legen.

4 Groebel vertritt eine andere Position und meint, bei Trickfilmen wären "indirekte Konsequenzen für aggressives Verhalten nicht auszuschließen." (Groebel 1993, S. 30.)

7 Lerntheoretische Überlegungen

Es sei nochmals herausgestellt, daß in der Wissenschaft inzwischen weitgehender Konsens über die Wirkungen von Mediengewalt besteht. Zur Einordnung der hinsichtlich mittel- und langfristiger Wirkungen erhaltenen Befunde bieten sich lerntheoretische Überlegungen an (vgl. Bandura 1973a; ders. 1973b), wobei die Lerntheorie aber nicht alle Aspekte berücksichtigen kann, wie etwa auf der Ebene von Individuen die Angstproblematik oder auf der gesamtgesellschaftlichen Ebene die Frage der Schaffung anomischer Situationen. Aus der Sicht der Lerntheorie werden die Menschen weder als allein durch innere Kräfte angetrieben noch als allein durch Umweltstimuli vorwärtsgestoßen gesehen. Die psychischen Funktionen werden vielmehr durch die ständige Wechselwirkung von Determinanten seitens der Person und seitens der Umwelt erklärt. Dieser reziproke Determinismus besagt, daß Erwartungen Menschen beeinflussen, wie sie sich verhalten, und daß die Folgen dieses Verhaltens wiederum ihre Erwartungen verändern. Das Verhalten der Menschen ist dadurch ausgezeichnet, daß sie durch die symbolische Repräsentation absehbarer Ereignisse zukünftige Konsequenzen zu Beweggründen gegenwärtigen Verhaltens machen können. Die meisten Handlungen sind also weitgehend antizipatorischer Kontrolle unterworfen. Diese Fähigkeit, in der Zukunft mögliche Konsequenzen auf gegenwärtiges Verhalten zurückzubeziehen, fördert vorausschauendes Verhalten und zwar auch in bezug auf violentes Verhalten. Die Ausübung aggressiven Verhaltens ist normalerweise Hemmungen unterworfen, d.h. solche regulativen Mechanismen wie soziale Normen, Furcht vor Bestrafung und Vergeltung, Schuldgefühle und Angst unterbinden vielfach das Manifestwerden von Aggression. Ferner ist Verhalten nicht situationsübergreifend konsistent, d.h. es dürfte praktisch unmöglich sein, z.B. Jugendliche aufzufinden, die sich konsistent aggressiv gegenüber Eltern, Lehrern, Gleichaltrigen usw. verhalten. Im Kontext der Lerntheorie wird berücksichtigt, daß Handeln durch Denken kontrolliert wird, daß verschiedene Beobachter verschiedene Merkmalskombinationen von identischen Modellen übernehmen und auch zu je neuen Verhaltensweisen kombinieren können. So gesehen ist auch der Befund von Brent D. Slife und Joseph F. Rychlack (vgl. Slife/Rychlak 1982), daß Kinder, die keine Präferenz für violente Medieninhalte besitzen, auch nach langdauerndem Kontakt mit Mediengewalt keinerlei Neigung zeigen, dieses Verhalten nachzuahmen, kein Widerspruch zur Lerntheorie.

Angesichts der vorangegangenen Überlegungen sowie des Tatbestandes, daß das Fernsehen ja nur ein Faktor neben vielen die Persönlichkeitsentwicklung beeinflussenden Faktoren ist, wäre ein Muster von relativ schwachen positiven Korrelationskoeffizienten zwischen dem Konsum von Fernsehgewalt und der späteren Aggressivität zu erwarten. Betrachtet man die in den verschiedenen Ländern durchgeführten Studien, dann ergibt sich, von einigen Ausnahmen abgesehen, genau dieses Muster, obwohl die auch qualitativ sehr unterschiedlichen Studien in doch recht verschiedenen Umwelten durchgeführt worden sind. Neben dem Problem der interkulturellen Vergleichbarkeit gibt es noch weitere methodische Probleme, die bei diesem Verfahren des Vergleichs von Studien nicht beachtet werden. So ist neben der Messung der Aggression auch die Operationalisierung des Konsums von Mediengewalt (z.B. durch die Erfassung der Programmpräferenzen) sehr problematisch.

Während die einzelnen Korrelationskoeffizienten jeweils für sich nicht kausal interpretierbar sind, deutet das Gesamtmuster der Befunde auf einen Einfluß des Fernsehens auf spätere Aggressivität hin. Die in den Feldstudien erhaltenen Resultate entsprechen auch von der Stärke her den Erwartungen, die aufgrund lerntheoretischer Überlegungen gehegt werden. Die Koeffizienten variieren ungefähr zwischen 0,1 und 0,2, d.h. etwa zwischen 1 und 4 Prozent des späteren aggressiven Verhaltens wird in den Feldstudien durch den zuvorigen Konsum von Fernsehgewalt erklärt.

Allerdings ist darauf hinzuweisen, daß sich die Konvention durchgesetzt hat, Korrelationskoeffizienten, deren Stärke geringer als 0,2 ist, als unbedeutend und uninterpretierbar nicht weiter zu beachten. Der Einwand, daß die erhaltenen Koeffizienten zu schwach sind, berücksichtigt nicht, daß eine im Schnitt recht schwache Beziehung für alle Probanden eines Samples für einige Probanden bzw. Subpopulationen eine durchaus starke Beziehung bedeuten kann. So scheint bei bestimmten Personen ein sich selbst verstärkender Prozeß in dem Sinne vorzuliegen, daß der Konsum violenter Medieninhalte die Wahrscheinlichkeit des Auftretens aggressiven Verhaltens, (aggressiver) Einstellungen und/oder (aggressiver) Phantasien erhöht. Dadurch wiederum erhöht sich die Wahrscheinlichkeit, daß violente Medieninhalte als attraktiv angesehen werden, wodurch sich wiederum die Zuwendung zu aggressiven Medieninhalten erhöhen kann (vgl. z.B. Groebel 1984). Zu den Faktoren, die einen derartigen Prozeß begünstigen, können u.a. niedriges Selbstbewußtsein und soziale Isolation, die mit erhöhtem Fernsehkonsum verbunden ist, gehören. Von entscheidender Bedeutung hinsichtlich möglicher negativer Effekte von Mediengewalt auf Kinder und Jugendliche ist aber die familiäre Situation. Kinder aus intakten Familien sind im Grunde sehr wenig gefährdet.

Auch für das Erlernen von Aggression gilt, daß zunächst 1. die unmittelbare familiale Umwelt sowie 2. die Subkultur bzw. die Gesellschaft, in der man lebt, die Quellen sind, aus denen aggressives Verhalten erlernt wird. Erst an dritter Stelle treten dann die massenmedial angebotenen symbolischen aggressiven Modelle hinzu. Es scheint so zu sein, daß Gewaltdarstellungen auf die Mehrheit der Betrachter keine oder nur schwache Effekte haben, aber bei bestimmten Problemgruppen womöglich starke Wirkungen zeigen.

Die Schwierigkeit für die Forschung besteht darin, herauszufinden, wie man solche Problemgruppen erreicht. Ein erster Schritt in diese Richtung stellt eine Befragung von klinischen Psychologen und Psychiatern dar. Die Vermutung war, daß Kinder und Jugendliche, die mit psychischen Störungen in psychologischer oder psychiatrischer Behandlung sind, eine derartige Problemgruppe bilden dürften (vgl. zum folgenden Kunczik/Bleh/Maritzen 1993). Die Expertenbefragung ergab u.a., daß der Medienkonsum der Klienten, die ja vor allem wegen anderer

Probleme den Kontakt suchen, als sehr hoch eingeschätzt wurde: 75 Prozent der Psychologen und 60 Prozent der Psychiater halten ihre Klienten für Vielseher.

Die Experten gehen zum überwiegenden Teil von einer eher schädlichen Wirkung der Gewaltfilme aus (71 Prozent der Psychologen und 62 Prozent der Psychiater). Zu den Symptomen, die für die Befragten in Zusammenhang mit Effekten medialer Gewalt stehen, gehören insbesondere aggressives Verhalten, Schlafstörungen und Übererregbarkeit. Besonders die Aktivation aggressiven Verhaltens durch den Konsum von filmischer Gewalt wird berichtet. Jeweils ca. drei Viertel der Befragten gaben an, schon häufig oder gelegentlich Erfahrungen mit solchen Wirkungen gemacht zu haben (Psychologen 80 %; Psychiater 76 %).

Sehr häufig wurde angeführt, daß Kinder und Jugendliche, wenn sie darauf angesprochen werden, versuchen, ihr eigenes aggressives Verhalten durch Vorbilder aus Gewaltfilmen zu rechtfertigen. Bei den Psychologen haben 63 Prozent, bei den Psychiatern 66 Prozent diese Erfahrung schon häufig oder gelegentlich gemacht. Daß Kinder oder Jugendliche von sich aus sagen, das Fernsehen habe Einfluß auf ihr Verhalten genommen, ist ebenfalls keine Seltenheit in der beruflichen Praxis der Psychologen und Psychiater. Von den Psychologen gaben 41 Prozent, von den Psychiatern 42 Prozent an, solche Erfahrungen schon häufig oder gelegentlich gemacht zu haben.

Hinsichtlich des Alters, in dem Kinder und Jugendliche besonders durch Gewaltfilme beeinflußt werden, nahm die überwiegende Mehrheit an, dies sei bei Kindern unter zwölf Jahren der Fall (Psychologen 82 %, Psychiater 63 %). Allerdings bestand Konsens, daß die Medienwirkungen sich nicht auf eine bestimmte Altersstufe eingrenzen lassen. Auch hinsichtlich des Zusammenhangs zwischen Geschlecht und Medienwirkungen bestand hoher Konsens: 94 Prozent der befragten Psychologen und 85 Prozent der Psychiater sahen mögliche Auswirkungen häufiger bei Jungen. Kein Befragter sah Mädchen als eher gefährdet an.

Der Einfluß des Gewaltfilmkonsums auf die schulische Entwicklung wird ebenfalls eindeutig beurteilt: 80 Prozent der Psychologen und 75 Prozent der Psychiater beurteilen diesen Zusammenhang eher negativ. Besonders wichtig ist, daß die Befragten einen deutlichen Zusammenhang zwischen der häuslichen Situation und dem Gewaltfilmkonsum sehen. Die Bedeutung des elterlichen Vorbildes wurde herausgestellt und zwar sowohl deren Fernseh- und Videokonsum als auch die Aggressivität der Eltern. Am häufigsten wurde ein Zusammenhang zwischen vernachlässigendem Erziehungsstil und Gewaltfilmkonsum der Kinder vermutet: 42 Prozent der Psychologen und 50 Prozent der Psychiater sahen einen kausalen Zusammenhang zwischen dieser Verwahrlosungsproblematik und dem Konsum von Mediengewalt.[5] Fernseh- oder Gewaltfilmkonsum werden in keinem Fall von den Experten als Alleinverursacher einer Verhaltensauffälligkeit bzw. Verhaltensstörung genannt, sondern immer nur im Zusammenhang mit anderen Problemen

5 Bei der Bewertung dieses Ergebnisses ist allerdings zu berücksichtigen, daß familiäre Probleme bzw. Familientherapien zu den Hauptaufgabengebieten der Beratungsstellen und der niedergelassenen Psychiater gehören. Kinder aus intakten Familien dürften daher in der Klientel unterrepräsentiert sein.

aufgeführt. Trotzdem waren die Psychologen und Psychiater bei fast jeder Fragestellung bereit, den Gewaltfilmen eine negative, verursachende Rolle zuzugestehen: Gewaltfilme verursachen Aggressivität, prägen Rollenverhalten, nehmen negativen Einfluß auf die Schulleistung.[6] Auffällig ist der in vielen Fällen genannte Zusammenhang zwischen der häuslichen Situation - also dem Gewaltfilmkonsum der Eltern, der Gewalttätigkeit der Eltern untereinander oder den Kindern gegenüber, dem vernachlässigenden Erziehungsstil - und dem kindlichen Konsum von Gewaltfilmen. Dies ist nicht überraschend, denn wenn ein kompensierender Einfluß der Eltern fehlt, dann ist die Gefahr besonders groß, daß negative Effekte auftreten.

Es kann als gesichert angesehen werden, daß bestimmte Subpopulationen durch Gewaltdarstellungen gefährdet sind, während Kinder- und Jugendliche, die in einem "intakten" sozialen Umfeld (Familie) leben, nicht gefährdet zu sein scheinen. In zukünftigen Untersuchungen sollten Personen mit einer starken Ausprägung des Persönlichkeitsmerkmals "Aggressivität", Kinder aus Problemfamilien, Personen aus sozialen Brennpunkten usw. besonders berücksichtigt werden.

8 Ausblick

Politiker neigen dazu, das Fernsehen als Sündenbock aufzubauen und als Hauptverantwortlichen für eine angebliche Verrohung der Gesellschaft hinzustellen. Mit dieser Fixierung auf die Medien wird zugleich davon abgelenkt, daß zur Bekämpfung der tatsächlichen Ursachen von Gewalt (Armut, Arbeitslosigkeit, mangelnde Zukunftsperspektiven usw.) womöglich nicht genügend getan worden ist bzw. mehr getan werden könnte. Dies ist ein wichtiger Aspekt der Gewaltdiskussion.

Die in Öffentlichkeit und Politik generell vorhandene Skepsis gegenüber den Sozialwissenschaften ist hinsichtlich der Befunde der Wirkungsforschung besonders ausgeprägt. Es gibt, da ja jeder täglich Umgang mit den Massenmedien hat, weit verbreitete polulärwissenschaftliche Vorstellungen über die Wirkungen der Massenmedien, zu deren Popularisierung die Massenmedien selbst entscheidend beitragen. Häufig sieht man sich selbst als überlegenen, kritisch distanzierten Medienkonsumenten, aber die "anderen" (die Masse der Bevölkerung) werden als durch die Massenmedien extrem gefährdet betrachtet. Die weite Verbreitung laienhafter Vorstellungen über die Medienwirkung bildet ein ausgesprochen starkes Hindernis für die Akzeptanz wissenschaftlicher Erkenntnisse. Entsprechen die Resultate einer Studie den Erwartungen, dann wird dies als Beweis dafür gewertet, daß man ohnehin schon alles weiß und die Kommunikationswissenschaft nichts

6 Aus den Äußerungen und Einschätzungen der befragten Psychologen und Psychiater kann natürlich kein Kausalzusammenhang bezüglich der Wirkungen von Mediengewalt auf junge Menschen konstruiert werden. Es handelt sich ja nicht um "objektives" Datenmaterial, sondern um subjektive Meinungen zu sehr komplexen Sachverhalten, die durch die Einstellungen der Befragten, ihre Einschätzung des Problems aufgrund ihrer Ausbildung usw. beeinflußt werden können.

Neues zu bieten hat. Sind die Resultate einer Studie mit diesen Vorstellungen nicht kompatibel, dann werden sie in der Regel zunächst ignoriert.

So scheint das Denken in simplen Ursache-Wirkungs-Modellen, das in bezug auf die Wirkungen der Massenmedien sozusagen in die Mottenkiste gehört, unausrottbar. Hier liegt ein Beispiel für "Do It Yourself Social Science" (DYSS, vgl. Heller 1986) vor, wobei als Faustregel gilt: Je simpler eine These aussieht, desto attraktiver und erfolgreicher ist sie bei Außenstehenden.

Eines der Hauptprobleme der Kommunikationswissenschaft besteht in diesem Kontext auch darin, den Einfluß populärwissenschaftlicher Vorstellungen (z.B. auch auf medienpolitische Entscheidungen) zurückzudrängen. Gemeint ist damit die Traktätchen-Literatur, wie sie etwa von Neil Postman ("Das Verschwinden der Kindheit", "Wir amüsieren uns zu Tode") stammt, dessen grandiose Irrtümer bzw. abstruse Vorstellungen von den Wirkungen der Medien Hertha Sturm (vgl. Sturm 1990) so trefflich entlarvt hat. Auch Mary Winn ("Die Droge im Wohnzimmer") oder Jerry Mander ("Schafft das Fernsehen ab") verdienen Erwähnung. Diese Werke sind wissenschaftlich nur aus einer Warte interessant: Ihre hohe Popularität ist ein Indikator für weitverbreitete kollektive Ängste hinsichtlich möglicher negativer Wirkungen des Fernsehens. Der Erfolg solcher Publikationen liegt darin begründet, daß einfache, für jedermann leicht nachvollziehbare, monokausale (wenngleich auch falsche) Erklärungen für die Problematik der Medienwirkung angeboten werden. Die Logik der vorgebrachten Ratschläge ist zumeist schlicht: Schafft das Fernsehen ab, und die Welt ist wieder in Ordnung. In bezug auf die Wirkungen von Gewaltdarstellungen wird argumentiert: Beseitigt diese Inhalte, und die Gesellschaft wird wieder friedlich. Noch immer trifft der von Peter Glotz (Glotz 1991, S. 22) gegen die Kommunikationswissenschaft erhobene Vorwurf zu, daß sie im Umgang mit der Öffentlichkeit unfähig ist. Die seriöse Forschung, so lautet das Argument, gebe sich versonnen dem Design von interessanten Detailstudien hin und überlasse zugleich das Feld der öffentlichen Meinung solchen Autoren wie Neil Postman und Marie Winn.

M.E. besteht eine der wichtigsten Aufgaben der Medien-und-Gewalt-Forschung in der nächsten Zeit darin, die Zitationszirkel, in denen man sich immer wieder gegenseitig bestätigt, hinsichtlich der Fragestellung recht zu haben, zu durchbrechen. Die Ansichten von "Außenseitern" sollten stärker beachtet werden, denn noch immer werden in ungezählten Laborexperimenten die immer gleichen Fragestellungen leicht modifiziert und untersucht. Der Erkenntnisfortschritt ist zumeist minimal. Auch ist es kein Zeichen für einen reifen Zweig der Wissenschaft, wenn noch 1993 die Ergebnisse von Leichenzählereien, die oft euphemistisch als Inhaltsanalyse bezeichnet werden, durchgeführt und diskutiert werden, obwohl doch spätesten seit den Ende der 20er Jahren durchgeführten Payne-Fund-Studies bekannt ist, daß man vom Inhalt nicht auf die Wirkung schließen kann. Nutz hat recht, wenn er dem gesamten Bereich der Gewalt-in-den-Medien-Forschung eine vollkommen falsche Fragestellungen unterstellt:

"Es ist fast unverständlich, wieso Berufene und Unberufene sich ständig gebetsmühlenhaft zu der Verdammung der Gewalt-in-den-Medien in einer Art strukturierter Liturgie zusammenrotten, ohne auch nur im Entferntesten daran zu denken, der realen Gewalt ernsthaft den Kampf anzusagen. Eine Gewalt-in-den-Medien-Forschung ohne eine enge Kooperation in der Gewalt-in-der-Realität-Forschung ist schlicht ein Unding." (Nutz 1993, S. 387f.)

Literatur

Adoni, H./Cohen, A. A./Mane, S. (1984): Social reality and television news: Perceptual dimensions of social conflicts in selected life areas. In: Journal of Broadcasting, 28.

Bandura, A. (1973a): Aggression. Eine sozial-lerntheoretische Analyse. Stuttgart .

Bandura, A. (1973b): Sozial-kognitive Lerntheorie. Stuttgart.

BBC (1972): Violence on television. London.

Bettelheim, B. (1988): Brauchen Kinder Fernsehen? In: Televizion, 1.

Blumenthal, M. u.a. (1972): Justifying violence. Attitudes of American men. Ann Arbor, Mich.

Converse, E. (1968): The war of all against all. In: Journal of Conflict Resolution, 12.

DFG - Deutsche Forschungsgemeinschaft (1986): Medienwirkungsforschung in der Bundesrepublik Deutschland. Weinheim.

Diener, E./Woody, L. W. (1981): Television violence, conflict, realism and action. In: Communication Research, 8.

Döblin, A. (1909): Das Theater der kleinen Leute. In: Schweinitz, a.a.O. (1992).

Edgar, P. (1977): Children and screen violence. St. Lucia, Queensland.

Feshbach, S. (1989): Emotion and Motivation. In: Groebel, J./Winterhoff-Spurk, P. (Hg.): Empirische Medienpsychologie. München.

Fröhlich, W./Kunczik, M./Vossel, G./Bleh, W. N./Streit, R. (1993): Habituation an Mediengewalt - eine Meta-Analyse. Unveröffentlichter Forschungsbericht. Mainz.

Galtung, J. (1971): Gewalt, Frieden und Friedensforschung. In: Senghaas, D. (Hg.): Kritische Friedensforschung. Frankfurt/M.

Gaupp, R. (1911/12): Die Gefahren des Kino. In: Schweinitz, a.a.O. (1992).

Gemeinsame Position der ARD-Intendanten und -Gremienvorsitzenden (1993) zur Darstellung von Gewalt in den Medien. In: Media Perspektiven, Dokumentation, 1, S. 4.

Gerbner, G./Gross, L. (1976): The scary world of TV's heavy viewer. In: Psychology Today, April 1976.

Glogauer, W. (1993): Die neuen Medien verändern die Kindheit. Weinheim.

Glotz, P. (1991): Das Spannungsfeld Wissenschaft-Politik-Medien. In: Roß, D./Wilke, J. (Hg.): Umbruch in der Medienlandschaft. München.

Grempe, P. M. (1912/13): Gegen die Frauenverblödung im Kino. In: Schweinitz, a.a.O. (1992).

Groebel, J. (1984): Mediengewalt: Sich ändernde Perspektiven - neue Fragestellungen. In: Schorb, B. u.a. (Hg.): Gewalt im Fernsehen - Gewalt des Fernsehens? Sindelfingen.

Groebel, J. (1993): Gewalt im deutschen Fernsehen. Ergebnisse einer vergleichenden Untersuchung der Gewaltprofile öffentlich-rechtlicher und privater Fernsehprogramme. In: Landesanstalt für Rundfunk Nordrhein-Westfalen (LfR) (Hg.): Dokumentation des LfR-Workshops: "Gewalt im Fensehen: (K)ein Thema für Kindergarten und Schule? am 6. Februar 1992 in Dortmund. Düsseldorf.

Groebel, J./Gleich, U. (1993): Gewaltprofil des deutschen Fernsehprogramms. Eine Analyse des Angebots privater und öffentlich-rechtlicher Sender. Opladen.

Gunter, B. (1985): Dimensions of television violence. Aldershot.

Haase, H. (1981): Kinder, Jugendliche und Medien. In: Schriftenreihe Media Perspektiven, Bd.1. Frankfurt/M.

Hacker, F. (1988): Gewalt in der Welt - Ursachen - Formen. In: Eisenhauer, H. R./Hübner, H. W: Gewalt in der Welt - Gewalt im Fernsehen.

Haynes, P.B. (1978): Children's perceptions of 'comic' and 'authentic' cartoon violence. In: Journal of Broadcasting, 22.

Hazard, W. R. (1967): Anxiety and preferences for television fantasy. In: Journalism Quarterly, 44.

Heidt, E.U. (1983): Television in Singapore. Singapore.

Heller, F. (Hg.) (1986): The use and abuse of social science. London.

Hellwig, A. (1913): Kinematograph und Verbrechen. In: Monatsschrift für Kriminalpsychologie und Strafrechtsreform, 9.

Hellwig, A. (1913): Kinematograph und Zeitgeschichte. In: Schweinitz, a.a.O. (1992).

Howitt, D./Cumberbatch, G. (1974): Audience perceptions of violent television content. In: Communication Research, 1.

Howitt, D./Cumberbatch, G. (1975): Mass media violence and society. London.

Iwao, S. u.a.(1981): Japanese and U.S. media: Some cross-cultural insights into TV violence. In: Journal of Communication, 31.

Kanther, M. (1993): Gemeinsame Verantwortung für den inneren Frieden. In: Bundesministerium des Innern (Hg.): Gemeinsame Verantwortung für den inneren Frieden. Bonn.

Kepplinger, H. M./Dahlem, S. (1990): Medieninhalte und Gewaltanwendung. In: Schwind/Baumann 1990.

Kunczik, M. (1983): Wirkungen von Gewaltdarstellungen in Zeichentrickfilmen. In: Media Perspektiven, 5.

Kunczik, M. (1993): Gewaltdarstellungen - ein Thema seit der Antike. In: Media Perspektiven, 3.

Kunczik, M. (1994): Medien und Gewalt. Köln und Wien 1994[2].

Kunczik, M./Bleh, W./Maritzen, S. (1993): Audiovisuelle Gewalt und ihre Auswirkung auf Kinder und Jugendliche. Eine schriftliche Befragung klinischer Psychologen und Psychiater. In: Medienpsychologie, 5.

Liebert, R. M. (1974): Die Wirkung von Fernsehbrutalität auf Kinder. In: Aggression und Fernsehen. Gefährdet das Fernsehen die Kinder? Tübingen.

McGuire, W. J. (1986): The myth of massive media impact - Savagings and salvagings. In: Comstock, G. (Hg.): Public communication and behavior, Vol. I. Orlando, Fla.

Merkel, A. (1993): Macht Fensehen die Jugend brutal? In: BPjS Aktuell, 1, 6.

Noack, V. (1912): Der Kientopp. In: Schweinitz, a.a.O. (1992).

Nutz, W. (1993): Vom Elend der Gewalt-in-den-Medien-Forschung. In: Communications, 18.

Parke, R.D. u.a. (1977): Some effects of violent and nonviolent movies on the behavior of juvenile delinquents. In: Berkowitz, L. (Hg.), Advances in exprinental social psyology, Vol. 10. New York.

Rath, W. (1913): Emporkömmling Kino. In: Schweinitz, a.a.O. (1992).

Schmidt, H. (1979): Die Verantwortung des Politikers für die Entwicklung der Medien und eine humane Gesellschaft. In: Media Perspektiven, 11.

Schorb, B./Theunert, H. (1982): Gewalt im Fernsehen: In welcher Form tritt sie auf? Wie gehen Jugendliche damit um? In: medien + erziehung, 6.

Schweinitz, J. (Hg.) (1992): Prolog vor dem Film. Nachdenken über ein neues Medium 1904-1914. Leipzig.

Schwind, H. D./Baumann, J. u.a. (Hg.) (1990): Ursache, Prävention und Kontrolle von Gewalt. Analysen und Vorschläge der Unabhängigen Regierungskommission zur Verhinderung und Bekämpfung von Gewalt (Gewaltkommission). Berlin.

Slife, B. D./Rychlak, J. F. (1982): Role of affective assessment in modelling aggressive behavior. In: Journal of Personality and Social Psychology, 43.

Sturm, H. (1990): Die grandiosen Irrtümer des Neil Postman. Fernsehen wirkt anders. In: Kunczik, M./Weber, U. (Hg.): Fernsehen. Aspekte eines Mediums. Köln.

Tate, E. D. (1977): Viewers perceptions of selected television program. In: Report of the Royal Commission on Violence in the Communications Industry, Vol. 6. Toronto.

van der Voort, T. V. A. (1982): Kinderen en TV-geweld. Waarnehming en Beleving. Lisse.

Winick, M. P./Winick, C. (1979): The television experience: What children see. Beverly Bills.

Wober, J.M. (1986): The lens of television and the prism of personality. In: Bryant, J./Zillmann, D. (Hg.): Perspectives on media effects. Hillsdale, N.J.

Zillmann, D. (1980): Anatomy of suspense. In: Tannenbaum, P. H. (Hg.): The entertainment functions of television. Hillsdale, NJ.

Das Angebot von Gewaltdarstellungen im Fernsehen

Uli Gleich

1 Einleitung

Seit der Antike wird über die Wirkung von Gewaltdarstellungen diskutiert (vgl. Kunczik 1993). Mit der Einführung der Massenmedien richtete sich das Interesse von Wissenschaftlern, Politikern und Verbänden vor allem auf die audio-visuelle Darstellung von Gewalt (Kino, Fernsehen, Video). In der Bundesrepublik fand diese Problematik seit der Dualisierung des Rundfunks Mitte der 80er und der Ausbreitung vielfältiger Programmangebote verstärkte Beachtung. Zu Beginn der 90er Jahre erreichte die Debatte über Mediengewalt und deren Auswirkungen angesichts der damals aktuellen Entwicklungen (u.a. verstärkte Anzeichen für rechtsradikale Tendenzen in der Gesellschaft) einen Höhepunkt. Immer häufiger wurde bzw. wird das Fernsehen in diesem Zusammenhang sowohl für allgemeine Entwicklungen (Zunahme von Gewalt und Kriminalität in der Gesellschaft) als auch für "spektakuläre" Taten Einzelner zur Verantwortung gezogen. Ebenso rückte die Rolle der Medien im Rahmen der Berichterstattung über reale Gewalt in den Blickpunkt. Angesichts von Ereignissen wie dem Geiseldrama von Gladbek oder dem Golfkrieg wurde vor allem dem Fernsehen vorgeworfen, durch die Art und Weise der Berichterstattung zu einer "Inszenierung" von Gewalt beizutragen, die den Zuschauer nicht mehr informiert, sondern nur noch vordergründige Sensationsbedürfnisse befriedige. Jüngstes Beispiel für die Auseinandersetzung um Mediengewalt ist die Kontroverse über den Film "Natural Born Killers": "52 Tote in zweieinhalb Stunden" - mit diesen Worten begann der Moderator des "RTL-Nachtjournals" am 28. 10. 1994 einen Beitrag über diesen Film, der aufgrund seiner extensiven Gewaltdarstellungen heftige Reaktionen (bis hin zu Forderungen nach seinem Verbot) auslöste. Hinter diesen Verbotsforderungen steht (wie so oft) die Annahme einer linearen kausalen Beziehung zwischen Mediengewalt und realer Aggression, die scheinbar bestätigt wird u.a. auch durch folgende Formen der Berichterstattung: "Doppelmord nach Natural Born Killers. Ein 17jähriger Amerikaner [...] wird beschuldigt, Stiefmutter und Stiefschwester umgebracht zu haben, nachdem er sich den wegen seiner Gewaltszenen umstrittenen Film 'Natural Born Killers' angesehen hatte. Der Täter gilt als Fan des Films von Oliver Stone, dessen Hauptfiguren vom Töten besessen sind" ("Die Rheinpfalz" vom 02. 11. 1994). Die Medien also als Ursache realer Gewalt in der Gesellschaft? Nicht nur der Regisseuer selbst widerspricht solchen linearen (impliziten) Wirkungsannahmen. Er interpretiert seinen Film vielmehr als eine Anklage gegen die Medien, die auf der Jagd nach immer neuen und spektakuläreren Sensationen die Gewalt erst poduzieren, die sie präsentieren.

Dieses Beispiel mag zwei extreme Positionen im Rahmen der Gewaltdebatte illustrieren - unabhängig davon jedoch, ob nun "Natural Born Killers" eine kritiklose Zurschaustellung brutaler Gewalt mit Nachahmungseffekt oder die schockierende Darstellung der Pervertierung der modernen Mediengesellschaft ist, eines wird deutlich: Über die Darstellung von Gewalt in den Medien, deren Quantität und Qualität sowie letztlich deren Funktion und Wirkung gibt es sehr unterschiedliche Meinungen. Und obgleich dieses Thema Gegenstand einer Vielzahl von Forschungsarbeiten und Untersuchungen ist, werden die (zugegebenermaßen zum Teil widersprüchlichen) Ergebnisse in der Öffentlichkeit kaum angemessen rezipiert. Immer wieder sind es eindimensionale Ursachenzuschreibungen, in denen ein bestimmtes Quantum bzw. eine bestimmte Qualität von Gewaltdarstellungen mit negativen Effekten verknüpft werden. Die Bedenken und Forderungen der Kritiker stütz(t)en sich dabei zumeist auf eine (wie auch immer empirisch begründete) Einschätzung und Bewertung von Programminhalten, wie z.B. das Fernsehen zeige *zuviel* Gewalt, enthalte *brutale* Darstellungen usw.

Welches sind jedoch die empirischen Grundlagen von Urteilen wie "zuviel" oder "brutal"? Jenseits aller individuellen Wahrnehmungen und Einschätzungen sind im Hinblick auf eine notwendige Objektivierung und damit auch "Ent-Emotionalisierung" der Diskussion zunächst intersubjektiv nachvollziehbare Beschreibungen von Gewalt in den Medien notwendig. Diese sollten mit Hilfe eines wissenschaftlichen Instrumentariums realisiert werden, um eine gesicherte empirische Basis für weitere Analyseschritte zur Verfügung zu stellen. D.h.: Bevor man Aussagen über Wirkungen machen kann, sollte geklärt werden, was potentiell überhaupt wirken kann. Inhaltsanalytische Programmbeschreibungen, die nach den Kriterien empirischer Forschung konzipiert und durchgeführt werden, sind dafür geeignete Instrumente. Im folgenden werden zunächst sowohl die theoretischen als auch die methodischen Probleme einer solchen Vorgehensweise skizziert, bevor im Anschluß einige (ausgewählte) neuere nationale und internationale Studien zu Gewaltdarstellungen im Fernsehen vorgestellt werden.

1.1 Allgemeine Probleme bei Gewaltanalysen

Im Zusammenhang mit inhaltsanalytischen Betrachtungen von Gewaltdarstellungen müssen mehrere theoretische und methodische Aspekte berücksichtigt werden, die den weiteren Ausführungen zunächst thesenartig vorgestellt werden und im Verlauf der weiteren Betrachtungen an entsprechender Stelle genauer ausgeführt bzw. diskutiert werden:

- "Gewaltanalysen" sind abhängig von der verwendeten Gewaltdefinition.
- Die Ergebnisse von Gewaltanalysen sind weiterhin abhängig von konkreten Entscheidungen bezüglich der Stichprobe sowie der Differenziertheit des verwendeten Kategorienschemas.
- Quantitative Inhaltsanalysen sind notwendig, um die Frage nach der Häufigkeit und Struktur von Aggression in größeren Kontexten (z.B. gesamtes Programmangebot) zu beantworten. Qualitatives Vorgehen ermöglicht

dagegen die genauere ganzheitliche Beschreibung einzelner oder einiger weniger Sendungen (z.B. im Hinblick auf den Spannungsaufbau), wobei allerdings das Problem der Generalisierung zu berücksichtigen ist. Beide Formen sind wichtige Elemente einer umfassenden Beschreibung von Gewaltdarstellungen.

- Der Schwerpunkt inhaltsanalytischer Betrachtungen medialer Gewalt liegt auf den Programmangeboten des Fernsehens. Andere Medien, wie beispielsweise Videocassetten oder Kinofilme wurden bislang nur unzureichend berücksichtigt. Ebenfalls geringeres Interesse findet (zumindest seit Einführung der audiovisuellen Medien) die Frage nach Gewaltdarstellungen in den Printmedien. Mir ist keine Untersuchung bekannt, in der z.B. die Anzahl von Gewaltakten in Kriminal-, Science-Fiction- oder Horror-Romanen analysiert worden wäre, abgesehen davon, daß auf einer solchen Datengrundlage bestimmte Verlage miteinander verglichen worden wären.
- Die Vergleichbarkeit von inhaltsanalytischen Ergebnissen ist (wie im folgenden noch eingehender erläutert wird) meist eingeschränkt.
- Die Ergebnisse von Analysen zu medialen Gewaltdarstellungen werden häufig entweder implizit oder explizit mit Ursachenzuschreibungen und/ oder Wirkungsannahmen verknüpft. Es besteht die Gefahr einer verkürzten (monokausalen) Schlußfolgerung von Situationsbeschreibungen auf Ursachen oder Wirkungen.
- Eng im Zusamenhang mit dem vorher genannten Punkt steht bei jeder Analyse von medialen Gewaltdarstellungen die Frage, inwieweit die Ergebnisse instrumentalisiert werden, d.h. zur Begründung von politischen und/oder interessengeleiteten Argumentationen herangezogen werden.

Um also den Stand der Forschung zu Quantität und Qualität von Gewaltdarstellungen in audiovisuellen Medien, speziell im Fernsehen, zu beschreiben, reicht m.E. eine bloße Deskription bzw. Wiedergabe vorliegender Ergebnisse nicht aus. Vielmehr wird im folgenden Beitrag versucht, den Stand der Forschung unter Berücksichtigung der o.g. Aspekte kritisch zu beurteilen.

2 Methodische Anmerkungen

Zur angemessenen Beurteilung von inhaltsanalytischen Aussagen zur Quantität und Qualität von Gewaltdarstellungen im Fernsehen müssen die theoretischen und methodischen Aspekte ihres Zustandekommens, insbesondere im Rahmen der Datenerhebung, genauer betrachtet werden. Sie sind für die Beurteilung der Qualität der Ergebnisse entsprechender Untersuchungen von zentraler Bedeutung. Neben der Frage nach einer allgemeinen Definition von Gewalt gehören dazu Überlegungen zur Stichprobe, zum verwendeten Kategorienschema und zur Analyseeinheit sowie zur Aktualität der Ergebnisse und schließlich zum Erkenntnisinteresse der Studie.

2.1 Was ist Gewalt?

"Gewalt" ist zwar ein oft verwendeter Begriff, eine adäquate und generell akzeptierte Definition von Gewalt scheint jedoch nicht zu existieren. "Ambivalenz" (Merten 1986), "Catch-all Konzept", "semantische Gemengelage" (Neidhardt 1986) und "babylonischer Zustand" (Kube 1987) sind nur einige der Termini, die die Vielzahl unterschiedlicher Definitionen und Beschreibungen von Gewalt kennzeichnen. Zwar gibt es (ausgehend von unterschiedlichen wissenschaftlichen Traditionen) eine Reihe von Gewaltdefinitionen (siehe Selg/Mees/Berg 1988), jedoch kann im Rahmen der jeweiligen Definition ein mehr oder weniger breites Spektrum von unterschiedlichen Verhaltensweisen, die als "Gewalt" oder "Aggression" bezeichnet werden, genannt werden.

Die Arbeit von Galtung (1975), in der besonders die strukturellen Aspekte von Gewalt betrachtet werden, macht diese definitorische Unklarheit besonders deutlich: Demnach liegt Gewalt dann vor, "wenn Menschen so beeinflußt werden, das ihre aktuelle somatische und geistige Verwirklichung geringer ist als ihre potentielle Verwirklichung". Gewalt ist die "Ursache für den Unterschied zwischen dem Potentiellen und dem Aktuellen" (Galtung 1975, S. 9). Nach dieser Definition wären somit alle Handlungen sowie situativen Bedingungen als Gewalt zu bezeichnen, die den Einzelnen daran hindern, sich selbst zu verwirklichen. Eine solch breite Definition mag zwar unter dem Gesichtpunkt einer erschöpfenden theoretischen Konzeption von Gewalt unverzichtbar sein, sie kann jedoch nur schwer als Grundlage einer Operationalisierung des Gewaltbegriffs dienen (konsequenterweise müßte nach der Definition von Galtung auch das Zurückhalten eines Selbstmörders, der gerade vom Dach springen will, als Gewalt bezeichnet werden).

Neidhardt (1986) schlägt vor, der Begriff sollte "so weit wie möglich dem Sprachgefühl der Bürger nahekommen", geht also von einem eher "alltäglichen" Verständis von Gewalt aus. Vor dem Hintergrund dieser eher pragmatischen Konzeption befragte Schneider (1990) Erwachsene zu ihrem Verständnis von Gewalt, indem er ihnen bestimmte Verhaltensweisen vorgab (z.B. "jemandem körperliche Verletzungen zufügen", "ein leerstehendes Haus besetzen") und sie auf einer 7er-Skala ("keine Gewalt" bis "Gewalt") einstufen ließ. Erwartungsgemäß wurden physische Einwirkungen auf Personen und vandalistische Handlungen gegen Sachen durchgängig als Gewalt eingestuft. Auch psychische Formen der Einwirkung auf Menschen wurden als Gewalt wahrgenommen (z.B. "verbale sexuelle Belästigung am Arbeitsplatz"). Ambivalent wurde dagegen der Bereich von Gewalt mit politischem Hintergrund beurteilt: hier war der Gewaltbegriff weniger durch die Handlungsqualität als vielmehr durch deren Handlungszweck (Intention) und -folgen bestimmt (z.B. Greenpeace-Aktionen). Strukturelle Gewalt, die als Begriff vielen der Befragten bekannt war, wurde meist nur dann als Gewalt definiert, wenn die damit gemeinten staatlichen Handlungen unbequem für die Betroffenen waren (z.B. Gerichtsurteile, Bußgelder usw.). In einer Faktorenanalyse konnte der Autor schließlich fünf Kategorien von Gewalt identifizieren, deren

Eindeutigkeit und Bedeutung bei den Befragten in der folgenden Reihenfolge wahrgenommen wurde: 1. physische Gewalt, 2. Gewalt gegen Sachen, 3. politische Gewalt, 4. psychische Gewalt (deren Ausübung meist in Zusammenhang mit Gruppen, etwa im Sinne von Erniedrigung eines Gruppenmitgliedes, wahrgenommen wurde) und 5. strukturelle Gewalt.

Zwar läßt sich (s.o.) der Begriff Gewalt nicht eindeutig definieren, die empirische Realität "läßt sich aber ordnen, und sie spiegelt jene in der Diskussion befindlichen theoretischen Begrifflichkeiten wider" (Schneider 1990, S. 403). Für die inhaltsanalytische Betrachtung von medial dargestellter Gewalt bedeutet dies: Das Ausmaß und die Qualität der im Rahmen von Programmanalysen festgestellten Gewalt in medialen Angeboten sind in hohem Maße abhängig von der gewählten Gewaltdefinition (vgl. Kunczik 1993).

2.2 Stichprobe

Ein weiteres Problem von Programmanalysen ist die Generalisierbarkeit ihrer Ergebnisse. Damit ist neben der bereits erwähnten Definition des Untersuchungsgegenstandes "Gewalt" die Rolle der Stichprobenziehung angesprochen. Unter streng methodischen Gesichtspunkten ist bei Programmanalysen immer nur eine Annäherung an die Forderung nach Repräsentativität der Ergebnisse möglich. Diese wird allein schon aus forschungsökonomischen Gründen immer nur für einen begrenzten Ausschnitt des "gesamten Fernsehangebots" möglich sein. So beschränken sich die vorliegenden Studien (siehe z.B. Groebel/Gleich 1993; Merten 1993; Krüger 1994) auf eine Auswahl von Sendern aus dem Spektrum des bundesdeutschen Gesamtangebotes. Da die Auswahl jedoch plausibel begründet werden kann (u.a. Marktanteile der Anbieter, Bedeutung für die Zuschauer usw.), ist ein solches Vorgehen zu akzeptieren - zu berücksichtigen bleibt jedoch, daß ein Teil des gesamten Angebots ausgeblendet bleibt, der von den Zuschauern potentiell rezipiert werden kann (wie etwa kleinere Sender, Sparten- oder regionale Programme). Dies bedeutet auch: Repräsentative Ergebnisse zu "Gewalt im Fernsehen" beziehen sich auf eine eingeschränkte Grundgesamtheit des Programmangebots.

Das Verfahren der Stichprobenziehung (d.h. die Auswahl des konkreten Analysematerials) ist ein weiterer "kritischer Punkt" bei Programmanalysen. Auch hier kann man sich dem Anspruch der Repräsentativität durch unterschiedliche Verfahren nur mehr oder weniger gut annähern. Zur exakten Stichprobenziehung muß zunächst eine präzise Definition der Grundgesamtheit im Sinne einer zeitlichen Begrenzung vorgenommen werden. Wenn beispielsweise das Programm, das innerhalb eines Jahres von einem oder mehreren Sendern ausgestrahlt wird, analysiert werden soll, müßte eine Programmstichprobe strenggenommen über ein ganzes Jahr streuen, um Variationen durch redaktionelle und/oder jahreszeitliche Änderungen sowie besondere politische, militärische oder sportliche Ereignisse mitberücksichtigen zu können (vgl. Groebel/Gleich 1993). In der Regel ist dies jedoch, bedingt durch finanzielle und organisatorischen Bedingungen des jeweiligen Forschungsprojektes, nicht möglich. Eine gewisse Grundstruktur bieten die Programmschemata der Sender. Sie bieten zumindest eine grobe Gewähr dafür, daß mit Hilfe von Quotenstichproben eine Anpassung der Stichprobe an die aktuelle Programmstruktur erreicht werden kann (d.h. die Anteile unterschiedlicher Genres am Gesamtprogramm angemessen berücksichtigt werden können). Vorteilhafter ist allerdings eine Vollerhebung des Programms innerhalb einer zuvor definierten Zeitspanne. Eine sog. "künstliche Woche", die nach einem bestimmten Verfahren aus dem Angebot über mehrere Wochen hinweg zusammengesetzt ist (siehe Groebel/Gleich) bietet dabei gegenüber der Erhebung einer kontinuierlichen Woche den Vorteil, daß Verzerrungen durch spezifische Ereignisse (siehe oben) besser kontrolliert werden können. Zwar mag es richtig sein, daß eine Verdoppelung des Erhebungszeitraums auf zwei Wochen "die Präzision und die sichere Verallgemeinerbarkeit der [...] vorgelegten Ergebnisse um 141 %" erhöht (Merten 1993, S. 15). Solange jedoch die exakte (zeitliche) Definition der Grundgesamtheit fehlt, bleibt unklar, worauf sich die Verallgemeinerung beziehen soll: auf das Gesamtprogramm eines Monats, eines halben Jahres oder das von zwei Jahren.

Programmanalysen basieren somit meist auf einem relativ kleinen zeitlichen Ausschnitt von Programmangeboten, bezogen auf die kontinuierliche Programmleistung der Sender. Sie mögen zwar repräsentativ für das zum jeweiligen Erhebungszeitraum ausgestrahlte Gesamtangebot sein, dies kann jedoch nur solange vorausgesetzt werden, wie dieses "Gesamtprogramm" ohne strukturelle und/oder gravierende inhaltliche Veränderungen ausgestrahlt wird. Angesichts einer mit zunehmendem Konkurrenzdruck schneller werdenden Programmentwicklung kann jedoch die längerfristige Konstanz eines Programmangebots nur in begrenztem Maß vorausgesetzt werden.

2.3 Kategorienschema

Eine Inhaltsanalyse steht und fällt mit dem Kategorienschema, in dem der Gewaltbegriff operationalisiert wird. Da jedoch, wie bereits erwähnt, keine allgemeingültige Definition von Gewalt existiert, ist die stringente deduktive Ableitung konkreter (beobachtbarer) Handlungskategorien kaum möglich. Für die Entwicklung eines Kategorienschemas ist es daher sinnvoll, dieses aus den zahlreich vorliegenden Theorien einerseits und aus bereits vorhandenen empirischen Arbeiten zum Thema (z.B. frühere Inhaltsanalysen) andererseits abzuleiten. Strukturschemata, die einen systematischen Überblick über die unterschiedlichen Formen von Aggression geben, wie z.B. das von Groebel (1986), sind für diesen Zweck eine gute Ausgangsbasis. Darüber hinaus ist es sinnvoll, die so gewonnenen "theoretischen" Kategorien am konkreten Material auf Eindeutigkeit und Anwendbarkeit hin zu überprüfen (vgl. Groebel/Gleich 1993). Schließlich scheint es im Hinblick auf den Wirkungsaspekt vorteilhaft, in die Überlegungen zur Wahl der Analysekategorien die subjektiven Wahrnehmungen und Beurteilungen der Zuschauer einzubeziehen (vgl. auch Schneider 1990). Vor allem in Großbritannien wurden hierzu systematische Untersuchungen vorgenommen. In zahlreichen Experimenten analysierte Gunter (1985), welche Kombinationen von Gewaltdarstellungen allgemein als besonders aggressiv angesehen werden, bei welchen der Zuschauer glaubt, daß sie für andere besonders drastisch sind, und schließlich, welche Kombinationen von Darstellungen einen selbst besonders verstören. Physische Gewalt gegen Personen und gegen Sachen waren dabei die wichtigsten Kategorien, die Fernsehzuschauer in erster Linie als "Gewalt" wahrgenommen haben. Als besonders schwerwiegend wurden dabei "realistische" Formen von (physischer) Aggression eingestuft.

In den meisten Analysen wird, mit Rücksicht auf die o.g. Punkte, ein eingeschränkter Gewaltbegriff verwendet. Erfaßt wird, was sichtbar bzw. auditiv wahrnehmbar ist, wobei Formen physischer Aggression im Vordergrund stehen, verbale und psychische Gewalt ebenfalls berücksichtigt werden, wenn sie eindeutig erkennbar sind. Analysen, die strukturelle Gewalt im Sinne der Galtung'schen Definition zum Inhalt haben, sind dagegen nur sehr schwer realisierbar und meines Wissens im Rahmen einer repräsentativen Erhebung noch nicht durchgeführt worden. Die Tatsache, daß strukturelle Gewalt kaum visualisierbar ist und zumeist aus dem umfassenderen Kontext von Darstellungen erschlossen werden muß, entzieht sie aus forschungsökonomischen Gründen zumeist einer für ganze Programme oder nationale Fernsehangebote repräsentativen Analyse.

Zusammenfassend läßt sich also festhalten: Die Ergebnisse von Gewaltanalysen hängen ab von 1. der Gewaltdefinition, 2. deren Operationalisierung, 3. der Auswahl der untersuchten Programme sowie 4. der Festlegung der Analyseeinheit (Kunczik 1994). Besonders letztere ist wichtig, wenn es darum geht, nicht nur die "reine aggressive Handlung" zu erfassen, sondern auch den (zumindest kurzfristigen) Kontext einer Gewalthandlung mitzuberücksichtigen, der in vielen Fällen eine Bedrohungsinformation beinhaltet (z.B. Spannungserzeugung vor dem eigentlichen aggressiven Akt). Ein solches Vorgehen steht in Einklang mit filmsoziologischen Überlegungen zur Filmsprache (vgl. Winter 1992). In den Studien von Groebel und Gleich (1993) und Merten (1993) wurden solche erweiterten (Ereignis-) Sequenzen berücksichtigt.

2.4 Zur Aktualität der Ergebnisse

Ergebnisse zur Gewalt im Fernsehen sind im Moment ihrer Publikation bereits veraltet. Mit dieser (durchaus provokanten) Aussage soll ein weiteres Problem von Inhaltsanalysen verdeutlicht werden. Zwischen der aktuellen Fragestellung (Wieviel Gewalt wird gezeigt?) und der sofortigen wissenschaftlichen Beantwortung dieser Frage steht die Schwierigkeit, daß inhaltsanalytische Ergebnisse immer nur rückwärtsgerichtet sind, d.h. nur auf einen bereits vergangenen Zeitraum rekurrieren können, der als manifestierter Ausschnitt einer *kontinuierlichen* Programmleistung existiert. Veränderungen der Struktur und/oder der Inhalte von Programmangeboten, die nach Beendigung der Stichprobenziehung erfolgen, können somit nur noch schwer analytisch berücksichtigt werden. Redaktionelle und strukturelle Veränderungen der Programmangebote werden aber aus den unterschiedlichsten Gründen häufig sehr schnell realisiert. Die Ergebnisse einer Analyse, die eine bestimmte Zeitspanne des Programmangebotes berücksichtigen, können somit unter Umständen wenig später bereits schon nicht mehr aktuell sein, da in der Zwischenzeit (unter Umständen auch als Reaktion auf die Untersuchungsergebnisse) Veränderungen des Programmangebotes vorgenommen worden sind. Dieser Aspekt sollte bei der Interpretation von inhaltsanalytischen Ergebnissen ebenfalls berücksichtigt werden.

2.5 Erkenntnisgewinn

Angesichts der vorgetragenen Probleme, stellt sich zwangsläufig die Frage, warum quantitative Inhaltsanalysen zu Gewalt im Fernsehen dennoch sinnvoll sind? Ihre Bedeutung muß in einem komplexeren Zusammenhang, nämlich der Frage nach den Auswirkungen medialer Gewalt, gesehen werden. Innerhalb dieser Debatte dürften die Positionen inzwischen bekannt sein. Sie reichen von Aussagen wie "Medien bzw. Gewaltdarstellungen sind insgesamt schädlich" bis hin zu "sie wirken überhaupt nicht". Die Wissenschaft wurde und wird in diesem Zusammenhang oft selektiv hinzugezogen und benutzt, um jeweils opportune Standpunkte zu bestätigen, oder sie wird von vornherein als widersprüchlich ins Abseits gestellt. Eine Inhaltsanalyse selbst erlaubt noch keine Aussagen über Wirkungen. Sie ist aber wichtiger Bestandteil einer Reihe aufeinanderbezogener Studien: Um mögliche Konsequenzen von Fernsehgewalt bestimmen zu können, ist auch eine Analyse ihrer Quantität und Qualität notwendig. Wirken (oder mit anderen Faktoren interagieren) kann nur, was gezeigt wird. Somit ist die "Kenntnis der Medieninhalte eine *notwendige Voraussetzung* für Aussagen über ihre Wirkungen" (Kepplinger/Dahlem 1990, S. 383). Dabei sollte allerdings eine auf längerfristige Entwicklungstendenzen fokussierte Perspektive eingenommen werden.

3 Gewalt in den Fernsehprogrammen der Bundesrepublik (Neuere Untersuchungen)

Bereits in den siebziger Jahren wurden Inhaltsanalysen zu Gewaltdarstellungen in den Fernsehprogrammen der Bundesrepublik durchgeführt (z.B. Silbermann 1973; Stein-Hilbers 1977). Heinrichs (1974) zählte 416 Gewaltverbrechen, darunter 102 Leichen in einer Woche ARD- und ZDF-Programm (Kübler 1993). Kunczik (1988) berichtet über eine von media-control durchgeführte Inhaltsanalyse über 261 Stunden Spielfilme, Serien und Fernsehspiele von ARD, ZDF, Sat 1 und RTL plus. Danach wurden während dieser Zeit 2.253 Gewaltakte von insgesamt knapp 15 Stunden Länge gefunden (was einen Gewaltanteil am untersuchten Gesamtprogramm von ca. 5,8 Prozent entsprach), die sich auf durchschnittlich etwa elf Gewaltakte pro Sendung verteilten. Der Sendervergleich ergab insgesamt höhere Gewaltraten für die beiden privaten Anbieter gegenüber den öffentlich-rechtlichen Programmen. Zu Beginn der 90er Jahre wurden in der Bundesrepublik drei größere

Inhaltsanalysen zur medialen Geawltdarstellung durchgeführt, deren Merkmale und Ergebnisse im folgenden kurz dargestellt werden sollen, da sie zum einen die aktuellsten Arbeiten zu diesem Thema sind, zum zweiten den Anspruch auf Repräsentativität der Aussagen erheben (zur Kritik, siehe oben) und drittens in der Öffentlichkeit ausgiebig rezipiert und diskutiert wurden.

3.1 Gewaltprofilanalyse von Groebel/Gleich

Die von Groebel und Gleich im Auftrag der Landesmedienanstalt Nordrhein-Westfalen (LfR) durchgeführte Untersuchung analysierte das Gesamtprogramm von ARD, ZDF, Sat 1, RTL plus, Pro 7 und (damals noch) Tele 5 über einen Zeitraum von einer Woche im Sommer 1991. Aggression wurde in dieser Studie definiert als

> "[...] jede Handlung, die einer oder mehreren anderen Person(en), der eigenen Person, einem Tier oder einem Gegenstand erkennbar Schaden zufügt. Dabei ist die endgültige Schädigung beabsichtigt oder wird zur Erreichung eines Zieles in Kauf genommen" (Groebel/Gleich 1993, S. 136).

Neben intentionaler Gewalt im Sinne von gezielten aggressiven Handlungen wurde gleichfalls nicht-intendierte Gewalt wie Katastrophen und Unfälle in die Analyse miteinbezogen. Hierunter wurden

> "[...] alle Ereignisse, durch die Menschen, Tieren und Gegenständen Schaden zugefügt wird und die nicht direkte Handlung von anderen Personen sind" (Groebel/Gleich 1993, S. 136f.)

gefaßt. In knapp 48 Prozent der in der analysierten Woche gezeigten Sendungen kamen aggressive oder bedrohliche Handlungen vor. Insgesamt wurden während dieser Zeit 2745 Szenen mit 3632 einzelnen aggressiven Akten identifiziert. Dies bedeutete im Mittel rund fünf aggressive Akte pro Stunde in den sechs analysierten Programmen, die im Schnitt knapp 22 Sekunden lang waren. Die überwiegende Zahl der Aggressionen wurde in fiktionalen Beiträgen (Spielfilme, Serien; 50 %) gefunden, wobei vor allem amerikanische Produktionen (33 %) den größten Anteil an der Gesamtgewalt ausmachten. Etwa ein Viertel der aggressiven Szenen entfiel auf Zeichentrickproduktionen. Dominierender Handlungskontext war Kriminalität und Verbrechen vor kriegerischen Auseinandersetzungen und Terrorismus. Aggression im Fernsehen wurde meistens von männlichen Erwachsenen ausgeführt, wobei in der Regel die Motivation der Täter (zumindest in der analysierten Handlungssequenz) nicht eindeutig zu erkennen war und weiterhin nur selten die Konsequenzen sowohl für die Täter als auch für die Opfer dargestellt wurden. Bezogen auf das Gesamtangebot der einzelnen Sender betrugen die Gewaltanteile von ARD: 6,7 %, ZDF: 7,2 %, ARD/ZDF (Vormittag): 2,1 %, Sat 1: 7,3 %, RTL plus: 10,7 %, Tele 5: 11,7 % und Pro 7: 12,7 %. Damit lagen die Aggressionsanteile der privaten Anbieter im Durchschnitt über denen der öffentlich-rechtlichen Sender (vgl. Groebel/Gleich 1993, S. 124).

3.2 Programmanalyse von Merten

Im Auftrag von RTL führten Merten und Mitarbeiter kurze Zeit später eine umfangreiche Programmanalyse durch (Merten 1993). Untersucht wurden alle Beiträge (insgesamt 3.139), die von ARD, ZDF, RTL, Sat 1, Pro 7 und Vox im Zeitraum von zwei Wochen (Ende März bis Anfang April 1993) ausgestrahlt wurden. Auf zwei Ebenen (Sendung und Sequenz) wurde intentionale (setzt die willentliche Schädigung von Sachen oder Personen voraus) und non-intentionale Gewalt (resultiert aus zufälligen Ereignissen wie Unfällen oder Katastrophen) kodiert. Gewaltsequenzen definierte Merten als

> "[...] zusammenhängende Darstellung von Gewalt mit einer bestimmten Dauer, die mindestens einen, maximal alle drei von drei Zeitabschnitten enthalten: 1) Vorbereitung einer Gewalthandlung (etwa: das Ziehen einer Waffe), 2) die eigentliche Gewalthandlung und 3) deren Folgen (etwa: die Darstellung von Opfern oder von Zerstörung), soweit diese sichtbar dargestellt werden" (1993, S. 16f.).

Von insgesamt 8689 Gewaltsequenzen wurden nach dieser Unterscheidung 6267 (= 72,1 %) als intentional, 2422 (= 27,9 %) als non-intentional identifiziert. In mehr als der Hälfte (51 %) der untersuchten Sendungen wurde Gewalt gezeigt, die meisten Gewaltdarstellungen entfielen auf das Genre Fiction. Der Vergleich der untersuchten Sender ergab folgendes Bild: Die Gewaltanteile am gesamten Programm lagen (gemessen in Sekunden) für RTL bei 3,3 %, die ARD bei 2,6 %, das ZDF bei 2,2 %, Sat 1 bei 3,5 %, Pro 7 bei 6,7 % und Vox bei 3,2 %.

Insgesamt entsprechen die Relationen der untersuchten Sender zueinander (soweit vergleichbar) etwa denen der in der Studie von Groebel/Gleich (1993) gefundenen (Ausnahme: RTL). Die geringeren absoluten Zahlen (= zeitliche Anteile der Gewaltdarstellungen am Gesamtprogramm) können durch wahrscheinlich unterschiedliche Definitionen der Analyseeinheiten erklärt werden. Beschränkt man in der Groebel/Gleich-Studie die Analyse auf die reine Aggressionshandlung, so ergeben sich durchaus vergleichbare Werte.

Zusätzlich wurde in der Studie von Merten ein Gewaltindex berechnet, der als multiplikative Verknüpfung von Dauer (D) und Grausamkeit (Gr) definiert ist: ($G = \sum (D * Gr)$). Danach wies Vox im Analysezeitraum den durchschnittlich höchsten Grausamkeitsindex im Bereich Fiction auf, gefolgt von Sat 1, ARD, ZDF, Pro 7 und RTL. Für non-fiktionale Programme sah die Reihenfolge folgendermaßen aus: Pro 7, Sat 1, ZDF, RTL, Vox und ARD. Der Ansatz einer Verknüpfung von Dauer und "Intensität" von Gewaltdarstellungen könne, so der Autor, mit Blick auf mögliche Wirkungen auf den Zuschauer als "ein valides Maß für das *Gewaltpotential* (G) an intentionaler Gewalt eines Senders angesehen werden". Kritisch anzumerken ist jedoch, daß keine weiteren Informationen über die Operationalisierung des Faktors "Grausamkeit" mitgeteilt werden, der auf einer Bewertungsskala von den Kodierern erfaßt wurde. Damit sind in diesem Zusammenhang Aussagen über die empirisch beobachteten Ausprägungen von Grausamkeit nicht möglich. Des weiteren bleibt die Frage, in welcher Beziehung die angenommene multiplikative Verknüpfung von Dauer und Grausamkeit der Wahrnehmung von Gewalt mit noch zu konkretisierenden Effekten stehen könnte. Was fehlt, sind konkretere Annahmen über das Wirkungspotential eines so konstruierten Grausamkeitsindexes.

3.3 Programmanalyse von Krüger

Ebenfalls 1993 führte Krüger im Auftrag der ARD/ZDF-Medienkommission eine Programmanalyse durch (Krüger 1994). Er untersuchte zwei (01.-07. März und 21.-27. Juni 1993) von vier zufällig aus den vier Quartalen des Jahres ausgewählten Wochen der Gesamtprogrammanalyse 1993 (vgl. die jährlich durchgeführten Programmanalysen des IFEM). Untersucht wurde das Angebot von ARD, ZDF, RTL und Sat 1 in der Tageszeitphase zwischen 17.00 und 23.00 Uhr. Begründung hierfür: Dieser Zeit wird von den Sendern durch Programmstruktur und Plazierung die größte Bedeutung zugemessen (vgl. Krüger 1994). Die bislang vorliegenden Ergebnisse beziehen sich auf den Angebotsbereich "Information", wobei die Kategorie "Reality-TV" bei den privaten Anbietern mit einbezogen wurde (Anteile an der Stichprobe: 7,4 % bei Sat 1; 21,4 % bei RTL). Gewalt wurde definiert als "die absichtliche Herbeiführung sowie das nicht beabsichtigte Eintreten von physischem, psychischem, materiellem, sozialem, ökologischem Schaden" (Krüger 1994, S. 73). Während der untersuchten Zeitspanne zeigten nach den Ergebnissen von Krüger RTL 195 Minuten, das ZDF 134 Minuten, die ARD 112 Minuten und Sat 1 74 Minuten Gewalt in Informationsprogrammen. Unter der Maßgabe eines eingeschränkten Gewaltbegriffs (nur sichtbar präsentierte Gewalttaten/Ereignisse) ergab sich ein um ca. drei Viertel verringertes Angebot, bei dem die Reihenfolge der Sender sich jedoch nicht veränderte. In Anbetracht der höheren Informationsleistungen der Öffentlich-Rechtlichen ergeben sich somit laut Autor deutliche Diskrepanzen im Hinblick auf die Gewaltdarstellung in einzelnen Informationssendungen zwischen ARD und ZDF auf der einen und den privaten Anbietern Sat 1 und RTL auf der anderen Seite. Dabei boten die "Gewaltraten" (Anteil von aggressiven Darstellungen am Gesamtangebot) auch im Hinblick auf unterschiedliche Gewaltintensitäten das jeweils gleiche Bild. Gewalt erschien dabei in den Programmen von Sat 1 und RTL eher in sog. Boulevard- und Reality TV-Sendungen, bei ARD und ZDF eher innerhalb der tagespolitischen und in politisch-gesellschaftskritischen Sendungen (vgl. Krüger 1994, S. 84). Die Auswertung des fiktionalen Programmangebotes soll in Kürze veröffentlicht werden.

3.4 Gewalt in Nachrichten ("Faction")

Lag das Hauptaugenmerk bislang auf der fiktionalen TV-Gewalt, so rückte (spätestens seit der Geiselnahme in Gladbeck und dem Golfkrieg) auch die Berichterstattung über reale Gewalt im Rahmen von Informations- und Dokumentarsendungen in den Blickpunkt des Interesses. "Kübelweise Fragment-Pommes mit Reality-Ketchup als triefende Emotionsbomber" nannte Bernward Wember bei den XII. Tutzinger Medientagen das, was die Nachrichten im Kampf um die Quoten tagtäglich bieten und entdeckte "erste Symtome von Tele-Kannibalismus" (Morhardt 1993). Provokante Worte, die jedoch nach Ansicht vieler einen Trend in der Nachrichtenberichterstattung beschreiben. Auch hier sollte der Vorwurf von einem um sich greifenden Sensationsjournalismus zunächst empirisch überprüft werden.

Winterhoff-Spurk (1994, S. 57) berichtet über eine Studie von Pratsch-Hucko (1992), wonach der Anteil unpolitischer Beiträge in den Nachrichten von ARD und ZDF bei max. 21 Prozent lag, dagegen RTL und Sat 1 etwa 30 Prozent der Nachrichten-Sendezeit den sogenannten Human-Interest-Themen wie z.B. Katastrophen, Verbrechen, Unglücksfällen (aber auch Berichten aus Kultur, Gesellschaft und Sport) widmeten. Die Tendenz zur Boulevardisierung wurde auch in anderen Studien thematisiert (z.B. Krüger 1985; Sassmann/Wille 1991). Auf die Nachrichten entfielen in der Studie von Groebel und Gleich knapp 19 Prozent aller im Programm vorkommenden Aggressionsdarstellungen (incl. Bilder von Katastrophen, Unfällen und Unglücken). Der größere Anteil der im Fernsehen gezeigten Aggressionen stammt demnach aus den fiktiven Genres (vor allem amerikanischen Spielfilmen und Serien). Allerdings lag der Anteil der Nachrichten von 19 Prozent am gesamten "Gewalt- und Katastrophenaufkommen" höher als der Anteil, den die Nachrichten insgesamt am Programm hatten. Dies bedeutet: In Nachrichtensendungen sind im Vergleich zu anderen Genres überdurchschnittlich häufig Aggression und Bedrohung zu sehen.

Gegenüber der sonst im Fernsehen gezeigten Gewaltdarstellungen war der entstandene Schaden in den Nachrichten fast zur Hälfte mit Tod gleichbedeutend (vgl. Groebel/Gleich 1993; Winterhoff-Spurk 1994). Dies ist wohl mit spezifischen Nachrichtenwerten zu erklären, die u.a. im Rahmen der Gatekeeper-Forschung untersucht wurden. Interessant ist in diesem Zusammenhang, daß die geographische Nähe eine entscheidende Rolle spielt, ob über ein Ereignis berichtet wird oder nicht. Burdach (1987) fand beispielsweise in einer Zeitungsanalyse, daß ein Unglück in 10.000 km Entfernung ca. 40 Todesopfer aufweisen muß, damit darüber berichtet wird, während bei Ereignissen in 100 km Entfernung zur Redaktion bereits ein Opfer ausreichend ist. Dies bedeutet: Wenn überhaupt über weit entfernte Drittweltländer berichtet wird, dann meist über "aufsehenerregende" Ereignisse im Sinne von Katastrophen, Unglücken, Kriegen etc., die eine "genügend hohe" Anzahl von Opfern aufweisen, um die westeuropäische Nachrichtenschwelle zu überwinden. Dadurch kann bei denjenigen, die sich nur oberflächlich informieren (mit anderen Worten: nur Bilder anschauen) der Eindruck entstehen, daß in diesen Ländern tatsächlich nur Gewalt und Katastrophen herrschen.

Gewalt in den bundesrepublikanischen Nachrichten unterscheidet sich weiterhin deutlich vom Gesamt"angebot" in den anderen Genres und wird sehr stark von dem thematischen Rahmen der dargestellten Aggression bestimmt. Gewalt in Nachrichten und Informationssendungen geht häufiger von Gruppen aus und ist überwiegend politisch motiviert. Wenn darüber berichtet wird, dann sind es meist besonders schwere Fälle, bei denen Menschen zu Tode kommen. Einen besonderen Stellenwert nehmen dabei die Reality-Angebote ein (vgl. Krüger 1994). Rein quantitativ betrachtet ist ein Anteil von knapp 10 Prozent von Gewaltdarstellungen an der Gesamtnachrichtenzeit (zählt man die Berichterstattung über Katastrophen und Unglücksfälle hinzu, so kommt man auf einen Anteil von etwa 19 Prozent) im Vergleich zu anderen Ländern noch eher gering. Vergleichbare Studien aus Amerika zeigen, daß 1989 ungefähr die Hälfte aller Berichte in den Nachrichten mit Gewalt und Kriminalität zu tun hatte (Johnson 1989). Im damals noch existierenden "Ostblock" schwankten die Anteile zwischen 20 Prozent in den sowjetischen Nachrichten und 35 Prozent im tschechischen Fernsehen (Szegal 1989).

Nachrichten und Informationssendungen (darunter auch das Angebot an Reality-TV) zeigen somit eine eigene Qualität von Gewalt. Grimm (1993) vergleicht sie mit der öffentlichen Zurschaustellung von Gewalt in früheren Zeiten (z.B. Hinrichtungen). Heute, so seine Argumentation, führe das Fernsehen die Grausamkeiten coram publico wieder ein (besonders im Genre "Reality TV"). Damit erleben wir "nach dem Aufstand der Zeichen gegen die Realität [...] nun eine Art Konterrevolution der Fakten gegen die Simulation" (Grimm 1993, S. 23). M.a.W.: In bezug auf Gewaltdarstellungen im Fernsehen bildet sich neben der fiktionalen Präsentation von Gewalt (z.B. in Spielfilmen und Serien) eine "neue Form" von Gewalt heraus, die Grimm als "faction" bezeichnet. Sie zeigt "reale" Gewalt, die durch medienspezifische (aus dem Fiktionalen übernommene) Gestaltungs- und Darstellungsprinzipien ihren reinen Informationscharakter verliert.

4 Gewalt in ausländischen TV-Programmen

1992 führte Vitouch eine repräsentative Studie über die Gewaltprofile der wichtigsten Anbieter auf dem österreichischen TV-Markt durch. Es zeigte sich, daß das ORF im Vergleich zu anderen deutschsprachigen Anbietern den geringsten Anteil an Aggressionsdarstellungen am Gesamtangebot aufwies (5,7 %). Auch in dieser Studie zeigten sich (mit Ausnahme von Sat 1) deutliche Unterschiede zwischen den privaten Anbietern (RTL, Tele 5, Pro 7), die insgesamt höhere Werte aufwiesen, und den öffentlich-rechtlichen Anstalten (ARD, ZDF, ORF) (Vitouch 1992).

Bereits sehr früh wurden in den USA Inhaltsanalysen zu Medien- (sprich: Kino-) Angeboten durchgeführt. Dale (1935) stellte in seinen Untersuchungen aus den 20er und 30er Jahren fest, daß in vier von zehn Spielfilmen Morde gezeigt wurden. Zu den bekanntesten empirischen Inhaltsanalysen gehören seit Ende der sechziger Jahre die Arbeiten von George Gerbner und seinen Mitarbeitern, die sog. "Violence Profiles". Diese Forschungen wurden 1967-68 im Auftrag der National Commission on the Causes and Prevention of Violence begonnen und seitdem in regelmäßigen Abständen aktualisiert. Sie sind Teil eines "Cultural Indicators"-Projektes, in dem in Form einer Datenbank Informationen über die "mediale Welt" und Daten von Zuschauervorstellungen über die reale Welt gesammelt und in Zusammenhang gebracht werden. In einem 1990 veröffentlichten Bericht fassen

Gerbner und Signorielli die Entwicklung von Gewaltdarstellungen im amerikanischen Fernsehen zusammen (Gerbner/Signorielli 1990):

> "The most striking aspect of the findings is the remarkable stability in violent (as in most other) representations. Individual programs change but the overall structure of dramatic representations endure over time, [....] the percent of prime-time programs using violence remains more than 7 out of 10, as it has been for the entire 22-year period of this project. The rate of violent acts in prime time likewise remains between 5 and 6 per hour" (Gerbner/Signorielli 1990, S. 2).

Diese Werte erhöhen sich drastisch, blickt man auf das Programm am Wochenende. Dort wurden, speziell im Rahmen des Kinderprogramms, stündlich 25 und mehr (allerdings meist "humorvolle", d.h. in Cartoons eingebundene) Gewaltakte gezeigt.

Die Arbeiten von Gerbner und seinen Mitarbeitern sind nicht unumstritten. Nicht eingegangen werden soll hier auf die Aussagen Gerbners, die er hinsichtlich der Wirkung häufiger Gewaltdarstellungen auf Viel- versus Wenigseher formulierte. Sie sind an anderer Stelle ausgiebig diskutiert worden (siehe die sog. Gerbner-Hirsch-Debatte; Fernsehen und Bildung, 15, 1-3/1981). Aber auch der von Gerbner verwendete Gewaltindex ist kritikwürdig. Der Grad der gezeigten Gewalt (VI) wird von ihm folgendermaßen definiert:

$$VI = \%P + 2*R/P + 2*R/H + \%V + \%K,$$

Der Gewaltindex VI errechnet sich als Summe aus

- dem Anteil gewalthaltiger Programme an allen Programmen (% P)
- dem doppelten Anteil aller Gewaltsequenzen pro Programm (2*R/P)
- dem doppelten Anteil aller Gewaltsequenzen pro Stunde (2*R/H)
- dem Anteil der Hauptfiguren, die als Täter oder Opfer identifiziert werden können (% V)
- dem Anteil von Hauptfiguren, die jemanden töten oder selbst getötet werden (% K)

Sicherlich ist der Kritik von Merten (1993) zuzustimmen, wenn er bemängelt, daß der von Gerbner konstruierte Gewaltindex willkürlich definiert und nicht aus einer Theorie abgeleitet ist. Vor allem wird die Qualität von Gewalt (z.B. vorsätzlich versus Unglück; real versus fiktional usw., siehe oben) nicht differenziert betrachtet, was für die Wirkungsfrage eine wichtige Rolle spielt. Der Wert des Violence Index besteht jedoch darin, daß Gerbner und seine Mitarbeiter ihn kontinuierlich ermitteln und daher auf der Grundlage einer identischen Methode Aussagen über die Entwicklung der Quantität von Gewaltdarstellungen im amerikanischen TV-Programm machen können. Der Violence Index sollte jedoch keineswegs als objektive Instanz zur Messung der Gefährlichkeit des amerikanischen Fernsehens mißverstanden werden.

Durchschnittswerte sagen noch wenig über die tatsächliche Struktur des Programms aus. So scheint sich, trotz der von Gerbner und Signorielli (1990) festgestellten relativen Konstanz der Gewaltdarstellungen im amerikanischen Programm über einen Zeitraum von 22 Jahren, eine Verschiebung des Angebots abzuzeichnen. Brutale Actionserien werden fast nur noch für amerikanische Regionalsender produziert, nachdem die Majors auf Druck der Öffentlichkeit und Anti-Gewalt-organisationen ihr Programm nach und nach umgestellt haben. Standen 1984 noch sieben ausgesprochene Actionserien auf dem Programm der Networks, war es 1993 keine einzige mehr. Dagegen laufen laut einer Studie des "Center for Media and Public Affairs" sechs der zehn gewalttätigsten US-Serien im regionalen Fernsehen. Fünf davon sind bzw. waren auch im deutschen Fernsehen zu sehen: "Renegade" (Pro 7), "Highlander" (RTL), "Star Trek: Das nächste Jahrhundert" (Sat 1), "SeaQuest DSV" (RTL) und "Star Trek: Deep Space Nine" (Sat 1) (Quelle: "Die Welt" vom 11. 03. 1994). Wenn es zutrifft, daß Entwicklungen auf dem amerikanischen TV-Markt früher oder später auch in anderen westlichen Ländern übernommen werden, könnte uns bald folgendes Szenario auf dem Bildschirm begegnen: Gegen eine Gebühr von 15 Dollar sendet der amerikanische Pay-TV-Sender Semaphore Entertainment Group (SEG) brutale Straßenkämpfe, bei denen alles erlaubt ist: 16 "Selbstverteidigungskünstler" treten in einer Arena gegeneinander an - Regeln gibt es keine. "Ich möchte nicht, daß jemand stirbt. Es wäre zwar gut für die Einschaltquote, aber das möchte ich nicht", so die Aussage des SEG Managers (Quelle: "Die Welt" vom 10. 03. 1994).

Auch andere internationale Studien weisen insgesamt in eine recht einheitliche Richtung: Halloran und Croll (1972) zählten für Großbritannien in Spielfilmen und Serien vier physische Aggressionen pro Stunde, Cumberbatch et al. (1987) kamen bei einer Analyse von über 2.000 Sendungen des britischen Fernsehens auf eine Rate von 2,5 Gewaltakten pro Stunde in Prime-Time-Fiction-Programmen (Sendezeit zwischen 20.00 und 23.00 Uhr). In Australien wurden 1985 von Mc Cann und Sheehan (1985) 7,4 Gewaltakte in jeder Stunde Serie und Fiktion ermittelt, in Holland zählte man 5,8 (Bouwman/Stappers 1984), in Neuseeland 5,7 (Haines 1983) und in Kanada 7,3 Gewaltakte pro Stunde (Williams/Zabrack/Joy 1982). In einer aktuelleren Untersuchung von Mustonen und Pulkinnen (1990) wurden für das finnische Programm durchschnittlich 3,5 aggressive Handlungen pro Stunde errechnet. Die Situation in Japan wird in einer Studie von Iwao 1981 mit durchschnittlich etwa 7 Gewaltakten pro Stunde beschrieben. Ein eher qualitativer Blick auf das japanische Programmangebot (Leims 1993) beschreibt jedoch eindrucksvoll, daß sich die Darstellung von Gewalt und Obszönität im japanischen Fernsehen offensichtlich erheblich von anderen (westlichen) Industrienationen unterscheidet. Ein wesentliches Element der Programmgestaltung sind dort sog. "Wide Shows", die am Morgen und frühen Nachmittag ausgestrahlt werden. Sie bieten ein weites Feld für Sensationsjournalismus, der sich zwischen Naturkatastrophen, Sexualdelikten, Verbrechensberichten, Vermißtensuche und Yakuza-Kriegen bewegt. Auf die Privatsphäre der Opfer und Täter wird dabei wenig Rücksicht genommen (Namens- und Adresseneinblendungen sind "normal") und werden mit der Berichtspflicht begründet. Sendungen wie "XY-Ungelöst" oder "Notruf" gibt es im japanischen Programm nicht, hingegen sind Inhalte mit der gleichen dramaturgischen Gestaltung Teil der schon erwähnten "Wide Shows". Während allerdings Gewalt (auch im Sinne von personifizierter, nicht mehr anonymer Gewalt) im japanischen Fernsehen an der Tagesordnung zu sein scheint und auch weniger heftige Reaktionen beim Publikum und insgesamt in der Öffentlichkeit auslöst als beispielsweise in der Bundesrepublik, ist die Darstellung sexueller Inhalte von sehr starker Zurückhaltung, fast schamhaftem Verstecken gekennzeichnet (vgl. Leims 1993). Diese Situation erklärt sich u.a. aus kulturhistorischen Gegebenheiten der japanischen Gesellschaft, in der Gewalt im Gegensatz zu Sexualität einen mit westlichen Kulturkreisen kaum zu vergleichenden gesellschaftlichen Stellenwert besitzt (Leims 1993).

Betrachtet man den Anteil aggressionsbeinhaltender Programme am Gesamtprogramm, so stehen die USA und Japan mit einer Rate von etwa 80 Prozent (wenngleich inhaltlich sehr unterschiedlich) an der Spitze. Neuseeland und Australien lagen bei jeweils rund 65 Prozent, Großbritannien bei etwa 55 Prozent. Für die Bundesrepublik wurden in den Studien von Groebel/Gleich (1993) und Merten (1993) Werte um 50 Prozent ermittelt. Eine direkte Vergleichbarkeit von Gewaltanalysen aus unterschiedlichen "Kulturkreisen" ist jedoch, wenn überhaupt, nur in begrenztem Ausmaß möglich. Dennoch ist die Berücksichtigung internationaler (vor allem US-amerikanischer) Inhaltsanalysen unter zwei Gesichtspunkten wichtig: Erstens sind viele der in den USA produzierten Programme (z.B. Actionserien) auch Bestandteil des Programmangebots in der Bundesrepublik (siehe oben). Weiterhin ist gerade auch auf dem Spielfilmsektor (Kino und Video) die Dominanz amerikanischer Produkte offensichtlich, ebenso wie die Präferenz dieser Angebote beim deutschen Publikum. Zweitens ist (die in den Angeboten vorherrschende physische) Gewalt eine Art "Universalsprache", die keiner symbolischen Vermittlung (z.B. Sprache) bedarf. Sie muß nicht erst verstanden werden und ist somit kulturell voraussetzungslos wirksam.

5 Gewalt im Fernsehen und Gewalt in der Gesellschaft

Ist die Gewalt in den Medien ein Abbild der Wirklichkeit? Welches Maß der Beurteilung könnte zur Beantwortung dieser Frage herangezogen werden? Betrachtet man die Kriminalitätsstatistiken, so ist im direkten querschnittlichen Vergleich zu konstatieren, daß tatsächliche Gewalt- und Verbrechensraten nicht einmal annähernd die "Ratings" einer medial präsentierten Welt erreichen (wobei erwähnt werden sollte, daß es sich dabei um jeweils "mehrere" mediale Welten handelt, da fast immer mehrere Programmanbieter untersucht wurden). So stehen beispielsweise den 70 Morden pro Tag (vgl. Groebel/Gleich 1993) im Fernsehen weniger als fünf tatsächliche Morde und Totschläge pro Jahr (bezogen auf 100.000 Einwohner) gegenüber - eine deutliche Diskrepanz. Die Gefahr der Überschätzung von Kriminalitätsraten (insbesondere Mord) bei vielsehenden Fernsehzuschauern ist plausibel und u.a. in Längsschnittanalysen bestätigt worden (vgl. Groebel 1988). Insgesamt kann also konstatiert werden, daß tatsächliche Gewalt bei aller Bedeutung, die sie heute auch im Alltagsleben vielfach haben mag, immer noch sehr weit entfernt ist von dem Bild, welches das Fernsehen den Zuschauern vermittelt (Groebel/Gleich 1993).

Berücksichtigt man längerfristige Entwicklungstendenzen, so sind ebenfalls keine Anzeichen dafür zu finden, daß Mediengewalt und reale Gewalt miteinander korrespondieren, bzw. erstere die letztere bedingt. Meines Wissens existieren keine methodisch verläßlichen Untersuchungen (z.B. im Sinne von Zeitreihenanalysen), in denen ein solcher Zusammenhang nachgewiesen worden wäre. Abgesehen davon ist die vielfach beklagte Tendenz einer (realen) steigenden Kriminalität bei Jugendlichen bislang empirisch nicht belegt (vgl. Kübler 1993). Die von der Bundesregierung eingesetzte Gewaltkommission kam zu dem Schluß, daß es für einen generellen Gewaltanstieg in den Schulen keine überzeugenden Belege gibt (Schwind u.a. 1990). Auch zeigen Kriminalitätsstatistiken, daß der Anteil an Straftaten Jugendlicher seit etwa Mitte der 80er Jahre rückläufig ist (Statistisches Landesamt Rheinland-Pfalz 1993, S. 162). Schließlich spricht ein weiterer Hinweis gegen einen direkten Zusammenhang zwischen medialer und Alltagsgewalt: unabhängig von den festgestellten Gewaltraten im Fernsehen konstatieren diverse Untersuchungen (z.B. die Shell-Studie 1992), daß Jugendliche in der überwiegenden Mehrheit Gewalt als potentielle Konfliktlösemöglichkeit definitiv ablehnen (nur zwei Prozent der 13- bis 19Jährigen befürworteten die Anwendung von Gewalt gegen Personen oder Sachen; Jugendwerk der Deutschen Shell 1992).

6 Allgemeines Fazit

Insgesamt zeigen die inhaltsanalytischen Studien, daß Gewalt im Fernsehen "an der Tagesordnung ist". (vgl. Groebel/Gleich 1993; Merten 1993; Krüger 1994). Sie wird vor allem in den Unterhaltungssendungen des Fernsehens als normale, alltägliche Verhaltensstrategie gezeigt. Dies bedeutet: Die Wahrscheinlichkeit, daß die Zuschauer beim Einschalten des Fernsehapparates oder beim immer öfter zu beobachtenden "Zappen" durch das Programm mit einer Szene, die aggressive Darstellungen enthält, konfrontiert werden, ist sehr wahrscheinlich. Bei einem Vergleich mit internationalen Studien zeigt sich weiterhin, daß bundesrepublikanische Programme jedoch das "Gewaltniveau" in anderen Ländern (vor allem in den USA und Japan) (noch) nicht erreichen. Neben Gewaltdarstellungen in fiktionalen Programmangeboten scheint sich auch im Nachrichten- und Informationsbereich eine Intensivierung der Gewaltdarstellung (speziell als nicht mehr zu unterscheidender Vermischung von Realität und Fiktion) abzuzeichnen. Dies mag weniger durch die Häufigkeit und Dauer der Darstellungen (siehe z.B. Merten 1993) als vielmehr durch eine Veränderung der formalen und inhaltlichen Präsentation der Beiträge begründet sein.

Unter anderem im Zusammenhang mit möglichen Wirkungsdimensionen von medialen Gewaltdarstellungen (die in anderen Beiträgen dieses Bandes ausführlich diskutiert werden und daher an dieser Stelle nicht weiter ausgeführt werden) sollen zum Schluß zwei Anmerkungen zur Frage nach dem erkenntnistheoretischen Wert von Inhaltsanalysen zu Gewaltdarstellungen im Fernsehen gemacht werden.

1. Merten und Teipen (1991) definieren Inhaltsanalysen als "[...] Methode zur Erhebung sozialer Wirklichkeit, bei der von Merkmalen eines manifesten Textes auf Merkmale eines nicht-manifesten Kontextes geschlossen wird." (Merten/Teipen 1991, S. 102). Nach dieser Auffassung sollte demnach vom "So-sein" eines Textes (in diesem Fall des analysierten Programmangebotes) auf nicht-manifeste Kontexte, beispielsweise die Einstellung von Programmplanern und Redakteuren, "Ideologien" von Sendern, usw. geschlossen werden können. Gerade mit Blick auf die Gewaltdebatte ist dies im Rahmen der Auseinandersetzung um Programmqualität häufig auch der Fall. Ergebnisse von Inhaltsanalysen werden für wertende Aussagen benutzt, indem etwa die relative Anzahl der kritischen (nämlich gewalthaltigen) Elemente im Fernsehprogramm als Indikator für eine bestimmte Einstellung, Meinung oder Wertvorstellung der Produzenten interpretiert wird. Dies ist jedoch problematisch:

> "[...] Die induktive, inhaltsanalytische Inferenz von Merkmalen des Textes auf Merkmale des Kontextes bedeutet, daß basierend auf den Textmerkmalen eine Hypothese über den Kontext (z.B. Absicht des Kommunikators, Wirkung beim Rezipienten) aufgestellt wird. Eine solche Hypothese bedarf immer der Überprüfung an der sozialen Wirklichkeit: Die *Außenvalidierung* (Hervorhebung Merten) dient zum Test des Induktionsschlusses, dem Hypothesentest. Unterbleibt die Außenvalidierung, gilt die aufgestellte Hypothese bestenfalls als unbestätigte Annahme, deren Nachweis noch aussteht" (Merten/Teipen 1991, S. 107f.).

2. Inhaltsanalysen können keine Wirkungsstudien ersetzen. Um verläßliche Aussagen über die Effekte eines (wie auch immer garteten) Programmangebotes machen zu können, sind weiterführende Wirkungsstudien notwendig, die die Ergebnisse von Inhaltsanalysen als (zunächst unabhängige) *Wirkungspotentiale* berücksichtigen. Die wissenschaftliche Analyse von Gewalt im Fernsehen sollte daher nicht bei Inhaltsanalysen stehenbleiben, die (je nach Vorgehen) letztlich nur etwas über die Quantität und Qualität von Gewaltdarstellungen im Fernsehen aussagen können. Sicherlich ist dem Argument von Groebel/Gleich (1993) und Kepplinger/Dahlem (1990) zuzustimmen, daß solche Analysen einen wichtigen Beitrag im Rahmen einer Wirkungsprozeßanalyse darstellen, indem sie ein mögliches Wirkungspotential quantifizieren und beschreiben können. Hier stellt sich die Frage, wie die Rezipienten dieses Wirkungspotential wahrnehmen und verarbeiten. "Empirisch gesichert ist, daß die Einschätzung erwachsener Experten nichts über die Wahrnehmung und Nutzung der Inhalte durch Kinder und Jugendliche aussagt" (Kunczik 1987, S. 22). Subjektive Wahrnehmung und Verarbeitung medialer Inhalte vor dem Hintergrund spezifischer Lebensumstände und Mediensozialisationen ist aber gerade entscheidend für die Qualität von Medieneffekten. Im Rahmen einer umfassenderen Analyse des Wirkungsprozesses sollte daher dringend untersucht werden, wie die Zuschauer Gewaltdarstellungen im TV wahrnehmen und beurteilen. Gunter und Wober (1988) präsentieren die Befunde von fast 20 Zuschauer-Surveys in Großbritannien, in denen sowohl nach generellen Einstellungen zu Fernsehgewalt als auch nach der Beurteilung von spezifischen Inhalten

(Genre, einzelne Sendungen) gefragt wurde. Insgesamt waren die britischen Zuschauer überwiegend der Meinung, daß im Fernsehen zuviel Gewalt gezeigt wird, obgleich sie über eventuelle negativen Folgen von Mediengewalt nur in mittlerem Ausmaß besorgt waren. Auffallend war der sog. "Third-Person-Effect": Während man durchaus negativen Einflüsse auf andere vermutete, hielt man sich selbst für dagegen immun.

Inhaltsanalysen zum Thema Gewaltdarstellungen im Fernsehen sind wichtige Bestandteile zur (wissenschaftlichen) Beantwortung einer komplexen Fragestellung nach der Wirkung medialer Aggressionsdarstellung. Sie können, regelmäßig durchgeführt, auch Aufschluß über qualitative und quantitative Veränderungen von Programmangeboten liefern (sofern die methodischen Voraussetzungen der Vergleichbarkeit gewährleistet sind). Isoliert betrachtet stellen sie aber noch keine hinreichende Grundlage für weiterführende Argumentationen oder gar lineare Kausalaussagen dar. Besonders energisch sollte dabei der Gefahr einer politischen und/oder interessengeleiteten Instrumentalisierung von inhaltsanalytischen Ergebnissen zu Gewaltdarstellungen im Fernsehen entgegengewirkt werden.

Literatur

Burdach, K. (1987): Psychophysik und Nachrichtenselektion: Medienforschung aus wahrnehmungspsychologischer Perspektive. In: Grewe-Partsch, M./Groebel, J. (Hg.): Mensch und Medien. Zum Stand von Wissenschaft und Praxis in nationaler und internationaler Perspektive. München, S. 79-94.

Cumberbatch, L. u.a. (1987): The portrayal of violence on British television. London.

Cumberbatch, L/Jones, I./Lee, M. (1988): Measuring violence on television. In: Current Psychology: Research and Reviews, 7, 1, S. 10-25.

Dale, E. (1935): The content of motion pictures. New York.

Galtung, J. (1975): Strukturelle Gewalt. Hamburg.

Gerbner, G. u.a. (1981): Die "angsterregende Welt" des Vielsehers. In: Fernsehen und Bildung 15, 1-3/81, S. 16-42.

Gerbner, G./Signorielli, N. (1990): Violence Profile 1967 through 1988-89: enduring patterns. University of Pennsylvania. Unveröffentlichtes Manuskript.

Grimm, J. (1993): Vom wahren Schrecken. Schockerlebnisse in der Mediengesellschaft. In: Medien Praktisch 17, 1/93, S. 22-27.

Groebel, J. (1986): Fernseh- und Videogewalt: Der aktuelle Forschungsstand. In: Unterrichtswissenschaft, 2, S. 154-162.

Groebel, J. (1988): Sozialisation durch Fernsehgewalt. Ergebnisse einer kulturvergleichenden Studie. In: Publizistik, 33, 2-3, S. 468-480.

Groebel, J./Gleich, U. (1993): Gewaltprofil des deutschen Fernsehprogramms. Eine Analyse des Angebots privater und öffentlich-rechtlicher Sender. Opladen.

Gunter, B./Wober, M. (1988): Violence on television. What the viewers think. London.

Haines, H. (1983): Violence on television. Auckland.

Halloran, J. D./Croll, P. (1972): Television programs in Great Britain: content and control. In: Comstock, G. A./Rubinstein, E. A. (Eds.): Television and social behavior. Washington.

Heinrichs, H. (1974): Kind und Mediengewalt. In: Silbermann, A. u.a. (Hg.): Aggression und Fernsehen. Gefährdet das Fernsehen die Kinder? Tübingen, S. 25-40.

Hirsch, P. M. (1981): Die "angsterregende Welt" des Nichtsehers und andere Unstimmigkeiten. In: Fernsehen und Bildung 15, 1-3/81, S. 43-64.

Iwao, S. u.a. (1981): Japanese and US media: some cross-cultural insights into TV violence. In: Journal of Communication, 31, S. 28-36.

Johnson, R. (1989): The reporting of violence in US-news. New York (Unpublished paper).

Jugendwerk der Deutschen Shell (1992) (Hg.): Jugend ′92. Lebenslagen, Orientierungen und Entwicklungsperspektiven im vereinigten Deutschland. Opladen.

Kepplinger, H. M./Dahlem, S. (1990): Medieninhalte und Gewaltanwendungen. In: Schwind, H.-D. u.a. (Hg.): Ursachen, Prävention und Kontrolle von Gewalt. Analysen und Vorschläge der Unabhängigen Regierungskommission zur Verhinderung und Bekämpfung von Gewalt (Gewaltkommission): Band III. Berlin, S. 383-390.

Krüger, U. M. (1985): "Soft news" - kommerzielle Alternative zum Nachrichtenangebot öffentlich-rechtlicher Rundfunkanstalten. Sat 1, RTL plus, ARD und ZDF im Vergleich. In: Media Perspektiven 6/85, S. 479-490.

Krüger, U. M. (1994): Gewalt in Informationssendungen und Reality TV. Quantitative und qualitative Unterschiede im öffentlich-rechtlichen und privaten Fernsehen. In: Media Perspektiven 2/94, S. 72-85.

Kübler, H.-D. (1993): Mediengewalt. Sozialer Ernstfall oder medienpolitischer Spielball? In: Medien Praktisch 17, 1/93 S. 4-9.

Kunczik, M. (1987): Gewalt und Medien. Köln.

Kunczik, M. (1988): Meßbare Wirkungen - Unermeßliche Folgen? In: Eisenhauer, H. R./Hübner, H.-W. (Hg.): Gewalt in der Welt - Gewalt im Fernsehen. Mainzer Tage der Fernsehkritik, Band XIX. Mainz, S. 73-90.

Kunczik, M. (1993): Gewaltdarstellungen - ein Thema seit der Antike. Zur Geschichte der Auseinandersetzung um Gewalt in den Medien. In: Media Perspektiven 3/93, S. 108-113.

Leims, T. (1993): Sensationsjournalismus, Sex und Gewalt im japanischen Fernsehen - Japanologische Anmerkungen zu einem aktuellen Thema. In: Communications 18, 3/93, S. 355-380.

Mc Cann, T./Sheehan, P. (1985): Violence content in Australian television. In: Australian Psychologist, 20, S. 33-42.

Merten, K. (1993): Darstellung von Gewalt im Fernsehen. Programmanalyse: 20. 3.-3. 4. 1993. Münster.

Morhart, K. (1993): Häppchen im Bauch. Die XII. Tutzinger Medientage. In: epd Kirche und Rundfunk Nr. 25 vom 3. April 1993.

Pratsch-Hucko, K. (1992): Politikvermittlung am Beispiel der Nachrichtensendungen. In: Konrad Adenauer Stiftung (Hg.): Wer erfüllt den Auftrag zur Grundversorgung? Medienpolitisches Werkheft 2. St. Augustin, S. 55-61.

Sassmann, E./Wille, S. (1991): Ein Nachrichtentag in Europa. Studie der Hörer- und Seherverttretung, Teil 1 und Teil 2. Wien.

Schneider, H. (1990): Was ist Gewalt? - Ergebnisse einer explorativen Studie. In: Monatsschrift für Kriminologie und Strafrechtsreform 73, 6, S. 399-404.

Schwind, H.-D. u.a. (1990): Ursachen, Prävention und Kontrolle von Gewalt. Analysen und Vorschläge der Unabhängigen Regierungskommission zur Verhinderung und Bekämpfung von Gewalt (Gewaltkommission): Band I. Berlin.

Selg, H./Mees, U./Berg, D. (1988): Psychologie der Aggressivität. Göttingen.

Silbermann, A. u.a. (1973): Brutalität im Fernsehen. Köln.

Statistisches Landesamt Rheinland-Pfalz (Hg.) (1993): Statistisches Jahrbuch für Rheinland-Pfalz 1992/93. Bad Ems.

Stein-Hilbers, M. (1977): Kriminalität im Fernsehen. Stuttgart.

Szegal, B.A. (1989): The reporting of aggression, violence and catastrophes in Hungarian, Czechoslovakian and Soviet TV news. Budapest.

Vitouch, P. (1992): Gewaltprofil des österreichischen Fernsehens. Wien.

Winter, R. (1992): Filmsoziologie. Eine Einführung in das Verhältnis von Film, Kultur und Gesellschaft. München.

Winterhoff-Spurk, P. (1994): Gewalt in Fernsehnachrichten. In: Jäckel, M./Winterhoff-Spurk, P. (Hg.): Politik und Medien. Analysen zur Entwicklung der politischen Kommunikation. Berlin, S. 55-70.

Zur Faszination von Action- und Horrorfilmen

Lothar Mikos

Die größte Gruppe der Kinobesucher sind Jugendliche und junge Erwachsene zwischen 14 und 29 Jahren. Sie machen zusammen 71 Prozent des Kinopublikums aus (vgl. Baacke/Schäfer/Vollbrecht 1994, S. 93). Gerade zahlreiche Filme des populären Kinos aus Hollywood sowie des amerikanischen Marktes der B- und C-Pictures sind explizit für diese Zielgruppe produziert, der zudem eine ökonomisch erfolgreiche Videoauswertung der Filme garantiert. Dabei gehören Action- und Horrorfilme zu den beliebten Genres vor allem von Kindern und Jugendlichen. Freddy Krueger, die Power Rangers oder Jason als Filmfiguren sowie Sylvester Stallone, Jean-Claude van Damme oder Arnold Schwarzenegger als Schauspieler sind die Stars der lieben Kleinen. Sie werden bewundert, und wenn sie auf dem Bildschirm oder der Leinwand auftauchen, versprechen sie Action und Horror erster Güte. Da weiß der jugendliche Zuschauer, was ihn erwartet: Kampfszenen, aufgeschlitzte Körper, wilde Verfolgungsjagden mit zahlreichen anschließend schrottreifen Autos und vieles mehr. Auch wissen die lieben Kleinen, was sie von ihren aus der Sicht der Erwachsenen vermeintlich brutalen Helden zu halten haben, wie der zehnjährige Dario:

> "Arnold Schwarzenegger, Rambo, Sonny Crockett aus *Miami Vice*, die Jungs, die was von Pistolen verstehen - sie drücken niemals einfach ab. Sie lassen stecken. Aber dann kommt ein Schwein, das sie herausfordert, und es macht: bumm! Und noch einmal bumm! Bumm! Bumm! Sie reißen die Pistolen hoch zur Schulter und auf Augenhöhe, schreien 'Abschaum! Stirb!' und sie drücken ab!" (Grefe 1994, S. 25).

Das zeigt, daß selbst vermeintlich brutale Gewaltszenen von den jungen Rezipienten im Rahmen eines für sie geltenden Norm- und Wertsystems interpretiert und verstanden werden. Diese Normen und Werte sind oft nicht mit denen von Pädagogen und Eltern, zu deren Leidwesen, vereinbar. Die Kids leben in einer eigenen Welt, die im wesentlichen von den sozialen Einflüssen der Gruppe Gleichaltriger, in der sie sich bewegen, sowie von den kulturellen Einflüssen der Medien der Populärkultur, die sie konsumieren, und erst in zweiter Instanz von Schule und Elternhaus geprägt sind.

Doch die hier genannten Filmfiguren und Schauspieler sind nur die bekannte Spitze eines Eisbergs, sie sind Bestandteil des in seinen Kampf-, Horror- und Gewaltszenen abgeschwächten Mainstreams. Daneben gibt es zahlreiche, vor allem Videofilme dieser Genres, die zwar keine ähnliche filmische Qualität aufzuweisen haben, die aber in ihren Effekten und Schockbildern den Jugendlichen mehr von dem zu bieten haben, was sie in der Rezeption derartiger Filme suchen: Angsterleben, verbunden mit komischen Effekten. Und mit diesen Erlebnissen bleiben die Jugendlichen nicht allein, denn gerade das Anschauen von Horrorvideos ist eine Gruppenaktivität. Zudem können viele Szenen aus den Filmen gerade von Kindern und Jugendlichen im Alltag mit Freunden nachgespielt werden, wenn denn nicht verschreckte Eltern oder Pädagogen dies unterbinden. Aber gerade im Spiel mit Freunden und Schulkameraden werden die Erlebnisse der Film- und Fernsehrezeption bearbeitet, und zwar vor dem Hintergrund eigener Befindlichkeiten (vgl. dazu auch Bachmair 1984; 1993a; 1993b).

Die Faszination von Action- und Horrorfilmen setzt sich aus einem komplexen Gefüge von Elementen zusammen, die auf vier Ebenen angesiedelt sind:

1. die textuelle Ebene,
2. die individuelle Ebene,
3. die soziale Ebene,
4. die gesellschaftliche Ebene.

Aus analytischen Gründen werden die Ebenen im folgenden getrennt behandelt. In der Praxis massenmedialer und populärkultureller Aktivitäten tauchen sie jedoch nicht isoliert auf, sondern sind auf vielfältige Weise miteinander verwoben. Die in einzelnen Abschnitten angeführten Beispiele lassen sich denn auch oft auf mehrere dieser Ebenen beziehen.

1 Die textuelle Ebene: Action und Spezialeffekte in möglichen Welten

Grundsätzlich gilt zunächst, daß kein Film für sich allein steht. Jeder Action- oder Horrorfilm ist im Rahmen der Filmgeschichte zu verorten und weist intertextuelle Bezüge zu anderen Filmen des gleichen Genres auf, ebenso wie zu anderen Filmen des jeweiligen Regisseurs oder der jeweiligen Schauspielerinnen und Schauspieler. Zugleich sind es gerade Action- und Horrorfilme, die nicht nur via Merchandising in Form zahlreicher Produkte wie T-Shirts, Baseball-Kappen, Postern, Computer- oder Videospielen, Flipperautomaten oder Spielzeug vermarktet werden, sondern die Bezüge zu entsprechenden Genres in anderen medialen Formen wie Comics, Heftchen-Literatur, Science-Fiction-Literatur, Rock- und Popmusik etc. aufweisen. Populäre Science-Fiction-Filme wie die "Alien"-Trilogie, "Blade Runner", die "Terminator"-Filme oder die "Star Trek"-Filme und die entsprechende Fernsehserie, die in Deutschland unter dem Namen "Raumschiff Enterprise" bekannt ist, müssen in diesem Sinn im Rahmen von fantastischer Literatur gesehen werden; die "Batman"- und "Superman"-Filme können nur im Zusammenhang mit den entsprechenden Comics gesehen werden, ebenso wie die "Asterix"- oder "Donald Duck"-Filme. Hier tut sich ein weites Feld intertextueller Bezüge im Rahmen der Populärkultur auf, das dem Publikum in der Regel auch weitgehend bekannt ist. Sich in diesen Bezügen auszukennen heißt, sich gemeinsam mit Freunden auf Spurensuche zu begeben und Gemeinsamkeiten entdecken, sowohl bei verschiedenen Texten in den Medien der Populärkultur als auch untereinander in Freundeskreis oder Schule.

Ein wesentliches Merkmal populärer Action- und Horrorfilme ist die Tendenz zur Serialisierung. Läuft so ein Film recht erfolgreich, zieht er einen zweiten nach sich. In der Regel liegen mindestens zwei bis drei Jahre zwischen einem ersten Teil und weiteren Teilen. So kehren "Batman", der "Terminator" oder auch das "Alien" zurück, Freddy Krueger sucht in den "Nightmare On Elm Street"-Filmen die Kinder und Jugendlichen seit inzwischen zehn Jahren in regelmäßigen Abständen in ihren Träumen heim, Jason ist in den "Friday 13th"-Filmen erst nach mehreren Folgen in die Hölle gefahren, die "Star Trek"-Crew hat schon diverse Kämpfe auf ihren Raumpatrouillen zu bestehen gehabt, und der "American Fighter" mußte bereits in mehreren Folgen aktiv werden. Neu ist dieses Phänomen nicht, von Anbeginn der Filmgeschichte hat es immer populäre Serials gegeben, zum Beispiel die Serien "Les Vampires" und "Fantomas" von Louis Feuillade im Frankreich der zehner Jahre dieses Jahrhunderts, die "Mister Moto"-Reihe Ende der dreißiger Jahre in den USA, die "James Bond"-Serie in Großbritannien seit den sechziger Jahren oder auch die zahlreichen "Edgar Wallace"-Filme in Deutschland in den sechziger Jahren, um nur einige wenige Beispiele zu nennen.

Die populären Action- und Horrorfilme faszinieren die Zuschauer vor allem auch durch vielfältige Spezialeffekte, in denen in die Trickkiste filmischer Möglichkeiten von der Maske bis hin zu Computeranimationen gegriffen wird. Mit jedem neuen Film werden neue Möglichkeiten ausgelotet. Zu Beginn der neunziger Jahre hat "Terminator 2 - Judgement Day" hier Maßstäbe gesetzt. Zum Zeitpunkt seiner Entstehung hob er die Spezialeffekte durch den exzessiven Einsatz des computeranimierten Morphing-Verfahrens auf ein qualitativ neues Niveau (vgl. Baker 1993, insbes. S. 40ff.; siehe auch Bordwell/Thompson 1993, S. 181; Thompson/Bordwell 1994, S. 704; Wasko 1994, S. 31). Zwei Jahre später wurde er allerdings von "Jurassic Park" übertroffen (vgl. dazu Mikos 1995a). Deshalb kann man "Terminator 2" auch, wie Frank Kessler es getan hat, als moderne Variante des sogenannten Attraktionskinos bezeichnen, denn:

> "Dem Kino der Attraktionen geht es nicht darum, den Zuschauer in den Sog der Erzählung hineinzuziehen, es funktioniert eher nach dem Prinzip der Zurschaustellung, [...]" (Kessler 1993, S. 121).

Dennoch gibt es in Filmen wie "Terminator 2", "Alien", "Freddy Krueger's Nightmare On Elm Street" und anderen auch eine Erzählung, die allerdings oft darauf angelegt ist, den Einsatz der Spezialeffekte zu unterstützen, die es gilt, spektakulär ins Bild zu setzen. Diese Effekte wecken die technische und filmische Neugier des insbesondere jugendlichen Publikums und werden so zum Gesprächsstoff.

Diese Filme könnten jedoch nicht derart faszinieren, wenn sie die Zuschauer nicht auch während der Rezeption - also der 90 oder 120 Minuten, die sie auf der Leinwand im Kino oder auf dem Bildschirm des Fernsehers zu sehen sind, in ihren Bann ziehen würden. Dazu bedienen sie sich zahlreicher textueller Strategien. Auf einer rein formalen Ebene sind Action- und Horrorfilme auf der Bildebene von großer Dynamik (häufig Bewegung im Bild - z.B. Verfolgungsjagden oder Kampfszenen, zeitlich kurze Einstellungen, viele Schnitte, häufige Verwendung von Parallelmontagen etc.), von Intensität (Schockbilder, Einsatz zahlreicher Formen von Spezialeffekten etc.) und von in der Regel lautstarker Unterstützung der

Bildebene auf der Tonebene durch Akzentuierung von Originaltönen (lautes Zuschlagen von Haus- oder Autotüren, Reifenquietschen, Maschinengeräusche etc.) sowie zusätzlichem Einsatz von Musik (teilweise bekannte Pop- und Rocksongs, teilweise eigens zur Unterstützung der Bilderzählung komponierte Musik) gekennzeichnet. Auf dieser formalen Ebene tragen sie zu einer starken physiologischen Erregung der Zuschauer bei. In Kombination mit den inhaltlichen Elementen der Filmerzählungen regen sie das Publikum zu psychischen Aktivitäten an, zu kognitiven über Informatiosverarbeitungs- und Verstehensprozesse sowie den Aufbau von Erwartungen und zu emotionalen über Identifikationsprozesse und den Aufbau von Situationen, die mit un- und vorbewußten Erlebnisweisen der Zuschauer korrespondieren.

Die Erzählungen der Filme verweisen auf den Alltag des Publikums. Das liegt daran, daß Erzähltexte grundsätzlich die Eigenschaft haben, Modelle von Wirklichkeit aufzubauen (vgl. Wulff 1985, S. 13).

> "Sie bilden keine Wirklichkeiten ab, sondern sie konstruieren Realitäten. Manche dieser 'Modell-Welten' haben gewisse Ähnlichkeiten mit der Alltagswirklichkeit eines Zuschauers; andere dagegen entwerfen eine ganz 'unreale Realität' - im Weltraum, in Troja und Dallas oder auch in der Zukunft oder in der Steinzeit. Was wichtig ist, ist die Tatsache, daß der Zuschauer auch diese Texte verstehen kann, obwohl sie - oberflächlich betrachtet - mit seiner Alltagsrealität nichts zu tun haben. Das hängt mit der Fähigkeit der Texte zusammen, Entwürfe von Wirklichkeit aufzubauen. Sie nehmen dadurch Bezug zum Wissen des Rezipienten, daß sie auf abstraktere Schichten des Wissens aufbauen als der blanken Kenntnis von 'normalem' Alltag: Sie nutzen die Fähigkeit des Zuschauers, sich einen möglichen Alltag auszumalen" (ebd.).

Und dieser mögliche Alltag kann die Grenzen des "normalen" Alltags außer Kraft setzen. Damit wird es unter anderem für die Zuschauer möglich, von den Grenzen ihrer Alltagsrealität entledigt, neue Verhaltensmuster und Handlungsweisen während der Rezeption in der Phantasie zu erproben. Eines der zentralen Themen in den Action- und Horrorfilmen ist dabei die Auslotung der Grenzen von legitimer und illegitimer Gewalt.

Im Rahmen des Sozialisationsprozesses ist es für die Individuen wichtig, die Grenzen zwischen verbotener und in bestimmten Situationen gestatteter Gewalt zu erlernen. In der lebensweltlichen, kulturellen Praxis wird dieses Wissen dann reproduziert und ist in den sozialen Interaktionsverhältnissen einem dynamischen Prozeß unterworfen, in dem diese Grenzen ausgehandelt werden. Damit unterliegen sie sowohl für die einzelnen Individuen als auch für die Gesellschaft insgesamt historischen Veränderungen. Die Individuen erwerben also ein Wissen von erlaubter und nicht-erlaubter Gewalt, das Bestandteil des lebensweltlichen Wissenshorizontes ist. Dieses Wissen wird ihnen von verschiedenen Sozialisationsinstanzen beigebracht, dazu gehören natürlich auch die Medien und die in ihnen vorkommenden Erzählungen von Gewalt und Horror.

In den Action- und Horrorfilmen, die von gewalttätigen Interaktionen handeln, geht es also um Konventionen und Regeln, um Recht und Tabu, um legitimierte und nicht-legitimierte Gewalt. Thema ist die Aushandlung der Gewaltgrenzen, des

Erlaubten und Nicht-Mehr-Erlaubten. Ausgangspunkt der meisten Erzählungen ist denn auch der friedliche Alltag, der im folgenden in Gefahr gerät. Die Sicherheit der Individuen oder Protagonistengruppen ist nicht mehr gewährleistet. In dieser Phase kommt das eigentliche Thema der Gewalterzählungen zum Tragen: es geht, wie Wulff (ebd., S. 11) deutlich gemacht hat, "um die konventionellen Sicherungen, die den Gang des Alltags, den Besitzstand des Alltags definieren". Es geht um Situationen, in denen die Individuen oder Gruppen, deren Alltag bedroht ist, die allgemeinen Regeln der Gewaltanwendung im Alltag durchbrechen. Am Ende der Erzählung ist die Ausnahmesituation beendet, der Alltag wieder hergestellt - das gilt selbst dann, wenn das Ende des Films offen läßt, ob das Böse noch in der Welt ist oder nicht; das Wissen um das Vorhandensein des Bösen in der Welt kann schließlich Bestandteil des lebensweltlichen Wissens sein, ohne daß es den Alltag akut gefährden würde. Die Erzählungen der Gewalt können als symbolische Aushandlungsprozesse der Bedingungen angesehen werden, unter denen die normativen Regelungen der alltäglichen Gewaltanwendung außer Kraft gesetzt werden können und dürfen. Da Erzählungen - egal in welchem Medium - immer Modelle von Wirklichkeit aufbauen, indem sie Bezug auf das Wissen ihrer Nutzer nehmen, erlauben sie in der von ihnen konstruierten Realität ein Probehandeln in einer für die Nutzer möglichen Welt. In diesem Sinn wird Gewalt in den Film- und Fernsehtexten erst in jener Symbolik und jenen Texten deutlich, die die Zuschauer aufgrund ihrer biographischen wie aktuell geprägten Sozialisationsbedingungen als Gewalt wahrnehmen und interpretieren (vgl. auch Rogge 1993a, S. 16). Gewalttätige Interaktionen in den medialen Texten erhalten ihre Bedeutung also erst über die subjektiven Deutungsmuster, die in der Rezeption und Aneignung eine Rolle spielen.

Gewalt hat symbolische Qualitäten und ist immer mit dem Wissen von Gewalt verbunden, das sich auf Instrumente und Formen der Gewalt, auf mit Gewalt verbundene Affekte und Emotionen, auf Wirkungen von Gewaltanwendung, auf Muster der Gewaltentstehung sowie auf Modelle der Eskalation von Gewalt bezieht (vgl. Wulff 1985, S. 15ff.). Im Rahmen prototypischer, erzählter Situationen ist die Gewalt meist begründet. Unbegründete, demonstrative Gewalt fällt zwar auf, tritt aber trotz allem nur im Rahmen des Erzählkontextes auf, denn nur hier kann sie auch ihre demonstrativen Qualitäten entfalten. Schockbilder aller Art von zerfetzten Körpern, blutigen Schädeln, abgetrennten Gliedmaßen, herausquellenden Gedärmen oder zerschossenen Köpfen etc. entfalten ihr bildlich symbolisches Potential als Text nur in den situativen szenischen Arrangements, die im Rahmen des gesamten Erzählkontextes sowie im Zusammenhang mit den dadurch aufgebauten Wissensstrukturen und emotionalen Befindlichkeiten der Rezipienten stehen. Die "Schock-Bilder", die Aufmerksamkeit binden und denen häufig ein Sonderstatus als Traum, Halluzination etc. zugewiesen wird, lassen im Rahmen der weiteren Erzählung Gewalt erwarten (vgl. ebd., S. 55ff. sowie Vogelgesang 1991, S. 199ff.). Das gilt auch für Filme wie "Wild at Heart", in denen die ästhetische Gestaltung von gewalttätigen Interaktionen am Beginn der Handlung steht. Damit wird einerseits ein Möglichkeitsraum für die folgende Erzählung geschaffen, der weitere Gewalthandlungen erwarten läßt, andererseits schafft die Ästhetisierung der Gewalt auch eine distanziertere Haltung beim Zuschauer, weil sie auf dessen Fiktionsbewußtsein anspielt.

Die prototypischen Situationen der Gewalterzählungen lassen sich im wesentlichen auf zwei reduzieren: Eine Gruppe wird bedroht und kann nur überleben, wenn sie sich mit Gewalt zur Wehr setzt; oder ein Individuum hat lange unter Gewaltanwendung gelitten, bevor es selbst gewalttätig reagiert. Die Bedrohung der Gruppe kann sich sowohl auf Kleingruppen beziehen, z.B. Schüler in einem Feriencamp, Bewohner eines Apartmenthauses, Familien schlechthin - diese Muster finden sich in zahlreichen Psychothrillern oder Horrorfilmen wie "Evil Dead" ("Tanz der Teufel"), "Sliver", "Jurassic Park", "Cape Fear" ("Kap der Angst") oder die "Nightmare on Elm Street"-Filme; die Bedrohung der Gruppe kann sich aber auch auf die Gesellschaft insgesamt beziehen, die von kriminellen Machenschaften kleiner Gangster, der organisierten Kriminalität oder psychopathischer Einzeltäter gefährdet ist - in dieses Erzählmuster gehören die Polizei- und Detektivfilme und -serien wie z.B. "Miami Vice", "French Connection" sowie zahlreiche Mafia-Filme oder auch die Fernsehfilme der "Tatort"-Reihe. Es sind diese Situationen gewalttätiger Interaktionen, die in der Erzählung die Zuschauer an die Filme binden, weil sie die Erwartung von Gewalt ebenso nähren wie die Wiederherstellung der friedlichen und friedfertigen Idylle des Alltags, in der Gewalt aus den Gruppeninteraktionen verbannt zu sein scheint.

Die Faszination der Action- und Horrorfilme gründet auf der formalen Ebene in einer starken physiologischen Beanspruchung der Zuschauer, die im sonstigen Alltag häufig in dieser Intensität nicht mehr vorkommt, sowie auf der inhaltlichen Ebene unterstützt von dramaturgischen Strategien in der starken kognitiven und emotionalen Beanspruchung der Zuschauer, indem mit ihrem Wissen und ihren Erfahrungen im Aufbau möglicher Welten gespielt wird. Diese textuellen Strategien binden die Zuschauer während der Dauer der Rezeption an das Geschehen auf der Leinwand oder dem Bildschirm. Zugleich strukturieren sie die Rezeption und Aneignung der Filme auf der individuellen und sozialen Ebene.

2 Die individuelle Ebene: Zwischen Angsterleben und Bearbeitung von Identitätsthemen

Auf der individuellen Ebene geht es um Erlebnisqualitäten der Action- und Horrorfilme, die sie für ihr meist jugendliches Publikum haben. Mit individuell ist hier gemeint, daß einzelne Zuschauer in der Rezeption von Filmen je unterschiedliche spezifische Erlebnise haben und Erfahrungen sammeln, die für sie selbst einzigartig sind. Doch trotz aller Einzigartigkeit der Erlebnisse gibt es keine rein individuelle Film- oder Videorezeption, denn da alle Zuschauer ähnliche entwicklungspsychologische Stadien durchmachen, und das in der Regel im Rahmen einer bestimmten Gesellschaft und eines spezifischen kulturellen Kontextes, und außerdem Sozialisationsinstanzen wie Elternhaus, Schule etc. durchlaufen, sind alle für das Individuum einzigartigen Rezeptionserlebnisse und -erfahrungen sozial vermittelt. Individuelle Rezeptionen von Action- und Horrorfilmen sind so Bestandteil der allgemeinen Interaktionsverhältnisse und symbolischen Kommunikationspraxis, in die die Zuschauer eingebunden sind.

2.1 Angstlust als Erlebnisqualität

Ein wesentliches Element der Faszination von Action- und Horrorfilmen auf der individuellen Ebene ist das Erleben von Angstlust oder "thrill" (vgl. auch Mikos 1995c). Der Psychoanalytiker Michael Balint (o.J.) hat das Phänomen am Beispiel von Jahrmarktsvergnügungen wie Schiffschaukeln, Karussells und Achterbahnen beschrieben. Bei Vergnügungen dieser Art wird eine bestimmte Form der Angst geweckt, die nach Balint durch Verlust des Gleichgewichts, der Standfestigkeit, des zuverlässigen Kontakts mit der sicheren Erde bestimmt ist. Drei Merkmale lassen sich dabei beobachten:

> "a) ein gewisser Betrag an bewußter Angst, oder doch das Bewußtsein einer wirklichen äußeren Gefahr; b) der Umstand, daß man sich willentlich und absichtlich dieser äußeren Gefahr und der durch sie ausgelösten Furcht aussetzt; c) die Tatsache, daß man in der mehr oder weniger zuversichtlichen Hoffnung, die Furcht werde durchgestanden und beherrscht werden können und die Gefahr werde vorübergehen, darauf vertraut, daß man bald wieder unverletzt zur sicheren Geborgenheit werde zurückkehren dürfen. Diese Mischung von Furcht, Wonne und zuversichtlicher Hoffnung angesichts einer äußeren Gefahr ist das Grundelement aller Angstlust (thrill)" (ebd., S. 20f.).

Das Erleben von Angstlust ist nach Balint jedoch nicht nur in einer direkten angstauslösenden Situation möglich, sondern auch in der Beobachtung einer solchen Situation. Damit ist Angsterleben also auch in der Film- und Videorezeption möglich. Die Textmerkmale von Action- und Horrorfilmen enthalten alle Elemente, die für "thrills" bedeutsam sind. Das bezieht sich sowohl auf die mediale Konstellation als Vertrauensverhältnis, auf den "viewing contract" (Giles) zwischen Film und Zuschauer, als auch auf die inhaltlichen und dramaturgischen Aspekte der Filmerzählungen. Es sei noch einmal an die wesentlichen Elemente von Angstlust erinnert: eine bestimmte Angst, die durch Kontrollverlust bestimmt ist; das Bewußtsein einer äußeren Gefahr; das bewußte sich dieser Gefahr und der damit verbundenen Angst Aussetzen; die Hoffnung, bald wieder zur sicheren Geborgenheit zurückkehren zu können; die Möglichkeit, Angstlust durch Teilnahme wie durch Beobachtung zu genießen. Zweifelsohne ist eine reale äußere Gefahr beim Anschauen von Filmen nicht vorhanden, sondern nur eine fiktive in der Erzählung. Wulff (1994b, S. 22) stellt denn auch fest, daß Spannungsdramaturgie oft die "Dramaturgie der Gefahr" sei. Die apparative Anordnung von Kino und Film ermöglicht es, daß das Gefühl der sicheren Geborgenheit größer ist als bei der Teilnahme an einem realen gefahrvollen Geschehen. Da im Sinne Balints keine Gefahr für das eigene Leben besteht, wird der "thrill" zur "positiven Erlebnisform" (Klippel 1990, S. 85). Kino und Videorezeption im Fernsehen liefern bereits durch ihre apparative Anordnung eine Grundvoraussetzung von "thrill"-

Erlebnissen, die Sicherheit der Situation für die Zuschauer; denn was immer auch auf der Leinwand oder dem Bildschirm geschieht, es bleibt für die Zuschauer in deren realem Leben weitgehend folgenlos - abgesehen natürlich von symbolischen Aspekten der Aneignung wie z.B. der Aushandlung von Rollenmustern im Alltag auf der Basis von im Film gesehenen Rollenmustern. Die Zuschauer können nur beobachtend, aber nicht direkt an dem Geschehen teilnehmen - und sie tun dies in der großen Mehrzahl der Fälle freiwillig und absichtlich, sie werden nicht dazu gezwungen.

Die Besonderheit des medialen Kommunikationsverhältnisses, das durch Teilnahme via Beobachtung konstituiert ist, schafft somit einen Rahmen für Angstlust-Erlebnisse, denen sich die Zuschauer bewußt und absichtsvoll zuwenden können. Allerdings ist allein durch diesen Rahmen noch nicht die Möglichkeit von Kontrollverlust gegeben, denn dann müßten seine Bedingungen unsicher sein. Es besteht jedoch für die Zuschauer die absolute Gewißheit, daß die Fiktionalität der Gefahr im Kino oder vor dem Bildschirm erhalten bleibt, eine fiktive nicht zu einer realen Gefahr wird - auch wenn es wie in "The Purple Rose of Cairo" oder "Last Action Hero" immer wieder Thema in Filmen selbst ist, daß Leinwandhelden ins reale Leben hinabsteigen. Allerdings ist der Film mit dem Realitätseindruck, den er vermittelt, bestrebt, eine realistische Illusion von Gefahr zu schaffen. Diese Illusion ist Bestandteil der kommunikativen Konstellation zwischen Film und Zuschauer, denn Filme vermitteln lediglich einen Realitätseindruck, den die Zuschauer im Rahmen einer ästhetischen Einstellung als das "als ob" einer Realität erkennen. Das Spiel der Filme mit dem Wissen der Zuschauer führt zur Konstitution dieser möglichen Welten. Die Zuschauer sind so in das Geschehen auf der Leinwand oder dem Bildschirm involviert, daß sie es als quasi-real erleben. Aufgrund dieses Aspekts der kommunikativen, medialen Konstellation zwischen Film bzw. Fernsehen und Zuschauer ist das Erleben von Angstlust möglich, da die Situation "Zuschauer eines Films zu sein" von den Zuschauern auch als solche gewußt wird und Bestandteil der Rezeptionsaktivitäten ist. Die Filmerzählungen bleiben in einem physischen Sinn für ihr weiteres Leben folgenlos.

Im Verlauf der Filmgeschichte haben sich zahlreiche Genres herausgebildet, die Angsterleben möglich machen: Gangster-, Detektiv- und Polizeifilm, Psycho- und Spionagethriller, Western, Action- und Science-Fiction-Filme, Road Movies, Horror- und Splatterfilme etc.. Sie alle versprechen das Erlebnis "thrill" in unterschiedlicher Weise, entsprechend den bekannten Genrekonventionen. Sie geben damit eine Art Gebrauchswertversprechen für das Publikum, das zur Rezeption motiviert. Das Filmerleben selbst ermöglicht im Rahmen der Genrekonventionen, auf die die Zuschauer vertrauen können, ein *kontrolliertes Erleben von Angstlust*. Der "viewing contract" zwischen Film und Publikum erlaubt dieses kontrollierte Erleben von Angstlust, indem mit der Sicherheit und der Kontrolle des Publikums gespielt wird. Die Zuschauer lassen sich gewissermaßen auf ein Spiel mit Emotionen wie Angst, Furcht, Schrecken, Ekel, Horror etc. ein, weil sie wissen, daß der "viewing contract" nicht gebrochen und die Genrekonventionen eingehalten werden.

> "By the terms of the viewing contract, desire will be engaged, then domesticated by the textual strategies; fear will be aroused, then controlled" (Giles 1984, S. 39).

Angst wird dabei umso lustvoller erlebt, je mehr der Film mit seinen textuellen Strategien die Zuschauer an den Rand des Kontrollverlustes bringt, also anscheinend den "viewing contract" auflöst, um die Zuschauer mit ihrer Angst allein zu lassen, befreit von den Konventionen des Genres. Aber das gehört zum Spiel und ist selbst Bestandteil des "viewing contracts". Die textuellen Strategien der Action- und Horrorfilme spielen mit der Möglichkeit des Kontrollverlustes für die Zuschauer auf zweierlei Weise: Einerseits werden die Genrekonventionen bis an die Grenzen ausgelotet, andererseits ist thematisch sowohl hinsichtlich der Aushandlung der Grenzen von legitimier und illegitimer Gewalt als auch im Einbruch des Schreckens oder Horrors in einen Alltag, der als idyllisch oder "normal" gekennzeichnet ist, ein Spiel mit dem Verlust von Sicherheit im Alltäglichen verbunden. Das wird in zahlreichen Filmen noch gesteigert, wie z.B. in Filmen der "Freddy Krueger - A Nightmare on Elm Street"-Reihe, in denen der mordende Held nur in den Träumen der Protagonisten auftritt, als eine Art Gespenst oder Schreckgestalt, die die Grenzen zwischen Wirklichkeit und Traum verwischt und damit einen Möglichkeitsraum schafft, in dem Rationalität von Irrationalität dominiert wird (vgl. Rathgeb 1991, S. 40ff.). Filme wie "A Nightmare on Elm Street" oder "Halloween" spielen mit einer psychologischen Orientierungslosigkeit, die den Alpträumen einen gleichberechtigten Status neben der Wirklichkeit zuweist, ein Grundmuster vieler Horrorfilme, das auf alte Gespenstergeschichten zurückgeht. In den Actionfilmen, die an Science-Fiction orientierte Geschichten erzählen, wird diese Variante insofern "modernisiert", als sich die Geschichte selbst auf verschiedenen Realitätsebenen bewegt, in denen die Helden auftauchen. Dabei spielt einerseits das Phänomen der Zeitreise eine Rolle, wie in den "Terminator"-Filmen, in denen Personen bzw. Terminatoren aus der Zukunft zurückgeschickt wurden, um den Lauf der Dinge auf der Erde in der "Jetztzeit" zu verändern. Andererseits wird mit der Möglichkeit paralleler Universen gespielt, in denen sich ein Held hin- und herbewegen kann wie in "Total Recall - Die Totale Erinnerung" und der "Star Trek"-Reihe, oder mit der Möglichkeit computerkreierter Welten eines Cyberspace, in denen sich die Helden bewegen können wie in der "Tek War"-Reihe. In all diesen Filmen wird mit der Möglichkeit des Kontrollverlustes gespielt, dem Verlust der Sicherheit auf dem vertrauten Boden der Erde, den nicht nur die Heldinnen und Helden in den Filmen, sondern auch die Zuschauer in der Rezeption angstvoll erleben können.

Während Fans bestimmter Genres gelernt haben, sich auf die Konventionen zu verlassen, sind Neueinsteiger noch unsicher. Horrorfans verlassen sich weitgehend auf die Konventionen der Erzeugung von Angst und Horror und haben außerdem personale Strategien der Angstvermeidung oder Angstlust entwickelt. Auf dieser Basis ist für sie ein lustvolles Erleben von Horrorfilmen möglich. Wer zum ersten Mal einen Horrorfilm sieht, ist sich der Kontrolle durch die Genrekonventionen nicht sicher und hat auch noch keine personalen Strategien des Umgangs mit Angst entwickelt. Die Rezeption eines Horrorfilms wird für den Neuling dann oft genug zum tatsächlichen Horror, weil er sich noch nicht auf den "viewing contract" und die in ihm möglichen Formen des Angsterlebens verlassen kann. Eckert u.a. (1991, S. 65ff.) unterscheiden denn auch zwischen "Fremden, Touristen, Horror-Buffs und Freaks" als vier Intensitätsstadien der Zuwendung zu Horrorfilmen beim vorwiegend jugendlichen Publikum.

Die Genrekonventionen garantieren im Rahmen des "viewing contract" eine Hoffnung auf ein konventionelles, positives Ende der Geschichte, während die textuellen Strategien das Angsterleben unter anderem dadurch induzieren, daß sie diese Garantie immer wieder partiell in Frage stellen. Zugleich ist mit den Genrekonventionen und ihren Gebrauchswertversprechen zusätzlich zur apparativen Struktur für die Zuschauer ein doppelter Rahmen gegeben, innerhalb dessen sie sich auf das Spiel mit dem Kontrollverlust einlassen können, um den "thrill" zu genießen. Der Reiz der Genres besteht gerade in diesem Wechselspiel von Sicherheit und Unsicherheit, Kontrolle und Kontrollverlust, das ein lustvolles Erleben von Angst und Schrecken, Horror und Ekel ermöglicht. Das Gebrauchswertversprechen der Genrefilme bezieht sich jedoch nicht nur auf ihre textuelle Struktur und ihre konventionellen Erzählformen, sondern auch auf das Erlebnis schlechthin, das mit ihrer Rezeption verbunden ist. Ein Genrefilm verspricht den Zuschauern ähnliche Erlebnisse und Erfahrungen, die sie bereits beim Anschauen anderer Filme des gleichen Genres gehabt haben. In diesem Sinn versprechen Action- und Horrorfilme eine Rezeption, in der das lustvolle Erleben von Angst möglich ist.

2.2 Auseinandersetzung mit Identitätsthemen

Ein weiteres Element der Faszination von Action- und Horrorfilmen auf der individuellen Ebene ist die Bearbeitung von Identitätsthemen der meist jugendlichen Zuschauer in den Filmen. Dem liegt die Auffassung zugrunde, daß sich Zuschauer selektiv mit den Erzählungen der Filme auseinandersetzen, und zwar nach Maßgabe ihrer handlungsleitenden Themen, die auch ihr alltägliches Leben beherrschen (vgl. dazu Bachmair 1979). Solche Themen können aus psychologischen und sozialen Entwicklungsstadien (Pubertät, körperliche Reife etc.), sozialen Konstellationen (Familienverhältnisse, Schule, Peer-Group, Beruf etc.) oder kritischen Lebensereignissen (Krankheit, Scheidung, Tod, Beziehungs- und Ehekrisen etc.) bestehen. Die Zuschauer setzen sich also auf der Basis ihrer alltäglichen Erfahrungen "thematisch voreingenommen" (Charlton/Neumann-Braun 1992, S. 85) mit den Filmen auseinander. Auch die populären Action- und Horrorfilme beziehen sich auf alltägliche Erfahrungen der meist jugendlichen Zuschauer, die diese im Rezeptionsprozeß an sie herantragen. In diesen Erfahrungen sind gerade bei Kindern und Jugendlichen spezifische Aspekte der Persönlichkeitsentwicklung, die mit entwicklungssoziologischen und -psychologischen Stadien korrespondieren, gebunden.

In diesem Sinn können die Erzählungen der Action- und Horrorfilme auch die handlungsleitenden Themen der Jugendlichen repräsentieren. Daher ist die Vorliebe für solche Filme nicht ungewöhnlich:

> "Kinder und Jugendliche haben eine innere Nähe zu grotesken Gewaltdarstellungen, weil sie damit Unverständliches, Bedrohliches und Ängstigendes ausdrücken und auseinanderhalten" (Bachmair 1993a, S. 116).

Diffuse Gefühle von Verlassensein, Minderwertigkeitsgefühle, Allmachtphantasien etc. erhalten in den Action- und Horrorfilmen einen narrativen Rahmen und werden visuell repräsentiert. Man kann daher solche Filme auch als symbolische Objektivationen der Befindlichkeiten von Kindern und Jugendlichen im Rahmen ihrer Persönlichkeitsentwicklung lesen. Insbesondere Horrorfilme erzählen häufig von zerrütteten Familienverhältnissen (vgl. Herlt 1994, S. 43) und verweisen damit nicht unbedingt auf ebensolche Familienverhältnisse im Alltag der jugendlichen Zuschauer, sondern sind symbolischer Ausdruck von Auseinandersetzungen und Streit in Familien, sowohl zwischen den Eltern selbst, als vor allem auch zwischen Eltern und Kindern. Es geht also nicht darum, daß die Familienverhältnisse objektiv zerrüttet sind, sondern darum, daß sie es aus der Sicht der Kinder und Jugendlichen sind.

In den "A Nightmare on Elm Street"-Filmen ist es gar explizit so, daß die Kinder aus der Elm Street für die Sünden der Eltern büßen müssen. Denn den realen Freddy Krueger hatten die Eltern einst als Kindermörder gelyncht und bei lebendigem Leib verbrannt. Nun kehrt er in den Träumen der Teenager wieder, um dort seinen Rachefeldzug anzutreten und die Teenager reihenweise zu töten. Die Heldin Nancy lebt in solch zerrütteten Verhältnissen. Die Eltern sind geschieden, die Mutter ist dem Alkohol verfallen, und der Vater hat als Polizist weder Lust noch Zeit, sich um seine Tochter zu kümmern. Diese Situation wird noch verschärft, als alle Eltern in der Elm Street vor ihren Kindern etwas zu verbergen haben, die Lynchjustiz an Freddy. Die Kinder sind also mit ihren Problemen und deren Lösung auf sich selbst zurückgeworfen, von den Erwachsenen können sie keine Hilfe erwarten. Um dieses komplexe Gefüge geht es in vielen Action- und Horrorfilmen, die damit zentralen Problematiken der Persönlichkeitsentwicklung in der Pubertät symbolisch Ausdruck verleihen. Und die jugendlichen Zuschauer finden sich mit ihren Problemen dann in diesen Filmen wieder.

Eines der wesentlichen psychologischen Merkmale in der Pubertät ist der von Freud (1982) beschriebene "Familienroman", eine Phantasietätigkeit, die "weit über die Pubertät hinaus fortgesetzt wird" (ebd., S. 224). Der Familienroman ist bedeutsam für den Ablösungsprozeß von der Familie, denn in ihm wird aus der Unzufriedenheit mit den realen Familienverhältnissen - damit ist kein individuelles Schicksal gemeint, sondern ein strukturelles Merkmal der Persönlichkeitsentwicklung - heraus von einer anderen, besseren Familie phantasiert. Dort sind die Mütter nicht mehr nur umsorgend, sondern dürfen auch ungestraft als Frau und Sexualobjekt wahrgenommen werden, dort sind die Väter noch wahre Helden, die nicht nur mit Kopfschmerzen von der Arbeit nach Hause kommen etc.. Der Familienroman ist eine "Art Probedenken, ein Experiment" (Erdheim 1983, S. 337). In ihm werden mögliche künftige Lebensformen entworfen, die die als unbefriedigend erlebte Alltagsrealität überwinden und "sich nicht unbedingt mit den von den Eltern vorgelebten decken" (ebd., S. 338). Aus einem im wesentlichen von den Eltern geprägten Individuum wird ein "von der Kultur geformtes Individuum" (ebd.). Die Jugendlichen entwickeln Lebensgeschichten, die sich von den eigenen Eltern und deren Lebensformen abgrenzen. Als mögliche Lebensentwürfe bieten sich natürlich die Interaktionsmuster in medialen Erzählungen an, nicht nur in Filmen, sondern auch in Comics oder der sogenannten hohen Literatur. Die grundlegende Eigenschaft von Erzählungen, Modelle von Wirklichkeit und damit mögliche Welten aufzubauen, die aber einen Bezug zum Wissen der Leser, Zuhörer oder Zuschauer haben und ohne diesen nicht denkbar sind, trifft so auf eine entwicklungspsychologisch bedingte Disposition bei den jugendlichen Zuschauern. Während der Rezeption ist dann in der Phantasie ein Probehandeln möglich.

Die populären Action- und Horrorfilme thematisieren unter anderem den über den Familienroman und die damit verbundenen Lebensentwürfe vermittelten Prozeß der Ablösung der Jugendlichen vom Elternhaus, oder anders ausgedrückt: ihren Weg in die Selbständigkeit und eigenverantwortliches Handeln. Dabei wird in den Erzählungen aber immer wieder die Solidarität der Gleichaltrigen oder die Solidarität in einer bedrohten Gruppe betont. Zugleich werden ödipale Triebimpulse, primärnarzißtische Wünsche sowie Größen- und Allmachtphantasien aufgegriffen. So schreibt König über "Terminator 2 - Judgement Day",

> "[...] da der Film von einem Jungen erzählt, der dadurch imponiert, daß er mit dem Terminator über einen Superhelden verfügt, der ihn vor allen Gefahren schützt und ihm hilft, andere Menschen zu retten, greift er auch die ödipalen Triebimpulse heranwachsender Kinder und Jugendlicher auf" (König 1994c, S. 52).

Doch das Verhältnis des zehnjährigen John Connor zu seinem Terminator ist erheblich komplexer strukturiert. Der Terminator, gespielt von Arnold Schwarzenegger, ist nicht nur sein Freund, sondern aus der Sicht seiner Mutter Sarah Connor auch eine Art Ersatzvater, der offenbar besser mit John umgeht, als es alle bisherigen menschlichen Männer in Sarahs Leben es je getan haben.

Zwar ist Sarah Connor die Erzählerin der Geschichte in "Terminator 2 - Judgement Day", aber die eigentliche Hauptfigur ist eben ihr zehnjähriger Sohn John, der sich als Retter der Menschheit bewähren muß. Eine Szene aus dem Film mag das verdeutlichen. Sarah hatte sich in der Kluft einer Ninja-Kämpferin schwerbewaffnet auf den Weg gemacht, den schwarzen Computerexperten Dyson, der an einem Programm mitarbeitet, das später die Vernichtung der Menschheit herbeiführen wird, zu töten. Sie zerschießt sein Arbeitszimmer und verletzt auch ihn, doch den letzten Schritt, ihn zu erschießen, tut sie nicht. In dieser Situation tauchen ihr Sohn John und der Terminator auf. John kann seine Rolle als Menschheitsretter nur ausfüllen, wenn er im Film die menschlichen Prinzipien und Eigenschaften schlechthin verteidigen muß - und dazu gehören auch die ethisch-moralischen Imperative christlicher Erziehung. Als er zusammen mit dem Terminator bei Dyson auftaucht, fragt Sarah: "You came here to stop me?" (Cameron/Wisher 1991, S. 173), und John schließt sie zustimmend in seine Arme. Sie muß damit von John die gleiche Lektion lernen, die bereits zuvor der Terminator lernen mußte, als John ihn zurechtwies "You can't just go around killing people!" (ebd., S. 82). Der zehnjährige John zeigt sich hier als Lehrer, der sowohl seine Mutter, als auch den T-800-Terminator in einem zutiefst humanen Sinn erzieht. Einerseits haben wir es hier mit einer Umkehrung von Statuspositionen und Rollen zu tun (wie sie ja auch in rituellen, karnevalesken Praktiken üblich ist), indem der eigentlich Lernende zum Lehrer wird, während die eigentlich Lehrenden zu Lernenden werden. Damit stellt John in diesem Funktionszusammenhang der Erzählung von "Terminator 2" natürlich eine Identifikationsfigur und Projektionsfläche für das jugendliche Publikum dar. Ähnliche Strukturen finden sich in den "A Nightmare on Elm Street"-Filmen und anderen Horrorfilmen.

Allerdings ist thematische Voreingenommenheit im Sinne lebensgeschichtlich bedeutsamer Themen nicht nur auf Kinder und Jugendliche als Zuschauer beschränkt. Vielmehr handelt es sich um ein generelles Phänomen der Rezeption von Filmen und Fernsehsendungen. Auch der Familienroman setzt sich bei Erwachsenen fort, als "Lebensroman", wie es Rutschky (1987) genannt hat, in dem ein besseres Leben phantasiert wird. In diesen Phantasien hat das Bedeutung, was im realen Leben und in der sozialen Wirklichkeit keinen Platz hat. Ähnlich wie bei den Jugendlichen bilden die möglichen Welten der Filme einen Raum, in dem phantasiertes Probehandeln möglich ist (vgl. Mikos 1994, S. 55ff.). Identitätsthemen werden in den Filmen aufgegriffen und können in der Rezeption entsprechend der thematischen Voreingenommenheit im Rahmen der von den Filmerzählungen aufgebauten Modelle von Wirklichkeit in der Phantasie erprobt werden, zumal in den möglichen Welten der Action- und Horrorfilme die Konventionen des "normalen" Alltags außer Kraft gesetzt sind.

2.3 Das Spiel mit dem Wissen

Action- und Horrorfilme stehen in einem intertextuellen Verweissystem und können so mit dem Wissen ihrer Zuschauer spielen. Allein die Genreeinordnung animiert die Zuschauer, ihre "intertextuelle Enzyklopädie" (Eco) zu öffnen und Bezüge zu anderen Filmen des Genres herzustellen. Diese Bezüge sind nicht nur auf der Ebene des Genres, sondern auch auf der personalen Ebene der Regisseure, Schauspielerinnen und Schauspieler oder Special Effects-Spezialisten möglich. Indem die Filme auf andere mediale Texte verweisen, stellen sie auch Bezüge zu medial verarbeiteten Erfahrungen her, z.B. zu anderen Filmen, in denen ähnliche Identitätsthemen bearbeitet wurden, oder aus der Sicht der Zuschauer zu anderen Filmen, denen sie mit einer ähnlichen thematischen Voreingenommenheit begegnet sind.

Es ist eine Eigenart der Filmerzählungen, ein weites Feld von intertextuellen Verweisen zu eröffnen, in dem ihre textuellen Qualitäten zu verschiedenen Wissensgebieten Bezüge herstellen. Ein Beispiel aus "Terminator 2 - Judgement Day" mag dies verdeutlichen. Der zehnjährige John Connor trägt ein T-Shirt, auf dem der Schriftzug "Public Enemy" prangt. König schließt in seiner tiefenhermeneutischen Rekonstruktion des Films daraus, daß John "sich selbstbewußt als ein Außenseiter, der mit der bürgerlichen Ordnung gebrochen hat und auf dem Pflaster der Großstadt nach seinen eigenen Regeln lebt", versteht (König 1994a, S. 15). Diese Interpretation ist jedoch zu einfach, weil sie sich ausschließlich vom Verstehenskontext des interpretierenden Sozialwissenschaftlers her erschließt und die T-Shirt-Aufschrift inhaltlich deutet, ohne auf Zuschauerwissen bezug zu nehmen. Der Schriftzug "Public Enemy" nimmt jedoch im Rahmen populärkultureller intertextueller Bezüge auf dreierlei Bezug:

1. auf eine reale Figur der amerikanischen Geschichte,
2. auf einen anderen Film,
3. auf eine Musikgruppe.

Im amerikanischen Alltagswissen ist als "Public Enemy No. 1" der mehrfache Mörder, Gangster und Bankräuber John Dillinger (1903-1934) bekannt, der 1934 bei einer Schießerei mit FBI-Agenten in Chicago getötet wurde. Die Bezeichnung "Public Enemy No. 1" geht auf General Homer Cummings zurück, der Dillinger so titulierte. Ein Bezug zur Figur des John Connor ließe sich darin ausmachen, daß auch John quasi als Bankräuber tätig ist, allerdings setzt er dabei moderne Technologie ein. Für Cineasten ist der Film "Public Enemy" aus dem Jahre 1931 ein Begriff, der als "Schlüsselfilm für das Verständnis des ersten Gangsterfilm-Zyklus" gilt (Seeßlen 1980, S. 116). Dieser Film wurde zu einem großen Erfolg beim Publikum und machte den Schauspieler James Cagney in der Rolle des Gangsters Tommy Powers berühmt: "James Cagney war der Gangster-Typus, mit dem sich die jungen Menschen am ehesten identifizieren konnten" (ebd., S. 119), denn er verkörperte den "normalen" Jungen mit ganz gewöhnlichen Wünschen und Gefühlen, der nur auf die schiefe Bahn geraten war. Reales Vorbild war der Chicagoer Gangsterboß Hymie Weiss. Zugleich vermittelte der Film für das Publikum die Botschaft, daß sich Verbrechen nicht auszahlt (vgl. Paul 1994, S. 12). Der Film "Public Enemy" stand damit im Zusammenhang mit der öffentlichen Diskussion über das Gangstertum und seine moralischen Implikationen zur Zeit seiner Entstehung. Es ist nicht überliefert, ob General Cummings den Gangster Dillinger als "Public Enemy No. 1" unter bezug auf den Titel dieses populären Films bezeichnete. Mit der Aufschrift "Public Enemy" auf dem T-Shirt von John Connor wird jedoch in beiden Fällen durch intertextuelle Referenzen auf spezifische Wissenshorizonte des Publikums angespielt.

Die dritte Variante ist der Bezug zur populären Musikgruppe "Public Enemy", die seit ihrer ersten Schallplatte im Jahr 1987 zu der führenden HipHop-Kultband schlechthin wurde, nicht zuletzt wegen ihrer sozialkritischen Texte (vgl. Freisberg 1994). Diesen intertextuellen Bezug muß man deshalb berücksichtigen, weil die Grafik des "Public Enemy"-Schriftzugs auf John Connors T-Shirt mit der Grafik des Bandlogos auf Schallplatten und Merchandising-Produkten identisch ist. John Connor "outet" sich mit dem T-Shirt als Fan der HipHop-Gruppe "Public Enemy". Damit wird über das T-Shirt des Jungen gezielt ein Publikum adressiert, das mit der genannten Band und ihrer Musik etwas anfangen kann, weil das zu ihrem lebensweltlichen Wissenshorizont gehört. Das T-Shirt von John Connor spielt damit auf eine kulturelle Praxis des jugendlichen Publikums an und auf das damit verbundene Wissen, zu dem auch gehört, daß ein Mitglied der Gruppe sich

"Terminator X" nennt und inzwischen mit Solo-Platten hervorgetreten ist, daß ein anderes Mitglied der Gruppe, Flavor Flav, unter anderem wegen eines angeblichen Tötungsdelikts vor Gericht steht, etc.. Es wird deutlich, wie vielfältig das Wissen ist, das mit dem T-Shirt von John Connor und dem Schriftzug "Public Enemy" angespielt wird, ohne daß es einer inhaltlichen Interpretation im Sinne Königs bedarf.

Unter einem rezeptionsästhetischen Gesichtspunkt, der von der Mitarbeit der Zuschauer bei der Sinngenerierung des Textes ausgeht, zeigt sich bereits nur an diesem einen Detail, wie unterschiedliche Lesarten ermöglicht werden, indem der Film die Zuschauer auffordert, ihre intertextuelle Enzyklopädie aufzublättern, mit der sie den Filmtext in ihr Wissen einordnen. Wer weder über John Dillinger, noch über den Film mit James Cagney, noch über die Hip-Hop-Gruppe etwas weiß, wird dieses Detail möglicherweise übersehen oder vielleicht eine ähnliche Interpretation wie König entwerfen. Das faszinierende Moment an den intertextuellen Bezügen in populären Filmen ist nicht, daß jeder Zuschauer in jedem Moment während der Rezeption alle Bezüge erkennen oder wahrnehmen können muß, sondern daß diese Bezüge ein wesentliches Moment der Zirkulation von Bedeutungen in sozialen Kontexten sind. Sie tragen so nicht nur zum Verstehen des Filmes in der Rezeption bei. Bedeutsamer ist die Tatsache, daß mit den intertextuellen Bezügen auf die Aneignung verwiesen wird. Denn die Bezüge erhalten u.a. erst in der Auseinandersetzung mit anderen als Thema im gemeinsamen Gespräch über den Film ihren Sinn. Populäre Filme zielen dank ihrer intertextuellen Bezüge direkt in die kulturelle Praxis ihrer Zuschauer.

3 Die soziale Ebene: Gruppenaktivität und Symbolpraxis

Auf der sozialen Ebene der Faszination, die Action- und Horrorfilme ausüben, geht es im wesentlichen um zwei Aspekte: Einerseits ist insbesondere die Rezeption von Horrorfilmen, aber auch von Actionfilmen auf Video eine Gruppenaktivität. Selbst die Filme, die nicht auf Video, sondern im Kino rezipiert werden, werden in der Regel gemeinsam geschaut, denn Kino ist vor allem für Jugendliche eine soziale Aktivität. Häufig gehen sie mit ihrem gerade aktuellen Beziehungspartner oder mit einzelnen Freunden sowie in einer Gruppe von Freunden ins Kino (vgl. Baacke/Schäfer/Vollbrecht 1994, S. 105). Bei der Videorezeption ist es ähnlich. Während nur 4,6 Prozent der Horrorfans sich die Filme allein ansehen, schauen 74 Prozent zusammen mit Freunden (der Rest verteilt sich auf das gemeinsame Sehen mit Geschwistern, Eltern oder Verwandten; vgl. Vogelgesang 1991, S. 182). Für Vogelgesang ist denn auch klar, daß die "Video-Sessions und die ihnen korrespondierenden Aneignungs- und Erlebnismuster ohne die Kollektivität der Clique nicht zu verstehen" sind (ebd., S. 214).

Mit dem gemeinsamen Anschauen von Action- und Horrorfilmen werden nicht nur Unterhaltungsbedürfnisse, sondern vor allem auch Kontakt- und Zugehörigkeitsbedürfnisse befriedigt. Dabei stehen das Gruppenerlebnis und die Geselligkeit im Vordergrund, die Rezeption hat spielerischen Charakter und "ist eingebunden in expressive Verhaltensmuster, gekoppelt an Witz, Spaßmachen und Albernheiten" (ebd., S. 217). Dies wird dadurch gefördert, daß viele Horrorfilme Komödien sind, in denen häufig komisch-groteske Szenen den Gang der Erzählung voranbringen. Diese Szenen haben natürlich einerseits den Effekt, als retardierendes Moment den angstbesetzten Szenen gegenüberzustehen, andererseits zielen sie natürlich auch darauf ab, daß Lachen im wesentlichen ein Akt ist, der der Anwesenheit anderer Lachender bedarf. Lachen ist eine soziale Aktivität, denn sie bedarf der Rückversicherung, dagegen ist jeder Zuschauer mit seiner Angst allein. Daraus resultiert eine Spannung, die für die Rezeption von Action- und Horrorfilmen kennzeichnend ist. Außerdem gibt die Gruppe natürlich Sicherheit. So läßt sich die Angst noch lustvoller erleben, weil die Gruppe die einzelnen Mitglieder auffängt, wenn es denn zu unerträglich wird. Das gemeinsame Sehen in der Gruppe eröffnet so dem Einzelnen eine größere Möglichkeit des Kontrollverlustes, weil er sich im Rahmen der Gruppenkontrolle bewegt. Zugleich kann man sich gegenseitig beweisen wie cool, stark und mutig man ist.

> "Im gemeinschaftlichen Anschauen von Videos mit tabuverletzenden Inhalten suchen (und finden) Jugendliche also offenbar auch eine risikolose Variante, ihre Schmerztoleranz und Angstfreiheit zu beweisen" (ebd., S. 220).

Die Rezeption von Action- und Horrorfilmen als Gruppenaktivität ist so vom Spannungsverhältnis zwischen individuellen Befindlichkeiten der einzelnen Gruppenmitglieder und den sozialen Interaktionsverhältnissen der Gruppe bestimmt.

Ein wesentliches Merkmal der Gruppenaktivitäten ist das Aufblättern der intertextuellen Enzyklopädie der Gruppenmitglieder. Im Gespräch über den Film begibt man sich nicht nur gemeinsam auf Spurensuche im Feld des Genres und der Populärkultur, sondern man kann sich auch gegenseitig seine Kenntnisse im Hinblick auf genrespezifisches und filmhistorisches Wissen sowie seine analytischen Kompetenzen beweisen. So zeigte sich in einer Diskussion unter Studenten, die gemeinsam "Terminator 2 - Judgement Day" gesehen hatten (vgl. Mikos 1995b), daß einige den Film als Komödie einschätzten, die sowohl generelle ironische Elemente enthält als auch parodistische Elemente, die sich auf die Figur Schwarzeneggers beziehen. Damit wurde eine Lesart unterstrichen, auf die bereits anläßlich des ersten "Terminator"-Films Sobchack hingewiesen hat, bei der es heißt: "der "Terminator" ist in erster Linie ironisch" (Sobchack 1991, S. 22). Im Zusammenhang mit "Terminator 2" spricht Tasker vom Gebrauch einer "parodistischen Selbst-Referentialität" in dem Film (Tasker 1993, S. 83), und Wright hebt hervor, daß die neue Rolle des T-800 im zweiten "Terminator"-Film das komödiantische Talent Arnold Schwarzeneggers maximiert (Wright 1994, S. 140). In diesem Zusammenhang erwähnten die Studenten insbesondere die "Schauspielkunst" von Arnold Schwarzenegger, der aufgrund seines geringen mimischen Potentials die ideale Verkörperung einer Mensch-Maschine darstelle.

Neben den komödiantischen Aspekten der Rezeption hoben die Studenten auf die Einbindung des Films in populärkulturelle Zusammenhänge ab. So wurde der

Einsatz von Spezialeffekten in "Terminator 2" (vor allem das Morphing des T-1000, vgl. dazu auch Mikos 1995a sowie generell zu den Morphing-Arten Wiesner 1994) und anderen populären Filmen diskutiert. Daneben stand die Machart, vor allem auch der exzessive Einsatz von Musik und Sound, im Mittelpunkt der Diskussion. Wie Keppler (1994) gezeigt hat, wird im Rahmen alltäglicher Erzählungen über Medienereignisse immer auch die Machart der Filme oder Fernsehsendungen thematisiert. Diskussionen über die Machart sind ein zentrales Element der Aneignung populärer Filme. Außerdem wurde der Film auch filmhistorisch und ästhetisch eingeordnet, weniger als Action-Film denn als Science-Fiction-Film in der Tradition des Film Noir (vgl. dazu auch Pfeil 1993). Dabei wurde er vor allem mit "Blade Runner" und den "Alien"-Filmen verglichen, zumal in letzteren Filmen auch eine Heldin im Mittelpunkt steht. Linda Hamilton als Sarah Connor und Sigourney Weaver als Ellen Ripley sind "Krieger-Frauen", die sich auch im intertextuellen Bezugsfeld sogenannter "Kampffilme" verorten. In "Terminator 2" wird das vor allem durch das Outfit von Sarah, als sie sich auf den Weg zu Dyson macht, unterstrichen. In ihrer schwarzen Kampfkluft und mit ihrer Bewaffnung erinnert sie an Ninja-Krieger (vgl. ebd., S. 258), die zum festen Bestand des Personals zahlreicher zweit- und drittklassiger Action- und Kampffilme gehören und besonders bei Jugendlichen sehr beliebt sind.

Die Spurensuche im weiten Feld der Populärkultur, bei der gemeinsam die individuellen intertextuellen Enzyklopädien aufgeblättert werden, hat außerdem einen phatischen Aspekt. Man verständigt sich über einen gerade gesehenen Film und dessen Stellenwert für die Interaktion in der Gruppe. Das stiftet weitere Gemeinsamkeit, zumal man damit auch Ausschlußkommunikation betreiben kann, z.B. gegenüber Eltern und Lehrern, die häufig weder die einzelnen Filme kennen, noch vergleichbare Detailkenntnisse in den verschiedenen medialen Formen der Populärkultur besitzen. Die Rezeption von Action- und Horrorfilmen in der Gruppe läßt sich also auch als Mittel der sozialen Distinktion einsetzen. Dabei lassen sich "coole Dialoge" oder Sprüche aus den Filmen im Alltag einsetzen und trennen dort Mit-Wisser von Nicht-Wissern. So wurde der Werbeslogan für den vierten "Nightmare on Elm Street"-Film, "Are you ready for Freddy?", nicht nur als populärer Song von der Gruppe Fat Boys verwertet, sondern ging auch in die Alltagssprache ein.

3.1 Filmsymbole in der Alltagskommunikation

Das Beispiel deutet bereits auf die Verwendung von Filmsymboliken im Alltag hin. Allerdings lassen sich durch die intertextuellen Bezüge im Feld der Populärkultur bestimmte, im Alltag verwendete, Symboliken nicht ausschließlich auf ein bestimmtes Medium zurückführen, zumindest dann nicht, wenn die entsprechenden Erzählungen in verschiedenen medialen Formen zugänglich sind. Bilder und Symbole aus den Action- und Horrorfilmen werden von den Zuschauern in ihren Alltag übernommen. Ähnlich der Sprache können Film- und Fernsehtexte als Symbole angesehen werden, mit deren Hilfe sich die Individuen im Alltag verständigen. Sie sind Bestandteil lebensweltlichen Wissens und können entsprechend in Situationen eingesetzt werden, in denen beispielsweise andere Symbolformen zur sinnvollen und sinnhaften Verständigung der Interaktionsteilnehmer nicht vorhanden oder gerade nicht verfügbar sind. Andererseits können sie aber auch in spezifischen Situationen intentional eingesetzt werden, obwohl auch andere Symbolformen zur Verfügung stehen. In diesen Situationen haben solche Symboliken vor allem Erlebnischarakter und werden spielerisch eingesetzt. So werden "coole" Gesten imitiert oder das Outfit der Filmheldinnen und -helden findet Eingang in alltägliche Kleidungsstile bzw. die gezielte Verwendung spezifischer Accessoires.

Im Alltag der Individuen finden sich zahlreiche Spuren aus der Symbolpraxis der Populärkultur, die nicht nur im expliziten Nachspielen, Imitieren, Parodieren, Nacherzählen oder in gemeinsamer Re-Inszenierung sichtbar werden, sondern Eingang in die Alltagssprache gefunden haben, wie nicht nur das Beispiel aus "Nightmare on Elm Street" zeigt. Über diese Fernsehsymboliken können Themen kommuniziert werden, die sich sonst zwar nicht der sprachlichen Symbolisierung entziehen, die aber durch den Hinweis auf die entsprechenden Filme auf allgemeine Verständlichkeit abzielen. Wer solche Symboliken in seiner Alltagsrede benutzt, geht davon aus, daß die anderen verstehen, was gemeint ist, weil sie die Filme ebenfalls kennen. Zugleich können mit den Symboliken aus den Filmen oder anderen Medien der Populärkultur handlungsleitende Themen einzelner Gruppenmitglieder oder spezifische Gruppenthemen kommuniziert werden, die für Außenstehende unverständlich bleiben.

Besonders deutlich wird dies vor allem im Spiel von Kindern im Kindergarten oder auf dem Pausenhof der Schule. Den Lehrern und Erziehern bleiben die Spiele der Kinder häufig fremd, sie ahnen lediglich, daß diese auf die mediale Vorlieben der Kleinen zurückgehen. Szenen und Material aus beliebten Filmen und Fernsehsendungen finden Eingang in die Spiele. Die Kinder verwenden Versatzstücke aus Filmen oder Fernsehsendungen, mit denen sie spielerisch umgehen. Die mediale Herkunft ist auf den ersten Blick oft gar nicht ersichtlich, weil die verwendeten Symboliken ihrer ursprünglichen Intention und ihres ursprünglichen Zusammenhangs beraubt sind. Zugleich werden konkrete Zitate aus den Medien verwandt, die für eine effektvolle Inszenierung des Spiels eingesetzt werden. Das szenische Arrangement der Spiele bietet einen gewissen Freiraum für Assoziationen, die allerdings mit dem aktuellen Material aus den Film- und Fernseherlebnissen verwoben sind (vgl. Bachmair 1984, Bd. 2, S. 92ff.). In das Spiel der Kinder geht dabei nicht nur das symbolische Fernsehmaterial ein, sondern auch ihre Erlebnisse mit den Fernsehtexten in der Rezeption. Der spielerische Umgang damit dient einerseits der symbolischen Darstellung der Gruppensituation, andererseits deutet die eingesetzte Symbolik auf die handlungsleitenden Themen der Kinder hin (vgl. ebd., S. 315ff.). Im Spiel, aber auch in den Gesprächen der Kinder zeigt sich so die "Tiefenstruktur der Subjekte", die wiederum auf die "Tiefenstruktur des Films" oder der Fernsehsendungen verweist (Bachmair 1993b, S. 45). So hat Bachmair (1993a, S. 32ff. u. 1993b, S. 45ff.) die Themen entschlüsselt, die für zwei Jungen in einem Gespräch anhand einer Nacherzählung des Films "E.T., Der Außerirdische", die zu ihrer eigenen Geschichte wird, bedeutsam sind. Den beiden Jungen geht es um das Unverstanden- und Alleingelassensein sowie tödliche Bedrohung in einer Erwachsenenwelt, es geht um das Überleben, weil Freunde um einen trauern, und es geht um die Überwindung der Angst vor dem Fremden und die Entwicklung von Freundschaften. Diese Themen sind nicht nur in der Filmerzählung zentral, sondern auch im Alltag der beiden Jungen. Sie setzen dabei das symbolische Material des Films "wie eine differenzierte Sprache ein" (Bachmair 1993b, S. 49).

> "Die Bilder des Fernsehens (und der populären Filme, L. M.) sind das neue Sprachmaterial, mit dem Kinder und Jugendliche sich verständigen. Es ist das aktuelle und auch das überdauernde Bildmaterial des Medienmarktes, das sie sich selbst verfügbar machen. Sie sammeln die Bilder, Figuren, Szenen und Geschichten, die zu ihren Themen passen. Sie verwenden sie, um ihre Themen mitzuteilen. Dabei verändern sich ihre Vorlieben ihrer Entwicklung gemäß sehr schnell" (Bachmair 1993a, S. 54).

Die Kinder basteln beim Spielen und in ihren Gesprächen mit den Versatzstücken und Zitaten aus ihren aktuellen Film- und Fernseherlebnissen entsprechend der bedeutsamen Themen in ihrem Alltag ihre eigenen Bedeutungen und produzieren mit ihnen den sinnhaften Aufbau ihrer Welt. Ähnlich gehen Erwachsene mit dem Film- und Fernsehmaterial um, indem sie über die medialen Symboliken mit ihren eigenen lebensgeschichtlich bedeutsamen Themen umgehen und sie so auch kommunizieren können.

Dieser Gebrauchswert von populären Action- und Horrorfilmen auf der sozialen Ebene ist zu einem wesentlichen Teil für ihre Faszination verantwortlich. Natürlich ist dies auch ein strukturelles Merkmal anderer Genres, doch im Zusammenhang mit der individuellen Ebene, auf der es um die sozial vermittelte thematische Voreingenommenheit und die Identitätsthemen der Zuschauer geht, und vor allem mit den Möglichkeiten des Angsterlebens sowie den Tabubrüchen auf der textuellen Ebene, indem mit den Grenzen von Normalität und Anormalität, Legitimität und Illegitimität gespielt wird, faszinieren Action- und Horrorfilme besonders, weil sie sich insbesondere von Jugendlichen gut zur Abgrenzung gegenüber den Erwachsenen, vor allem Eltern und Pädagogen einsetzen lassen.

4 Die gesellschaftliche Ebene: Symbolische Objektivation kollektiver Ängste

Zwar bedienen sich die prototypischen Grundsituationen in den Erzählungen der Action- und Horrorfilme immer gleicher Muster, doch ihre konkrete Ausgestaltung ist an die jeweiligen historischen gesellschaftlichen Kontexte ihrer Entstehung gebunden. Besonderer Popularität erfreuen sie sich vor allem in Zeiten sozialen Umbruchs, in denen Unsicherheit in den Alltag der Menschen Einzug hält. Horror- und Actionfilme können dann als symbolische Repräsentanzen kollektiver, sozialer Ängste angesehen werden, die sie in ihre ikonographischen Muster und erzählerischen Strukturen integrieren (vgl. Carroll 1990; Jancovich 1992; Seeßlen 1993).

So fand die Krisensituation der Weimarer Republik ihren Ausdruck u.a. auch in den Filmen des deutschen Expressionismus wie "Das Kabinett des Dr. Caligari" oder "Das Wachsfigurenkabinett", aber auch in den "Mabuse"-Filmen der 20er Jahre - und Fritz Langs "M - Eine Stadt Sucht einen Mörder" symbolisierte auf eindrucksvolle Weise das Klima von Massenhysterie, verbunden mit der Abwehr eines Feindes, das für die dreißiger Jahre in Deutschland eine der zentralen Befindlichkeiten werden sollte; die Zeit der großen Depression in den USA fand ihren Niederschlag in einer Reihe von Horrorfilmen, in denen Monster wie "King Kong" als sympathische Außenseiter der Gesellschaft dargestellt wurden und so das Gefühl des "es ist ja alles doch nicht so schlimm" symbolisierten sowie in zahlreichen Gangsterfilmen; in den fünfziger Jahren waren die damals populären Science Fiction- und Horrorfilme wie "Invasion of the Body Snatchers" ("Die Körperfresser kommen"), "Invisible Invaders" oder "The Thing" ("Das Ding aus einer anderen Welt") Ausdruck der frühen Phase des Kalten Krieges und der kollektiven Ängste vor allen möglichen Gefahren. In den sogenannten "Spaghetti"- oder "Italo"-Western, denen eine neue Ästhetik der Gewalt zugeschrieben wurde und die deshalb manchmal auch als "Brutalo"-Western bezeichnet wurden, wird der Nord-Süd-Konflikt italienischer Prägung thematisiert, der jedoch inzwischen global zu einem universellen Bild "für Gesellschaften, in denen neuer Reichtum neue Armut produziert", geworden ist (vgl. Seeßlen 1993, S. 12). In den "Kung-Fu"-Filmen aus Hongkong zeigt sich in der Perfektionierung alter traditioneller Kampfsportarten eine Besinnung auf alte Werte und religiöse Traditionen, mit denen innere wie äußere Feinde bekämpft werden können. Die neueren, harten Actionfilme aus Hongkong wie "The Killer" sind symbolischer Ausdruck der zugespitzten Situation der Endzeitstimmung in der Stadt kurz vor der Rückgabe an China. Die neue Welle im Mainstream-Kino mit der Verfilmung alter Vampirgeschichten wie "Bram Stoker's Dracula", "Interview with a Vampire" ("Interview mit einem Vampir") oder "Mary Shelley's Frankenstein" sind Ausdruck einer Phase sozialer Unsicherheit und Ängste, in denen einerseits die Besinnung auf alte Werte Hochkonjunktur hat und andererseits die Verantwortung für den aktuellen Zustand der Welt auf verrückte Wissenschaftler oder Gespenster abgeschoben wird. Zugleich werden die Monster, vor denen man früher Angst hatte, inzwischen als unschuldige Opfer präsentiert - und wer ist das nicht in einer Phase der Rezession und brennender ökologischer Fragen.

In "Mary Shelley's Frankenstein" wird jenseits allen romantischen Kitsches die Frage nach der ethischen Verantwortung der Wissenschaft aufgeworfen. Ein Thema, das im Zusammenhang mit technologischem Fortschritt und den Grenzen technologischer Machbarkeit seit jeher in Action- und Horrorfilmen eine große Rolle spielt. So wurde in "Jurassic Park" die Bedrohung der Menschheit nicht nur durch Gen-Experimente, sondern durch den eigenen technologischen Fortschritt generell thematisiert. Die Dinosaurier als untergegangene Lebewesen, von denen nur noch Spuren zu finden sind, symbolisieren in diesem Sinn Ängste der Menschheit im ausgehenden 20. Jahrhundert mit seinen vielfältigen ökonomischen und ökologischen Krisen einer Welt, in der die Individuen immer mehr von den

Institutionen entfremdet sind und sich technologischer Fortschritt zu einem Selbstläufer zu entwickeln scheint, der sich gegen seine Erfinder wendet. Seeßlen stellt denn auch fest:

> "Ganz offensichtlich ist die Darstellung von Gewalt im Film nicht so sehr bezogen auf das Ab- oder Anschwellen von Gewalt in der Wirklichkeit, sondern auf die gesamte Befindlichkeit einer Gesellschaft, die Änderungen ihrer Produktionsweisen, damit ihrer sozialen Schichtungen und damit ihrer Kultur" (Seeßlen 1993, S. 14).

Action- und Horrorfilme zeigen in diesem Sinn gewissermaßen eine Alptraumwelt, in der nicht nur abstrakte Ängste von Zerstörung und Tod symbolisiert werden (vgl. Eckert/Vogelgesang u.a. 1990, S. 50), sondern auch konkrete Erfahrungen von Bedrohung in alltäglichen Situationen des lebensweltlichen Kontextes und im Rahmen biographischer Erfahrungen.

Seit den sechziger Jahren hat der sogenannte Splatter-Film an Popularität gewonnen, in dem die Zerstückelung von Körpern bis zum Exzeß getrieben wird. Auch diese Filme sind Ausdruck allgemeiner gesellschaftlicher Tendenzen. In der von den Individuen als komplex erfahrenen Individualgesellschaft lösen sich traditionelle soziale Bindungen auf (vgl. Beck 1986; Beck/Beck-Gernsheim 1994; Schulze 1992). Damit werden die Individuen auf sich selbst als Bezugspunkt des Sozialen zurückgeworfen. Sie wachsen nicht mehr automatisch in die von Institutionen wie Familie, soziale Klasse oder Schicht etc. vorgegebenen Identitätsmuster hinein, sondern müssen ihre Identität aus vielfachen sozialen Zusammenhängen, in denen sie im Rahmen ihrer Lebenswelt agieren, zusammenbasteln. Das Ideal einer konsistenten Identität im Rahmen festgefügter, wenn auch dynamischer Sozialstrukturen hat nur noch traditionellen Wert; die neuen Identitäten ergeben sich aus einem wechselhaften Spiel von Identitätspartikeln in räumlich und zeitlich begrenzten Erfahrungsbereichen, die sich erst im Rahmen von Lebensgeschichte zu einer gelebten Biographie verdichten. Auf dieses Identitätsspiel als Biographiekonstruktion sind die Individuen jedoch nicht vorbereitet, bedeutet es doch auch einen souveränen Umgang mit Unsicherheiten und Unwägbarkeiten. Daher wird dies lediglich als Krise der Identität erfahrbar. Da sich Identität aber vor allem über den Körper als Träger dieser Identität vermittelt, können die Splatterfilme mit ihren Zerstückelungen von Körpern auch als symbolische Vermittlung und Ausdruck eben dieser Krise der Identität in der modernen Gesellschaft angesehen werden (vgl. auch Jancovich 1992, S. 113). Zugleich wird deutlich, wie sehr Splatterfilme, die von der Auflösung körperlicher Identität handeln, die diffusen Ängste Heranwachsender symbolisieren, die noch keine festgefügte Identität haben und erst am Anfang der biographischen Konstruktion ihres Selbst stehen.

Die Auflösung traditioneller Sozialstrukturen wie der Familie findet ihren Ausdruck in jüngster Zeit einerseits in der Vielzahl von Filmen über Serienkiller wie "Henry - Portrait of a Serial Killer" oder auch "The Silence of the Lambs" ("Das Schweigen der Lämmer"), die auf realen Fällen basieren und in denen sich die "Töter" gewissermaßen über die Tötungsakte eine Familie von Leichen schaffen (vgl. auch Meierding 1993; Möller 1993). Andererseits zeigt es sich auch in Form zahlreicher Psychothriller wie "The Hand that Rocks the Cradle" ("Die Hand an der Wiege") oder "Cape Fear" ("Kap der Angst"), in denen sich die Täter in die Familien einschleichen, um sie zu zerstören; oder wie "Single White Female" ("Weiblich, ledig, jung sucht ..."), in dem die Identitätsproblematik unter Rückgriff auf das "Doppelgänger-Motiv" auf die Spitze getrieben wird. Denn die Verdopplung der eigenen Identität bedeutet zugleich ihr Ende, da Identität in der modernen Gesellschaft nur als singuläre, einzigartige gedacht und gewußt wird. In all diesen Filmen schiebt sich das Symbolische zwischen das Begehren und die Objekte der Begierde. Daher bleibt die reale Befriedigung für die Täter immer aus, was sie zwangsläufig zu immer neuen Taten treibt.

In "Terminator 2 - Judgement Day" wird die Grenze zwischen Mensch und Maschine, zwischen human und inhuman ausgelotet. In diesem Sinn thematisiert der Film nicht nur die Konsequenzen des menschlichen Selbstverständnisses, das sich in der Produktion von Cyborgs und sogenannten Mensch-Maschinen zeigt (vgl. auch Pyle 1993, S. 228), sondern auch das Geschlechter-Verhältnis (vgl. Sobchack 1991; Tasker 1993), denn sowohl in John Connor als auch dem humanisierten T-800-Terminator zeigt sich ein neues Männerbild: der starke Mann als Vater und Beschützer, nicht nur der Familie sondern der Menschheit schlechthin. Dieser neue Mann darf auch Gefühle zeigen - und im Fall des T-800 auch lernen. Der von Schwarzenegger verkörperte Terminator T-800 ist in "Terminator 2" gegenüber dem ersten Film nicht nur humanisiert, sondern in diesem Sinn auch feminisiert. Auf diese Weise ist er dem zehnjährigen John nicht nur Freund und Vater, sondern auch Mutter, denn Sarah war ja kaum für John da, sie war mit Kampfausbildungen beschäftigt oder saß in der Anstalt (vgl. auch Jeffords 1994, S. 160). Sarah Connor verkörpert zugleich ein neues Frauenbild, sowohl in körperlicher Hinsicht in bezug auf ihren muskulösen, durchtrainierten Körper als auch im Hinblick auf ihren Kampf gegen die Maschinen und die Männer, die todbringende Maschinen konstruieren.

Die symbolische Objektivation des Geschlechterdiskurses läßt sich in "Terminator 2 - Judgement Day" anhand zahlreicher einzelner Szenen nachweisen. Sarah Connor ist eine starke Frau und bricht keineswegs, wie König (1984a, S. 15) behauptet, in Krisensituationen "wie ein kleines Mädchen zusammen", sondern ist eine Action-Heldin, die nicht nur um ihren Sohn, sondern um das Überleben der Menschheit kämpft. Der von König beobachtete vermeintliche Zusammenbruch Sarahs, als sie den Computerspezialisten Dyson nicht töten kann, stellt keine persönliche Krise dar, sondern ist symbolischer Ausdruck des Konflikts zwischen der Heldin als Mutter und der Heldin als Action-Kämpferin. Sarah kann Dyson nicht töten, weil sie sich in diesem Augenblick instinktiv in der Mutterrolle sieht, die das Gegenstück zu kämpfenden menschlichen "Killermaschinen" ist. Befördert wird das Erwachen der Mutterinstinkte durch den kleinen Sohn von Dyson, der sich schreiend an seinen Vater klammert, damit diese "Bestie" ihm nichts tun kann. Sarah ahnt, daß das Töten von Söhnen die Zukunft gefährdet (vgl. Jeffords 1994, S. 165). Dieser Rollenkonflikt wurde in dem Film ja bereits vorher thematisiert durch den Aufenthalt von Sarah in der psychiatrischen Anstalt. Denn es geht hier um Geschlechtsrollenzuschreibungen im Rahmen dessen, was innerhalb der Gesellschaft als legitim oder illegitim angesehen wird:

> "Bilder der Heldin als Mutter, ein Bild, das ihre Weiblichkeit hervorhebt, kommen in Konflikt mit Bildern der kämpfenden Action-Heldin, die als geisteskrank definiert wird, ohne einen Platz in der amerikanischen Gesellschaft" (Tasker 1993, S. 27).

In diesem Sinn stellt der vermeintliche Zusammenbruch lediglich einen im Rahmen der Handlungslogik konsequenten Ausdruck eines inneren Rollenkonfliktes von Sarah Connor dar, der in symbolischer Form gängige Geschlechtsrollenzuschreibungen in Frage stellt und thematisiert. In dem Film wird dies generell durch das körperliche Aussehen und das Auftreten von Sarah Connor unterstützt, in deren Person traditionell weibliche und männliche Eigenschaften nebeneinanderstehen, und die daher auch als "Macho-Frau" (butch-femme) erscheint (ebd., S. 143). Deshalb ist es denn auch kein Wunder, wenn Sarah Connor beim lesbischen Publikum zu einer Kultfigur avancierte (ebd., S. 3), aber nicht nur dort, sondern auch in Kreisen von Science-Fiction-Fans, deren Verehrung schon fast fetischistische Züge annahm (ebd., S. 167).

Neben dem Geschlechterdiskurs wird in "Terminator 2 - Judgement Day" das Verhältnis Mensch-Maschine thematisiert. Der zehnjährige John Connor erweist sich als Lehrer des von Arnold Schwarzenegger verkörperten Terminator, der diesem nicht nur menschliche Regungen wie Lachen oder Weinen beizubringen versucht. Zugleich werden dadurch die Unterschiede zwischen Mensch und Maschine hervorgehoben, denn der Film stellt damit die "moralischen und ethischen Prinzipien einer humanen Erziehung gegen die bedrohliche Autonomie einer mutierbaren Technologie" (vgl. Pyle 1993, S. 239). Der Cyborg ist nur durch den Kontakt mit Menschen lernfähig; und was er lernt, ist die Entwicklung menschlicher Subjektivität. Die "Humanisierung" des Schwarzenegger-Terminators ist natürlich auch im Zusammenhang mit seiner Rolle im ersten "Terminator"-Film zu sehen, in dem er noch die tötende Maschine verkörpert, der jegliche menschliche Regungen und ethischen Imperative fremd sind. Diesen seinen Lernprozessen ist es zu verdanken, daß er sich am Ende von "Terminator 2" für die Menschheit opfert. Er opfert sich, um die Menschheit zu retten - und das ist nur möglich, wenn er mehr als eine Maschine ist. Hier zeigen sich auch Bezüge zu christlicher Mythologie und Ikonologie.

Action- und Horrorfilme als symbolische Repräsentanzen allgemeiner Befindlichkeiten machen jedoch erst Sinn, wenn sie im Rahmen symbolischer Vermittlung von den Zuschauern auch als solche erkannt und genutzt werden. Denn der Zuschauer

> "[...] bedient sich prototypischer Muster, in denen er einem Text 'Sinn' zuweisen kann. Will man sich also der kollektiven Angstvision annähern, die den neueren Erzählungen der Gewalt zugrunde liegt, kann man sich nicht nur auf die Texte verlassen, man darf sie nicht 'wörtlich' nehmen, sondern muß sie immer auf das dazutretende Leserwissen (und auch Zuschauerwissen, L. M.) zu beziehen suchen" (Wulff 1985, S. 113f.).

Der moderne Splatterfilm ist also als Ausdruck der Krise personaler Identität in der gegenwärtigen Gesellschaft nur denkbar, weil er sich im Prozeß symbolischer Vermittlung auf alltägliche Erfahrungen der Zuschauer bezieht, die diese im Rezeptionsprozeß an ihn herantragen. Ebenso wie "Terminator 2 - Judgement Day" nur als symbolische Objektivation des Geschlechterdiskurses denkbar ist, weil der Film mit dem Wissen der Zuschauer von Geschlechtsrollenzuschreibungen spielt und mögliche Welten für ein Probehandeln aufbauen kann. Die Auflösung traditioneller Familienstrukturen ist in den Thrillern und Horrorfilmen nur thematisierbar, weil sie in Beziehung zu realen Erfahrungen und zum Wissen der Zuschauer stehen. Ebenso wie zahlreiche andere mediale Erzählungen tragen Action- und Horrorfilme auf dieser gesellschaftlichen Ebene zur symbolischen Verständigung eben dieser Gesellschaft über ihre Befindlichkeiten bei.

5 Schlußbemerkungen

Die Faszination von Action- und Horrorfilmen liegt in einem Geflecht von Aspekten aus allen vier Ebenen - der textuellen, der individuellen, der sozialen und der gesellschaftlichen - begründet. Indem die Filme oft diffuse gesellschaftliche Befindlichkeiten und Diskurse aufgreifen und ihnen eine symbolische Form geben, können die Zuschauer mit ihnen etwas anfangen und sie in ihre lebensweltlichen Kontexte integrieren. Vor allem für Kinder und Jugendliche sind die Action- und Horrorfilme interessant, weil sie auf spezifische Aspekte ihres Lebens und ihre entwicklungspsychologisch und sozial bedingten handlungsleitenden Themen eingehen. Daher können Kinder und Jugendliche

> "[...] dem Horrorfilm - so abwegig das für viele Erwachsene auch scheinen mag - einen Sinn abgewinnen, da er Probleme aufgreift, mit denen sie sich in ihrer Alltagswelt konfrontiert sehen" (Herlt 1994, S. 44).

Für Erwachsene ist diese Vorliebe umso unbegreiflicher, weil sie in eine entwicklungspsychologische Phase fällt, die von der Ablösung der Kinder von Familie und Elternhaus geprägt ist, und die außerdem mit einer ablehnenden Haltung gegenüber pädagogischen Institutionen einhergeht. Die Action- und Horrorfilme bieten andere Welten an, in denen die Regelungen des "normalen" Alltags außer Kraft gesetzt sind. Im Zusammenhang mit den in den Filmen thematisierten gesellschaftlichen Befindlichkeiten lassen sich dann in der Rezeption neue Lebensentwürfe und alternative Handlungsmöglichkeiten erproben. Allerdings sind die Darstellungen in den Filmen - und das gilt auch für die oft expressive Zurschaustellung gewalttätiger Interaktionen - nicht "wörtlich" zu nehmen, sondern als symbolischer Ausdruck für Tatbestände, die in der gesellschaftlichen Realität und der sozialen und psychischen Wirklichkeit der Zuschauer zu finden sind. Die besondere Erlebnisqualität der Action- und Horrorfilme liegt außerdem im Versprechen des Erlebens von Angstlust - ein Angebot, das nicht viele andere Genres machen.

Literatur

Baacke, D./Schäfer, H./Vollbrecht, R. (1994): Treffpunkt Kino. Daten und Materialien zum Verhältnis von Jugend und Kino. Weinheim/München.

Bachmair, B. (1993a): TV Kids. Ravensburg.

Bachmair, B. (1993b): Tiefenstrukturen entdecken - Medienanalyse und Massenkommunikation. In: Holly, W./Püschel, U. (Hg.): Medienrezeption als Aneignung. Methoden und Perspektiven qualitativer Medienforschung. Opladen, S. 43-57.

Bachmair, B. (1984): Symbolische Verarbeitung von Fernseherlebnissen in assoziativen Freiräumen. 2 Bände. Kassel.

Bachmair, B. (1979): Ethnomethodologie als handlungstheoretische Grundlage einer Didaktik der Kommunikation. In: Bildung und Erziehung, 32, 3, S. 229-240.

Baker, R. (1993): Computer Technology and Special Effects in Contemporary Cinema. In: Hayward, P./Wollen, T. (Hg.): Future Visions. New Technologies of the Screen. London, S. 31-45.

Balint, M. (o.J.): Angstlust und Regression. Beitrag zu einer psychologischen Typenlehre. Stuttgart.

Beck, U. (1986): Risikogesellschaft. Auf dem Weg in eine andere Moderne. Frankfurt.

Beck, U./Beck-Gernsheim, E. (Hg.) (1994): Riskante Freiheiten. Individualisierung in modernen Gesellschaften. Frankfurt.

Belgrad, J. (1992): Identität als Spiel. Eine Kritik des Identitätskonzepts von Jürgen Habermas. Opladen.

Bordwell, D. (1990): Narration in the Fiction Film. London/New York.

Bordwell, D./Thompson, K. (1993): Film Art. An Introduction. New York et. al. (4th edition).

Branigan, E. (1992): Narrative Comprehension and Film. London/New York.

Cameron, J./Wisher, W. (1991): Terminator 2 - Judgement Day. The Book of the Film. An Illustrated Screenplay. New York.

Carroll, N. (1990): The Philosophy of Horror or Paradoxes of the Heart. New York/London.

Charlton, M./Neumann-Braun, K. (1992): Medienkindheit - Medienjugend. Eine Einführung in die aktuelle kommunikationswissenschaftliche Forschung. München.

Charlton, M./Neumann, K. (1990): Medienrezeption und Identitätsbildung. Kulturpsychologische und kultursoziologische Befunde zum Gebrauch von Massenmedien im Vorschulalter. Tübingen.

Eckert, R./Vogelgesang, W./Wetzstein, T. A./Winter, R. (1990): Grauen und Lust - Die Inszenierung der Affekte. Eine Studie zum abweichenden Videokonsum. Pfaffenweiler.

Erdheim, M (1983): Die gesellschaftliche Produktion von Unbewußtheit. Eine Einführung in den ethnopsychoanalytischen Prozeß. Frankfurt.

Erdheim, M. (1988): Adoleszenz zwischen Familie und Kultur. In: Ders.: Die Psychoanalyse und das Unbewußte in der Kultur. Frankfurt, S. 191-214.

Fiske, J. (1993): Populärkultur. Erfahrungshorizont im 20. Jahrhundert. Ein Gespräch mit John Fiske. In: Montage/AV, 2, 1, 1993, S. 5-18.

Fiske, J. (1991): Understanding Popular Culture. London/New York.

Fiske, J. (1989): Reading the Popular. London/Sydney/Wellington.

Freisberg, L. (1994): Public Enemy. Der Feind im eigenen Kopf. In: Spex, 9, 1994, S. 32-35.

Freud, S. (1982): Der Familienroman der Neurotiker. In: Ders.: Studienausgabe. Bd.IV. Frankfurt: Fischer, S. 221-226.

Giles, D. (1984): Conditions of Pleasure in Horror Cinema. In: Barry Keith Grant (Ed.): Planks of Reason. Essays on the Horror Film. Metuchen/London, S. 38-52.

Glass, F. (1990): Totally Recalling Arnold. Sex and Violence in the New Bad Future. In: Film Quarterly, 44, 1, 1990, S. 2-13.

Grefe, C. (1994): Dies war der letzte Streich... In: SZ Magazin vom 19.8.1994, S. 20-25.

Grixti, J. (1989): Terrors of Uncertainty. The Cultural Contexts of Horror Fiction. London/New York.

Guggenheimer, M./Ottomeyer, K. (1989): Einmal die Nummer eins sein - Traum und Wirklichkeit. Über den Umgang einer Gruppe von Jugendlichen mit Gewalt in Medien und Alltag. In: Graf, W./Ottomeyer, K. (Hg.): Szenen der Gewalt in Alltagsleben, Kulturindustrie und Politik. Wien, S. 190-214.

Herlt, K. (1994): Die Faszination des Grauens. Einige Überlegungen zum Horrorfilm am Beispiel von "A Nightmare On Elm Street". In: GMK-Rundbrief, 36, 1994, S. 40-44.

Jancovich, M. (1992): Horror. London.

Jeffords, S. (1994): Hard Bodies. Hollywood Masculinity in the Reagan Era. New Brunswick.

Keppler, A. (1994): Tischgespräche. Über Formen kommunikativer Vergemeinschaftung am Beispiel der Konversation in Familien. Frankfurt.

Kessler, F. (1993): Attraktion, Spannung, Filmform. In: Montage/AV, 2, 2, 1993, S. 117-126.

Klippel, H. (1990): Böse Bilder. Horrorfilm und Angsterleben. In: Frauen und Film, 49, 1990, 78-90.

König, H.-D. (1994a): Mutter und Sohn und ein Mann aus Stahl. Tiefenhermeneutische Rekonstruktion von "Terminator II". In: Medien Praktisch, 18, 1, 1994, S. 12-18.

König, H.-D. (1994b): Mutter und Sohn und ein Mann aus Stahl. Tiefenhermeneutische Rekonstruktion von "Terminator II". 2.Teil. In: Medien Praktisch, 18, 2, 1994, S. 45-49.

König, H.-D. (1994c): Mutter und Sohn und ein Mann aus Stahl. Tiefenhermeneutische Rekonstruktion von "Terminator II". 3.Teil. In: Medien Praktisch, 18, 3, 1994, S. 52-60.

Mann, K. B. (1990): Narrative Entanglements: The Terminator. In: Film Quarterly, 43, 2, 1989-1990, S. 17-27.

Meierding, G. (1993): Psychokiller. Massenmedien, Massenmörder und alltägliche Gewalt. Reinbek.

Mikos, L. (1995a): Computeranimation im populären Film am Beispiel "Jurassic Park". In: Faulstich, W./Korte, H. (Hg.): Fischer Filmgeschichte 1895-1995, Band 5: 1977-1995. Frankfurt, S. 305-317.

Mikos, L. (1995b): Die Faszination des Cyborgs im Actionkino. Kritische Anmerkungen zur tiefenhermeneutischen Rekonstruktion von "Terminator 2 - Judgement Day". In: Medien Praktisch, 19, 1, 1995, S. 47-53.

Mikos, L. (1995c): Suspense Between Fear and Pleasure. In: Vorderer, P./Wulff, H. J./Friedrichsen, M. (Eds.): Suspense: Conceptualizations, Theoretical Analysis, and Empirical Explorations. Hillsdale, N.J., USA (im Druck).

Mikos, L. (1994): Fernsehen im Erleben der Zuschauer. Vom lustvollen Umgang mit einem populären Medium. Berlin/München.

Mikos, L. (1993): Gewalt und Horror als Erzählung im Prozeß symbolischer Vermittlung und sozialer Kommunikkation. In: GMK-Rundbrief, 35, 1993, S. 50-56.

Möller, O. (1993): Die Töter. Serienkiller in Film und Literatur. In: Splatting Image, 14, 1993, S. 4-8.

Paul, W. (1994): Laughing Screaming. Modern Hollywood Horror and Comedy. New York.

Penley, P. (1991): Time Travel, Primal Scene, and the Critical Dystopia. In: Penley, C. et al. (Eds.): Close Encounters. Film, Feminism and Science Fiction. Minneapolis/Oxford: University of Minnesota Press, S. 63-80.

Pfeil, F. (1993): Home Fires Burning: Family "Noir" in "Blue Velvet" und "Terminator 2". In: Copjec, J. (Ed.): Shades of Noir. London/New York, S. 227-259.

Pyle, F. (1993): Making Cyborgs, Making Humans: Of Terminators and Blade Runners. In: Collins, J. et al. (Eds.): Film Theory Goes to the Movies. New York/London, S. 227-241.

Rathgeb, D. L. (1991): Bogeyman From the Id. Nightmare and Reality in "Halloween" and "A Nightmare On Elm Street". In: Journal of Popular Film & Television, 19, 1, 1991, S. 36-43.

Reß, E. (1990): Die Faszination Jugendlicher am Grauen. Dargestellt am Beispiel von Horror-Videos. Würzburg.

Rogge, J.-U. (1993a): Wirkung medialer Gewalt. Wirkungstheorien an Fallstudien (nochmals) überdacht. In: Medien Praktisch, 17, 1, 1993, S. 15-20.

Rogge, J.-U. (1993b): Wirkung medialer Gewalt II. Wirkungstheorien an Fallstudien (nochmals) überdacht. In: Medien Praktisch, 17, 2, 1993, S. 20-22.

Rutschky, M. (1987): Die eigentliche Arbeit. Untersuchungen eines Lebensromans. In: Merkur, 41, 5, 1987, S. 375-385.

Schulze, G. (1992): Die Erlebnisgesellschaft. Kultursoziologie der Gegenwart. Frankfurt.

Seeßlen, G. (1993): Gewalt im populären Film. Gesellschaftliche Realität und Ästhetik der Gewalt. In: Medien Praktisch, 17, 1, 1993, S. 9-15.

Seeßlen, G. (1980): Der Asphalt-Dschungel. Geschichte und Mythologie des Gangster-Films. Reinbek.

Sobchack, V. (1991): Child/Alien/Father: Patriarchal Crisis and Generic Exchange. In: Constance Penley et al. (Eds.): Close Encounters. Film, Feminism and Science Fiction. Minneapolis/Oxford: University of Minnesota Press, S. 3-30.

Tasker, Y. (1993): Spectacular Bodies. Gender, Genre and the Action Cinema. London/New York.

Teufel, F.-J. (1994): Erlebnisorientierte Medienrezeption bei Kindern und Jugendlichen. Vortrag auf dem Workshop der Arbeitsgruppe Medienpsychologie der Deutschen Gesellschaft für Publizistik und Kommunikationswissenschaft in München. Weingarten.

Thompson, K./Bordwell, D. (1994): Film History. An Introduction. New York et al.

Vogelgesang, W. (1991): Jugendliche Video-Cliquen. Action- und Horrorvideos als Kristallisationspunkte einer neuen Fankultur. Opladen.

Wasko, J. (1994): Hollywood in the Information Age. Beyond the Silver Screen. Cambridge/Oxford.

Wiesner, T. (1994): Verwandlungstaktik. Morphing-Programme. In: DOS International, 6, 1994, S. 150f.

Winter, R. (1993): Die Produktivität der Aneignung. Zur Soziologie medialer Fankulturen. In: Holly, W./Püschel, U. (Hg.): Medienrezeption als Aneignung. Methoden und Perspektiven qualitativer Medienforschung. Opladen, S. 67-79.

Winter, R. (1992): Filmsoziologie. Eine Einführung in das Verhältnis von Film, Kultur und Gesellschaft. München.

Wright, A. (1994): Arnold Schwarzenegger. A Life on Film. London.

Wulff, H. J. (1994a): Spannungserleben und Erfahrungskonstitution: Vorüberlegungen zu einer phänomenologischen Untersuchung. Paper presented at the conference "Medien, Erfahrung und Wirklichkeit". Münster.

Wulff, H. J. (1994b): Texttheorie der Spannung. Manuskript. Westerkappeln.

Wulff, H. J: (1985): Die Erzählung der Gewalt. Untersuchungen zu den Konventionen der Darstellung gewalttätiger Interaktion. Münster.

Wuss, P. (1993): Filmanalyse und Psychologie. Strukturen des Films im Wahrnehmungsprozeß. Berlin.

Zur Nutzung action- und gewaltorientierter Fernsehangebote

Uwe Hasebrink

1 Einführung

Die Kombination der Begriffe "Fernsehen" und "Gewalt" entwickelt einen fast unwiderstehlichen Sog, der das Denken in Richtung auf die Frage zieht, welche negativen Wirkungen Gewaltdarstellungen im Fernsehen haben. Die Thematik ist in der öffentlichen Diskussion so emotional und moralisch durchtränkt, daß wissenschaftliche Versuche, die Fragestellung auszudifferenzieren, Schwierigkeiten haben, Gehör zu finden - letztlich interessiert doch immer nur die Frage, welche schädlichen Wirkungen Gewalt denn nun habe.

In der Diskussion - auch innerhalb der Wissenschaft - haben sich Frontlinien entwickelt, die die Weiterentwicklung der Forschung zu zwei aus meiner Sicht besonders relevanten Aspekten der Thematik besonders erschweren. Auf der einen Seite werden Versuche, das *Programmangebot* systematisch im Hinblick auf die Häufigkeit und die Art der angebotenen Gewaltdarstellungen zu analysieren (z.B. Groebel/Gleich 1993), mit dem Generalverdacht belegt, letztlich nur einen Vorwand für restriktive Maßnahmen gegenüber den Programmveranstaltern zu liefern (z.B. Riepe 1994). Auf der anderen Seite - mit umgekehrten Vorzeichen - haben Untersuchungen, die sich aus der *Nutzungsperspektive* mit der Frage befassen, weshalb welche Gruppen der Bevölkerung bestimmte Medienangebote auswählen, sich von vornherein dem Vorwurf zu stellen, einer naiven Vorstellung vom frei auswählenden Konsumenten-Publikum nachzuhängen, im Rahmen derer kein Platz bleibe für irgendeine Form gesellschaftlicher Verantwortung.

Der Kontext, den dieser Band mit mehreren Beiträgen zur Verarbeitung und zur Wirkung von Gewaltdarstellungen schafft, mindert den Druck, zur genannten Gretchenfrage Stellung zu nehmen, und ermutigt mich, im folgenden einen der beiden oben genannten vernachlässigten Aspekte der Thematik zu behandeln: Was wissen wir über die Nutzung von Sendungen mit Gewaltdarstellungen?

Die Bedeutung dieser Fragestellung ist offensichtlich: Medienangebote können nur dann "wirken", wenn sie genutzt werden. Und wenn etwa beobachtet werden kann, daß Angebote mit Gewaltdarstellungen in verschiedenen Bevölkerungsgruppen in ganz unterschiedlichem Ausmaß und in ganz unterschiedlicher Art und Weise genutzt werden, dann erfordert dies entsprechend differenzierte Annahmen über die Auswirkungen des jeweils unterschiedlichen Umgangs mit diesen Angeboten. Dennoch ist die Forschung zu diesem Bereich - ganz im Gegensatz zu der Fülle von Studien über Gewaltwirkungen - wenig entwickelt. Dies mag zum Teil an dem angesprochenen Sog zur Wirkungsfrage liegen; auf jeden Fall spiegelt sich hier aber die - angesichts der in industriellem Maßstab betriebenen Zuschauerforschung überraschende - Tatsache wider, daß über das konkrete Nutzungsverhalten einzelner Zuschauer und Zuschauergruppen nur wenig bekannt ist: Untersucht wird in der Regel, wie sich die Publika einzelner Sendungen und Programme zusammensetzen, nur selten wurde bisher gefragt, welche Sendungen und Programme einzelne Zuschauer zu ihrem persönlichen "Fernseh-Menü" zusammenstellen.

Vor diesem Hintergrund möchte ich in diesem Beitrag zunächst versuchen, Thesen und Ergebnisse aus vorliegenden Studien zur Nutzung von Gewaltdarstellungen im Fernsehen im Überblick darzustellen. Ergänzend werde ich über eigene Auswertungen berichten, die darauf abzielen, die Nutzung actionorientierter Angebote im Kontext übergreifender Formen des Umgangs mit dem Fernsehen zu analysieren.

2 Aspekte der Gewalt-Nutzung: Was untersucht die Forschung?

2.1 Zur generellen Attraktivität von Gewaltdarstellungen im Fernsehen: Steigert Gewalt Einschaltquoten?

Diskussionen um Medien und Gewalt liegt oft implizit die Prämisse zugrunde, daß Gewaltdarstellungen ein geeignetes Mittel darstellen, höhere Zuschauerzahlen zu erreichen (vgl. Gunter 1985a, S. 35; Groebel/Gleich 1993, S. 20). Einer gängigen Argumentationsfigur zufolge sind die zahlreichen Gewaltdarstellungen im Fernsehen Ausdruck des erbitterten Konkurrenzkampfs zwischen den Veranstaltern um Zuschauer und Marktanteile, in dem danach offenbar nur bestehen kann, wer den Zuschauern, quasi "notgedrungen", das anbietet, was sie wollen - nämlich Gewalt.

Die These erscheint zunächst plausibel. Kunczik (1993) weist darauf hin, daß actionreiche Stoffe mit zum Teil drastischen Gewaltdarstellungen seit der Antike ein großes Publikum finden. Krimis, Western und Actionfilme gehören zu den quotenstarken Angeboten des Fernsehens; unter den 100 in Deutschland meistgesehenen Sendungen des Jahres 1993 waren die Krimireihen "Tatort" (zwölfmal) und "Derrick" (neunmal) prominent vertreten. Auch der rasche Publikumserfolg einiger Reality-TV-Sendungen wie "Notruf" (vgl. Wegener 1994, S. 123) ist oft so interpretiert worden, daß spektakuläre Action- und Gewaltszenen hohe Attraktivität haben.

Allerdings bleibt die Suche nach systematischen Studien über den Zusammenhang zwischen Gewaltdarstellungen und Einschaltquoten annähernd ergebnislos, nur wenige (veröffentlichte) Studien zu dieser Frage liegen vor. So analysierten Diener und de Four (1978) 71 Episoden wichtiger Prime-time-Programme in den USA hinsichtlich der Darstellung von Gewalt, Sex, Humor, Action und Emotionen und verglichen dies mit den jeweiligen Ratings. Keiner der untersuchten Aspekte stellte sich als relevant für die Vorhersage der Ratings heraus. Auch in einer Studie von Sprafkin u.a. (1977, zit. nach Diener/Woody 1981) korrelierte die Häufigkeit gewalttätiger Handlungen in verschiedenen Sendungen nicht mit den Ratings dieser Sendungen.

Wie so oft im Bereich der Forschung zu Medien und Gewalt zeigen diese Studien weniger, daß es keinen Zusammenhang zwischen Gewalt und Zuschauerzahlen gibt, sondern vielmehr, wie schwierig es ist, die wirklich relevanten Forschungsfragen zu stellen und für diese ein angemessenes Untersuchungsdesign zu entwickeln. So ist fraglich, inwieweit in den genannten Studien mit der Anzahl der gewalttätigen Handlungen in den einzelnen Sendungen ein angemessenes Maß für deren "Gewaltorientierung" gewählt wurde. Und weiter sind die Einschaltquoten bzw. Ratings von zahlreichen situativen Faktoren abhängig; neben den Merkmalen der jeweils interessierenden Sendung (Handlung, Schauspieler/in bzw. Moderator/in etc.) spielen die Jahreszeit, das Wetter und die vorhergehenden, nachfolgenden und parallel angebotenen Sendungen eine entscheidende Rolle (vgl. Barwise u.a. 1988; Bortz 1986), so daß der Einzelaspekt der Gewalt kaum ins Gewicht fallen kann.

Einen anderen Untersuchungsansatz hat Williams (1989) gewählt: Er verglich die Gestaltung der Anzeigen für Fernsehsendungen im amerikanischen "TV-Guide" mit ihren nachträglichen Ratings und interpretiert seine Ergebnisse dahingehend, daß Sex- und Gewalthinweise in den Anzeigen einen positiven Einfluß auf die Ratings haben. Die empirische Basis für diese Aussage ist zwar schwach; interessant ist allerdings der Gedanke, daß die tatsächlichen Gewaltdarstellungen in Fernsehangeboten womöglich für die letztlich erzielten Einschaltquoten weniger relevant sind als die von den Zuschauern im vorhinein, aufgrund von Programminformationen, Werbung und Trailern gebildeten Erwartungen, daß es sich um ein Angebot mit viel Action und Gewalt handeln wird. Ohne Zweifel spricht die Art und Weise, in der actionorientierte Filme und Serien wie auch Reality-TV-Sendungen angekündigt werden, dafür, daß die Verantwortlichen davon ausgehen, daß reißerisch angekündigte Action- und Gewaltszenen einen geeigneten Anreiz darstellen, die Sendung anzusehen. In diesem Zusammenhang ist andererseits zu bedenken, inwieweit dann auch die kritische Diskussion um Gewaltdarstellungen in bestimmten Sendungen letztlich deren Zuschauerzahlen erhöht; so vermutet etwa Wegener (1994, S. 124), daß die Auseinandersetzungen um Reality-TV die Reichweiten von "Notruf" eher erhöht als vermindert haben.

Der hier interessierende Aspekt der generellen Attraktivität von action-orientierten Angeboten wurde auch in einer etwas abgewandelten Form untersucht; die Frage lautete: Gefallen Angebote mit Gewaltdarstellungen den Zuschauern besser und, wenn dies der Fall ist, liegt dies tatsächlich an der Darstellung von Gewalt? Die vorliegenden Befunde (Diener/De Four 1978; Diener/Woody 1981, S. 302; Himmelweit u.a. 1980) wurden in der Regel so interpretiert, daß Gewaltdarstellungen "durchschnittlichen" Zuschauern eher nicht gefallen bzw. daß sie zumindest kein wesentliches Kriterium für die Herausbildung von Programmpräferenzen darstellen. Hinter diesem auf aggregierter Ebene ermittelten Befund dürften aber erhebliche Unterschiede zwischen verschiedenen Zuschauergruppen verborgen sein, für die Gewaltdarstellungen entweder deutlich abstoßend oder aber durchaus attraktiv sind. Entsprechende Erfahrungen machen zumindest dem Vernehmen nach die Zuschauerforscher der Fernsehveranstalter, wenn sie in Gruppendiskussionen die Frage stellen, was an einer bestimmten Sendung gefallen habe - und was nicht: Sie stellen fest, daß sich verschiedene Bevölkerungsgruppen drastisch in ihren Vorlieben unterscheiden. Wo einigen (z.B. Älteren) die Darstellungen zu brutal sind, kritisieren andere (z.B. Jüngere) mangelnde Action etc.

Festzuhalten bleibt hier insgesamt, daß es keine schlüssigen empirischen Belege für die - meist implizite und daher nur selten hinterfragte - These gibt, daß ein Mehr an Gewaltdarstellungen mit höheren Einschaltquoten und besserem Gefallen bei den Zuschauern einhergeht. Angesichts der Pauschalität dieser These kann dies nicht verwundern - daß es hier wie auch in anderen Bereichen des Fernsehangebots keine so einfachen Erfolgsrezepte gibt (nach dem Motto "man nehme eine Portion Gewalt ...") zeigt die Tatsache, daß trotz aller Erfahrungen der Veranstalter und trotz aller Vorab-Tests neuer Sendungen immer wieder auch Angebote ins Programm kommen, die sich beim Publikum nicht bewähren.

Die Frage nach dem Umgang mit Gewaltdarstellungen im Fernsehen muß also differenzierter gestellt werden. Dazu ist insbesondere zu untersuchen, aus welchen Gründen sich Zuschauer gewaltorientierte Angebote ansehen und inwiefern sich verschiedene Zuschauer darin unterscheiden.

2.2 Die Bedeutung von Angebotstypen für das Nutzungsverhalten: Gibt es stabile Genrepräferenzen?

In der wirkungsbezogenen Gewaltforschung dominiert als Maß für die Fernsehnutzung die reine Sehdauer. Die Ursache dafür liegt zum einen in der besonderen Stellung der auf George Gerbner zurückgehenden Kultivierungsforschung (vgl. als neueren Überblick Signorielli/Morgan 1990), die aufgrund der inhaltsanalytisch festgestellten häufigen Gewaltdarstellungen in (amerikanischen) Fernsehprogrammen von intensiver Gewalt-Nutzung bei Vielsehern ausgeht. Zum anderen vermittelten auch einige Standardwerke der Publikumsforschung den Eindruck, daß das Zuschauerverhalten überwiegend durch die zeitliche Verfügbarkeit, durch Kanalloyalität und Vererbungseffekte geprägt werde, nicht aber durch den jeweiligen Angebotstyp (Barwise et al. 1988; Goodhardt et al. 1987; vgl. dazu Büchner 1989, S. 60ff.).

Direkte Analysen des Nutzungsverhaltens auf der Basis längerfristiger Messungen zeigen aber sehr wohl offenbar stabile Vorlieben für bestimmte Sendungstypen bzw. Genres (z.B. Brosius u.a. 1992; Hasebrink/Krotz 1993) und damit auch Unterschiede zwischen verschiedenen Zuschauern und Zuschauergruppen. Angesichts der weiter fortschreitenden Ausweitung der verfügbaren Fernsehangebote und der damit zu jedem Zeitpunkt erhöhten Auswahlmöglichkeiten ist davon auszugehen, daß solche Genrevorlieben für die Programmauswahl weiter an Bedeutung gewinnen werden - und sich daher auch die Unterschiede zwischen den Nutzungsmustern verschiedener Zuschauergruppen tendenziell vergrößern.

Im Hinblick auf die hier interessierende Fragestellung der Nutzung von gewaltorientierten Angeboten ist demnach zu untersuchen, welche Zuschauergruppen sich in welchen Situationen in besonders hohem (oder niedrigem) Ausmaß entsprechenden Sendungen zuwenden und aus welchen Gründen sie dies tun. Damit ist eine breite und durchaus heterogene Forschungsrichtung angesprochen, die sich mit verschiedenen Erscheinungsformen selektiven Zuwendungsverhaltens befaßt: "Selective exposure [...] designates behavior that is deliberately performed to attain and sustain perceptual control of particular stimulus events" (Zillmann/Bryant 1985a, S. 2; Hervorhebung im Original). Die Nutzung gewaltorientierter Medienangebote wird aus dieser Perspektive als ein Aspekt individuellen Handelns behandelt, mit dem das Individuum das Ensemble der erfahrbaren Umweltreize so weit wie möglich nach seinen jeweiligen Interessen und Bedürfnissen gestaltet. Eine zusammenhängende theoretische Aufarbeitung der selektiven Zuwendung zu Gewaltangeboten liegt nicht vor. In den folgenden Abschnitten können daher nur einige theoretische und empirische Ansätze skizziert werden, die sich aus jeweils spezifischem Blickwinkel mit dieser Frage befassen.

2.3 Soziodemographische Merkmale: Wer sind die Gewaltfans?

Einige Untersuchungen sind der Frage nachgegangen, wie sich verschiedene soziodemographische Gruppen hinsichtlich ihrer Gewalt-Nutzung unterscheiden bzw. welche Funktionen dem entsprechenden Nutzungsverhalten in den jeweiligen Gruppen zukommen. Hier spielt zunächst die Frage des Alters eine wichtige Rolle. In Studien zur Mediennutzung im Kinder- und Jugendalter etwa wird oft betont, daß gewaltorientierte Angebote u.a. genutzt werden, um sich mit altersspezifischen Rollenerwartungen auseinanderzusetzen, die eigene Identität zu suchen und Grenzen zu erproben (vgl. Neumann 1984; Orwaldi 1984).

Im Jugendalter gewinnt die Nutzung von gewaltorientierten Medienangeboten, insbesondere von Horrovideos, als Gruppenphänomen im Kreise von Gleichaltrigen an Bedeutung, es geht um die Abgrenzung gegenüber den Eltern, das Bedürfnis, zu einer Gruppe zu gehören und Mutproben zu bestehen etc. (Armbruster/Kübler 1984; Brosius/Schmitt 1990). Die Nutzung von Gewaltangeboten in Cliquen versteht Vogelgesang (1991) als Ausdruck jugendkultureller Stile, als ein Element der diese Stile definierenden expressiven Verhaltensmuster.

Verschiedene Studien zeigen übereinstimmend, daß den Gewaltdarstellungen diese Funktion insbesondere bei Jungen zukommt. Jungen nutzen mehr Gewaltangebote als Mädchen - passend zu einer früh sozialisierten Rollendefinition, die sich in Männlichkeitsriten, dem Aushaltenkönnen von Horrorszenen und der Identifikation mit den (in den entsprechenden Filmen in der Regel männlichen) Helden äußert (vgl. Groebel/Gleich 1993, S. 17f.). Lutz (1984, S. 24) resümiert seine Fallstudie an einer Videoclique so:

> "Der Gebrauch von Videoschockern bei männlichen Arbeiterjugendlichen ist mit einer spezifischen kulturellen Praxis verbunden, in der der mediale Gebrauch von Horrorbildern als männliche Herausforderung er- und gelebt wird. Die Bewältigung solcher Mutproben bestätigt bestimmte männliche Qualitäten wie Coolness im Umgang mit bedrohlichen Situationen und Selbstbehauptungskraft. Dieser Filmgebrauch kann als Erprobung und Vergewisserung einer männlichen Identitätskonzeption aufgefaßt werden."

Mädchen bevorzugen dagegen eher Musik-, Fantasy- und Problemfilme (vgl. Lukesch 1989, S. 122). Hinzu kommt, daß Mädchen und Jungen sich in ihrer Definition von Gewalt und in ihrer Interpretation von Sendungen mit Gewaltdarstellungen deutlich unterscheiden, indem Jungen nur drastische Verletzungen, Mädchen dagegen auch "Prügeleien" als Gewalt bezeichnen (vgl. zu diesem Thema, das hier nicht weiter behandelt werden kann, z.B. Aufenanger 1994; Luca 1993; Theunert u.a. 1992). Auch für Erwachsene deuten vorliegende Befunde darauf hin, daß Männer gewaltorientierte Angebote in stärkerem Maße nutzen bzw. umgekehrt, daß Frauen und Ältere sich häufiger von Gewaltdarstellungen beunruhigt und verletzt fühlen (z.B. Gunter/Winstone 1993).

Andere Untersuchungen befassen sich mit der Frage, inwieweit die alltägliche Konfrontation mit Gewalt in der Realität mit der Gewalt-Nutzung zusammenhängt. Dabei zeigt sich, daß Personen, die in Gebieten mit hohem Kriminalitätsaufkommen leben, mehr gewaltorientierte Sendungen sehen als Personen, die in ihrer Umgebung weniger mit Gewalt konfrontiert werden (z.B. Doob/McDonald 1979; Fenigstein/Heyduk 1985, S. 121ff.). Die genannten Ergebnisse wie auch Befunde zu anderen soziodemographischen Merkmalen sind allerdings wenig eindeutig - nicht zuletzt deshalb, da diese Merkmale nur in sehr oberflächlicher Weise auf unterschiedliche Positionen in der Gesellschaft verweisen und die "feinen Unterschiede" zwischen verschiedenen sozialen Milieus und Lebensstilen nicht erfassen.

2.4 Überdauernde Dispositionen: Alles eine Frage der Persönlichkeit?

Als Determinanten der Fernsehnutzung werden in der Literatur auch überdauernde Persönlichkeitsmerkmale behandelt (z.B. Groebel 1989b; Schmitz u.a. 1993; Schulz 1986). Allerdings werden diese nur selten unmittelbar auf die Nutzung gewaltorientierter Programme bezogen. Befunde liegen etwa zum Merkmal der Extraversion vor, von der angenommen wird, daß sie mit einem niedrigeren Ausgangsniveau an physiologischer Aktivierung und daher mit einem höheren Bedürfnis nach äußerer Stimulation einhergeht. So berichtet etwa Wober (1989, S. 94ff.), daß Extrovertierte verstärkt Action- und Abenteuerfilme nutzen.

Das am häufigsten im Zusammenhang mit der Nutzung von Gewaltangeboten untersuchte Persönlichkeitsmerkmal ist die Aggressivität. Dabei wird in der Regel eine Korrespondenz zwischen Disposition und Angebot unterstellt: "Characteristically aggressive individuals are more likely than nonaggressive people to prefer televised violence." (Atkin 1985, S. 76) In der Tat zeigten bereits einige frühere Untersuchungen, daß Personen mit als "aggressiv-abweichend" bezeichnetem Verhalten häufiger und mehr gewaltorientierte Lieblingssendungen nannten als andere

Personen (Robinson/Backman 1972; McIntyre/Teevan 1972; Friedman/Johnson 1972). Mehrfach wurde gezeigt, daß Kinder und Jugendliche mit aggressiven Prädispositionen mehr Gewaltdarstellungen im Fernsehen nutzen (McLeod et al. 1972; Dominick/Greenberg 1972; Atkin et al. 1979).

In einer Panelstudie mit zwei Meßzeitpunkten fanden Atkin et al. (1979) einen positiven Zusammenhang zwischen der Nutzung zwischenzeitlich neu gestarteter actionhaltiger Serien zum Zeitpunkt t_2 und der Aggressivität zum Zeitpunkt t_1. Dabei ist darauf hinzuweisen, daß diese Frage sehr viel öfter in der umgekehrten Richtung untersucht wurde - nämlich im Hinblick auf die klassische Forschungsfrage, inwieweit die Nutzung gewalthaltiger Angebote die Aggressivität steigert. Auch in einer anderen Panelstudie über drei Jahre (Huesman 1982; Eron/Huesman 1980) fand man positive Korrelationen zwischen Aggressivität zu früheren und Gewalt-Nutzung zu späteren Zeitpunkten - die Korrelationen in umgekehrter Richtung, also zwischen Nutzung zu früheren und Aggressivität zu späteren Zeitpunkten lag aber noch etwas höher (s. dazu auch Eron/Huesman 1989, S. 155ff.).

Angesichts zusätzlicher Befunde, wonach experimentell erzeugter Ärger zu stärkerer Präferenz für gewaltorientierte Filme führte (Fenigstein 1979; Freedman/Newtson 1975), resümieren Fenigstein und Heyduk (1985, S. 120):

> "Aggressive behaviors are not only a result of viewing violence, but may also be a cause of viewing violence. As previously suggested, this bidirectional model of influence also argues for the possibility of a vicious cycle in which aggressive acts lead to the viewing of violence, which leads to further acts of aggression, and so on (e.g., Eron, 1982)."

Im Rahmen der Wirkungsforschung - und hier insbesondere der Kultivierungs- und Vielseherforschung - spielt neben der Aggressivität das Konzept der Angst eine große Rolle (z.B. Groebel 1982). In Vielseherstudien wurde oft ein Zusammenhang zwischen Sehdauer und Angst gefunden, der meist als Ausdruck reziproker Verstärkungsbeziehungen interpretiert wird (z.B. Groebel/Winterhoff-Spurk 1989, S. 284). Vitouch (1993) betont die verschiedenen Formen der Angstbewältigung, die sich als Folge der individuellen Lerngeschichte und der jeweiligen Umweltbedingungen ergeben. In Abhängigkeit von der Angstbewältigungsstrategie kommen action- und gewaltorientierten Medienangeboten ganz unterschiedliche Funktionen zu (ebd., S. 173ff.; vgl. auch Grimm 1993a).

In ähnlichem Sinne stellt Rogge (1993a, S. 38) im Hinblick auf die Nutzung von Reality-TV-Sendungen fest, "daß vor allem sozial isolierte, emotional unsichere Erwachsene und Menschen mit materiellen Ängsten dieses Genre nutzen". Er unterstreicht, daß "die unbefriedigende psychosoziale Lage [...] der Nutzung voraus(geht) bzw. [...] in die Nutzung ein(geht) und nicht umgekehrt. [...] Die Rezeption stellt eine selbstinszenierte Bearbeitung von sozialen Ängsten dar." (ebd.; vgl. auch Rogge 1993b, S. 18). Mettler-von Meibom (1994, S. 5) sieht den Grund für die Attraktivität von Gewaltdarstellungen in der Tatsache, daß die Entwicklung der Moderne zu Abspaltungen von Emotionen und Ängsten geführt haben. Gewaltdarstellungen setzen genau da an: "Indem sie die verdrängten und abgespaltenen Emotionen manipulativ erreichen, kommen Menschen zumindest punktuell mit ihren Gefühlen in intensiven Kontakt und erfahren dadurch eine scheinbare Befriedigung ihrer emotionalen Bedürfnisse."

Im Zusammenhang mit zeitlich relativ stabilen Dispositionen für die Nutzung von Gewaltdarstellungen hat in den letzten Jahren außerdem das Konzept der Reizsuche ("Sensation Seeking") viel Aufmerksamkeit gefunden. Zuckerman (1979) geht davon aus, daß sich Menschen darin unterscheiden, in welcher Intensität sie Reize als angenehm empfinden und entsprechend gezielt aufsuchen. Die sogenannte "Sensation Seeking Scale" mißt das Ausmaß, mit dem Menschen dazu tendieren, Umweltreize zu suchen, die zu Erregungsteigerung führen.

In mehreren Studien wurde dieses Konzept auch auf Fernsehnutzung bezogen. So wurde gefunden, daß der Grad der Reizsuche ein Faktor zur Erklärung der Häufigkeit der Horrorfilm-Nutzung ist (Edwards 1984; Tamborini/Stiff 1987) und positiv mit dem Vergnügen an Gruselfilmen korreliert (Sparks 1984). Rowland et al. (1989) haben dieses Konzept auf die allgemeine Fernsehnutzung bezogen; dabei zeigte sich, daß "High Sensation Seekers" angaben, daß sie fernsehen, um intensive und komplexe Reize zu erfahren; gleichzeitig hatten sie liberalere Einstellungen gegenüber dem Medium und seinen Inhalten und Darstellungsformen. Allerdings fand sich kein Zusammenhang zwischen der Art der Reizsuche und der Vorliebe für bestimmte Programminhalte.

Eine vor diesem Hintergrund konzipierte vergleichende Untersuchung der Reizsuche im Fernsehen und in der Realität von Groebel (1989a) ergab drei Reizsuche-Bereiche: Risiko, Glamour, intellektuelle Tätigkeit. Den Ergebnissen zufolge ist dabei gleichgültig, ob die jeweils bevorzugten Reize im Medium oder in der Realität gesucht werden: Wer im Fernsehen Risiko sucht, tut dies auch in der Realität. Zwischen den Bereichen zeigen sich dagegen so gut wie keine Korrelationen, was auf ein durchgängiges, die Mediennutzung wie die sonstige Alltagsgestaltung umfassendes, selektives Zuwendungsverhalten im oben genannten Sinne hinweist.

2.5 Motive zur Auswahl von Gewaltdarstellungen: Gute Gründe für Gewalt-Nutzung?

Die prominenteste Tradition der Nutzungsforschung stellt zweifelsohne der Uses-and-Gratifications-Ansatz dar (für eine Übersicht vgl. Rosengren et al. 1985). Die Nutzung eines Mediums bzw. eines bestimmten Angebots wird in diesem Rahmen behandelt als ein Mittel zur Befriedigung von Bedürfnissen, Motiven und Interessen, welche den Zuschauern bewußt sind bzw. die entsprechend in Untersuchungen erfragt werden können. Die in der Forschung benutzten Motivkataloge (vgl. Schenk 1987) sind allerdings in sich recht heterogen und für die Untersuchung der selektiven Zuwendung zu gewaltorientierten Angeboten nur bedingt geeignet.

Grund dafür ist insbesondere, daß die Zusammensetzung der Kataloge bzw. die Formulierung der Statements eine Konfundierung verschiedener Ebenen der Zuschaueraktivität mit sich bringen. Prominent ist etwa die Unterscheidung zwischen einer selektiv informationsorientierten ("instrumentellen") Fernsehnutzung und einer "habitualisierten" und stärker unterhaltungsorientierten Fernsehnutzung, die vor allem dem Zeitvertreib dient und als weniger "aktiv" bezeichnet wird (vgl. Rubin 1983, 1984). Daß informationsorientierte Nutzung "aktiver" bzw. gezielter erscheint, liegt zum Teil daran, daß die Nutzung von Informationssendungen insofern am ehesten rationalisierbar ist, als sich dafür Gründe angeben lassen, die außerhalb der Rezeption selbst angesiedelt sind: Man sieht fern, um hinterher informierter oder gebildeter zu sein. Für stärker intrinsisch motivierte medienbezogene Handlungen, deren Reiz eher im Prozeß der Rezeption selbst liegt, lassen sich im Rahmen solcher Statement-Kataloge kaum entsprechende "gute Gründe" nennen.

Unter den in diesem Forschungsbereich untersuchten Motiven ist für die selektive Nutzung von gewaltorientierten Angeboten am ehesten eine Dimension wie "Spannung" relevant, wie Greenberg (1973) sie in seiner Unterscheidung von insgesamt acht Motivdimensionen beschrieben hat. In anderen Klassifikationen, etwa von Rubin (1983), tritt eine solche Dimension allerdings nicht auf, hier scheinen die Faktoren "Unterhaltung" und "Eskapismus" am ehesten mit der Nutzung von Gewaltdarstellungen verbunden zu sein.

Das für den Uses-and-Gratifications-Ansatz zentrale Konzept der Aktivität des Publikums hat sich in der Forschungspraxis als recht diffus erwiesen (vgl. Hasebrink/Krotz 1991). Es sind daher einige Versuche unternommen worden, dieses Konzept auszudifferenzieren und verschiedene Formen der Aktivität zu definieren. Levy und Windahl (1985) unterscheiden u.a. zwischen Aktivitität vor, während und nach der kommunikativen Phase, also der Rezeption einer bestimmten Sendung. Eine im Zusammenhang mit der Nutzung von Gewaltsendungen relevante, wenn auch meines Wissens bisher nicht systematisch untersuchten Konsequenz dieser Unterscheidung ist es, daß die Entscheidung, eine Sendung mit Gewaltdarstellungen auszuwählen (Aktivität vor der Rezeption) zu unterscheiden ist von der Frage, mit welcher inneren Beteiligung diese Sendung dann gesehen wird bzw. ob sie überhaupt zuende gesehen wird (vgl. dazu auch Vorderer 1992, S. 236).

Auch eine andere Richtung innerhalb der Uses-and-Gratifications-Tradition ist für die Frage der Gewalt-Nutzung relevant. In einer differenzierteren Version (vgl. z.B. Palmgreen 1984) wird der Uses-and-Gratifications-Ansatz zur Vorhersage der Auswahl zwischen zwei konkreten Programmangeboten benutzt. Dabei wird unterschieden zwischen Gratifikationen, die die Zuschauer mit der Suche nach einem Angebot anstreben ("gratifications sought") und solchen, die sie tatsächlich durch die Rezeption eines Angebots erhalten ("gratifications obtained"). Wie Schenk und Rössler (1986) in einer Untersuchung zu den beiden Krimiserien "Magnum" und "Der Alte" zeigen konnten, vermitteln diese Serien ihren jeweiligen Stammpublika die gleichen Gratifikationen: Sie unterhalten gut, sie sind spannend, der Hauptdarsteller gefällt etc. "So bestätigt sich die These, daß Krimis zwar aus ähnlichen Motiven angeschaut werden; wichtiger aber ist die Differenzierung, daß für bestimmte Zuschauergruppen nur bestimmte Krimis diese Erwartungen erfüllen und andere nicht" (ebd., S. 86). Ein weiteres Ergebnis dieser Untersuchung bezieht sich auf die Attribute, die die Zuschauer den beiden Sendungen zuschreiben. Die

Beispielkrimis unterscheiden sich u.a. darin, daß bei der Beurteilung von "Magnum" das Attribut "aufregend" in derselben Dimension angesiedelt ist wie die Attribute "gewaltsam" und "brutal", während es bei der Beurteilung der Reihe "Der Alte" in einer Dimension mit "realistisch", "überzeugend", "intelligent" und "kompliziert" liegt.

Diese Ergebnisse unterstreichen, daß generelle Aussagen über die Attraktivität von Fernsehangeboten und ihre Funktion für die Zuschauer kaum möglich sind. Es bedarf der Analyse, wie verschiedene Zuschauer die betreffenden Angebote wahrnehmen und wozu sie sie entsprechend benutzen.

2.6 Die Definition der Zuschauer: Was wird als Gewalt wahrgenommen?

Gunter (1985a, S. 36ff.) folgert aus den wenig zufriedenstellenden Untersuchungen zum Zusammenhang zwischen Gewaltdarstellungen und der Attraktivität von Sendungen, daß die Untersuchung dieses Zusammenhangs auf die Wahrnehmungen der Zuschauer bei konkreten Sendungen zurückgreifen muß (s. dazu auch Howitt/Cumberbach 1979). Hierzu verweist er auf eine frühe Studie der BBC (1972), derzufolge die Wahrnehmung von Programmen als "gewalttätig" nicht von der Zahl der gewalttätigen Handlungen abhing. Ein wichtiger, später mehrfach replizierter Befund dieser frühen Studie war, daß Gewalthandlungen in Nachrichten und Dokumentationen als "gewalttätiger" empfunden wurden als solche in fiktionalen Sendungen (vgl. dazu z.B. Australian Broadcasting Tribunal 1990, Vol. 1, S. 97).

Ähnliches wird auch aus Studien zum Umgang von Kindern und Jugendlichen mit der Mediengewalt berichtet: Jugendliche nennen "Aktenzeichen XY" als Horrorfilm schlechthin, Kinder empfinden die "Lindenstraße" als brutal, weil so viel gestritten wird (Rogge 1993b, S. 19). In der Studie von Theunert u.a. (1992) wird festgestellt, daß 8-13jährige unter Gewalt in erster Linie körperliche Angriffe verstehen, Jungen nur drastische Verletzungen, Mädchen auch schon Prügeleien. Dabei hat jedes Kind eine individuelle Schwelle. Die "Gewalt" in den Lieblingssendungen (Zeichentrickserien mit "guten Helden") der Kinder wird kaum als solche im Sinne belastender Reize wahrgenommen. Belastend sind hingegen diejenigen Gewaltdarstellungen, die mit drastischen sichtbaren Folgen für die Opfer verbunden sind und von ihrer Art und ihrem Kontext her die Kinder an die Realität erinnern oder sie Realitätsnähe vermuten lassen.

Die vermutete Realitätsnähe wirkte sich auch in einem Experiment von Grimm (1993b) auf die Wahrnehmung von Gewalt aus. Darin wurde ein Reality-TV Beitrag (aus "Explosiv") über Lynchjustiz in Brasilien einer Gruppe als Dokumentation (Faction), einer anderen als Fiction angekündigt. Die "Faction-Gruppe" beurteilt den Film als glaubwürdiger, interessanter, realistischer, angsterregender, spannender, beunruhigender. "Die kognitive Etikettierung des Films als 'Wirklichkeit' beeinflußt demnach die Zuwendungsattraktivität; sie forciert das Interesse und das emotionale Involvement bei der Rezeption" (ebd., S. 24).

2.7 Situationsspezifische Erregungsregulierung: Macht Gewalt Stimmung?

Während in den vorangegangenen Abschnitten die Frage nach den Gründen für die Nutzung von Gewaltangeboten mit dem Hinweis auf zeitlich relativ überdauernde Faktoren (Persönlichkeitsmerkmale, allgemeine Nutzenerwartungen gegenüber dem Fernsehen und seinen Angeboten) beantwortet wurde, rücken andere Untersuchungen die konkrete Nutzungssituation in den Mittelpunkt. Zillmann und Bryant (1985b) weisen den momentanen Stimmungen und Gefühlen und dem jeweiligen Erregungszustand einen wesentlichen Stellenwert bei der Auswahl von Fernsehangeboten zu (vgl. auch Zillmann 1994). In verschiedenen Experimenten konnte gezeigt werden, daß bei physiologischer Untererregung aktivierende, häufig aggressiv-actionbezogene Inhalte gesucht werden. Spektakuläre Bilder und Szenen führen zu Erregungsanstieg und werden - wenn sie nicht übertrieben sind - als angenehm empfunden. In eben diesem Sinne stellt Grimm im Hinblick auf die Nutzung gewaltorientierter Sendungen fest: "Die Fernsehzuschauer sind weder an Aggressionsförderung noch Triebreduktion interessiert, sondern in erster Linie an unterhaltsamen Erlebnisqualitäten zur Regulierung der eigenen emotionalen Befindlichkeit" (1992, S. 61).

2.8 Angst auf Probe: Was ist so schön am Schrecken im Fernsehen?

Die wahrscheinlich häufigste Antwort auf die Frage, weshalb Action- und Gewaltangebote im Fernsehen gesehen werden, dürfte lauten: weil sie spannend und aufregend sind. Wenn auch für das Entstehen von Spannung Gewaltdarstellungen keineswegs zwingend erforderlich sind und in Untersuchungen zum Teil explizit Formen der Action und der spannenden Unterhaltung gewünscht werden, die ohne Gewalt auskommen (z.B. in Theunert u.a. 1992), so gilt doch, daß "negative Medieninhalte [...] die wichtigste Primärtechnik der Spannungserzeugung" darstellen (Grimm 1992, S. 61).

Mehrere Forschungsarbeiten haben sich nun aber die Frage vorgelegt, was an negativen Medieninhalten, an angsterregenden und zum Teil erschreckenden Darstellungen so attraktiv ist, daß sich die Zuschauer dem freiwillig aussetzen. In seinem Überblick über die psychologische Spannungsforschung wendet sich Vorderer (1994, S. 336) gegen die Auffassung von Zillmann, wonach sich die Zuschauer dem "empathischen Streß", der mit der Rezeption spannender Geschichten verbunden ist, nur deshalb aussetzen, um hinterher die mit der (meist glücklichen) Auflösung der Geschichte verbundenen angenehmen Empfindungen genießen zu können. Eine ähnliche "nachträgliche Belohnung" hatten Zillmann und Wakshlag (1985) angenommen, als sie die Ergebnisse einer Untersuchung über den Zusammenhang zwischen der Furcht, Opfer eines Gewaltverbrechens zu werden, und der Zuwendung zu gewaltorientierten Angeboten dahingehend interpretierten, daß es nicht die Gewalt selbst ist, die für die Personen mit entsprechenden Befürchtungen attraktiv ist; vielmehr sei das entscheidende Kriterium, ob auf die gezeigte Gewalt im Film die gerechte Strafe folge, Gewalt an sich schrecke eher ab (Zillmann/Wakshlag 1985, S. 152ff.; vgl. ähnlich Comstock 1982, S. 122).

Vorderer stellt dem die Auffassung gegenüber, daß es sich bei der Rezeption um Illusionsspiele handelt, d.h. daß die Zuschauer während der Rezeption nicht wirklich Angst um die jeweils handelnden Figuren haben:

> "Die 'Angst' [...] ist keine wirkliche Angst, obwohl sie zu ähnlichen Symptomen führt. Sie ist vielmehr eine *'Als-ob-Angst'*. Vergleichbar mit der 'Angst' die Kinder empfinden, die im Spiel so tun, als ob sie Angst hätten. [...] damit [können] neue, unbekannte Rollen ausprobiert und gefährliche oder sozial inakzeptable Situationen scheinbar erlebt werden" (S. 337).

Ähnlich argumentiert Grimm:

> "Eine direkte Angstlust gibt es nicht. Der Zweck der Unterhaltungsangst besteht nicht darin, Angst um ihrer selbst willen zu erzeugen, sondern Angst im intensiven Spiel zu thematisieren, sei es um ein Flow-Erlebnis zu erreichen, sei es um sich mit dem Angstmachenden probeweise zu konfrontieren" (Grimm 1992, S. 61).

Voraussetzung dafür ist aber,

> "[...] daß beim Zuschauer keine Gefahr für Leib und Leben besteht, er sich aber eine Gefährdung intensiv vorstellen kann. Da eine reale Bedrohung entfällt, ist auch der Handlungszwang unterbrochen. So kann man sich ganz auf die *Erlebnisseite der Angst* konzentrieren, die man gleichsam doppelt erlebt: als Angst gegenüber einer entfernt liegenden oder vorgestellten Bedrohung und als eine Erfahrung, wie man sich selbst als Ängstlicher fühlt" (Grimm 1993a, S. 207).

Zu einem ähnlichen Verständnis kommt, aus einer anderen theoretischen Perspektive, Apter (1994) in einem Beitrag, in dem er die sogenannte "Reversal Theory" ("Umkehrungs-Theorie"; vgl. Apter 1989) auf die hier interessierende Frage der Nutzung negativer und angsterregender Medieninhalte anwendet. Ausgangsidee dieser Theorie ist es, daß Menschen im Alltag wechselnde Gemütszustände (states of minds) erfahren, die jeweils als bestimmte Orientierungen gegenüber der Welt zu sehen sind. Die Theorie betont nun die besondere Bedeutung des Wechsels von einem Gemütszustand in sein direktes Gegenteil ("reversal"): "We are therefore not only inherently changeable, but also, over time, inherently self-contradictory: we go backwards and forwards between opposites" (1994, S. 4).

Apter erläutert diese Annahmen an den einander entgegengesetzten Zuständen "Erregungs-Suche" und "Erregungs-Vermeidung"- und damit in enger Analogie zu den bereits oben behandelten Aspekten der Reizsuche als generelle Disposition und des Stimmungs-Managements: Im ersteren Zustand wird eine stärkere Erregung als angenehm, im zweiten als unangenehm erlebt; dies gilt unabhängig von der Art der Erregung, so daß der Theorie zufolge auch negative Emotionen Vergnügen machen können. Dazu wird folgende Unterscheidung eingeführt: "Since we need to distinguish the genuinely bad emotions from their paradoxically pleasant forms as experienced in the arousal-seeking state, let us call the latter 'paraphatic emotions'. Then we can talk about paraphatic anxiety (anxiety which is enjoyed)" (ebd., S. 9). Voraussetzung für den Gemütszustand der Erregungs-Suche ist das Gefühl von Sicherheit, ein "protective frame". "The 'trick' of achieving pleasant high arousal, then, is to confront oneself with strongly arousing stimuli in the context of safety" (ebd., S. 12). Entfällt der schützende Rahmen, so tritt unmittelbar der entgegengesetzte Zustand ein, die Erregung wird in eben dem Maße als unangenehm empfunden, wie sie zuvor als angenehm empfunden wurde.

2.9 Zwischenresümee

Die angesprochenen Thesen und Befunde zur Nutzung von Gewaltdarstellungen konnten an dieser Stelle nicht vertiefend dargestellt werden, wodurch der Eindruck entstehen mag, die Forschungslage sei völlig disparat. Wenn sich auch auf dem heutigen Stand kein kohärentes Bild zeichnen läßt, das alle genannten Befunde integrieren könnte, so möchte ich hier doch versuchen, ein Zwischenresümee zu ziehen, das die verschiedenen Untersuchungsansätze miteinander in Beziehung setzt und auf besonders dringlich erscheinende offene Fragen hinweist.

Die Nutzung von Gewaltdarstellungen im Fernsehen ist zunächst als selektives Zuwendungsverhalten anzusehen. Ob überhaupt und, wenn ja, wie oft, wie lange, zu welchen Zeiten und mit wem ferngesehen wird und welche Sendungen und Angebotstypen dabei ausgewählt werden, steht relativ weitgehend im Ermessen der Zuschauer, für die das Fernsehen ein Mittel ist, die für sie erfahrbaren Umweltreize nach ihren Interessen und Bedürfnissen zu gestalten.

Selektives Zuwendungsverhalten kann sich im Hinblick auf action- und gewaltorientierte Angebote auf sehr unterschiedliche Art und Weise äußern - entsprechend disparat erscheinen die verschiedenen Forschungsansätze zu diesem Bereich. Zunächst ist festzuhalten, daß es keinerlei Hinweise darauf gibt, daß Gewaltdarstellungen für die Zuschauer generell attraktiv sind - eher das Gegenteil scheint der Fall zu sein. Für die Nutzung spricht, daß die entsprechenden Angebote oft "spannende Unterhaltung" und "Nervenkitzel" bieten und sich damit etwa zur Steigerung des Erregungsniveaus eignen. Allerdings können sich diese Gratifikationen für manche Zuschauer durchaus auch bei der Nutzung gewaltfreier Angebote ergeben, etwa bei Sportübertragungen, Game-Shows oder bei der Berichterstattung über "spannende" politische Vorgänge.

Ein Großteil der Forschung rückt daher interindividuelle Unterschiede zwischen Zuschauern in den Vordergrund, es wird versucht zu erklären, warum sich manche Zuschauer generell häufiger gewaltorientierten Angeboten zuwenden, während andere diese gezielt zu vermeiden scheinen. Auf dieser Betrachtungsebene geht es insbesondere um Persönlichkeitsmerkmale wie die Aggressivität, die Ängstlichkeit oder die Reizsuchetendenz einer Person sowie um bestimmte soziodemographische Merkmale, die als Indikatoren für bestimmte soziale Positionen in der Gesellschaft verwendet werden. Untersuchungsergebnisse, die korrelative Zusammenhänge zwischen diesen Merkmalen und der Gewalt-Nutzung zum Ausdruck bringen, verweisen auf bestimmte Funktionen, die der Nutzung von Gewaltdarstellungen im Rahmen des individuellen Alltagshandelns mit seinen jeweiligen Möglichkeiten, Grenzen und handlungsleitenden Themen zukommen. Diese Funktionen können höchst unterschiedlich sein - damit verbunden ist die Tatsache, daß es jeweils ganz unterschiedliche Aspekte der gewaltorientierten Angebote sind, die für die selektive Zuwendung ausschlaggebend sind.

Die Herausforderungen, die sich aus letzterem für die Anlage empirischer Untersuchungen zur Gewalt-Nutzung ergeben, sind bisher kaum erfüllt worden. Der Darstellungsaspekt "Gewalt" wird meist ad hoc definiert, insbesondere aber werden die als "gewalt- oder actionorientiert" bezeichneten Angebote herausgelöst aus dem Programmfluß und aus ihren Bezügen zur Realität; analog werden meist auch die Kontakte der Zuschauer mit diesen Gewaltdarstellungen herausgelöst aus ihrem Rezeptionsfluß und aus ihrem Alltag.

Eine der Voraussetzungen für eine Überwindung dieser Situation scheint mir darin zu liegen, daß eine genauere Vorstellung davon entwickelt wird, was wir mit "Gewalt-Nutzung" meinen und wie diese in die sonstige Fernsehnutzung der Zuschauer eingebettet ist. Im folgenden Abschnitt möchte ich einige Überlegungen und Auswertungen zu dieser Frage vorstellen.

3 Fiktionale Action-Angebote im Rahmen individueller Nutzungsmuster

3.1 Zielsetzung der Auswertungen

Das Fernsehen kann in sehr unterschiedlicher Weise genutzt werden (vgl. dazu Hasebrink/Krotz 1993). Unterschiede zwischen Zuschauern beschränken sich keineswegs nur auf die meist untersuchte mittlere Sehdauer, sie sind vielmehr auf mehreren Ebenen der Nutzung zu beobachten:

- *Zuwendungsverhalten:* Häufigkeit und Dauer der Nutzung, Verteilung auf Wochentage und Tageszeiten,
- *Soziale Konstellation beim Fernsehen:* Fernsehnutzung allein oder gemeinsam mit anderen Haushaltsmitgliedern oder Gästen,
- *Kanalnutzung:* Zahl der Kanäle, die genutzt werden, Häufigkeit des Umschaltens, Vorlieben für bestimmte Kanäle,
- *Genrenutzung:* Vorlieben für bestimmte Sendungsformen und Inhalte und schließlich
- die *Rezeption bzw. Interpretation* der ausgewählten Sendungen und Sendungsstücke.

In der Diskussion um die Nutzung des Fernsehens im allgemeinen und von gewaltorientierten Angeboten im besonderen vermischen sich diese Ebenen in vielfältiger Weise. Mal wird der Umfang der Nutzung problematisiert, mal das häufige Alleinsehen speziell von Kindern; mal wird das meist als "passiv" abgestempelte Verfolgen eines Kanals über längere Zeitstrecken hinweg kritisiert, dann wieder auch das als Zeichen mangelnder Konzentrationsfähigkeit interpretierte häufige Wechseln der Kanäle usw. Gemeinsam ist diesen Thesen, daß sie aus der umfassenden Tätigkeit "Fernsehen" einen bestimmten Aspekt herausgreifen und damit Gefahr laufen, diesen - seines Kontexts beraubt - mißzuverstehen.

Ich möchte an dieser Stelle versuchen, die Nutzung action- und gewaltorientierter Programmangebote mit anderen Merkmalen der Fernsehnutzung in Beziehung zu setzen, um so ein differenzierteres Bild von dem Phänomen Gewalt-Nutzung zu ermöglichen. Dabei sind zwei Einschränkungen zu beachten: Zum einen konzentriere ich mich, wie auch im wesentlichen bei der obigen Forschungsübersicht, auf die Aspekte des Zuwendungs- und Auswahlverhaltens; das heißt, daß die letztgenannte der fünf Ebenen der Fernsehnutzung, die Interpretation der ausgewählten Inhalte nicht berücksichtigt wird. Zum anderen geht es mir hier in erster Linie um zeitlich relativ stabile Tendenzen individuellen Nutzungsverhaltens - also nicht um die Frage, ob eine Person an einem bestimmten Tag eine bestimmte Sendung sieht, sondern um die Frage, welche stabilen Muster des Umgangs mit gewaltorientierten Angeboten zu beobachten sind.

Für Fragestellungen dieser Art sind Daten aus der kontinuierlichen telemetrischen Zuschauerforschung besonders geeignet, da sie das Zuwendungs- und Auswahlverhalten einzelner Zuschauer detailliert und über längere Zeiträume hinweg erfassen. Für die Auswertungen greife ich auf Nutzungsdaten aus dem GfK-Panel zurück, die im Frühjahr 1992 über vier Wochen in 410 westdeutschen Haushalten mit 941 Personen erhoben wurden (zum Auswertungskonzept vgl. Hasebrink/Krotz 1993); diese Daten wurden dankenswerterweise von der ARD/ZDF-Medienkommission zur Verfügung gestellt.

3.2 Zur Erfassung der Gewalt- bzw. Action-Nutzung

Voraussetzung für die Auswertungen ist eine Festlegung, was unter Gewalt- oder Action-Nutzung zu verstehen ist. Die Nutzungsdaten der kontinuierlichen Zuschauerforschung werden mit den für die betreffenden Zeiten vorliegenden Sendungsdaten verknüpft. Jede Sendung wird darin auch hinsichtlich ihrer Form und ihres Inhalts charakterisiert. Als Basis für die folgenden Auswertungen dienten die in den Sendungsdateien für die wichtigsten Kanäle codierten Variablen Sendungsart, Sendungsform, fiktionales Genre und Thema. Zur Vereinfachung wurde daraus eine neue Variable mit 67 Ausprägungen konstruiert, die im folgenden als "Genres" bezeichnet werden.

Zunächst ist zu fragen, wie einzelne Zuschauer ihre Sehdauer auf einzelne Genres verteilen. In erster Annäherung ergibt sich der Befund, daß Vielseher alle Genres länger nutzen als Wenigseher. Daß die Differenzierung zwischen verschiedenen Genres für die Beschreibung von Mustern der Programmwahl aber trotz dieser generellen Tendenz fruchtbar ist, zeigten weitere Auswertungen, bei denen sich relativ stabile Gruppen von Genres ergaben, die in offenbar ähnlicher Weise - hinsichtlich der auf sie entfallenden Sehdauern - genutzt werden (vgl. dazu Hasebrink/Krotz 1993, S. 523f.). Mit Hilfe einer Faktorenanalyse faßten wir 39 ausgewählte Genres zu sieben Faktoren zusammen, die sich relativ klar als übergreifende "Programmsparten" interpretieren liessen: "Information", "Action", "Sport", "Nicht-fiktionale Unterhaltung", "Fiktionale Unterhaltung", "Kinderangebote" und "Humor/Satire".[1]

Der an dieser Stelle interessierende Faktor "Action" wird durch die folgenden Genres geprägt: Abenteuerfilm (Faktorladung .83), Horror-/Gruselfilm (.75), Krimi/Thriller (.74), Gesellschaftskritischer Film (.65), Western (.63), Melodram (.61) und Mantel/Degen-Film (.58). Offensichtlich sind dies alle diejenigen Genres des Fernsehangebots, die in irgendeiner Weise spannende und actionorientierte Geschichten erzählen. Demnach hat dieser Aspekt für die Programmauswahl eine große Bedeutung: Zuschauer, die häufig Abenteuerfilme sehen, sehen auch häufiger Krimis und Western; Zuschauer, die nichts für Horrorfilme übrig haben, sehen auch sonst weniger Action.

Anhand dieser Faktorstruktur bestimmten wir in einem weiteren Auswertungsschritt für jede Person sieben Summenwerte aus den Sehdauern der jeweils zugehörigen Genres (ohne Berücksichtigung der jeweiligen Faktorladungen). Die Summenwerte für die einzelnen Sparten erwiesen sich als über die Zeit stabile Merkmale individuellen Nutzungsverhaltens. Über alle Zuschauer gemittelt ergaben sich für die Sparten folgende Anteile an der Gesamtnutzung: Information 21 %, Action 20 %, Sport 10 %, Nicht-fiktionale Unterhaltung 17 %, Fiktionale Unterhaltung 12 %, Kinderangebote 6 %, Humor/Satire 3 %; die übrigen Anteile entfallen auf sonstige, nicht in die Faktoranalyse einbezogene Genres und nicht codierte Programmbestandteile.

Anhand dieser Daten soll im folgenden die Frage behandelt werden, welche Zuschauer mehr oder weniger actionorientierte Programme in dem oben definierten Sinne auswählen und wie die Nutzung solcher Angebote mit anderen Merkmalen der Fernsehnutzung zusammenhängt.

3.3 Der Anteil der Action-Nutzung in verschiedenen Zuschauergruppen und im Zusammenhang mit anderen Merkmalen der Fernsehnutzung

Der oben genannte Anteil von 20 Prozent fiktionaler Action-Angebote an der Gesamtnutzung ist ein Mittelwert, dem erhebliche Unterschiede zwischen verschiedenen Zuschauergruppen zugrundeliegen. Daher soll hier gefragt werden, in welchen Gruppen diese Angebote besonders häufig oder besonders selten gesehen werden, und mit welchen anderen Merkmalen der Fernsehnutzung die Auswahl actionorientierter Angebote einhergeht.

---

1 Die in die Faktorenanalyse eingehenden 39 Genres machten insgesamt 89 Prozent der auf codierte Programme entfallenen Nutzungsdauer aller Personen aus. Nicht berücksichtigt wurden Genres, die nur von wenigen Zuschauern genutzt wurden, sowie Sonderformen, die nicht im eigentlichen Sinne als Sendungen zu bezeichnen sind und meist auch nicht als solche in Programmzeitschriften ausgewiesen werden (Präsentation, Spots, Teleshop, Werbung, Gewinnzahlen). Die Lösung mit sieben Faktoren erklärte 61 Prozent der Varianz.

Entscheidendes Merkmal ist das Alter (vgl. Tab. 1). Das größte Interesse an Action-Angeboten besteht bei den 30- bis 39jährigen, während die jüngsten und ältesten Zuschauer diesen Angeboten deutlich geringere Anteile ihrer Nutzungszeit widmen. Andere Merkmale wie das Geschlecht, die Berufstätigkeit und die Schulbildung zeigen (bei gleichzeitiger Berücksichtigung des Alters) keinen signifikanten Zusammenhang mit dem Anteil der Action-Nutzung. Eine gewisse Tendenz zeigt sich dahingehend, daß Personen in Haushalten mit Kabelanschluß eher mehr Action-Angebote nutzen als solche, die über ein weniger breites Angebot verfügen.

Tab. 1: Anteil von Action-Angeboten bei Zuschauergruppen mit ausgewählten Personen- und Haushaltsmerkmalen

Prozent der Gesamtsehdauer, N=914

Alter***			
bis 13 Jahre	18	**Geschlecht**	
14-19 Jahre	20	Männer	21
20-29 Jahre	23	Frauen	20
30-39 Jahre	26		
40-49 Jahre	22	**Kabelanschluß im Haushalt:****	
50-59 Jahre	20	vorhanden	22
60-69 Jahre	18	nicht vorhanden	19
70 Jahre und älter	16		

***: signifikant mit $p < 0.001$, **: $p < 0.01$

Gemessen an Alltagserwartungen und der vorliegenden Literatur ist der Befund, daß sich Männer und Frauen im Ausmaß der Action-Nutzung nicht unterscheiden, überraschend. Daher soll hier kurz die Hypothese verfolgt werden, daß die erwarteten Unterschiede deshalb nicht sichtbar werden, weil in vielen Situationen Männer und Frauen gemeinsam fernsehen und sich daher geschlechtsspezifische Genrepräferenzen auf dieser Ebene nicht beobachten lassen. Danach müßten "typisch männliche" und "typisch weibliche" Genrepräferenzen eher bei den Männern und Frauen zum Vorschein kommen, die allein leben oder aber zumindest häufiger allein fernsehen. Um dies zu prüfen, wurden die Actionanteile von Männern und Frauen in Ein- und Mehr-Personenhaushalten bestimmt. Der Hypothese entsprechend widmen Männer in Ein-Personen-Haushalten einen signifikant höheren Anteil ihrer Fernsehnutzungszeit actionorientierten Sendungen (23,4 %), als dies bei Frauen der Fall ist (18,3 %). In allen größeren Haushalten läßt sich dagegen überhaupt kein Unterschied zwischen Männern und Frauen feststellen.

Als weitere Prüfung wurde - getrennt für Männer und Frauen - die Korrelation zwischen dem Actionanteil an der Nutzung mit dem Anteil der allein verbrachten Fernsehzeit berechnet. Die Hypothese bestätigt sich der Tendenz nach, denn für die Männer ist folgendes zu beobachten: Je mehr diese allein fernsehen, desto höher ist der Actionanteil ($r = .12$, $p < .01$). Für die Frauen zeigt sich kein signifikanter Zusammenhang, d.h. bei ihnen geht häufigeres Alleinsehen nicht mit häufigerer Zuwendung zu actionorientierten Sendungen einher.

Der Anteil der Action-Nutzung erweist sich als unabhängig von der täglichen Sehdauer ($r = .04$). Die Angebotsstruktur der Fernsehkanäle spiegelt sich im Hinblick auf die tageszeitliche Plazierung von Action-Sendungen in dem Befund wider, daß Personen mit höheren Actionanteilen häufiger noch nach 22.00 Uhr den Fernseher einschalten ($r = .21$). Im Hinblick auf die Unterschiede zwischen den verschiedenen Programmen bestätigen sich Befunde aus Programmanalysen (z.B. Krüger 1994), wonach die privaten Programme actionorientierter Unterhaltung mehr Raum geben: Die Action-Nutzung korreliert signifikant mit dem Anteil der auf private Kanäle entfallenden Sehdauer ($r = .35$); der Zusammenhang ist für die Nutzung von Pro 7 am stärksten ausgeprägt ($r = .46$). Entsprechend fallen die Korrelationen mit dem Nutzungsanteil der öffentlich-rechtlichen Programme negativ aus ($r = -.36$).

Interessant ist weiter der Befund, daß ein höherer Anteil an actionorientierten Angeboten an der Gesamtnutzung einer Person damit einhergeht, daß die entsprechenden Sendungen in längeren, d.h. seltener durch Umschalten unterbrochenen Sehphasen genutzt werden (vgl. Hasebrink/Krotz 1993, S. 525). Der Actionanteil an der Nutzung korreliert signifikant ($r = .28$) mit der mittleren Länge der Sehphasen bei Action-Sendungen, während die Korrelationen mit der Länge der Sehphasen bei Informations-, Sport- und nicht-fiktionalen Unterhaltungssendungen dagegen signifikant negativ ausfallen. Dies deutet darauf hin, daß sich die Vorliebe für Angebote dieser Art nicht nur in quantitativ höheren Nutzungsanteilen, sondern auch in Anhaltspunkten für eine qualitativ intensivere Rezeption im Sinne eines erhöhten Involvements äußert (vgl. Vorderer 1992).

Der folgende Auswertungsschritt soll das hier behandelte Merkmal des Actionanteils an der Fernsehnutzung in den Kontext umfassenderer Formen des Umgangs mit dem Fernsehen einbetten, um ein anschaulicheres Bild vom Stellenwert von Action in unterschiedlichen Nutzungsmustern zu vermitteln.

3.4 Zuschauertypen nach Sehdauer und Action-Nutzung

Die Action-Nutzung im Kontext bestimmter Nutzungsmuster möchte ich exemplarisch anhand von vier Zuschauergruppen darstellen, die auf der Basis von zwei Merkmalen individueller Fernsehnutzung gebildet wurden. Neben dem hier interessierenden Anteil von Action-Sendungen an der Gesamtnutzung wurde dazu als weiteres Merkmal die tägliche Sehdauer herangezogen. Diese stellt einerseits einen einfachen und oft benutzten Indikator für Fernsehnutzung dar, andererseits stellte sich heraus, daß zwischen diesen beiden Merkmalen kein linearer Zusammenhang besteht (s.o.) - die beiden Merkmale erfassen also unabhängige Aspekte der Fernsehnutzung.

Die Gesamtstichprobe wurde anhand der beiden Merkmale jeweils in drei gleich große Gruppen unterteilt. Aus den entstehenden zweimal drei Gruppen ergeben sich neun mögliche Kombinationen, von denen hier lediglich die vier extremen dargestellt werden sollen: 1. Wenigseher mit geringem Action-Anteil (N=122); 2. Vielseher mit geringem Action-Anteil (N=83); 3. Wenigseher mit hohem Action-Anteil (N=93); 4. Vielseher mit hohem Action-Anteil (N=107). Tab. 2a führt für diese Gruppen wesentliche Kennwerte des individuellen Nutzungsverhaltens auf, Tab. 2b zeigt die Anteile der verschiedenen Altersgruppen und von Personen in Haushalten mit oder ohne Kabelanschluß.

Tab.2a: Kennwerte individuellen Nutzungsverhaltens bei Zuschauertypen mit hoher/niedriger Sehdauer (-/+D) und hohem/niedrigem Anteil an Action-Sendungen (-/+A)

	Gesamt N=914	Muster -D/-A N=122	Muster +D/-A N=83	Muster -D/+A N=93	Muster +D/+A N=107
Sehdauer pro Tag in Minuten	182	46	347	57	341
Anzahl der ZI* vor 17 Uhr (%)	36	34	52	27	44
Anzahl der ZI nach 22 Uhr (%)	9	7	6	12	11
Anteil Nutzung allein (%)	45	39	45	49	53
Anteil Nutzung zu zweit (%)	41	35	52	29	41
Anteil Nutzung zu dritt (%)	14	27	3	21	7
mittl. Dauer ohne Umschalten (in Min.)	22	19	25	20	25
Zahl der genutzten Kanäle:	9,7	6,8	10,2	8,7	12,9
Anteil öffentl.-rechtlicher Kanäle (%)	59	69	67	51	47
Anteil Information (%)	21	23	30	15	17
Anteil Action (%)	20	7	8	37	32
Anteil Sport (%)	10	16	15	5	6
Anteil Show-Unterhaltung (%)	17	19	23	12	13
Anteil fiktionale Unterhaltung (%)	12	12	9	10	13
Anteil Kinderangebote (%)	6	10	2	7	5

* ZI = Zeitintervalle

Tab.2b: Verbreitung verschiedener soziodemographischer Merkmale bei Zuschauertypen mit hoher/niedriger Sehdauer (-/+D) und hohem/niedrigem Anteil an Action-Sendungen (-/+A)

	Gesamt N=914	Muster -D/-A N=122	Muster +D/-A N=83	Muster -D/+A N=93	Muster +D/+A N=107
Alter* **					
6-13 Jahre	13	26	1	20	4
14-19 Jahre	7	13	0	16	1
20-29 Jahre	10	20	0	20	11
30-39 Jahre	13	6	5	17	17
40-49 Jahre	16	15	6	14	16
50-59 Jahre	18	10	19	7	20
60-69 Jahre	14	7	30	4	19
70 Jahre und älter	10	4	39	2	13
Kabelanschluß* **					
ja	48	37	54	48	65
nein	52	63	46	52	35

***: signifikant mit $p < 0.001$

Per definitionem unterscheiden sich die Gruppen drastisch in ihrer täglichen Sehdauer. Die beiden Vielseher-Gruppen, insgesamt immerhin gut 20 Prozent der Gesamtstichprobe, sehen im Schnitt täglich gut fünfeinhalb Stunden fern, während die beiden anderen Gruppen zwischen 45 Minuten und einer Stunde liegen. Auch die andere Kriteriumsvariable führt zu deutlichen Unterschieden: Bei den beiden Gruppen mit einer Vorliebe für Action macht diese Programmsparte rund ein Drittel ihrer Sehdauer aus (37 bzw. 32 Prozent), bei den beiden anderen sind dies nur sieben bzw. acht Prozent. Wie unterscheiden sich diese Gruppen nun darüber hinaus in ihrem Umgang mit dem Fernsehen?

Zu 1.: Wenigseher mit geringem Action-Anteil

Diese Gruppe umfaßt zu 59 Prozent Personen unter 30 Jahren - Kinder, Jugendliche und junge Erwachsene in Ausbildung. Die Mehrheit von ihnen lebt in in größeren Haushalten mit vier und mehr Personen, in denen vergleichsweise selten ein Kabelanschluß verfügbar ist.

Die insgesamt geringe Fernsehnutzung von gut einer dreiviertel Stunde pro Tag entfällt zu einem hohen Teil auf Situationen, in denen gemeinsam mit anderen Personen ferngesehen wird. Die aufgrund des eher seltenen Kabelempfangs plausible Tatsache, daß insgesamt nur wenige Kanäle genutzt werden, hindert die Mitglieder dieser Gruppe nicht daran, häufiger zwischen den Programmen hin-

und herzuschalten als alle anderen Gruppen. Ebenfalls aufgrund der Empfangssituation ist ein sehr hoher Anteil der auf öffentlich-rechtliche Programme entfallenden Nutzung nachvollziehbar. Neben dem per definitionem sehr geringen Interesse an Action-Angeboten verteilen sich die Programmsparteninteressen relativ breit, Schwerpunkte im Vergleich zu den anderen Gruppen zeigen sich beim Sport und bei den Kinderangeboten, worin die hohe Zahl der Kinder in dieser Gruppe zum Ausdruck kommt. Insgesamt ergibt sich das Bild eines sehr sparsamen Umgangs mit dem Fernsehen, der meist in eine soziale Situation im Fernsehraum eingebettet ist und actionorientierte Angebote gezielt zu vermeiden scheint.

Zu 2.: Vielseher mit niedrigem Actionanteil
Im Hinblick auf das Alter stellt diese Gruppe das Gegenstück zu Gruppe 1 dar: 69 Prozent der Personen sind 60 Jahre und älter. Die große Mehrheit verfügt über Volksschul- bzw. Grundschulbildung und lebt in Ein- oder Zweipersonenhaushalten, Kabelanschlüsse sind leicht überrepräsentiert.

Kennzeichnend für diese Gruppe ist die sehr hohe Sehdauer. Mehr als die Hälfte der Einschaltsituationen liegt vor 17.00 Uhr, es überwiegt die Fernsehnutzung zu zweit, sehr selten nur wird mit drei oder mehr Personen ferngesehen. Trotz einer hohen Zahl genutzter Kanäle entfällt ein großer Teil der Nutzungszeit auf die öffentlich-rechtlichen Programme, hin- und hergeschaltet wird vergleichsweise selten. Hinsichtlich der Programminteressen liegen klare Schwerpunkte bei Informations- und Sportsendungen und bei der nicht-fiktionalen Unterhaltung, hier stoßen also fiktionale Angebote generell auf nur geringes Interesse.

Zu 3.: Wenigseher mit hohem Action-Anteil
Wie in der anderen Wenigseher-Gruppe sind die unter 30jährigen überrepräsentiert, es handelt sich eher um Männer und um Personen mit höherem Bildungsabschluß, die in Mehrpersonen-Haushalten leben. Die Verbreitung von Kabelanschlüssen entspricht der Gesamtstichprobe.

Die insgesamt nur knapp einstündige tägliche Sehdauer setzt sich zu einem guten Teil aus Nutzungssituationen zusammen, die nach 22.00 Uhr beginnen, dagegen wird vergleichsweise selten vor 17.00 Uhr eingeschaltet. Situationen, in denen zu zweit ferngesehen wird, spielen eine geringere Rolle als in den anderen Gruppen. Es werden etwas mehr Kanäle genutzt als in der anderen Wenigseher-Gruppe, aber nur mehr die Hälfte der Nutzung entfällt auf öffentlich-rechtliche Programme. Dem hohen Anteil actionorientierter Angebote an der Nutzung stehen deutlich unterdurchschnittliche Werte für Informationsangebote, Sport und nicht-fiktionale Unterhaltung gegenüber - ganz im Gegensatz zu Gruppe 2 ist hier also ein überwiegend fiction-orientiertes Nutzungsverhalten zu beobachten.

Zu 4.: Vielseher mit hohem Action-Anteil
Kinder und Jugendliche finden sich kaum in dieser Gruppe, alle anderen Altersgruppen sind hier leicht überdurchschnittlich repräsentiert. Nicht berufstätige Personen oder Teilzeitbeschäftigte sind überrepräsentiert, ebenso Personen mit Volksschulabschluß. Sie leben mehrheitlich in kleineren Haushalten und verfügen besonders oft über einen Kabelanschluß.

Die auch hier sehr hohe Sehdauer von täglich mehr als fünfeinhalb Stunden verteilt sich über den ganzen Tag, sowohl vor 17.00 Uhr als auch nach 22.00 Uhr sind überdurchschnittlich viele Einschaltsituationen zu beobachten. Mehr als die Hälfte der Nutzungszeit wird allein vor dem Fernseher verbracht, Situationen mit mehr als zwei Personen sind selten. Wie in der anderen Vielseher-Gruppe werden zwar zahlreiche Kanäle genutzt, es wird aber weniger umgeschaltet als in den beiden Wenigseher-Gruppen. Der auf öffentlich-rechtliche Programme entfallende Nutzungsanteil ist noch geringer als in Gruppe 3, mehr als die Hälfte der Fernsehnutzung entfällt auf private Programme. In den Vorlieben für die Programmsparten wiederholt sich der Befund von Gruppe 3, wonach Fictionangebote im Vordergrund stehen, während Information, Sport und Show-Unterhaltung unterrepäsentiert sind.

Die hier exemplarisch geschilderten Muster des Umgangs mit Action-Angeboten führen vor Augen, wie wichtig Differenzierungen dieser Art auch für Überlegungen zu möglichen Auswirkungen der Fernsehnutzung sind. So spricht z.B. wenig dafür, daß die beiden hier unterschiedenen Vielsehergruppen - etwa im Rahmen von Kultivierungsanalysen - sinnvoll zusammengefaßt werden können: Auch wenn sich bestimmte Muster der Darstellung über verschiedene Genres hinweg beobachten lassen mögen, so ist doch letztlich von gravierenden Unterschieden zwischen den in den Gruppen 2 und 4 zusammengestellten "Fernsehweltbildern" und damit von entsprechend unterschiedlichen Kultivierungseffekten auszugehen (vgl. auch Ogles/Sparks 1989).

Andererseits kann aus der Beobachtung, daß in einer Gruppe wenig ferngesehen wird, noch nicht geschlossen werden, daß sich die Gewaltproblematik hier nicht stellt: So drängt sich für Gruppe 3, die das Fernsehen zwar nur in geringem Umfang, dafür aber mit deutlicher Vorliebe für Action-Angebote nutzt und zu einem guten Teil aus 6- bis 13jährigen besteht, die Frage auf, inwieweit das offenbar durch Action- und Gewaltdramaturgie geprägte Fernsehweltbild durch gleichartige oder aber durch andersartige Erfahrungen in der Realität ergänzt wird.

3.5 Selektive Action-Suche und selektives Action-Involvement

Ein weiterer Auswertungsschritt geht von der Überlegung aus, daß der oben behandelte Aspekt der Action-Nutzung, nämlich der Anteil entsprechender Sendungen an der individuellen Sehdauer, auf zwei verschiedenen Phänomenen beruht: Hohe Anteile ergeben sich zum einen daraus, daß Zuschauer gezielt nach Action-Angeboten suchen und sich ihnen möglichst oft zuwenden, zum anderen daraus, daß Zuschauer in den Situationen, in denen sie Action-Angebote nutzen, besonders ausdauernd und involviert dabei bleiben und nicht um- oder abschalten. Mit dieser Unterscheidung wird die oben genannte Differenzierung zwischen verschiedenen Formen der Publikumsaktivität aufgegriffen, wie sie Levy und Windahl (1985) vorgenommen haben; dort wird u.a. zwischen der Selektivität in der präkommunikativen Phase und dem Involvement in der kommunikativen Phase unterschieden. Auch zu Vorderer (1992) finden sich Parallelen, wenn dieser darauf hinweist, daß "diejenigen Faktoren, die zur Auswahl eines spezifischen Films führen, [...] nicht gleichzeitig auch diejenigen sein (müssen), die bestimmen, ob eine einmal begonnene Rezeption auch fortgesetzt wird." (S. 236). Die beiden angesprochenen Aspekte der Action-Nutzung sollen im folgenden als *selektive Action-Suche* und als *selektives Action-Involvement* bezeichnet werden.

Die beiden Aspekte wurden wie folgt operationalisiert. Für die Erfassung der selektiven Action-Suche wurde für jede Person die Zahl der auf Action-Angebote (= alle Sendungen der oben genannten zur Sparte "Action" zusammengefaßten Genres) entfallenden Seheinheiten im Verhältnis zur Gesamtzahl der Seheinheiten dieser Person bestimmt. Dieser Kennwert korreliert plausiblerweise sehr hoch (r = .85) mit dem oben behandelten Anteil der Action-Nutzung auf der Basis der Sehdauer.

Für die Bestimmung des selektiven Action-Involvements wurde zunächst die mittlere Dauer aller auf Action-Sendungen entfallenden Seheinheiten einer Person bestimmt, dann entsprechend die mittlere Dauer aller Seheinheiten dieser Person; diese beiden Variablen wurden dann z-standardisiert, um Effekte, die sich aus der unterschiedlichen Länge der Sendungen unterschiedlicher Sparten ergeben, auszuschließen. Die Differenz zwischen diesen beiden Werten wurde als Kriterium für selektives Action-Involvement definiert. Hohe positive Werte zeigen an, daß die Person Action-Sendungen mit größerer Ausdauer bzw. "Persistenz" (Vorderer 1992) gesehen hat als andere Angebote, negative, daß offenbar bei Action-Sendungen schneller zu anderen Angeboten um- oder ganz abgeschaltet wurde, als dies bei anderen Angebotsarten der Fall war. Werte nahe Null schließlich zeigen an, daß in dieser Hinsicht kein Anzeichen für selektives Verhalten gegenüber Action-Sendungen vorliegt.

Auch diese Variable korreliert signifikant mit dem Action-Anteil an der Sehdauer (r = .39), allerdings bei weitem nicht so hoch wie die selektive Action-Suche. Interessant im Hinblick auf den theoretischen Stellenwert der hier vorgenommenen Unterscheidung ist nun der Befund, daß die beiden konstruierten Variablen für selektive Action-Nutzung untereinander keinen linearen Zusammenhang aufweisen (r = .05). Dies spricht dafür, daß hier tatsächlich zwei theoretisch voneinander unabhängige Aspekte der Action-Nutzung vorliegen.

Analog zu dem oben beschrieben Vorgehen wurden durch Kombination der beiden Merkmale wieder neun Zuschauergruppen definiert, von denen wiederum nur die Extremgruppen dargestellt werden sollen: 1. Action-Vermeider mit niedrigem Action-Involvement (N = 125), 2. Action-Sucher mit niedrigem Action-Involvement (N = 60), 3. Action-Vermeider mit hohem Action-Involvement (N = 94) und 4. Action-Sucher mit hohem Action-Involvement (N = 93). Per definitionem unterscheiden sich die Gruppen klar hinsichtlich der beiden Kriteriumsvariablen: Der Anteil der auf Action-Angebote entfallenden Seheinheiten beträgt in den beiden Action-Vermeider-Gruppen nur jeweils 6 Prozent, in den beiden Gruppen mit selektiver Action-Suche 21 (Gruppe 2) bzw. 20 Prozent (Gruppe 4). Die Mittelwerte für die neu konstruierte Variable für selektives Action-Involvement betragen -0.80 (Gruppe 1), -0.46 (2), 0.81 (3) und 0.42 (4).

Die Tabellen 3a und b geben einen Überblick über soziodemographische Merkmale und Merkmale des Nutzungsverhaltens in diesen vier Gruppen.

Tab.3a: Kennwerte individuellen Nutzungsverhaltens bei Zuschauertypen mit hoher/ niedriger selektiver Action-Suche (-/+S) und hohem/niedrigem Action-Involvement (-/+I)

	Gesamt N=914	Muster -S/-I N=125	Muster +S/-I N=60	Muster -S/+I N=94	Muster +S/+I N=93
Sehdauer pro Tag in Minuten	186	191	179	176	182
Anzahl der ZI vor 17 Uhr (%)	36	39	29	37	35
Anzahl der ZI nach 22 Uhr (%)	9	5	15	6	13
Anteil Nutzung allein (%)	45	36	50	45	53
Anteil Nutzung zu zweit (%)	41	50	40	43	34
Anteil Nutzung zu dritt (%)	13	14	10	12	13
mittl. Dauer ohne Umschalten (Min.)	22	26	22	28	15
Zahl der genutzten Kanäle:	9,8	8,4	9,7	6,7	13,8
Anteil öffentl.-rechtliche Kanäl (%)	58	68	59	68	40
Anteil Information (%)	21	25	19	22	15
Anteil Action (%)	21	6	27	15	36
Anteil Sport (%)	10	14	6	15	4
Anteil Show-Unterhaltung (%)	17	22	14	18	14
Anteil fiktionale Unterhaltung (%)	12	10	12	11	10
Anteil Kinderangebote (%)	6	9	6	4	6

* ZI = Zeitintervalle

Zu 1.: Action-Vermeider mit niedrigem Action-Involvement

In dieser Gruppe, die Action-Angeboten aus dem Wege geht und zudem bei Kontakten mit solchen Angeboten relativ schnell wieder wegschaltet, sind insbesondere Ältere sowie, in geringerem Ausmaß, die 6- bis 13jährigen überrepräsentiert; zudem handelt es sich etwas häufiger um Frauen. Zwei-Personenhaushalte sind überdurchschnittlich vertreten, die Verbreitung von Kabelanschlüssen entspricht in etwa dem Durchschnitt.

Tab.3b: Verbreitung soziodemographischer Merkmale bei Zuschauertypen mit hoher/niedriger selektiver Action-Suche (-/+S) und hohem/niedrigem Action-Involvement (-/+I)

	Gesamt	Muster -S/-I	Muster +S/-I	Muster -S/+I	Muster +S/+I
	N=914	N=125	N=60	N=94	N=93
Alter* **					
6-13 Jahre	13	16	12	10	12
14-19 Jahre	7	3	5	13	14
20-29 Jahre	10	8	12	4	9
30-39 Jahre	13	4	15	4	25
40-49 Jahre	16	13	17	19	14
50-59 Jahre	18	16	20	17	13
60-69 Jahre	14	18	12	15	11
70 Jahre und älter	10	22	8	18	2
Kabelanschluß:* **					
ja	49	47	60	27	64
nein	51	53	40	73	36

***: signifikant mit $p < 0.001$

Die Fernsehnutzung findet etwas häufiger tagsüber, seltener dagegen nach 22.00 Uhr statt, dabei wird oft zu zweit ferngesehen. Umgeschaltet wird relativ selten, obwohl im Schnitt mehr als 8 Kanäle genutzt werden. Die Nutzung entfällt zu mehr als zwei Dritteln auf öffentlich-rechtliche Programme, Informations- und Sportsendungen sowie Show-Unterhaltung nehmen einen besonderen Stellenwert ein, während auf Action-Angebote nur 6 Prozent der Sehdauer entfallen.

Zu 2.: Action-Sucher mit niedrigem Action-Involvement

Dieses Muster, das durch selektive Action-Suche bei gleichzeitig geringem Action-Involvement gekennzeichnet ist, kann leicht überproportional bei den mittleren Altersgruppen beobachtet werden; insgesamt zeigen sich allerdings kaum soziodemographische Merkmale, die in dieser Gruppe besonders häufig auftreten. Überrepräsentiert sind hier aber Personen in Haushalten mit Kabelanschluß.

Diese Zuschauer sehen vergleichsweise selten tagsüber, dafür aber häufiger nachts fern, dabei überwiegt die Nutzung in Situationen ohne andere Personen im Fernsehraum. Die Kanalnutzung entspricht der der Gesamtstichprobe, während die Anteile der Programmsparten auf eine Vorliebe für fiktionale Angebote hindeuten: Neben einem relativ hohen Anteil an Action-Sendungen erreichen nur fiktionale Unterhaltungsangebote durchschnittliches Niveau, alle anderen Sparten stoßen auf vergleichsweise geringeres Interesse.

Zu 3.: Action-Vermeider mit hohem Action-Involvement
Diese Gruppe von Zuschauern, die zwar offenbar nicht gezielt nach Action-Angeboten sucht, aber wenn sie auf solche trifft, diese mit besonders hohem Involvement rezipiert, besteht tendenziell eher aus Männern; von den Altersgruppen sind die 14- bis 19jährigen sowie die 70jährigen und Älteren überrepäsentiert. Auffälligstes Merkmal ist hier, daß die Personen nur selten über einen Kabelanschluß verfügen.

Die Merkmale der Fernsehnutzung fallen ähnlich wie in Gruppe 1 aus; es wird selten nachts ferngesehen und vergleichsweise selten umgeschaltet, die Zahl der insgesamt genutzten Kanäle ist gering. Klare Schwerpunkte bei der Spartennutzung sind nicht erkennbar, Action-Angebote weisen geringere Anteile an der Nutzung auf, Sportsendungen höhere.

Zu 4.: Action-Sucher mit hohem Action-Involvement
In dieser Gruppe, die allen beiden hier untersuchten Kriterien zufolge ein besonderes Interesse an Action-Angeboten hat, sind 14- bis 19jährige und insbesondere 30- bis 39jährige bzw. Jugendliche und junge Erwachsene in Ausbildung und voll berufstätige Erwachsene überrepräsentiert. Diese Zuschauer leben vergleichsweise häufig in Haushalten mit vier und mehr Personen, in denen sehr häufig ein Kabelanschluß vorhanden ist.

Wie in Gruppe 2 wird hier relativ oft nachts und überwiegend allein ferngesehen. Es werden im Vergleich zu den anderen Gruppen deutlich mehr Kanäle genutzt, zwischen denen sehr oft hin- und hergeschaltet wird. Deutlich weniger als die Hälfte der Sehdauer entfällt auf öffentlich-rechtliche Programme, neben der sehr intensiven Action-Nutzung weisen insbesondere Informations- und Sportsendungen vergleichsweise geringe Anteile an der Sehdauer auf. Zu beachten ist hier, daß diese Gruppe sich insbesondere durch sehr häufiges Umschalten auszeichnet; das führt dazu, daß die mittlere absolute Dauer der Rezeption von Action-Sendungen mit 13,7 Minuten pro Action-Seheinheit kaum länger ist als bei den beiden Gruppen mit niedrigem Action-Involvement (10,7 bzw. 13,4 Minuten), aber weitaus kürzer als bei der anderen Gruppe mit selektivem Involvement (23,8 Minuten).

Zusammenfassend ist zunächst zu betonen, daß die hier eingeführte Unterscheidung von Mustern der Action-Nutzung nichts mit der mittleren Sehdauer zu tun hat: Die vier Gruppen weisen fast exakt gleiche Werte um ca. drei Stunden pro Tag auf. Das macht erneut deutlich, wie facettenreich das Verhalten "Fernsehen" ist und daß Untersuchungen über nutzungsbezogene Fragestellungen sehr genau definieren müssen, auf welchen Aspekt des Nutzungsverhaltens sich ihre theoretischen Annahmen beziehen.

Weiter ist festzustellen, daß die hier vorgenommene Gruppierung offenbar sehr eng mit Programmstrukturen und dem verfügbaren Kanalangebot verbunden ist. Die Muster mit vergleichsweise zahlreichen Kontakten mit Action-Angeboten (Gruppe 2 und 4) beinhalten auch, daß häufig nachts ferngesehen wird, und sie sind insbesondere in Kabelhaushalten zu beobachten, während in den anderen Gruppen Personen in Haushalten ohne Kabelanschluß überwiegen. Hier spiegelt sich somit der Umstand wider, daß durch die spezifische Angebotsstruktur der nur über Kabel verfügbaren Kanäle die Wahrscheinlichkeit, beabsichtigt oder unbeabsichtigt auf ein Action-Angebot zu treffen, in Kabelhaushalten höher ist.

Daß insbesondere in Gruppe 3 das Merkmal Kabelanschluß (bzw. in diesem Fall: Nicht-Kabelanschluß) so auffällig wird, läßt sich womöglich auf die Existenz eines Nutzungsmusters zurückführen, das sich über die Jahre im Umgang mit den öffentlich-rechtlichen Programmen herausgebildet hat: Action-Angebote stehen nur in begrenzter Zahl zur Verfügung, aber unter diesen wenigen verfügbaren Sendungen sind einige (z.B. "Tatort", "Derrick", "Der Alte"), die aus der Sicht der Zuschauer dieser Gruppe hervorgehobene Programmereignisse darstellen und mit besonderem Involvement und hoher Persistenz (s.o.) verfolgt werden. Dagegen macht die Gruppe 4 den Eindruck eines intensiven Sensation-Seeking: Auf der Suche nach immer neuen Reizen wird sehr oft der Kanal gewechselt, dabei sind Action-Angebote am ehesten geeignet, die Aufmerksamkeit über eine etwas längere Zeitspanne aufrechtzuerhalten.

Die Zuschauer in Gruppe 2 wiederum werden aufgrund des über Kabel verfügbaren Kanalangebots und ihrer oft nachts stattfindenden Fernsehnutzung (unfreiwillig?) relativ oft mit Action-Angeboten konfrontiert, die sie dann recht schnell wieder verlassen - zugunsten anderer Angebote, die sie offenbar mit vergleichsweise höherem Involvement verfolgen. Für die Gruppe 1 schließlich spielt das verfügbare Kanalangebot offenbar keine Rolle, hier sind Kabel- und Nichtkabelhaushalte in etwa gleichem Maße vertreten, Action-Angebote werden generell weitgehend gemieden oder schnell wieder abgeschaltet.

4 Resümee

In diesem Beitrag habe ich zunächst einige Forschungsansätze skizziert, die sich mit der Frage befassen, welche Zuschauergruppen sich weshalb action- und gewaltorientierte Programme ansehen (s. zusammenfassend das obige Zwischenresümee). Die darauf aufbauenden Detailauswertungen telemetrischer Nutzungsdaten zielten darauf ab, einen Beitrag zur Überwindung eines der wesentlichen Defizite dieses Forschungsbereichs zu leisten: Dieses liegt darin, daß das Nutzungsverhalten selbst, also die Art und Weise, in der Gewaltdarstellungen in den "Fernseh-Menüs" einzelner Zuschauer auftreten, bisher meist nur unzureichend operationalisiert wurde.

Die berichteten Befunde zum Anteil von Action-Sendungen an der Gesamtsehdauer verschiedener Zuschauergruppen, zum Verhältnis von Vielsehen und Action-Nutzung sowie zum Unterschied zwischen selektiver Action-Suche und selektivem Action-Involvement haben sehr unterschiedliche Formen des Umgangs mit den actionorientierten Angeboten des Fernsehens zum Ausdruck gebracht. Im Hinblick auf den Stellenwert dieser Befunde für die Forschung zur Nutzung von Action- und Gewaltangeboten sind folgende Überlegungen anzustellen.

Die vorliegende Analyse basiert auf einer von den Fernsehveranstaltern vorgenommenen Zuordnung von Sendungen zu verschiedenen Genres. Das Klassifikationsschema ist zwar weitaus feiner als die in Befragungen üblichen Unterteilungen von Angebotstypen; zudem kann der empirisch beobachtete Zusammenhang zwischen den Sehdauern für alle actionorientierten Genres als Hinweis darauf gewertet werden, daß der Aspekt "Action" für das Nutzungsverhalten relevant ist und daß die hier verwendeten Kategorien zumindest eine gewisse Validität aufweisen. Gleichwohl ist zu betonen, daß auch Genres und erst recht übergreifende Programmsparten in sich höchst heterogen sind: "Magnum" und "Der Alte", beide dem fiktionalen Genre "Kriminalfilm/-serie" zugeordnet, werden sehr unterschiedlich wahrgenommen und sprechen unterschiedliche Zuschauergruppen an (vgl. Schenk/Rössler 1986).

Auf einer in diesem Sinne konkreteren Untersuchungsebene könnten vermutlich noch sehr viel deutlichere Unterschiede zwischen den soziodemographischen Gruppen hinsichtlich ihrer Action-Nutzung festgestellt werden. Solche Differenzierungen auf der Ebene einzelner Sendungen oder gar einzelner Folgen bestimmter Serien sind allerdings unpraktikabel, wenn es - wie bei den obigen Auswertungen - darum geht, zeitlich überdauernde und auf das Gesamtangebot bezogene Muster individuellen Nutzungsverhaltens zu beschreiben. Für solche Fragestellungen bedarf es sinnvoller Kategorien zur Klassifikation des Angebots oberhalb der Sendungsebene - die beschriebenen Muster der Action-Nutzung sprechen dafür, daß die hier verwendeten Kategorien dafür durchaus geeignet sind.

Für eine umfassende Untersuchung der Nutzung von Gewaltdarstellungen im Fernsehen bringt dieses Vorgehen allerdings einige Einschränkungen mit sich. Erstens sei nochmals betont, daß actionorientierte Fiction nicht zwangsläufig mit Gewaltdarstellungen verbunden ist und daß die vorkommenden Gewaltdarstellungen gänzlich unterschiedlicher Art sein und von verschiedenen Zuschauergruppen auch in unterschiedlichem Sinne als "gewalttätig" empfunden werden können.

Zweitens wird nicht berücksichtigt, daß Gewalt bei weitem nicht nur in fiktionalen Fernsehangeboten, sondern auch und gerade in Informations- und sogenannten Reality-TV-Sendungen präsent ist - wo sie, wie die Forschungsliteratur übereinstimmend feststellt, als weitaus "gewalttätiger" und bedrohlicher empfunden wird. Hier stoßen Auswertungen auf der Genreebene bisher an ihre Grenzen; Analysen solcher Angebote im Hinblick auf Häufigkeit und Art der Gewaltdarstellungen, wie sie etwa Krüger (1994) vorgelegt hat, könnten eine Grundlage sein, auch diese Sendungen in Auswertungen übergreifender Muster der Gewaltnutzung einzubeziehen.

Drittens schließlich ist auf die zunehmende Bedeutung von "Nicht-Sendungen" im Programmangebot hinzuweisen, d.h. von Programmbestandteilen, die nicht als eigenständige Sendung angekündigt und auch keinem inhaltlichen Genre zugeordnet werden. Dazu gehören neben Werbeblocks und Sponsorenhinweisen insbesondere auch Trailer, in denen auf spätere Sendungen hingewiesen wird. Diese Programmbestandteile sind deshalb von besonderer Relevanz für die hier interessierende Fragestellung, da sie - unangekündigt über das Programm verstreut - in einem gewissen Sinne das selektive Nutzungsverhalten der Zuschauer unterlaufen: Wenn unmittelbar auf eine Game-Show ein Trailer für einen Actionfilm folgt, der in rasant geschnittener Form besonders spektakuläre Szenen zusammenstellt, ist für die Zuschauer zumindest ein kurzer Kontakt mit Gewaltdarstellungen kaum zu vermeiden. Die Häufigkeit und die Gestaltung dieser "Überraschungsangriffe" auf die Zuschauer trägt sicherlich nicht unbedeutend zu dem oft geäußerten Eindruck bei, das Fernsehangebot sei insgesamt gewalttätiger geworden. Vor diesem Hintergrund gewinnt die oben behandelte Unterscheidung zwischen selektiver Action-Suche und selektivem Action-Involvement noch einmal an Bedeutung: Die Angebotsentwicklung führt zu häufigeren Kontakten mit Gewalt, nicht aber unbedingt zu höherem Involvement bei der Rezeption derselben.

Eine wesentliche Einschränkung der hier präsentierten Auswertungen liegt darin, daß sie sich, abgesehen von relativ groben soziodemographischen Merkmalen, ausschließlich auf beobachtbares bzw. telemetrisch erfaßtes Zuwendungs- und Auswahlverhalten beziehen und damit auf einer "behavioristischen" Ebene bleiben. Die konkreten Alltagsbedingungen der verschiedenen Zuschauer und Zuschauergruppen, die mit bestimmten Mustern der Action-Nutzung verbundenen Motive, die Bedeutung, die die Zuschauer einem Abenteuerfilm bei der Rezeption tatsächlich zuweisen - all das bleibt unberücksichtigt, da entsprechende Informationen nicht verfügbar sind bzw. nur mit ganz anderen Erhebungsverfahren zu gewinnen sind.

Dennoch scheinen Untersuchungen, die sich vor allem eine differenzierte Beschreibung des individuellen Nutzungsverhaltens zum Ziel setzen, durchaus einen Beitrag zur Weiterentwicklung der Forschung wie der öffentlichen Debatte über Mediengewalt leisten zu können. Denn zunächst können solche Untersuchungen - in gutem Sinne deskriptiv - ein Bild davon vermitteln, in welchen Bevölkerungsgruppen überhaupt welche Formen des Umgangs mit Gewaltangeboten zu beobachten sind. Zudem erleichtert eine Analyse übergreifender Muster der Nutzung, im Rahmen derer gleichzeitig verschiedene theoretische Konzepte aus der gewaltbezogenen Medienforschung operationalisiert und aufeinander bezogen werden, letztlich die Integration der bisher vorliegenden Theoriestücke zur Gewalt-Nutzung.

Literatur

Apter, M. J. (1994): Why we enjoy violence: a reversal theory approach. Paper presented at the International Conference on Violence in the Media. New York.

Apter, M. J. (1989): Reversal theory: Motivation, emotion and personality. London.

Armbruster, B./Kübler, H.-D. (1984): Die Klasse von 1984. Videobewältigung in der Schule? - Eine Tagung mit Lehrern. In: medien praktisch, 2/84, S. 4-9.

Atkin, C. K./Greenberg, B./Korszenny, F./McDermott, S. (1979): Selective exposure to televised violence. In: Journal of Broadcasting 23, S. 5-13.

Atkin, C. K. (1985): Informational utility and selective exposure to entertainment media. In: Zillmann, D./Bryant, J. (Eds.): Selective exposure to communication. Hilldale, N.J., S. 63-92.

Aufenanger, S. (1994): Geschlechtsspezifische Medienrezeption und Gewalt. Wie soll die Medienpädagogik mit dem Thema Gewalt unter geschlechtsspezifischem Aspekt umgehen? In: medien praktisch, 18, 69, S. 22-24.

Australian Broadcasting Tribunal (ABT) (1990): TV Violence in Australia. 4 Volumes. Canberra.

Barwise, P./Ehrenberg, A. (1988): Television and its audience. London et al.

Bortz, J. (1986): Zur Messung der Attraktivität von Fernsehsendungen. Regressionsresiduen als Indikatoren. In: Rundfunk und Fernsehen, 34, 1, S. 64-72.

British Broadcasting Corporation (BBC) (1972): Violence on Television: Programme content and viewer perceptions. London.

Brosius, H.-B./Schmitt, I. (1990): Horrorvideos im Kinderzimmer: Wer sieht sie und warum? In: Rundfunk und Fernsehen, 38, 4, S. 536-549.

Brosius, H.-B./Wober, M./Weimann, G. (1992): The Loyalty of Television Viewing: How Consistent is TV-Behavior? In: Journal of Broadcasting and Electronic Media 36, S. 321-335.

Büchner, B. (1989): Der Kampf um die Zuschauer. Neue Modelle zur Fernsehprogrammauswahl. München.

Comstock, G. (1982): Violence in television content: An overview. In: Pearl, D./Bouthilet, L./Lazar, J. (Eds.): Television and behavior: Ten years of scientific progress and implications for the eighties. Rockville, MD, S. 108-125.

Diener, E./de Four, D. (1978): Does television violence enhance programme popularity? In: Journal of Personality and Social Psychology 36, S. 333-341.

Diener, E./Woody, L. W. (1981): Television violence, conflict, realism, and action. A study in viewer liking. In: Communication Research 8, No. 3, S. 281-306.

Dominick, J./Greenberg, B. (1972): Attitudes toward violence: Interaction of television, social class, and family attitudes. In: Comstock, G./Rubinstein, E. (Hg.): Television and Social Behavior: Television and Adolescent Aggressiveness. Washington (U.S. Government Printing office), S. 314 335.

Doob, A.N./McDonald, G.E. (1979): Television viewing and fear of victimization. Is the relationship causal? In: Journal of Personality and Social Psychology 37, S. 170-179.

Edwards, E. (1984): The relationship between sensation-seeking and horror movie interest and attendance. Unpublished doctoral dissertation, University of Tennessee, Knoxville (zit. nach Tamborini et al. 1987).

Eron, L. D. (1982): Parent-child interaction, television violence, and aggression of children. In: American Psychologist 37, S. 197-211.

Eron, L. D./Huesmann, L. R. (1989): Fernsehen, Familie und Kultur. In: Groebel, J./Winterhoff-Spurk, P. (Hg.): Empirische Medienpsychologie. München, S. 151-167.

Eron, L. D./Huesmann, L. R. (1980): Adolescence aggression and television. In: Annals of the New York Academy of Science 347, S. 319-331.

Fenigstein, A. (1979): Does aggression cause a preference for viewing media violence? In: Journal of Personality and Social Psychology 37, S. 2307-2317.

Fenigstein, A./Heyduk, R. G. (1985): Thought and action as determinants of media exposure. In: Zillmann, D./Bryant, J. (Eds.): Selective exposure to communication. Hilldale, N.J. S. 113-140.

Freedman, J./Newtson, R. (1975): The effect of anger on preference for filmed violence. Paper presented at annual conference of American Psychological Association (September). Chicago. (zit. nach Atkin et al. 1979).

Friedman, H./Johnson, R. (1972): Mass media use and aggression: A pilot study. In: Comstock, G./Rubinstein, E. (Eds.): Television and Social Behavior: Television and Adolescent Aggressiveness. Washington. S. 336-360.

Goodhardt, G.J./Ehrenberg, A.S.C./Collins, M.A. (1987): The Television Audience. Patterns of Viewing. An Update. 2nd Edition. Aldershot.

Greenberg, B. (1973): Viewing and listening parameters among British youngsters. In: Journal of Broadcasting 17, S. 173-188.

Grimm, J. (1993a): Der kultivierte Schrecken? Erlebnisweise von Horrorfilmen im Rahmen eines Zuschauerexperiments. In: Publizistik 38, S. 206-217.

Grimm, J. (1993b): Vom wahren Schrecken. Schockerlebnisse in der Mediengesellschaft. In: medien praktisch 1/93, S. 22-27.

Grimm, J. (1992): Lust an der Angst. Grenzerfahrungen der Unterhaltung. In: Bertelsmann-Briefe Oktober 1992, S. 58-61.

Groebel, J. (1989a): Erlebnisse durch Medien. In: Kaase, M./Schukz, W. (Hg.): Massenkommunikation. Sonderheft der Kölner Zeitschrift für Soziologie und Sozialpsychologie, S. 351-363.

Groebel, J. (1989b): Fernsehen und Angst: Ergebnisse einer längsschnittlichen Studie und eines Kulturvergleichs. Göttingen.

Groebel, J. (1982): "Macht" das Fernsehen die Umwelt bedrohlich? Strukturelle Aspekte und Ergebnisse einer Längsschnittstuide zu Fernsehwirkungen. In: Publizistik 27, S. 152-165.

Groebel, J./Gleich, U. (1993): Gewaltprofil des deutschen Fernsehprogramms. Eine Analyse des Angebots privater und öffentlich-rechtlicher Sender. Opladen (Schriftenreihe Medienforschung der Landesanstalt für Rundfunk Nordrhein-Westfalen, 6).

Groebel, J./Winterhoff-Spurk, P. (1989): Themen und Trends zukünftiger Medienpsychologie. In: Dies. (Hg.): Empirische Medienpsychologie. München, S. 274-285.

Gunter, B. (1985a): Dimensions of Television Violence. Hants (GB).

Gunter, B. (1985b): Determinants of television viewing preferences. In: Zillmann, D./Bryant, D. (Eds.): Selective exposure to communication. Hillsdale, N.J. S. 93-112.

Gunter, B./Winstone, P. (1993): Sensitivity to Offence on television: The significance of demographic, attitudinal and programme preference factors. In: Medienpsychologie, 5, 3, S. 190-202.

Hasebrink, U./Krotz, F. (1993): Wie nutzen Zuschauer das Fernsehen. Konzept zur Analyse individuellen Nutzungsverhaltens anhand telemetrischer Daten. In: Media Perspektiven, 11/12, S. 515-527.

Hasebrink, U./Krotz, F. (1991): Das Konzept der Publikumsaktivität in der Kommunikationswissenschaft. In: SPIEL (Siegener Periodicum zur Internationalen Empirischen Literaturwissenschaft), 10, 1, S. 115-139.

Himmelweit, H.T./Swift, B./Biberian, M.J. (1980): The audience as a critic: An approach to the study of entertainment. In: Tannenbaum, P. H. (Ed.): Entertainment Functions of Television. Hillsdale, N.J.

Howitt, D./Cumberbach, G. (1979): Audience perceptions of violent television content. In: Communication Research 1, No. 2, S. 204-223.

Huesmann, L. R. (1982): Television violence and aggressive behavior. In: Pearl, D./Bouthilet, L./Lazar, J. (Eds.): Television and behavior: Ten years of scientific progress and implications for the eighties. Rockville, MD, S. 126-137.

Krüger, U. M. (1994): Gewalt in Informationssendungen und Reality TV. Quantitative und qualitative Unterschiede im öffentlich-rechtlichen und privaten Fernsehen. In: Media Perspektiven 2/94, S. 72-85.

Kunczik, M. (1993): Gewaltdarstellungen - ein Thema seit der Antike. Zur Geschichte der Auseinandersetzung um Gewalt in den Medien. In: Media Perspektiven 3/92, S. 108-113.

Levy, M./Windahl, S. (1985): The concept of audience activity. In: Rosengren, K. E./Wenner, L. A./Palmgreen, P. (Eds.): Media gratifications research. Current perspectives. Beverly Hills, S. 109-122.

Luca, R. (1993): Zwischen Ohnmacht und Allmacht. Unterschiede im Erleben medialer Gewalt von Mädchen und Jungen. Frankfurt/M.

Lukesch, H. u.a. (1989): Jugendmedienstudie. Verbreitung, Nutzung und ausgewählte Wirkungen von Massenmedien bei Kindern und Jugendlichen. Eine Multi-Medien-Untersuchung über Fernsehen, Video, Kino, Video- und Computerspiele sowie Printprodukte. Regensburg.

Lutz, J. (1984): Subkultureller Genrauch von Videoschockern. Horrorfilme bei einer Clique von Arbeiterjugendlichen. In: medien praktisch 2/84, S. 21-24.

McIntyre, J./Teevan, J. (1972): Television violence and deviant behavior. In: Comstock, G./Rubinstein, E. (Eds.): Television and Social Behavior: Television and Adolescent Aggressiveness. Washington, S. 383-435.

McLeod, J./Atkin, C./Chaffee, S. (1972): Adolescents, parnets, and television use. In: Comstock, G./Rubinstein, E. (Eds.): Television and Social Behavior: Television and Adolescent Aggressiveness. Washington, S. 173-313.

Mettler-von Meibom, B. (1994): Programmqualität/Wertekanon: ein Streitfall. In: epd Kirche und Rundfunk Nr. 36, 11. Mai 1994, S. 3-8.

Neumann, H.-J. (1984): Horror-Videos - Gibt es die und etwas dagegen? In: Medium 14 (1984) S. 14-18.

Ogles, R.M./Sparks, G.G. (1989): Television violence and viewer's perceptions of criminal victimization. In: Mass Comm Review 16, No. 3, S. 2-11.

Orwaldi, D. (1984): "Ich sehe sie mir gern an, obwohl mir dabei schlecht wird". Zum Gebrauch von Videofilmen durch Kinder und Jugendliche. In: Medium 14, S. 31-34.

Palmgreen, P. (1984): Der "Uses and Gratifications Approach" - Theoretische Perspektiven und praktische Relevanz. In: Rundfunk und Fernsehen, 32, 1, S. 51-62.

Ratzke, B. (1984): Bedürfnis nach Gewalt. Psychologische Erklärungsversuche zum Konsum von Horrorfilmen. In: medien praktisch 2/84, S. 14-18.

Riepe, M. (1994): Das Gespenst der Gewalt. Warum alle Klagen über Brutalität im Fernsehen gegenstandslos sind. In: Monkenbusch, H. (Hg.): Fernsehen. Medien, Macht und Märkte. Reinbek, S. 226-240.

Robinson, J./Backman, J. (1972): Television viewing habits and aggression. In: Comstock, G./Rubinstein, E. (Eds.): Television and Social Behavior: Television and Adolescent Aggressiveness. Washington, S. 372-382.

Rogge, J.-U. (1993a): Reality-TV. Sein Stellenwert im Alltag von Zuschauern. In: medien praktisch 2/93, S. 36-39.

Rogge, J.-U. (1993b): Wirkung medialer Gewalt. Wirkungstheorien an Fallstudien (nochmals) überdacht. In: medien praktisch 1/93, S. 15-20.

Rosengren, K. E./L. A. Wenner/P. Palmgreen (Eds.): Media gratifications research. Current perspectives. Beverly Hills.

Rowland, G./Fouts, G./Heatherton, T. (1989): Television viewing and sensation seeking: uses, preferences and attitudes. In: Personality and Individual Differences 10, S. 1003-1006.

Rubin, A. M. (1984): Ritualized and Instrumental Television Viewing. In: Journal of Communication 34, S. 67-77.

Rubin, A. M. (1983): Television uses and gratifications: the interactions of viewing patterns and motivations. In: Journal of Broadcasting 27, 1, S. 37-51.

Schenk, M. (1987): Medienwirkungsforschung. Tübingen.

Schenk, M./Rössler, P. (1986): TV-Programmvergleich. Ein Test neuerer Ansätze in der Publikumsforschung. In: Rundfunk und Fernsehen, 34, 1, S. 73-86.

Schmitz, B./Alsdorf, C./Sang, F./Tasche, K. (1993): Der Einfluß psychologischer und familialer Rezipientenmerkmale auf die Fernsehmotivation. In: Rundfunk und Fernsehen 41, H. 1, S. 5-19.

Schulz, W. (1986): Das Vielseher-Syndrom. Determinanten der Fernsehnutzung. In: Media Perspektiven, 12, S. 762-775.

Signorielli, N./M. Morgan (Eds.) (1990): Cultivation Analysis. New Directions in Media Effects Research. Newbury Park et al.

Sparks, G. (1984): The development of a scale to assess cognitive responses to frightening mass media. Paper presented at the annual meeting of the International Communication Association, San Francisco (zit. nach Tamborini et al. 1987).

Sprafkin, J.N./Rubinstein, E.A./Stone, A. (1977): The content analysis of four television diets. Occasional Paper 77-3. Stony Brook, NY: Brookdale International Institute.

Tamborini, R./Stiff, J. (1987): Predictors of Horror Film Attendance and Appeal: An analysis of the audience for frightening films. In: Communication Research 14, No. 4, S. 415-436.

Theunert, H./Pescher, R./Best, P./Schorb, B. (1992): Zwischen Vergnügen und Angst - Fernsehen im Alltag von Kindern. Eine Untersuchung zur Wahrnehmung und Verarbeitung von Fernsehinhalten durch Kinder aus unterschiedlichen soziokulturellen Milieus in Hamburg. Berlin (Schriftenreihe d. HAM; 5).

Vitouch, P. (1993): Fernsehen und Angstbewältigung. Zur Typologie des Zuschauerverhaltens. Opladen.

Vogelgesang, W. (1991): Jugendliche Videocliquen. Action- und Horrorvideos als Kristallisationspunkte einer neuen Fankultur. Opladen.

Vorderer, P. (1994): "Spannung ist, wenn's spannend ist". Zum Stand der (psychologischen) Spannungsforschung. In: Rundfunk und Fernsehen 42, H. 3, S. 323-339.

Vorderer, P. (1992): Fernsehen als Handlung. Fernsehfilmrezeption aus motivationspsychologischer Perspektive. Berlin.

Wakshlag, J./Vial, V./Tamborini, R. (1993): Selecting crime drama and apprehension about crime. In: Human Communication Research 10, S. 227-242.

Wegener, C. (1994): Reality TV. Fernsehen zwischen Emotion und Information. Opladen (Schriftenreihe der GMK; 7).

Williams, G. A. (1989): Enticing viewers: Sex and violence in TV Guide program advertisments. In: Journalism Quarterly 66, No. 4, S. 970-973.

Wober, J.M. (1989): The UK: The constancy of audience behaviour. In: Becker, L./Schönbach, K. (Eds.) Audience responses to media diversification. Hillsdale, N.J., S. 91-108.

Zillmann, D. (1994): Über behagende Unterhaltung in unbehagender Medienkultur. In: Bosshart, L. /Hoffmann-Riem, W. (Hg.): Medienlust und Mediennutz. Unterhaltung als öffentliche Kommunikation. München (Schriftenreihe der DGPuK; 20), S. 41-57.

Zillmann, D. (1985): The experimental exploration of gratifications from media entertainment. In: Rosengren, K. E./Wenner, L. A./Palmgreen, P. (Eds.): Media gratifications research. Current perspectives. Beverly Hills, S. 225-239.

Zillmann, D./Bryant, J. (1985a): Selective-Exposure phenomena. In: Zillmann, D./Bryant, J. (Eds.): Selective exposure to communication. Hillsdale, N.J., S. 1-10.

Zillmann, D./Bryant, J. (1985b): Determinants of selective exposure. In: Zillmann, D./Bryant, J. (Eds.): Selective exposure to communication. Hillsdale, N.J, S. 157-190.

Zillmann, D./Wakshlag, J. (1985): Fear of victimization and the appeal of crime drama. In: Zillmann, D./Bryant, J. (Eds.): Selective exposure to communication. Hillsdale, N.J., S. 141-156.

Zuckerman, M. (1979): Sensation Seeking: Beyond the optimal level of arousal. Hillsdale, NJ.

Wie Kinder und Jugendliche Gewalt im Fernsehen verstehen

Stefan Aufenanger

In den Diskussionen um die Wirkung von Gewaltdarstellungen im Fernsehen stehen immer Kinder und Jugendliche im Mittelpunkt des Interesses. Es wird behauptet und mit den unterschiedlichsten empirischen Untersuchungen oder Theorien zu belegen versucht, daß das häufige Ansehen von Sendungen mit Gewaltszenen zu aggressiven Verhaltensweisen führen würde. Diese Position unterstellt zum einen, daß Kinder in der Rezeptionssituation sich sehr passiv verhalten, d.h. die Medieninhalte auf sie einwirken, ohne daß irgend etwas gefiltert bzw. subjektiv gedeutet wird. Zum anderen werden Kinder und Jugendliche unterschiedlichen Alters und verschiedenen Geschlechts recht undifferenziert in einen Topf geworfen. Die Frage nach dem Verhältnis von Gewaltdarstellungen im Fernsehen und ihrer Rezeption durch Kinder und Jugendliche ist also differenziert zu beantworten. Ich werde deshalb zuerst auf den Ansatz der strukturanalytischen Rezeptionsforschung eingehen, der die subjektiven Rezeptionsweisen von Kindern beschreibt, um dann einige Forschungsergebnisse zu der Frage vorzustellen, wie Kinder und Jugendliche Gewalt im Fernsehen verstehen.

Die strukturanalytische Rezeptionsforschung (vgl. Charlton/Neumann 1990) konnte in einer Vielzahl von empirischen Untersuchungen nachweisen, daß die Rezeption thematisch voreingenommen geschieht. Mit dem Begriff des Themas wird sich auf ein Konzept aus der Persönlichkeitspsychologie bezogen, welches als Reaktion entweder auf ein äußeres Handlungsproblem oder auf eine zu bewältigende Entwicklungsaufgabe aufgefaßt wird. Themen stellen sich zum Beispiel in verschiedenen Lebensabschnitten ein, wenn notwendige Entwicklungsaufgaben gelöst werden müssen, diese Lösung aber als eine gelungene Abgleichung der inneren Handlungsentwürfe und ihre sozialen Realisierung noch aussteht. Ein Thema stellt nun eine bestimmte Art und Weise der Lösung dieses Problems dar und realisiert sich über eine "Szene", in der symbolisch die Bewältigung vorgestellt wird. Solche Themen können etwa Handlungsentwürfe oder Selbstbilder sein (z.B. "Groß-sein-Wollen" oder "Geborgenheit-Suchen"). Ein Thema ist handlungsleitend, da es diesen Bedürfnissen Ausdruck verschaffen will; es stellt eine Motivierung für die Ausführung einer Handlung dar. Das rezipierende Kind geht nun thematisch voreingenommen in die Rezeptionssituation, d.h. es versucht selbst in der Rezeptionssituation (z.B. beim Vorlesen auf dem Schoß des Vaters Geborgenheit finden) oder in den Medieninhalten (z.B. so stark zu sein wie "He-Man") eine Szene zu finden, die das Thema symbolisch repräsentiert. Da die Bewältigung von Themen für die Persönlichkeitsentwicklung - oder sozialisationstheoretisch gefaßt: für die Identitätsbildung - von entscheidender Bedeutung ist, wird im Ansatz der strukturanalytischen Rezeptionsforschung die Mediennutzung nicht (nur) unter einem negativen, sondern auch unter positiven Gesichtspunkten gesehen. Durch die Möglichkeit der Spiegelung, also der symbolischen Repräsentanz des Themas in der Interaktionssituation oder im Medieninhalt, eröffnet sich auch dessen Bewältigung.

Um das handlungsleitende Thema eines Kindes festzustellen, müssen wir seine oder ihre Probleme verstehen. Dazu werden erlebnisaktivierende Methoden verwendet wie zum Beispiel den "Sceno-Test". Anhand von in diesem Test enthaltenen Spielmaterial und kleinen Figuren können Kinder ihre innere Thematik zum Ausdruck bringen. Kinder werden dabei aufgefordert, mit den ihnen zur Verfügung gestellten Materialien eine Szene zu gestalten. Die Art und Weise, wie die Figuren des Tests mit Personen aus dem Alltagsleben der Kinder belegt und zueinander arrangiert werden, ergibt einen Einblick in das kindliche Thema.

Dem Thema des Kindes steht nun ein Thema in einer Mediengeschichte gegenüber. Methodisch wird versucht, etwa bei einem Bilderbuch oder einem Actionfilm den Sinngehalt zu verstehen, indem hermeneutisch analysiert wird, welche Bedeutungsgehalte sich in den jeweiligen Geschichten ausdrücken bzw. wofür bestimmte Charaktere - wie etwa Helden - stehen. Diese Medienthemen können nun - müssen aber nicht - dem Kind in der Bewältigung "seines" Themas behilflich sein; sie spiegeln dann das Thema des Kindes.

Weiterhin ist die Interaktionssituation von Bedeutung, in denen die unterschiedlichen Medien Verwendung finden; sie wird über Verfahren der teilnehmenden Beobachtung erfaßt. Konkret werden Familiensituationen und Situationen der Rezeption von Medien auf Video aufgenommen. Das Material wird anschließend verschriftet und hermeneutisch interpretiert. Dieses Beobachtungsmaterial gibt uns auch Einblick in den Prozeßaspekt der Rezeption. Es wird danach gefragt, wann und wie nach Medien gegriffen wird und welche Motivierung als handlungsleitendes Thema dieser Handlung zugrunde liegen könnte. Weiterhin interessiert in der Hauptphase der Rezeption, ob ein Zusammenhang zwischen dem handlungsleitenden Thema und dem Symbolgehalt des Mediums besteht und wie Medien zur Steuerung von Interaktionssituationen verwendet werden. Die Nachphase macht dann deutlich, welchen Beitrag die Medienrezeption zur Lebensbewältigung leisten kann.

Bei dieser Beschreibung der Forschungskonzeption der strukturanalytischen Rezeptionsforschung ist deutlich geworden, daß in diesem Ansatz der Bezug zur Lebenswelt der Rezipienten, die Annahme der Medienrezeption als soziale Interaktion, der Einfluß einer handlungsleitenden Motivierung (Thema) und die Bedeutung von Medien zur Lebensbewältigung im Vordergrund stehen. Damit ist die Grundlage für eine Verstehensweise der kindlichen Rezeption gelegt, die nicht mehr von der einseitigen Wirkung von Medien ausgeht, sondern alle relevanten Faktoren berücksichtigt. Dazu gehört auch die Art und Weise, wie Kinder und Jugendliche Gewalt in den Medien überhaupt wahrnehmen, was sie jeweils darunter verstehen und welche Bedeutung sie ihr beimessen. Erst Kenntnisse über diese Aspekte ermöglichen es, nach den potientiellen Wirkeinflüssen von Gewaltdarstellungen auf Kinder und Jugendliche zu fragen. Nun gibt es bisher kaum Studien, die den theoretischen Ansatz der strukturanalytischen Rezeptionsforschung benutzten, um der Frage nach dem Verhältnis von Medien und Gewalt in bezug auf Kinder und Jugendliche nachzugehen. Aus diesem Grund wird im folgenden auf empirische Forschungen eingegangen, die unter der Perspektive diese Ansatzes sich entsprechend interpretieren lassen.

Die zuerst zu referierenden Studien zur Rezeption von Gewalt im Fernsehen durch Kinder stammen aus dem Institut Jugend Film Fernsehen in München (vgl. Theunert u.a. 1992; Schorb u.a. 1992; Theunert 1993). Theunert und Schorb verfolgten u.a. die Frage, wie Kinder Gewalt definieren, welche Bedeutung sie dieser im Alltag und im Fernsehen beimessen und wie sie mit Gewaltdarstellungen umgehen. In einer ersten Untersuchung haben sie 96 Kinder zwischen 8 und 13 Jahren befragt sowie bei 7 Kindern Tiefeninterviews durchgeführt. Außerdem wurde das Fernsehprogramm an einem Wochenende genauer analysiert. Die Programmanalyse brachte hervor, daß die Angebote sehr einseitig sind und vor allem auf die Interessen und Bedürfnisse der Jungen abgestellt sind. Es gibt kaum starke Frauenfiguren in den von den Kindern geliebten Fernsehsendungen, die Helden sind meist männlich. In der Befragung der Kinder kam heraus, daß - was nicht verwunderlich ist - Mädchen und Jungen unterschiedliche Programmvorlieben haben. Während die Jungen sich für Actionserien und deren Helden interessieren, bevorzugen jüngere Mädchen eher Serien mit Komikcharakter; ältere Mädchen entdekken dann auch die Actionserien, betrachten diese aber unter einem etwas anderen Gesichtspunkt. Während die Jungen an diesen Heldenfiguren mehr deren kämpferischen Eigenschaften mögen, bevorzugen Mädchen mehr deren prosoziale Verhaltensweisen.

Bei den von Theunert und Schorb analysierten Actionfilmen zeichnet sich außerdem eine besondere Form der Moral ab. Die von den Protagonisten angewandte Gewalt steht (scheinbar) im Dienste des Guten, und auch die Folgen von Gewalthandlungen werden kaum sichtbar:

> "Gemeinsam ist ihnen (den analysierten Actionfilmen, St. A.) auch, daß die Folgen von physischer Gewaltanwendung ausgespart und verharmlost werden. Schrammen und blaue Augen sind allenfalls noch zu sehen, Blut aber fließt auch bei drastischen Verletzungen nicht, und Tote sind schnell aus dem Bild und dem Blick des Zuschauers" (Theunert 1992, S. 108).

In dieser Studie wurde weiterhin gefragt, welches Verständnis von Gewalt Kinder haben. Auch hierzu kamen aus geschlechtsspezifischer Perspektive interessante Ergebnisse heraus. Diese lassen sich wie folgt zusammenfassen:

- Kinder nehmen überwiegend physische Gewalt wahr, psychische und strukturelle dagegen nicht. Sie lehnen Gewalt besonders dann ab, wenn Opfer drastisch Schaden erleiden.
- Jungen sehen Gewalt nur bei körperlichen Verletzungen und drastischen Folgen, Mädchen stufen dagegen schon Prügeleien als Gewalt ein.
- Kinder haben eine eigene Gewaltschwelle. Liegt die in Medien dargestellte Gewalt unterhalb dieser Schwelle, dann berührt sie das kaum, sie haben vielfach sogar Spaß dabei. So zum Beispiele in Zeichentrickfilmen, wenn

Gewalt sich im Sinne des Guten rechtfertigen läßt, wie in vielen Actionfilmen oder wenn die Folgen von Gewalthandlungen nicht sichtbar sind.

- Liegt die dargestellte Gewalt jedoch oberhalb der individuellen Gewaltschwelle, dann kann dies zu Ablehnung, Verunsicherung und Angst führen. Dies ist besonders der dann der Fall, wenn es sich entweder um drastische sichtbare Folgen von Gewalthandlungen handelt, Gewalt in mysteriösen Zusammenhängen (z.B. Kult- und Opferhandlungen) oder in realitätsnahen Kontexten (z.B. Nachrichten, Krimis, "Aktenzeichen XY... ungelöst", Reality-TV) auftaucht.
- Differenzen zwischen Jungen und Mädchen lassen sich bei letztem Punkt in jener Hinsicht finden, daß manche Jungen auf drastisch sichtbare Folgen von Gewalt kaum mit den genannten Formen reagieren, sondern von dieser sogar fasziniert sein können.

Diese Ergebnisse lassen sich sehr gut mit jenen der Cartoon-Studien der beiden Autoren ergänzen (Theunert 1993). Auch dort ging es u.a. um Fragen des Gewaltverständnisses bei Kindern, jedoch bezogen auf Zeichentrickserien. Die schon erwähnten Ergebnisse erfahren in dieser Studie, die sich auf Kinder im Alter von 7 bis 11 Jahren bezieht, ihre Bestätigung. Auch diese Kinder setzen sich mit dem Thema Gewalt in Zeichentrickfilmen auseinander und mißbilligen sie größtenteils. Dies trifft besonders auf die Mädchen zu, die Cartoons zwar mögen, auf Gewalt, nicht aber auf Action gerne verzichten.

Eine ein paar Jahre ältere Studie von Schorb und Anfang (1990) hat sich mit einer ähnlichen Fragestellung Jugendlichen zugewandt und ist zu folgenden Ergebnissen gekommen, die sich auf die beiden Action-Serien "Knight Rider" und "Airwolf" beziehen. Danach werden bei Actionfilmen hauptsächlich Gewaltdarstellungen erinnert, andere Gegebenheiten dagegen weniger. Es werden aber fast nur Formen physischer Gewalt gegen Personen, kaum Gewalt gegen Sachen sowie psychische Gewalt wahrgenommen. Die Beurteilung dieser erinnerten Gewaltszenen erfolgt fast ausnahmslos negativ, wird jedoch für die Erzeugung von Spannung für vertretbar gehalten. Stark emotionale Gewaltszenen hinterlassen auch den stärksten Eindruck. Die befragten Jugendlichen im Alter von 13 bis 16 Jahren setzen auch häufig die Spannung eines Filmes mit dem Vorkommen von Gewalt gleich. Insgesamt zeigt sich ebenfalls, daß die Bewertung von Gewalt im Fernsehen von den Lebens- und Sehgewohnheiten der Jugendlichen abhängig ist. Unter geschlechtsspezifischen Gesichtspunkten wird wiederum deutlich, daß es wichtige Differenzen zwischen Mädchen und Jungen gibt: während sich die männlichen Jugendlichen überwiegend für die Technik und die Action in den Filmen interessieren, zeigen die weiblichen Jugendlichen mehr Sympathie für die Personen der Geschichten.

Die Studien von Theunert und Schorb bestätigen im übrigen die Erkenntnisse jener Forschungen, die in den letzten Jahren vor allem von medienpädagogisch interessierten Wissenschaftlern hervorgebracht worden sind. Dazu gehören die schon erwähnten Arbeiten von Charlton und Neumann-Braun sowie die von Bachmair und Rogge. Aus der Perspektive der von diesen Forschern vertretenen Richtung suchen Kinder in den Medien nach Themen, die als Spiegel ihrer eigenen Entwicklungsthematik gedacht werden können. Dabei kommen immer wieder die geschlechtsbezogenen Rezeptionsweisen zum Vorschein. Die Medien haben für beide Geschlechter neben der Freundschaftsgruppen der modernen Gesellschaft eine starke Orientierungsfunktion hinsichtlich des Hineinwachsens in eine Geschlechtsrolle. So gilt nach Bachmair (1993) für die Jungen: "Der Weg in die Männerwelt läuft heute auch via Bildschirm, über die dort angebotenen Mutproben, Emotionen, Ängste und Horrorvisionen" (S. 84). Ähnliches muß man auch für den Erwerb der weiblichen Geschlechtsrolle unterstellen, nur daß hier andere Themen erwartet werden. Außerdem vermitteln natürlich die Medien auch Bilder vom anderen Geschlecht, also was es heißt, Frau bzw. Mann zu sein. Aus diesen Gründen ist es natürlich auch wichtig sich die Verbindung von Geschlecht und Gewalt im Fernsehen näher anzusehen, wofür eine andere Studie Aufschluß geben kann.

Groebel und Gleich (1993) haben in einer quantitativen Programmanalyse deutscher Fernsehsender untersucht, wie das Verhältnis von Männern und Frauen bei den Tätern bzw. Opfern von Gewalttaten ist. In fast allen Genres sind danach Männer überwiegend die Täter; der Prozentsatz beträgt über alle Genres hinweg 89 % (S. 88), bei Nachrichten 94 % (S. 103), bei Zeichentrickfilmen 92 % (S. 107) und in fiktionalen Filmen 88 % (S. 112). Zwar sind in den meisten Fällen auch die Opfer männlich, Frauen werden jedoch in zu einem Viertel der Gewalthandlungen im Fernsehen Opfer männlicher Aggressionen. Diese Zahlen entsprechen im großen und ganzen auch den tatsächlichen Zahlen von Opfern und Tätern bei Straftaten. Faktisch kommen z.B. Mord und Totschlag bei Frauen kaum vor. Interessant werden diese Zahlen aber, wenn der jeweilige Kontext der Taten hinzugezogen wird, in denen die gewalttätigen Handlungen in den Fernsehsendungen gezeigt werden. Die Analyse von Groebel und Gleich macht nämlich deutlich, daß in den meisten Fällen von Gewalthandlungen im Fernsehen keine Reaktionen der Opfer gezeigt werden (ca. die Hälfte aller untersuchten Fälle; im Trickfilm 48 %, in fiktionalen Filmen 39 %). Weiterhin bleiben in über der Hälfte aller der Fälle die Motive der Täter im unklaren (S. 98). Dies heißt, daß die Zuschauer nichts darüber erfahren, warum die Gewalthandlung vollführt wurde. Ferner sind die Zahlen aufschlußreich, die über mögliche Konsequenzen für die Täter Aussagen machen. Danach sind in 74 % der Szenen keine Konsequenzen für Angreifer weiblicher Opfer erkennbar (S. 100).

Besonders sollte man sich die Zahlen anschauen, die sich auf Zeichentrickfilme beziehen, wie sie auch von Theunert und Schorb in der Rezeption untersucht worden sind. Groebel und Gleich (1993) haben auch nach den Motiven von Gewalthandlungen sowie dem emotionalen Kontext hin die Fernsehsendungen untersucht. Bei den Zeichentrickfilmen sind in einem Drittel der Szenen Motive der Aggressoren nicht erkennbar, in einem Drittel überwiegen als Gründe für die Aggressionen Ärger, Frust, Rache oder Autoritätsgehorsam, und nur in 10 % der Szenen dient Gewalt der Verteidigung oder dem eigenen Schutz.

Bezieht man die beiden referierten Untersuchungen aufeinander, dann ergibt sich meines Erachtens eine interessante Konstellation. Da Kinder sich in ihrer

Geschlechtsrollenentwicklung häufig - also nicht immer! - an den Modellen in den Medien ausrichten, ist es ganz entscheidend, wie dort Geschlechtsrolle und Gewalt präsentiert werden. Die Ergebnisse von Groebel und Gleich verdeutlichen hierzu einen unverkennbaren Zusammenhang: Männer sind Täter, Frauen die Opfer, Gewalt von Männern muß keine Begründung haben - kann sie überhaupt begründet werden? - und vor allem ist sie folgenlos. Diese Bilder dürften auf Seiten der Jungen zu einer Verharmlosung von Gewaltdarstellungen führen und ein Weltbild entwickeln lassen, in dem Gewalt etwas Alltägliches und zum Mann Dazugehöriges zählt. Die Weltsicht von Mädchen und Frauen dürfte sich dagegen stärker mit Angst besetzen, sich dürften sich in ihrer Opferrolle, die sich zum Teil schon aus der familialen Sozialisation ergibt, verstärkt fühlen. Meine Argumentation zielt also darauf hin, daß nicht die bloße Gewaltdarstellung im Fernsehen das Problem ist, sondern die Verknüpfung von Gewalt mit Geschlecht. Weiterhin geht es mir nicht darum zu behaupten, daß solche gewalthaltigen Darstellungen zu direkter Übernahme führen. Vielmehr möchte ich auf einen Aspekt hinweisen, der in der medienpsychologischen Diskussion meines Erachtens bei der hier diskutierten Thematik zu kurz gekommen ist. Es handelt sich dabei um die Frage, inwiefern diese Gewaltdarstellungen mit ihren geschlechtstypischen Tendenzen nicht auch zur Prägung und Verfestigung von Weltbildern in bezug auf Männer und Frauen beitragen. Aus dieser Perspektive ist es nämlich dann nicht mehr entscheidend, ob Gewaltdarstellungen im Fernsehen zu aggressiven Verhaltensweisen führen können, sondern welches Weltbild von Gewalt und - da, wie aufgezeigt, Gewalt und Geschlecht zusammenhängen - welches Bild von Männern und Frauen vermittelt werden. Wenn wir nun abschließend die theoretischen Überlegungen der strukturanalytischen Rezeptionsforschung aufgreifen, dann gewinnt diese Perspektive nämlich an Bedeutung und macht deutlich, daß die thematische Voreingenommenheit die eine Seite der (Rezeptions-)Medaille ist, das Weltbildangebot der Medien die andere. Da beide aber in der modernen Gesellschaft aufeinander bezogen sind - Medien spiegeln die zu bearbeitenden Themen der Kinder und übernehmen damit auch eine Orientierungsfunktion -, ist um so mehr darauf zu achten, welche Gewaltmodelle Kinder und Jugendliche präsentiert bekommen und wie sie diese für sich interpretieren.

Literatur

Bachmair, B. (1993): TV-Kids. Ravensburg.

Charlton, M./Neumann, K. (1990): Medienrezeption und Identitätsbildung, Tübingen.

Groebel, J./Gleich, U. (1993): Gewaltprofil des deutschen Fernsehprogramms. Eine Analyse des Angebots privater und öffentlich-rechtlicher Sender. Opladen.

Schorb, B. u.a. (1992): Wenig Lust auf starke Kämpfer. Zeichentrickserien und Kinder. München.

Theunert, H. u.a. (1992): Zwischen Vergnügen und Angst - Fernsehen im Alltag von Kindern. Berlin.

Theunert, H. (Hg.) (1993): 'Einsame Wölfe' und 'Schöne Bräute'. Was Mädchen und Jungen in Cartoons finden. München.

Fernsehen als Brandstifter? Unerwünschte Nebenwirkungen der Berichterstattung über fremdenfeindliche Gewalt

Hans-Bernd Brosius / Frank Esser

Selten sind Journalisten so massiv mit den möglichen negativen Konsequenzen ihrer Berichterstattung konfrontiert worden wie bei fremdenfeindlichen Straftaten. Die Art und Weise der journalistischen Darstellung von Straftaten gegen Ausländer und Asylbewerber ist - auch innerhalb des Journalismus - scharf kritisiert worden. In den Tagen der Ausschreitungen von Rostock ließ beispielsweise das Fernsehen Rechtsradikale und applaudierende Anwohner mit ausländerfeindlichen Parolen frei und unkommentiert zu Wort kommen. Viele meinen, daß erst durch die Berichterstattung der Massenmedien eine massenhafte Nachahmung von Straftaten initiiert worden ist, daß also Journalisten, ohne es zu wollen, der Verbreitung fremdenfeindlicher Gewalt Vorschub geleistet haben. Die zentrale Frage, die dieser Beitrag zu beantworten sucht, lautet also: Führt die Berichterstattung über solche Straftaten dazu, daß potentielle Täter sich ermutigt fühlen, selbst Ausländer und Asylbewerber anzugreifen? Vor allem im Anschluß an die Schlüsselereignisse (das sind die Ausschreitungen in Hoyerswerda und Rostock sowie die Brandanschläge in Mölln und Solingen; vgl. Brosius/Eps 1993) wurde die These der Nachahmung in der Öffentlichkeit diskutiert. Der vorliegende Beitrag schildert in knapper Form die Hauptergebnisse eines Projekts, das sich der empirischen Überprüfung dieser These widmet. Die theoretischen und methodischen Grundlagen können hierbei nur kurz skizziert werden. Für Interessierte sei auf die ausführliche Darstellung bei Brosius/Esser (1995) verwiesen. Dort wird detailliert ein Modell der Gewalteskalation entwickelt und empirisch überprüft. Allerdings beschränkt sich jene Publikation hauptsächlich auf die Analyse der Presseberichterstattung. Der vorliegende Beitrag dehnt die Analyse auf die Fernsehberichterstattung aus.

Um den Einfluß der Fernsehberichterstattung auf die Nachahmung von Gewalt gegen Ausländer zu untersuchen, haben wir zwei Datensätze miteinander in Beziehung gesetzt. Die Berichterstattung der Massenmedien über verschiedene Aspekte des Ausländerthemas wird mit der tatsächlichen Ereignislage (ermittelt aufgrund der Lageberichte von BKA und LKA's) verglichen. Die Grundüberlegung lautet: Wenn die Entwicklung der Straftaten und die Berichte darüber zeitgleich verlaufen oder ein Anstieg der Berichterstattung *nach* den Anschlägen erfolgt, kann man schlußfolgern, daß die Medien mit ihrer Berichterstattung auf die Realität reagieren. Nimmt allerdings die Anzahl der Anschläge nach einer intensiven Berichterstattung zu, verändert sich also die Berichterstattung *vor* den Anschlägen, kann man von einem Nachahmungseffekt sprechen, ohne dies letztlich kausal interpretieren zu können (zur Schwierigkeit, aus dem Vergleich von Zeitverläufen Kausalschlüsse zu ziehen vgl. die umfangreiche Debatte über die Nachahmung von

Selbstmorden; Baron/Reiss 1985a,b; Phillips 1982; Phillips/Bollen 1985; Stack 1990).

1 Zur Rolle der Medien

Um die Bedeutsamkeit von Nachahmungstaten beurteilen zu können, ist es wichtig, sich die Bedingungen des Mediensystems und vor allem des Fernsehens vor Augen zu führen. Daher sollen einleitend sechs Thesen zur gegenwärtigen Situation der Fernsehberichterstattung vorgestellt werden, damit die nachfolgenden Ergebnisse besser eingeordnet werden können. Gerade bei der Berichterstattung über Ausländer und Asylbewerber in deutschen Medien spielen die Nachrichten eine große Rolle (vgl. Merten 1987; Kühne-Scholand 1987).

1. Nachrichten werden - wie andere Arten von Medienangeboten - heute zunehmend durch den Konkurrenzkampf zwischen den öffentlich-rechtlichen und privaten Rundfunkanstalten geprägt (vgl. Pfetsch 1991; Ludes 1994). Journalisten produzieren Nachrichten verstärkt unter dem Gesichtspunkt, hohe Einschaltquoten zu erzielen und dem Sender ein positives Image zu verleihen.

2. Die "Schlacht um den Zuschauer" hat einen Einfluß auf die Nachrichtenauswahl und die Nachrichtengestaltung. Neue journalistische Stilmittel und Aufbereitungsformen werden entwickelt, die hauptsächlich auf dem Einsatz von spektakulären Bildern beruhen. (vgl. die Beiträge in Sage und Schreibe, 1, 1994, sowie in Medien Kritik Nr. 35 bis 41/1994). Das tatsächliche oder vermeintliche Interesse des Zuschauers wird von den Anstalten aufgegriffen: Drei statt einem Moderator, Computergraphik, schnelle Schnitte, Musikunterlegung, weniger Textlastigkeit, viel Sport, das bunte Thema am Ende der Sendung. Offen bleibt, inwiefern diese Präsentationsformen die Qualität der journalistischen Arbeit beeinflussen.

3. Im Zuge der Orientierung an Einschaltquoten hat sich teilweise ein Nachrichtenjournalismus entwickelt, für den Aktualität wichtiger ist als sorgfältige Recherche, für den drastische Bilder wichtiger sind als sorgfältige Analysen, für den Sensation wichtiger ist als politische Relevanz. Im Zusammenhang mit der Ausländerfeindlichkeit wurde von "Stichflammenjournalismus" geredet (Journalist, Heft 9/1993, S. 10-13). Nachrichten werden zur Ware (vgl. McManus 1992; Zimmer 1993) Durch den Druck der Aktualität und den Hang zur Sensation werden oft vorschnell Schreckensszenarien aufgebaut, die sich bei näherer Betrachtung als haltlos erweisen. Beispiele solcher Desinformation sind die Berichterstattung über die brennenden Ölquellen in Kuwait, die entgegen der Berichterstattung nach kurzer Zeit gelöscht waren, oder über den Flugzeugabsturz in Amsterdam, über dessen Ursachen zahlreiche Varianten publiziert wurden, bevor von Experten Materialermüdung bei der Triebwerksaufhängung festgestellt wurde. Die Liste läßt sich beliebig verlängern.

4. Viele Rezipienten sehen die Nachrichten beiläufig. Sie wollen sich nicht in erster Linie eine politische Meinung bilden. "Was gibt es Neues in der Welt?" ist die Frage und "alles wie gehabt" ist meist die Antwort (vgl. Winterhoff-Spurk 1983). Die Zuschauer lernen, so die empirischen Untersuchungen, nicht viel von den Informationen, die die Nachrichten anbieten. Fernsehnachrichten tragen wenig dazu bei, daß der Bürger gut informiert ist. Sie dienen eher zur Orientierung im Ereignischaos (Dahlgren 1983).

5. Diese Tendenzen der Nachrichtenpräsentation werden deshalb von vielen als Infotainment angesehen (vgl. Krüger 1988), ein bunter Bilderreigen, dessen primäres Ziel ist, den Zuschauer zu unterhalten, und nicht, ihn zu informieren (vgl. ausführlich Brosius 1995). Dennoch werden durch solche Nachrichten Wirkungen erzielt, wenn auch nicht immer die gewünschten. Fernsehen ist ein Medium, das vor allem durch die Bilder bei Rezipienten, die nur beiläufig zuschauen, "ganz nebenbei" Bewertungen und Urteile vermittelt. Gerade weil Rezipienten nicht konzentriert zuschauen, werden sie durch drastische Bilder und übertriebene Sprache (vom "Super-Gau" bis zur "noch nie dagewesenen Katastrophe") beeinflußt. Hier wirkt die vermittelte Stimmung, nicht die faktische Information. Zudem konzentrieren sich Nachrichten auf die Berichterstattung negativer Sachverhalte und Ereignisse. Die Kombination von sensationsorientierter und negativer Berichterstattung führt dazu, daß Rezipienten die berichteten Sachverhalte für bedeutsamer und schwerwiegender halten, als sie vermutlich sind.

6. Die Konsequenzen einer solchen Berichterstattung liegen vor allem darin, daß ein pessimistisches und negatives Weltbild verbreitet wird. Die Welt erscheint voller Katastrophen und Leid, Politik und Politiker korrupt und bestechlich, die Umwelt verseucht. Zum einen bedingt dies eine Abstumpfung: Immer größere Katastrophen und Skandale werden gebraucht und produziert, um die Beachtung durch den Zuschauer sicher zu stellen. Zum anderen ist ein solches negatives Weltbild eine Bedingung für Politikverdrossenheit und den Rückzug auf die eigene Privatsphäre.

"Gewalt gegen Ausländer" wurde in einer Zeit intensiv thematisiert, in der die Berichterstattung durch Konkurrenzdruck häufig schnell und unreflektiert war und in der die Journalisten glaubten, durch Sensationen, Skandale und andere negative Erscheinungsformen den jeweiligen Sender zu stützen bzw. selbst Karriere zu machen.

2 Bisherige Forschungsergebnisse zur Nachahmung von medialer Gewalt

Die Idee, daß durch Mediendarstellungen Nachahmungstaten angeregt werden, ist relativ alt. Der erste belegte Nachahmungseffekt dürfte nach der Publikation von Goethes Roman "Die Leiden des jungen Werther", in dem sich der junge Protagonist am Endes des Buches aus Liebeskummer umbringt, aufgetreten sein. Dies war im Jahre 1774. In mehreren europäischen Städten wurde das Buch verboten, weil etliche Personen sich selbst umbrachten, oft mit dem Buch in der Jackentasche und in der typischen blaugelben Kleidung des Werther. Der französische Soziologe Gabriel Tarde beschreibt zu Beginn dieses Jahrhunderts (1912) eine Welle von Nachahmungstaten nach Bekanntwerden der Taten von "Jack the Ripper". Seither sind viele Fälle dokumentiert, die ganz offensichtlich die Medienberichterstattung zum Vorbild hatten (vgl. Kunczik 1994). Fast alle diese Fälle haben mit Gewalt, Verbrechen oder Terorrismus zu tun. Der Attentäter, der 1968 einen Anschlag auf Rudi Dutschke verübte, gab an, das sieben Tage vorher verübte Attentat auf Martin Luther King zum Vorbild gehabt zu haben. Selbst die Tat einer Jugendlichen in Halle, die sich zu Beginn des Jahres 1994 ein Hakenkreuz in die Haut geritzt hatte und dafür Rechtsradikale verantwortlich machte, fand ihre Nachahmer, nachdem sämtliche Medien intensiv darüber berichtet hatten (vgl. Der Spiegel, 1/1995, S 49ff.).

Im Bereich politischer Gewalt sind ebenfalls Nachahmungstaten dokumentierbar. Vor allem Terrorismus, so zeigen unsere eigenen Untersuchungen (vgl. Brosius/Weimann 1991), ist häufig durch Nachahmungstaten gekennzeichnet. Wenn die internationalen Medien, vor allem die amerikanischen Fernsehanstalten, über Terrorismus intensiv berichteten, fanden wir etwa sieben Monate später mehr Terroranschläge, als zu erwarten wäre. Die größere Zeitverzögerung ist vermutlich durch die logistischen Vorbereitungen bedingt, die für das erfolgreiche Ausführen eines Anschlags notwendig sind. Gerade bei Terroristen nehmen die Medien eine zentrale Rolle ein. In den meisten Fällen ist das Ziel der Terroristen eben nicht, ein Objekt zu zerstören oder Personen zu verletzen. Das Hauptziel besteht darin, die größtmögliche Medienaufmerksamkeit zu bekommen, und die Erfahrungen zeigen, daß ihnen das hervorragend gelingt. Gewalt ist offenbar immer berichtenswert, und die Medien stürzen sich geradezu auf terroristische Anschläge. Sie sind damit häufig die Werkzeuge der Terroristen. Beispiele solcher Anschläge sind die Olympischen Spiele in München, wo die gesamten Weltmedien gleichsam bereit standen, um die Forderungen der Palästinenser zu verbreiten (vgl. Weimann/Brosius 1989).

Auch die Darstellung von Selbstmord in den Medien führt zu Nachahmungseffekten. Wissenschaftlich nachgewiesen ist dies beispielsweise bei der Ausstrahlung der sechsteiligen Sendung "Tod eines Schülers" (ZDF 1981). Die Serie schilderte den Selbstmord eines Jugendlichen, der sich vor einen fahrenden Zug warf. In der Folgezeit zählte die Deutsche Bundesbahn, so eine Studie zweier Wissenschaftler vom Institut für seelische Gesundheit in Mannheim (Schmidtke/Häfner

1986), dreimal so viele Eisenbahnselbstmorde wie in Vergleichsjahren. Es waren vor allem männliche Jugendliche, die ihrem Leben auf die im Fernsehen vorgeführte Weise ein Ende bereiteten. Eine ganze Reihe weiterer Befunde erhärten die These, daß die Berichterstattung über Selbstmord mit einer Zeitverzögerung von drei bis sieben Tagen zu Nachahmungstaten führt (vgl. zusammenfassend Phillips 1989; Goldney 1989).

Journalisten sind sich des Problems der Nachahmungstaten durchaus bewußt. Der Pressekodex des Deutschen Presserats schreibt entsprechend eine zurückhaltende Berichterstattung beispielsweise bei Selbstmord vor. Italienische Medien haben davon Abstand genommen, über sich häufende Attentate auf fahrende Autos an Autobahnen zu berichten, weil sie Nachahmungstaten befürchteten (vgl. Frankfurter Neue Presse, 26. 7. 1994, S. 20). Im Zusammenhang mit fremdenfeindlichen Straftaten verzichtet dpa seit Anfang 1992 darauf, jede "kleinere Sachbeschädigung" zu melden, "weil in einzelnen Büros der Verdacht aufgekommen war, daß sich Täter durch unsere Berichterstattung zu Handlungen animiert fühlen", erklärte dpa-Chefredakteur Wilm Herlyn der Zeitschrift Journalist (Heft 1/92, S. 17).

Faßt man den Forschungstand zusammen, lassen sich Nachahmungstaten vor allem bei der Darstellung von Gewalt finden. Offensichtlich hat Gewalt eine suggestive Wirkung, vor allem auf männliche Jugendliche. Drei theoretische Konzepte bieten sich an, die Wirkung der medialen Darstellung von Gewalt auf Nachahmungstaten zu erklären.

1. Suggestiv-imitative Theorien (z.B. Tarde 1912; Redl 1949; Wheeler 1966) schreiben der Darstellung von Gewalt ansteckende Wirkung zu. Die psychologische Prädisposition eines Individuums, sich gewalttätig gegen einen Gegner zu verhalten, wird durch die Darstellung einer Gewalttat enthemmt. Die Adäquatheit eines gewalttätigen Verhaltens wird suggeriert. Die Suggestionswirkung ist für die Gruppe von Personen am größten, die die Art der dargestellten Gewalt (z.B. gegen Ausländer) vorher schon ausüben wollte, aber durch wie auch immer geartete gesellschaftliche Kontrolle daran gehindert wurde. Daraus ergibt sich eine imitative Komponente: Die Ansteckungswirkung ist für ähnliches Verhalten am größten. Wird also Gewalt gegen Ausländer im Fernsehen gezeigt, ist die Ansteckungswirkung für solche Personen am größten, die solche Gewalt schon immer zeigen wollten. Ansonsten macht die suggestiv-imitative Theorie wenig Annahmen darüber, unter welchen Bedingungen es zu Nachahmungstaten kommt.

2. Stimulations- oder Erregungstheorien (Berkowitz 1970; Berkowitz/Rawlings 1963; Tannenbaum/Zillmann 1975; Zillmann 1971) stellen die erregende Komponente von Gewalt in den Mittelpunkt. Die durch die Gewalt ausgelöste Erregung wird, wenn ein Individuum vorher frustriert wurde, in eigenes aggressives Verhalten umgesetzt. Dabei ist vor allem nach Zillmann nur eine unspezifische Verbindung zwischen der Art der gezeigten und der ausgeübten Gewalt gegeben. Wird Gewalt gegen Ausländer gezeigt, muß sich ein Rezipient nicht unbedingt gegen Ausländer gewalttätig verhalten. Die Konzeption und ihre empirische Überprüfung geht von relativ kurzen Zeiträumen zwischen Rezeption und Nachahmung aus.

Flaut nämlich das Erregungsniveau wieder ab, verhält sich der Rezipient nicht mehr gewalttätig.

3. Das dritte Erklärungsmodell für die Nachahmungswirkung ist die soziale Lerntheorie (Bandura 1973, 1989), die sich originär mit dem Erwerb von Verhaltensweisen beschäftigt. Die soziale Lerntheorie besagt, daß Rezipienten die dargestellte Gewalt als Modell begreifen und zunächst in ihr Verhaltensrepertoire aufnehmen. Bei entsprechender Gelegenheit wird dann das Verhalten auch ausgeübt. Anders als bei den anderen beiden Ansätzen kann also zwischen Rezeption und Nachahmung ein größerer Zeitraum liegen. Die soziale Lerntheorie hat mehrere Faktoren identifiziert, die die Wahrscheinlichkeit einer Nachahmung von Modellpersonen in den Medien beeinflussen. Dadurch wird sie zu dem Modell, das sich am genauesten empirisch überprüfen läßt.

- *Fähigkeit und Mittel des Rezipienten zur Nachahmung.* Vor allem Kinder, aber auch Erwachsene können bestimmte Modelle aufgrund fehlender Fähigkeiten oder Fertigkeiten nicht nachahmen. Man denke beispielsweise an das Knacken eines Tresors. In vielen Fällen fehlen den Rezipienten Mittel, um Nachahmungstaten zu begehen. Die Nachahmung ist also eingeschränkt, wenn die gezeigten Gewalttaten an nicht erreichbaren Orten (z.B. Wilder Westen), mit nicht zur Verfügung stehenden Waffen (z.B. Maschinengewehren) oder in selten vorkommenden Situationen (z.B. beim klassischen Western-Duell) spielen.
- *Auffälligkeit und Außergewöhnlichkeit des Verhaltens der Modellperson.* Verhalten wird vor allem dann von Modellpersonen gelernt, wenn das Verhalten durch seine Auffälligkeit Aufmerksamkeit auf sich zieht. Gewalttätiges Verhalten an sich erfüllt diese Bedingung in der Regel. Häufig berichten Menschen, daß sie bei der Darstellung von Gewalt, obwohl sie diese ablehnen, nicht wegsehen können und magisch davon angezogen werden. Auffälligkeit eines Verhaltens kann auch dadurch hergestellt werden, daß eine prominente Person das Verhalten zeigt. Auch dies ist in der Regel bei Gewalt gegeben. Die Kultivierungsstudien von Gerbner und Mitarbeitern (z.B. Gerbner/Gross/Morgan/Signorelli 1982) aber auch deutsche Studien (Groebel/Gleich 1993) zeigen, daß Gewalt im Fernsehen auch von prominenten und zentralen Figuren ausgeübt wird.
- *Ähnlichkeit zwischen der Modellperson und dem Rezipienten.* Eine der wirkungsvollsten Einflußgrößen auf die Nachahmung von Verhalten der Modellpersonen ist die (wahrgenommene) Ähnlichkeit zwischen Rezipient und Modellperson. Zahlreiche empirische Studien belegen, daß Ähnlichkeiten bezüglich Geschlecht, Alter und sozialem Status die Wahrscheinlichkeit, daß ein Modell nachgeahmt wird, deutlich erhöhen (vgl. Bandura 1973). Die Ergebnisse der Studien zur Nachahmung von Selbstmorden lassen sich ebenfalls in diese Richtung interpretieren (z.B. Schmidtke/Häfner 1986). Das Modell, bei Schmidtke/Häfner ein männlicher Jugendlicher, bewirkte Nachahmungstaten vor allem bei gleichaltrigen Männern zwischen 15 und 19 Jahren.
- *Konsequenzen des Verhaltens der Modellperson.* Bandura/Ross/Ross (1961 1963a, b) zeigten Kindern unter anderem eine erwachsene Modellperson, die sich aggressiv verhielt und für ihr Verhalten belohnt, bestraft oder gar nicht sanktioniert

wurde. Kinder ahmten das Modell häufiger nach, wenn dessen Verhalten belohnt oder nicht sanktioniert wurde. Aufschlußreich ist, daß die Wirkung einer Belohnung des Modells für die Nachahmung ähnlich förderlich war wie keine gezeigte Reaktion. Da gerade die Ausübung von Gewalt im Fernsehen häufig ohne direkte Konsequenzen bleibt (der Gewaltausübende wird selten sofort bestraft, Konsequenzen der Gewaltausübung, z.B. das Leiden der Opfer werden selten gezeigt), muß man an diesem Punkt von einem hohen Nachahmungspotential ausgehen.

- *Erwartete Konsequenzen für das eigene Verhalten.* Die Wahrscheinlichkeit der Nachahmung eines Modellverhaltens richtet sich auch danach, ob für das eigene Verhalten positive oder negative Konsequenzen antizipiert werden. Aggressives Verhalten wird entsprechend der Annahmen der sozialen Lerntheorie nur dann nachgeahmt, wenn das soziale Umfeld, in dem sich ein Rezipient befindet, ein solches Verhalten toleriert oder gutheißt. Wenn also im eigenen sozialen Umwelt die Anwendung von Gewalt zur Lösung von Konflikten nicht legitim ist, werden Rezipienten auch unter ansonsten günstigen Nachahmungsbedingungen selten Gewalt anwenden. Gehört andererseits Gewalt in das Spektrum legitimer Problemlösungsmittel innerhalb der Bezugsgruppe, ist die Chance einer Nachahmung medial vermittelter Gewalt größer.

- *Motivationslage des Rezipienten.* Alle bisher genannten Aspekte der Beziehung zwischen gezeigter Modellperson und Rezipient führen nur dann zur Nachahmung, wenn die Motivation und die Situation zu einer entsprechenden Handlung vorhanden ist. Dies bedeutet, daß ein Nachahmender für sein Verhalten einen Sinn oder ein Ziel definiert haben muß. Bezogen auf gewalttätiges Verhalten kann ein solches Motiv auch dann vorliegen, wenn beispielsweise entsprechend der Frustrations-Aggressions-Hypothese ein Rezipient frustriert wurde oder sich frustriert fühlt. Gerade für das Thema Ausländerfeindlichkeit dürften spezifische Motive (etwas gegen die Ausländer tun) und unspezifische Motive (Aktionismus und "Randale") zusammenwirken, zumal häufig die enthemmende Wirkung von Alkoholkonsum hinzukommt.

Welche der aufgeführten theoretischen Modelle im Falle der Nachahmung fremdenfeindlicher Gewalt zutrifft, soll die weitere Analyse zeigen.

3 Methode: Die Analyse der Fernsehnachrichten

Die Berichterstattung der Fernsehnachrichten wurde mit Hilfe der Konrad-Adenauer-Stiftung untersucht. Die Stiftung zeichnet unter anderen die Meldungen in den folgenden Nachrichtensendungen auf: Tagesschau (ARD, 20.00 Uhr), Tagesthemen (ARD, 22.30 Uhr), heute (ZDF 19.00 Uhr), heute-journal (ZDF, 21.45 Uhr), Bilder des Tages (RTL, 18.45 Uhr) sowie Sat 1-Blick (Sat 1 19.00 Uhr). Die einzelnen Meldungen werden anschließend nach einem relativ groben Schema katalogisiert. Im einzelnen wurden neben Datum und Stilform das Politikfeld, die Akteure und eine grobe Wiedergabe des Inhalts (in der Regel eine bis drei Zeilen zusammenfassender Text) ermittelt. Alle Beiträge, bei denen aufgrund des

Politikfeldes (z.B. Anschläge), der Akteure (z.B. gegen Ausländer) oder des Kurztextes hervorging, daß sie sich mit dem Thema "Ausländer, Asylbewerber und Fremdenfeindlichkeit" befaßten, wurden in die vorliegende Analyse einbezogen. Anhand des Kurztextes wurde, wenn immer möglich, eine weitergehende Klassifizierung nach bestimmten Beitragsschwerpunkten vorgenommen, wenn die Texte die notwendige Information enthielten. Eine solche Analyse ist nicht mit einer vollständigen Inhaltsanalyse anhand des kompletten Meldungstextes vergleichbar. Häufig fehlten Informationen beispielsweise über den Ort eines Anschlags oder über den Hintergrund einer politischen Meldung.

Der Untersuchungszeitraum umfaßte insgesamt 36 Monate zwischen August 1990 und Juli 1993. Als Anfang wurde ein Zeitpunkt vor der Wiedervereinigung gewählt, zu dem das Thema der fremdenfeindlichen Straftaten nur eine marginale Bedeutung hatte. Das Ende bestimmt sich aus dem Zeitpunkt, an dem die Datenerhebung begann. Mit dem Codebuch wurden formale und inhaltliche Merkmale der Meldungen auf Basis der Kurztexte erhoben. Formale Merkmale waren unter anderem die journalistische Stilform, das Datum und die Plazierung der Beiträge. Inhaltlich wurden sechs Themenschwerpunkte unterschieden. Der erste Themenbereich umfaßte fremdenfeindliche Anschläge und Straftaten, wobei unter anderem der Ereignisort, die Art des Anschlages sowie Eigenschaften der Täter und Opfer in die Analyse eingingen. Der zweite Themenbereich umfaßte Gegenaktionen, mit denen die Bevölkerung, Politiker oder Organisationen gegen fremdenfeindliche Anschläge protestierten. Hier wurden die Art der Gegenaktion, etwa ob es sich um eine Lichterkette oder um eine Demonstration handelte, sowie Größe und Verlauf der Aktion verschlüsselt. Der dritte Themenbereich umfaßte politisches und staatliches Handeln. Hier wurden unter anderem Debatten über das Asylrecht und über Fremdenfeindlichkeit sowie Gesetzesinitiativen und Verbote rechtsradikaler Gruppierungen ermittelt. Der vierte Themenbereich umfaßte die Strafverfolgung und damit verbundene Aspekte. Hierbei wurde unter anderem der Stand der Verfahren oder das Verhalten der Polizei verschlüsselt. Der fünfte Themenbereich hatte den Rechtsradikalismus allgemein zum Gegenstand. Hier wurde die Form des Rechtsradikalismus, etwa in Parteien oder Schriften, sowie seine möglichen Ursachen erfaßt. Der sechste Themenbereich umfaßte Hintergrundinformationen zur Ausländer- und Asylproblematik, beispielsweise den Beitrag von Ausländern zum Bruttosozialprodukt oder die Lebenssituation bzw. die Kriminalität bei Ausländern.

Analyseeinheit war jeder nach dem oben vorgestellten Verfahren ausgewählter Beitrag, der einen der sechs Themenbereiche zum Gegenstand hatte. Für jeden Beitrag wurde zunächst der jeweilige Themenschwerpunkt erfaßt. Für den jeweiligen Schwerpunkt wurden die einzelnen Unterkategorien verschlüsselt. War beispielsweise der Schwerpunkt des Beitrags Gegenaktionen, wurden nur die Kategorien, die Gegenaktionen zum Inhalt hatten, erfaßt. Zwei Codierer verschlüsselten jeweils die Hälfte der insgesamt 2891 Meldungen zum Themenbereich Ausländer und Asylbewerber. Die Auswahl des Codiermaterials erfolgte nach einem Zufallsschlüssel.

4 Methode: Die Erfassung fremdenfeindlicher Gewalt

Die Anzahl fremdenfeindlicher Straftaten wird von den 16 Landeskriminalämtern erfaßt und monatlich an das Bundeskriminalamt (BKA) weitergegeben. Dieses faßt die Daten zusammen und erstellt einen monatlichen sowie einen jährlichen Lagebericht. Der Lagebericht wird seit Januar 1991 für fremdenfeindliche Straftaten gesondert vorgelegt. Die Anzahl fremdenfeindlicher Straftaten wird dabei insgesamt und für die einzelnen Bundesländer getrennt ausgewiesen. Obwohl die Erfassung in den einzelnen Ländern nach einer einheitlichen Definition erfolgt, unterscheiden sich die Art der Erfassung und der Aufbereitung der Daten von Land zu Land.

Die vom Bundeskriminalamt vorgelegten monatlichen Daten sind aus zwei Gründen unzureichend, um den Einfluß der Berichterstattung auf die Verbreitung von Straftaten zu untersuchen. Zum einen können die Taten nicht nach einzelnen Deliktbereichen differenziert werden. Zum anderen ist die monatliche Aggregierung viel zu grob, um kurzfristige Ansteckungs- und Nachahmungseffekte festzustellen. Die bereits vorliegenden Studien aus dem Bereich Selbstmord zeigen zeitliche Verzögerungen zwischen drei und sieben Tagen. Für die genaue Analyse von Nachahmungs- und Ansteckungseffekten sind daher Daten notwendig, die auf Wochenbasis aggregiert sind. Um solche Daten zu erhalten, haben wir die 16 Landeskriminalämter angeschrieben. Aufgrund der unterschiedlichen Organisation bei Sammlung und Aufbereitung der Daten konnten nur sechs der 16 Länder für einen genügend langen Zeitraum (Januar 1991 bis Juli 1993) wöchentlich aggregierte Daten zur Verfügung stellen. Dies sind Baden-Württemberg, Bayern, Hamburg, Mecklenburg-Vorpommern, Sachsen und Sachsen-Anhalt.

Will man mit diesen Wochendaten rechnen, muß gewährleistet sein, daß diese sechs Länder die Gesamtheit der 16 Länder repräsentieren. Wir haben daher mit den uns vorliegenden Landesdaten auf *Monatsbasis* von Januar 1991 bis Juli 1993 (Quelle: Bundeskriminalamt) eine Korrelation zwischen der Häufigkeit der Straftaten in den sechs Länder und der Häufigkeit der Straftaten in den 10 übrigen Ländern über die 31 Monate berechnet. Je höher der Korrelationskoeffizient, desto ähnlicher sind sich die beiden Kurvenverläufe. Die berechnete Korrelation beträgt $r = 0.91$ und ist hochsignifikant ($p < 0.0001$). Die Kurvenverläufe entsprechen sich also weitgehend. Damit können wir unsere sechs Länder als einigermaßen repräsentativ für die Entwicklung in allen 16 Ländern, also in ganz Deutschland, ansehen. Bevor wir jedoch die Zeitreihen der Straftaten und der Berichterstattung auf Wochenbasis vergleichen, sollen zunächst einige Befunde vorgestellt werden, die die Entwicklung der Straftaten und die Art der Berichterstattung beschreiben.

5 Ergebnisse: Die Entwicklung fremdenfeindlicher Straftaten

Seit der Wiedervereinigung hat die Zahl der fremdenfeindlichen Straftaten in Wellenbewegungen deutlich zugenommen. Vor allem die zentralen Schlüsselereignisse in Hoyerswerda, Rostock, Mölln und Solingen haben Häufungen fremdenfeindlicher Straftaten nach sich gezogen. Nach jedem dieser Ereignisse haben sich die Straftaten auf einem höheren Niveau angesiedelt. Die schwarze durchgezogene Linie in Abb. 1 zeigt die Entwicklung fremdenfeindlicher Straftaten von Januar 1991 bis Juli 1993 auf der Grundlage von Daten aus allen 16 Ländern. Im Zeitraum von August 1990 bis Dezember 1990 liegen uns keine Daten vor, da die getrennte Erfassung fremdenfeindlicher Straftaten als einen eigenständigen Deliktbereich bundesweit erst seit Januar 1991 erfolgt. Die fehlenden Werte bedeuten nicht, daß es in diesen Monaten keine fremdenfeindlichen Straftaten gab.

Abb. 1: Anzahl fremdenfeindlicher Straftaten und Anzahl der Berichte zum Thema "Ausländer und Asylbewerber" in den Fernsehnachrichten von August 1990 bis Juli 1993

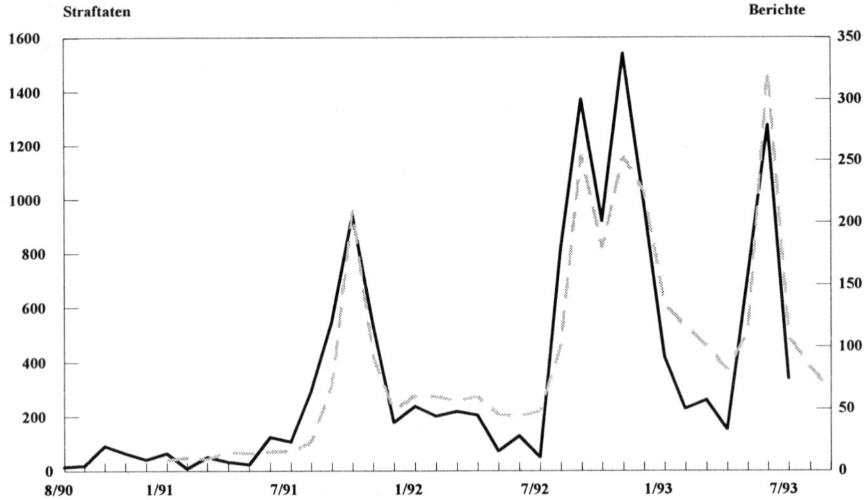

Quellen: Bundeskriminalamt und Konrad-Adenauer-Stiftung (Basis: Tagesschau, Tagesthemen, heute, heute-journal sowie die Hauptnachrichten von SAT 1 und RTL). Daten auf Monatsbasis; schwarze Linie Straftaten, graue Linie Berichterstattung

Die graue Linie zeigt dagegen die monatliche Häufigkeit von Meldungen in den Fernsehnachrichten zum Thema "Ausländer und Asylbewerber". Der graphische Vergleich zwischen den beiden Linien verdeutlicht, daß sich die Anzahl der Straftaten und die Berichterstattung zum Thema relativ ähnlich entwickelten. In den Wochen *nach* den vier Schlüsselereignissen von Hoyerswerda (17. September 1991), Rostock (22. August 1992), Mölln (23. November 1992) und Solingen (28. Mai 1993) war jeweils ein sprunghafter Anstieg fremdenfeindlicher Straftaten und eine Intensivierung der Berichterstattung zu vermerken. Aus der parallelen Entwicklung der Kurven kann man allerdings noch nicht auf eine Anstiftungswirkung der Medien schließen. Die monatliche Aggregierung läßt mindestens zwei Interpretationen des ähnlichen Kurvenverlaufs zu. Zum einen können die Medien über vorgekommene Straftaten berichtet haben. Zum anderen können Straftaten aufgrund der Berichterstattung nachgeahmt worden sein. Die Frage nach Ursache und Wirkung wird weiter unten geklärt.

Unter fremdenfeindlichen Straftaten versteht das Bundeskriminalamt Tötungsdelikte, Körperverletzungen, Sprengstoffanschläge, Brandanschläge und sonstige Straftaten, die aufgrund einer intoleranten Haltung gegen Personen aufgrund ihrer Nationalität, Hautfarbe, Religion, Herkunft oder ihres Bleiberechts in Deutschland verübt werden. Zwischen Januar 1991 und Juli 1993 zählte das Bundeskriminalamt insgesamt 13.224 solche Straftaten. Davon waren neun Prozent Brandanschläge auf Unterkünfte von Ausländern und Asylbewerbern. Weitere 10 Prozent waren Angriffe und Tätlichkeiten gegen Personen. Der Großteil (81 %) bestand aus Bedrohungen, Belästigungen, Schändungen, Volksverhetzung und dem Tragen verfassungsfeindlicher Symbole. Die meisten fremdenfeindlichen Straftaten fanden in den alten Bundesländern statt. Das Bundeskriminalamt weist für 1991 insgesamt 2426 Straftaten aus, davon 84 Prozent in den alten und 16 Prozent in den neuen Ländern. Für 1992 wurden 6336 Straftaten registriert, davon 82 Prozent in den alten und 18 Prozent in den neuen Ländern. Diese Angaben beruhen auf dem Lagebericht des Bundeskriminalamtes.

6 Ergebnisse: Die Entwicklung der Fernsehberichterstattung

Die Fernsehnachrichten widmen den fremdenfeindlichen Straftaten selbst nur einen Teil ihrer Berichterstattung. Tab. 1 zeigt, daß im Durchschnitt etwa 15 Prozent der Beiträge über Straftaten berichteten. Die privaten Fernsehnachrichten stellten diesen Aspekt des Themas stärker in den Mittelpunkt. Der Schwerpunkt der Berichterstattung lag auf dem politischen Handeln. Mehr als ein Drittel der Beiträge (im Durchschnitt 37,4 Prozent) behandelten vornehmlich die politische Debatte um das Asylrecht. Hier war die Berichterstattung der öffentlich-rechtlichen Nachrichten intensiver.

Die übrigen Beiträge verteilten sich auf die anderen vier Themenschwerpunkte. Auffällig ist, daß der Rechtsradikalismus kaum Gegenstand von Meldungen war. Er wurde meist nur am Rande erwähnt, wenn beispielsweise über einen Anschlag berichtet wurde. Sehr häufig wurde dagegen über Gegenaktionen berichtet. In der Mehrzahl der Fälle handelte es sich bei diesen Meldungen um Stellungnahmen von Politikern und anderen Personen, die sich gegen Fremdenfeindlichkeit und Rassismus aussprachen.

Tab. 1: Schwerpunkte der Berichterstattung der sechs Nachrichtensendungen

Prozentwerte

Schwerpunkt	Tages-schau	Tages-themen	heute	heute journ.	Sat 1	RTL
Straftaten	15,2	10,3	13,4	11,1	19,4	19,5
Gegenaktionen	23,4	17,8	22,2	16,9	18,1	18,9
Politisches Handeln	40,0	46,5	40,9	42,0	27,9	27,8
Strafverfolgung	11,0	11,2	10,9	13,4	13,8	11,2
Rechtsradikalismus	0,9	3,0	2,8	3,0	3,2	4,1
Hintergrundinformation	9,5	11,2	9,8	13,6	17,7	18,5
Anzahl der Beiträge	547	428	531	433	482	470

Größer als die Unterschiede waren die Gemeinsamkeiten zwischen den sechs Nachrichtensendungen. Berechnet man über die 157 Wochen unseres Untersuchungszeitraums Korrelationen der Anzahl der Beiträge zwischen den sechs Sendungen, ergeben sich durchweg hohe Zusammenhänge (vgl. Tab. 2).

Tab. 2: Korrelationen zwischen der Anzahl der Beiträge und den sechs Sendungen

	TS	h.-j.	TT	RTL	Sat 1
heute	0,93	0,93	0,88	0,92	0,92
Tagesschau		0,89	0,86	0,93	0,92
heute-j.			0,89	0,87	0,87
Tagesthemen				0,81	0,87
RTL					0,90

Alle Korrelationen signifikant mit $p < 0{,}001$

Bei näherer Betrachtung zeigen sich zwischen den berichteten Straftaten und den vom Bundeskriminalamt erhobenen Straftaten deutliche Abweichungen (vgl. Tab. 3). Brandanschläge, die in der Kriminalstatistik nur neun Prozent aller Straftaten ausmachten, standen in den Fernsehnachrichten wesentlich häufiger im Zentrum der Berichterstattung. Die Sender berichteten in mehr als einem Drittel aller Meldungen über solche Straftaten. Angriffe auf Personen, die zehn Prozent der tatsächlichen Straftaten ausmachten, wurden in etwa 17 Prozent aller Meldungen berichtet. Sonstige Straftaten wurden im Vergleich zur Kriminalstatistik deutlich seltener berichtet. Diese Abweichung von der Realität kann man auf den ersten Blick mit dem größeren Nachrichtenwert von Brandanschlägen erklären. In einer anderen Analyse (Brosius/Eps 1993) haben wir jedoch gezeigt, daß die Art der Schlüsselereignisse von Hoyerswerda, Rostock, Mölln und Solingen maßgeblichen

Einfluß auf die Art der berichteten Ereignisse hatte. Die Unterschiede zwischen den Sendern waren bei der Art der berichteten Straftaten größer, ohne daß sich hier allerdings systematische Unterschiede zeigten.

Alle Fernsehsender berichteten häufiger, als dies tatsächlich der Fall war, über Straftaten in den neuen Bundesländern. Tatsächlich fanden dort nur etwa 20 Prozent der Straftaten statt, die Berichterstattung lokalisierte fast die Hälfte der Straftaten im Osten Deutschlands. Auch hier hatten vermutlich die frühen Schlüsselereignisse in Hoyerswerda und Rostock einen wesentlichen Einfluß auf die erhöhte Aufmerksamkeit, die Journalisten den Geschehnissen im Osten widmeten. Tab. 3 veranschaulicht die Ergebnisse für die einzelnen Sender.

Tab. 3: Art und Ort der Straftaten in der Berichterstattung der sechs Sendungen*

Prozentwerte

Art	Tages-schau	Tages-themen	heute	heute journ.	Sat 1	RTL
Brandanschläge	41,0	52,3	33,8	41,7	36,3	33,3
Personenangriffe	16,9	20,5	15,5	6,3	20,9	22,6
Sonstige Straftaten	42,2	27,3	50,7	52,1	42,9	44,1
Ort						
Alte Bundesländer	49,3	39,0	47,4	44,7	47,2	49,0
Neue Bundesländer	50,7	61,0	52,6	55,3	52,8	51,0
Anzahl der Beiträge	69	41	57	38	72	66

*nur Beiträge mit Schwerpunkt Straftaten

7 Ergebnisse: Vergleich von Ereignislage und Berichterstattung

Mit dem Vergleich von Zeitreihendaten kann man Kausalität im experimentellen Sinne nicht nachweisen (vgl. die Ausführungen in Brosius/Esser 1995). Dennoch gibt es statistische Verfahren, mit denen man zwei wichtige *Voraussetzungen* für eine kausale Interpretation überprüfen kann. Die erste Voraussetzung betrifft die *zeitliche Dynamik* der unabhängigen und der abhängigen Zeitreihen. Nach dem allgemeinen Verständnis liegt die Ursache eines Phänomens zeitlich vor einer möglichen Wirkung. Wenn also beispielsweise ein Ansteigen der Straftaten zeitlich *vor* einem Ansteigen der Intensität in der Berichterstattung erfolgt, kann man daraus zwar noch nicht zwingend ableiten, daß die Straftaten Ursache der Berichterstattung sind. Den umgekehrten Fall, daß die Berichterstattung die Straftaten verursacht, kann man dagegen aus logischen Gründen sehr wohl ausschließen.

Gleiches gilt auch im umgekehrten Fall, wenn also beispielsweise die Berichterstattung den Straftaten vorausgeht.

Die zweite Voraussetzung betrifft den Einfluß von Drittvariablen bzw. die Vermeidung von *Scheinzusammenhängen.* In Statistiklehrbüchern wird hierzu häufig auf den Scheinzusammenhang zwischen der Anzahl nistender Störche und der Geburtenrate verwiesen. Vergleicht man beides im Zeitverlauf, zeigt sich für beide Zeitreihen ein abnehmender Trend. Trotz dieses gleichgerichteten Trends kann man in keiner Weise einen ursächlichen Zusammenhang zwischen beiden Variablen postulieren. In diesem Fall werden Drittvariablen, beispielsweise der Grad der Industrialisierung, sowohl das Abnehmen der nistenden Storche als auch die Verringerung der Geburtenrate verursachen. Übertragen auf unser Thema könnten beispielsweise das Ansteigen der Straftaten und der Berichterstattung auf eine Zunahme der Einwanderung von Ausländern und Asylbewerbern zurückgeführt werden: Dadurch, daß mehr Ausländer hier leben, erhöht sich sowohl die Anzahl der Straftaten als auch die Anzahl der Berichte darüber.

Beide Voraussetzungen einer kausalen Interpretation eines Zusammenhangs kann man mit einer Kombination von zwei zeitreihenanalytischen Verfahren überprüfen, nämlich von Kreuzkorrelationen und sogenannten ARIMA-Modellen. Hierzu werden zunächst durch ARIMA-Modellierung alle systematischen Bestandteile einer Zeitreihe herausgefiltert. Mit den verbleibenden Residuen werden im zweiten Schritt Kreuzkorrelationen gerechnet. Für eine ausführliche Darstellung der Prozedur, die den Rahmen dieses Beitrags sprengen würde, sei auf Brosius/Esser (1995) oder Schmitz (1989, für die statistischen Voraussetzungen) verwiesen. Die Stärke des Zusammenhang zwischen beiden Reihen bei unterschiedlichen Zeitverzögerungen gibt Aufschluß über die zeitliche Dynamik beider Reihen. Liegt die höchste Korrelation zwischen zwei Reihen bei einer Zeitverschiebung von null Wochen, kann man keine Kausalität unterstellen. Liegt sie dagegen nicht bei Null, sind die Voraussetzungen für die kausale Interpretation in die eine oder andere Richtung gegeben. In der folgenden Analyse bedeuten negative Zeitverschiebungen, daß die Berichterstattung der Verbreitung der Straftaten zeitlich vorausgeht, positive Zeitverschiebungen, daß die Verbreitung der Straftaten der Berichterstattung zeitlich vorausgeht. Im ersten Fall führt eine Zunahme von Berichten im Fernsehen später zu einer Zunahme der Straftaten. Im zweiten Fall führt eine Zunahme der Straftaten später zu einer Zunahme der Berichterstattung. Die Zeitverzögerung in Wochen gibt Auskunft über die Latenzzeit der Wirkung, die Stärke der Wirkung läßt sich über die Höhe der Kreuzkorrelationskoeffizienten bestimmen.

Die beiden Zeitreihen, die wochenweise Anzahl tatsächlich verübter Straftaten und die Anzahl der Berichte im Fernsehen zum Thema "Ausländer und Asylbewerber" wurden zunächst für den gesamten Untersuchungszeitraum (August 1990 bis Juli 1993; 157 Wochen) einer Kreuzkorrelationsanalyse unterzogen. Tab. 4 zeigt die Ergebnisse. Der Einfluß der Gesamtberichterstattung insgesamt sowie der Berichterstattung über die sechs Schwerpunkte wurde mit der Gesamtzahl der Straftaten verglichen. Die höchsten Korrelationen sind jeweils durch Fettdruck hervorgehoben. Bis auf eine Ausnahme liegt der höchste Korrelationskoeffizient jeweils bei einer Zeitverzögerung von null Wochen. Dies bedeutet, daß entweder die Medien direkt nach den Anschlägen (nahezu zeitgleich) über diese berichten und damit keine Nachahmung stattfindet oder daß die Nachahmung innerhalb von einem oder zwei Tagen stattfindet. Berichterstattung und Straftaten entwickelten sich also parallel, ohne daß eine zeitliche Dynamik erkennbar wäre. Die zentrale Hypothese unserer Studie, daß die Fernsehberichterstattung zu einer Verbreitung von fremdenfeindlichen Straftaten führt, kann also für den gesamten Untersuchungszeitraum so nicht bestätigt werden.

Tab. 4: Der Einfluß von Fernsehnachrichten mit unterschiedlichem Themenschwerpunkt auf die Verbreitung fremdenfeindlicher Straftaten (N=157 Wochen)

Kreuzkorrelationen nach ARIMA-Modellierung

Zeitverzögerung in Wochen Berichte über	**-2**	**-1**	**0**	**+1**	**+2**
Straftaten	-0,05	0,38	**0,55**	0,27	0,05
Gegenaktionen	-0,15	0,32	**0,54**	0,14	0,02
Politisches Handeln	0,27	**0,32**	**0,34**	0,13	0,10
Strafverfolgung	-0,03	0,24	**0,49**	0,20	0,11
Rechtsradikalismus	0,00	0,19	**0,28**	0,15	0,12
Hintergrundinformation	0,00	0,16	0,19	**0,27**	0,15
Gesamtberichterstattung	-0,13	**0,45**	**0,52**	0,08	0,05

alle Koeffizienten größer als 0,18 signifikant mit p < 0,05[1]

Vergleicht man die Berichterstattung über bestimmte Typen von Straftaten mit dem tatsächlichen Auftreten dieser Straftaten, ergibt sich ein teilweise anderes Bild. Nach der sozialen Lerntheorie und der suggestiv-imitativen Theorie müßte man vor allem bei spezifischen Straftaten Nachahmungseffekte erwarten. Tatsächlich ergeben sich zwei Hinweise darauf, daß die Fernsehnachrichten über sonstige Straftaten und Straftaten in den neuen Ländern zu einer Verbreitung entsprechender Straftaten führten (vgl. Tab. 5). Die höchsten Kreuzkorrelationen betrugen r = 0.42 bzw. r = 0.41 bei einer Zeitverzögerung von -1 Woche. Daß vor allem die unspezifischen sonstigen Straftaten bei Berichterstattung zu weiteren Straftaten führen, ist allerdings kein besonders deutlicher Hinweis auf die soziale Lerntheorie und die suggestiv-imitative Theorie. Hier hätte man eher erwartet, daß bei den spezifischen Straftaten wie Brandanschlägen und Personenangriffen eher Effekte zeigen.

1 Die abhängige Variable ist die wöchentliche Anzahl von Straftaten in den sechs ausgewählten Bundesländern. Liegt die höchste Kreuzkorrelation bei -1 oder -2, geht die Berichterstattung der Verbreitung von Straftaten voraus. Liegt die höchste Kreuzkorrelation bei +1 oder +2, folgt die Berichterstattung der Verbreitung von Straftaten. Liegt sie bei 0, entwickeln sich Berichterstattung und Straftaten parallel und zeitgleich.

Die bisherige Analyse betrifft, wie gesagt, den gesamten Untersuchungszeitraum. Aufgrund der herausragenden Schlüsselereignisse und der intensivierten Diskussion des Problems auf allem gesellschaftlichen Ebenen kann man davon ausgehen, daß der Nachahmungseffekt zu verschiedenen Zeiten unterschiedlich stark gewesen ist. Man darf daher den von uns gewählten Untersuchungszeitraum von 1990 bis 1993 nicht als eine homogene Einheit betrachten, da dies der Dynamik der Ereignisse und den geänderten äußeren Bedingungen nicht gerecht würde. Wir haben daher den Zeitraum in zwei Phasen aufgeteilt (zur Begründung vgl. Brosius/Esser 1995, S. 149ff.).

Tab. 5: Der Einfluß von Fernsehnachrichten über Straftaten mit bestimmten Merkmalen auf die Verbreitung solcher Straftaten (N = 157 Wochen)

Kreuzkorrelationen nach ARIMA-Modellierung

Zeitverzögerung in Wochen Berichte über Straftaten	-2	-1	0	+1	+2
Brandanschläge	-0,07	0,16	**0,20**	0,13	-0,15
Personenangriffe	0,16	0,13	**0,25**	-0,05	0,03
sonstige Straftaten	0,08	**0,42**	0,29	0,09	0,00
Taten in alten Ländern	-0,16	0,18	**0,38**	0,31	0,02
Taten in neuen Ländern	0,27	**0,41**	**0,38**	0,16	0,03

Alle Koeffizienten größer als 0,18 signifikant mit $p < 0,05$[2]

Die erste Phase umfaßt den Zeitraum von August 1990 und September 1992, die zweite Phase reicht von Oktober 1992 bis Juli 1993. Die erste Phase ist von einer allmählich ansteigenden Anzahl von Anschlägen und den beiden Ausschreitungen im Osten Deutschlands (Hoyerswerda und Rostock) gegen Asylbewerber gekennzeichnet. Beide Ereignisse waren aus Sicht der fremdenfeindlichen Randalierer von Erfolg gekennzeichnet, da die Asylbewerber jeweils in andere Städte verlegt wurden. Dies müßte nach der sozialen Lerntheorie zu besonders deutlichen Nachahmungstaten führen, da die Belohnung der Modellpersonen ein wesentlicher Faktor hierfür ist. Die zweite Phase ist von einer dramatischen Steigerung der Anschläge und den beiden Brandanschlägen im Westen Deutschlands (Mölln und Solingen) gegen türkische Gastarbeiterfamilien gekennzeichnet. Die Anschläge hatten jeweils mehrere Tote zur Folge und konnten aus der Sicht der Täter nur bedingt als Erfolg gewertet werden. In groß angelegten Gegenaktionen (z.B. Lichterketten) machte die Bevölkerung deutlich, daß sie fremdenfeindliches Handeln

2 Die abhängige Variable ist die wöchentliche Anzahl von Straftaten in den sechs ausgewählten Bundesländern. Liegt die höchste Kreuzkorrelation bei -1 oder -2, geht die Berichterstattung der Verbreitung von Straftaten voraus. Liegt die höchste Kreuzkorrelation bei +1 oder +2, folgt die Berichterstattung der Verbreitung von Straftaten. Liegt sie bei 0, entwickeln sich Berichterstattung und Straftaten parallel und zeitgleich.

und Gedankengut nicht länger tolerieren wolle. Die Nachahmungseffekte müßten schwächer ausfallen.

Unsere Analysen bestätigen diese Annahmen: Berechnet man die Kreuzkorrelationen für die erste Phase, zeigt sich durchgehend der stärkste Zusammenhang bei einer Zeitverzögerung von -1 Woche. Bei der Gesamtberichterstattung liegt beispielsweise die Korrelation bei r = 0.58 (vgl. Tab. 6). Aber auch die einzelnen Schwerpunktthemen der Berichterstattung führen ebenfalls zu einer Verbreitung von Straftaten. Man könnte verallgemeinert sagen, daß immer dann, wenn das Thema Ausländer in welcher Form auch immer intensiv berichtet wurde, ein Anwachsen der Anzahl der Straftaten zu verzeichnen war. Dies bedeutet, daß die Berichterstattung über Anschläge ebenso weitere Anschläge provozierte wie die Berichterstattung über politische Aspekte. Wir haben es also mit einem starken Nachahmungseffekt zu tun (Tab. 6), der allerdings nicht auf die Berichterstattung von Straftaten begrenzt blieb. Das Fernsehen bewirkte also in der erste Phase bis September 1992 eine Verbreitung von Straftaten. Die These der Brandstiftung durch das Fernsehen trifft in diesem Falle zu.

Vergleicht man - ähnlich wie für den gesamte Untersuchungszeitraum - die Berichterstattung über bestimmte Typen von Straftaten mit dem tatsächlichen Auftreten dieser Straftaten, zeigen sich wie bei der gesamten Untersuchungsphase keine spezifischen Nachahmungseffekte. Nur bei den sonstigen Straftaten führt eine verstärkte Berichterstattung zu einer Verbreitung entsprechender Nachahmungstaten. Damit werden weder die soziale Lerntheorie noch die suggestiv-imitative Theorie bestätigt (vgl. Tab. 7).

Tab. 6: Einfluß von Fernsehnachrichten mit unterschiedlichem Themenschwerpunkt auf die Verbreitung fremdenfeindlicher Straftaten (erster Zeitraum; N = 113 Wochen)

Kreuzkorrelationen nach ARIMA-Modellierung

Zeitverzögerung in Wochen / Berichte über	-2	-1	0	+1	+2
Straftaten	0,17	**0,58**	**0,66**	0,23	0,13
Gegenaktionen	-0,08	**0,37**	**0,36**	0,13	0,10
Politisches Handeln	0,15	**0,43**	**0,41**	0,15	0,31
Strafverfolgung	0,10	**0,38**	0,23	0,14	0,17
Rechtsradikalismus	-0,09	**0,48**	0,32	0,08	0,11
Hintergrundinformation	0,02	**0,47**	0,30	0,22	0,19
Gesamtberichterstattung	0,16	**0,58**	0,30	0,11	0,24

Alle Koeffizienten größer als 0,22 signifikant mit p < 0,05.[3]

3 Die abhängige Variable ist die wöchentliche Anzahl von Straftaten in den sechs ausgewählten Bundsländern. Liegt die höchste Kreuzkorrelation bei -1 oder -2, geht die Berichterstattung der Verbreitung von Straftaten voraus. Liegt die höchste Kreuzkorrelation bei +1 oder +2, folgt die

Für die zweite Phase nach September 1992 liegt der größte Zusammenhang zwischen beiden Zeitreihen bis auf eine Ausnahme bei einer Verzögerung von null Wochen, d.h., die Berichterstattung und die Straftaten entwickelten sich zeitgleich. Dies bedeutet, daß die Medien auf Straftaten reagiert haben und, zumindest in diesem Zeitraum, keine Nachahmungstaten ausgelöst haben. Die eine Ausnahme betrifft Berichte über politische Aspekte des Themas. Wurde im Fernsehen häufig über die Asylrechtsdebatte und sonstige politische Aktivitäten berichtet, häuften sich zwei Wochen später die Straftaten ($r = 0.430$; $p < 0.05$). Die zeitgleiche Kreuzkorrelation lag dagegen nur bei $r = 0.200$ und war nicht signifikant. Da es sich nur um eine Kreuzkorrelation handelt, bei der die Berichterstattung zeitlich vor den Straftaten lag, ist eine vorsichtige Interpretation angemessen. Man könnte vermuten, daß die ereignishafte Darstellung von Gewalt im ersten Zeitraum für Nachahmungstaten gesorgt hat und daß daraufhin das Thema so "heiß" wurde, daß allein schon die Erwähnung politischer Sachverhalte die Gewalttäter motivierte. Man könnte ebenfalls vermuten, daß gerade die sich endlos hinziehende Asylrechtsdebatte und der lähmende Parteienstreit weite Bevölkerungskreise frustiert hatten, so daß sie nicht mehr an die Lösungskompetenz der Politik glaubte. Diese Sichtweise legen Daten aus Bevölkerungsumfragen des Instituts für Demoskopie Allensbach nahe (für Einzelheiten vgl. Brosius/Esser 1995). Dadurch entstand womöglich ein Meinungsklima, das die Gewaltbereitschaft der fremdenfeindlichen Akteure legitimierte (vgl. Ohlemacher 1994). Die Handlungsunfähigkeit der Politik wurde mit der gewalttätigen Handlungsbereitschaft der Rechtsextremen beantwortet.

Tab. 7: Der Einfluß von Fernsehnachrichten über Straftaten mit bestimmten Merkmalen auf die Verbreitung solcher Straftaten (erster Zeitraum; N = 113 Wochen)

Kreuzkorrelationen nach ARIMA-Modellierung

Zeitverzögerung in Wochen / Berichte über Straftaten	-2	-1	0	+1	+2
Brandanschläge	0,02	0,22	**0,59**	-0,07	0,08
Personenangriffe	0,27	0,04	**0,32**	-0,06	0,04
sonstige Straftaten	0,28	**0,62**	0,37	0,17	0,06
Taten in alten Ländern	0,14	0,10	0,24	**0,38**	0,15
Taten in neuen Ländern	0,19	**0,55**	**0,49**	0,23	0,03

Alle Koeffizienten größer als 0,22 signifikant mit p < 0,05.[4]

Berichterstattung der Verbreitung von Straftaten. Liegt sie bei 0, entwickeln sich Berichterstattung und Straftaten parallel und zeitgleich.

4 Die abhängige Variable ist die wöchentliche Anzahl von Straftaten in den sechs ausgewählten Bundsländern. Liegt die höchste Kreuzkorrelation bei -1 oder -2, geht die Berichterstattung der Verbreitung von Straftaten voraus. Liegt die höchste Kreuzkorrelation bei +1 oder +2, folgt die

Die seit Oktober 1992 massiv einsetzenden Aktionen gegen Ausländerhaß und Fremdenfeindlichkeit haben Nachahmungstäter offensichtlich nicht abgeschreckt. Durch die Lichterketten wurde zwar breite Bevölkerungsschichten mobilisiert. Die Nachahmungstäter konnten auch erleben, daß die vermutete Duldung oder sogar heimliche Unterstützung ihrer Taten in der Bevölkerung nicht so deutlich war. Dennoch blieb auch nach den Gegenaktionen die Anzahl der fremdenfeindlichen Straftaten, wie man aus Schaubild 1 ersehen kann, weiterhin erhöht, ja sie erreichte nach dem Brandanschlag von Solingen einen neuen Höhepunkt. Die Tatsache, daß das Fernsehen in der zweiten Phase seine Ansteckungswirkung weitgehend verloren hatte, hat nicht eine Reduzierung der Straftaten nach sich gezogen, sondern nur den engen Zusammenhang zwischen Berichterstattung und Nachfolgetaten dissoziiert.

8 Diskussion und Schlußfolgerungen

Während das Fernsehen (und die Zeitungen in ähnlicher Weise; vgl. Brosius/Esser 1995) also maßgeblich zur Verbreitung von Straftaten beitrug, kann man ihm wohl kaum die alleinige Schuld zuschreiben. In dem von uns entwickelten Eskalationsmodell spielen eine ganze Reihe von Faktoren zusammen, die die Ausbreitung von Gewalt durch Massenmedien begünstigten (vgl. ausführlich Brosius/Esser 1995). Mit dem Ende der achtziger Jahre nahm die Zahl der nach Deutschland einreisenden "Fremden" deutlich zu. Diese setzten sich aus drei Gruppierungen zusammen: eine steigende Zahl von Asylbewerbern aus Osteuropa und den Staaten der Dritten Welt, Kriegsflüchtlingen aus dem ehemaligen Jugoslawien sowie deutschstämmigen Aussiedlern, die als Fremde wirken. Aufgrund von Engpässen bei der Unterbringung und Verteilung wurden zahlreiche Sammelunterkünfte provisorischer Natur eingerichtet, die die Fremden für alle sichtbar werden ließen. Diese erhöhte Sichtbarkeit der Fremden unterscheidet die jetzige Zuwanderungswelle von früheren, bei denen die Ausländer (damals häufig Gastarbeiter) reibungsloser in das Land diffundierten. Die Art der Unterbringung in den vielfach überforderten Kommunen, fehlende Beschäftigungsmöglichkeiten, Sozialneid und mangelnde Perspektive erzeugen Spannungen zwischen den Fremden und Deutschen.

Dadurch wird das Problembewußtsein der Bevölkerung geschärft, daß zuviele Ausländer nach Deutschland strömen. An diesem Punkt verstärkt die plakative Sprache in den Medien, die Metaphern wie "Springflut", "volles Boot", "Ansturm", etc. gebraucht (vgl. Jäger/Link 1993), die Sorgen der Bevölkerung. Gleichzeitig wird die Politik in den Augen der Bevölkerung nicht mit dem Problem fertig, so daß ein Handlungs- und Legitimationsdruck entsteht. Die potentiellen Straftäter sehen die Bevölkerung auf ihrer Seite, indem diese ihre Aktionen zwar nicht gutheißt, aber einen gewissen Grad an Verständnis aufbringt.

Berichterstattung der Verbreitung von Straftaten. Liegt sie bei 0, entwickeln sich Berichterstattung und Straftaten parallel und zeitgleich.

Bis zu diesem Punkt im Eskalationsmodell spielen die Medien nur eine untergeordnete Rolle. Straftaten finden zwar vereinzelt statt, werden aber noch kaum in den nationalen Medien thematisiert. Als aber eine der Ausschreitungen, in diesem Fall Hoyerswerda, außer Kontrolle gerät, die Gewalt plakativ im Fernsehen dargestellt wird, den Zuschauern die Unterstützung der Straftäter durch die applaudierenden Anwohner vor Augen geführt wird, da wird die Lunte an das Pulverfaß gelegt. Die Berichterstattung führt zu einer enormen Welle der Gewalt. Wohlgemerkt sind alle genannten Vorstufen und Entwicklungen notwendig gewesen, um der Berichterstattung diesen ansteckenden Charakter zu geben. Ohne die Vorgeschichte wären die gleichen Berichte wesentlich harmloser gewesen.

Gewalt zieht die Medien magisch an. Im Bereich des Terrorismus ist die symbiotische Beziehung zwischen Gewalttätern und Journalismus als "Theater des Terrors" beschrieben worden (Weimann/Winn 1993). Vor allem politisch motivierte Gewalt wird immer auf Resonanz in den Medien stoßen. Die Art der Berichterstattung hat - bedenkt man die Stufen des Eskalationsmodells, aber auch unsere empirischen Befunde - dabei nur wenig Einfluß auf die Nachahmungsbereitschaft. Die Idee, daß Journalisten durch eine verantwortungsvolle Berichterstattung (indem beispielsweise bestimmte Dinge nicht gezeigt oder berichtet werden) die Nachahmung verhindern können, erweist sich auf der Grundlage unserer Daten als wenig realistisch.

Von den eingangs geschilderten drei Theorien kann keine unsere Befunde vollständig erklären, weil alle drei die Wirkung von Gewalt monokausal und ohne vermittelnde Instanzen erklären. Dennoch ergeben sich Unterschiede in den Theorien, wenn man auf den Grad der Übereinstimmung zwischen dargestellter und nachgeahmter Gewalt eingeht. Die Erregungs- und Stimulationstheorien erfordern überhaupt keine strukturelle Ähnlichkeit zwischen Stimulus und Reaktion. Ein Boxkampf in den Medien kann einen Vater dazu bringen, seine Kinder zu schlagen. Die Suggestionstheorien dagegen erfordern einen hohen Grad an Ähnlichkeit. Werden in den Medien Straftaten geschildert, bei denen Täter von Autobahnbrükken Steine werfen, dann wird nach dieser Theorie genau diese Tat nachgeahmt. Die soziale Lerntheorie liegt dazwischen. Auch sie sagt vorher, daß ein größer werdender Ähnlichkeitsgrad die Nachahmungsbereitschaft erhöht. Hier spielen aber andere Faktoren eine Rolle, wie beispielsweise die wahrgenommene Belohnung der Modellperson, die erwarteten Konsequenzn für das eigene Verhalten, etc. Dennoch reicht auch diese Theorie nicht aus, die Welle fremdenfeindlicher Straftaten zu erklären. Die Einbeziehung von sozialen Prozesse, Motivlagen der Bevölkerung, Persönlichkeitsstrukturen der potentiellen Gewalttäter und von Legitimationsmustern ist notwendig, um die Wirkung von Gewalt in den Medien umfassend beurteilen zu können.

Literatur

Bandura, A. (1973): Aggression. A social learning analysis. Englewood Cliffs.

Bandura, A. (1989): Die sozial-kognitive Theorie der Massenkommunikation. In: Groebel, J./Winterhoff-Spurk, P. (Hg.): Empirische Medienpsychologie. München, S. 7-32.

Bandura, A./Ross, D./Ross, S. (1961): Transmission of aggression through imitation of aggressive models. In: Journal of Abnormal and Social Psychology, 63, S. 575-582.

Bandura, A./Ross, D./Ross, S. (1963a): Imitation of film-mediated aggressive models. In: Journal of Abnormal and Social Psychology, 66, S. 3-11.

Bandura, A./Ross, D./Ross, S. (1963b): A comparative test of the status envy, social power, and secondary reinforcement theories of identificatory learning. In: Journal of Abnormal and Social Psychology, 67, S. 527-534.

Baron, J. N./Reiss, P.C. (1985a): Same time, next year: Aggregate analyses of the mass media and violent behavior. In: American Sociological Review, 50, S. 347-363.

Baron, J. N./Reiss, P.C. (1985b): Reply to Phillips and Bollen. In: American Sociological Review, 50, S. 372-376.

Berkowitz, L. (1970): The contagion of violence: An S-R mediational analysis of some effects of observed aggression. Nebraska Symposium on Motivation, 18, S. 95-135.

Berkowitz, L./Rawlings, E. (1963): Effects of film violence on inhibitions against subsequent aggression. In: Journal of Abnormal and Social Psychology, 66, S. 405-412.

Brosius, H.-B. (1995): Alltagsrationalität in der Nachrichtenrezeption. Ein Modell zur Wahrnehmung und Verarbeitung von Nachrichteninhalten. Opladen.

Brosius, H.-B./Esser, F. (1995): Eskalation durch Berichterstattung? Die Rolle der Massenmedien bei fremdenfeindlichen Straftaten. Opladen.

Brosius, H.-B./Eps, P. (1993): Verändern Schlüsselereignisse journalistische Selektionskriterien? Framing am Beispiel der Berichterstattung über Anschläge gegen Ausländer und Asylanten. In: Rundfunk und Fernsehen, 41, S. 512-530.

Brosius, H.-B./Weimann, G. (1991): The contagiousness of mass mediated terrorism. In: European Journal of Communication, 6, S. 63-75.

Bundeskriminalamt (1993): Lagebericht 1992. Rechtsextremismus/-terrorismus und fremdenfeindlich motivierte Straftaten. Meckenheim (unveröffentlichter Bericht).

Bundeskriminalamt (1994): Lagebericht 1993. Rechtsextremismus/-terrorismus und fremdenfeindlich motivierte Straftaten. Meckenheim (unveröffentlichter Bericht).

Dahlgren, P. (1983): Die Bedeutung von Fernsehnachrichten. In: Rundfunk und Fernsehen, 31, S. 307-318.

Gerbner, G. L./Gross, L./Morgan, M./Signorelli, N. (1982): Charting the mainstream: Television's contributions to political orientations. In: Journal of Communication, 32, 2, S. 100-127.

Goldney, R.D. (1989): Suicide: The role of the media. In: Australian and New Zealand Journal of Psychiatry, 23, S. 30-34.

Groebel, J./Gleich, U. (1993): Gewaltprofil des deutschen Fernsehprogramms. Eine Analyse des Angebots privater und öffentlich-rechtlicher Sender. Opladen.

Jäger, S./Link, J. (Hg.) (1993): Die vierte Gewalt. Rassismus in den Medien. Duisburg.

Krüger, U. M. (1988): Infos - Infotainment - Entertainment. Programmanalyse 1988. In: Media Perspektiven, 10, S. 637-663.

Kühne-Scholand, H. (1987): Die Darstellung der Ausländer im deutschen Fernsehen. In: Bundeszentrale für politische Bildung (Hg.): Ausländer und Massenmedien. Bestandsaufnahme und Perspektiven. Bonn, S. 79-84.

Kunczik, M. (1994): Gewalt und Medien. Köln.

Ludes, P. (1994): Vom Stichwortgeber zum überforderten Welterklärer und Synchron-Regisseur: Nachrichtensendungen. In: Ludes, P./Schumacher, H./Zimmermann, P. (Hg.): Informations- und Dokumentarsendungen. München, S. 17-90.

McManus, J. H. (1992): What kind of commodity is news? In: Communication Research 19, S. 787-805.

Merten, K. (1987): Das Bild der Ausländer in der deutschen Presse. In: Bundeszentrale für politische Bildung (Hg.): Ausländer und Massenmedien. Bestandsaufnahme und Perspektiven. Bonn, S. 69-78.

Naeher, G. (1993): Mega-schrill und super-flach. Der unaufhaltsame Aufstieg des Fernsehens in Deutschland. Frankfurt.

Ohlemacher, T. (1994): Public Opinion and violence against foreigners in the reunified Germany. Zeitschrift für Soziologie, 23, S. 222-236.

Pfetsch, B. (1991): Politische Folgen der Dualisierung des Rundfunksystems in der Bundesrepublik Deutschland. Konzepte und Analysen zum Fernsehangebot und zum Publikumsverhalten. Baden-Baden.

Phillips, D. P. (1982): The behavioral impact of violence in the mass media: A review of the evidence from laboratory and nonlaboratory investigations. In: Sociology and Social Research, 66, S. 387-398.

Phillips, D. P. (1989): Effects of mass media news stories on suicide, with new evidence on the role of story content. In: Pfeffer, C. R. (Hg.): Suicide among youth: Perspectives on risk and prevention. Washington, S. 101-141.

Phillips, D.P./Bollen K.A. (1985): Same time, next year: Selective data dredging for negative findings. In: American Sociological Review, 50, S. 364-371.

Redl, F. (1949): The phenomenon of contagion and "shock effect" in group therapy. In: Eissler, K. R. (Hg.): Searchlights on delinquency. New York, S. 315-328.

Schmitz, B. (1989): Einführung in die Zeitreihenanalyse. Modelle, Softwarebeschreibung, Anwendungen. Bern.

Stack, S. (1990): Audience receptiveness, the media, and aged suicide 1968-1980. In: Journal of Aging Studies, 4, S. 195-209.

Tannenbaum, P. H./Zillmann, D. (1975): Emotional arousal in the facilitation of aggression through communication. In: Berkowitz, L. (Hg.): Advances in Experimental Social Psychology, Vol. 8. New York, S. 149-192.

Tarde, G. (1912): Penal philosophy. Boston.

Weimann, G./Brosius, H.-B. (1989): Die Attraktivität von Gewalt. Über welche internationalen Terroranschläge berichten die Medien? In: Publizistik, 34, S. 329-339.

Wheeler, L. (1966): Toward a theory of behavioral contagion. In: Psychological Review, 73, S. 179-192.

Winterhoff-Spurk, P. (1983): Fiktionen der Fernsehnachrichtenforschung. Von der Text-Bild-Schere, der Überlegenheit des Fernsehens und vom ungestörten Zuschauer. In: Media Perspektiven, 10, S. 722-727.

Zillmann, D. (1971): Excitation transfer in communication-mediated aggressive behavior. In: Journal of Experimental Social Psychology, 7, S. 419-434.

Zimmer, J. (1993): Ware Nachrichten. In: Media Perspektiven, 6, S. 278-289.

Showdown für die Medien? Zum Wechselverhältnis zwischen Protestgewalt und Medienberichterstattung

Tibor Kliment

1 Einleitung

Die Frage nach den Wirkungen der Darstellung von Gewalt in den Massenmedien auf die Einstellungen und Verhaltensweisen der Rezipienten gehört zum klassischen Repertoire der empirischen Kommunikationsforschung. Der große Anteil aggressiver Fernsehinhalte am Programmangebot, das hohe Ausmaß der Fernsehnutzung durch das Publikum sowie die gleichzeitig zu beobachtende Gewaltzunahme in modernen Gesellschaften gaben und geben der Erforschung der Beziehung zwischen Medien und Gewalt immer wieder neuen Auftrieb. Die im engeren Sinne politische Gewalt ist der Gegenstand von Forschungen, welche die Entwicklung von politisch motivierten, aggressiven Handlungen in den Mittelpunkt rükken. Angesprochen ist hier ein breites Spektrum disruptiver, den gesetzlichen Rahmen verlassender Aktionen: Neben Blockaden und Besetzungen als noch vergleichsweise friedlichen Protestformen rechnen dazu gewaltsame Demonstrationen, Entführungen und Anschläge gegen Personen oder Sachen durch militante bzw. terroristische Gruppen. Die gemäßigten Spielarten kollektiven Protests popularisierten sich in der Bundesrepublik durch die Studentenbewegung und die in ihrem Gefolge auftretenden neuen sozialen Bewegungen. Sie blieben aber nicht auf diese Gruppen beschränkt, sondern diffundierten auch in konservative Bevölkerungssegmente. Lebensmittelverbrennungen durch frustrierte Bauern, Autobahnblockaden von erbosten LKW-Fahrern oder Betriebsbesetzungen durch in ihrer materiellen Daseinsgrundlage bedrohte Arbeiter gehören heute beinahe zu den gewohnten Bildern. Die spektakulären Anschläge rechtsextremer Gruppen auf Ausländer und Asylantenwohnheime markieren in der Bundesrepublik die jüngsten Höhepunkte politischer Gewaltakte. Sie erzielten nicht nur eine extensive Medienaufmerksamkeit, sondern entfachten auch eine intensive Debatte um die mit dieser Publizität verbundenen Folgen. Eine zentrale Frage lautet in diesem Zusammenhang, welche Effekte die Bilder und Berichte von Opfern und Tätern auf das Publikum und die Betroffenen besitzen. Beeinflußt die Berichterstattung die Entwicklung gewaltsamer Auseinandersetzungen? Kann gar, wie in der öffentlichen Diskussion immer wieder selbstverständlich behauptet, tatsächlich davon ausgegangen werden, daß die Medienaufmerksamkeit politische Gewaltakte geradezu stimuliert?

Fragt man, was die Kommunikationsforschung zu dieser Debatte beizutragen vermag, fällt das Bild eher dürftig aus. Zwar hat kaum ein Bereich der Wirkungsforschung solche Anstrengungen auf sich gezogen, wie die Frage nach der Wirkung von Gewaltdarstellungen in den Medien. Jedoch sind Ertrag und thematischer Fokus dieser Untersuchungen begrenzt (vgl. Kunczik 1994, S. 219). Bis in die neueste Zeit werden Medieneffekte zumeist im Hinblick auf fiktionale Gewalt untersucht (vgl. Dahlem 1989; Kunczik 1994). Insbesondere die Gruppe um George Gerbner setzte mit der Entwicklung von Gewaltindikatoren ("Violence Profiles") und einer quasi institutionalisierten "Dauerbeobachtung" des Gewaltgehalts im amerikanischen Fernsehen hier schon früh Akzente (vgl. Gerbner/Gross 1976; Gerbner et al. 1986). Während diese Forschungen zu einer wohl auch für Insider nur schwer überschaubaren Zahl von Arbeiten führte - Groebel/Gleich (1993) schätzen sie heute auf ca. 5000 - so existieren zu den Darstellungen und Wirkungen realer Gewalt sehr viel weniger Untersuchungen. Zieht man hiervon noch die vorwiegend im internationalen Bereich durchgeführten Studien über Verbrechen, Terrorismus und Kriminalität ab, so verbleiben nur wenige empirische Arbeiten, in denen die Rolle der Medien bei der Initiierung oder Verstärkung von politischer kollektiver Gewalt systematisch angegangen wurde. Die Analyse von Gewaltdarstellungen in den Medien im Kontext politischer Kommunikation ist bis heute in der Bundesrepublik ein wissenschaftlich eher randständiges Thema (vgl. Brosius/Esser 1995, S. 40). Die meisten Inhaltsanalysen beschränken sich zudem auf deskriptive Rekonstruktionen der Berichterstattung, die daraus entwickelten Wirkungsannahmen sind überwiegend im Bereich von Plausibilitätsüberlegungen angesiedelt oder werfen zahlreiche methodische Fragen auf (vgl. Kepplinger 1993, S. 160). Theoretisch fundierte und empirisch untermauerte Wirkungsstudien zum Wechselverhältnis zwischen der Entstehung und Verstärkung von Protestgewalt und der Rolle der Medien sind nur ansatzweise vorhanden.

Die nachfolgenden Ausführungen versuchen, Facetten eines erst wenig erschlossenen Forschungsfeldes zu systematisieren. Medienwirkungen werden dabei insbesondere im Kontext solcher Formen kollektiven politischen Handelns untersucht, in denen die Anwendung von Gewalt nicht das primäre Ziel ist und per se geplant stattfindet. Dieses wird insbesondere für die Aktivitätsformen der neuen sozialen Bewegungen als typisch angenommen (vgl. Raschke 1987, S. 322f.), gilt aber auch für andere Formen eines schwach organisierten kollektiven Handelns, wie etwa Rassenunruhen, Ghettoaufstände oder radikale jugendliche Subkulturen. Die extremen Formen politischer Gewalt im Sinne terroristischer oder kriegerischer Aktivitäten unterscheiden sich von diesen Handlungsformen durch ihre ausschließliche Bezogenheit auf Gewalt und deren organisierten und instrumentellen Charakter. Sie werden hier nur ergänzend berücksichtigt, zudem wurden in neuerer Zeit dazu einige Bestandsaufnahmen vorgelegt (vgl. dazu etwa Picard 1986; Dahlem 1989).

2 Zur Konzeptualisierung von Protestgewalt

Der Begriff der Protestgewalt ist facettenreich und erfährt vielfältige Interpretationen. Was konkret als "gewaltsam" zu verstehen ist, wird in den zahlreichen, seit den siebziger Jahren erschienen Studien in sehr unterschiedlicher Weise beantwortet. Unter den mannigfaltigen Konzeptualisierungen von Gewalt (etwa als organisierte oder spontane, rationale oder irrationale, legale oder illegale, strukturelle oder institutionelle, psychische oder physische Gewalt etc.; vgl. im Überblick Zimmermann 1977, S. 7f.) interessiert in diesem Zusammenhang die den meisten Untersuchungen zugrunde liegende politische Gewalt in Form der direkten, personellen Gewalt. Unter enger Anlehnung an den ursprünglichen Wortsinn meint sie eine soziale Interaktion, die auf die physische Durchsetzung von Ansprüchen oder Erwartungen gerichtet und durch unmittelbare körperliche Konfrontation oder Androhung derselben gekennzeichnet ist (Waldmann 1992, S. 741f.). Inhaltlich ist politische Gewalt auf das Herbeiführen von Änderungen im politischen Bereich orientiert, d.h. auf die Durchsetzung materieller Politikziele, die Änderung von Verfahrensfragen, Modifikationen institutioneller Arrangements etc. Für die Identifizierung von Handlungen, die als politisch motiviert einzustufen sind, ist entscheidend, daß sich die Handelnden selber zu solchen Zielen bekennen und vor allem, daß ihnen auch durch die Öffentlichkeit diese Ziele zugeschrieben werden (vgl. Zimmermann 1977). Der kollektive Charakter von Protestgewalt äußert sich in dem gemeinschaftlichen und nichtorganisierten Ausüben der Gewaltmaßnahmen, d.h. sie sind überwiegend das Ergebnis spontaner Beteiligungsaktivitäten von lockeren, informell organisierten Gruppen oder auch diffusen Kollektivitäten, die sich spontan und projektorientiert mobilisieren.

Das Spektrum der außerhalb des legalen Rahmens angesiedelten Maßnahmen reicht von der passiven Gewalt des zivilen Ungehorsams (Blockaden, Besetzungen u.ä.) bis hin zur gezielten Anwendung von Gewalt gegen Personen oder Sachen. Die Unterscheidung von zivilem Ungehorsam und politischer Gewalt ist allerdings insofern schwierig, als im Zuge der seit den siebziger Jahren beobachtbaren Ausbreitung von unkonventionellen Widerstandsformen illegale, aber friedliche Maßnahmen heute nur noch bedingt als gewaltsam interpretiert werden können (vgl. Uehlinger 1988). Die Grenzen zwischen den Widerstandsformen sind zudem fließend, auch bieten selbst überwiegend friedliche Proteste den Medien Ansatzpunkte, daraus violente Aspekte zu selegieren und diese bildbestimmend herauszustellen. Die Frage, unter welchen Bedingungen Gewaltaktionen durch die Medien stimuliert oder auch eingedämmt werden, ist daher nicht vollständig von den Medienreaktionen auf die übrigen Spielarten unkonventionellen Protests zu trennen.

3 Die Darstellung politischer Gewalt in den Medien

Fiktionale Gewalt, d.h die Präsentation von Verhaltensweisen, welche die Schädigungen von Personen oder Sachen nur vorgeben, findet in der Regel in Spielfilmen, Unterhaltungssendungen etc. statt, wohingegen reale Gewalt in den Nachrichten- und Informationssendungen erscheint. Ein wichtiger Unterschied zwischen realer und fiktionaler Gewalt liegt darin, daß letztere nach Maßgabe dramaturgischer Regeln zum Erzielen von Spannung inszeniert wird, wohingegen bei realer Gewalt die Selektion, Kommentierung und formale Präsentation des Materials durch die Journalisten entscheidend ist. Die Darstellungsstrukturen weichen auch insofern voneinander ab, als bei Fictionsendungen das Schwergewicht auf den Vorbereitungen und der Durchführung der Gewalttat liegt, wohingegen bei realer Gewalt durch ihre häufige Nichtvorhersehbarkeit die Journalisten vielfach erst nach dem Ereignis am Ort sind und sich auf das Berichten der Folgen konzentrieren müssen (vgl. Krüger 1994). Gerade aber die Betonung der Konsequenzen von Gewaltaktionen durch das Zeigen von Toten, Verletzten oder materiellen Schäden (vgl. Merten 1993, S. 43f) bedeutet eine stark negative Charakterisierung von violenten Aktionen, was durch die größere Authentizität und Realitätsnähe dieser Darstellungen noch verstärkt wird. Berichte über reale Gewalt setzen sich somit deutlich ab von den oftmals ästhetisierenden und heroisierenden Gewaltdarstellungen in Spielfilmen, Krimis etc. Allerdings werden durch die Entwicklung neuer Sendungsformate (z.B. Reality-TV) die Grenzen fließend. Zudem ist anzunehmen, daß die Unterschiede zwischen realer und fiktionaler Gewalt von den Rezipienten und insbesondere von Kindern nicht immer nachvollzogen werden (vgl. Groebel/Gleich 1993, S. 40).

Vor dem Hintergrund einer wachsenden Zahl von Rassenunruhen in den Vereinigten Staaten befaßten sich bereits Anfang der siebziger Jahre zahlreiche Studien mit der Bericherstattung der Massenmedien in sozialen Konflikten. Vergleiche zwischen Presse und Fernsehen, kommerziellen und staatlichen, lokalen und nationalen Medien zeigten, daß die Darstellung von Protesten und politischer Gewalt auch bei ähnlicher Ereignislage in sehr unterschiedlicher Weise stattfindet. Zwar wurden die Ursachen dieser Differenzen erst vereinzelt systematisch untersucht. Die Studien machten aber bereits früh deutlich, wie die Medien selektiv auf politische Gewaltaktionen reagieren und daß sie ihnen in ihren Berichten eine eigene Prägung geben. Sei es, daß sie Protestaktionen sensationalistisch überhöhten oder aber in ihrer Bedeutung herunterspielten. Für das politische Geschehen insgesamt wie auch für den Spezialfall politische Gewalt gilt, daß die Medien keine passiven Spiegel des realen Geschehens sind, sondern daß sie dieses nach eigenen Regeln, Erfordernissen und Strukturen übernehmen und rekonstruieren, und damit zu einem aktiven Faktor der Realität werden, über die sie berichten (vgl. Baker/Ball 1969; Paletz/Dunn 1969; Johnson/Sears/McConahy 1971; Singer 1970; Lang/Lang 1972).

In jüngster Zeit wurden für die Bundesrepublik mehrere Untersuchungen vorgelegt, die eine exaktere Abschätzung des Anteils politischer Gewalt im Fernsehen erlauben. Eine neuere Studie von Groebel/Gleich (1993, S. 101) zeigte anhand einer Programmwoche des Jahres 1991, daß "Gewalt" zwar ein zentrales Element der Programmgestaltung ist, jedoch in erster Linie in den fiktionalen Genres (Spielfilme, Serien, Zeichentrickfilme) erscheint. Reale Gewalt in den Nachrichten- und Informationssendungen machte nur einen kleinen Teil (14 %) der gesamten im Fernsehen gezeigten Gewalt aus, wobei auf politische Auseinandersetzungen (ohne Terrorismus) nur etwa 7 % aller gezeigten aggressiven Handlungen entfielen. Inhaltlich standen Rassen- und Minoritätenkonflikte im Vordergrund, Gewalt gegen Ausländer in Deutschland und politische Auseinandersetzungen. Eine von Merten erstellte Auftragsstudie kommt anhand anderer Kategorisierungen dagegen auf wesentliche höhere Gewaltanteile. Danach machte reale Gewalt in den Nachrichten und dokumentarischen Beitragsformen 50 % aller im Fernsehen gezeigten Gewalt aus, wobei in den Fällen, wo Täter identifizierbar waren, solche mit politischen Motiven oder staatliche Akteure dominierten (Merten 1993, S. 25 u. S. 47).[1] Ein Nachteil der Studie besteht allerdings darin, daß eine genauere inhaltliche Qualifizierung der Aktionen (nach Terrorismus, Krieg, violente Proteste etc.) nicht vorgenommen wurde. Eine kürzlich von Krüger (1994) vorgelegte Inhaltsanalyse der bundesdeutschen Nachrichten- und Informationssendungen versucht in einem stärker qualitativen Ansatz auch die Kontexte der Gewaltdarstellung zu berücksichtigen (Art und Weise sowie die Angemessenheit der Darstellung, Berichtsanlässe, Instrumentalisierungs- und Inszenierungstendenzen etc.). Er diagnostiziert zwischen den öffentlich-rechtlichen und den privaten Sendern gravierende Unterschiede in der Quantität und Qualität des gesendeten Materials. Wie auch Groebel/Gleich und Merten findet er politische Gewalt am häufigsten bei den öffentlich-rechtlichen Programmen, während bei den kommerziellen Sendern reale Gewalt einen stärkeren Bezug zu Kriminalität, Unfällen und Katastrophen aufweist. Zudem ist sie in den Nachrichtensendungen der Privaten so aufbereitet, daß besondere Aufmerksamkeitseffekte erzielt werden (Reality-TV, Plazierung spektakulärer Gewaltdarstellungen zu Beginn der Beiträge als "Aufreißer" u.a.). Aggressives politisches Handeln in Form von Kriegen, Terror und politischer Gewalt nimmt auch in der Krüger-Untersuchung erheblichen Raum in der Berichterstattung ein. Die zitierten Studien verdeutlichen, daß die Anteile realer Gewalt in den informierenden Sparten erheblich sein können, wobei auf die Protestgewalt im engeren Sinne jedoch nur ein geringer Anteil entfällt. Hinzu kommt, daß sich der weit überwiegende Teil der faktischen Fernsehnutzung auf die fiktionalen Sendeformen - Spielfilme, Action-Sendungen, Krimis etc. - bezieht, die sehr hohe Gewaltanteile beinhalten. Nachrichten- und Informationssendungen werden, von besonderen Ausnahmesituationen abgesehen, nur am Rande genutzt. Die Rezipien-

1 Die Angaben beziehen sich auf die im Jahr 1993 erstellte zweite Gewaltstudie, die Merten (1993, S. 98) zufolge "als nahtlose Fortschreibung der im Jahr 1992 im Auftrag von RTL durchgeführten Gewaltanalyse angesehen und genutzt werden (kann, T.K.)." Gegenüber dem Vorjahr (vgl. Merten, K. (1992): Darstellung von Gewalt im Fernsehen. Inhaltsanalyse 11.-17.11.92. Verv. Manuskript. Comdat GmbH. Münster.) stellt Merten für das Jahr 1993 bei allen Sendern gesunkene Gewaltanteile fest (ebenda, S. 72).

ten kommen daher mit der Darstellung von Protestgewalt vergleichsweise selten in Kontakt. Von dem geringen Umfang der durchschnittlich rezipierten Anteile politischer Gewalt im Fernsehen auf ein entsprechend niedriges Wirkungspotential zu schließen, scheint jedoch aus mehreren, weiter unten zu erläuternden Gründen, unangemessen.

Auch in der stärker informationszentrierten Presseberichterstattung ist die Menge der politischen Gewalt kaum größer. Inhaltsanalysen von kanadischen Zeitungen ergaben für die sechziger und siebziger Jahre nur einen Anteil von acht Prozent, den die Darstellung politischer Gewalt auf den Frontseiten der Zeitungen ausmachte (Jackson/Kelly/Mitchell 1977). Graber (1979) ermittelte bei amerikanischen Zeitungen, daß politische Gewalt nur fünf Prozent aller Presseberichte ausmachte. Dieses lag noch unter dem Anteil der entsprechenden Beiträge in der Fernsehberichterstattung.

Wenn kollektive politische Gewalt zum Medienthema wird, erfährt diese vielfach eine negative Darstellung. Schulz (1968) analysierte die Berichterstattung der deutschen Tagespresse über die Studentendemonstrationen zum Schah-Besuch über eine Woche im Juni 1967. Dabei ergab sich, daß die Proteste ein überwiegend kritisches Echo fanden, was sich erst nach der Erschießung Benno Ohnesorgs durch einen Polizeibeamten wandelte, indem die Medien nun auch das Verhalten der Polizei kritischer ins Visier nahmen. Kepplinger (1979) analysierte die Berichterstattung des Nachrichtenmaganzins "Der Spiegel" über Demonstrationen in der Bundesrepublik in dem Zeitraum zwischen 1965 und 1972. Auch hier zeigte die Inhaltsanalyse, daß Demonstrationen oftmals als gewaltsame Ereignisse dargestellt bzw. dann besonders umfangreich über diese berichtet wurde, wenn sie zumindest violente Elemente enthielten. Dabei wurde über die Demonstranten sehr intensiv berichtet, so daß die von ihnen ausgehenden Ausschreitungen, im Gegensatz zur Darstellung der Maßnahmen der Polizei, nicht bildbestimmend waren.

Auch in anderen Untersuchungen wird die in Richtung von Gewaltakten fokussierte Darstellung von Demonstrationen bestätigt. Eine aufschlußreiche und auch heute noch bemerkenswerte Untersuchung der Medienberichterstattung über öffentliche Proteste wurde von James Halloran, Philip Elliott und Graham Murdock (1970) unternommen. Ihre vielzitierte Arbeit analysierte die Berichterstattung der britischen Medien über eine Anti-Vietnam-Demonstration in London im Jahre 1968. Bei dieser Demonstration handelte es sich, von geringfügigen Krawallen am Rande der Veranstaltung abgesehen, um kein violentes Ereignis. Unabhängig von dem nahezu friedlichen Verlauf entwarfen die Medien jedoch ein Bild von dem Geschehen, das dieses weit überwiegend als gewaltsam charakterisierte. Besonders deutlich zeigte sich dieses bei der formalen Gestaltung der Berichte und der Auswahl der Fotos, wo letztere ein randständiges Ereignis in den Mittelpunkt stellten (Fußtritt eines Demonstranten in das Gesicht eines Polizisten). Selbst dann, wenn die Akteure der Versuchung zur Eskalation ihrer Mittel widerstehen, können die Medien von sich aus die spektakulären Handlungsmomente besonders betonen und damit u.U. das öffentliche Bild eines Ereignisses stärker prägen, als die

Handlungsträger selbst (vgl. auch Kielbowicz/Scherer 1986, S. 86; Lowe/Morrison 1984, S. 85ff).[2]

Zahlreiche Studien stimmen dahingehend überein, daß die Darstellung politischer Gewalt durch die Medien auf die Präsentation des faktischen Geschehens zugespitzt wird. Berichtet werden in erster Linie die Aktionen selbst und die Umstände ihrer konkreten Durchführung, kaum oder nur vage ihre Bedeutungen, Hintergründe und Ursachen. Die Protestziele gehen vor allem dann unter, wenn sie radikal, vieldimensional oder diffus sind. Bei violenten Aktionen handelt es sich i.d.R. um eine auf das faktische (Gewalt-)Geschehen reduzierte Information (vgl. Schoenfeld/Meier/Griffin 1979; Molotoch/Lester 1974; Groebel 1993). Dieses wurde für die Berichterstattung von Fernsehen und Presse über terroristische Aktivitäten, Rassenunruhen oder Demonstrationen festgestellt (vgl. Paletz/ Fozzard/ Ayanin 1982; Paletz/Dunn 1969, S. 330; Halloran/Elliott/Murdock 1970; Murdock 1981; Molotoch 1979; Hartmann/Husband 1981, S. 292ff; Wolfsfeld 1984, S. 554). Gewalt schafft zwar Aufmerksamkeit, erlaubt jedoch kaum das Kommunizieren der Ziele.

Das Interesse der Akteure, über ihr Anliegen zu informieren und aufzuklären, kollidiert daher mit der Konzentration der Medien auf interessant aufbereitete "Neuigkeiten". Diese Vermittlungsschwierigkeiten sind jedoch nicht allein den Medien anzulasten, sondern resultieren auch aus der Konfliktkonstellation selbst. Bei Gewalthandlungen sind die staatlichen Akteure (Sicherheitskräfte, Politiker etc.) i.d.R. rasch am Ort präsent und gelten bei den Journalisten als anerkannte Quellen (vgl. Kielbowicz/Scherer 1986, S. 76f), so daß ihre Sichtweise des Konflikts die Berichterstattung dominiert. Dagegen sind die Träger von Gewaltaktionen naturgemäß schlechter auffindbar und als Informanten weitgehend diskreditiert. Darüber hinaus existiert bei großen, von zahlreichen Gruppen getragenen Aktionen oftmals kein Konsens darüber, was jenseits allgemeiner Oberziele denn die eigentlichen Bestrebungen des Protests sind (vgl. Raschke 1987). Dieses macht es auch den Belangen von Protestbewegungen gegenüber aufgeschlossenen Journalisten schwer, ihre Anliegen der Öffentlichkeit zu vermitteln.

2 Eine neuere Arbeit von Kliment (1994) analysiert die Darstellung von Protestaktionen durch Anti-AKW-Initiativen in dem Zeitraum zwischen 1977 und 1989. Diese Inhaltsanalyse fällt insofern aus den hier referierten Studien heraus, als neben der lokalen und überregionalen Presse auch die von der Widerstandsbewegung selbst publizierten Blätter herangezogen wurden. Auch bei ihnen zeigte sich, daß die Protestaktionen der Bewegung die Darstellungen dominierten. Da jedoch die Selbstverständigung des Widerstands die wichtigste Funktion dieser Blätter war, handelt es sich hier nur bedingt um eine den Massenmedien vergleichbare Darstellungsstruktur.

4 Ursachen der Darstellung von Protestgewalt

4.1 Der Nachrichtenwert politischer Gewalt

Die Aufmerksamkeit der Medien für spektakuläre und dramatische Ereignisse wurde in grundsätzlicher Form durch die Theorie der Nachrichtenfaktoren konzeptualisiert. Nachrichten sind diesem Ansatz zufolge nicht das Spiegelbild einer objektiven Realität, sondern Selektionsentscheidungen im Mediensystem. Nachrichtenfaktoren verkörpern spezifische Sinnorientierungen, indem sie aus dem Universum der alltäglich stattfindenden Ereignisse ausgewählte Sachverhalte herausheben und ihnen damit Bedeutung verleihen oder - wie dieses für den allergrößten Teil der Ereignisse gilt - diese im Bereich des gesellschaftlichen Nichtwissens belassen. Dieses ist ein zentraler Bestandteil dessen, was als "Realitätskonstruktion" durch die Massenmedien bezeichnet wird (vgl. Galtung/Ruge 1965; Schulz 1976; neuerdings Staab 1990). Das Konzept der Nachrichtenfaktoren nimmt an, daß solche Ereignissse die Aufmerksamkeit besonders auf sich ziehen, welche bestimmte Merkmale auf sich vereinigen. Sie konstruieren gemeinsam den "Nachrichtenwert" eines Ereignisses. Genannt werden u.a. der Status der Beteiligten, das Merkmal der Überraschung, die Dauer und Intensität des Geschehens, Konflikt, Schaden oder Kriminalität, Sensationalismus oder Negativismus, geographische Nähe sowie die Personalisierung des Ereignisses und seine zeitliche Struktur (vgl. Galtung/Ruge 1965; Schulz 1976). Je mehr Nachrichtenfaktoren einem Ereignis durch die Journalisten zugeschrieben werden, desto größer ist seine Chance, zum Medienthema zu werden, desto ausführlicher wird es dargestellt und desto hervorgehobener wird es präsentiert. Für kollektive Akteure, die selten ins Blickfeld der Medien geraten und zu ihrer Selbstdarstellung nur geringe finanzielle oder sachliche Mittel einsetzen können, ist Protest eine zentrale Ressource, die sie zur Veröffentlichung ihrer Anliegen einsetzen können (Lipsky 1968). Dieses gilt sowohl im Hinblick auf die Etablierung ihrer Forderungen als auch für die Medienpräsenz der Protestakteure selbst. Insgesamt erscheint es unstrittig, daß die spektakulären und gewaltsamen Varianten politischen Protests zu den medienwirksamsten Aktionsformen gehören (vgl. Schmitt-Beck 1990; Molotoch 1979; Molotoch/Lester 1974; Kielbowicz/Scherer 1986; Overhoff 1984; Lowe/Morrison 1984; Shoemaker/Chang/Brendlinger 1987; Snyder/Kelly 1977; Goldenberg 1975; Das 1981; Kliment 1994; Willems/Wolf/Eckert 1993; Weimann/Brosius 1991).

Die Attraktivität gewaltsamer Aktionen für die Medien ergibt sich konkret daraus, daß sie zahlreiche Komponenten von Negativismus und Sensationalismus in sich vereinigen: Dazu gehören die Momente des Neuen, Exotischen und der Überraschung, eines stark personalisierten Mitteilungshandelns sowie Komponenten des Konflikts, der Normverletzung und des Schadens. Es werden Gefühle bewegt und teilweise dramatische Aktionen vorgeführt, die in der Aufmerksamkeit des Publikums einen besonderen Rang einnehmen (vgl. Hilgartner/Bosk 1988). Durch ihre Betonung des Außergewöhnlichen beinhalten die meisten Nachrichtenfaktoren per definitionem Elemente abweichenden Verhaltens. Meint der Faktor der Neuartigkeit, Überraschung oder der Prominenz in erster Linie die Abweichung vom normalen Geschehen, so sind Konflikte und Kontroversen vor allem deswegen berichtenswert, weil sie Verletzungen des Status Quo, die Herausforderung von anerkannten sozialen Normen, Werten oder Gewohnheiten bedeuten. Dadurch, daß die Medien vor allem dann über kollektive Akteure berichten, wenn sie sich durch spektakuläre Maßnahmen bemerkbar machen, wird die Abweichung von der Norm zum vorherrschenden Charakteristikum ihrer Aktivitäten. Shoemaker/Chang/Brendlinger (1987, S. 354) sprechen daher auch von einem öffentlichen "*Deviantisieren*" von Personen und Gruppen durch die Medien. Diese Etikettierung dürfte dann besonders schwerwiegende Konsequenzen haben, wenn sie ohnehin bestehende Stereotype über bestimmte Gruppen, die dem Publikum fremd erscheinen (Ausländer, Angehörige eng umgrenzter Subkulturen etc.), noch zu bestätigen scheinen.

Der Reiz spektakulärer Aktionen für die Medien läßt sich auch an weiteren Eigenschaften festmachen: Medien sind zuallererst an Ereignissen, weniger an Themen orientiert. Gewaltaktionen bieten die Möglichkeit, abstrakte Sachverhalte oder Vorgänge in "News" zu verwandeln. Zudem sind Gewaltaktionen durch ihren ereignishaften Charakter leicht und schnell zu berichten, und sie bieten die besonders für das Fernsehen wichtigen Visualisierungsmöglichkeiten des Geschehens (Kielbowicz/Scherer 1986). Gans (1979) zufolge erhöht die Verfügbarkeit von dramatischen Photo- oder Filmaufnahmen in erheblicher Weise die Chance, daß der Beitrag auch veröffentlicht wird. Das Berichten violenter Akte benötigt weniger Fach- und Hintergrundwissen auf Seiten der Journalisten und einen geringeren Rechercheaufwand als die Darstellung komplexer Themen, so daß sie kaum Ressourcen von der Medienorganisation abziehen. Auch wenn diese Aktionen nur ein Teil eines umfassenden und komplexen Ereignisstromes sind, erlauben sie es, daraus bestimmte Sequenzen zu isolieren. Sie sind die Höhepunkte und Zäsuren eines Prozesses, der dann in zerstückelter Form an die Öffentlichkeit dringt (vgl. Kielbowicz/Scherer 1986; Stankowski 1986; Molotoch 1979). Gerade Gewaltaktionen repräsentieren prägnante Punkte innerhalb von Protestwellen, welche so herausragend und markant sind, daß die Journalisten sie zum Anlaß ihrer Berichte machen können. Und sie bieten aufgrund ihrer definierten zeitlichen Grenzen eher die Möglichkeit, sie in die Arbeitsrythmen der Nachrichtenproduktion in den Medienanstalten zu integrieren.

Proteste erreichen zudem dann eine größere Aufmerksamkeit, wenn sie in der Nähe von Medienorganisationen stattfinden. Maßnahmen, die außerhalb von Entscheidungszentren und Großstädten angesiedelt sind und damit den Vorzug der geographischen Nähe nicht für sich beanspruchen können (etwa einsame Standorte von militärischen Anlagen, abgelegene Atomkraftwerke etc.), besitzen dann Veröffentlichungschancen, wenn diese in hinreichender Weise andere Merkmale auf sich vereinigen (vgl. Danzger 1975; dazu kritisch Snyder/Kelly 1977). Das diskontinuierliche Erscheinungsbild von Protestgewalt, die in der Öffentlichkeit quasi eruptiv und ohne Vorankündigung von heute auf morgen aufzubrechen scheint, ist damit auch darauf rückführbar, daß diesen Episoden oft langfristige, mühselige und oft wenig spektakuläre Anstrengungen vorausgehen, die den Erfordernissen der Medienberichterstattung jedoch nicht entsprechen.

Die Berichterstattung greift nicht nur Aktionen mit hohem Nachrichtenwert bevorzugt auf, sie tendiert auch in der Darstellung zu einer Betonung der Nachrichtenfaktoren (Schulz 1976, S. 14f; Weimann 1987, S. 36f). Diese finden sich in der Auswahl wie auch in der Präsentation von Themen, und damit gleichsam verdoppelt wieder. Das reale Geschehen wird so auf wenige Merkmale reduziert und zugespitzt. Gitlin (1980) konnte in seiner Studie zeigen, daß die Journalisten in der Absicht, ihren Berichten einen größeren Nachrichtenwert zu verleihen, das Exotische und Spektakuläre an den Protesten in einem Maße herausstellten, das ihrer realen Bedeutung in keiner Weise entsprach. Wolfsfeld (1984) berichtet in seiner Analyse einer israelischen Farmerbewegung von den ständigen Frustrationen der Bewegungsmitglieder über die einseitige Auswahl von Themen und Ereignissen durch die Journalisten, die das Extreme und Skurrile des Protests betonten (z.B. brennende Fahrzeuge und Häuser, Interviews mit besonders exzentrischen Teilnehmern der Aktionen, die als die "wahren" Bewegungsanhänger porträtiert wurden u.ä.), und damit die in der Öffentlichkeit herrschenden Vorurteile über die Bewegung bekräftigten.

4.2 Die Rolle von Schlüsselereignissen und journalistischen Frames

Die Nachrichtenwerttheorie macht auf wichtige Bedingungen aufmerksam, unter denen Ereignisse von den Medien rezipiert und wie sie wiedergegeben werden. Dabei erscheint die ältere Vorstellung, daß Nachrichtenfaktoren als konstante, im Zeitverlauf relativ invariante Größen anzusehen seien, inzwischen als überholt. Bereits vor längerem wurde im Zusammenhang mit der Berichterstattung über Rassenunruhen auf die Variabilität von Nachrichtenfaktoren hingewiesen und gezeigt, daß singuläre Ereignisse in der Lage sind, die Aufmerksamkeitsschwelle der Medien zu senken (vgl. Snyder/Kelly 1977). Effekte von Schlüsselereignissen wurden auch im Hinblick auf die Bewertung von politischen Demonstrationen beobachtet, wo etwa die Erschießung eines Studenten durch die Polizei eine Tendenzwende in der Kommentierung von Demonstranten und Polizisten einleitete (Schulz 1968). Anhand der fremdenfeindlichen Anschläge in der Bundesrepublik wurde ebenfalls gezeigt, daß sich die Nachrichtenauswahl im Gefolge von spektakulären Ereignissen verändern kann (vgl. Brosius/Eps 1993). Unter dem Eindruck dieser in der Öffentlichkeit weithin beachteten Gewaltaktionen wandelten sich die journalistischen Selektionskriterien in Richtung einer intensivierten Berichterstattung für thematisch verwandte Aktionen und Ereignisse. Konnten die erwähnten Anschläge aufgrund ihres spektakulären Charakters einmal die Wahrnehmungsbarriere der Medien überspringen, so hatten folgende, weit unbedeutendere Aktionen rechtsradikaler Gruppen ebenfalls gute Aussichten berichtet zu werden.

Während Nachrichtenfaktoren nur spezifische Aspekte der journalistischen Zuschreibung von Merkmalen zu Ereignissen erfassen, wurde in neuerer Zeit die

Kontextualisierung von Sachverhalten unter dem Begriff des "*Framing*" auf eine umfassendere Weise konzeptualisiert. Inzwischen hat dieser Ansatz Einzug in zahlreiche Disziplinen gehalten, wobei verschiedene Spielarten unterschieden werden können.[3] Aus kommunikationswissenschaftlicher Perspektive stellen "Frames" journalistische Bewältigungsstrategien dar, welche die Informationsverarbeitung in den Redaktionen lenken. Sie repräsentieren

> "[...] persistent patterns of cognition, interpretation and presentation, of selection, emphasis, and exclusion, by which symbol-handlers routinely organize discourse, wether verbal or visual" (Gitlin 1980, S. 7).

Frames ermöglichen es den Journalisten, im Spannungsfeld der komplizierten und oft widersprüchlichen Anforderungen von Publikum, Informationsquellen und Medienorganisation die im Alltag notwendigen, raschen Entscheidungen über die Auswahl von Themen und deren Präsentation zu treffen. Dieses geschieht über die Anwendung vorgefertigter und abrufbereiter Muster, welche die anfallenden Ereignisse nach bestimmten Kategorien klassifizieren. Die Wahl eines Frames ist damit die Weichenstellung für die Präsentation eines Sachverhalts (vgl. allg. Kepplinger 1989; Tuchmann 1978; Iyengar 1991). In diesem Sinne läßt sich die Zunahme der Berichterstattung nach den fremdenfeindlichen Anschlägen von Rostock, Hoyerswerda, Solingen und Mölln auch durch einen veränderten journalistischen Bezugsrahmen erklären, der den nachfolgenden Ereignissen eine größere Bedeutung verlieh. Der veränderte Frame bewirkte, daß sich die Informationssuche und die Publikationsaktivitäten der Journalisten zu diesem Thema verstärkten. Als eine weitere Folge dürfte sich auch die Zahl der Straftaten erhöht haben, die in der Öffentlichkeit als fremdenfeindlich eingestuft, der Polizei gemeldet und an die Medien weitergegeben wurden (vgl. Brosius/Eps 1994).

Ist ein Frame einmal etabliert und vertraut, kann dieser trotz seiner Unangemessenheit die entscheidende Bezugsgröße der Berichterstattung bleiben (vgl. Hartmann/Husband 1981, S. 295f). Die erwähnte Analyse der Berichterstattung der Anti-Vietnam Demonstration (Halloran/Elliott/Murdock 1974; Murdock 1981) liefert hier ein anschauliches Beispiel. Bereits im Vorfeld der Demonstration war durch die Spekulationen meinungsführender Zeitungen die Vorstellung erzeugt worden, daß es sich hier um ein gewalttätiges Ereignis handeln werde. Insbesondere wurde die Aktion mit zwei zurückliegenden, violenten Protestaktionen in Paris und Chikago in Verbindung gebracht, bei denen es sich um bekannte und intensiv berichtete Ereignisse gehandelt hatte. Auf Seiten des Publikums legten die

---

3 Hervorzuheben sind soziologische, sozialpsychologische und kommunikationswissenschaftliche Varianten. Soziologisch orientierte Ausformulierungen dieses Konzepts wurden im Anschluß an Goffman durch Snow/Benford (1992; 1988), Snow et al. (1986), Gamsom (1988) und Gamsom/Modigliani (1986) geleistet. Empirische Anwendungen finden sich in neuer Zeit u.a. bei Gerhards (1993) und Kliment (1994). In diesen Varianten bezeichnet das Konzept die Bedingungen, unter denen ein Sachverhalt als lösungsbedürftig und mobilisierungswirksam dargestellt werden kann. Sozialpsychologisch orientierte Arbeiten rücken die Funktion von Frames bei der Bewertung von Informationen unter Unsicherheit in den Mittelpunkt (vgl. Tversky/Kahneman 1981; dies. 1986; Kahneman/Tversky 1984).

Berichte über diese Aktionen - Straßenkämpfe, Studenten, auswärtige Militante - eine einfache und eindeutige Interpretation auch der kommenden Ereignisse nahe. Dieses hatte zur Folge, daß die Mediendefinition von der Öffentlichkeit, den Polizisten und Demonstranten übernommen wurde und daß Journalisten und Kameras sich bevorzugt dort postierten, wo man die Konflikte vermutete. Der faktische Ablauf der Demonstration war jedoch weitgehend friedlich. Nur ein kleiner Teil der ca. 60.000 Demonstranten verließ die offizielle Route und begab sich zur amerikanischen Botschaft, wo es zu Gewalttätigkeiten mit der Polizei kam. In der Berichterstattung wurde jedoch betont, was die Journalisten erwarteten. Etwa 90 % der von den englischen Medien produzierten Berichte machten diese Gewaltaktionen zu ihrem Thema, wohingegen das friedliche und disziplinierte Verhalten der allermeisten Demonstranten zum Nebenereignis herabgespielt wurde. Die Studie verdeutlicht, wie der von den Medien vorab gesetzte Gewaltframe einerseits dafür verantwortlich war, daß die Demonstration überhaupt eine solche Aufmerksamkeit erfuhr. Andererseits wurde das Geschehen nach Maßgabe der erwarteten Sensationen verzerrt präsentiert.

Die Orientierung an Nachrichtenfaktoren ist jedoch nur eine und nicht notwendigerweise die wichtigste Bezugsgröße journalistischen Handelns, wie eine ältere Studie von Paletz/Dunn (1969) zur Presseberichterstattung über einen Schwarzenaufstand in der Kleinstadt Winston Salem (North Carolina) zeigt. Entgegen der Annahme fand sich dort keine sensationalistische Aufbereitung des Themas. Das Ausmaß des Aufstands wurde von den lokalen und überregionalen Zeitungen deutlich heruntergespielt, gewaltgeladene Begriffe bewußt vermieden, Sachschäden oder Verletzungen nur in allgemeiner Form erwähnt. Ausschlaggebend dafür war die Nähe der Medien zu den örtlichen Behörden und Machthabern, die es vermeiden wollten, der Gefährdung der lokalen Ordnung eine besondere Publizität zu verleihen.

Die Wahl eines Frames ist daher kontingent, worauf Iyengar (1991) in systematischer Form hingewiesen hat. Danach kommen bei politischen Ereignissen insbesondere zwei Typen von Frames zum Zuge, die sich unterscheiden lassen in einen sog. "episodischen" und einen "thematischen" Frame. Während der episodische Frame das Ereignis als ein singuläres Geschehen fokussiert, werden im thematischen Frame die Themen oder Ereignisse in einen allgemeineren Kontext gestellt. Die Zugrundelegung eines bestimmten Frames hat Auswirkungen auf die Darstellung der Themen wie auch für die Zuweisung von Ursachen und Verantwortlichkeiten für das berichtete Geschehen beim Publikum. Ereignisse im allgemeinen und politische Gewaltakte im speziellen werden Iyengar zufolge im Fernsehen bevorzugt episodisch geframt, was das Erkennen ihrer Hintergründe und Wurzeln erschwert. Die Effekte der jeweiligen Frames auf die Rezipienten werden von Iyengar gezielt geprüft, wobei sich die Ergebnisse mit den hier unternommenen Ausführungen decken. Die wichtige Frage, unter welchen Bedingungen welche Frames auf Seiten der Journalisten zum Zuge kommen, wird aber auch von ihm nur fallspezifisch beantwortet. Allgemein kann davon ausgegangen werden, daß der Aufbau eines Frames sich als konsensualer Prozeß vollzieht, in den neben den redaktionellen Linien weitere Elemente, wie allgemeine kulturelle Werte, soziale Stereotypen und vor allem die etablierten Normen, einfließen (vgl. Shoemaker 1982; Gamsom 1988; Gamsom/Modigliani 1986). Relativ sicher erscheint zudem, daß je größer die Uneindeutigkeit und Mehrdeutigkeit des Protesthandelns in den Augen der Journalisten sind, desto strikter drücken ihre Frames dem berichteten Geschehen ihren Stempel auf (vgl. Chan/Lee 1984, S. 187ff).

5 Wirkungen der Publizierung von Protestgewalt

Zu den Topoi der Debatte um die Ursachen von politischer Gewalt gehört, daß den Medien ein starker Einfluß für ihre Verbreitung zugesprochen wird. Diese Zuschreibungen erfolgen nicht nur von außen, sondern auch durch die Medien selbst.[4] Bei näherem Hinsehen sind diese Diagnosen jedoch oftmals nur durch Common-Sense-Überlegungen gedeckt, die eher vorgefaßte Überzeugungen intuitiv zu bestätigen scheinen, als daß sie durch systematische Wirkungsstudien und empirisch gehaltvolle Aussagen gedeckt wären (vgl. Picard 1986; Dahlem 1989). So werden in vielen Medienanalysen über politische Gewalt Nachahmungseffekte so selbstverständlich unterstellt, daß die Untersuchung der konkreten Berichterstattung als verzichtbar angenommen wird. Inhaltsanalysen verbleiben vielfach auf der deskriptiven Ebene, Medienwirkungen werden dann zumeist auf der Basis von nachträglichen ad-hoc Erklärungen abgeleitet. Dieses gilt trotz der Tatsache, daß in theoretischer Hinsicht einige entwicklungsfähige Angebote vorliegen.

5.1 Erklärungsansätze zur Wirkung von Gewaltdarstellungen in den Medien

Die in der Kommunikationsforschung entwickelten Modelle zur Wirkung von Gewaltdarstellungen deuten die Medieneinflüsse auf vielfältige Weise. Die inzwischen als weitgehend widerlegt geltende Katharsis- wie auch die Inhibitionsthese gehen davon aus, daß die Rezeption von Gewaltdarstellungen die Neigung zur Ausübung von aggressiven Verhaltensweisen vermindere. Die Stimulations-, Erregungs- und Habitualisierungsthesen nehmen im Gegenteil an, daß das Ansehen von Gewaltdarstellungen die Gewaltbereitschaft erhöhe (vgl. im Überblick Krebs 1994; Kunczik 1994; 1994a). Gegenüber diesen stark stimulusorientierten Ansätzen gehört die kognitive Lerntheorie im Anschluß an Bandura zu den erfolversprechenderen Entwicklungen. Sie ist zumindest insofern offener als die übrigen Ansätze angelegt, als sie keine einheitliche Wirkung postuliert, sondern davon ausgeht, daß die Effekte von Gewaltdarstellungen sowohl in der Verminderung als auch in der Steigerung von aggressiven Verhaltensweisen liegen können. Bandura (1973; 1989) argumentiert, daß die Massenmedien auf eine scheinbar realitätsnahe

---

4 Typisch dafür ist die Debatte in den Zeitschriften *Journalist* und *Medium* in den Jahrgängen 1993 und 1994.

Weise langfristig Modelle für ein breites Spektrum aggressiver Verhaltensweisen liefern. Die Rezipienten erlernten durch die stellvertretende Erfahrung über die Protagonisten am Bildschirm neue Verhaltensweisen, Hemmungen würden abgebaut und die im Fernsehen erlebten Sanktionen wirkten als verstärkende oder hemmende Faktoren für das eigene Verhalten. Diese Lerneffekte ergeben sich insbesondere bei den Darstellungen realer Gewalt, deren größere Authentizität und Glaubwürdigkeit den Wirkungen von fiktionaler Gewalt überlegen ist (vgl. auch Feshbach 1972; Kunczik 1987). Die Rezeption realer Gewaltaktionen macht es eher möglich, Erfolge und Risiken des eigenen Verhaltens abzuschätzen, bietet realistischere Handlungsmodelle an und führt durch die größere Übereinstimmung des dargestellten Handlungskontexts mit der Lebenswelt des Rezipienten zu einer stärkeren Erregung und Identifikation mit dem gezeigten Geschehen. Die Gewalt in den Nachrichtensendungen und informierenden Beiträgen scheint unter diesen Gesichtspunkten weit wirksamer als fiktionale Gewalt (vgl. Atkin 1983).

Allerdings kann nicht davon ausgegangen werden, daß eine umstandslose Aneignung dieser Vorbilder stattfindet. Vielmehr gilt, daß zusätzliche, noch zu spezifizierende Bedingungen dieses Modellernen steuern. Dazu gehört u.a., daß bei dem Betreffenden bereits vorab eine entsprechende Motivation zu dem gezeigten Verhalten vorliegt, er über die notwendigen Mittel verfügen muß, das Verhalten zu imitieren, und daß die Gewalthandlung in den Medien hervorgehoben und ausführlich präsentiert wird (vgl. Steede/Range 1989). Medial erlebte Gewalt besitzt nur eine initiierende Kraft, die unter bestimmten Umständen eine Nachahmungshandlung auslösen kann.

Trotz der unbestreitbaren Erklärungskraft, welche die Lerntheorien für sich reklamieren können, sind auch ihnen Grenzen gesetzt. Dieses zunächst deswegen, weil sie nahezu ausschließlich im Zusammenhang mit Laborexperimenten entwikkelt und geprüft wurden. Zwar können nur Experimente durch die gezielte Isolierung und Manipulation von Einflußfaktoren Kausalnachweise führen. Jedoch scheint die Realitätsferne der Experimentsituation (Präsentation parzellierter, aus dem Programmangebot herausgerissener Stimuli; künstliche Fokussierung der Aufmerksamkeit auf einen bestimmten Beitrag; Messung kurzfristiger Wirkungen; Aufforderungscharakter der Experimentsituation i.S. der Lieferung von ergiebigen, richtigen etc. Ergebnissen durch die Probanden; Vernachlässigung politischer Orientierungen der Versuchspersonen; Ausblenden von Gruppeneffekten auf das eigene Verhalten usw.) gerade dort wenig valide Ergebnisse zu liefern, wo es um den Beitrag der Medien zur Entstehung von einer politisch motivierten und in Gruppen ausgeübten Gewalt geht. Die in diesem Kontext geprüften Ansätze sind nur insofern aussagekräftig, als sie über die mikrotheoretischen Grundlagen von Aggressionen informieren. Die Mediatisierung von Medieneffekten durch Ideologien und politische Überzeugungen der Akteure, internen Gruppendruck und die Struktur von Entscheidungsprozessen, die bestimmte Meinungen nicht oder aber besonders zum Zuge kommen lassen, werden hier ebensowenig erfaßt wie die Reaktionen der Kontrollinstanzen in konkreten Konfliktsituationen, das allgemeine Meinungsklima, in dem sich die Akteure bewegen, oder die Verfügung über alternative, nicht gewaltsame Handlungsoptionen zur Durchsetzung ihrer Interessen. Hinzu kommt, daß die Berichte über Protestgewalt einerseits durch reale Akteure generiert werden und andererseits auf die Handlungsträger und ihr soziales Umfeld zurückwirken. Dieses hat Konsequenzen im Hinblick auf das Selbst- und Fremdbild der Akteure, die von ihnen präferierten Strategien, das Verhalten der Kontrahenten etc. Systematische Untersuchungen dazu, wie die Medien das Verhalten derjenigen prägen, über die sie berichten, sind Mangelware (vgl. Kepplinger 1982; Shoemaker/Chang/Brendlinger 1987, S. 367).

Überhaupt kann z.Zt. nur vermutet werden, inwieweit in diesem Zusammenhang der konkrete Medienkontakt überhaupt bedeutsam ist. Während in den traditionellen Erklärungsansätzen das Ausmaß und die Qualität der in den Medien rezipierten Gewalt bei der Erklärung von Gewaltverhalten eine zentrale Rolle spielen, besitzt der Medienkontakt bei politischer Gewalt einen anderen Stellenwert. So bietet für die protestierenden Gruppen bereits die Anwesenheit von Reportern und Kameras oder das schlichte Wissen, daß über Gewaltaktionen berichtet wird, einen Anreiz zum Einsatz von Gewalt, ohne daß die konkrete Berichterstattung überhaupt zur Kenntnis genommen werden muß. Für die Gruppe der Sympathisanten und vor allem für die weitere Öffentlichkeit wird dagegen gelten, daß die Art und Weise der Präsentation des Konflikts in den Medien für die weitere Mobilisierung und den Erfolg des Protests mitentscheidend ist. Medienwirkungen können sich damit in verschiedenen Rezipientengruppen auf ganz unterschiedliche Weise aktualisieren (vgl. auch Kepplinger/Giesselmann 1993, S. 175ff.).

Aus diesen Gründen scheint es sinnvoll, bei den Wirkungen der Berichterstattung über Protestgewalt verschiedene Referenzpunkte voneinander zu trennen. Neben Unterscheidungen nach der Dauer der Effekte (lang- vs. kurzfristig), der Wirkungsbereiche (Einstellungen, Verhalten, Affekte, Kenntnisse) und der Erfolgsdimensionen des Protests (öffentliche Präsenz des Konflikts/Themas, Stabilisierung des Widerstands, Zieldurchsetzung etc.) ist insbesondere die Trennung verschiedener Publikumssegmente wichtig. Differenzieren lassen sich dabei die Partizipanten in dem Konflikt (Protestakteure vs. deren Kontrahenten), das engere soziale Umfeld und die Sympathisanten des Protests sowie schließlich die allgemeine Öffentlichkeit und die Medien selbst (vgl. Katz 1980; Katz/Dayan 1985). Allerdings ist zu bedenken, daß diese Unterscheidungen in der Praxis nicht völlig trennscharf sind. Kollektive Akteure verfügen nicht über feste Mitgliedschaften; die Grenzen zwischen den Aktiven, ihren Unterstützern und dem Publikum sind unscharf und im Zeitablauf variabel. Die nachfolgende Differenzierung erfolgt daher nur grob im Hinblick auf die zwei Segmente Akteure und Publikum, und dient in erster Linie heuristischen Zwecken.

5.2 Wirkungen auf die Öffentlichkeit und das Publikum

Wollen Gruppen, die normalerweise außerhalb des politischen Interessenvermittlungssystems stehen, Einfluß auf dessen Entscheidungen gewinnen, können sie dieses nur über die Mobilisierung der Öffentlichkeit. Sie ist das Referenzpublikum, dessen Gewinnung in den meisten Fällen eine notwendige Voraussetzung für die politische Durchsetzung des Protests ist. In Anlehnung an Kepplinger (1989a, S. 201) kann bei diesem Typus von Auseinandersetzungen auch von einem "*publizistischen Konflikt*" gesprochen werden, wo das Ziel der Kommunikation weniger in der direkten Beeinflussung der Kontrahenten als in der Einwirkung auf die Massenmedien liegt, was wiederum die Voraussetzung zur Beeinflussung des Publikums darstellt. Dem durch die Massenmedien vermittelten Bild des Konflikts, der beteiligten Akteure und der von ihnen eingesetzten Mittel kommt damit eine zentrale Bedeutung zu.

Die oben erörterten Darstellungsstrukturen der Medien lassen es in der Regel nicht zu, daß über Gewaltaktionen die Inhalte und Bestrebungen des Protests ausreichend kommuniziert werden können. Der ereigniszentrierte Charakter der Berichterstattung, die Vernachlässigung der Hintergründe und Kontexte des Geschehens, und die Ignorierung langfristiger und struktureller Faktoren, die zur Akkumulation von Problemen führen, erlauben kaum mehr als eine allenfalls oberflächliche Unterrichtung des Publikums. Die Forschungen zur Wissenskluft-Hypothese belegen zudem, daß spektakuläre Ereignisse zwar die Diffusion eines Issues in sämtliche soziale Schichten fördern (vgl. Horstmann 1991), dieses aber nachteilig für die Qualität des Wissens ist. Es ist eher oberflächlich, setzt sich aus teilweise irrelevanten Einzelheiten zusammen, und beschränkt sich auf einige wenige Protagonisten und die eher dramatischen Formen der Auseinandersetzung (vgl. Saxer u.a. 1989; Schulz 1987). Eine differenzierte Information der Öffentlichkeit durch die Zuhilfenahme von Gewaltaktionen ist auch aus dieser Perspektive nicht zu erwarten. Selbst in der grundlegenden Frage, ob die Gewaltakte überhaupt als sozialer/politischer Protest wahrgenommen werden oder ihnen nur der Status von schlichten kriminellen Handlungen zugebilligt wird, scheint der Einfluß der Medien nicht über die Maßen groß. Vielfach erwiesen sich die vorab bestehenden Einstellungen, Erfahrungen und sozialen Merkmale der Rezipienten bedeutsamer als der Medieneinfluß (vgl. Turner 1969; Jeffries/Turner/Morris 1971; Altheide/Gilmore 1972).

Relativ gesichert erscheint, daß die Fokussierung der Medien auf Gewaltaktionen und ihre formal hervorgehobene Präsentation (Schlagzeilen, Fotos etc.) Aufmerksamkeitseffekte beim Publikum bewirken. Proteste, Unruhen und auch Gewalt sind für die am Rande des öffentlichen Interesses stehenden Gruppen effektive Mittel, ihre Themen zu lancieren und die öffentliche und politische Agenda zumindest kurzfristig zu beeinflussen (vgl. Weimann 1983; Wurth-Hough 1983; allg. Willems/Wolf/Eckart 1993, S. 39ff). Eine Inhaltsanalyse der Presse von Los Angeles durch Johnson/Sears/McConahay (1971) zeigte eindrucksvoll, daß die schlechte soziale Situation der schwarzen Bevölkerung für die (weißen) Medien bis 1968 praktisch kein Thema war, und erst ein mehrtätiger Aufstand diese in die Medien brachte. Eine dauerhafte Steigerung der Medienaufmerksamkeit ergab sich durch die Aktionen jedoch nicht; kurze Zeit später sank die Berichterstattung auf das Ausgangsniveau wieder zurück.

Die Studie dokumentiert auch, daß die Medienberichterstattung durch das Ignorieren von drückenden sozialen Problemen und das Aussperren bestimmter Gruppen aus dem öffentlichen Diskurs gewaltsame Aufbrüche begünstigen kann. Andererseits bietet das öffentliche Einführen von Themen und Problemen durch die Medien auch Anknüpfungspunkte für die Legitimierung eines damit verbundenen Protests. Hier kann etwa die Arbeit von Mazur (1981), der einen Zusammenhang zwischen der Intensität der Kernenergieberichterstattung und der Zahl der Bombendrohungen gegen Kernkraftwerke konstatiert, als Beleg herangezogen werden. Kepplinger (1981) kommt in einer Gegenüberstellung von Inhaltsanalysedaten, Bevölkerungsumfragen und der realen Entwicklung politischer Gewaltaktionen in der Bundesrepublik zu der Schlußfolgerung, daß die Anwendung politischer Gewalt den langfristigen Endpunkt eines durch die Medien gestützten Legitimationsprozesses bildet. Am Schluß dieses Prozesses stehen zahlreiche aktive Gruppen, von denen einige auch zur Gewalt bereit sind.

Die Aufnahme eines Konflikts in die öffentliche Agenda ist besonders in der Entstehungsphase von Protest stimulierend. Wenn die Medien den spektakulären Aktivitäten kleiner Gruppen Publizität verschaffen, ist es wahrscheinlich, daß der Eindruck von bedeutsamen Aktivitäten erzeugt wird, die Motivation zur Teilnahme verbreitet und Isolierungsängste abgebaut werden. Als Folge dieses Fokussierungseffekts können weitere Gruppen dem Beispiel folgen und ihre Aktivitäten verstärken, was wiederum das Medieninteresse erhöht (Kepplinger 1982, S. 106f). Diese Wechselwirkungen zwischen Medienberichterstattung und Protestaktionen wurden durch die sozialpsychologischen Konzepte des "Band-Waggon-Effekts" und der "Schweigespirale" erklärt. Im ersten Fall wird postuliert, daß menschliches Konformitätsstreben dazu führe, daß Personen sich einer als erfolgreich wahrgenommenen Aktivität anschließen (Saxer u.a. 1986, S. 16f). Im zweiten Fall (Noelle-Neumann 1982; dies. 1989; Kepplinger 1982; Scherer 1990) wird die Bereitschaft der Individuen, sich öffentlich zu äußern, maßgeblich davon abhängig gemacht, daß ihre Meinung öffentlich an Boden gewinnt. Diese meldeten sich besonders selbstbewußt zu Wort und könnten damit stärker wirken, als sie tatsächlich seien. Aktiven Minderheiten böte sich auf diese Weise die Chance, das allgemeine Meinungsklima zu ihren Gunsten zu beeinflussen (vgl. dagegen Fuchs/Gerhards/Neidhardt 1991).

Auch wenn diese Kausalitätsbeziehungen bislang nicht streng nachgewiesen worden sind, finden sich in zahlreichen Arbeiten Anhaltspunkte dafür, daß die Veröffentlichung von Gewaltakten durch die Medien, und dabei inbesondere durch das Fernsehen, zu Nachahmungstaten führt. Dieses wurde beispielsweise für die Berichterstattung über terroristische Aktivitäten (vgl. Holden 1986; Brosius/Weimann 1991; Picard 1986; Tan 1989) oder auch - wobei es sich hier nur um illegale, nicht aber violente Akte handelte - für die Rolle der Medien bei der Zunahme der Proteste durch die Bürgerbewegungen in der alten DDR gezeigt (Lindgens/Mahle 1992). Auch Brosius/Esser (1995, S. 198ff) kommen in ihrer Studie zu der Schlußfolgerung, daß die relativ konsonante und reflexartige Reaktion im gesamten Mediensystem auf die fremdenfeindlichen Anschlägen in

Rostock und Hoyerswerda zu einer Welle von Nachahmungstaten führte. Die Autoren sprechen ausdrücklich nicht von einer linearen oder unmittelbar durch die Medien geleisteten Verursachung fremdenfeindlicher Gewalt, sondern nur von kurzfristigen Ansteckungseffekten, die von den Medien ausgingen und bei bestimmten Jugendlichen auf fruchtbaren Boden fielen. Im Zusammenhang mit der ohnehin fremdenfeindlichen Motivlage der rechtsextremen Jugendlichen, ihres Rückhalts in der örtlichen Bevölkerung, der scheinbaren Ohnmacht der Sicherheitskräfte über Tage hinweg (insbesondere im Fall Rostock) und den handfesten Protesterfolgen in Form der Verlagerung der Asylantenunterkünfte, repräsentierte die Medienberichtungerstattung nur eine, wenngleich entscheidende Komponente in einem komplexen Wirkungsgefüge.

Bereits der in der Öffentlichkeit aufgebaute Problemdruck zu einem Thema kann in diesem Umfeld Gewaltaktionen begünstigen. Ohlemacher (1994) verdeutlichte, daß die Entwicklung der Bevölkerungsmeinung zum Asylmißbrauch den fremdenfeindlichen Anschlägen voranging. Eine kritische Einstellung zum Asylrecht in weiten Teilen der Bevölkerung stimulierte danach diese Aktionen und gab den Gewalttätern das Gefühl, ihre Aktivitäten würden durch die Öffentlichkeit gedeckt. Umgekehrt führte ein Rückgang der kritischen Haltung zu einem Nachlassen der Anschläge. Die Annahme liegt nahe, daß hier die Medien eine wichtige Rolle spielten. So dürfte die sich stark intensivierende Berichterstattung zur Asylproblematik einen Einfluß auf die Bedeutsamkeit dieser Frage in der Bevölkerung und bei den rechtsextremen Gruppen ausgeübt haben. Darüber hinaus waren die Medien ein Instrument, über das die Gruppen die für sie günstige Entwicklung des öffentlichen Meinungsklimas beobachten konnten. Ein Nachteil dieser Studie wie auch der zitierten Arbeit von Brosius/Esser (1995) liegt darin, daß die konkreten Vermittlungsprozesse zwischen der (ver)öffentlich(t)en Meinung und den rechtsradikalen Gruppen nicht geprüft, sondern implizit als gegeben unterstellt wurden. Dieser Mangel wiegt umso schwerer, als diese Aktionen eine extreme Ablehnung in den Medien erfuhren und keineswegs als Lösung des Asylantenproblems anerkannt wurden. Ob für das Auftreten von Ansteckungs- und Nachahmungseffekten vor allem die erzielte öffentlichte Aufmerksamkeit verantwortlich ist oder ob der Mediatisierung der Mediendarstellungen durch interpersonelle Kommunikation in den Aktivistengruppen, die speziellen Probleme vor Ort, das lokale Meinungsklima etc. nicht das weit größere Gewicht zukommt, darüber kann letztlich nur spekuliert werden. Dieses gilt auch deswegen, weil einige der weiter unten referierten Arbeiten andeuten, daß vor allem die mediale Darstellung der Opfer die Ausübung von (Gegen-)Gewalt durch die Sympathisanten legitimiert. Folgt man dieser Vorstellung, hätten in erster Linie die Asylanten zur Gewalt greifen müssen und nicht die rechtsextremen Jugendlichen, zumal diese stets als illegitim handelnde Täter präsentiert wurden.

Dieses Beispiel illustriert, daß die Frage, wie die Wirkungen der Medienberichterstattung auf die Einstellungen der Rezipienten zu veranschlagen sind, durchaus widersprüchliche Antworten erhält. Einerseits postulieren zahlreiche Untersuchungen, daß Gewaltaktionen zwar die Medienaufmerksamkeit steigern und die Probleme der protestierenden Gruppen ins öffentliche Bewußtsein heben können, Sympathiegewinne jedoch nicht erzielt würden. Dieses wurde mehrfach im Hinblick auf Rassenunruhen dokumentiert, wo trotz des erhöhten öffentlichen Interesses sowohl die Medien wie auch die weiße Öffentlichkeit sich mehrheitlich von den Bestrebungen der protestierenden Gruppen distanzierten und die soziale Polarisierung noch zunahm (vgl. Johnson/Sears/McConohay 1971; Paletz/Dunn 1969; Warren 1972; Willems/Wolf/Eckert 1993; Tumber 1982). Mehrere, z.T. experimentell angelegte Studien über die Wirkungen terroristischer Aktivitäten weisen ebenfalls in die Richtung, daß die Ziele und Motive dieser Gruppen durch ihre Publizierung keine Legitimation erfahren (Paletz/Fozzard/Ayanian 1982; Schlesinger/Murdock/Elliott 1983; Holz/Cardinal/Kerr 1987). Und auch für politische Proteste in der Bundesrepublik (Widerstand gegen Kernkraftwerke) wurde belegt, daß Gewalttätigkeiten die Medienberichterstattung zwar stimulierten, die Darstellung der protestierenden Gruppen sich im Gefolge der Aktionen jedoch zu ihren Ungunsten entwickelte (vgl. Buiren 1980; Karl 1981).

Ein einfacher Grund für das Ausbleiben von Sympathieeffekten trotz publizistischer Terraingewinne liegt darin, daß Gewaltanwendung als Mittel politischer Auseinandersetzungen tabuisiert ist. Etwa 95 % der bundesdeutschen Bevölkerung lehnt diese ab (Schwind u.a. 1989, S. 34). Hinzu kommt, daß die Medien in diesen Gewaltsituationen den Äußerungen der Behörden und offiziellen Stellen typischerweise besonders viel Platz einräumen, so daß deren kritische Sichtweise des Protests die Darstellungen dominiert (vgl. allg. Donohue/Tichenor/Olien 1984). Reagieren dagegen die Sicherheitskräfte mit unverhältnismäßiger Härte auf die protestierenden Gruppen, kann das Solidarisierungsprozesse der medialen Öffentlichkeit bewirken, wie dieses für Studentenproteste dokumentiert wurde (vgl. Schulz 1968; Lee/Chan 1990).

Diese Befunde sind jedoch nicht unumstritten. So finden sich auch Studien, in denen die Darstellung von Gewalt zu Sympathiegwinnen in verschiedenen Gruppen führt. Weimann (1983) konnte experimentell zeigen, daß studentische Versuchsgruppen, denen Presseartikel über Terroranschläge vorgelegt wurden (Bombenanschläge, Zug- und Flugzeugentführungen), den Konflikt als bedeutsamer, lösungsbedürftiger und die Akteure überraschenderweise positiver bewerteten als die Kontrollgruppe, welche diese Berichte nicht zur Kenntnis genommen hatte. In einem neueren Experiment von Kepplinger/Giesselmann (1993, S. 173ff) übten die Fernsehbilder von den Ausschreitungen zwischen Polizisten und Demonstranten eine massiv einstellungsverstärkende Wirkung auf die Probanden aus. Bei diesen handelte es sich um Sympathisanten der beiden Konfliktparteien (demonstrationserfahrene Studenten bzw. Polizisten). Die Anwendung von Gewalt wurde insbesondere dann als gerechtfertigt angesehen, wenn die Angehörigen des eigenen Lagers als Opfer der von der Gegenseite ausgeübten Gewalt gezeigt wurden. Spilerman (1970) unternahm eine umfassende Untersuchung von mehreren hundert Rassenunruhen in amerikanischen Städten, die während der sechziger Jahre stattfanden. Auch wenn er die Rolle der unmittelbaren Lebensumstände der Schwarzen für das Entstehen der Aufstände für wichtiger hält als den Einfluß der

Medien, geht er ebenfalls davon aus, daß das Betrachten der Fernsehbilder, die Schwarze als Opfer der Polizeigewalt zeigten, bei anderen schwarzen Fernsehzuschauern einen stimulierenden Effekt besaß. Auch Singer (1970, S. 273) ermittelte in einer Befragung von Teilnehmern eines Schwarzenaufstands, daß über ein Viertel dieser Personen beim Betrachten der Fernsehübertragungen von den Gegenangriffen der Schwarzen auf die Sicherheitskräfte eine Befriedigung verspürt hatte. Diese Befunde decken sich mit Experimenten, die zeigen, daß die Darstellung von Gewalt, die gerechtfertigt wird, häufiger aggressive Agressionen auslöst als ungerechtfertigte Gewalt (vgl. Kepplinger 1982), und sie sind in Übereinstimmung mit den erwähnten Erregungstheorien. Geht man mit Merten (1993, S. 43f) davon aus, daß in den nachrichtlichen und informierenden Fernsehbeiträgen nahezu ausschließlich die Opfer und nicht die Täter von Gewalt gezeigt werden, ist zu vermuten, daß das Fernsehen in erster Linie eine einstellungsverstärkende, d.h. eher "schwache" Wirkung besitzt.

5.3 Wirkungen auf die Protestakteure

Über die Medien kommunizieren kollektive Akteure nicht nur mit dem Publikum und den Kontrahenten, sondern auch mit sich selbst, den eigenen Anhängern und Unterstützern. Die öffentliche Einschätzung einer Protestbewegung und insbesondere der von ihr eingesetzten Mittel, bestimmen den Erfolg ihres Handelns, ihre Mobilisierungsfähigkeit und auch ihr Verständnis von sich selbst. Zahlreiche Verfasser betonen, daß die Medien nicht nur wichtig zur Erreichung der Öffentlichkeit und möglicher Bündnispartner sind, sondern auch zur Stabilisierung und Aktionsfähigkeit von Protest entscheidend beitragen (Kielbowicz/Scherer 1986; Molotoch 1979; Schmitt-Beck 1990; Zoonen 1992). Festgestellt wird beispielsweise, daß "...explaining why the press covers stories the way it does (...) has become essential in understanding the course of social movements" (Kielbowicz/Scherer 1986, S. 72). Die Frage, welche Wirkungen die Veröffentlichung von Protestgewalt in den Medien besitzt, muß daher auch im Zusammenhang mit den allgemeinen Funktionen diskutiert werden, welche die Präsenz in den Massenmedien für kollektive Akteure besitzt.

Darüber hinaus sind bei der Wahl von Aktionen und Strategien die Handlungsorientierungen der Akteure zu berücksichtigen. Die Forschung zu den neuen sozialen Bewegungen, welche seit den siebziger Jahren die Kristallisationspunkte für kollektive Proteste waren, unterscheidet zwei grundverschiedene Konzepte von kollektivem Protest (vgl. Cohen 1985; Raschke 1987). In der sog. "identitätstheoretischen" Perspektive sind Protestbewegungen Reflexe auf tiefgreifende soziale und kulturelle Umbrüche und in ihren Funktionen vornehmlich mitgliederbezogen und binnenorientiert. Der hohe Selbstdarstellungswert disruptiver und regelverletzender Aktionen wird vornehmlich zur Entwicklung und Sicherung kollektiver Identitäten eingesetzt. Protest ist kein Beitrag zur Erreichung politischer Ziele, sondern ist Ziel und Zweck in sich selbst (vgl. auch Lau 1985, Paris 1989). Aus der zweiten, sog. "strategieorientierten" Perspektive wird Protest dagegen als eine rationale, nach Nutzen-Kosten-Kalkülen operierende Aktivität verstanden, mit der ressourcenschwache Gruppen außerhalb der herkömmlichen Vermittlungskanäle politische Partizipationsansprüche gezielt geltend machen (vgl. im Überblick Weede/Muller 1990; Oberschall 1973). Die Begründung von Gewalt erwächst hier aus der Überzeugung, daß nur im Rückgriff auf sie die eigenen Ziele und Probleme sichtbar zu machen sind. Gewalt ist in diesem Sinne die Lösung eines Kommunikationsproblems. Die Frage, welche Rolle kollektive Gewalt bei den Bestrebungen der Akteure spielt, erfährt damit - trotz der in der Praxis vorfindlichen Überschneidung der Motivlagen - unterschiedliche Antworten. Sie ist einmal ein strategisches Instrument zur Erreichung der Kommunikationsziele politischer Akteure oder aber Bestandteil der Selbstdarstellungsinteressen expressiver Gruppen. Dabei erscheint der Hinweis wichtig, daß das oben erwähnte Konzept des publizistischen Konflikts, d.h. die kalkulierte und medienwirksam eingesetzte Aktion, in erster Linie bei politischen Auseinandersetzungen greift, bei dem letzteren Handlungstypus dagegen keine Anwendung findet.

Im einfachsten Fall kann die Kommunikationsfunktion der Massenmedien bedeuten, daß sie Aktivisten und Sympathisanten sehr schnell darüber unterrichten, ob und wo Aktionen stattfinden, wo die Sicherheitskräfte präsent sind und was dort genau passiert. Zusätzliche Teilnehmer können auf diese Weise dazustoßen und den Konflikt vergrößern. Die Bedeutsamkeit solcher Informationen für die Kommunikation und Verständigung von Protestgruppen, insbesondere die rasche Berichterstattung der Funkmedien, wurde etwa im Zusammenhang mit Rassenunruhen (Singer 1979) oder für die Aktionen der Bürgerrechtsbewegungen in der DDR im Herbst ´89 dokumentiert (vgl. Lindgens/Mahle 1992).

Indem die Medien gewaltsames Protesthandeln durch eine verstärkte Berichterstattung belohnen, bieten sie einen Anreiz, disruptive Aktionen gezielt einzusetzen. In zahlreichen Protestgruppen setzte sich die Auffassung durch, daß die Medienarbeit bis zu einem gewissen Grad wichtiger sein kann als die Aktion selbst. Vor diesem Hintergrund wird von erfahrenen Gruppen nicht nur ein gezieltes, an den Erfordernissen des Medienbetriebes orientiertes Ereignismanagement praktiziert, sondern es werden Ereignisse auch bewußt für die Medien inszeniert. Medien und Protestgruppen wirken hier gegenseitig aufeinander ein. In mehreren Studien (vgl. etwa Mazur 1984; Leahy/Mazur 1980) finden sich Belege für ein enges, sich gegenseitig stimulierendes Wechselverhältnis zwischen den Aktivitäten der verschiedensten Protestgruppen und der Entwicklung der Medienberichterstattung. Boorstin (1964) spricht in diesem Zusammenhang auch von der Herbeiführung von "Pseudo-Ereignissen", d.h. symbolischer Aktionen, die hauptsächlich zur Erregung der Medienaufmerksamkeit unternommen werden und ohne die Medien nicht stattfänden. Die eigentliche Wirkung der Aktion entsteht hier nicht aus sich selbst heraus, sondern erst in ihrer Verbreitung, der Eigenwert tritt hinter den Öffentlichkeitseffekt zurück: Während die klassische Aktion die Abfolge Handlung - Wirkung - Medien kennt, wird daraus dann die Sequenz Handlung - Medien - Wirkung (vgl. Schenk 1987; Shoemaker/Chang/Brendlinger 1987; Kielbowicz/Scherer 1986; Stankowski 1984; Greenberg 1985). Nicht selten wurden konventionelle und rein legale Widerstandsmaßnahmen von den Medien ignoriert, bis man schließlich dazu überging, durch die bewußte Inszenierung von Gewalt (Durchführung von Blockaden, Sperrung von Zufahrtswegen, militanter Widerstand gegen die Sicherheitsorgane, Legen von Bränden etc.) die Medienaufmerksamkeit gezielt auf sich zu ziehen. Die Erfolge stellten sich prompt ein. Plötzlich befanden sich die Gruppen in den Schlagzeilen und konnten von den Verantwortlichen nicht länger ignoriert werden (vgl. Wolfsfeld 1984; Greenberg 1985; Gitlin 1980). Von Weimann (1987, S. 32) wird geschildert, wie zahlreiche, zunächst friedliche Protestbewegungen davon beeindruckt waren, welches Ausmaß an Medienaufmerksamkeit radikale Gruppen durch den Einsatz von Gewalt auf sich zogen. In der Folge gingen auch sie vielfach dazu über, ähnliche Mittel einzusetzen. Auch diese Dimension der Medienwirkungen läßt sich plausibel in die diskutierten lerntheoretischen Modelle einordnen.

Aus dem gemeinsamen Interesse an Nachrichten werden vielfach Zweckbündnisse zwischen Protestakteuren und Medien eingegangen, wo der Wunsch des Journalisten, interessante Nachrichten zu liefern, mit dem Publizitätsinteresse des Protests einhergeht (vgl. Lipsky 1968). Wolfsfeld (1984, S. 551) spricht von einer "kompetitiven Symbiose", in der die Medien wie auch die Protestakteure voneinander abhängig werden. Dabei können erfolgreiche Protestbewegungen sukzessive an Verhandlungsmacht gewinnen, indem ihre wachsende Prominenz es ihnen ermöglicht, Einfluß auf die Berichterstattung zu nehmen. In extremer Form zeigt sich diese Interessenverflechtung dort, wo Medienvertreter durch das Bieten von Anreizen (Geld, Interviews, Fotos) zu Aktionen erst motivieren (vgl. Schreiber 1993). Ein hochgradig differenziertes und kompetitives Mediensystem, in dem zahlreiche Zeitungen und Fernsehanstalten um Nachrichten konkurrieren, ist hier besonders anfällig.

Zugleich ist die Medienaufmerksamkeit flüchtig und unterliegt Gewöhnungseffekten. Die anfänglich neuen Aktionen verlieren bei ihrer dauernden Wiederholung ihre Anziehungskraft und den Verlust des Medieninteresses. Wenn dann überhaupt noch über das Ereignis berichtet wird, wird es in seiner Bedeutung heruntergestuft. Um dem raschen Themenverschleiß entgegenzuwirken, stehen Protestakteure unter dem Druck, ständig neue und spektakulärere Aktionen entwickeln zu müssen. Hier entsteht für die Akteure ein Dilemma: Um der öffentlichen Gewöhnung an spektakuläre Aktionen entgegenzuwirken, ist die sukzessive Steigerung der Aktionsmittel funktional. Dieses kann bedeuten, die Teilnehmerschaften der Protestaktionen zu vergrößern, was jedoch mit erheblichen Mobilisierungsanstrengungen verbunden ist und sich nicht beliebig fortführen läßt. Eine Steigerung der Militanz ist dagegen ein vergleichsweise einfach einzusetzendes Instrument und daher gerade für ressourcenschwache Gruppen besonders attraktiv. Allerdings geraten die Akteure zunehmend in die Lage, zwischen dem Erhalt der Medienaufmerksamkeit und dem Verlust an öffentlicher Legitimität, Dialogfähigkeit sowie verstärkten Repressionen der kaum mehr zu überraschenden Sicherheitskräfte wählen zu müssen (vgl. Koopmanns 1994). Zentrale Protestressourcen werden damit entzogen (vgl. Lowe/Morrison 1984). Solange der Protest dagegen

Gewaltverzicht übt, genießt er durch die Anwesenheit der Medien einen Schutz, der die Anwendung staatlicher Repressionen erschwert (vgl. Gamson 1990, S. 156ff).

Die Leistungen der Medien für die Protestakteure liegen aber nicht allein in der Vermittlung ihrer Bestrebungen an die Öffentlichkeit. Von mindestens ebenso großer Bedeutung sind die psychischen Effekte der Berichterstattung für die Gruppe selbst. Die Mediendefinition des Protests als friedlich oder gewaltsam beeinflußt das Selbstverständnis der Gruppe, d.h. die Art und Weise, wie Anhänger rekrutiert, zu Aktionen mobilisiert und welche Strategien gewählt werden (Turner/ Kilian 1957; Zoonen 1992; Molotoch 1979). Hinzu kommt die häufige Verwendung von plakativen Etiketten durch die Journalisten ("Radikale", "Chaoten" etc.), was zu identifikatorischen Prozessen führt und die Ausbildung eines Gruppengefühls unter den Anhängern stützt. Nachdem solche Etiketten einmal etabliert sind, bilden sie für die Protestbewegung wie auch für ihre Kontrahenten einen Fixpunkt für die Zuweisung von Identitäten. Vor allem dann, wenn es sich bei dem Widerstand ursprünglich um ein amorphes Potential handelt, wird seine Existenz dadurch als einheitlicher Akteur praktisch "ratifiziert" (Schmitt-Beck 1990).

Jenseits der instrumentellen Funktion der Medien für die Zielerreichung des Protests besitzt ihre Aufmerksamkeit damit einen Selbstwert und wirkt als psychische Gratifikation, insbesondere in den expressiven, auf Selbstdarstellung orientierten Proteststrängen. Sie suggeriert den Aktivisten, "...what they do matters in the world" (Molotoch 1979). Medienpräsenz ist gleichbedeutend mit der Anerkennung ihrer Aktivitäten. Im Licht der Öffentlichkeit zu stehen, erzeugt ein Gefühl der Bestätigung und des Selbstbewußtseins, verleiht den Aktionen und den sie tragenden Akteuren Bedeutung und Status und gerät damit zum Beweis der eigenen Wichtigkeit (vgl. Weimann 1983; ders. 1987). Eine Bekräftigung des Gewalthandelns tritt besonders dann ein, wenn in anderen gesellschaftlichen Bereichen Erfolgserlebnisse fehlen (Schwind u.a. 1990, S. 363). In den Gruppen, in denen die Erregung von öffentlicher Aufmerksamkeit der Hauptzweck der Aktitäten ist, wird demzufolge der Erfolg von Gewaltaktionen generell positiver beurteilt, unabhängig von den Bewertungen, die sie durch die Journalisten erfahren, und den Sanktionen, die auf die Gewalthandlungen folgen (Johnson/Sears/McConahay 1971, S. 699). Die Medienpräsenz wirkt sich zudem günstig auf die Mobilisierungsfähigkeit der Protestbewegung aus und läßt sich zu weiteren Aktivitäten nutzen, wie am Beispiel des SDS ausgeführt wurde:

> "The effect of coverage was to enliven the movement and increase morale. Even when coverage was unsympathetic (as it usually was), the result was animation and increased energy. Coverage per se tended to be an organizationally constructive force, and the denunciation of the media that often followed coverage of a specific event was another way of discussing and getting motivated for 'what must be done'. Generally speaking, no news was bad news" (Molotoch 1979, S. 72).

Wenn sich die Mediendefinition einer Gruppe als gewaltsam, radikal o.ä. in entsprechend harte Vorgehensweisen bei der Polizei umsetzt, die auf Seiten des

Widerstands wiederum als unangemessen und provozierend empfunden werden, sind die Eskalation der Auseinandersetzung und die Zementierung der Stereotypen vorprogrammiert (vgl. allg. Heitmeyer 1989). Ein anschauliches Beispiel dazu wird von Molotoch (1979, S. 82) geschildert. Danach wurde die amerikanische Black-Panther Bewegung wegen ihres Tragens von Waffen durch die (weißen) Medien als militante Gruppe etikettiert. Da das Merkmal des Waffentragens der Bürgerrechtsbewegung eine dauernde Publizität verschaffte, wurde diese Mediendefinition von der Gruppe nicht zurückgewiesen. Dieses bewirkte, daß die Gruppe erheblichen Repressionen von den Behörden und den Sicherheitskräften ausgesetzt war, was wiederum violente Gegenreaktionen provozierte und so das Medienimage im Nachhinein zu bestätigen schien.[5]

Die Tendenz der Medien, dann bevorzugt über Aktionen zu berichten, wenn diese spektakuläre und insbesondere violente Aspekte beinhalten, besitzt zudem Rückwirkungen auf die Teilnehmerschaft und ihre Bereitschaft zu aggressiven Verhaltensweisen. Die Darstellung von Demonstrationen als gewaltsame Auseinandersetzungen verleiht diesen Ereignissen ein radikales Image und fördert zukünftig die Selbstselektion gewaltbereiter Demonstranten. Umgekehrt werden diejenigen, welche friedliche Absichten hegen und eine überwiegend issue-bezogene Motivation besitzen, diesen Anlässen eher fernbleiben. Die Trägerschaft solcher Aktionen kann sich durch diese Auslese homogenisieren und radikalisieren (Kepplinger 1981, S. 481ff; Schwind u.a. 1990, S. 97).

Neben den Effekten der Berichterstattung wirken die Medien durch ihre bloße Präsenz vor Ort auf das Geschehen zurück. In der klassischen Studie von Lang/Lang (1953) zur Übertragung des McArthur-Day im amerikanischen Fernsehen wurde gezeigt, wie die massive Anwesenheit des Fernsehens (Kameras, Mikrofone etc.) das Verhalten der Teilnehmer eines öffentlichen Aufzugs künstlich so stimulierte, daß am Ende ein Bild von dem Ereignis vermittelt wurde, das in erheblicher Weise erst durch die Medienpräsenz entstand. Ähnliches wurde in jüngster Zeit für die Aktivitäten der ostdeutschen Bürgerbewegungen dokumentiert. Die gesellschaftsweite Vermittlung und Ausbreitung der Aktionen waren gekoppelt an die Anwesenheit von Journalisten und Kameras. Über die Montagsdemonstrationen wurde im westlichen Fernsehen breit berichtet, so daß sich von Woche zu Woche mehr Menschen einfanden. In einem sich gegenseitig hochschaukelnden Prozeß wurde dann die Medienaufmerksamkeit verstärkt, was wiederum die Proteste weiter anheizte (vgl. Lindgens/Mahle 1992, S. 98f). Ob die Anwesenheit der Medien auch die Anwendung von Gewalt begünstigt, hängt davon ab, wie die Akteure den Vorteil des gesteigerten Medieninteresses gegenüber dem Nachteil, daß sie vor aller Welt als gewaltsam dargestellt werden, gegen-

5 Eine vergleichbare (Fehl-)Einschätzung der Medien wird aus den Reihen der sog. "Autonomen" festgestellt. Deren "Vermummung" bei Demonstrationen entspräche in erster Linie dem schlichten Bedürfnis nach dem Schutz vor staatlicher Überwachung, sei aber - insbesondere in Gestalt der einheitlichen schwarzen Kleidung - ein besonderer Fokus der Medienaufmerksamkeit und bewirke die öffentlich weit überschätzte Militanz dieser Gruppen (vgl. Geronimo 1990, S. 171).

einander abwiegen. Dieses ist kaum allgemeingültig zu beurteilen. Plausibel erscheint in jedem Fall, daß bereits das Wissen der Kontrahenten, daß sie durch die Medien vor einem großen Publikum streiten, ihr Handeln unter erheblichen Erfolgsdruck stellt und die Intensität der Auseinandersetzung verschärft (Clutterbuck 1983, S. 14 u. 49).

6 Resümee und Perspektiven

Als allgemeinstes Ergebnis läßt sich festhalten, daß die Darstellung von kollektiver Gewalt durch die Massenmedien mit dem Auftreten und der Verstärkung dieser Gewalt auf vielfältige Weise in Beziehung steht. Die Medien können durch die Struktur ihrer Aufmerksamkeitsregeln und Darstellungsformen das Ausüben von politischem Gewalthandeln prämieren. Fokussierungseffekte innerhalb der Berichterstattung, reziproke Wirkungen der Medienpräsenz auf die anwesenden Akteure, das Evozieren von Pseudo-Ereignissen, radikalisierende Wirkungen der Berichterstattung auf die Sympathisanten und Agenda-Setting-Effekte in der Öffentlichkeit deuten wichtige Wirkungsaspekte und -richtungen in dem Dreieck Akteure, Publikum und Medien an. Von größerer Bedeutung dürfte sein, daß Gewaltakte den normalerweise am Rande der öffentlichen Interesses stehenden Gruppen die Möglichkeit bieten, mit ihren Aktivitäten ein großes Publikum zu erreichen. Aus einer lerntheoretischen Perspektive lassen sich damit Erklärungen für die Entstehung oder Intensivierung von Gewalthandlungen durch publizitätssuchende und zugleich ressourcenarme "politische Kleinanbieter" finden. Wenn man die Aufmerksamkeit der Öffentlichkeit anstrebt, dann "lohnt" sich Gewalt. Andererseits bedeutet dieses nicht gleichzeitig auch die Beeinflussung der Öffentlichkeit zugunsten der eigenen Positionen. Die unvermeidbar härter werdenden staatlichen Gegenreaktionen arbeiten dem Protesterfolg ebenso entgegen wie der Verlust an Legitimität sowie öffentlicher Bündnis- und Dialogfähigkeit (vgl. Willems/Wolf/Eckart 1993, S. 253). Und schließlich gilt, daß die Wahl der Aktionsmittel nicht nur strategisch im Hinblick auf ihre Öffentlichkeitswirksamkeit erfolgt. Die Reaktionen der Kontrollinstanzen, die Suche nach expressiven Selbstdarstellungsmöglichkeiten und die Eigendynamik von Konfliktsituationen lassen Überlegungen zu den Wirkungen dieser Aktionen auf Dritte oftmals in den Hintergrund treten. Auch wenn eine genaue Abschätzung dieser Effekte und ihres komplexen Zusammenspiels gegenwärtig nicht möglich ist, erscheint es als sicher, daß die Medien allein nicht in der Lage sind, Gewalthandeln von sich aus zu erzeugen. Sie besitzen eher eine Verstärkungs- oder Ansteckungsfunktion und insofern ein "Wirkungsrisiko" (Groebel 1993, S. 24), wirken aber kaum linear und originär. Gelten diese Einschränkungen bereits für die Medieneffekte auf den einzelnen Rezipienten (vgl. Groebel 1987, S. 57), so erst recht im Hinblick auf die Gewaltausübung im Kontext kollektiver politischer Auseinandersetzungen, wo es sich um ein komplexes Kräftefeld mit zahlreichen Einflußfaktoren handelt.

Die Differenzierung der Effekte nach verschiedenen Publikumssegmenten zeigte, daß Gewaltdarstellungen jeweils sehr unterschiedliche, d.h. verstärkende, abschreckende oder auch gar keine Wirkungen haben können. So kann bei den Trägern der Aktionen die qua Gewalt erzielte Medienpräsenz eine berauschende Wirkung ausüben, durch die Zuweisung eines öffentlichen Status das Selbstgefühl der Gruppe stärken, Sympathisanten mobilisieren und zu neuen Aktionen motivieren. Bezogen auf die allgemeine Öffentlichkeit sind spektakuläre Gewaltakte in erster Linie in der Lage, ein Thema kurzfristig auf die politische Tagesordnung zu setzen und auf die Lagen von Minderheiten hinzuweisen, die sonst am Rande des öffentlichen Interesses stehen. Sympathiegewinne werden dagegen kaum erzielt, eine hinreichende Information des Publikums findet im Kontext von Gewaltakten nicht statt. Durch die soziale Ächtung und juristische Sanktionierung von Gewalt werden die Akteure und ihre Bestrebungen vielmehr diskreditiert, was nachteilige Auswirkungen auf ihre öffentliche Reputation besitzt. Jenseits der Frage, inwieweit diese Zusammenhänge für die Betroffenen selbst transparent sind, entscheidet sich die Funktionalität der medial verbreiteten Gewalt nach den Zielen und Orientierungen der Handlungsträger. Für die expressiven, binnenorientierten und auf aggressive Selbstentäußerung gerichteten Gruppen mag die Medienreaktion auf Gewalt belohnend wirken. Als Mittel für instrumentell orientierte Gruppen mit der Absicht zur Durchsetzung politische Ziele ist sie es im allgemeinen nicht. Die Wirkungen und der Aufforderungscharakter der Berichterstattung über Gewalt aktualisieren sich daher gruppenspezifisch unterschiedlich. Dabei geht es nicht nur um die Differenzierung zwischen Akteuren und Publikum oder devianten "Problemgruppen", die durch ihre deprivierenden sozialen oder psychischen Lagen einen guten Nährboden für Ansteckungsimpulse bieten. Vielfach handelt es sich bei modernen Protestgruppen, insbesondere bei jenen aus dem Spektrum der neuen sozialen Bewegungen, um politisch motivierte und um den effizienten Einsatz der Mittel wissende Akteure, deren Verhältnis zur Öffentlichkeit und den Medien sich anders bestimmt als die Aufbrüche anomischer Gruppen.

Die meisten der hier zusammengetragenen Studien liefern gegenwärtig nur global überprüfte und mehr oder weniger plausible Annahmen zum Verhältnis zwischen Protestgewalt und Massenmedien. Echte Kausalnachweise werden kaum geführt, die vorhandenen Experimente beziehen sich auf sehr spezifische Wirkungsbeziehungen, die dem komplexen Wechselverhältnis zwischen Medien und kollektiver, politischer Gewalt nicht einmal annähernd gerecht werden. Insgesamt scheint hier die theoriegeleitete, methodisch kontrollierte Forschung noch am Anfang. Dieses liegt nicht nur daran, daß dieses Feld im Vergleich zu der auf Fiction und Kriminalität ausgerichteten Gewaltforschung weniger Aktivitäten auf sich zog. Verantwortlich dafür sind auch die in der Kommunikationswissenschaft auf das einzelne Individuum zentrierte Wirkungsperspektive und die vorwiegend psychologisch orientierten Modelle. Auch für die neuesten Arbeiten in diesem Feld gilt, daß sie den sozialen und politischen Kontext von Protestgewalt nur in allgemeinen Wendungen berücksichtigen. Von diesem Vorwurf bleiben allerdings auch die Soziologie und Politikwissenschaft nicht verschont. In vielen einschlägigen

Schriften zu den Ursachen des Rechtsextremismus sucht man vergeblich nach der Einbeziehung von Medieneinflüssen. Diese, von Kunczik (1994, S. 221) zu Recht kritisierten Gegensätze, scheinen sich aber in jüngster Zeit abzuschwächen. Insbesondere in der Forschung zu den neuen sozialen Bewegungen vermehren sich die Anstrengungen, die Rolle der Medien systematisch zu berücksichtigen (vgl. Neidhardt/Rucht 1991; Gerhards 1993; Kliment 1994; Kielbowicz/Scherer 1986; Schmitt-Beck 1990; Zoonen 1994; Neidhardt 1994). Angesichts der deutlich werdenden Begrenztheit der jeweiligen Ansätze und dem disziplinübergreifenden Problem des Wechselverhältnisses zwischen Medien und Protestgewalt ließen sich durch eine verstärkte Integration der Forschungen neue Impulse gewinnen.[6]

Literatur

Altheide, D.L./Gilmore, R.P. (1972): The Credibility of Protest. In: American Sociological Review, 37, S. 99-108.

Atkin, C. (1983): Effects of Realistic TV Violence vs. Fictional Violence on Aggression. In: Journalism Quaterly, 60, S. 615-664, 78.

Baker, R.K./Ball, S. (1969): Mass Media and Violence. Vol. 9. Washington.

Bandura, U. (1973): Aggression. A Social Learning Analysis. Englewood Cliffs (N.J.).

Bandura, U. (1989): Die sozial-kognitive Theorie der Massenkommunikation. In: Groebel, J./Winterhoff-Spurk, P. (Hg.): Empirische Medienpsychologie. München, S. 7-32.

Boorstin, D.J. (1964): Das Image oder Was wurde aus dem amerikanischen Traum? Reinbek.

Brosius, H.-B./Eps, P. (1993): Verändern Schlüsselereignisse journalistische Selektionskriterien? Framing am Beispiel der Berichterstattung über Anschläge gegen Ausländer und Asylanten. In: Rundfunk und Fernsehen 41, 4, S. 512-530.

Brosius, H.-B./Esser, F. (1995): Eskalation durch Berichterstattung? Massenmedien und fremdenfeindliche Gewalt. Opladen.

Buiren, S.v. (1980): Die Kernenergie-Kontroverse im Spiegel der Tageszeitungen. Inhaltsanalytische Auswertung eines exemplarischen Teils der Informationsmedien. Empirische Untersuchung im Auftrag des Bundesministers des Innern. München, Wien.

Chin-Chuan, L./Joseph, M.C. (1990): The Hong Kong Press Coverage of the Tiananmen Protests. In: Gazette, S. 175-195.

Clutterbuck, R. (1986): The Media and Political Violence. 2. Ed. London.

6 Zu denken wäre etwa daran, Medienanalysen durch soziologische Framing-Konzepte theoretisch anzuleiten, wodurch die Mobilisierungswirksamkeit der Darstellungsmuster von politischer Gewalt geprüft werden könnte, oder das systematische Prüfen von Medienwirkungen im Kontext der unterschiedlichen Ausprägungen (expressiv vs. instrumentell) von Bewegungsprotest.

Cohen, J.L. (1985): Strategy or Identity: New Theoretical Paradigms and Contemporary Social Movements. In: Social Research 52, S. 663-716.

Dahlem, S. (1989): Politische Gewalt in den Massenmedien. In: Heitmeyer, W./Möller, K./Sünker, H. (Hg.): Jugend-Staat-Gewalt. Politische Sozialisation von Jugendlichen, Jugendpolitik und politische Bildung. Weinheim, München. S. 245-262.

Danzger, H.M. (1975): Validating Conflict Data. In: American Sociological Review 40, S. 570-584.

Das, M. (1981): Social Movements, Social Change, and Mass Communication. In: International Modern Sociology 11, S. 1-2.

Donohue, G.A./Tichenor, P.J./Olien, C.N. (1984): Media Evaluations and Group Power. In: Arno, A./Dissanayake, A.A. (Eds.): The News Media in National and International Conflict. Boulder, London. S. 203-215.

Feshbach, S. (1972): Reality and Fantasy in Filmed Violence. In: Murray, J.P./Rubinstein, E.A./Comstock, G.A. (Eds.): Television and Social Behaviour. Vol. II. Washington, Rockville. S. 318-345.

Fuchs, D./Gerhards, J./Neidhardt, F. (1991): Öffentliche Kommunikationsbereitschaft. Ein Test zentraler Bestandteile der Schweigespirale. Discussion Paper FS III 91-105. Wissenschaftszentrum Berlin.

Galtung, J./Ruge, M.H. (1965): The Structure of Foreign News. The Presentation of the Congo, Cuba and Cyprus Crisis in Four Norwegian Newspapers. In: Journal of Peace Research 2, S. 64-91.

Gamsom, W.A. (1988): Political Discourse and Collective Action. In: Klandermans, B./Kriesi, H./Tarrow, S. (Eds.): International Social Movement Research. From Structure to Action. Comparing Social Movement Research Across Cultures. Vol. I. Greenwitch (Conn.), London. S. 219-244.

Gamsom, W.A./Modigliani, A. (1986): Media Discourse and Public Opinion on Nuclear Power: A Constructionist Approach. In: American Sociological Review 95, S. 1-37.

Gans, H.J. (1979): Deciding What's News. A Study of CBS Evening News, NBC Nightly News, Newsweek and Time. New York.

Gerbner, G. et al. (1986): Living with Television. The Dynamics of the Cultivation Process. In: Bryant, J./ Zillmann, D. (Eds.): Perspectives on Media Effects. Hillsdale (N.J.). S. 17-40.

Gerbner, G./Gross, L. (1976): Living with Television. The Violence Profile. In: Journal of Communication 26, 2, S. 173-199.

Gerhards, J. (1993): Neue Konfliktlinien in der Mobilisierung öffentlicher Meinung. Eine Fallstudie. Opladen.

Geronimo (1990): Feuer und Flamme. Zur Geschichte und Gegenwart der Autonomen. Berlin.

Gitlin, T. (1980): The Whole World is Watching: Mass Media in the Making and Unmaking of the New Left. Berkeley.

Goldenberg, E.W. (1975): Making the Papers: The Access of Ressource-Poor Groups to the Metropolitan Press. Lexington.

Graber, D.A. (1979): Evaluating Crime-Fighting Policies: Media Images and Public Perspective. In: Baker, R.A./Meyer, F.A. (Eds.): Evaluating Alternative Law-Enforcement Policies. Lexington.

Greenberg, D.W. (1985): Staging Media Events to Achieve Legitimacy: A Case Study of Britains's Friends of the Earth. In: Political Communication and Persuasion 2, 4, S. 347-362.

Groebel, J. (1987): Medien und Gewalt. In: Deutsche Forschungsgemeinschaft: Medienwirkungsforschung in der Bundesrepublik Deutschland. Bd. I+II. Hg. von W. Schulz. Weinheim.

Groebel, J./Gleich, U. (1993): Gewaltprofil des deutschen Fernsehprogramms. Eine Analyse des Angebots privater und öffentlich-rechtlicher Sender. Opladen.

Halloran, J.D./Elliot, P./Murdock, G. (1970): Demonstrations and Communications: A Case Study. Harmondsworth.

Hartmann, P./Husband, C. (1981): The Mass Media and Racial Conflict. In: Cohen, S./Young, J. (Eds.): The Manufacture of News. Social Problems, Deviance and the Mass Media. 4th rev. Ed. London, Beverly Hills. S. 288-302.

Heitmeyer, W. (1989): Jugend, Staat und Gewalt in der politischen Risikogesellschaft. In: Heitmeyer, W./Möller, K./Sünker, H. (Hg.): Jugend - Staat - Gewalt. Politische Sozialisation von Jugendlichen, Jugendpolitik und politische Bildung. Weinheim, München. S. 11-79.

Hilgartner, S./Bosk, C.L. (1988): The Rise and Fall of Social Problems. A Public Arenas Modell. In: American Journal of Sociology 94, 1, S. 53-78.

Holz, J./Cardinal,E./Kerr, D. (1987): "The Achille Lauro: A Study in Terror." Paper Presented at the 42nd Annual Conference of the American Association of Public Opinion Research, May 1987.

Horstmann, R. (1991): Medieneinflüsse auf politisches Wissen. Zur Tragfähigkeit der Wissensklufthypothese. Wiesbaden.

Iyengar, S. (1991): Is Anyone Responsible? How Television Frames Political Issues. Chicago, London.

Jackson, R.J./Michael, J.K./Mitchell, T.H. (1977): Collective Conflict, Violence and the Media. In: Report of the Royal Commission on Violence in the Communication Industry. Vol. 5. Learning from the Media. Toronto. S. 227-314.

Jeffries, V./Turner, R./Morris, R.T. (1971): The Public Perception of the Watts Riot as Social Protest. In: American Sociological Review 36, S. 443-451.

Johnson, P.B./Sears, D.O./McConahay, J.B. (1971): Black Invisibility, the Press, and the Los Angeles Riot. In: American Journal of Sociology 76, 4, S. 698-721.

Kahneman, D./Tversky, A. (1984): Choices, Values, and Frames. In: American Psychologist 39, S. 341-350.

Karl, F. (1981): Die Bürgerinitiativen. Soziale und politische Aspekte einer neuen sozialen Bewegung. Frankfurt a.M.

Katz, E. (1980): Media Events: The Sense of Occasion. In: Studies of Visual Anthropology 6, S. 84-89.

Katz, E./Dayan, D. (1985): Media Events: On the Experience of Not Being There. In: Religion 15, S. 3405-314.

Kepplinger, H.M. (1989): Künstliche Horizonte. Folgen, Darstellung und Akzeptanz von Technik in der Bundesrepublik. Frankfurt, New York.

Kepplinger, H.M. (1989a): Instrumentelle Aktualisierung. Grundlagen einer Theorie publizistischer Konflikte. In: Kaase, M./Schulz, W. (Hg.): Massenkommunikation. Theorien, Methoden, Befunde. Opladen.

Kepplinger, H.M. (1982): Die Grenzen des Wirkungsbegriffs. In: Publizistik 27, S. 98-113.

Kepplinger, H.M. (1981): Gesellschaftliche Bedingungen kollektiver Gewalt. In: Kölner Zeitschrift für Soziologie und Sozialpsychologie 35, S. 469-503.

Kepplinger, H.M. (1979): Der Einfluß der Konfliktstruktur auf die Darstellung und Wahrnehmung politischer Gewalt. Zwei empirische Untersuchungen. In: Publizistik 24, S. 317-336.

Kepplinger, H.M./Giesselmann, T. (1993): Die Wirkung von Gewaltdarstellungen in der aktuellen Fernsehberichterstattung. Eine konflikttheoretische Analyse. In: Medienpsychologie 3, S. 160-189.

Kielbowicz, R.B./Scherer, C. (1986): The Role of the Press in the Dynamics of a Social Movement. In: Research in Social Movement, Conflict and Change 9, Greenwitch (Conn.). S. 71-96.

Kliment, T. (1994): Kernkraftprotest und Medienreaktionen. Deutungsmuster einer Protestbewegung und öffentliche Rezeption. Wiesbaden.

Krebs, D. (1994): Gewalt und Pornographie im Fernsehen - Verführung oder Therapie? In: Merten; K./Schmidt, S.J./ Weischenberg, S. (Hg.): Die Wirklichkeit der Medien. Eine Einführung in die Kommunikationswissenschaft. Opladen.

Krüger, U.M. (1994): Gewalt in Informationssendungen und Reality TV. Quantitative und qualitative Unterschiede im öffentlich-rechtlichen und privatem Fernsehen. In: Media Perspektiven 2/94, S. 72-85.

Kunczik, M. (1994): Gewalt im Fernsehen. Stand der Wirkungsforschung und neue Befunde. In: Media Perspektiven 3/93, S. 98-107.

Kunczik, M. (1994a): Gewalt und Medien. 2. akt. u. überarb. Aufl. Köln, Weimar, Wien.

Lang, G.E./Lang, K. (1972): Some Pertinent Questions on Collective Violence and News Media. In: Journal of Social Issues 28, 1, S. 93-110.

Lang, K./Lang, G.E. (1953): The Unique Perspective of Television and its Effect: A Pilot Study. In: American Sociological Review 18, S. 2-12.

Lau, C. (1985): Zum Doppelcharakter der neuen sozialen Bewegungen. In: Merkur 39, 12, S. 1115-1120.

Leahy, P.L./Mazur, A. (1980): The Rise and Fall of Public Opposition in Specific Social Movements. In: Social Studies of Science 10, S. 259-284.

Lindgens, M./Mahle, S. (1992): Vom Medienboom zur Medienbarriere. Massenmedien und Bürgerbewegungen im gesellschaftlichen Umbruch der DDR und im vereinten Deutschland. In: Bohn, R./Hickethier, K./Müller, E. (Hg.): Mauer-

Show. Das Ende der DDR, die deutsche Einheit und die Medien. Berlin. S. 95-112.

Lipsky, M. (1968): Protest as a Political Ressource. In: American Political Science Review 62, S. 1144-1158.

Lowe, P./Morrison, D. (1984): Bad News or Good News: Environmental Politics and the Mass Media. In: RKP, S. 75-90.

Man Chan, J./Lee, C.-C. (1984): Journalistic Paradigms of Civil Protests: A Case Study in Hong Kong. In: Arno, A./Dissanayake, W. (Eds.): The News Media in National and International Conflict. Boulder (Col.), London. S. 183-202.

Mazur, A. (1984): Media Influences on Public Attitudes Towards Nuclear Power. In: Freudenburg, W.R./Rosa, E.A. (Eds.): Public Reactions to Nuclear Power. Are there Critical Masses? Boulder (Col.). S. 97-114.

Mazur, A. (1982): Bomb Threats and the Mass Media: Evidence for a Theory of Suggestion. In: American Sociological Review 47, S. 407-411.

Merten, K. (1993): Darstellung von Gewalt im Fernsehen. Programmanalyse: 20.3.-3.4.1993. Verv. Manuskript, Bd. 1. COMDAT Medienforschung. Münster.

Molotoch, H. (1979): Media and Movements. In: Zald, M.N./McCarthy, J.D. (Eds.): The Dynamics of Social Movements. Ressource Mobilisation, Social Control and Tactics. Cambridge. S. 71-93.

Molotoch, H./Lester, M. (1974): News as Purposive Behaviour: On the Strategic Use of Routine Events, Accidents and Scandals. In: American Sociological Review 39, S. 101-112.

Murdock, G. (1981): Political Deviance. The Press Presentation of a Militant Mass Demonstration. In: Cohen, S./Young, J. (Eds.): The Manufacture of News. Social Problems, Deviance and the Mass Media. 4th rev. Ed. London, Beverly Hills. S. 156-175.

Neidhardt, F. (Hg.) (1994): Öffentlichkeit, öffentliche Meinung, soziale Bewegungen. Opladen.

Neidhardt, F./Rucht, D. (1991): The Analysis of Social Movements: The State of the Art and Some Perspectives for Further Research. In: Rucht, D. (Ed.): Research on Social Movements. The State of the Art in Western Europe and the USA. Frankfurt a.M., Boulder (Col.).

Noelle-Neuman, E. (1989): Die Theorie der Schweigespirale als Instrument der Medienwirkungsforschung. In: Kaase, M./Schulz, W. (Hg.): Massenkommunikation. Theorien, Methoden, Befunde. Opladen. S. 418-440.

Noelle-Neumann, E. (1982): Die Schweigespirale. Öffentliche Meinung - unsere soziale Haut. Frankfurt a.M., Wien, Berlin.

Oberschall, A. (1973): Social Conflict and Social Movements. Englewood Cliffs (N.J.).

Ohlemacher, T. (1994): Public Opinion and Violence Against Foreigners in the Reunified Germany. In: Zeitschrift für Soziologie 23, 3, S. 222-236.

Overhoff, K. (1984): Die Politisierung des Themas Kernenergie. Regensburg.

Paletz, D.L./Dunn, R. (1969): Press Coverage of Civil Disorders: A Case Study of Winston-Salem, 1967. In: Public Opinion Quaterly 33, S. 328-345.

Paletz, D.L./Fozzard, P.A./Ayainin, J.Z. (1982): The IRA, the Red Brigades, and the FALN in the New York Times. In: Journal of Communication 32, S. 162-171.

Paris, R. (1989): Der kurze Atem der Provokation. In: Kölner Zeitschrift für Soziologie und Sozialpsychologie 41, S. 33-52.

Picard, R.G. (1986): News Coverage as the Contagion of Terrorism. Dangerous Charges Backed by Dubios Science. In: Political Communication and Persuasion 3, S. 385-400.

Raschke, J. (1987): Soziale Bewegungen. Ein historisch-systematischer Grundriß. Frankfurt a.M., New York.

Saxer, U. u.a. (1986): Massenmedien und Kernenergie. Journalistische Berichterstattung über ein komplexes, zur Entscheidung anstehendes, polarisiertes Thema. Bern, Stuttgart.

Schenk, M. (1987): Medienwirkungsforschung. Tübingen.

Scherer, H. (1990): Massenmedien, Meinungsklima und Einstellung. Eine empirische Untersuchung zur Theorie der Schweigespirale. Opladen.

Schlesinger, P./Murdock, G./Elliot, P. (1983): Television Terrorism: Political Violence in Popular Culture. London.

Schmitt-Beck, R. (1990): Über die Bedeutung der Massenmedien für soziale Bewegungen. In: Kölner Zeitschrift für Soziologie und Sozialpsychologie 4, 42, S. 642-662.

Schoenfeld, A.C./Meier, R.F./Griffin, R.G. (1979): Construction a Social Problem: The Press and the Environment. In: Social Problems 27, 1, S. 38-61.

Schreiber, W. (1993): Rechtsextreme Nachahmer: Täter erst motiviert? In: Journalist 9, S. 17.

Schulz, W. (1987): Politikvermittlung durch Massenmedien. In: Sarcinelli, U. (Hg.) (1987): Politikvermittlung. Beiträge zur politischen Kommunikationskultur. Stuttgart, Bonn. S. 129-144.

Schulz, W. (1976): Die Konstruktion von Realität in den Nachrichtenmedien. Analyse der aktuellen Berichterstattung. 2. Aufl. Freiburg, München.

Schulz, W. (1968): Die Studentendemonstrationen beim Schah-Besuch in Berlin. Ergebnisse einer Inhaltsanalyse der Publizistischen Stichprobe. In: Publizistik 13, S. 30-40.

Schwind, H.D. u.a. (1990): Ursache, Prävention und Kontrolle von Gewalt. Analysen und Vorschläge der Unabhängigen Regierungskommission zur Verhinderung und Bekämpfung von Gewalt. Berlin.

Seasonwein, R./Sussman, L.R. (1972): Can Extremists Using Television Move an Audience? In: Journalism Quaterly 49, 1, S. 61-64.

Shoemaker, P.J. (1982): The Perceived Legitimacy of Deviant Political Groups. Two Experiments on Media Effects. In: Communication Research 9, 2, S. 249-286.

Shoemaker, P.J./Chang, T.-K./Brendlinger, N. (1987): Deviance as a Predictor of Newsworthyness: Coverage of International Events in the U.S. Media. In: McLaughlin, R. (Ed.): Communication Yearbook 10. Newbury Park. S. 348-365.

Signorielli, N./Gerbner, G. (1988): Violence and Terror in the Mass Media. An Annotated Bibliography. New York, Westport, London.

Singer, B. (1970): Mass Media and Communication Processes in the Detroit Riot of 1967. In: Public Opinion Quaterly 34, S. 236-245.

Singer, B. (1970): Violence, Protest and War in Television News: The U.S. and Canada Compared. In: Public Opinion Quaterly 34, S. 611-616.

Snow, D.A. et al. (1986): Frame Alignement Processes, Micromobilization and Movement Participation. In: American Sociological Review 51, S. 464-481.

Snow, D.A./Benford, R.D. (1992): Master Frames and Cycles of Protest. In: Morris, A.D./McClurg Mueller, C. (Eds.): Frontiers in Social Movement Theory. New Haven, London. S. 133-155.

Snow, D.A./Benford, R.D. (1988): Ideology, Frame Resonance and Participant Mobilization. In: Klandermans, B./Kriesi, H./Tarrow, S. (Eds.): International Social Movement Research. From Structure to Action. Comparing Social Movement Research Across Cultures. Vol. 1. Greenwitch (Conn.), London. S. 197-218.

Snyder, D./Kelly, W.R. (1977): Conflict Intensity, Media Sensitivity and the Validity of Newspaper Data. In: American Sociological Review 42, S. 105-123.

Spilerman, S. (1970): The Causes of Racial Disturbances. A Comparison of Alternative Explanations. In: American Sociological Reviw 52, S. 532-540.

Staab, J.F. (1990): Nachrichtenwert-Theorie. Formale Struktur und empirischer Gehalt. Freiburg, München.

Stankowski, E. (1984): Spektakel für die Medien. In: Networkmedienmagazin 6, S. 28-34.

Steede, K.K./Range, L.M. (1989): Does Television Induce Suicidal Contagion With Adolescents? In: Journal of Community Psychology 17, S. 166-172.

Tan, Z.C.W. (1989): The Role of the Media in Insurgent Terrorism: Issues and Perspectives. In: Gazette 44, S. 191-215.

Theunert, H. (1987): Gewalt in den Medien - Gewalt in der Realität. Opladen.

Tuchmann, G. (1978): Making News. A Study in the Construction of Reality. New York, London.

Tumber, H. (1982): Television and the Riots. London.

Turner, R./Kilian, L. (1957): Collective Behaviour. Englewood Cliffs.

Turner, R.H. (1969): The Public Perception of Protest. In: American Sociological Review 34, S. 815-831.

Tversky, A./Kahneman, D. (1986): Rational Choice and the Framing of Decisions. In: Journal of Business 59, S. 251-278.

Tversky, A./Kahneman, D. (1981): The Framing of Decisions and the Psychology of Choice. In: Science 211, S. 453-458.

Uehlinger, H.-M. (1988): Politische Partizipation in der Bundesrepublik. Strukturen und Erklärungsmodelle. Opladen.

Waldmann, P. (1992): Politische Gewalt. In: Pipers Wörterbuch zur Politik. Bd. 1. Hg. von D. Nohlen. München, Zürich. S. 741-745.

Warren, D.I. (1972): Mass Media and Racial Crisis: A Study of the New Bethel Church Incident in Detroit. In: Journal of Social Issues 28, 1, S. 111-131.

Weede, E./Muller, E.N. (1990): Rationalität, Repression und Gewalt. In: Kölner Zeitschrift für Soziologie und Sozialpsychologie 42, 2, S. 232-247.

Weimann, G. (1987): Media Events: The Case of International Terrorism. In: Journal of Broadcasting & Electronic Media 31, 1, S. 21-39.

Weimann, G. (1983): The Theater of Terror: Effects of Press Coverage. In: Journal of Communication 33, 1, S. 38-45.

Weimann, G./Brosius, H.-B. (1991): The Newsworthyness of International Terrorism. In: Communication Research 18, 3, S. 333-354.

Willems, H./Wolf, M./Eckart, R. (1993): Soziale Unruhen und Politikberatung. Funktion, Arbeitsweise, Ergebnisse und Auswirkungen von Untersuchungskommissionen in den USA, Großbritannien und der Bundesrepublik. Opladen.

Wolfsfeld, G. (1984): Symbiosis of Press and Protest: An Exchange Analysis. In: Journalism Quaterly 61, 3, S. 550-555, 742.

Wuth-Hough, S. (1983): Network News Coverage of Terrorism: The Early Years. In: Terrorism 6, 3, S. 403-521.

Zimmermann, E. (1977): Soziologie der politischen Gewalt. Darstellung und Kritik vergleichender Aggregatdatenanalysen aus den USA. Stuttgart.

Zoonen, E.A. v. (1992): The Women's Movement and the Media: Constructing a Public Identity. In: European Journal of Communication 7, S. 453-476.

Methoden und Methodologie: Ein Vergleich ausgewählter Studien der 90er Jahre zur Gewalt in den Medien

Mike Friedrichsen / Stefan Jenzowsky

1 Einleitung

Trotz der mittlerweile nicht mehr überschaubaren Anzahl von Studien - mehr als 5000 Artikel sind zu dem Thema erschienen - wird der Medienwirkungsforschung heute nachgesagt, bisher keine befriedigende Antwort auf die Frage geben zu können, ob Gewaltdarstellungen in den Medien nun negative Auswirkungen auf die Rezipienten haben oder nicht. In Zusammenhang mit dieser Position wird vor allem darauf verwiesen, daß die zahlreichen empirischen Studien bislang keine einheitlichen Ergebnisse hervorgebracht hätten (Noelle-Neumann 1987, S. 5). Kunczik/Bleh/Maritzen weisen jedoch darauf hin, daß sich beim Vergleich der vielen Einzelergebnisse durchaus ein konsistentes Bild der kurzfristigen Aggressionssteigerung beim Rezipienten durch Gewaltkonsum ergibt (Kunczik/Bleh/Maritzen 1993, S. 6). Sie sind daher der Ansicht, daß man bei der Suche nach den Ursachen für diese Widersprüche die unterschiedlichen empirischen Zugänge ebenso berücksichtigen müsse wie die unterschiedlichen wissenschaftlichen Orientierungen der Forscher (ebenda, S. 3).

Mit dem vorliegenden Beitrag soll der Versuch unternommen werden, Gemeinsamkeiten und Widersprüche der empirischen Studien aufzuzeigen und zu strukturieren. Dabei interessieren uns die Studien der 90er Jahre, da diese auf einem vergleichbaren Forschungsstand aufbauen sollten und weiterhin neuere Forschungsrichtungen aufzeigen können. Gerade aufgrund der immer wieder zu lesenden Kritik an den Studien der 70er und 80er Jahre war unsere Erwartung, daß die "neueren" Studien aus den Fehlern der "alten" Studien gelernt haben sollten und innovative Forschungsansätze und -designs den Studien der 90er Jahre zugrundeliegen.

2 Stand und Defizite der Forschung

Die teilweise populäre Diskussion über publizistische Wirkungen von Gewaltdarstellungen wird in der Gesellschaft zumeist nach eher impressionistischen bzw. subjektiven Maßstäben geführt, überraschenderweise auch dort, wo juristische Vorgaben dieses oder jenes anraten oder untersagen: die konkreten Auswirkungen von Gewaltdarstellungen bleiben häufig spekulativ determiniert (Fischer u.a. 1994, S. 3). Die Argumentation folgt dabei stets einem gleichen, irrational getönten

Muster: Bei der Darstellung negativ bewerteter respektive negativ sanktionierter oder tabuisierter Sachverhalte wurden - insbesondere im Hinblick auf Jugendliche - starke und außerordentlich schadenstiftende Wirkungen vermutet (Merten 1993a). Forschungspolitisch begünstigte dies die Erstellung und Verbreitung gerade solcher Untersuchungen, die diese Vermutungen - ohne Berücksichtigung ihrer Validität - zu stützen scheinen.

Das zeigt sich vor allem darin, daß Wirkungen nicht präzise gemessen, sondern aufgrund der Bewertung des gewalthaltigen Materials gemutmaßt werden. Halloran (1972, S. 7) bringt dies auf den Punkt:

> "Es ist immer wieder erstaunlich, mit welcher Unbekümmertheit nicht nur Journalisten, sondern auch Pädagogen, Soziologen, Psychologen, Psychiater, Jugendrichter zu den Zusammenhängen zwischen den Massenmedien und der zunehmenden Kriminalität, Agressivität und Brutalität Stellung nehmen. Erstaunlich ist dabei vor allem die Sicherheit, mit der hier Kausalzusammenhänge so apodiktisch behauptet werden, als handele es sich um längst gesicherte Forschungsergebnisse."

Die Interpretation der bisher vorliegenden Studien hängt wesentlich davon ab, ob man die Medien als Manipulationsinstrumente auffaßt und sie nach einem Stimulus-Response-Prinzip operieren sieht; ob man davon ausgeht, daß Medienwirkungen durch Meinungsführer und Gruppen der sozialen Umgebung "gebrochen" werden; ob man annimmt, daß gerade Kinder und Jugendliche durch Nachahmung von Modellen lernen (Bandura 1989). Hauptmangel der meisten Wirkungsuntersuchungen ist, daß Medienwirkungen isoliert betrachtet werden. Inzwischen wissen wir einigermaßen sicher, daß aggressiv-fiktionale Darstellungen nicht-aggressive Kinder selten aggressiv machen und auch bei aggressiven Kindern zunächst eher das Angstpotential erhöhen; zumal dann, wenn die Folgen von Gewalthandlungen zusammen mit der Gewalt gezeigt werden. Wirkungen sind in erster Linie abhängig vom Erfahrungsrepertoire der Jugendlichen und von den Erziehungssituationen in Familien und Kindergärten.

Im Zusammenhang mit der Einschätzung der Rolle der Medien für den Sozialisationsprozeß von Jugendlichen wurden besonders unter dem Aspekt der Darstellung von Aggression, Gewalt und Pornographie sowie der Vermischung von Gewalt und Sexualität unterschiedliche Überlegungen angestellt. Die Mehrheit der bisherigen Untersuchungen kommt zu dem Schluß, daß vorhandene Neigungen der Rezipienten zwar bestätigt und in einzelnen Fällen verstärkt werden können, aber die Medieninhalte keine initiierende Wirkung haben (vgl. Bonfadelli 1981; auch: Baacke 1987; Zillmann 1989).

Angesichts der großen Anzahl von Gewaltanteilen erhält das Problem medialer Gewaltdarstellung eine aktuelle und bedeutsame Dimension. Die Befürchtung, daß der verstärkte Konsum von grausamen Gewaltszenen bei Kindern und Jugendlichen zu mehr Aggressivität, Gewalttätigkeit und letztlich auch Kriminalität führen könnte, wird besonders in den Printmedien häufiger geäußert. Dabei sei an dieser Stelle darauf hingewiesen, daß die Printmedien selbst im Zusammenhang mit Gewaltdarstellungen kaum untersucht werden.

Es läßt sich feststellen, daß die Wirkungsforschung den direkten Zusammenhang zwischen beobachteter und vollzogener Gewalt bisher nicht gänzlich bestätigt (Kunczik 1975; 1983; 1994). Die Untersuchungen beziehen sich laut Kunczik auf das normale Fernsehprogramm und messen zumeist kurzfristige Wirkungen von Medienprodukten. Sie haben also den Nachteil, nicht auf die "neue Qualität" von Gewalt abzuheben.

Aufgrund fehlender Studien, vor allem Langzeitstudien, scheint es sogar momentan in der deutschsprachigen Forschung eher Glaubenssache, welche Wirkungsmodelle bevorzugt werden. Zwar sind sich alle Wissenschaftler einig, daß es keinen monokausalen Zusammenhang zwischen medialer und individueller Gewalt gibt, aber es scheint doch so zu sein, daß die Auswirkungen medialer Gewaltdarstellungen keineswegs bei allen Kindern und Jugendlichen gleich, sondern von der individuellen Entwicklung, den Erfahrungen, den Lebensumständen, den emotionalen Bindungen und Dispositionen abhängig sind. Das bedeutet, daß die gesellschaftliche und strukturelle Gewalt, die das Individuum erfährt bzw. erfahren hat, nicht aus dem Wirkungszusammenhang von Gewaltdarstellungen in den Medien ausgeblendet werden kann. Dies darf nicht dazu führen, das Problem der Medienbotschaften zu bagatellisieren, sondern versteht sich als Plädoyer für eine differenzierte Betrachtungsweise. Trotz widersprüchlicher Ergebnisse muß bei der Diskussion um das Thema von folgender Sachlage ausgegangen werden: Die spezifische Vorgeschichte des Individuums, objektive Lebensbedingungen und subjektive Empfindungen bestimmen, wie Gewaltdarstellungen wahrgenommen und verarbeitet werden. Sie sind ausschlaggebend dafür, ob eine Destabilisierung für Gewalt erfolgt, Gewalt nachgeahmt, das Aggressionspotential erhöht und moralische Barrieren gesenkt werden. Die heute 12- bis 17jährigen gehören nahezu vollständig zu denen, die mit dem Fernseher aufgewachsen sind:

> "Wer mit vier die ersten Jagd- und Schlägerszenen von Tom und Jerry vorgesetzt bekam, mit sechs seine ersten Bonanza-Schießereien hinter sich gebracht hat, sich mit zehn die ersten Pakete Kojak reingezogen hat, mit zwölf die ersten tausend Leichen der TV-Nachrichten während des Abendessens zu verdauen gelernt hat, verlangt mit vierzehn härtere Kost; falls dazwischen seine Wahrnehmungsweise, sein ethisches Empfinden und sein Verstand gegenüber audio-visuellen Konstrukten nicht kritisch sensibilisiert worden ist" (Zielinski 1984, S. 9).

Das Problem "mediale Gewaltdarstellungen" (konkreter: "Gewalt im Fernsehen") ist bislang vornehmlich Gegenstand der Medienwirkungsforschung, die in der Bundesrepublik besonders Mitte bis Ende der 70er Jahre im Blickpunkt des öffentlichen und wissenschaftlichen Interesses stand, als die Besorgnis der Öffentlichkeit um die Auswirkungen von Fernsehgewalt auf Kinder und Jugendliche hohe Wellen schlug. Gegenstand der wissenschaftlichen Auseinandersetzung war dabei der Versuch des Nachweises oder der Widerlegung eines Zusammenhangs zwischen Rezeption von Film- oder Fernsehgewalt und aggressivem Verhalten des Rezipienten auf der Grundlage zahlreicher, hauptsächlich amerikanischer Untersuchungen über Wirkungen des Fernsehens und speziell der Gewalt im Fernsehen. Dabei kann man den "Glaubenskrieg" in der Forschung grob in zwei Lager unterteilen. Einerseits halten einige Wissenschaftler die empirischen Ergebnisse zum Thema "Kinder und Gewalt im Fernsehen" für "für drei Jahrzehnte Tätigkeit relativ dünn" (Schnoor/Zimmermann 1992, S. 85) und bemängeln, daß "aufgrund mangelnder empirischer Belege [...] kräftig spekuliert, polemisiert und alltagstheoretisch argumentiert würde" (Schnoor/Zimmermann 1992, S. 85). Andererseits vertreten vor allem US-amerikanische Wissenschaftler die Ansicht, daß es durchaus gesicherte Effekte von Gewalt im Fernsehen auf das Verhalten von Kindern gibt (z.B. Gunter 1994). Die von ihnen immer wieder genannten Wirkungen beziehen sich vor allem auf a) Lernen am Modell (Bandura 1994), b) Imitation (Gunter 1994) und c) Kultivierung (Signorelli/Morgan 1990). Auch in Deutschland werden diese Wirkungen mittlerweile nicht mehr bestritten (Backes 1994; Schenk 1987).

Die Thesen der Wirkungsforschung zu den Auswirkungen von Mediengewalt sind in der einschlägigen Literatur wiederholt ausführlich dargelegt worden. Kunczik (1987) hat sich in seiner Analyse der Medienwirkungsforschung und ihrer Ergebnisse kritisch mit den Widersprüchlichkeiten der Thesen zu den Auswirkungen von Mediengewalt auseinandergesetzt und die methodischen Mängel verschiedener Studien aufgezeigt. Darüber hinaus übt er grundsätzliche Kritik:

- Er kritisiert die einseitige Tendenz von Wissenschaftlern, linear einen Zusammenhang zwischen medialer Gewalt und Aggressionsbereitschaft des Rezipienten zu vermuten.
- Zudem seien negative Auswirkungen von Fernsehgewalt durch Nachahmung und Aggressionssteigerung nur in der künstlichen Situation von Laborexperimenten nachgewiesen, ohne Einbeziehung der Umwelt und Sozialisationsbedingungen des Rezipienten, ohne Berücksichtigung seiner Persönlichkeit und der spezifischen Seh-Situation im Alltag.
- Ferner stellt Kunczik fest, daß in der Medienwirkungsforschung der Gewaltbegriff uneinheitlich und zu wenig differenziert definiert wurde, was seine Operationalisierung erschwert.

Über die Wirkungen allein ist ein Problem nicht in den Griff zu bekommen, besonders dann nicht, wenn sich die Auswirkungen eines Phänomens noch nicht einmal schlüssig, d.h. widerspruchsfrei nachweisen lassen, wie es in der Medienwirkungsforschung zur Gewaltproblematik der Fall ist. Vielmehr reduziert die Wirkungsforschung mit einigen ihrer Thesen das Problem der Gewalt in den Medien auf die Ebene einer kulturpessimistischen Verteufelung. In seinem Buch "Kinder und Massenmedien" wendet sich Hengst gegen eine einseitige Verurteilung der Medien, auch hinsichtlich medialer Gewaltdarstellungen (Hengst 1981). Ihm ist zuzustimmen, wenn er feststellt:

> "Indem man die sichtbare Gewalt in den Medienprogramme zur Ursache für ein wachsendes Gewalt- und Aggressionspotential in der Gesellschaft hochstilisiert, lenkt man von den wirklichen Zusammenhängen der Gewalt in den Medien ab. Man schneidet vor allem die Frage nach den Gründen für die Beliebtheit von Gewaltdarstellungen ab" (Hengst 1981, S. 39).

3 Betrachtungsdimensionen und Überblick

Im Zentrum der vorliegenden Betrachtung steht der Versuch, eine Auswahl von Studien der 90er Jahre, die sich mit der Wirkung medialer Gewaltdarstellungen befassen, zu ordnen und damit einen Einblick in den aktuellen Forschungsstand zu ermöglichen. Die vorliegenden Untersuchungen werden somit einerseits nach ihren verschiedenen methodischen Ansätzen gruppiert. Andererseits erscheint es ebenso plausibel und theoretisch fruchtbar, als Ordnungsprinzip die verschiedenen theoretischen Hintergründe der Untersuchungen zu verwenden, denn:

> "Kommunikationswissenschaftler, Pädagogen, Psychologen und Soziologen meinen durchaus nicht immer dasselbe, wenn sie von Medienwirkung reden. Unterschiedliche Paradigmen und Lehrmeinungen sowie eine daraus resultierende unterschiedliche Terminologie stehen hier einem wissenschaftlichen Austausch entgegen" (Kunczik/Bleh/Maritzen 1993, S. 5f.).

Daher sollen im folgenden beide Ansätze verfolgt werden. Ausgenommen von weiteren Betrachtungen werden ausdrücklich Arbeiten, die sich aus theoretischer Sicht mit dem Problem der Mediengewalt und ihrer Auswirkungen beschäftigen, aber keine empirische Überprüfung der vorgelegten Hypothesen und Theorien anstreben.

Die Auswahl der in den Überblick einbezogenen Studien kann keine vollständige Repräsentation aller empirischen Forschungsarbeiten der 90er Jahre sein. Einem solchen Vorhaben stehen die unterschiedliche Erfassung in Datenbanken sowie die teilweise schwierige Verfügbarkeit, insbesondere der US-amerikanischen Literatur gegenüber. Daher handelt es sich bei den berücksichtigten Studien zwar um eine bewußte, aber nicht um eine willkürliche Auswahl.[1]

3.1 Methodik

Nimmt man die in den Untersuchungen verwendete Methodik als ein erstes, zentrales Einordnungskriterium, so muß zunächst eine sehr grobe Trennung durchgeführt werden: die Trennung zwischen qualitativen und quantitativen Datenerhebungsverfahren. Unter diesem Gesichtspunkt fällt auf, daß dem übergroßen Teil der hier vorgestellten Untersuchungen quantitative Erhebungsverfahren zugrunde liegen: Nur wenige Studien (Luca 1993; Theunert u.a. 1992; Glogauer 1991) können klar als auf qualitativen Verfahren basierend klassifiziert werden. Ein Grund für den großen zahlenmäßigen Unterschied kann jedoch in der ebenfalls quantitativen Orientierung der Verfasser dieses Beitrags liegen, die selbstverständ-

1 Nicht in die Betrachtungen aufgenommen wurden Untersuchungen, die sich zwar mit der Problematik der Darstellung und Wirkung von Gewalt in den Medien beschäftigen, bei denen diese Fragen jedoch nicht im Zentrum der Untersuchung stehen. Ein Beispiel hierfür wäre Vitouch (1993), der zu dem der Gewaltwirkung verwandten Thema der angstinduzierenden Wirkung des Fernsehens mehrere Untersuchungen durchgeführt hat, unter anderem mit angstneurotischen Kindern und Kindern mit Todeserfahrungen in der Familie (vgl. Vitouch 1993, S. 131).

lich latent die Auswahl der vorgestellten Untersuchungen beeinflußt haben mag. Alle anderen hier vorgestellten Studien verwenden quantitative Erhebungsverfahren, sie lassen sich in den "klassischen" methodischen Kategorien klassifizieren: es handelt sich um Inhaltsanalysen, Umfragen und Experimente. Beobachtungen finden sich kaum unter den Methoden der neueren Studien zur Gewaltforschung, die technische Beobachtung Hasebrinks (in diesem Band) im Rahmen der Zuschauerforschung stellt in dieser Hinsicht eine Ausnahme dar. Hinzu kommt als verhältnismäßig junge Entwicklung die Technik der Metaanalyse, die in den letzten Jahren verstärkt Beachtung in der Gewaltforschung zu finden scheint. Ein Beispiel für diese Technik findet sich bei Wood/Wong/Chachere (1991). Die in Abschnitt 4 vorgenommene Vorstellung der Studien folgt diesen methodischen Unterscheidungskriterien. Aus Abbildung 1 läßt sich ersehen, wie sich die verschiedenen Studien auf die unterschiedlichen Verfahren verteilen.

3.2 Theoretischer Hintergrund

Ebenfalls aus Abbildung 1 ersichtlich ist die Differenzierung des theoretischen Hintergrundes der hier vorgestellten Studien. Selbstverständlich handelt es sich bei dieser Einordnung keineswegs um eine objektive Einstufung des vorgestellten Theoriematerials oder gar des Hintergrundes der Autoren. Vielmehr wird hiermit der Versuch unternommen, die Zuordnung zu Disziplinen subjektiv aus der Darstellung des theoretischen Hintergrundes in den Publikationen und den darin beschriebenen Hypothesen zu gewinnen. Dies muß - zwangsläufig - zu problematisch erscheinenden Einstufungen führen, denn der Schwerpunkt des theoretischen Interesses der Forscher wird hierbei nicht deutlich. Ein wenig drängt sich die Frage auf, ob die bloße Erwähnung psychologischer Theorien den Autoren gleich zum Psychologen machen kann? Dennoch soll hier die Zitation von Theorien und Studien einer Disziplin dazu ausreichen, als Vertreter dieses theoretischen Hintergrundes eingestuft zu werden. Denn wie sollte man sonst dem Vorwurf, die Studien würden auf zu verschiedenen, dispersen theoretischen Hintergründen fußen, wie er von Kunczik/Bleh/Maritzen (1993) erhoben wird, begegnen? Daher erscheint es den Verfassern durchaus sinnvoll, den Versuch einer derartigen Klassifizierung - mit all ihren Nachteilen - zu unternehmen.

Abbildung 1: Untersuchungen der 90er Jahre

Methode / *Untersuchungsgegenstand*	Theoretischer Hintergrund: kommwiss.	soziologisch	psychologisch	juristisch
qualitativ:				
Kinder/Jugendliche	Weiss	Luca	Theunert	Glogauer (+ Realdaten)
Erwachsene				
quantitativ:				
Inhaltsanalyse				
TV-Fiction	Groebel u.a. Merten Voullieme			
TV-Facts	Brosius/Esser Krüger	Brosius/Esser (+ Realdaten)	Brosius/Esser	
Hörfunk/Print				
Befragung				
Kinder/Jugendliche	 Singer et al. Brosius u.a. Weiss	D. Ragguet Singer et al. Scheungrab	D. Ragguet Singer et al. Brosius u.a.	 Scheungrab
Erwachsene	Gunter et al. Kunczik u.a. Ciampi			Gunter et al.
Experiment				
Kinder/Jugendliche	St.Lawrence et al. Hansen et al.		St.Lawrence et al. Hansen et al. Sanson et al.	
Erwachsene	Grimm Kepplinger/ Giesselmann Vitouch Stiegler Langley et al.		Grimm Langley Betsch et al. Vitouch Stiegler Langley et al.	
Metaanalyse	Groebel et al.		Wood et al.	

3.3 Methodenwahl

Die theoretische Einordnung zeigt, daß einige Areale stärker besetzt sind als andere (vgl. Abb. 1). So verwundert es wohl nicht, daß Kommunikationswissenschaftler und Psychologen in den letzten Jahren mehr zu diesem Thema beitrugen als Soziologen und Juristen.[2] Interessant ist vielmehr die Verknüpfung von verschiedenen theoretischen Perspektiven mit der Methodik.

Hier zeigt sich, daß die Fächer bei ihren bevorzugten Methoden weitgehend haften bleiben. So gibt es insbesondere viele experimentelle Untersuchungen mit psychologischem und kommunikationswissenschaftlichem Hintergrund. Somit läßt sich durchaus davon ausgehen, daß die verschiedenen Hintergründe zu einer nahestehenden Methodenwahl einladen, auch wenn, wie aus Abb. 1 ersichtlich, diese Trennung nicht scharf verläuft. Es zeigen sich auch unerwartete Ausnahmen: Etwa Brosius/Esser (in diesem Band), die - ausgehend von verschiedenen theoretischen Perspektiven - eine Inhaltsanalyse durchführen, dazu aber als abhängige Variablen aus statistischen Landesämtern gewonnene Realdaten auswerten, um dann Bezüge herzustellen. Dies ist sicher als eine positive Ausnahme von dem von Kunczik angeführten Argument der dispersen theoretischen Hintergründe (siehe oben) zu sehen. Gerade bei den Inhaltsanalysen zeigt sich jedoch noch eine andere Tendenz hinsichtlich des Untersuchungsgegenstandes: Die vorliegenden Inhaltsanalysen betrachten fast ausschließlich den Bereich des Fernsehens. Printmedien - etwa Illustrierte - wurden bezüglich ihres Gewaltgehalts in den neunziger Jahren bislang nicht untersucht. Dies kann sowohl auf die aktuelle, fernsehzentrierte Diskussion zurückgeführt werden wie auch auf den Umstand, daß dem Fernsehen allgemein ein größeres Wirkungspotential zugeschrieben wird als den Printmedien. Dessen ungeachtet zeigt sich im weitgehenden Fehlen von Printinhaltsanalysen (gerade im non-fiktionalen Bereich, etwa zur Nachrichtenberichterstattung) ein Defizit der Forschung.

3.4 Untersuchungsgegenstand

Wendet man sich als weitere Kategorisierungsdimension dem Untersuchungsgegenstand der Studien zu, so bildet die Untersuchung von Brosius/Esser durch die Verwendung von Realdaten erneut eine Ausnahme. Im allgemeinen greift die Gewaltforschung auf Realdaten, also gesellschaftliche statistische Kennwerte, nur sehr begrenzt zu. Auch bei Glogauer findet sich zwar der Versuch, die Wirkung von gewalthaltigem Medienkonsum mittels der Befragung delinquenter Jugendlicher zu erfassen, dies kann jedoch nicht als statistisch sinnvolle empirische Erfassung von Realdaten angesehen werden (vgl. 4.5.). Oft steht bei den empirischen Studien der neunziger wie auch vergangener Jahre auch ohne die Erhebung von Realdaten der Wirkungsprozeß medialer Gewaltrezeption im Mittelpunkt des For-

2 Ein psychoanalytischer Hintergrund bietet jedoch kaum die Basis von Studien zu diesem Thema.

schungsinteresses. Es handelt sich bei den Untersuchungen also um ein Nebeneinander von Wirkungsstudien und Kommunikatstudien in Form von Inhaltsanalysen.

Bei Inhaltsanalysen steht jedoch im Normalfall kein Wirkungsprozeß im Vordergrund des Erkenntnisinteresses. Vielmehr handelt es sich in den meisten Fällen um den Versuch zu ermitteln, wieviel Gewalt in Fernsehprogrammen ausgestrahlt wird, also um eine Form der Programmbeschreibung. Die Inhaltsanalysen der 90er Jahre zeichnen sich durch eine weitere Besonderheit aus, die aus der Interessenlage des dualen Rundfunksystems zu rühren scheint: ihre Finanzierung. Während andere Formen von Untersuchungen im Normalfall von Wissenschaftlern im Rahmen von Forschungsprojekten durchgeführt wurden, wird der größte Teil der Inhaltsanalysen durch Programmanbieter oder Programmkontrollbehörden, also interessenvertretende Akteure des Mediensystems, finanziert (vgl. Abschnitt 4.2).

Nur bei wenigen der Wirkungsstudien wird auf Realdaten als abhängige Variablen des Wirkungsprozesses zurückgegriffen, bei den meisten auf eine verbale oder verhaltensmäßige Modellierung der zu untersuchenden Konzepte, wie etwa "Aggressionsbereitschaft". Somit läßt sich festhalten, daß die Aussagekraft fast aller Studien auf diesem Gebiet mit der Modellierung und Operationalisierung der abhängigen Variablen zusammenhängt. Dabei zeigen sich jeweils deutlich unterschiedliche Wirkungskonzepte und somit auch kaum vergleichbare abhängige Variablen (vgl. Abschnitt 5).

Auf wen nun die mediale Gewalt wirken soll, wird ebenfalls unterschiedlich operationalisiert. Während die meisten Theorien, die von den Forschern herangezogen werden, grundsätzlich auf alle Populationen anwendbar erscheinen (etwa: soziale Lerntheorie, Exitations-Transfer-Theorie usw.), sind die Forschungsdesigns zumeist auf ein bestimmtes Alter der Rezipienten ausgerichtet (vgl. Abb. 1). Einer weitgehend jugend- und entwicklungsorientierten Umfrageforschung steht heute eine auf Erwachsene ausgerichtete laborexperimentelle Forschung gegenüber. Aufgrund der besseren Verfügbarkeit werden Laborexperimente zumeist an Universitätsstudenten durchgeführt, was die untersuchten Altersgruppen zusätzlich einengt.

4 Forschungsergebnisse und methodische Probleme

4.1 Quantitative Verfahren I: Befragungen

Im Rahmen der quantitativen Datenerhebungsverfahren beschäftigt sich eine große Zahl von Umfragen mit der Suche nach Prädiktoren für Gewaltbereitschaft. Die meisten von ihnen wurden, wie bereits erwähnt, an Kindern und Jugendlichen durchgeführt, einer Rezipientengruppe, die offenbar auch für besonders anfällig für negative Folgen medialen Gewaltkonsums gehalten wird. Eine der neuesten Befragungen von Schulkindern hat Dardaine Ragguet (1993) durchgeführt; insgesamt wurden von ihr 293 Fünftklässler in face-to-face-Situationen interviewt.

Ausgehend von entwicklungspsychologischen Fragestellungen, verbunden mit der Suche nach frühen Interventionszeitpunkten, ist die zentrale abhängige Variable die Einstellung zu Feuerwaffen ("viewpoints on guns"). Als unabhängige Variablen, die als bedeutungsvoll zur Bildung dieser Einstellung angenommen werden, untersucht Dardaine Ragguet den Lebensstil, psychosoziale Variablen und den soziodemographischen Hintergrund der Schulkinder. Zur Datenreduktion wurde eine Faktorenanalyse berechnet.

Im Ergebnis stehen mehrere Befunde, die nach der Autorin eine frühe Intervention während der Schulzeit sinnvoll erscheinen lassen: Männliche Schüler erwiesen sich als physisch aggressiver, und gerade Schüler aus Stadtgebieten (der USA) hatten bereits oft "Erfahrungen" mit Feuerwaffen gesammelt. Dies stand jedoch nicht in Zusammenhang mit der Lage der Schule, sondern mit dem Wohnort der Kinder. Als besonders wichtiger Prädiktor ist der Einfluß von Familie und Freunden zu werten, der die physische Gewaltbereitschaft der Kinder senkte.

Interessant erscheint die Studie von Dardaine Ragguet aus zwei Gründen: Zum einen aufgrund ihrer jungen Grundgesamtheit, die Aussagen über die latente Gewaltbereitschaft bereits in der Kindheit erlaubt. Dies ist sicher als wichtiger Beitrag zu einer zielgerichteten Gewalt- und Medienpädagogik zu sehen. Zum anderen wird hier der Medienkonsum zwar als unabhängige Variable erhoben, steht aber eher an untergeordneter Stelle, eingebettet in andere Variablen. Insofern wird eine monokausale Perspektive vermieden. Es wird jedoch auch nicht versucht, verschiedene Effekte zu erklären. Stattdessen werden verschiedene Bedingungen für die zentrale abhängige Variable beleuchtet.

Demgegenüber steht eine kaum übersehbar große Menge an Variablen, die Singer/Singer et al. (1993) in ihrer Befragung erhoben haben. Mittels Fragebogen und Interviews wurden von ihnen 91 Kinder und Eltern befragt. Ausgehend von einem sowohl kommunikationswissenschaftlichen wie psychologischen und soziologischen Hintergrund haben Singer/Singer et al. Familienkommunikation und Fernsehnutzung als theoretische Hintergrundfolien zusammengeführt. Unter der sehr großen Zahl von unabhängigen Variablen finden sich demzufolge Fragen nach elterlichen Einstellungen, Erziehungsmaßnahmen, Eltern-Kind-Interaktionen, Gesprächsverhalten und auch der Fernsehkonsum des Kindes sowie der Eltern. Zu der ebenfalls großen Zahl von einzelnen abhängigen Variablen gehören neben allgemeinen kognitiven Fähigkeiten des Kindes das spezifische Verständnis des Fernsehens und dessen Darstellungsformen sowie die Wahrnehmung der Umwelt als angsterregende Welt. Außerdem wurde auch das Verhalten des Kindes beobachtet und in eine multiple Regressionsanalyse einbezogen.

Im Ergebnis konnten Singer/Singer et al. insbesondere die Hypothesen bestätigen, die die Aggression der Kinder als von restriktiven Erziehungsmethoden verstärkt begreifen. Die Dauer des Fernsehkonsums der Kinder zeigte keinen direkten Einfluß auf die Aggression der Kinder, statt dessen ergab sich ein positiver Zusammenhang zwischen dem Fernsehkonsum *der Eltern* und der Aggression der Kinder. Weitere Zusammenhänge zum Fernsehkonsum ergeben sich über ein Bündel von Items, das sowohl eine stärkere elterlicher Kontrolle des Fernsehkonsums als auch einen geringen Fernsehkonsum der Kinder beinhaltet. Aus diesem Bündel ergab sich ein positiver Zusammenhang zum Wissen der Kinder, motorische Unruhe und Aggression zeigten hingegen einen negativen Zusammenhang. Über die Stärke und Signifikanz der Einzelergebnisse kann hier nicht berichtet werden, da sie von Singer/Singer et al. nicht vollständig veröffentlicht wurden.

Insgesamt erscheint die Untersuchung von Singer/Singer et al. dadurch überzeugend, daß sie eine Vielzahl von Variablen berücksichtigte und somit unterschiedliche Einwirkungsprozesse abzubilden in der Lage war, das verbindet sie mit anderen modernen Ansätzen der Umfrageforschung. Leider ergibt sich dadurch auch oft eine gewisse Unschärfe der Untersuchungsanlage. Durch die Anlage als Querschnittsuntersuchung ist es Singer/Singer et al. nicht möglich, die Richtung der Zusammenhänge klar offenzulegen, sie weisen auf diesen Umstand auch deutlich hin. Daher müssen Ursache und Wirkung unklar bleiben, was andere Interpretationen der gefundenen Zusammenhänge möglich erscheinen läßt.

Weiterhin problematisch erscheint, daß trotz einer breiten theoretischen Basis einige Schlüsselvariablen der Diskussion zur Wirkung von Gewaltdarstellungen nicht differenziert erfaßt wurden. Das gilt insbesondere für den Fernsehkonsum, der offensichtlich nicht nach Fernsehinhalten gegliedert wurde. Dies führt zu einer der beliebtesten Diskussionen seit George Gerbners Vielseherforschung: Wie differenziert muß der Fernsehkonsum gemessen werden? Genügt es, lediglich die Zeit, die die Rezipienten vor dem Bildschirm verbringen, zu messen? - In diesem Fall würde eine Person, die täglich sechs Stunden vor dem Testbild sitzend meditiert, in die Kategorie "Vielseher" fallen. Obwohl solche Testbildfans eher selten sein dürften, wird kaum bestritten, daß die Zuwendungsintensität zum Fernsehen durchaus schwanken kann. Es kann also auch zuwendungsintensivere Rezipientengruppen geben als andere. Zum Beispiel die Personengruppen, die bei ihrer täglichen Arbeit "nebenbei" fernsehen. Sicherlich mag dieser Hinweis bei Kindern als Rezipienten nicht so schwer ins Gewicht fallen wie bei allgemeinen Bevölkerungsumfragen. Außerdem könnte man annehmen, daß durch die selbst berichtete Erhebung eine Art Korrektur vorgenommen wird, da peripherer Fernsehkonsum unter Umständen durch die Antwortenden selbst geringer gewichtet werden könnte. Die Prüfung einer solchen "Korrekturhypothese" steht allerdings aus.

Auch Ciampi (1993) sah den Fernsehkonsum als zentrale unabhängige Variable zur Prädiktion von Aggression. Seine Studie erscheint besonders aufgrund ihres interessanten Designs erwähnenswert, das eigentlich eine Einstufung als Mehrmethodendesign rechtfertigen würde. Zunächst wurden 545 Elftklässler differenziert nach ihrem Fernsehkonsum und mittels Skalen nach weiteren Variablen befragt. Zu diesen Variablen gehören unter anderem Frustration, Ungeduld und Intoleranz. Dann wurden die Teilnehmer gebeten, zu vorgegebenen, konflikthaltigen Geschichten passende Enden zu verfassen. Diese Enden wurden später von unabhängigen Bewertern eingestuft.

Im Ergebnis konnten aggressivere Enden von Ciampi zwar durch die oben angegebenen Variablen erklärt werden, nicht aber durch den allgemeinen Fernsehkonsum. Entsprechende Zusammenhänge zeigen sich erst, wenn der Fernsehkonsum von gewalthaltigen Sendungen in Betracht gezogen wird, der zur Formulierung aggressiverer Enden führte. Dies zeigt, daß eine differenzierte Messung des Fernsehkonsums eine notwendige Voraussetzung zur sinnvollen Interpretation dieser Variable ist.

Eine derartige differenzierte Messung des Fernsehkonsums nimmt Scheungrab (1990) vor. Er verwendet jedoch den Fernsehkonsum nicht per se als unabhängige Variable im Sinne einer Korrelations- oder Regressionsanalyse. Vielmehr nutzt Scheungrab Strukturgleichungsmodelle, um ein von ihm spezifiziertes Modell zur Erklärung von jugendlicher Delinquenz zu überprüfen. Dabei verwendet er sowohl ein non-rekursives Erklärungsmodell als auch ein Modell, das latente Variablen beinhaltet. Da sowohl die Diskussion der Methode, als auch der Ergebnisse den Rahmen des vorliegenden Beitrags sprengen würde, muß an dieser Stelle auf sie verzichtet werden. Dies gilt auch für die Frage, inwieweit die Verwendung von Strukturgleichungsmodellen die Analyse *kausaler* Beziehungen erlaubt, wie Scheungrab sie postuliert.

Die Frage, was als Nachweis von *Kausalität* anzunehmen sei, ist jedoch von zentraler Bedeutung für die Medienwirkungs- und Gewaltwirkungsforschung. Denn nimmt man Veränderungshypothesen (nach Bortz 1984, S. 383) für die zu untersuchende Population an, so läßt sich argumentieren, daß der Nachweis von Kausalität nur experimentell erbracht werden kann, da in pfadanalytischen Modellen und Strukturgleichungsanalysen wie auch in der querschnittlichen Analyse von Umfragedaten die Richtung der kausalen Beziehung unklar bleiben muß. Allerdings läßt sich Kausalität auch im Sinne von Zusammenhängen oder Abhängigkeiten definieren, was die genannten Verfahren als Methoden zur Untersuchung kausaler Beziehungen sinnvoll erscheinen läßt. In jedem Fall bleibt jedoch festzuhalten, daß die für die Gewaltforschung relativ junge Technik der Strukturgleichungsanalyse eine sinnvolle Erweiterung des Kanons der Methoden zur Untersuchung der Ursachen von Gewalt in der Gesellschaft darstellt.

Gunter/Winstone (1993) hingegen interessieren sich nicht primär für die Frage, inwieweit Mediengewalt die gesellschaftliche Gewalt bedingt. Es geht ihnen bei ihrer Umfrage vielmehr darum, festzustellen, ob die Bürger das Fernsehprogramm als anstößig empfinden oder sich durch das Fernsehprogramm verletzt (offended) fühlen. Dies fußt auf einer juristischen Perspektive: Den Hintergrund der Studie bildet die Gesetzeslage in Großbritannien, die den Fernsehanbietern vorschreibt, daß sie ihre Zuschauer nicht verletzen dürfen.[3] Aus diesem Argumentationszusammenhang ergibt sich nun die Frage, welche Bevölkerungsgruppen das derzeitige Programmangebot als anstößig empfinden und welche spezifischen Faktoren hierfür auszumachen sind. Hierzu wurden von Gunter und Winstone Faktoren- und Diskriminanzanalysen berechnet.

Im Ergebnis ergeben sich drei Faktoren, die Erklärungskraft dafür besitzen, daß sich Zuschauer durch das Fernsehangebot angegriffen fühlen: Geschlecht (Frauen empfinden das Programm eher als anstößig), Bildung (je höher das formale

---

3 Die Übersetzung des Begriffs "offended" erscheint in diesem Zusammenhang schwierig. Wir schlagen "verletzt sein" bzw. "als anstößig empfinden" vor.

Bildungsniveau ist, desto stärker empfinden die Bürger das Programm als anstößig) und "Videochoice", ein Faktor der sich aus Einstellungen zu TV und Video zusammensetzt. Hier führt ein starker Wunsch nach und die Nutzung von Videorekordern und weiteren Empfangsmöglichkeiten zu einer verstärkten Empfindung des Programmes als anstößig.

Bezüglich der Erwähnung von Gewalt als Quelle des Anstoßes geben Gunter/Winstone weitere Prädiktoren an: Geschlecht, Bildung, Interesse an Programmen über Sport, Gesundheit, Spielfilmen, Videonutzung, Fernsehnutzung aus sozialen Gründen sowie Einstellungen zu Video und Programmvielfalt. Hier stellt sich hier erneut die Frage nach Ursache und Wirkung. Schließlich ließe sich auch plausibel annehmen, daß die Einstellungen zu Video und Programmvielfalt durch die Einstellung zu Fernsehgewalt beeinflußt werden. So könnten diejenigen Zuschauer, die mit dem Programm unzufrieden sind (etwa weil in ihren Augen zuwenig gewalthaltige Actionfilme gezeigt werden), sowohl angeben, das Programm als anstößig zu empfinden, wie auch einen starken Wunsch nach Videokonsum hegen. Aufgrund der querschnittlichen Anlage der Untersuchung ist es Gunter und Winstone jedoch nicht möglich, die Richtung der Kausalität zwischen den Variablen genau zu bestimmen.

Mit der Fragestellung der Suche nach Ursachen für die Anstößigkeit des Fernsehprogramms ist es nicht das Ziel von Gunter/Winstone, Ursachen für die gesamtgesellschaftliche Gewalt im Medienkonsum zu suchen, sondern vielmehr, einen anderen Wirkungsaspekt von Fernsehen und Fernsehgewalt zu untersuchen. So kann diese Studie wertvolles Wissen dazu beitragen, welche anderen Folgen als die Aggressivität von Rezipienten Gewalt in den Medien hervorrufen kann. Schließlich wird Mediengewalt ja deshalb produziert, weil sie sich gut verkaufen läßt, weil viele Rezipienten sie also offenbar in ihrer Zuwendungsentscheidung als attraktiv empfinden. Nimmt man Anstößigkeit und Attraktivität als einer Zuwendung konträr an, zeigt sich, wie wichtig auch die Erforschung derartiger Fragestellungen für die Erforschung von Mediengewalt ist.

Einer wiederum gänzlich anderen Fragestellung widmen sich Kunczik/Bleh/Maritzen (1993). Ausgehend von einem sehr ausführlichen Literaturbericht zum Stand der medienpsychologischen Forschung entwickelten Kunczik/Bleh/Maritzen eine Befragung von Kinder- und Jugendpsychiatern und -psychologen, die sich an eine in Großbritannien durchgeführte Studie anlehnt. In ihrer Untersuchung befragten sie also nicht die angepeilte Rezipientengruppe (Kinder und Jugendliche mit Verhaltensauffälligkeiten) selbst, sondern deren behandelnde Psychiater und Psychologen. Dabei gingen Kunczik/Bleh/Maritzen primär von drei Fragen aus: (a) ob und wie regelmäßig die Befragten den Medienkonsum ihrer Patienten explorieren, (b) welche Erfahrungen und Symptome zur Gewaltwirkung vorliegen und (c) welche Rezipientenmerkmale den Wirkungszusammenhang beeinflussen.

Im Ergebnis gab eine große Mehrheit der befragten 124 Psychologen und 126 Psychiater an, den Medienkonsum ihrer jungen Patienten zu explorieren. Weiterhin vermuteten die meisten Befragten einen negativen Einfluß von gewalthaltigem Medienkonsum. Hierzu gehören die Aktivation aggressiven Verhaltens, die Rationalisierung aggressiven Verhaltens durch Medienvorbilder und Legitimationsversuche durch die Medien. Es wird kaum über kathartische Effekte sowie eine Hilfestellung der Medien zur Bewältigung innerer Konflikte berichtet.

Obgleich Kunczik/Bleh/Maritzen ausdrücklich darauf hinweisen, daß sich aus einer derartigen Untersuchung keine Kausalschlüsse ableiten lassen (Kunczik/Bleh/Maritzen 1993, S. 17) soll hier nochmals deutlich auf diese Tatsache aufmerksam gemacht werden. Dies erklärt sich bereits aus dem Studiendesign: Hätte man die gesamte bundesdeutsche Gesellschaft nach ihren Überzeugungen zum Zusammenhang zwischen Gewalt und Medien befragt, so wäre jedem klar, daß es sich um eine Sammlung von Vorurteilen handeln müßte. Kunczik befragte jedoch eine Subgruppe der Gesamtgesellschaft - Kinderpsychologen und -psychiater. Doch wird hierdurch die Messung tatsächlich zur Erhebung von "Erfahrungen" anstelle von Vorurteilen? Man wäre geneigt, die Frage zu stellen, ob die von Kunczik/Bleh/Maritzen bei Kinderpsychologen und -psychiatern gefundenen Meinungsunterschiede zu diesem Thema nicht ziemlich genau denen in der gesamten Öffentlichkeit der Bundesrepublik entsprechen.

Außerdem stellt sich die Frage, was für die Befragten denn ein "Vielseher" ist; eine Frage, die bereits Gerbner (1981) und Hirsch (1981) ausgiebig beschäftigte. Denn es ist nicht ersichtlich, ob sich "Vielseher" im Vergleich mit dem Fernsehkonsum anderer Kinder der gleichen Altersgruppe oder etwa im Vergleich mit dem Konsum der befragten Psychologen und Psychiater selbst (gar fast alle "Wenigseher"?) ergeben. Eine Befragung nach dem Fernsehkonsum in Stunden oder Minuten wäre hier sicher ebenso hilfreich gewesen wie eine inhaltlich differenzierte Messung.

Als weitere Frage stellt sich, was mit den Daten derjenigen Befragten geschah, die angaben, keine Exploration hinsichtlich des Fernsehkonsums ihrer Klienten zu betreiben. Denn wenn sie in den weiteren Verteilungen über die vermutete Schädigungswirkung des Fernsehens weggelassen werden, so ergibt sich hieraus eine Verzerrung. Sie ergibt sich, da es plausibel erscheint, daß diejenigen, die den Medienkonsum ihrer Klienten nicht genauer untersuchen, ihn hinsichtlich der Verhaltensauffälligkeiten ihrer Klienten auch nicht für bedeutsam halten. Sie könnten also eventuell zu dem Lager derjenigen gezählt werden, die dem Medienkonsum keine Schädigungswirkung unterstellen.

Auch wenn also einige Probleme bei der von Kunczik/Bleh/Maritzen verwendeten Methode erkennbar sind, die weder Ergebnisse im Sinne einer self-fulfilling-prophecy ausschließen können noch eine Differenzierung von Schutzbehauptungen der Klienten der Befragten zulassen, handelt es sich um einen interessanten neuen Versuch zur Messung von Annahmen über die Gewaltwirkung. Zur Messung dieser Gewaltwirkung, zu deren Erforschung Kunczik/Bleh/Maritzen in ihrer Studie einen ausgezeichneten Überblick zu Forschungsstand und methodischen Problemen geben, ist das vorgestellte Design jedoch ungeeignet.

Weitere Untersuchungen sind in den 90er Jahren von Brosius/Schmitt (1990) und Grimm (1993a) zur Frage nach Zuwendung und Erleben von Horrorfilmen durchgeführt worden. Beide Studien sollen hier nicht ausführlich vorgestellt werden, da sie in ihrer Fragestellung zwar für die Gewaltforschung relevant sind, sich aber nicht zentral mit Gewalt in den Medien beschäftigen. Brosius/Schmitt (1990) führten eine Umfrage unter Jugendlichen durch, die sie pfadanalytisch auswerteten. Im Ergebnis ihrer Untersuchung steht die Deskription der wahrgenommenen Elemente von Horrorvideos wie der Motive zum Horrorkonsum. Auf Basis von Ursachenkomplexen können Brosius/Schmitt somit empirisch gesicherte Modelle zur Zuwendung zu Horrorvideos angeben. Grimm (1993a) beschäftigt sich mit der Erlebnisweise von Horrorfilmen im Rahmen eines Experimentes mit nur einer Experimentalgruppe und verschiedenen Messungen zu unterschiedlichen Zeitpunkten sowie Meßwiederholung. Da keine Kontrollgruppe vorhanden ist, könnte man auch von einer stimulusorientierten Befragung sprechen. Grimm setzt dabei eine Vielzahl unterschiedlicher Skalen zur Messung der Emotionen der Zuschauer ein und kann signifikante Korrelationen der psychologischen Variablen mit dem Horrorkonsum und der Angstveränderung messen. Im Ergebnis steht bei Grimm (1993a), ähnlich wie bei Brosius/Schmitt (1990), jedoch weniger differenziert, ein Modell des Horrorkonsums.

4.2 Quantitative Verfahren II: Inhaltsanalysen

Es kann mittlerweile als gesellschaftlicher Konsens gelten, daß insbesondere im Fernsehen viel Gewalt gezeigt wird. Allerdings gibt es sehr unterschiedliche Meinungen darüber, wie das Ausmaß und die Qualität der Gewaltdarstellungen zu interpretieren ist. Will man also die Frage nach den Wirkungen von Gewaltdarstellungen auf den Rezipienten beantworten, muß zunächst festgestellt werden, wie und wieviel Gewalt eigentlich gezeigt wird. Dazu ist die Methode der Inhaltsanalyse das geeignete Mittel. Wobei an dieser Stelle gleich darauf hingewiesen werden soll, daß es eine Reihe von Untersuchungen gibt, die zwar unter der Rubrik Inhaltsanalyse veröffentlicht wurden, bestenfalls aber simple Inhaltsangaben darstellen. Ein Beispiel dafür ist die Veröffentlichung von Voullieme (1992), die in ihrem Titel eine vergleichende Inhaltsanalyse von Gewalt in Filmen und TV-Spielen ankündigt. Tatsächlich handelt es sich dabei um pure Inhaltsangaben, die - zugegebenermaßen - mittels eines Leitfadens strukturiert wurden. Ein Kategoriensystem bzw. Vercodungsregeln sucht der interessierte Leser leider vergeblich. Auch eine wissenschaftliche Auseinandersetzung mit der qualitativen Inhaltsanalyse (vgl. u.a. Mayring 1988) - und als solche war diese Studie wohl konzipiert - findet nicht statt. Trotz dieser immer wieder vorkommenden Fehlinterpretation bzw. laienhaften Anwendung der Inhaltsanalyse gibt es mittlerweile eine Reihe von Studien, die diese Methode nach wissenschaftlichen Kriterien angewendet haben.

Im internationalen Vergleich - z.B. in den USA, Deutschland, Japan, Österreich oder Großbritannien - weisen die Ergebnisse inhaltsanalytischer Studien eine recht einheitliche Richtung auf (Leims 1993; Hagiwara 1990; Cowan/O'Brian 1990;

Vitouch 1992).[4] Setzt man voraus, daß die Studien hinsichtlich der Messung von Gewaltdarstellungen überhaupt vergleichbar sind, so ergibt sich dennoch nach Groebel/Gleich (1993, S. 40) eine Art Rangliste: Die USA und Japan liegen bezogen auf die Quantität der Gewaltdarstellungen an der Spitze, gefolgt von den westeuropäischen Staaten und Australien. Die geringsten Werte weisen Skandinavien und Großbritannien auf. Allerdings ist den meisten Studien gemeinsam, daß sie über das reine Zählen von Toten und Gewaltakten nicht hinauskommen.

Ein zentraler Einwand gegen derartige Inhaltsanalysen von Gewalt ist, daß sie für die Feststellung von Wirkungen nur einen notwendigen, aber nicht hinreichenden Analyseschritt darstellen (Merten 1993a, S. 16). Die Darstellung von Gewalt sagt mitnichten etwas über die Wirkung dieser Darstellung. Die Inhaltsanalyse kann somit nur das Angebot der Medien beschreiben und strukturieren (vgl. auch Früh 1990).

Die bei weitem meisten Inhaltsanalysen von Gewaltdarstellungen untersuchten die Gewaltdarstellung fiktionaler Gewalt (Gerbner/Gross 1976; Schneider 1977; Quarantelli 1985).[5] Zur Darstellung realer Gewalt liegen relativ wenig Inhaltsanalysen vor. Hierbei handelt es sich nach Kepplinger/Dahlem (1990) zum Teil um historische Studien, in denen die Darstellung als Indikator für Verhalten betrachtet bzw. der Nachrichtenwert von Gewalt analysiert wird (Tichy 1980; Wilke 1984), zum Teil um Untersuchungen der Darstellung von Verbrechen in Nachrichtenbeiträgen (Graber 1979) und um Analysen der Darstellung von politischer Gewalt (Kepplinger 1979, 1981; Weimann 1985; Kepplinger/Dahlem 1989). Aufbauend auf diesen unbefriedigenden Forschungsstand analysieren Brosius/Esser (in diesem Band) in ihrer neuen Studie den Zusammenhang zwischen realem Kriminalitätsaufkommen und Nachrichtenberichterstattung anhand des Themas ausländerfeindlicher Gewalttaten.

Wie unterschiedlich die Gewaltdarstellungen im Fernsehen untersucht und auch interpretiert werden, soll für die Bundesrepublik exemplarisch anhand der Studien von Merten (1993a, 1993b), Groebel/Gleich (1993) und Krüger (1994) aufgezeigt werden. Merten analysierte im Rahmen seiner inhaltsanalytischen Studie 1291 Sendungen. Von ihnen wiesen 764 Sendungen insgesamt 3417 Gewaltsequenzen auf (Vgl. Merten 1993a, S. 3). Sie wurden unterschieden in intentionale (absichtliche) und nicht-intentionale (Fahrlässigkeit, Unglücke) Gewalt (Merten 1993b, S. 4). Als zentrales Ergebnis der Studie wurde ausgewiesen, daß Pro 7 deutlich mehr Gewalt zeigt als ARD, ZDF, RTL und Sat 1.[6]

---

4 Dies ist laut Kunczik (1994) auch nicht sonderlich überraschend, da in all den oben genannten Staaten die Fernsehanstalten zu einem großen Teil ihr Programmangebot mit Serien aus den USA bestreiten.

5 Unter der Darstellung realer Gewalt wird die Präsentation von Verhaltensweisen verstanden, die psychische oder physische Schädigungen beabsichtigen oder bewirken, unter der Darstellung fiktionaler Gewalt die Präsentation von Verhaltensweisen, die dies nur vorgeben (vgl. Kepplinger/Dahlem, 1990).

6 Bei der ARD beinhalteten 50,2 Prozent der untersuchten Sendungen Gewalt, beim ZDF 57,2 Prozent, bei Sat 1 59,9 Prozent, bei RTL 54 Prozent und bei Pro 7 83,3 Prozent (vgl. Merten 1993a).

Groebel/Gleich erstellten ein Gewaltprofil des deutschen Fernsehprogramms. Die Ergebnisse zeigten, daß im deutschen Unterhaltungsprogramm täglich etwa 70 Menschen (481 in einer Woche) ermordet wurden. Die meisten Morde gab es in Pro7 mit 20 Toten, die wenigsten Toten bei ARD und ZDF mit 6 bzw. 7 Toten (Groebel/Gleich 1993, S. 125). Weiterhin zeigte die Untersuchung, daß in fast der Hälfte aller deutscher Fernsehsendungen zumindest einmal Aggression oder Bedrohung in irgendeiner Form thematisiert wurde. Demnach wurden stündlich im deutschen Fernsehen durchschnittlich fast 5 aggressive Handlungen gezeigt (Groebel/Gleich 1993, S. 82). Durchaus im Sinne von Gerbner (1976) vermuten Groebel/Gleich (1993, S. 28) eine durch das Fernsehen bewirkte Vermischung von Fiktion und Realität und damit die Schaffung ängstlicher Umwelterwartungen (das wiederum kann mittels der Inhaltsanalyse nicht untersucht werden, vgl. dazu Zillmann 1980).

Krüger (1994) kommt in seiner Analyse der Gewaltdarstellungen im Angebotsbereich Information/Reality TV zu dem Ergebnis, daß ARD und ZDF anteilig weniger Gewalt als die beiden privaten Anbieter RTL und Sat1 ausstrahlen, obwohl sie im Vergleich zu den privaten Anbietern in der Prime time von 17.00 bis 23.00 Uhr die Informationsprogramme dominieren. Rein quantitativ besehen wurden dabei für alle Gewaltvarianten Unterschiede zwischen den Sendern ausgemacht (vgl. Krüger 1994, S. 84). Diese Unterschiede wurden dahingehend interpretiert, daß Gewalt bei ARD und ZDF eher in aktuellen/politischen, bei Sat 1 und RTL eher in Boulevard- und Reality-TV-Sendungen vorkamen. Wurden die Darstellungen in ARD und ZDF eher durch reale Konflikte bestimmt, so waren dies in den privaten Sendern eher Kriminalität, Unfälle oder Katastrophen. Als Ursache dafür wurden vor allem Programmstruktur- und Themenselektionseffekte herangezogen.

Zunächst ergibt sich generell das Problem, daß die Studien von unterschiedlichen Auftraggebern finanziert wurden. Dies führte gerade bei diesen Studien zu - für die wissenschaftliche Forschung nicht unbedingt förderlichen - öffentlichen Diskussionen, die sich zumeist auf einer sehr unsachlichen Ebene abspielten. Urheber der Diskussion waren in der Regel die jeweils auftraggebenden Institutionen, die ihre Studie als wissenschaftlich fundiert und die der anderen Seite als "unseriös" bezeichneten.

Wenn die Studien von der inhaltlichen Ausrichtung auch nicht unmittelbar miteinander vergleichbar sind, so ergeben sich für alle ähnliche methodische und methodologische Grundprobleme. So stellt Merten (1993a) zu Recht fest, daß die "reine Beschreibung" von Gewalt (nach: Häufigkeit, Schwere, Täter- bzw. Opfertyp) kein valider Indikator für die Zuschreibung einer Ursache für violentes Verhalten des Rezipienten ist. Es ist eine notwendige, aber keine hinreichende Bedingung für die Zuschreibung von Gewaltpotential beim Rezipienten. Daraus folgt, daß zum Nachweis der Wirkung von Gewaltdarstellungen ein Mehrmethoden- respektive ein experimentelles Design erforderlich ist. Die Studien geben somit ausschließlich ein - mehr oder weniger - verläßliches Bild der gesendeten Inhalte der ausgewählten Fernsehsender über einen bestimmten Zeitraum hinweg. Sie stellen jedoch keine Wirkungsuntersuchungen dar.

Aber auch ansonsten sind die Untersuchungen vom Design her problematisch. Zunächst fehlt grundsätzlich eine klare Definition von "Gewalt". In den Studien finden sich zwar Kapitel zur Definition der Begriffe Gewalt und Wirkung (Merten 1993a, S. 7; Groebel/Gleich 1993, S. 41). Merten weist z.B. darauf hin, daß "die Definition dessen, was Gewalt sein soll, vage ist" (Merten 1993a, S. 8). Aber leider werden weder von ihm noch von den anderen Autoren Alternativen aufgezeigt. Für eine inhaltanalytische Betrachtung ist beispielsweise die Definition von Merten, daß "bei der Darstellung von Gewalt im Fernsehen nur ein verkürztes Verständnis von Gewalt zum Tragen kommt, das sich beschränkt auf direkte, kausal zurechenbare und unmittelbar wahrnehmbare Schädigungen insbesondere von Personen" (Merten 1993a, S. 8) jedenfalls wenig befriedigend. Alle Aussagen der Studie beziehen sich somit auf einen eher vage definierten Gewaltbegriff (vgl. Friedrichsen 1993, S. 15).

Auch der Versuch von Merten, einen Grausamkeitsindex zu bilden, muß mit Vorsicht interpretiert werden, insbesondere aufgrund der Komponente "mittlerer Grad an Grausamkeit". Sicherlich ist es berechtigt, den Grad der Grausamkeit anhand der eigentlichen Darstellung (Nahaufnahme, Totale etc.) und des Kontextes der Darstellung (dokumentarisch, realistisch, irreal etc.) - wenn auch diese Unterscheidungen bereits problematisch sind - sowie der Länge einer Gewaltsequenz zu messen (vgl. Friedrichsen 1993, S. 16). Merten stützt jedoch seine Aussagen in weiten Teilen der Ergebnispräsentation auf einen Index, der aus der Summe aller Produkte aus Dauer (in Sek.) und Grad der Grausamkeit (Einschätzung der Codierer auf einer Skala von 1 bis 10) aller Gewaltsequenzen. Außerdem wurde die Zahl der Opfer - "weil die Größe wenig aussagekräftig ist" (Merten 1993a, S. 9) - nicht berücksichtigt. Ob die Zahl der Opfer - wie sie Gerbner (1976) in seinem Index verwendet hat - wirklich nicht mehr als valider Indikator für den Grad der Gefährlichkeit von Gewaltdarstellungen im Fernsehen angesehen werden kann, weil es zwischen diesem Indikator und der von den Codierern eingeschätzten Grausamkeit der Darstellung keine Korrelation gibt, muß zunächst einmal bezweifelt werden. Demgegenüber ist natürlich das bloße Zählen der Toten im Fernsehen über einen bestimmten Zeitraum - wie bei Groebel/Gleich - sicherlich ein wissenschaftlicher bzw. methodischer Rückschritt.

Ein weiteres Problem stellt sich in der Definition von Gewaltsequenzen. Der Kameraschnitt kann zwar als Abgrenzungskriterium benutzt werden, doch ist damit nicht gesagt, bei welcher Kameraeinstellung die Gewaltsequenz wirklich beginnt und auch endet. So können verbale Gewaltakte - die in allen bisherigen Studien vernachlässigt wurden - durchaus bereits Gewalthandlungen implizieren bzw. eine Gewalthandlung vorbereiten.

Auch die Analyse von Reality-TV-Sendungen scheint unpräzise zu sein; bzw. hier besteht der Verdacht, daß die inhaltsanalytischen Kategorien zu einer Überschätzung der Gewaltdarstellung geführt haben (Krüger 1994; Merten 1993a). Es muß somit überprüft werden, ob die Vergleichbarkeit der Darstellungen in Spielfilmen und Reality-TV - das gilt natürlich auch für den Vergleich anderer Genres - überhaupt uneingeschränkt vorgenommen werden kann. Ob Reality-TV aufgrund "der Härte seiner Darstellung zu den umstrittensten Programmformen zählt" (Merten 1993a, S. 83), sollte in weiteren inhaltsanalytischen Studien erst geklärt werden.

Trotz aller Kritik an den bisherigen Studien ist der Versuch einer Unterscheidung in "intentionale" (als vom Täter beabsichtigte Handlung) und "non-intentionale" (z.B. als Unglück oder Naturkatastrophe) Gewalt als eine positive Entwicklung anzusehen (Merten 1993a, S. 76). Vielleicht führt dies endlich zu einer differenzierteren Betrachtung der in den Medien gezeigten Gewalt. Dem in allen Studien fehlenden Kontextbezug versuchen Groebel/Gleich insofern zu begegnen, indem sie zu messen versuchen, wie oft ein Rezipient beim "Zappen" auf Gewaltakte stoßen kann (Groebel/Gleich 1993, S. 61). Für die weitere Forschung im Bereich der Erfassung von Gewaltdarstellungen im Fernsehen muß vor allem berücksichtigt werden, daß Gewalt dem Rezipienten in verschiedenen Konzeptionen zugänglich ist. Sicherlich kann jeder etwas über Gewalt sagen: was man davon hält, wo sie einem angetan wurde und wie man sie selbst vollzogen hat oder was man über die Wirkungen der Gewaltdarstellung zu wissen glaubt. Aus den oben diskutierten Studien lassen sich zwei Anregungen ableiten (vgl. auch Merten 1993a): a) die Reflektion der Diskussion über die Gefahren von Gewaltdarstellung im Fernsehen im Sinne sozialen Handelns und b) Überlegungen zur valideren Messung von Gewaltwirkungen.

Dabei muß einerseits die bloße Darstellung der Gewalt im Fernsehen und andererseits die offenbar sehr unterschiedliche Wirkung dieser Darstellungen beim Rezipienten dezidiert analysiert werden. Gerade für inhaltsanalytische Studien ist daher neben einer klaren Definition eine differenzierte Betrachtung von Gewalt nötig. So sind bereits Wörter Elemente einer handlungstheoretischen Beschreibung der Gewaltanwendung: Instrumente der Gewalt (Messer, Gewehr), Formen der Gewalt (Schlägerei, Folter), Affekte der Gewalt (Schmerz, Angst, Wut, Haß), Effekte der Gewalt (Blut, Tod, Verletzung, Schmerz), Intensität und Modi der Gewaltausübung (Brutalität, Kaltblütigkeit). Eine andere Dimension könnten Muster der Gewaltentstehung (im alkoholisierten Zustand neigt der Mensch zur Aggression; Schlägereien um Frauen oder aus Eifersucht) und Modelle der Eskalation von Gewalt (wie aus einer harmlosen Situation eine Schlägerei entstehen kann). Möglicherweise gibt es auch eine moralische Dimension, die sich auf Merksätze oder Handlungsmaxime bezieht ("Du sollst nicht töten" oder "Du mußt dich nur wehren" oder ähnliches). Darauf aufbauend gibt es viele Ansätze, Gewalt zu klassifizieren (strukturelle vs. manifeste Gewalt; reale vs. fiktive Gewalt; Gewalt in den Genres - im Western, im Kriegsfilm etc.; Gewalt gegen Frauen, Kinder, Abhängige, Wehrlose; und anderes mehr) (Wulff 1985).

4.3 Quantitative Verfahren III: Experimentelle Studien

Eine wesentliche Neuerung bei den hier betrachteten experimentellen Studien der 90er Jahre ist in der Pluralisierung von unabhängigen und abhängigen Variablen zu sehen. Sie entfernen sich damit von der Vielzahl von experimentellen Studien, die zur Gewaltausübung nach dem Konsum aggressiver Filme zumeist an Kindern durchgeführt wurden. Wood/Wong/Chachere (1991, S. 373) beschreiben diesen ursprünglichen Typus von Studien, der die Basis ihrer Metaanalyse darstellt, wie folgt:

> "After a movie was presented, children were told to wait in the viewing room until the experimenter was ready for them. The subjects most likely believed that the study terminated at this point, and indeed in a few cases this instruction was explicitly mentioned in the report. Toys were provided for the children to play with, and behavior coding was conducted in an unobstrusive manner."

Ein Beispiel für diese Pluralisierung von unabhängigen und abhängigen Variablen in den experimentellen Studien der 90er Jahre zur Gewaltwirkung liefern Betsch/Dickenberger (1992). In ihrem Experiment verwenden sie ein 2x2x2+2-Design, welches als unabhängige Variablen sowohl eine aggressivierende Vorprozedur wie Filmvariationen einschließt, in denen ein aggressiver Akt das Ziel der Aggression trifft/verfehlt und der Aggressor bestraft/nicht bestraft wird. Weiterhin schließen sie zwei Kontrollgruppen ein, denen kein Film gezeigt wird.[7]

Doch auch bezüglich der abhängigen Variablen läßt sich bei Betsch/Dickenberger eine deutliche Diversifizierung ablesen: Ausgehend von einer sehr umfangreichen Aufarbeitung theoretischer Ansätze und experimenteller Untersuchungen setzen sie eine Vielzahl von Inventaren und Skalen ein. Die sehr differenzierte Anlage der Variablen macht jedoch eine zusammenfassende Darstellung von Hypothesen und Ergebnissen an dieser Stelle unmöglich.

Besonders interessant erscheint bei der Studie von Betsch/Dickenberger auch der Aufwand, der bei dem Stimulusmaterial betrieben wurde: Alle acht Filmvarianten, die Betsch/Dickenberger einsetzen, waren selbst für den Zweck der Untersuchung produziert. Der aggressive Akt bestand aus dem Löschen der Diskette eines Studenten durch einen Kommilitonen. Im Vergleich zur alltäglichen Fernsehgewalt wohl eine eher schwache Aggression.

Hier stellt sich die Frage nach der Validität. Genauer gesagt: nach dem Verhältnis von innerer und äußerer Validität. Denn es ist möglich zu argumentieren, daß zum Test spezifischer psychologischer Hypothesen mit prädiktorischem Wert eine ebenso spezifische Situation durch das Stimulusmaterial geschaffen werden muß. Es daher also besonders zu begrüßen ist, wenn Stimulusmaterial selbst produziert werden kann. Nur so können die notwendigen Voraussetzungen eines klaren Grup-

7 Es stellt sich die Frage, ob gänzlich stimuluslose Kontrollgruppen valide Ergebnisse von Gruppenvergleichen zulassen, da auch ein nicht vorhandener Film als Stimulus wirken kann, etwa bei gleicher Zeit gelangweilten "Herumsitzens". Die zeitliche Organisation der Kontrollgruppen ist jedoch aus der Studie von Betsch/Dickenberger nicht ersichtlich.

penvergleichs geschaffen werden, die oft in nur minimalen, spezifischen Abweichungen zwischen den Stimulusgruppen bestehen. Es ist jedoch ebenfalls möglich zu argumentieren, daß im Rahmen von wissenschaftlichen Studiengängen hergestellte Stimuli durch die äußeren Gegebenheiten nicht die professionelle Qualität etwa von alltäglichen fiktionalen Fernsehbeiträgen haben können.

Somit verhilft die Eigenproduktion zu mehr innerer Validität, d.h. sie ermöglicht einen gültigen internen Vergleich (von qualitativ gänzlich inakzeptablen Ausnahmen einmal abgesehen), geht aber zu Lasten der Übertragbarkeit auf das Alltagsleben, der externen Validität. Das Rennen geht jedoch unentschieden aus, denn der Vergleich der Wirkungen von verschiedenen Fremdproduktionen, die sich oft inhaltlich nicht vollständig decken, zeigt den umgekehrten Effekt: Die äußere Validität erhöht sich, während die innere schwindet.

Dies zeigt sich unter anderem bei Stiegler (1991). In diesem Experiment wurden je ca. 40 Versuchspersonen zwei Filme gezeigt, die "Frauengewalt gegen Männer" beinhalten. Stiegler geht dabei von psychologischem Theoriematerial wie der sozialen Lerntheorie von Bandura sowie kommunikationswissenschaftlichen Ansätzen von Krebs/Groebel aus. Seine Hypothesen sind dabei ebenso multidimensional wie die abhängigen Variablen. Sie reichen von der geschlechtsspezifischen Erregung durch den Film über geschlechtsspezifische Identifikation, geschlechtsstereotyper Wahrnehmung der Aggressorin bis zur geschlechtsspezifischen Auswirkung von Aggressivität auf das Gefallen des Films. Während sich die Annahmen zur Erregung und zur geschlechtsstereotypen Wahrnehmung bestätigen, lassen sich die weiteren Ergebnisse hier aus Platzgründen nicht darstellen.

Die beiden Filme, die Stiegler seinen zwei Experimentalgruppen zeigt, scheinen jedoch inhaltlich nur bedingt Gemeinsamkeiten aufzuweisen. Daher lassen sich Gruppenmittelwerte auch kaum sinnvoll vergleichen. So muß es unklar bleiben, ob die signifikant verschiedene Wahrnehmung des einen Experimentalfilms "Das Frauenzimmer" auf die höhere Menge an von Frauen ausgeübter Gewalt oder auf die - ebenfalls höhere - Zahl an sexuell stimulierenden Szenen zurückzuführen ist. Hier ergibt sich also die andere Form des oben beschriebenen Stimulusdilemmas, die interne Validität erscheint problematisch. Denn schließlich bleibt unbekannt, worauf die verschiedenartige Wahrnehmung und Wirkung zurückzuführen ist, wenn die Experimentalfilme sich zu wenig gleichen.

Glücklicherweise weist Stiegler auch die Ergebnisse von Inhaltsanalysen aus, die er zu den Stimulusfilmen durchführte. So ließe sich dem Problem dadurch begegnen, daß eine genaue Analyse des Stimulusmaterials vorgenommen und somit zumindest die Unterschiedlichkeit der Stimuli dokumentiert wird. Grundsätzlich erscheint es besonders sinnvoll, inhaltsanalystische Untersuchungen mit experimentellen zu verbinden, um so eine Klärung von der Art des Stimulus und der Reaktion zu ermöglichen. Leider werden derartige Mehrmethodendesigns nur selten realisiert.

Dennoch läßt sich im Falle der von Stiegler vorgelegten Studie wohl nur bedingt von einem klaren Experimentaldesign sprechen, da die Gruppenvergleiche unklar bleiben müssen (siehe oben). Lediglich eine klare Unterschiedlichkeit der

Rezeptionsweisen läßt sich im Vergleich der Filme dokumentieren, so daß sich Stieglers Hauptaussagen auf die Rezipientenvariable Geschlecht beziehen. Auch bei Stiegler zeigt sich die zunehmend unübersichtlicher werdende Zahl von Inventaren und Skalen als abhängige Variablen, wie zum Beispiel die Befindlichkeitsskala (BIS).

Ebenfalls um das Verhältnis von interner und externer Validität sorgen sich Kepplinger/Giesselmann, wenn sie schreiben: "Wir nehmen diesen Nachteil jedoch im Interesse einer möglichst großen Wirklichkeitsnähe in Kauf. Wir opfern sozusagen interne Validität zugunsten externer Validität" (Kepplinger/Giesselmann 1993, S. 172). Hier geht es ihnen jedoch nicht um die Auswahl von Filmmaterial, sondern um die verschiedenen miteinander verglichenen Rezipientengruppen. So wurden von Kepplinger und Giesselmann Studenten mit Polizisten in ihrer Reaktion auf gewalthaltige Fernsehberichte über Demonstrationen verglichen.

In einem 2x2x3-Design sahen Studenten/Polizisten (insgesamt 192 Versuchspersonen) Filme, die Gewalt bei einer Demonstration von Polizisten oder von Demonstranten ausgehend zeigte. Weiterhin wurde dreistufig die verbale Bewertung der Gewalt variiert. Den theoretischen Hintergrund bildeten konflikttheoretische Theorien. Es wurde angenommen, daß neben dem gezeigten Filmmaterial, das eine Gruppe als Aggressor erscheinen läßt, auch die Position der Zuschauer und die verbale Beurteilung der Gewalt im Kommentar des Beitrages die Wahrnehmung und Bewertung der gezeigten Gewalt beeinflussen. Im Ergebnis zeigt sich weitgehend das Erwartete: Die Position der Zuschauer und die Darstellung einer Gruppe als Aggressoren im Filmbeitrag sind besonders wichtig für die Beurteilung der Gewalt, die Kommentierung ist hierfür etwas weniger wichtig.

In der Untersuchung von Kepplinger und Giesselmann wird als abhängige Variable hauptsächlich die Bewertung von Gewalt gemessen. Hierbei spielt die eigene Aggressivität der Rezipienten keine identifizierbare Rolle. Somit wird in der Untersuchung von Kepplinger und Giesselmann etwas fundamental anders gemessen, als in früheren Gewaltexperimenten an Kindern (siehe oben) oder in anderen hier vorgestellten Studien. Auch dies kann als Beispiel für die starke Dispersität von abhängigen Variablen in den neueren experimentellen Studien zur Gewaltforschung angesehen werden.

Einen wiederum gänzlich anderen Zugang und wiederum ganz andere abhängige Variablen wählen Langley/O'Neal et al. (1992), die sich für die Zuwendung zu aggressiven Medieninhalten und deren Voraussetzungen interessieren. 30 männliche Psychologiestudenten wurden von ihnen zu zwei scheinbar unabhängigen Untersuchungen eingeladen. Zunächst wurde ihnen eine Liste von 24 Wörtern vorgelegt (aggressiv/nicht aggressiv/indifferent) um sie dann zu bitten, eine Geschichte um diese Schlüsselwörter zu schreiben ("Fantasy Priming Manipulation", Langley/O'Neal et al. 1992, S. 351). Nach Fertigstellung der Geschichte wurden sie gebeten, sich für ein zweites Experiment anhand von Kurzbeschreibungen einen Film ihrer Wahl auszusuchen (abhängige Variable).

Ausgehend von psychologischen und kommunkationswissenschaftlichen Theorien messen Langley/O'Neal et al. mittels eines 3-Gruppendesigns die Zuwendung zu Fernsehprogrammaterial nach aggressivem Priming. Erwartet wurde von Langley/O'Neal et al. eine Zuwendung zu als aggressiv beschriebenen Filmen nach dem aggressiven Priming. Im Ergebnis steht auch genau dieser Zusammenhang. Eine stärkere Präferenz zeigen die aggressiv geprimten Versuchspersonen für gewalttätige Filme und gewalthaltige Comedies. Für andere Comedies, Erotikfilme und als neutral eingestufte Filme gilt dies nicht.

Die kurze Studie von Langley/O'Neal et al. betritt mit der Verquickung von Priming-Effekt, Gewaltdiskussion und Zuwendungsforschung ein interessantes Gebiet, indem sie sich mit den Ursachen des Konsums von Gewalt beschäftigt. Denn schließlich muß jeder Rezeptionshandlung zunächst eine Zuwendungsentscheidung vorausgegangen sein. Gewissermaßen ist also die Zuwendungsforschung der Wirkungsforschung vorgelagert. In diesem Zusammenhang warnen Langley/O'Neal et al. vor dem Einsatz von Verbalindikatoren in der Zuwendungsforschung und plädieren für eine experimentelle Zuwendungsentscheidung (Langley/O'Neal et al. 1992, S. 355).

Einem sehr ähnlichen Aufbau folgt auch die Untersuchung von Langley (1993), die ebenfalls den Wunsch nach einem aggressiven Videofilm als abhängige Variable erhebt. Die Filme lagen ebenfalls nur als Kurzbeschreibungen vor. Langley bezieht neben der oben beschriebenen Priming-Aufgabe 1993 auch die physiologische Erregung der Rezipienten mit ein, die er in einem 3x2-Design durch Koffeineingabe (dreistufig) manipuliert.

Angenommen wurde, analog zu Langley/O'Neal et al., daß aggressives Priming (im Design zweistufig) den Wunsch nach aggressiver Unterhaltung fördere. Weiterhin wurde für die koffeininduzierte Erregung eine inverse U-Funktion bezüglich des Wunsches nach einem aggressiven Film angenommen. Die Ergebnisse folgen den Hypothesen weitgehend. Es ergibt sich eine Wirkung des Priming auf den Wunsch nach einem aggressiven Film, die durch eine mittlere Koffeingabe (2-4 mg) unterstützt wird.

Grimm (1993b) zeigte in seinem Experiment einen Fernsehbeitrag zur Lynchjustiz in Brasilien. Er nutzt ein 2x2-Design, in dem zunächst dadurch variiert wurde, daß die Rezipienten kurz zuvor Ausschnitte aus fiktionalen Spielfilmen ('fiction'-Block) oder Dokumentationen ('faction'-Block) gesehen hatten. Danach wurde den Teilnehmern vor Beginn eines Beitrags zur Lynchjustiz in Brasilien erklärt, daß es sich bei diesem Beitrag um die Darstellung eines fiktionalen / eines realen Ereignisses handele.

Ausgehend von der Annahme, daß die Wahrnehmung als 'Fiction' oder 'Faction' bei den Rezipienten zu unterschiedlichen Rezeptionsweisen führe, verwendete Grimm (1993b) eine große Anzahl an abhängigen Variablen. Zu ihnen gehören Glaubwürdigkeit, Spannung/Interesse, empfundene Brutalität, Realitätsnähe und Faszination, Beruhigung sowie Ekel. Sie werden in Form eines semantischen Differentials erfaßt. Da die Realitätsnähe von dem Forscher selbst direkt manipuliert wurde, erscheinen diese Ergebnisse durch die Manipulation in Form der unterschiedlichen Vorab-Anweisungen erwartbar. Dies gilt auch für die Differentialskala zur Glaubwürdigkeit.

Auf diesen Skalen ergeben sich im Vergleich der beiden Gruppen mit unterschiedlichen Anweisungen auch tatsächlich große Differenzen (es werden allerdings keine Irrtumswahrscheinlichkeiten angegeben), ebenso wie auf den Differentialen "interessant-uninteressant", "intelligent-dumm" und "angsterregend-abstumpfend". Letztere Skala erscheint jedoch sehr problematisch, da hier wohl kaum von einer hinreichenden Gegenteiligkeit auszugehen ist. Ist nicht sogar anzunehmen, daß einem Filmbeitrag, der als "angsterregend" angesehen wird, auch eine "abstumpfende" Wirkung unterstellt werden könnte? Da hier eine Multidimensionalität der Items gegeben zu sein scheint, erscheint der Einsatz eines solchen Begriffspaares fragwürdig.

Als weitere abhängige Variable erhob Grimm (1993b) mit der Hautleitfähigkeit auch eine psychophysiologische Größe. Hier zeigen sich sehr interessante Effekte: So ergibt sich zunächst keine Unterscheidung zwischen der "Fiction"- und der "Faction"-Gruppe. Zwischen den beiden vorhergehenden Treatments ergaben sich jedoch deutliche psychophysiologische Unterschiede: Eine deutlich höhere Hautleitfähigkeit trat bei denjenigen Teilnehmern auf, die vorher "Faction" sahen, als bei denen, die zuvor "Fiction" gesehen hatten. Grimm interpretiert dies als "Überhangeffekt von 'Fiction' auf 'Faction', der die Intensität des folgenden Schockerlebnisses minderte" (Grimm 1993b, S. 26).

Aus diesen Ergebnissen schließt Grimm: "Fast scheint es so, daß für die psychische Verträglichkeit von Medienhorror weniger der späte Sendetermin entscheidend ist als vielmehr die Frage, ob der betreffende Zuschauer zuvor die *Tagesschau* oder das *heute journal* gesehen hat" (Grimm 1993b, S. 26, Hervorhebung im Original). Diese Interpretation erscheint jedoch zunächst problematisch. Denn hier schließt Grimm in einem Inferenzschluß auf die umgekehrte Wirkung - darauf, daß es auch von "Faction" zu "Fiction" zu Umschaltverzögerungen komme. Schwerer wiegt jedoch die geringe Beschreibung und Kontrolle des verwendeten Vorab-Stimulusmaterials, das Grimm als "zwei Spielfilme" und "drei Dokumentationen" (Grimm 1993b, S. 26) beschreibt. Es stellt sich die Frage, ob sowohl die emotionale Wirkung als auch die Gewaltmenge und -darstellung des vorab gezeigten Stimulusmaterials vergleichbar waren. Ansonsten wären alternative Interpretationen zur Umschaltverzögerungshypothese denkbar, etwa durch während des Fernsehens auftretende Abstumpfungserscheinungen. Insgesamt ergibt sich aus Grimms Untersuchung eine Vielzahl neuer Forschungsfragen, die den etablierten hinzuzufügen sind - insbesondere für die Hypothese zu mentalen Umschaltprozessen zwischen "Faction"- und "Fiction"-Rezeption.

Eine weitere Gruppe experimenteller Forschungsansätze zur Gewaltforschung bezieht sich auf Musik und Musikvideos. In den 90er Jahren führten sowohl Hansen/Hansen (1990) als auch St. Lawrence/Joyner (1991) Experimente in dieser Forschungstradition durch. Hansen/Hansen (1990) legten ihrer Studie Hypothesen des Exitation-Transfer-Ansatzes zugrunde. In einem ersten Experiment wurde der Gehalt an sexuell stimulierenden Bildern in Rockmusikvideos dreistufig manipuliert, in einem zweiten Experiment der Gehalt an visueller Gewaltdarstellung (ebenfalls dreistufig). Die Manipulation erfolgte nicht durch Editieren von Musikvideos, sondern durch eine willkürliche Auswahl. Dies wirft die Frage nach der Vergleichbarkeit der verwendeten Stimuli auf (siehe oben). Sie stellt sich hier allerdings nicht so deutlich wie etwa bei Stiegler, da von Hansen/Hansen eine ausführlichen Inhaltsanalyse und Rating-Verfahren zur Auswahl der Stimuli eingesetzt wurden. Als abhängige Variablen wurden die Gefühlszustände "happy, angry, sad, fear, anxious, sexual and aggressive" (Hansen/Hansen 1990, S. 216) auf unipolaren Skalen gemessen. Dies sowohl für die eigene Emotion wie auch für die Bewertung des visuellen, musikalischen und lyrischen Gehaltes der Videos.

Das Ergebnis fällt bei Hansen/Hansen (1990) uneinheitlich aus. Während sich deutlich eine aggressivierende und angsterregende Wirkung der gewalthaltigen Videos zeigt, bleibt eine Exitations-Transfer-Wirkung aus. Auch der Rezeptionsgenuß war bei den gewalthaltigen Videos geringer. So ziehen Hansen/Hansen als Fazit ihrer überzeugenden Untersuchung: "In particular, if media depictions of violence have the potential to produce antisocial consequences and the viewer, in fact, does not enjoy it, why is there violence in rock music videos at all?" (Hansen/Hansen 1990, S. 232).

In einem 3x2-Design mit Meßwiederholung als zweitem Faktor untersuchten St. Lawrence/Joyner (1991) die Wirkung von sexuell gewalttätiger Heavy-Metal Musik, christlicher Rockmusik und klassischer Musik. Im Zentrum der Untersuchung von St. Lawrence/Joyner stand die Akzeptanz von Gewalt gegen Frauen. Daher fungierten unterschiedliche Skalen und Inventare als abhängige Variablen, unter ihnen auch die selbstberichtete sexuelle Erregung und Items des Sexual Attitude Survey zur Messung der Akzeptanz von Vergewaltigung.

Während sich im Ergebnis kein signifikanter Zusammenhang zur Vergewaltigungsakzeptanz zeigte, ergaben sich signifikante Veränderungen auf den Skalen "sex role stereotyping" und "attitudes toward women" mit höheren Werten für beide Varianten der Rockmusik (St. Lawrence/Joyner 1991, S. 58). Der deutlichste Unterschied zeigte sich jedoch bezüglich der selbstberichteten sexuellen Erregung - sie war in der Gruppe, die klassische Musik hörte, signifikant höher.

Als Fazit der Betrachtung der neueren experimentellen Ansätze zur Gewalt- und Medienforschung läßt sich der Trend zu einer immer stärkeren Diversifizierung der Variablen festhalten. Weiterhin erscheint auch ein Interesse an der Untersuchung bestimmter spezifischer Bevölkerungsgruppen zu bestehen, etwa von Kindern oder Studierenden, also jungen Erwachsenen. Untersuchungen zur Gewaltwirkung auf Erwachsene werden nach unserer Kenntnis fast gar nicht durchgeführt. Ein ähnliches Problem stellt sich auch bei der Unterscheidung von Kurz- und Langzeiteffekten. Aufgrund des meist komplexen experimentellen Designs und der oft gegebenen kontrollierten Laborsituationen ergibt sich zumeist nur die Möglichkeit zur Untersuchung von kurzfristigen Effekten medialen Gewaltkonsums oder kurzfristigen Bedingungen der Gewaltzuwendung (siehe oben). Eine besondere Ausnahme bieten vereinzelt Panel- und Langzeitdesigns, die die Möglichkeit zum kontrollierten Test von kurz- wie langfristigen Wirkungen bieten. In jüngster Zeit konnte Zillmann eine derartige Untersuchung realisieren, deren Ergebnisse hier jedoch noch nicht dargestellt werden können.

4.4 Weitere Verfahren: Fernsehforschung und Metaanalysen

Neben den bisher beschriebenen "traditionellen" Datenerhebungsverfahren der empirischen Sozialforschung zeigen sich in der Übersicht über die Studien der 90er Jahre zwei weitere Untersuchungsmethoden, die Trends setzen und Hilfen zur weiteren Gewaltforschung geben können: a) die Analyse der mittels technischer Geräte erhobenen Nutzungsdaten der Fernsehforschung zur Isolation von Nutzungsmustern und b) die Metaanalyse von sich ähnelnden experimentellen Untersuchungen.

Im Zentrum der Analyse von Nutzungsdaten durch Hasebrink (in diesem Band) steht nicht die Suche nach Medienwirkungen, sondern nach typischen Nutzungsmustern von Fernsehzuschauern bezüglich gewalthaltiger Fernsehangebote. Auf eine Beschreibung und Bewertung der Studie von Hasebrink soll an dieser Stelle verzichtet werden, da sie im vorliegenden Band enthalten ist. Mit der Bildung einer Typologie des Zuschauerverhaltens unternimmt Hasebrink einen methodisch neuen Schritt zum Verständnis und zur Prädiktion von Fernsehzuwendungsinhalten, also auch zum Verständnis der Zuwendung zu gewalthaltigem Fernsehmaterial. Schließlich läßt sich mit der Nutzungsperspektive, von der Hasebrink ausgeht, argumentieren, daß der Rezeption - und somit auch der Wirkung - von Gewaltdarstellungen immer eine Zuwendungsentscheidung vorausgehen muß. In diesem Zusammenhang erscheint auch der in der Spannungsforschung häufig gegebene Hinweis darauf, daß zur Erzeugung von filmischer Spannung ein/e sympathische/r Protagonist/in in Gefahr geraten muß, wichtig.[8] Denn es liegt nahe, daß sich eine derartige Gefahr kaum überzeugend ohne "Gewaltanwendung" darstellen läßt.

In den 90er Jahren wurden Metaanalysen von Wood/Wong/Chachere (1991) sowie von Groebel u.a. durchgeführt. Mit der Methode der Metaanalyse wird versucht, einen statistisch gesicherten Vergleich von verschiedenen empirischen Untersuchungen zur gleichen bzw. ähnlichen Fragestellung vorzunehmen. Wood/Wong/Chachere (1991) untersuchen und vergleichen in ihrer Metaanalyse die Ergebnisse von 23 experimentellen Studien. Diese Experimente wurden zwischen 1956 und 1988 durchgeführt und folgten einem sehr ähnlichen Untersuchungsschema, auf das bereits in Abschnitt 4.3 hingewiesen wurde. In allen Fällen wurden Kindern Fernsehbeiträge mit unterschiedlichem Gewaltgehalt gezeigt. Danach wurden Verhaltensmessungen beim Spiel der Kinder durchgeführt. Wood/Wong/Chachere listen zwar die verschiedenen Untersuchungsumgebungen und Stimuli auf, alle einbezogenen Untersuchungen folgen jedoch einem weitgehend gleichen Aufbau - obwohl sie sich nicht als Replikationen verstehen.[9]

---

8 Zu dieser Fragestellung sind in den letzten Jahren auch zahlreiche Beiträge im Rahmen der Spannungs- und Angstlust-Forschung veröffentlicht worden, unter anderem von Zillmann (1980, 1991, 1995) und Carroll (1984, 1995). Einen Überblick gibt Vorderer (1994). Da es sich jedoch um Untersuchungen handelt, die nicht genuin der Gewaltforschung zuzurechnen sind, soll hier auf die Darstellung dieser Forschungsrichtung verzichtet werden.

9 Jüngstes Beispiel für ein derartiges Untersuchungsdesign ist ein Experiment, das von Sanson/Di Muccio (1993) in Melbourne an Vorschulkindern durchgeführt wurde. Sie verwenden ein 3x2x2-Design zur Untersuchung des Einflusses gewalthaltiger Zeichentrickserien und der

Während einige der Studien ein höheres Gewaltmaß im Spiel der Kontrollgruppe (mit dem gewaltlosen Stimulus) berichteten, trat in den meisten Untersuchungen der umgekehrte Effekt auf: Ein stärker gewaltbetontes Spielverhalten bei den Kindern, die den gewalthaltigen Fernsehbeirag sahen. Durch den statistischen Vergleich der verschiedenen Effektgrößen, Gruppengrößen und Konfidenzintervalle ist es Wood/Wong/Chachere möglich, eine Metastatistik über die Statistiken der einbezogenen Studien zu erstellen. Sie zeigt einen deutlichen, das gewaltbetonte Spiel steigernden Effekt der gewalthaltigen Beiträge.

Einen ähnlichen Ansatz unternehmen auch Groebel u.a., beziehen allerdings deutlich mehr Studien verschiedener Art ein, die dann gruppiert werden.[10] Insgesamt erscheint die Metaanalyse als ein vielversprechendes neues Instrument, um dem eingangs zitierten Mythos von widersprüchlichen und unklaren empirischen Daten zur Gewaltforschung zu begegnen. Doch selbstverständlich steht und fällt die Validität einer solchen Metaanalyse mit der Vergleichbarkeit, die die einbezogenen Studien aufweisen. Je geringer die Ähnlichkeit der analysierten Untersuchungen ist, desto weniger lassen sich sinnvolle Ergebnisse gewinnen. Schließlich erscheint es unsinnig, ein Experiment zur Zuwendung zu pornographischen Filme mit einem Experiment zur Wirkung von Gewalt in Nachrichtensendungen zu vergleichen. Der größte Nachteil der Metaanalyse mag also darin liegen, daß sie nur dann durchführbar und fruchtbar ist, wenn bereits eine genügend große Anzahl gleichartiger Untersuchungen mit hohem replikativem Anteil vorliegen. In diesem Sinne scheint die Technik der Metaanalyse in der Gewaltforschung ein besonders sinnvolles Einsatzgebiet gefunden zu haben. Somit läßt sich schlußfolgern, daß der Einsatz von Metaanalysen zum Vergleich der Ergebnisse von quantitativen empirischen Studien die wohl wichtigste methodische Neuerung in der Gewaltforschung der 90er Jahre darstellt.

4.5 Qualitative Verfahren

In den letzten Jahren hat die Anwendung der sogenannten qualitativen Verfahren allgemein (vgl. Mayring 1990), aber insbesondere auch bei der Erforschung von Wirkungen massenmedialer Gewaltdarstellungen (vgl. Luca 1993; Kübler 1989; Charlton/Neumann-Braun 1988) kontinuierlich zugenommen. Leider wird der Einsatz qualitativer Untersuchungen zumeist noch äußerst unwissenschaftlich betrieben. Die Erstellung und Verbreitung gerade solcher Untersuchungen, die eher auf subjektiven Alltagsbeobachtungen oder Einzelfallstudien beruhen - unbeschadet ihrer wissenschaftlichen Validität -, ist nicht unwesentlich verantwortlich für die Emotionalisierung der Debatte um Wirkungen von Gewaltdarstellungen. Als Beispiel bietet sich der Argumentationskanon von Glogauer (1991, S. 7) an:

---

dazugehörigen Spielpuppen auf das Spiel der Kinder. Als abhängige Variable dient eine Verhaltensbeobachtung.

10 Da den Verfassern die Untersuchung von Groebel et al. nicht im Original vorlag, kann an dieser Stelle nur ein Hinweis auf die Metaanalyse gegeben werden.

> "Die Produktion und Verbreitung von Mediengewalt sowie deren Konsum durch Kinder und Jugendliche hat in den letzten Jahren ein erschreckendes Ausmaß angenommen. Viele wissenschaftliche Untersuchungen belegen die zahlreichen, negativen, ja teilweise verheerenden Einflüsse auf die Heranwachsenden. Davon nimmt die Gesellschaft allerdings in unzureichendem Maße Kenntnis, entgegenwirkende Initiativen sind bisher völlig unzureichend geblieben, gemessen an dem Ausmaß des Konsums und der Wirkungen von Mediengewalt."

Diese populär- bzw. pseudowissenschaftliche Argumentation, d.h. auf eigenen Erfahrungen oder nicht-wissenschaftlichen Einzelfallstudien basierende Aussagen, wird von der Öffentlichkeit gerne aufgenommen. Daher ist es sicherlich umso erforderlicher, daß die mit den Methoden der empirischen Sozialforschung vertrauten Wissenschaftler die Verfehlungen ihrer Kollegen aufdecken.

In einer Fallanalyse stellt Glogauer (1990b) fest, daß in vier von 37 von ihm untersuchten Gerichtsverfahren gegen jugendliche Delinquenten das Fernsehen als Vorbild bzw. als Anregung für die von ihnen begangenen Delikte bezeichnet hatten. Nach Merten (1993a) ergibt sich demnach folgende "Signifikanz": Begreift man diesen Fall als Stichprobe mit einem Anteil von 4/37 = 10,8 % fernsehinduziert krimineller Jugendlicher und fragt nach dem entsprechenden Anteil fernsehinduziert krimineller Jugendlicher in der deutschen Bevölkerung (Grundgesamtheit), so ergibt sich nach Berechnung durch Repräsentationsschluß folgendes Ergebnis: Mit einer Sicherheitswahrscheinlichkeit von 95 % liegt der wahre Anteil der fernsehinduziert kriminellen Jugendlichen in der Bundesrepublik zwischen 1 % und 20,8 % - dieses Ergebnis muß wegen seiner Bandbreite nicht weiter interpretiert werden. "Glogauers Horrorszenario" (Kübler 1990) hält demnach wissenschaftlichen Kriterien kaum stand. Insbesondere deshalb nicht, weil bei seinen Untersuchungen - und das gehört auch bei qualitativen Untersuchungen zu den wissenschaftlichen Grundanforderungen - die intersubjektive Überprüfbarkeit nicht gegeben ist.

Aber auch andere Autoren lassen sich offenbar von der Versuchung leiten, die Schwierigkeit der Anwendung qualitativer Verfahren zu unterschätzen. Dies ist wohl nicht zuletzt auf die mangelnde Literaturkenntnis auf diesem Gebiet zurückzuführen. Beispielsweise wird weder bei Glogauer noch bei Theunert u.a. (1992) thematisiert, geschweige denn diskutiert, welche Probleme bei der Datenerhebung und vor allem bei der Interpretation der Daten zugrundeliegen (vgl. beispielsweise Lamnek 1988; Mayring 1988, 1990). Gerade bei Theunert überrascht dies umso mehr, da sie sich bereits an anderer Stelle intensiv mit der qualitativen Sozialforschung auseinandergesetzt hat (vgl. Theunert 1991).

Es wird an dieser Stelle darauf verzichtet, weitere Beispiele für die unseriöse Anwendung qualitativer Forschungsmethoden darzubieten. Vielmehr soll klargestellt werden, daß mit Hilfe der qualitativen Verfahren durchaus Erkenntnisgewinne zu erzielen sind. Ein Beispiel für eine gelungene qualitative Annäherung an die Gewaltproblematik bietet die Studie von Luca (1993). Durch die systematische Anwendung von verschiedenen Methoden - schriftliche Befragung, Paarinterviews, Intensivinterviews - konnte sie Unterschiede im Erleben medialer Gewalt von Jugendlichen nachweisen (vgl. Luca 1993, S. 11). In vorbildlicher Art und Weise wurde der Entdeckungs- und Begründungszusammenhang im Laufe eines Forschungsprozesses - theoretische Fundierung, Hypothesenbildung, Operationalisierung - hergestellt und aufgezeigt, wo die Probleme in der Anwendung des qualitativen Verfahrens liegen. Die Ergebnisse der Studie wurden zudem mit der gegebenen Vorsicht interpretiert. Es zeigte sich im Rahmen dieser qualitativen Studie, daß und wie mediale Gewaltdarstellungen auf dem Hintergrund realer Angsterlebnisse die Angstphantasien von Mädchen mehr als von Jungen aktivieren (Luca 1993, S. 214). Auch Groebel (1994) arbeitet in einer seiner neueren Studien mit qualitativen Verfahren. In Tiefeninterviews wurden Jugendliche nach ihrer Wahrnehmung von Gewalt und deren Bewertung auf der Basis von eigenen Alltags- und Medienerfahrungen befragt. Hierbei zeigte sich gerade bei der Anwendung von Tiefeninterviews, wie man eventuell komplexere Wirkungsstrukturen von medialen Gewaltdarstellungen "messen" kann. Rogge (1993, S. 15) bezieht dabei sogar eine radikale Position, indem er Untersuchungen für wenig folgenreich hält, die sich ausschließlich auf die Analyse objektiver Medienrealitäten beziehen und dabei jene Untersuchungskriterien übersehen, die eine funktionale Produktanalyse zur Verfügung stellt. Seiner Meinung nach kann das, was als Gewalt untersucht und gezählt wird, nicht allein über gesellschaftliche Konventionen oder mittels wissenschaftlich überprüfbarer Kriterien bestimmt werden.

5 Methodologische Probleme

Jede wissenschaftliche Untersuchung - nicht nur die hier vorgestellten Studien - birgt spezifische Forschungsprobleme in sich. Methodische Probleme beziehen sich einerseits auf die Auswahl und die Anwendung einer Methode zur Datenerhebung, andererseits sind eben jene Methoden mit ihnen eigenen Stärken und Schwächen behaftet. Methodologische Probleme ergeben sich darüber hinaus aus der Anwendung dieser Methoden und der Interpretation von Ergebnissen im Forschungsprozeß.

5.1 Unterschiede in den untersuchten Populationen

Als ein zentrales methodisches Problem stellt sich die Frage nach der Übertragbarkeit von Untersuchungsergebnissen. Dies insbesondere angesichts der Vielzahl von untersuchten Populationen: Kinder, Jugendliche und Erwachsene. Eine Vielzahl von theoretischen Annahmen wird dabei an immer gleichen Populationen überprüft, obgleich diese Annahmen vorgeben, auf die gesamte Gesellschaft zuzutreffen. Natürlich besteht kein Zweifel daran, daß die Untersuchung von Kindern und Jugendlichen bezogen auf Theorien zu Entwicklungsprozessen sinnvoll ist. Aber es zeigt sich gerade im Bereich der Gewaltforschung mit Kindern und Jugendlichen als Untersuchungseinheit eine weitgehend willkürliche Auswahl der Altersgruppen. Beispielsweise variieren die Definitionen von Kindern im Sinne dieser Studien zwischen 4 und 10 Jahren, ähnliches gilt für Jugendliche, deren Varianz zwischen 12 und 26 Jahren bewegt. Offenbar liegt hier keine theoretisch geleitete Entscheidung zur Bildung von Altersgruppen vor, sondern vielmehr eine von der Verfügbarkeit induzierte Auswahl der Probanden.

Außerdem stellt sich das Problem der Auswahl von Versuchspersonen. Auch die Auswahl von Teilnehmern an experimentellen Studien und Umfragen scheint eher von der Verfügbarkeit der Probanden als von theoretischen Erwägungen abzuhängen. Dies gilt aber nicht nur für den Bereich der Gewaltforschung. So läßt sich durchaus behaupten, daß der größte Teil der experimentellen Psychologie eine experimentelle Psychologie der Psychologiestudenten ist. Das zeigt sich an den hier vorgestellten Experimenten von Betsch/Dickenberger, Langley/O'Neal et al., Craig/Yost und Langley. Bei den anderen vorgestellten experimentellen Studien wurde nicht angegeben, woher die Versuchspersonen stammten.

Bezogen auf das einzelne Experiment erscheint die willkürliche, auf die relativ leicht verfügbaren Studierenden beschränkte Auswahl unproblematisch und lediglich mit einem Verlust an äußerer Validität verbunden. In der Summe der Untersuchungen könnte sich durch diese Praxis jedoch eine Fehlentwicklung ergeben: Durch die stetige Verfeinerung der untersuchten Hypothesen aufgrund von an Studierenden erhobenen Daten könnten sich speziell auf die studentische Population zugeschnittene Theorien entwickeln. Dies gilt gerade in Hinsicht auf die Gewaltrezeption, da die Studenten eben keine *durchschnittlichen* Bürger sind, sondern eine gesellschaftlich exponierte Gruppe darstellen. Dies gilt nicht nur hinsichtlich des Alters und des (formalen) Bildungsniveaus, sondern auch bezüglich Vorlieben und Abneigungen, dem Fernsehkonsum, der wirtschaftlichen Lage, etc. Die Abweichung der Vorlieben ließe sich leicht an einer Umfrage unter Studierenden zur Beliebtheit von Gameshows, Horrorfilmen oder auch von Fastfoodrestaurants verdeutlichen.

Daher wäre es wünschenswert, zumindest einige der experimentell an Studierenden getesteten Hypothesen nochmals an repräsentativ gezogenen Stichproben zu prüfen. Sollten diese Untersuchungen nicht im Labor möglich sein, so erscheinen feldexperimentelle Designs oder "fahrende Labors" sinnvoller als eine vollständige Beschränkung auf leicht verfügbare Populationen.

5.2 Zum Problem der Verbindung von theoretischer Perspektive und Methodenwahl

Die Wahl von Untersuchungsmethoden hängt, wie bereits in Abschnitt 2 gezeigt wurde, stark mit dem theoretischen Hintergrund der Forscher zusammen. Aus Abb. 1 geht hervor, daß sich bezüglich dieser Verbindung zwei große Gruppen von Untersuchungstypen identifizieren lassen: Während in der Soziologie und Kommunikationswissenschaft Befragungen durchgeführt werden, die korrelative Auswertungsverfahren wie etwa multivariate Regressionsanalysen erfordern, zeigt sich bei der Psychologie eine Konzentration auf experimentelle Verfahren (vgl. Abb. 1). Mit der Vermutung, daß die mediale Gewalt zur Gewalt in der Gesellschaft führe, werden jedoch kausale Hypothesen im Sinne von Veränderungshypothesen geäußert. Derartige Veränderungshypothesen lassen sich zwar durch korrelative Verfahren widerlegen, ihre Bestätigung muß jedoch experimentell erfolgen (vgl. Bortz 1984, S. 395ff.).

Eine besondere Verquickung zwischen theoretischem Hintergrund und Forschungsmethodik zeigt sich auch bei der juristischen Perspektive. So werden von dem juristisch orientierten Autor Scholz (1993) die Ergebnisse der empirischen Medienwirkungsforschung auf einer Seite seines über 300seitigen Buches abgehandelt. Hier ist man offensichtlich hintergrundbedingt stärker an Realdatenerhebungen interessiert als an der Entdeckung von Wirkungszusammenhängen. Auch Glogauer liefert hierfür ein gutes Beispiel, wenn er die Wirkungsprozesse an der Befragung delinquenter Jugendlicher ohne empirische Fundierung festmacht (siehe Abschnitt 4.5).

5.3 Zur Übertragbarkeit von Ergebnissen

Ein weiteres theoretisches und methodisches Problem erscheint zunächst trivial: die Frage danach, was eigentlich untersucht wird. Denn in der Übersicht der Untersuchungen der 90er Jahre zeigt sich, daß sich die Fragestellungen kaum ähneln. Vielmehr zeigt sich ein disparates Forschungsfeld, bei dem eine Konzentration auf die in der Gesellschaft stark diskutierten Wirkungshypothesen nicht erkennbar ist. Es bestehen also offenbar große Unterschiede zwischen den in Politik und Öffentlichkeit problematisierten und den in der Wissenschaft gestellten Fragen. Während sich die heutige gesellschaftliche Diskussion um die verhaltensbeeinflussenden Wirkungen von medialem Gewaltkonsum dreht, sich also theoretische Ansätze wie Habitualisierung und Lernen am Modell bezieht, finden sich kaum Studien, die sich mit diesen Wirkungen nach dem heutigen methodischen Stand auseinandersetzen. Und obwohl viele der Untersuchungen der 90er Jahre replikative Bestandteile zu vorherigen Untersuchungen aufweisen, sind die abhängigen Variablen, die mit ihnen erforscht werden, oft höchst unterschiedlich. So steht der in der Öffentlichkeit der Bundesrepublik diskutierten Variable *aggressives Verhalten* eine kaum überschaubare Menge an unterschiedlichen Einstellungs- und Verhaltensvariablen sowie Testbatterien zur Messung psychologischer Konstrukte gegenüber. Bereits die differenzierte Darstellung aller abhängigen Variablen, die in den oben beschriebenen Untersuchungen eingesetzt werden, würde den Rahmen dieses Artikels sprengen. Gerade die Differenzierung der abhängigen Variablen könnte zu dem Eindruck einer zerklüfteten Forschung mit unklaren Ergebnissen beigetragen haben, der der empirischen Gewaltwirkungsforschung heute vorgeworfen wird.

6 Schlußbemerkungen und Ausblick

Aus dem Vergleich der Studien der 90er Jahre ergibt sich zunächst das aus sozialwissenschaftlicher Perspektive enttäuschende Fazit, daß einer Vielzahl von neuen Untersuchungsfragen eine nur geringe Weiterentwicklung der Designs und Forschungsmethoden gegenübersteht. Viele Autoren bemängeln den aus ihrer Sicht unzureichenden empirischen Forschungsergebnisse zu Gewaltwirkungen der Medien, tragen aber bedauerlicherweise durch ihre Forschungen zwar zur inhaltlichen, aber nicht zur methodischen Weiterentwicklung bei.

Ein Grundproblem der Forschung über die Wirkung von Gewaltdarstellungen ist, daß sie oft keine Forschung über die Wirkung von Gewaltdarstellungen ist. Vielmehr konzentriert sich die "neuere" Forschung auf verschiedene Forschungsfragen am Rande der Wirkungsfrage. So untersuchen zum Beispiel wenige der vorgestellten experimentellen Studien die Wirkung von Gewalt auf das Verhalten der Rezipienten. Vornehmlich beziehen sich die abhängigen Variablen auf die emotionalen Zustände der Rezipienten. Dies mag auch daran liegen, daß die Messung von Verhalten als abhängiger Variable besonders schwierig ist, da Indikatoren zur Messung von aggressivem oder gewalttätigem Verhalten oft nicht den Ansprüchen der Reliabilität und Validität gerecht werden können.

Ein weiteres grundsätzliches Problem besteht darin, daß in keiner der hier vorgestellten Studien der 90er Jahre ähnliche abhängige Variablen verwendet werden. Eine Vergleichbarkeit der Ergebnisse der Studien ist somit kaum gewährleistet. Einen sinnvollen Versuch eines solchen Vergleichs verschiedener Studien stellt die Technik der Metaanalyse dar (siehe Abschnitt 4.4). Die mangelnde Vergleichbarkeit ist eine durchaus plausible Erklärung für die oft als diffus und widersprüchlich beurteilten Forschungsergebnisse. Ähnlich wurde dies von der Senatskommission für Medienwirkungsforschung der Deutschen Forschungsgemeinschaft bereits Mitte der 80er Jahre gesehen:

> "Die vorliegenden Forschungsarbeiten sind zwar thematisch vielfältig, aber auch disparat. Sie behandeln sehr unterschiedliche Fragestellungen, die sich nur selten in kontinuierliche Forschungsrichtungen einfügen oder diese konstituieren. Oft gibt es zu einem bestimmten Problem nur eine einzige Studie. Anschlußuntersuchungen, Replikationen oder Falsifikationsversuche sind die Ausnahme. Dadurch entsteht insgesamt der Eindruck von bruchstückhaften, zerstückelten Befunden, zwischen denen kein Zusammenhang besteht, die einander sogar widersprechen" (Deutsche Forschungsgemeinschaft 1986, S. 5f).

Betrachtet man den Zusammenhang zwischen theoretischer Verankerung der Forscher und Forschungsvorhaben und den von ihnen verwendeten Forschungsdesigns, so läßt sich schlußfolgern, daß die Rezeption verwandter Studien aus anderen theoretischen Perspektiven nur in geringem Maße erfolgt (vgl. Abschnitt 2 und Abb. 1). Es läßt sich also in der Zusammenfassung der Vorwurf erheben, daß die Forscher zwar ihre eigene theoretische Schule bei der Literaturschau umfangreich berücksichtigen, nicht aber die Ergebnisse verwandter Disziplinen. So kommt es oft zu einer Art von Quasi-Replikationen, die allerdings nicht den Charakter einer echten Replikation haben. Dies ist vornehmlich auf die Verwendung leicht unterschiedlicher abhängiger Variablen zurückzuführen. Dieser Sachverhalt erscheint umso bedauerlicher, als es sich bei der Gewaltforschung um die Untersuchung weitgehend interdisziplinärer Fragestellungen handelt.

Abschließend sollen noch einige Überlegungen über ein sinnvolles Design der zukünftigen Forschung zu Gewalt und Medien stehen. Die weitgehende Beschränkung auf eine einzelne Methode zur Beantwortung der komplexen Gewaltfrage sollte dabei überwunden werden. Denn fragt man empirische Sozialforscher, wie ein optimales Design für eine Studie aussehen müßte, die die Wirkung von Gewaltdarstellung auf das Verhalten von Rezipienten mißt, so stellt sich nicht nur die Frage nach validen Verhaltensindikatoren, sondern auch die Gewißheit ein, daß eine einzelne Methode die multikausale Frage nach der Gewaltwirkung wohl kaum hinreichend beantworten kann. Dennoch sind methodische Weiterentwicklungen denkbar: etwa Feldexperimente mit Panel-Befragungen und dem Einsatz der Zuschauerforschungstechnologie. Dann ließe sich etwa ein Panel mit verschiedenen Nutzergruppen bilden, deren tatsächlicher Fernsehkonsum mittels der Zuschauerforschung gemessen werden könnte - in Deutschland z.B. mit den Anlagen der GfK-Fernsehforschung oder der Teleskopie. Inhaltsanalysen könnten dann eine zielgerichtete Bestimmung des medialen Gewaltkonsums eines einzelnen Rezipienten ermitteln. Ein größeres Panel dieser Art sollte es außerdem ermöglichen, den einzelnen Rezipienten ausgewählte Stimuli gezielt über längere Zeit zuzuführen und somit feldexperimentell über einen längeren Zeitraum zu beobachten, als dies bislang in Experimenten die Regel war.

Aus methodischer Sicht bleibt also festzustellen, daß zur Untersuchung der Wirkung von Gewalt entweder vermehrt sogenannte Mehrmethodendesigns - d.h. die Verknüpfung von Inhaltsanalyse und Befragung - oder aber auf die Fragestellung streng ausgerichtete experimentelle Designs Anwendung finden sollten (vgl. auch Merten 1993, S. 16). In Verbindung mit Langzeit-Panelstudien sollte es möglich werden, die Frage nach der Wirkung von Gewaltdarstellungen in den Medien zukünftig präziser beantworten zu können.

Literatur

Aufenanger, S. (1994): Geschlechtsspezifische Medienrezeption und Gewalt. In: medien praktisch 1/94, S. 22-24.

Baacke, D. (1987): Jugend und Jugendkulturen. Weinheim/München.

Backes, O. (1994): Strafrecht und Gewalt. In: Thiersch, H./Wertheimer, J./Grunwald, K. (Hg.) (1994): "... Überall in den Köpfen und Fäusten". Auf der Suche nach Ursachen und Konsequenzen von Gewalt. Darmstadt, S. 23-38.

Bandura, A. (1989): Die sozial-kognitive Theorie der Massenkommunikation. In: Groebel, J./Winterhoff-Spurk, P. (Hg.): Empirische Medienpsychologie. München, S. 7-32.

Betsch, T./Dickenberger, D. (1993): Warum machen aggressive Filme Menschen aggressiv? Ein Versuch, kurzfristige Effekte der Gewaltdarstellung auf Beobachter zu erklären. In: Aggressive Behavior, 19 (2), S. 137-149.

Bonfadelli, H. (1981): Die Sozialisierungsperspektive in der Massenkommunikationsforschung. Berlin.

Bortz, J. (1984): Lehrbuch der empirischen Forschung für Sozialwissenschaftler. Berlin.

Brosius, H.-B./Schmitt, I. (1990): Nervenkitzel oder Gruppendruck? Determinanten für die Beliebtheit von Horrorvideos bei Jugendlichen. In: Lukesch, H. (Hg.): Wenn Gewalt zur Unterhaltung wird... Beiträge zur Nutzung und Wirkung von Gewaltdarstellungen in audiovisuellen Medien. Regensburg.

Bründel, H./ Hurrelmann, K. (1994): Zunehmende Gewaltbereitschaft von Kindern und Jugendlichen. In: Aus Politik und Zeitgeschichte - Beilage zur Wochenzeitung "Das Parlament", 38 vom 23. 9. 1994, S. 3-9.

Büttner, C./Meyer, E. M. (1991): Rambo im Klassenzimmer. Weinheim/Basel.

Carroll, N. (1984): Toward a Theory of Film Suspense. In: Persistence of Vision 1, Summer 1984, S. 65-89.

Carroll, N. (1995): The Paradox of Suspense. In: Vorderer, P./Wulff, H.J./Friedrichsen, M. (Hg.): Suspense: Conceptualizations, Theoretical Analyses, and Empirical Explorations. Hillsdale, N.J, USA (im Druck).

Charlton, M./Neumann-Braun, K. (1988): Der Methodenstreit in der Medienforschung: Quantitative oder qualitative Verfahren? In: Bohn, R. u.a. (Hg.): Ansichten einer künftigen Medienlandschaft. Berlin.

Ciampi, D. F. (1993): Television and Video Movie Violence in Relation to Adolescents' Aggressive Resolution of Conflict. Dissertation an der New York University, New York.

Dardaine R. (1993): An Exploration of Fifth-Grade Students' Attitudes Toward Violence and the Use of Guns: Psychosocial and Environmental Factors. Dissertation at the Cleveland State University. Cleveland, OH, USA.

DFG-Deutsche Forschungsgemeinschaft (1986): Medienwirkungsforschung in der Bundesrepublik Deutschland. Weinheim.

Fischer, H. D./Niemann, J./Stodiek, O. (1994): Zur Geschichte der Medien-Gewalt-Diskussion im deutschsprachigen Raum während der letzten einhundert

Jahre - kritische Synopse einer zyklisch auftretenden Entrüstung. Forschungsprojekt im Auftrag von RTL. Schlußbericht. Ruhr-Universität Bochum.

Friedrichsen, M. (1993): Politisierung statt Sachlichkeit. Eine kritische Reflektion der Gewalt-Studie von Merten. In: Medienkritik, Nr. 29, S. 14-16.

Früh, W. (1990): Inhaltsanalyse. Theorie und Praxis. München.

Gerbner, G./Gross, L. (1976): Living with Television: The Violence Profile. In: Journal of Communication, 26, S. 173-199.

Gerbner, G. u.a. (1981): Die "angsterregende" Welt des Vielsehers. In: Fernsehen und Bildung, 15, 1-3, S. 16-42.

Glogauer, W. (1990a): Deliquenz Heranwachsender durch Medieneinflüsse. In: Zeitschrift für Rechtspolitik, 10, S. 376-380.

Glogauer, W. (1990b): Fallbeispiele medieninduzierter Delinquenz. In: Lukesch, H. (Hg.): Wenn Gewalt zur Unterhaltung wird... Beiträge zur Nutzung und Wirkung von Gewaltdarstellungen in audiovisuellen Medien. Regensburg.

Glogauer, W. (1991): Kriminalisierung von Kindern und Jugendlichen durch Medien. Wirkungen gewaltätiger, sexueller, pornographischer und satanischer Darstellungen. Baden-Baden.

Graber, D.A. (1979): Is Crime News Coverage Excessive? In: Journal of Communication, 29.

Groebel, J. (1994): Die Wirkungen von Gewalt im Fernsehen. Eine qualitative und quantitative Studie mit einem Generationenvergleich 1975-1993. Opladen.

Groebel, J./Gleich, U. (1993): Gewaltprofil des deutschen Fernsehprogramms. Eine Analyse des Angebots privater und öffentlich-rechtlicher Sender. (Schriftenreihe Medienforschung der Landesanstalt für Rundfunk Nordrhein-Westfalen, Bd. 6) Opladen.

Grimm, J. (1993a): Der kultivierte Schrecken? Erlebnisweise von Horrorfilmen im Rahmen eines Zuschauerexperimentes. In: Publizistik, 38 (2), S. 206-217.

Grimm, J. (1993b): Vom wahren Schrecken. Schockerlebnisse in der Mediengesellschaft. In: medien praktisch, 1/1993, S. 22-27.

Gunter, B. (1994): The Question of Media Violence. In: Bryant, J./Zillmann, D.: Media Effects. Advances in Theory and Research. Hillsdale, NJ, S. 163-211.

Gunter, B./Winstone, P. (1993): Sensitivity to Offence on Television: the Significance of Demographic, Attitudinal and Programme Preference Factors - Wahrnehmung und Beurteilung von Gewalt im Fernsehen. In: Medienpsychologie, 5 (3), S. 190-202.

Halloran, J.D. u.a. (1972): Fernsehen und Kriminalität. Berlin.

Hansen, C. H./Hansen, R. D. (1990): The Influence of Sex and Violence on the Appeal of Rock Music Videos. In: Communication Research, 17, 2, S. 212-234.

Hirsch, P.M. (1981): Die "angsterregende" Welt des Nichtsehers und andere Unstimmigkeiten. In: Fernsehen und Bildung, 15, 1-3, S. 43-64.

Kepplinger, H.M. (1979): Der Einfluß der Konfliktstruktur auf die Darstellung und Wahrnehmung politischer Gewalt. In: Publizistik, 24, S. 317-336.

Kepplinger, H.M. (1981): Gesellschaftliche Bedingungen kollektiver Gewalt. In: Kölner Zeitschrift für Soziologie und Sozialpsychologie, 35, S. 496-503.

Kepplinger, H. M./Dahlem, S. (1990): Medieninhalte und Gewaltanwendung. In: Schwind, H.-D. u.a. (Hg.): Ursachen, Prävention und Kontrolle von Gewalt. Analysen und Vorschläge der Unabhängigen Regierungskommission zur Verhinderung und Bekämpfung von Gewalt (Gewaltkommission). Band III. Berlin, S. 383-390.

Kepplinger, H. M./Giesselmann, T. (1993): Die Wirkung von Gewaltdarstellung in der aktuellen Fernsehberichterstattung. Eine konflikttheoretische Analyse. In: Medienpsychologie 5, 3, S. 160-189.

Krüger, U. M. (1994): Gewalt in Informationssendungen und Reality TV. In: Media Perspektiven, 2, S. 72-85.

Kübler, H.-D. (1989): Medienforschung zwischen Stagnation und Innovation. Eine Skizze des Diskussionsstandes aus der Sicht qualitativer Forschung. In: Baacke, D./Kübler, H.-D. (Hg.): Qualitative Medienforschung. Konzepte und Erprobungen. Tübingen, S. 7-71.

Kübler, H.-D. (1990): Glogauers Horrorszenario. In: medien praktisch, 2, S. 71-72.

Kunczik, M. (1975): Gewalt im Fernsehen. Bonn.

Kunczik, M. (1983): Gewaltdarstellungen im Fernsehen - Besteht Anlaß zum Umdenken? In: Media Perspektiven, 5/83, S. 338-342.

Kunczik, M. (1993a): Gewalt im Fernsehen. In: Media Perspektiven, 3/93, S. 98-107.

Kunczik, M. (1993b): Gewaltdarstellungen - Ein Thema seit der Antike. In: Media Perspektiven, 3/93, S. 108-113.

Kunczik, M. (1994): Gewalt und Medien. Köln.

Kunczik, M./Bleh, W./Maritzen, S. (1993): Audiovisuelle Gewalt und ihre Auswirkungen auf Kinder und Jugendliche. Eine schriftliche Befragung klinischer Psychologen und Psychiater. In: Medienpsychologie, 5 (1), S. 3-19.

Kupffer, H. (1993): 'Gewalt in der Familie' als Stichwort der Massenmedien. In: Unsere Jugend, 45 (1), S. 19-25.

Lamnek, S. (1988): Qualitative Sozialforschung, Bd. 1. Methodologie. München.

Lande, R. G. (1993): The Video Violence Debate. In: Hospital and Community Psychiatry, 44 (4), April 1993, S. 347-351.

Langley, T. D., Jr. (1993): Cognitive and Motivational Determinants of Appraisal of Media Violence: Effects of Arousal and Priming. Dissertation at the Tulane University. New Orleans, USA.

Langley, T. D., Jr./O'Neal, E. C./Craig, K. M./Yost, E. A. (1992): Aggression-Consistent, -Inconsistent, and -Irrelevant Priming Effects on Selective Exposure to Media Violence. In: Aggressive Behavior, 18, S. 349-356.

Leavitt, L. A./Fox, N. A. (Eds.) (1993): The Psychological Effects of War and Violence on Children. Hillsdale, NJ.

Leims, T. (1993): Sensationsjournalismus, Sex und Gewalt im japanischen Fernsehen - Japanologische Anmerkungen zu einem aktuellen Thema. In: Communications, 18, 3, S. 355-379.

Luca, R. (1993): Zwischen Ohnmacht und Allmacht. Unterschiede im Erleben medialer Gewalt von Mädchen und Jungen. Frankfurt//New York.

Lukesch, H. (Hg.) (1990a): Wenn Gewalt zur Unterhaltung wird... Beiträge zur Nutzung und Wirkung von Gewaltdarstellungen in audiovisuellen Medien (Medienforschung Bd. 3). Regensburg.

Lukesch, H. (1990b): Gewaltwirkungsforschung und Medienpädagogik. In: Lukesch, H. (Hg.): Wenn Gewalt zur Unterhaltung wird... Beiträge zur Nutzung und Wirkung von Gewaltdarstellungen in audiovisuellen Medien. Regensburg.

Mayring, P. (1988): Qualitative Inhaltsanalyse. Grundlagen und Techniken. Weinheim.

Mayring, P. (1990): Qualitative Sozialforschung. München.

Merten, K. (1993a): Darstellung von Gewalt im Fernsehen. Inhaltsanalyse 11.-17. November 1993. Abschlußbericht. Untersuchung im Auftrag von RTL. Comdat. Münster.

Merten, K. (1993b): Darstellung von Gewalt im Fernsehen. Inhaltsanalyse vom 20.03.-03.04.1993. Abschlußbericht. Untersuchung im Auftrag von RTL. Comdat. Münster.

Noelle-Neumann, E. (1987): Zum Forschungsstand. In: Schulz, W. (Hg.): Medienwirkungsforschung in der Bundesrepublik Deutschland: Enquete der Senatskommission für Medienwirkungsforschung, Abschnitt 1.

Nutz, W. (1993): Vom Elend der Gewalt-in-den-Medien-Forschung. In: Communications 18/1993, S. 381-389.

Quarantelli, E.L. (1985): Realities and Mytholgies in Disaster Films. In: Communications, 11.

Rogge, J.-U. (1993): Wirkungen medialer Gewalt. Wirkungstheorien an Fallstudien (nochmals) überdacht. In: medien praktisch, 17, 1, S. 15-21 und 1993, 17, 2, S. 20-22.

Russell, G. W. (1993): Violent Sports Entertainment and the Promise of Cartharsis. In: Medienpsychologie, 5 (2), S. 101-105.

Sanson, A./Di Muccio, C. (1993): The Influence of Aggressive and Neutral Cartoons and Toys on the Behaviour of Preschool Children. In: Australian Psychologist, 28 (2), S. 93-99.

Schenk, M. (1987): Medienwirkungsforschung. Tübingen.

Schnoor, D./Zimmermann, P. (1989): Kinder und Fernsehen - Ein Trendbericht. In: Zeitschrift für Sozialisationsforschung und Erziehungssoziologie, 9 (2), S. 85-100.

Scholz, R. (1993): Gewalt- und Sexdarstellungen im Fernsehen: ein systematischer Problemaufriß mit Rechtsgrundlagen und Materialien. Bonn.

Scheungrab, M. (1990): Die Abbildung der Beziehungen zwischen Medienkonsum und Delinquenz im Rahmen kausalanalytischer Modelle. In: Lukesch, H. (Hg.): Wenn Gewalt zur Unterhaltung wird... Beiträge zur Nutzung und Wirkung von Gewaltdarstellungen in audiovisuellen Medien. Regensburg.

Schwind, H.-D. u.a. (Hg.): Ursachen, Prävention und Kontrolle von Gewalt. Analysen und Vorschläge der Unabhängigen Regierungskommission zur Verhinderung und Bekämpfung von Gewalt (Gewaltkommission). Band III. Berlin, S. 383-390.

Singer, J. L./ Singer, D. G./Desmond, R. J./Calam, Rachel/Colimore, K. (1989): Kognition und Motorik von Kindern. Fernsehwirkungen in Interaktion mit Familienkommunikation. In: Medienpsychologie 1 (2), S. 120-135.

Skoler G. D./Bandura, A./Ross, D./Ross, S. A./Baron, R. A. (1994): Agression. In: Lesko, W. E. (Hg.): Readings in Social Psychology: General, Classic and Contemporary Selections, (2nd ed.) S. 296-326. Boston, MA.

St. Lawrence, J. S./Joyner, D. J. (1991): The Effects of Sexually Violent Rock Music on Males Acceptance of Violence Against Women. In: Psychology of Women Quaterly, 15, S. 49-63.

Stiegler, H. (1990): Zur Rezeption filmisch dargebotener Frauengewalt gegen Männer. In: Lukesch, H. (Hg.): Wenn Gewalt zur Unterhaltung wird... Beiträge zur Nutzung und Wirkung von Gewaltdarstellungen in audiovisuellen Medien. Regensburg.

Theunert, H. (1991): Quantitative versus qualitative Medien- und Kommunikationsforschung. Über Grundsätze, Gegensätze und Notwendigkeit der Ergänzung heutiger methodologischer Paradigmata. In: Swoboda, W./Hiegemann, S. (Hg.): Handbuch der Medienpädagogik. Theorie - Ansätze - Forschungsgeschichte - Perspektiven. Opladen.

Theunert, H./Pescher, R./Best, P./Schorb, B. (1992): Zwischen Vergnügen und Angst - Fernsehen im Alltag von Kindern. Schriftenreihe der Hamburger Anstalt für neue Medien. Berlin.

Thiersch, H./ Wertheimer, J./Grunwald, K. (Hg.) (1994): "... Überall in den Köpfen und Fäusten". Auf der Suche nach Ursachen und Konsequenzen von Gewalt. Darmstadt.

Vitouch, P. (1992): Gewaltprofil des österreichischen Fernsehens. ORF, Wien.

Vitouch, P. (1993): Fernsehen und Angstbewältigung. Opladen.

Vooijs, M. W./Van-der-Woort, T. H. (1993): Learning about TV Violence: The Impact of a Critical Viewing Curriculum on Children's Attitudinal Judgments of Crime Series. In: Journal of Research and Development in Education, 26 (3), S. 133-142.

Vorderer, P. (1994): "Spannung ist, wenn´s spannend ist". Zum Stand der (psychologischen) Spannungsforschung. In: Rundfunk und Fernsehen, 42 (3), S. 323-339.

Voß-Fertmann, T./Luca, R. (1992): Gewalt in den Medien - Faszination und Gefährdung. Ein bibliographischer Überblick. In: Pädagogik, 44 (12), S. 53-57.

Voulliéme, H. (1992): Gewalt in Filmen und TV-Spielen. Eine vergleichende Inhaltsanalyse. Düsseldorf.

Weiss, R. H. (1990): Horror-Gewalt-Video-Konsum bei Jugendlichen. In: Lukesch, H. (Hg.): Wenn Gewalt zur Unterhaltung wird... Beiträge zur Nutzung und Wirkung von Gewaltdarstellungen in audiovisuellen Medien. Regensburg.

Wilke, J. (1984): Nachrichtenauswahl und Medienrealitäten in vier Jahrhunderten. Berlin.

Wood, W./Wong, F. Y./Chachere, J. G. (1991): Effects of Media Violence on Viewer's Aggression in Unconstrained Social Interaction. In: Psychological Bulletin, 109 (3), S. 371-383.

Wulff, H. J. (1985): Die Erzählung der Gewalt. Untersuchungen zu den Konventionen der Darstellung gewalttätiger Interaktion. Münster.

Zielinski, S. (1984): Der Videorecorder als Durchlauferhitzer. In: medium, 6, S. 9-13.

Zillmann, D. (1980): Anatomy of Suspense. In: Tannenbaum, P. (Hg.): The Entertainment Functions of Television. Hillsdale, N.J., USA, S. 133-163.

Zillmann, D. (1989): Effects of Prolonged Consumption of Pornography. In: Zillmann, D./Bryant, J. (Hg.): Pornography. Research Advances & Policy Considerations. Hillsdale, N.J., USA, S. 127-157.

Zillmann, D. (1991): The Logic of Suspense and Mistery. In: Bryant, J./Zillmann, D. (Hg.): Responding to the Screen. Reception and Reaction Process. Hillsdale, N.J., USA, S. 281-303.

Zillmann, D. (1995): The Psychology of Suspense. In: Vorderer, P./Wulff, H.J./Friedrichsen, M. (Hg.): Suspense: Conceptualizations, Theoretical Analyses, and Empirical Explorations. Hillsdale, N.J, USA (im Druck).

Zillmann, D./Weaver, J. (1995a): Effects of Prolonged Exposure to Gratuitous Media Violence on the Acceptance of Violence as a Preferred Means of Conflict Resolution. Unpublished Manuscript. University of Alabama, Tuscaloosa, USA.

Zillman, D./Weaver, J. (1995b): Effects of Prolonged Exposure to Gratuitous Media Violence on Provoked and Unprovoked Hostile Behavior. Vortrag bei der Wingspread Conference on Media Violence, Racine, Wisconsin, USA.

Konsequenzen

Babysitter, Sündenbock und Streitobjekt - Vom schwierigen Umgang mit dem Fernseher in der Familie

Bruno Stafski

1 Unsichere Befundlage - verunsicherte Eltern

Über die Auswirkungen eines steigenden Fernsehkonsums auf die Entwicklung der Kinder und Jugendlichen und das Zusammenleben der Familien wird in den letzten Jahren allenthalben viel diskutiert. Auch vielfältige Forschungsergebnisse liegen vor, die sich mit dieser Frage beschäftigen (vgl. die Zusammenfassung bei Winterhoff-Spurk 1986). Wer jedoch glaubt, daraus eindeutige Hinweise und Handlungsvorgaben für den pädagogischen Umgang mit dem Fernsehen ziehen zu können, sieht sich bald getäuscht. Die Ergebnisse sind - wie so oft in den Sozialwissenschaften - entweder nicht eindeutig oder unter so speziellen, konstruierten Forschungsbedingungen zustande gekommen, daß sie für die Fragen von Eltern und Pädagogen nur wenig hergeben. Die Kardinalfrage, ob bzw. wieviel Fernsehen Kindern und Jugendlichen schadet, wird nicht klar beantwortet und läßt sich in dieser Einfachheit auch nicht beantworten. So verwundert es dann auch nicht, wenn z.B. in einem Themenheft der Zeitschrift "Psychologie Heute" vom April 1994 konsequenterweise zwei Beiträge mit unterschiedlichen Positionen zur Diskussion gestellt werden. Einer zeichnet dabei ein ausgesprochen negatives Bild der Medienkinder (Eicke/Eicke: "aggressiv, phantasiearm, träge"), während der andere versucht, mit weniger Kulturpessimismus die Frage von der anderen Seite aus anzugehen (G. Bliersbach: "Wozu das Fernsehen gut ist..."). In der Wirkungsforschung besteht inzwischen ja auch das Dilemma, daß "fernsehfreie" Kontrollgruppen von Kindern und Jugendlichen einfach nicht mehr auszumachen sind. Die wenigen Familien, die für sich die Konsequenz zogen, ohne Fernseher zu leben, unterscheiden sich wahrscheinlich von der statistischen "Durchschnittsfamilie" in vielen anderen sozialen Parametern so stark, daß die Wirkungen der fernsehfreien Lebensweise nicht klar isoliert werden können. Vielleicht ist es auch der Abgetrenntheit des Wissenschaftsbetriebs von der gesellschaftlichen Praxis geschuldet, daß die Quantität von Forschungsergebnissen sich in keiner Weise in konkreten handlungsleitenden Konzepten für den gesellschaftlichen Umgang mit dem Medium widerspiegelt. Und selbst wenn es klare Forschungsergebnisse in der einen oder anderen Richtung gäbe, wären die Möglichkeiten einer Einflußnahme auf die Programmpolitik der Medienkonzerne und -institutionen noch fraglich (vgl. dazu den Beitrag von Wolfgang Schulz in diesem Band).

Abseits der Möglichkeiten einer Regulierung der Medien durch übergeordnete Kontrollgremien, die ihre Beschränkungen oft in mangelndem politischen Willen oder ökonomischen Gesetzmäßigkeiten der Medienindustrie finden, bleibt es letztendlich den Familien als Konsumenten selbst überlassen, über Ge- oder Mißbrauch und damit über die vermuteten Folgen des Fernsehens zu entscheiden. Auch wenn Eltern, mit Blick auf den Fernseher als familiäres Streitobjekt, sich oft so fühlen mögen, sind sie doch nicht nur *passive Objekte* und Opfer der Medienindustrie. Anders als bei manchen anderen zivilisatorischen Notwendigkeiten haben Fernsehkonsumenten über den Ausschaltknopf die einzigartige und entscheidende Möglichkeit in der Hand, direkt und ohne Vermittlungsinstanz wieder selbst in die Rolle der *handelnden Subjekte* zu schlüpfen.

Die besondere Dialektik dieser gesellschaftlichen Doppelrolle als Subjekt-Objekt: Wird von den Medienideologen, in bewußter Kalkulation der Abhängigkeitsmomente, die Freiheit des Konsumenten als einschaltendem Subjekt verbrämt, so wird von den Medienkritikern, die sich selbst ja als ausschaltende Subjekte qualifiziert haben, oft allein die passive und abhängige Objektrolle des Opfers "Konsument" beschworen. Diese Doppelrolle zwischen Selbstbestimmung und Abhängigkeit macht die Diskussion über den Umgang mit dem Medium so komplex und kontrovers.

Auf der individuellen, pädagogischen Alltagsebene der Eltern, die sich für das Wohl und die Entwicklung ihrer Kinder verantwortlich fühlen, ist dennoch immer wieder große Verunsicherung zu spüren. Besorgte Eltern, deren Kinder motorisch unruhig sind, unter Konzentrationsstörungen oder nächtlichen Alpträumen leiden oder durch aggressive Verhaltensweisen auffallen, suchen dann die Ursachen auch im Fernsehen. Manche, die sich wegen der Probleme ihrer Kinder an eine Beratungsstelle wenden, beteuern gleich zu Beginn, daß sie ihr Kind nur Kindersendungen sehen ließen, so als spürten sie schon die vorwurfsvollen Blicke der Umwelt auf sich gerichtet. Oft kommt dann zum Vorschein, daß es auch zwischen den Eltern Differenzen über den pädagogischen Umgang mit dem Fernsehen gibt. Der Berater soll dann als Richter oder Sachverständiger das verträgliche Maß bestimmen und gleichzeitig die Rezepte liefern, wie es den Kindern vermittelt werden kann - und das möglichst ohne Familienkonflikte. Doch so einfach ist das nicht, denn das Fernsehen hat im Laufe der Familiengeschichte meist spezifische Funktionen im Zusammenleben übernommen. Familien, in deren Zusammenleben das Fernsehen schon eine wichtige stabilisierende Funktion erfüllt, sind somit oft gar nicht bereit oder in der Lage, Ratschläge aufzunehmen, die auch eigene Gewohnheiten in Frage stellen würden.

Deshalb müssen Patentrezepte und (Erziehungs-) Ratschläge versagen, die nicht diese individuelle Funktionsweise der Familien berücksichtigen. Erst wenn gemeinsam mit den Familienmitgliedern die vielfältigen (auch unbewußten) Motivationsgrundlagen für den Umgang mit dem Medium aufgeklärt sind, können diese zu bewußt handelnden Subjekten werden. Ihnen auf diesem Weg zu helfen, ist - allgemein ausgedrückt - das Ziel einer Beratung.

An Beispielen aus meiner Beratungsarbeit in einer Erziehungs- und Familienberatungsstelle und meiner kindertherapeutischen Praxis möchte ich im folgenden die Wirkungsweise dieser tieferliegenden Motivationen auf den familiären Umgang mit dem Fernsehen darstellen. Es sollen dabei exemplarisch einige

"Funktionen" des Fernsehens im Familienleben untersucht werden. In keinem der dargestellten Beispiele waren die Probleme mit dem Fernsehen der Hauptanlaß zur Beratung. Jedoch spielten diesbezügliche Fragen in einzelnen Phasen eine Rolle. Wenn die Beispiele deshalb etwas verkürzt erscheinen, liegt das daran, daß ich versuchen mußte, etwas künstlich diesen Aspekt aus dem gesamten Beratungsgeschehen herauszulösen.

2 Joscha - Ein Beispiel zur Frage von Gewalt und Fernsehen

Ein zwölfjähriger Junge, den ich hier Joscha nennen will, wurde bei mir wegen seiner schweren, durchbruchartigen aggressiven Verhaltensweisen vorgestellt. Er zeigte diese vornehmlich in der Schule, und die Eltern - beide aus einfachen Verhältnissen - kamen erst in die Beratung, nachdem sie von Lehrern und Direktor massiv unter Druck gesetzt worden waren. Joscha hatte in der Klasse keine Freunde und wurde von den anderen oft geärgert und ausgeschlossen. Wenn er das Gefühl hatte, dabei "mit dem Rücken zur Wand" zu stehen, rastete er einfach aus, schlug um sich, trat und würgte andere Kinder, wobei er völlig die Kontrolle über sich verlor.

Die Lehrer hatten die Vermutung ausgesprochen, daß wohl vor allem das Fernsehen an den problematischen Verhaltensweisen von Joscha schuld sei, da sie wußten, daß er spät abends oft noch Filme ansah, einen eigenen Fernseher im Kinderzimmer hatte und offen erzählte, daß zu seinen Lieblingssendungen die Übertragung von Kämpfen der Catcher und Wrestler gehörten, die er sich gemeinsam mit dem Vater ansah.

Die Eltern schienen zu Gesprächen mit den Lehrern nicht bereit, zumal sie deutlich deren Ablehnung und Schuldzuweisung zu spüren bekamen. Denn in deren Aussage, das Fernsehen sei schuld, steckte zwischen den Zeilen der Vorwurf, die Eltern hätten nicht die richtige pädagogische Haltung im Umgang mit dem Fernsehen.

Es dauerte sehr lange, bis die Eltern sich in den Gesprächen öffnen konnten. Sie kamen mit der Vermutung, daß ihnen in der Beratung die Mängel ihrer Erziehung vorgehalten bzw. die "richtigen" Haltungen mit Ratschlägen, Rezepten oder Anweisungen vermittelt werden sollten. Sie hatten sich gegenüber den erlebten Angriffen von außen zu einer Art Notgemeinschaft zusammengeschlossen und hinter ihren Sohn gestellt, den sie von zu Hause als eher weiches, ängstliches Kind kannten. Erst als sie spürten, daß es nicht darum ging, herauszubekommen, was sie alles falsch machten und was sie besser machen sollten, wurden die unterschiedlichen Facetten sichtbar, die ihre Einstellungen und Handlungen bestimmten.

Joschas Vater hatte selbst eine sehr schwere Kindheit gehabt und von seinen Eltern viel Gewalt erfahren. Er kam früh von zu Hause weg, wuchs in verschiedenen Heimen auf und mußte sich "durchs Leben schlagen". In seiner Jugend u. frühen Erwachsenenzeit bezog er viel Selbstbestätigung (die er sonst nicht bekam) aus seiner körperlichen Kraft, er ließ sich oft auf Schlägereien ein. Dadurch kam er auch einige Male mit dem Gesetz in Konflikt, schaffte es dann aber doch noch, auch mit Hilfe seiner Frau, nicht weiter abzurutschen und sich eine berufliche Existenz zu schaffen.

Joscha dagegen war nun gar nicht so, wie der Vater sich seinen Sohn vorgestellt hätte: Zwar war er körperlich kräftig, aber er war sehr ängstlich und weinerlich und litt unter großen Selbstwertdefiziten. Seine Klassenkameraden merkten dies und begannen, ihn zu hänseln und zu provozieren - sie spürten, wie leicht verletzlich er war, und freuten sich, wie schnell er reagierte. So stand Joscha in der Klasse alleine da und hatte keine Freunde.

Zur Kompensation konstruierte er sich eine Phantasiewelt, in der er sich als den starken Helden sah, unverletzlich und unnahbar. In seinen Tagträumen war er dann so stark, daß keiner sich mehr traute, ihn zu ärgern. Auf Freundschaften war ein so starker Held auch nicht mehr angewiesen, vielmehr wollten alle anderen ihn zum Freund haben. Das Material für diese Tagträume entnahm Joscha vor allem den Fernsehübertragungen der Catcher und Wrestler. Dabei war ihm übrigens auch nicht klar, daß es sich bei dieser Art von Kämpfen nicht wirklich um Kämpfe auf Leben und Tod handelt, sondern nur um quasi-artistische Showeinlagen mit vorbestimmtem Ausgang. Joscha konnte hier Realität und Fiktion nicht trennen, ja er wehrte sich sogar gegen eine Aufklärung, die ihm seine Phantasiehelden zerstört hätte, die er für sich noch brauchte. Gleichzeitig muß es eine starke innere Beunruhigung für ihn mit sich gebracht haben, daß sich seine "Helden" in den Kämpfen gegenseitig fast umbrachten.

Die beschriebene Unfähigkeit, Realität und Fiktion klar auseinanderzuhalten, besteht bei Kindern in der Regel bis ins Schulalter hinein. Bis dahin sind sie noch einem sehr anschaulichen Denken verhaftet (was ich sehe, gibt es auch). Da Kinder aber einen Großteil dessen, was sie in Filmen sehen, nicht an eigener Erfahrung messen und kritisch beurteilen können, wird das Gesehene von ihnen als wahr erfahren. Deshalb reagieren Kinder bis zum zehnten Lebensjahr - je nach ihrer Medienerfahrung - auf Gewaltszenen im Fernsehen oft mit Ängsten.

Joschas Mutter lehnte es eigentlich im Grunde ihres Herzens ab, daß ihr Sohn solche Kämpfe im Fernsehen mit ansah. Sie hatte Ängste (die sie erst einmal eingestehen mußte), daß er die "Schläger-Karriere" ihres Mannes wiederholen würde. Auf der anderen Seite litt sie unter Schuldgefühlen, ihm nicht genug Fähigkeiten zur Lebensbewältigung mitgegeben zu haben. Aus diesem Grunde, und weil Joscha ja so wenige Freunde hatte, wollte sie ihm nicht auch noch seine Fernsehwünsche beschneiden.

Welche Bedeutung hatte das gemeinsame Ansehen der Catcher-Kämpfe für die Beziehung des Vaters zu Joscha?

Der Vater hoffte, Joscha auf diese Weise zu einem "richtigen Jungen" machen, ihn irgendwie abhärten zu können. Er lehnte seine weichen, ängstlichen Seiten ab und litt darunter, daß sein Sohn in der Klasse nicht bestehen konnte. Man könnte auch sagen, er hat ihn durch die gemeinsame Verherrlichung der Catcher-Scheinwelt auch unbewußt "beauftragt", zurückzuschlagen, um bei ihm Anerkennung zu finden.

Joscha hatte mehr und mehr Probleme bekommen, sich zwischen den unterschiedlichen, ausgesprochenen und unausgesprochenen "Aufträgen" zurechtzufinden. Er sollte nicht mehr so aggressiv sein, andererseits aber doch zeigen, daß er ein "ganzer Kerl" war. Verzweifelt versuchte er immer wieder, nicht auf die Hänseleien zu reagieren. Dabei fraß er seine Aggressionen und die Demütigungen in sich hinein. Zu Hause heulte er seinen ganzen Kummer immer wieder heraus, spürte aber andererseits wieder die Ablehnung des Vaters. Auf diesem Hintergrund sind die aggressiven Durchbrüche, die in der Schule immer wieder auftraten, leicht zu verstehen. Joschas Phantasiebilder, in denen er sich gegen die erlittene Schmach wehrte, wie seine großen Vorbilder im Fernsehen, mögen in den Augenblicken ohnmächtiger Wut, in denen er jegliche Kontrolle verlor, für ihn mit der Realität verschwommen sein.

3 Das Fernsehen als Symptom - Ansätze einer Beratung

Sollte ich nun den Vater überreden, die Catcher aus dem gemeinsamen Abendprogramm zu streichen? Selbst wenn dies gelungen wäre, denke ich, daß es Joschas Aggressionsproblematik nicht gelöst hätte.

Wahrscheinlich hätte der Vater dann die Sendungen alleine angesehen, was zu offenen Durchsetzungskonflikten mit Joscha geführt hätte (zumal die Argumentationsbasis in diesem Fall sehr brüchig gewesen wäre). Vielleicht hätte er für seinen Sohn ja sogar auf den eigenen Fernsehspaß verzichtet, was Joscha sicher in der einen oder anderen Weise zu spüren bekommen hätte. Er hätte eventuell zusätzliche Schuldgefühle entwickelt und das Gefühl, für den Vater noch weniger ein "guter" Sohn zu sein, von ihm akzeptiert zu werden. Joschas innere Konfliktlage hätte sich eher noch verschlechtert. In beiden Fällen wäre damit eine der wenigen gemeinsamen Aktivitäten von Vater und Sohn entfallen, die ihr labiles Verhältnis stützten.

Wichtiger erschien es deshalb zunächst, Joschas Selbstwertgefühl und seine innere Unabhängigkeit zu stärken, um ihm zu ermöglichen, adäquater auf die Anfeindungen in der Klasse zu reagieren. Er benötigte auch dringend eine Entlastung aus dem inneren Zwiespalt, die Aggressionen als Teil seiner selbst zu spüren (Anteile des Vaters), sie aber gleichzeitig als schlechte und böse Selbstanteile verdrängen zu müssen (Seite der Mutter).

In den Beratungsgesprächen mit dem Vater war es wichtig, an einer Akzeptanz der weichen Seiten seines Sohnes zu arbeiten. Indirekt hing dies auch mit einer Bearbeitung seiner eigenen Gewaltthematik zusammen. Anfangs hatte der Vater ja fast stolz über seine eigenen Schlägereien als Jugendsünden berichtete. Der vergangenen Jugend und Stärke trauerte er irgendwie nach. Die Tatsache, daß er es trotz seiner schweren Jugend und der subjektiv notwendigen Kämpfe um Anerkennung und Selbstwert geschafft hatte, sich ein Leben aufzubauen, in dem weder er noch sein Sohn "kämpfen" mußten, war ihm bislang wenig als positiv zu bewertende, selbst erarbeitete Entwicklung präsent.

Im Laufe der Therapie mit Joscha bekam das Catchen einen anderen Stellenwert für ihn. Er konnte für sich akzeptieren, daß seine Helden nur Phantasiehelden waren, und konnte mehr und mehr auch im Kontakt mit Klassenkameraden zwischen Ernst und Spiel bzw "show" unterscheiden. Es stellte sich nämlich heraus, daß er aufgrund seiner bedrohlichen inneren Bilder oftmals auch gutgemeinte Scherze oder versehentliche Rempeleien von Klassenkameraden als böswillige Angriffe interpretiert hatte. So fand er schließlich auch Freunde, mir denen er gemeinsam "Catcher" spielte (eine große soziale Anforderung, wenn man bedenkt, daß man sich jeweils auch einigen muß, wer gewinnt und wer verliert, wenn man die Freundschaft nicht verlieren will).

Auf den ersten Blick mag der Umgang von Joschas Eltern mit dem Fernsehen bei vielen Pädagogen oder medienkritischen Eltern nur Unverständnis erzeugen. Bei näherem Hinsehen wird jedoch vieles erklärbar und läßt sich gut verstehen.

Der familiäre Umgang mit dem Fernsehen erscheint nun eher als ein *Symptom*, eingebettet in Netze von Wünschen der Eltern, Wunschphantasien und Kompensationsversuchen der Kinder und Mängel von Kommunikationsfähigkeit innerhalb der Familie. Fernsehen kann für eine stellvertretende Erfüllung eigener Wünsche und für eigenes ungelebtes Leben stehen. Es kann unzulängliche Lebenswirklichkeiten für Momente ausschalten und eine künstliche Erlebniswelt vorstellen, in der man sich mit potenteren Helden identifizieren kann. Gefühle von Minderwertigkeit, Angst und Selbstzweifeln können so gedämpft werden. Doch es bietet keine Lösungen für die Realität. Gerade Kinder, die wie Joscha in einer seelischen Notlage sind, nutzen die Flucht in eine Phantasiewelt, um sich der Realität nicht stellen zu müssen. Durch solches Vermeidungsverhalten werden wiederum die Möglichkeiten genommen, alternative Positiverfahrungen zu machen, die wichtig wären.

4 Das Fernsehen in Vielseher-Familien

Joschas Familie ist vielleicht auch ein mehr oder weniger typisches Beispiel für sogenannte *Vielseher-Familien*, in deren Familienleben das Fernsehen oft eine wichtige Rolle spielt. Dies manifestiert sich zunächst einmal in der Quantität des Fernsehkonsums aber auch in der Art des Umgangs damit. Der Fernseher wird schon gewohnheitsmäßig eingeschaltet (als Hintergrundkulisse) und läuft allabendlich mehrere Stunden. Seit es Frühstücksfernsehen gibt, fängt der Tag schon morgens mit Fernsehen an. Vielseher haben in der Regel ein ungebrochenes Verhältnis zum Fernsehen und stellen ihre Sehgewohnheiten nicht in Frage. Sie sind deshalb auch für medienkritische Diskussionen wenig erreichbar und suchen von sich aus keinen Rat für den pädagogischen Umgang mit dem Medium. Werden sie wegen der Probleme ihrer Kinder von Instanzen wie Schule oder Kindergarten an eine Beratungsstelle verwiesen, so sind sie, wie Joschas Eltern, zunächst sehr skeptisch. Selbst wenn sie bereit sind, das Fernsehverhalten ihrer Kinder zu problematisieren, wird ein Zusammenhang zu eigenen Sehgewohnheiten verleugnet und abgewehrt.

Hier liegt für jeden Berater auch eine Falle: Wenn die Eltern selbst nicht willens sind, eigene Gewohnheiten zu hinterfragen, muß auch jede Maßregelung der Kinder zum Scheitern verurteilt sein. Oftmals kommen solche Eltern dann fast triumphierend, um zu berichten, daß auch die Ratschläge des Psychologen nichts nutzten, was den Eltern die Bestätigung geben mag, daß sie pädagogisch auch nicht unfähiger dastehen als dieser. Erziehungsratschläge haben hier also in der Regel keinen Sinn, da sie den Lebensgewohnheiten der Eltern widersprechen und nicht einbeziehen, welche Funktion das Fernsehen im Familienleben erfüllt. Einige dieser Funktionen möchte ich im folgenden beschreiben.

Am Beispiel von Joschas Familie hatte ich schon die *kompensatorische Funktion* des Fernsehens für Kinder in schwierigen Lebenssituationen beschrieben. Oftmals bestehen solche Ausgleichsnotwendigkeiten jedoch auch für die Paarbeziehung der Eltern oder für die gesamte Familie. Der extensive Fernsehkonsum hat dann den Sinn, gestörte innerfamiliäre Kommunikations- und Interaktionsstrukturen zu verdecken. Vielleicht ist eine latente Beziehungs- oder Ehekrise die Grundlage. Man kann nicht mehr miteinander reden, ohne zu streiten, oder man hat sich nichts mehr zu sagen. Da liegt es nahe, den Fernseher einzuschalten, um die Leere in der Kommunikation auszufüllen oder das Entstehen unerträglicher Spannungen zu verhindern. Auch andere Familienkonflikte sind denkbar. Fernsehen wirkt hier vordergründig als "*friedensstiftende Maßnahme*" und wird von einzelnen Familienmitgliedern als reale Entlastung erlebt werden. Auf die Dauer gesehen werden die Konflikte dadurch jedoch nicht gelöst und brechen an anderer Stelle verschärft wieder aus.

Für das einzelne Familienmitglied wird der Fernseher zum *Beziehungsersatz*. Das Fernsehen vermittelt dem Einzelnen das Gefühl, Teil einer größeren Gemeinde zu sein. Der scheinbare Blickkontakt, die direkte Anrede und Zugewandtheit lassen die Illusion entstehen, nicht mehr so einsam zu sein. Wenn es nicht möglich erscheint, am Leben des Partners teilhaben zu können, kann man wenigstens im Fernsehen am Beziehungsleben anderer partizipieren. So werden Gedanken über das Geschehen in den Serien-Familien so real, als seien es Familien aus der näheren Bekanntschaft. Ein Ausfall des Fernsehgeräts kann in solchen Familien unter Umständen als bedrohlich erlebt werden.

In Vielseher-Familien bleibt es in der Regel nicht aus, daß auch die Kinder viel fernsehen, doch die Charakterisierung des Fernsehers als "*elektronischer Babysitter*" erscheint mir hier nicht als das eigentlich Bedeutsame. Zwar werden die Kinder auch vor die "Kiste" gesetzt, damit "Ruhe" ist (was ja in bestimmten Situationen auch einmal legitim sein kann). Schädlicher für die Kinder erscheint mir jedoch, wenn Eltern aus eigenem Bedürfnis heraus fernsehen wollen und es ihnen dabei mehr oder weniger egal ist, ob die Kinder mitsehen oder nicht. Dabei sind zwei Aspekte bedeutsam: Zum einen sehen die Kinder auf diese Weise als "*Mit-Seher*" Filme, die nicht unbedingt für sie bestimmt sind, und haben in den Eltern oft keine Partner zur Auseinandersetzung und zur Bearbeitung des Gesehenen. Zum anderen vermittelt sich dieses Gefühl von "*egal sein*" an die Kinder. Sie müssen still sein, weil etwas anderes - der Fernseher - wichtiger erscheint als sie.

Dieses "egal sein" - welches vielleicht auch noch in anderen Bereichen der Eltern-Kind-Beziehung zu Tage tritt - kann sich auch in einem Verlust der Einfühlung manifestieren, welche Sendung wie von den Kindern verarbeitet wird, und wie die Kinder auf das Gesehene reagieren.

Bei all dem ist wiederum festzustellen, daß der Umgang mit dem Fernseher in gewisser Weise als Symptom oder Gradmesser für die innerfamiliären Beziehungen betrachtet werden kann und nicht primär als Ursache bestimmter Verhaltensweisen. Dies schließt eine Rückwirkung nicht aus: Durch das Fernsehen kann eine Verarmung der innerfamiliären Kommunikation wiederum verstärkt werden.

Fernsehen - und im weiteren Sinne muß man hier die Möglichkeiten von Video-Filmen mit einbeziehen - kann aber auch durchaus stimulierende negative *Vorbildfunktion* haben und dazu beitragen, bestimmte Verhaltensmuster zu produzieren. Im Rahmen meiner Arbeit in einer Kinderfreizeiteinrichtung hatte ich z.B. Kontakt zu einer Gruppe von ca. 10jährigen Jungen, die sich regelmäßig bei einem der Kinder zu Hause trafen, um sich heimlich die Porno-Videos der Eltern anzusehen. Die Eltern waren in dieser Zeit nicht zu Hause und hatten die Filme vielleicht auch weggestellt. Kurze Zeit später waren einige der Jungen daran beteiligt, als etwas jüngere Mädchen im Park überfallen und zu sexuellen Spielen genötigt wurden.

Die Eltern selbst mögen sich damit rechtfertigen, daß sie die Filme nicht offen herumstehen ließen. Es wäre jedoch naiv, zu glauben, daß Kinder in diesem Alter nicht auch mitbekämen, was die Eltern abends sehen, wenn sie selbst ins Bett müssen. Kinder, die oft und lange alleine zu Hause sein müssen, sind sicher sehr findig darin, auch "verbotene" Filme der Eltern aufzuspüren - dies gehört einfach zu der gesunden Neugier in bezug auf das Leben der Erwachsenen und die verbotenen Dinge.

Es wäre müßig, wenn man versuchte, herauszufinden, welchen kausalen Anteil an dem Verhalten der Jungen nun der Konsum von pornographischen Filmen und welchen eventuell das Vorbildverhalten der Eltern und Gewaltverhältnisse in deren Beziehungen hatten. Es muß hier wieder darauf hingewiesen werden, daß die Wirkung der gesehenen Filme nicht abgetrennt von den sonstigen familiären Einflußfaktoren betrachtet werden kann. Würde man eine zufällige Stichprobe von Kindern im gleichen Alter mit diesen Filmen konfrontieren, so könnte man wahrscheinlich die unterschiedlichsten Reaktionen registrieren: von Verstörtheit und Schweigen über Peinlichkeit mit Erröten bis zu albernem Gekicher und offenen Fragen an die Eltern. Eine Zunahme sexueller Gewalt als direkte Wirkung wäre wahrscheinlich nicht meßbar. Und dennoch wäre es verkürzt, daraus folgernd eine schädigende Wirkung der Filme auszuschließen. Bei Kindern, die im Laufe ihrer Entwicklung keine ausreichend positiven Bindungen erlebten und folglich weder innere Stabilität noch soziale Wertmuster etablieren konnten, wirken entsprechende Filme anders als bei psychisch stabilen Kindern.

5 Der Zweitfernseher in der Familie

Viele Familien verfügen inzwischen über einen *Zweitfernseher*. Wie bei Joscha aus dem beschriebenen Beispiel steht dieser dann vielleicht sogar im Kinderzimmer. Der leidige Streit, welches Programm eingeschaltet wird, ist damit endlich aus der Welt. Man muß sich nicht mehr mit nölenden Kindern einigen, die beispielsweise ausgerechnet während einer interessanten Reportage ihre Kinderserie einklagen. Alles scheint friedlicher, doch es geht auch etwas Wichtiges verloren.

Der nötige Einigungsprozeß innerhalb einer Familie, wer zu welchen Zeiten ein Anrecht auf den Fernseher hat, welche Sendung gesehen wird und welche nicht, beinhaltet eine Reihe von sozialen Prozessen und nötigt die Familienmitglieder, miteinander in Beziehung zu treten. Hier findet soziales Lernen statt, sofern nicht einfach diktatorisch reguliert wird. Es geht dabei z.B. um Themen wie Ausgleich von Interessen, Verhältnis von Eltern und Kindern, Lernen von Verzicht, Setzung von Grenzen, Kompromißbildung und die Ausbildung von Frustrationstoleranz. Wenn am Fernseher kritisiert wird, daß er zur Verarmung der sozialen Beziehungen innerhalb der Familien beiträgt, so könnte man hier konstatieren, daß sie *durch* ihn an dieser Stelle auch angeregt werden. Mit dem Zweit- oder Drittgerät geht diese Ebene der familiären Auseinandersetzung verloren, abgesehen davon, daß jeder dann für sich seine Sendung sieht, was die Austauschprozesse über das gemeinsam Gesehene weiter reduziert. Diese sind ja besonders für kleinere Kinder sehr wichtig, um die aufgenommene Informationsflut zu verarbeiten.

Wird das Zweitgerät dazu noch ins Kinderzimmer gestellt, übersehen Eltern häufig, daß damit den Kindern quasi automatisch die Entscheidungsbefugnisse dafür übertragen werden. In der Regel sind sie ja auch befugt, über die anderen "Spielsachen" im Kinderzimmer selbst zu bestimmen. Eine nachträgliche Einschränkung der Gebrauchsrechte ist sicher viel schwerer und mit Konflikten verbunden. Auch glaube ich, daß man sich nicht klar macht, welche schier übermenschliche Disziplin manchen Kindern hier abverlangt wird. Die Versuchungssituation ist enorm. Ein Neunjähriger erzählte mir, er wisse genau, daß seine Mutter immer eine Viertelstunde nach ihm ins Bett gehe und sofort einschlafe. Darauf warte er dann, um nochmals den Fernseher in seinem Zimmer einzuschalten.

Besser wäre es meiner Ansicht nach, das Schlafzimmer der Eltern als Standort für das Zweitgerät zu wählen - die Versuchungssituation wäre um ein vielfaches geringer und aufgrund der "territorialen Rechte" im Schlafzimmer bliebe die Entscheidungskompetenz bei den Eltern.

6 Probleme medienkritischer Missionarstätigkeit

Das Fernsehen und seine schädigenden Einflüssen auf Kinder und Jugendliche bietet für viele scheinbar aufgeklärte und kritische Eltern und Pädagogen auch immer wieder eine gute Projektionsfläche für die Zuschreibung negativer gesellschaftlicher Tendenzen. Die Zunahme von Gewalt im Allgemeinen, von Gewalttätigkeit zwischen Kindern im Besonderen, die Häufung seelischer Störungen und Symptome wie Hypermotorik, Konzentrationsschwäche, Schlafstörungen und Alpträumen; für all das wird das Fernsehen oft zum *Sündenbock* gemacht. Mit einer solch verkürzten, einseitig kausalen Zuschreibung erscheint es einfach, Ursachen zu identifizieren, richtig und falsch, gut und schlecht zu definieren. Das Thema eignet sich auch gut, missionarisch tätig zu werden - vorausgesetzt man fühlt sich selbst auf der Seite der Gerechten.

Anlässe dazu bieten sich z.B. wenn Lehrer das Fernsehen zum Thema eines Elternabends machen, weil einige ihrer Schüler verstärkt durch Müdigkeit, Konzentrationsprobleme oder aggressive Verhaltensweisen auffallen. Häufig bleibt als Ergebnis, daß auf solchen Elternabenden dann engagierte Eltern lebhaft über mögliche schädliche Wirkungen des Fernsehens diskutieren. Die Eltern aber, die eigentlich erreicht werden sollten, bleiben entweder dem Themenabend fern oder müssen verstummen - sind sie es doch, die ihre Kinder in solch "verantwortungsloser" Weise den negativen Einflüssen der Medien ausliefern.

Wenn ein Kind Probleme wie die oben beschriebenen zeigt, wäre es wichtig, daß der Lehrer den Eltern in Einzelgesprächen sein wirkliches Interesse am Schulerfolg des Kindes glaubhaft macht. Erst damit würde er die Möglichkeit eröffnen, in einem solchen Gespräch auch über den Stellenwert des Fernsehens als mögliche Ursache der Probleme zu reden. Hierbei käme es zunächst darauf an, herauszubekommen, warum das Fernsehen eventuell einen so hohen Stellenwert hat (vgl. das Beispiel von Joscha und seiner Familie).

Manchmal stellt sich dann heraus, daß die Eltern selbst den Fernsehkonsum ihres Kindes durchaus kritisch betrachten, sich jedoch nicht in der Lage fühlen, Einfluß darauf zu nehmen oder sich durchzusetzen. Von einer solchen Familie berichtet mein nächstes Beispiel.

7 Luigi - Fernsehen als Streitobjekt und die Kapitulation der Eltern

Der siebenjährige Luigi wurde bei mir u.a. wegen seiner starken motorischen Unruhe vorgestellt. Diese war mit der Einschulung zum Problem geworden, und die Eltern waren insgesamt sehr unsicher, inwieweit nicht auch das Fernsehen schuld an der Zappeligkeit ihres Sohnes war. Sie hatten auch schon versucht, das Fernsehen einzuschränken, jedoch ohne rechten Erfolg. Tatsächlich schaffte es Luigi fast regelmäßig, sich durchzusetzen, wenn er etwas sehen wollte. Er verstand es dabei sehr geschickt, die Eltern wechselseitig als Bündnispartner auf seine Seite zu ziehen. Den sportbegeisterten Vater gewann er dafür, sich mit ihm gemeinsam Sportsendungen anzusehen, was nach Ansicht der Mutter nicht unbedingt sein mußte. Diese wiederum erlaubte ihm regelmäßig seine Kindersendungen und Zeichentrickfilme - auch aus dem Bedürfnis, sich selbst nachmittags ein wenig Ruhe zu verschaffen. Luigi konnte sie nämlich durch seine motorische Unruhe und die ständigen Fragen und Forderungen bis an die Grenzen ihrer psychischen Belastbarkeit bringen.

Wenn Luigi einmal nicht seinen Willen bekam, erregte er sich so sehr, daß die Eltern richtig Angst um ihn bekamen. Er bekam solche Wutanfälle, daß er rot anlief und ihm die Luft wegblieb. Die Eltern gaben dann aus Sorge um seine Gesundheit nach. Auf der Grundlage einer prägenden Erfahrung mit Luigi im Säuglingsalter war dies auch leicht zu verstehen - Luigi konnte damals nach einem Atemstillstand durch die Aufmerksamkeit der Mutter gerade noch gerettet werden.

Das Fernsehen war jedoch nicht nur Streitobjekt zwischen den Eltern und Luigi. Je hilfloser sie sich in den Auseinandersetzungen fühlten, desto mehr stritten sich die Eltern miteinander und warfen sich gegenseitig Erziehungsfehler vor.

Luigis Mutter war insgesamt immer sehr nachgiebig gewesen und hatte ihrem Sohn keine Grenzen gesetzt. Das lag auch an ihren Ängsten, die sie um ihn als Säugling gehabt hatte. Es war ihr lange Zeit lieber, ihn zu Hause unter ihrer Obhut zu haben, als seine Selbständigkeitsentwicklung zu fördern. Zu seiner Entschädigung war sie dafür zu vielen Kompromissen bereit, so auch zum Nachgeben gegenüber seinen Fernseh-Wünschen. Durch die starke Bindung und Besorgtheit der Mutter - der Vater hatte sich zumindest in den ersten Jahren eher aus der Erziehung herausgehalten - entwickelten sich bei Luigi starke Trennungsängste. So war er z.B. nicht in der Lage, alleine zu den anderen Kindern auf den Hof zum Spielen zu gehen. Wenn seine Eltern also keine Zeit für ihn hatten, war er darauf angewiesen, sich selbst zu beschäftigen - oder eben fernzusehen.

Luigis Vater versuchte von Zeit zu Zeit dem tyrannischen Gebaren seines Sohnes etwas entgegenzusetzen, war jedoch in seinem Handeln meist impulsiv und inkonsequent. Er sprach Drohungen und Fernsehverbote aus, die er dann selbst nicht einhalten konnte. Einmal beschloß er aus Wut über Luigis Tobsuchtsanfälle und seine eigenen Durchsetzungsprobleme, den Fernseher ganz abzuschaffen. Dabei hatte er jedoch übersehen, daß wenige Wochen danach die Fußball-Weltmeisterschaft begann, die er als aktiver Fußballer auf keinen Fall versäumen durfte. So kaufte er einen neuen Apparat und das Spiel begann von vorne. Meist saß er jedoch einig mit seinem Sohn vor den Sportberichten, zum Leidwesen seiner Frau. Oft nahmen sich die Eltern gegenseitig "den Wind aus den Segeln". Versuchte der Vater konsequent zu sein, fand das die Mutter zu hart, wies sie Luigis Forderungen zurück, wollte der Vater gerade selbst fernsehen.

Wieso war der Fernseher zum familiären Streitobjekt geworden? Der Vater war im Laufe der Jahre enttäuscht, daß neben der Sorge um Luigi für ihn kein Platz mehr bei seiner Frau zu sein schien. Er zog sich vor den Fernseher zurück. Mit seinem Interesse für Sportberichte konnte er Luigi wenigstens ein wenig zu sich ziehen. Luigis Mutter fühlte sich mit ihrer Verantwortung für das Kind oft von ihrem Mann alleine gelassen. Seine Sportsendungen waren aus diesem Grund ein rotes Tuch für sie geworden. Der Fernseher wurde zum Streitobjekt in der Familie, weil er mehrfach "*besetzt*" war, als Medium familiärer Beziehungs-Auseinandersetzung: Für den Vater war er Flucht aus der Beziehung, Beziehungsersatz und Werbeinstrument um seinen Sohn. Für die Mutter war er einerseits Entlastung, aber auch Beziehungskonkurrenz. Für beide war er manchmal pädagogisches Instrument. Luigi versuchte, möglichst geschickt mit diesen Besetzungen zu taktieren. Beide Eltern mußten im Laufe der Beratung lernen, wieder miteinander über eigene Wünsche und Erwartungen an die Beziehung und ihre Erziehungsvorstellungen zu reden. Für die Mutter gehörte dazu, ihren Sohn mehr loslassen zu können und mit der eigenen Ängstlichkeit fertig zu werden. Der Vater mußte erst einmal in eine ernste, verantwortliche Elternrolle hineinwachsen und Teile seiner eigenen bedürfnisorientierten Sprunghaftigkeit ablegen. Luigi selbst konnte im Laufe einer Therapie seine Ängste ablegen und wurde dadurch ruhiger.

8 Der Fernseher als Babysitter, Geschwisterersatz und der Reiz des Verbotenen

Luigis Mutter setzte das Fernsehen für ihren Sohn relativ früh als "*Babysitter*" ein. Wenn im Zusammenhang mit dem Fernsehen von der Babysitter-Funktion die Rede ist, dann ist damit meist gemeint, daß Kinder (weniger die Babys im engeren Sinne) vor dem Fernseher "abgesetzt" werden, damit sie beschäftigt bzw. ruhig sind. Den Eltern bleibt dadurch Raum und Muße, ungestört anderen Verrichtungen nachzugehen. Mit dem Fernseher können quengelnde Kinder beruhigt werden, wenn das Essen noch nicht auf dem Tisch steht, und ein Streit zwischen Geschwistern ist leichter zu schlichten. Seit die privaten Sender - sicher nicht zufällig - begannen, am Wochenende ab 5.30 Uhr Zeichentrickserien zu senden, ist sogar das Ausschlafen für die Eltern gesichert, die diese "Dienste" in Anspruch nehmen wollen. Ein achtjähriges Mädchen erzählte z.B., sie habe am Sonntag zwei Wekker: Einer wecke sie selbst zum Fernsehen, der andere sage ihr, wann sie die Eltern wecken dürfe.

Ich möchte mich an dieser Stelle nicht damit beschäftigen, welche Auswirkungen solches Elternverhalten für die Kinder haben kann. Aufklärung in dieser Richtung ist jedem zugänglich, der bereit ist, sich damit auseinanderzusetzen, und es besteht sicher Einigkeit darin, daß ein Zuviel in jedem Falle schädlich ist. Mir geht es hier wieder mehr darum, mögliche familiäre Hintergründe und Ursachen zu beleuchten - einmal abgesehen von pädagogischer Gedankenlosigkeit.

Im Beispiel von Luigis Familie sind hier mehrere Aspekte zu nennen, die auch für andere Familien als idealtypisch gelten können.

- Luigi war ein unruhiges und *stark forderndes Kind.* Die Mutter fühlte sich überlastet und trotz guten Willens nicht in der Lage, ständig auf ihn einzugehen. Warum Kinder so werden, kann ganz unterschiedliche Ursachen haben. Eltern solcher Kinder fühlen sich stärker gestreßt und sind eher geneigt, das Fernsehen als Entlastung einzusetzen, auch wenn sie eigentlich kritisch dazu stehen.

- Auf der anderen Seite fehlte Luigis Eltern die *Fähigkeit, Grenzen zu setzen* (beide Faktoren bedingen sich übrigens gegenseitig). Die Mutter hatte Angst vor den Konflikten und vermied sie durch ihre Nachgiebigkeit. Für eine solche mangelnde Standfestigkeit können die unterschiedlichsten Hintergründe mitbestimmend sein. Z.B. Ereignisse in der Entwicklung des Kindes, die ein sehr *behutsames* Verhalten der Eltern in gewissen Phasen notwendig machen, welches später leicht zu *überbehütendem* Verhalten wird (z.B. bei Frühgeburtlichkeit, schweren Krankheiten oder Benachteiligungen und Handikaps). In Luigis Fall hatten wir von seinen Trennungsängsten erfahren, deren Grundlage die Angst der Mutter um seine Gesundheit war. Auch ein starkes Harmoniebedürfnis von Eltern, das auf eigenen Kindheitserlebnissen oder aktuellen Partnerschafts-Disharmonien basiert, kann eine Rolle spielen. Bei Trennungs- oder Scheidungsfamilien kann ein Elternteil z.B. schnell unter Druck geraten, wenn ihm vom Kind entgegengehalten wird:"Bei Papa/Mama darf ich aber...". Der Rat, Grenzen klarer zu definieren, und die "Richtlinienkompetenz" wieder an sich zu nehmen, ist schnell gegeben. Doch eine Verhaltensänderung ist oft nur möglich, wenn auch die jeweiligen Hintergründe verstanden werden.

Am Beispiel von Luigis Familie wird noch eine weitere Funktion des Fernsehens in "Ein-Kind-Familien" deutlich. Hätte Luigi Geschwister gehabt, hätte die Mutter ihn sicher auch an diese verweisen können, wenn sie selbst keine Zeit hatte, mit ihm zu spielen. Dies war aber nicht der Fall und so fungierte das Fernsehen in gewisser Weise auch als *Geschwisterersatz*.

Es gibt noch weitere Familienkonstellationen, in denen das Fernsehen Entlastungsfunktionen übernimmt. In *Familien mit alleinerziehenden Eltern* hat ein Elternteil allein die vielfältigen Belastungen von Berufstätigkeit, Haushalt, Erziehung und Freizeitorganisation zu tragen. Ist kein Partner verfügbar, an den man das Kind einmal "abgeben" kann, kann der Fernseher manchmal auch diese Funktion übernehmen. Bei Alleinerziehenden mit älteren Kindern oder Jugendlichen kommt es auch häufiger vor, daß diese über lange Strecken nachmittags ohne Betreuung zu Hause sein müssen. Das Hortangebot der öffentlichen Erziehung endet für Kinder mit dem zehnten oder elften Lebensjahr, und danach klafft für viele eine Betreuungslücke. Sicher gibt es Kinder, die mit der "*Versuchungssituation Fernsehen*" keine Probleme haben, da für sie andere Interessen im Vordergrund stehen, oder ein gesunder Bewegungsdrang sie zu Freunden auf den Hof treibt. Es gibt jedoch auch Kinder und Jugendliche, die aus unterschiedlichen Gründen keinen Anschluß finden und sich aus dieser Situation heraus vermehrt dem Fernsehen oder Viedeospiel zuwenden.

So war es z.B. bei dem 14jährigen Markus, der wegen seiner starken Kontaktängste von der Mutter zu mir gebracht wurde. Ihr Mann war ein Jahr zuvor gestorben, so daß sie nun mit ihrem Sohn alleine dastand. Markus hatte keine Freunde und verbrachte seine ganze Freizeit vor dem Fernseher. Die Mutter war sich unsicher, wie sie damit umgehen sollte, zumal sie tagsüber arbeiten mußte und sich nicht um Markus kümmern konnte.

Die Mutter und Markus hatten sich beide nach dem Todesfall von der Außenwelt etwas zurückgezogen. In der ersten Zeit hatte der Fernseher für sie die Funktion, etwas Leben von außerhalb in die Wohnung zu bringen, um die Trauer und Depressionen zu vertreiben. Bei Markus bewirkte er jedoch noch mehr: Je stärker er sich zurückzog und es vermied, seine Isolation aufzubrechen, desto größer wurde die Hürde für ihn, Schritte auf andere Jugendliche zuzugehen. Sicher hatten seine Kontaktängste schon vorher bestanden, doch im Fernseher hatte Markus ein ideales Instrument für sein Vermeidungsverhalten gefunden. Durch das permanent bestehende Angebot von Unterhaltung und Kontakten "aus zweiter Hand" war er weniger gezwungen, sich mit der Einsamkeit in seiner Realität auseinanderzusetzen. Doch je mehr er andere Jugendliche mied, desto ängstigender wurden sie in seiner Vorstellung. Er glaubte, daß sie ihn als "komischen Eigenbrötler" ansahen, und sicher spürte er, daß sie ihn inzwischen wirklich als Außenseiter behandelten. Markus war in einen Teufelskreis geraten, der mit Hilfe des Fernsehens gefördert und längere Zeit verdeckt wurde. Die Mutter hatte richtig gehandelt, eine Beratung aufzusuchen. Mit Hilfe eines Therapeuten konnte Markus versuchen, neue Selbstsicherheit zu gewinnen, die irrationalen Seiten seiner Ängste anzugehen und Strategien zu entwickeln, die ihn aus dem Teufelskreis herausführten.

Noch ein weiteres Problem im Umgang mit dem Fernseher ist in diesem Beispiel angesprochen: Ältere Kinder sind nicht nur regelmäßig am Nachmittag, sondern auch abends öfter alleine zu Hause. Es liegt sicher ein besonderer Reiz darin, auszuprobieren, was der Fernseher alles zu bieten hat. Harmlos gestellte Fragen, wann die Eltern denn nach Hause kämen, können sich auf einmal als Teil einer geschickten Strategieplanung für den verbotenen Fernsehabend entlarven, wenn der Vater, kaum heimgekommen, fachmännisch die Wärme oder statische Aufladung der Bildröhre überprüft (in Erinnerung an die eigene Jugend). Das harmlose Spiel mündet dann in einen Familienstreit, wenn die schulischen Leistungen zu wünschen übrig lassen, woran natürlich nicht allein der Fernseher schuld ist. Manche Väter begeben sich mit ihren Kindern gerne auf die Ebene eines Wettkampfes um technischen Einfallsreichtum: Fernbedienungen werden versteckt, Antennenkabel gekappt und Programmspeicher gelöscht. Der Kreativität sind keine Grenzen gesetzt. Es ist jedoch zu fragen, ob sich der Reiz der Sache dadurch nicht erhöht. Dies trifft natürlich auch die Fälle, in denen auf ein Fernsehverbot als universelle Sanktion für die unterschiedlichsten Vergehen der Kinder zurückgegriffen wird. Der Fernseher als Streitobjekt bekommt dadurch einen Stellenwert im Familienleben zugewiesen, den abzubauen oder einzuschränken das eigentliche Ziel sein sollte.

9 Einige Schlußgedanken

Wir leben in einer Mediengesellschaft. Die Medienangebote werden immer komplexer und umfassender, und wir werden mit immer neuen Produkten konfrontiert, die sich uns als unverzichtbar präsentieren wollen. Es besteht die Gefahr, daß wir uns dadurch "das Heft aus der Hand nehmen lassen" und zum Objekt dieser scheinbaren neuen Notwendigkeiten werden.

Das Fernsehen ist dabei inzwischen aus dem Familienleben nicht mehr wegzudenken. Wie die Beispiele gezeigt haben, hat es innerhalb der familiären Interaktionsstrukturen einen festen Platz erobert. Die genaue Definition seiner Rolle, muß innerhalb jeder Familie selbst gefunden werden. Ich habe aufzuzeigen versucht, welche Bedingungen dabei eine Rolle spielen können und was es den Familien schwer macht, die bewußte Entscheidungskompetenz selbst in der Hand zu behalten. Einen patentierten Weg mit Erfolgsgarantie gibt es dabei nicht. Er muß in der familiären Auseinandersetzung um das Thema Fernsehen manchmal mühsam gebahnt werden. Die Auseinandersetzungen verlaufen oft konfliktreich, doch dies ist vielleicht ein positives Zeichen. Suchte man nach einem globalen Ratschlag für den Umgang mit dem Fernsehen, so müßte dieser eine Ermutigung zu mehr Auseinandersetzung innerhalb der Familien beinhalten, denn Auseinandersetzungen bedeuten lebendiges Beziehungsleben. Wenn Kinder gegen Einschränkungen und Reglementierungen protestieren (das müssen sie in ihrer Rolle auch dürfen) und erleben, daß sich ihre Eltern einer Diskussion stellen, bekommen sie dadurch auch deren Interesse zu spüren, und das hilft ihnen auf ihrem Weg der eigenen Orientierungssuche weit mehr als die Gleichgültigkeit, die sich hinter einer immer nur gewährenden Haltung verbergen kann. In Familien, in denen die Konflikte um das Fernsehen zu sehr bestimmend werden und sich immer wiederholen, wäre vielleicht mehr Mut zum Experiment am Platz. Wie wäre es z.B. damit, den Fernseher einmal für vier Wochen in den Keller zu stellen um zu sehen, wer denn überhaupt die größten Probleme damit hat? Vielleicht wären das dann gar nicht die Kinder. Auch steht der Weg offen, die kostenlosen Dienste einer Familienberatungsstelle in Anspruch nehmen. Man sollte nicht erwarten (oder befürchten), hier von einem Experten die richtigen Lösungen präsentiert zu bekommen. Sich Rat zu holen heißt, einen Moment innezuhalten, ein Problem gemeinsam und in Ruhe von allen Seiten zu betrachten, um seiner Bedeutung für das eigene Leben gerecht werden zu können. Wenn man so handelt, ist schon ein ganzes Stück eigener Subjekthaftigkeit zurückgewonnen. Glücklicherweise ist die Schwellenangst für solche Lösungsversuche in den letzten Jahren zurückgegangen.

Denkt man in größeren Zusammenhängen über mögliche Konsequenzen einer Mediengesellschaft nach, so wird noch einmal die Bedeutung der öffentlichen Erziehung deutlich. Wie die geschilderten Beispiele zeigten, ist der Umgang mit dem Fernsehen oft von Belastungssituationen geprägt, mit denen die Kleinfamilie manchmal überfordert ist. Hier könnte ein gut ausgebautes Netz öffentlicher Erziehung nicht nur große Entlastung, sondern auch familienergänzende Erziehung bieten. Kindern werden hier wichtige Erfahrungsräume für ihre Entwicklung zur Verfügung gestellt. Der Kindergarten ist bis heute noch ein "fernseh-strahlenfreier Raum", in dem Kinder sich in Beziehungen begeben und diese erleben können, statt sie auf dem Bildschirm aus zweiter Hand nur zu konsumieren. Im Bereich der Erlebnispädagogik gibt es eine Vielzahl von Konzepten und Ideen, wie Kindern in einer Medien- und Konsumgesellschaft wieder mehr "Leben aus erster Hand" angeboten werden kann. Zeltlagermaßnahmen und Abenteuerspielplätze eröffnen z.B. die Möglichkeit, mit *allen Sinnen* Abenteuer und Spannung selbst zu erleben, die das Fernsehen ja so attraktiv machen. Wenn wir den Kindern und Jugendlichen nicht solche Erfahrungs- und Erlebnismöglichkeiten zur Verfügung stellen, wird die Schere zwischen den Abenteuern, die im Fernsehen offeriert werden, und dem ungestillten Bedürfnis nach selbst gelebten Erlebnissen immer größer. Wenn es stimmt, daß ein ganzer Teil der Gewalt, über die in allen großstädtischen Ballungsräumen geklagt wird, einem Mangel an solchen Erlebnissen und Entfaltungsräumen zuzuschreiben ist, könnte es sein, daß Versuche, gerade hier etwas einzusparen, sich bald als sehr kurzsichtige Rechnungen erweisen, die letztlich nicht aufgehen.

Literatur

Bliersbach, G. (1994): Wozu das Fernsehen gut ist... In: Psychologie Heute, 4/1994.

Eicke, U./Eicke, W. (1994): Aggressiv, phantasiearm, träge: Die Medienkinder. In: Psychologie Heute, 4/1994.

Macht das Fernsehen blöd? Familienkompass-Themenheft. Hg.: Bezirksamt Zehlendorf von Berlin, Abt. Jugend und Sport, Erziehungs- und Familienberatung.

Winterhoff-Spurk, P. (1986): Fernsehen, Psychologische Befunde zur Medienwirkung. Bern/Stuttgart/Toronto.

Kampf der Fiktionen: Paragraphen gegen reitende Leichen

Grenzen regulativer und Chancen kontextualer Steuerung von Fernsehinhalten am Beispiel von Gewaltdarstellungen

Wolfgang Schulz

1 Thesen zur Einleitung

Wenn die Debatte über Gewaltdarstellungen in einem Seminar oder auch in der Politik auf Lösungen zustrebt, mündet sie in der Regel in die Frage nach den rechtlichen Möglichkeiten, bestimmte Programminhalte zu verbieten oder ihre Ausstrahlung zumindest zu erschweren. So forderte der Vorsitzende des Rechtsausschusses des Bundestages, Horst Eylmann, am 23. Februar 1993 ein Verbot von Reality-TV-Sendungen im deutschen Fernsehen (B.Z. vom 23. Februar 1993). Äußerungen von Politikern zu diesem Thema zeigen, wie recht Luhmann hat, wenn er feststellt: "Recht ist eine Form, in der Politik ihre Probleme lösen, das heißt loswerden kann." (Luhmann 1993, S. 424)

Weniger rechtlich orientierte oder im Solde von Medienunternehmen stehende Diskutanten fordern eine bessere Medienpädagogik und hinterlassen den Eindruck, sie wollten der medialen Gewalt durch die Verteilung emotionaler Schutzwesten Herr werden.

Eine nüchterne Analyse der rechtlichen Möglichkeiten in bezug auf das Problem der medialen Gewaltdarstellungen ergibt folgendes:

- Der Blick ins Verfassungsrecht zeigt, daß weitere repressive Maßnahmen wie strafbewehrte Verbote von Programminhalten kaum zulässig sein können.
- Steuerungstheoretische Überlegungen legen nahe, daß derartige Maßnahmen zudem nicht wirkungsvoll sein würden.
- Rechtspolitische Erwägungen führen zur Annahme, daß solche Maßnahmen auch nicht sinnvoll sind.

Bei der Lösung der gesellschaftlichen Probleme mit Gewaltdarstellungen wird daher striktes Recht nur eine Nebenrolle spielen. Der folgende Beitrag soll diese Behauptung und die Thesen in mehreren Schritten belegen. Dazu wird zunächst die aktuelle Rechtslage skizziert. Welche Mittel gibt es bereits gegen gesellschaftlich unverträgliche Gewalt im Fernsehen? Dann wird die Forderung nach weiteren "harten" Regelungen in verfassungsrechtlicher, steuerungstheoretischer und rechtspolitischer Hinsicht diskutiert.

Schließlich - um nicht den Ruf zu bestätigen, das deutsche Recht hätte einen Rasenmäher-Motor, aber die Bremsen eines Rolls-Royce - wird versucht, alternative Formen der rechtlich-gestützten Steuerung von Programminhalten zu skizzieren und diese zur Diskussion zu stellen.

2 Traditionelle Möglichkeiten der Einflussnahme

Bestimmte Gewaltdarstellungen werden bereits jetzt rechtlich sanktioniert.[1] Im folgenden beschränkt sich die Darstellung auf solche im Fernsehen. Die Regelungen für Kino, Buch, Btx oder andere Medien bleiben unberücksichtigt.

Zu unterscheiden sind strafrechtliche und rundfunkrechtliche Regelungen, die die Programminhalte im Hinblick auf Gewaltdarstellungen zu regulieren suchen.[2]

2.1 Strafrechtliche Regelungen

Harte Pornographie und bestimmte Formen von Gewaltdarstellungen sind durch § 184 bzw. 131 StGB unter Strafe gestellt. Für das hier behandelte Thema interessiert insbesondere § 131 StGB (zur Auslegung des Tatbestandes vgl. Rudolphi, SK, § 131 Rz. 3ff., v. Bubnoff, LK, § 131, Rz. 5ff.). Wer grausame oder sonst unmenschliche Gewalttätigkeiten gegen Menschen schildert, wird nach § 131 I (2. Alternative) StGB bestraft, wenn sich darin eine Gewaltverherrlichung oder -verharmlosung zeigt oder die Darstellung in einer die Menschenwürde verletzenden Weise geschieht. Um auch Live-Sendungen einzubeziehen, bestimmt Absatz 2 ausdrücklich die Anwendbarkeit der Vorschrift auf jede Darbietung mittels Rundfunk. Nach § 131 StGB macht sich jeder strafbar, der nach den allgemeinen strafrechtlichen Grundsätzen für die Tat, d.h. für die Produktion und Ausstrahlung der Gewaltdarstellung, verantwortlich ist. In Betracht kommen hier bei Filmen die Produzenten, Regisseure, Drehbuchautoren und auch Darsteller, in den Rundfunkanstalten der Intendant, der Abteilungsleiter und der Redakteur (v. Bubnoff, LK, § 131 StGB, Rz. 23).

Absatz 3 der Vorschrift normiert ein Berichterstattungsprivileg. Sofern Vorgänge des Zeitgeschehens oder der Geschichte geschildert werden, ist der Tatbestand des § 131 StGB nicht erfüllt. Aktuelle redaktionelle Beiträge, aber auch zeitgeschichtliche Dokumentationen genießen dieses Privileg. Damit fällt ein großer Teil der durch den Rundfunk verbreiteten Beiträge z.B. in Nachrichten aus dem Anwendungsbereich des § 131 StGB heraus.

---

1 Ausführlicher zu den traditionellen Instrumenten und ihren rechtlichen Grenzen: Kreile/Detjen 1994; Schulz 1993; Stock 1993; vgl. auch Meirowitz 1993; Brockhorst-Reetz 1989.

2 Auch für Gewaltprogramme gilt, was Weigend zu Sexdarstellungen anmerkt: "Was immer man gegen Pornographie einwenden mag - immerhin schlägt sie eine Brücke zwischen Medienrecht und Strafrecht." Weigend 1994, S. 133ff. (133).

2.2 Rundfunkrechtliche Regelungen

Die zentrale Norm zur Regelung der Art und Weise von Gewaltdarstellungen im Rundfunk ist § 3 des Rundfunkstaatsvertrages, der in den Landesmediengesetzen (LMG) seine Entsprechung findet.[3] Die Regelung gilt für öffentlich-rechtlichen und privaten Rundfunk gleichermaßen. Die Vorschrift stuft in den Folgen nach der Art und Intensität der Jugendgefährdung ab.[4]

Absolute Sendeverbote bestehen danach für Sendungen, die den Tatbestand von § 131 StGB erfüllen, pornographisch im Sinne von § 184 StGB sind, den Krieg verherrlichen oder sich offensichtlich zur schweren Kinder- und Jugendgefährdung eignen (§ 3 I RfStV). Zusätzlich ist seit 1. August 1994 auch die Darstellung von Sterben und Leiden in menschenunwürdiger Weise, auch wenn die Personen eingewilligt haben, verboten - diese Norm zielt offenbar auf das sog. Reality-TV (Absatz 1 Nr. 5).

Die übrigen Sendungen dürfen, wenn sie das Wohl von Jugendlichen beeinträchtigen können, nur verbreitet werden, wenn der Veranstalter durch Sendezeitregelungen oder andere Maßnahmen Vorsorge trifft, daß Jugendliche der betroffenen Altersstufe sie üblicherweise nicht wahrnehmen (Absatz 3). Der Staatsvertrag enthält Konkretisierungen dieser Generalklausel für Filme, die von der Freiwilligen Selbstkontrolle der Filmwirtschaft (FSK) bewertet wurden, sowie für indizierte Filme. Filme, die wegen ihrer FSK-Bewertung durch das Gesetz zum Schutze der Jugend in der Öffentlichkeit (JÖSchG) für Jugendliche "ab 16 Jahren" freigegeben sind, dürfen nur zwischen 22 und 6 Uhr; Filme, die von der FSK die Einstufung "nicht unter 18 Jahre" erhalten haben, nur zwischen 23 und 6 Uhr verbreitet werden.[5] Ein Film, der in die Liste der jugendgefährdenden Schriften gem. § 1 des Gesetzes über die Verbreitung jugendgefährdender Schriften (GjS) aufgenommen wurde (sog. "Indizierung"), darf ebenfalls nur zwischen 23 und 6 Uhr gesendet werden, und nur, wenn er nicht Kinder oder Jugendliche sittlich schwer gefährdet. Bei den Zeitgrenzen können die öffentlich-rechtlichen Anstalten selbst oder für private Rundfunksender die zuständigen Landesmedienanstalten Ausnahmen insbesondere für ältere FSK-Bewertungen zulassen (Absatz 4). Für Beiträge, die primär für das Fernsehen produziert werden, gibt es keine konkrete Regelung; Gutachten der Freiwilligen Selbstkontrolle Fernsehen (FSF) sollen nach der Novelle bei der rechtlichen Beurteilung einbezogen werden.

Der Staatsvertrag sieht bei Verstößen Geldbußen bis 500.000 DM vor, außerdem kann - in den LMG unterschiedlich - bei einem oder mehreren Verstößen die Lizenz ausgesetzt oder entzogen werden. Zuständig sind die Landesmedienanstalten.

---

3 Dem Ausgangspunkt der Untersuchung entsprechend bleiben Normen, die dem Schutz der Rechtsgüter individuell Betroffener dienen, im folgenden außer Betracht.

4 Ausführlich Ring, H. Kommentierung zum RfStV. Die konkretisierenden Richtlinien der öffentlich-rechtlichen Rundfunkanstalten und der DLM werden hier nicht weiter ausgeführt.

5 Kritisch zur Kopplung an die Wertung der FSK Wagner 1991, S. 301ff.; Herkströter 1992, S. 25; Schulz 1993, S. 354f.

Daneben gibt es Programmgrundsätze, die den Programminhalt in der Regel an die Menschenwürde und die Freiheitlich-demokratische Grundordnung rückbinden. Betrachtet man die Programmgrundsätze als traditionelle rechtliche Regelungen - und das ist offenbar unter Juristen noch üblich (Laschet 1994 S. 28f. und passim; Bosman 1989, S. 6ff.) - erweisen sie sich als für die konkrete Aufsicht schwer operationalisierbar.[6] Dagegen können sie in einem Verständnis symbolischer Normen[7] als Fixpunkte für Diskurse über Programminhalte von Bedeutung sein. Auch Rechtssätze sind Vorstellungen, Fiktionen; dazu später mehr.

3 Grenzen traditioneller Einflussnahme auf das Programm

3.1 Verfassungsrechtliche Bedenken gegen eine Verschärfung

Die bisherigen Regelungen und mögliche künftige Verschärfungen dürfen Grundrechtspositionen der Betroffenen nicht verletzen.

Art. 5 I 2 GG des Grundgesetzes gewährleistet die Freiheit des Rundfunks und damit die Freiheit der Rundfunkmacher zu bestimmen, was sie senden wollen und was nicht. Dieser Teil der Rundfunkfreiheit, die sogenannte Programmfreiheit, gehört zum Kernbestand der durch Art. 5 I 2 GG geschützten Rechte (BVerfGE 59, 231 (258)).

Daneben hat auch der Rezipient das Recht, von den Programmen, die technisch empfangbar sind, nicht ausgeschlossen zu werden (Informationsfreiheit, Art 5 I 1 GG). Letzteres wird besonders dann bedeutsam, wenn der Rundfunkveranstalter an die deutschen Jugendschutzbestimmungen nicht gebunden ist, weil er vom Ausland aus operiert.

Fernsehdarbietungen können auch Kunst darstellen. Wenn dabei Gewalt im Spiel ist, stellt sich die Frage, wie Maßnahmen gegen Gewaltdarstellungen im Hinblick auf die Freiheit der Kunst zu beurteilen sind, die durch Art. 5 III GG grundsätzlich schrankenlos gewährleistet wird.[8] Für das Medium Fernsehen können wohl insbesondere ästhetisch-anspruchsvolle Spielfilme und Fernsehspiele den Schutz der Kunstfreiheit in Anspruch nehmen. Die Gerichte haben im verständlichen Bemühen, möglichst nicht über den künstlerischen Wert von Werken entscheiden zu müssen, den Kunstbegriff in problematischer Weise ausgedehnt. So können auch rein kommerzielle Unterhaltungsproduktionen wie "Rambo III" als Kunst angesehen werden (BVerwGE vom 26. 11. 1992 BSP-Report 1/93, S. 8ff. "Rambo III"; vgl. auch BVerwGE vom 26. 11. 1992 BSP-Report 1/93, S. 12ff.).

---

6 Empirisch gestützte Untersuchungen, die die Ausichtspraxis mit Blick auf die Programmgrundsätze darstellen, sind Mangelware: Hellstern/Hoffmann-Riem/Reese, 1989; Holgersson 1993, S. 153ff.

7 Zum symbolischen Gehalt von Rechtsnormen vgl. Kindermann 1988, S. 222f.

8 Zur aktuellen Entwicklung der Rechtsprechung zur Kunstfreiheit vgl. Karpen/Hofer 1992, S. 951ff.; Hartlieb 1991, S. 2 Rz. 7.

Da aber auf der anderen Seite der so erweiterte Bereich von Kommunikationen nicht immer gegenüber anderen Rechtsgütern vorgehen kann, wird die an sich unbeschränkte Kunstfreiheit über die Hintertür doch Schranken wie dem Jugendschutz unterworfen. Dies ist wenig sachgerecht und untergräbt das offensichtliche Bestreben des Grundgesetzes, bestimmte - nämlich sich im Kunstsystem entwikkelnde - Kommunikationsinhalte zu privilegieren.[9] Man wird den Gerichten und Aufsichtsinstanzen nicht ersparen können, die Kunst von anderem zu unterscheiden - natürlich durch Beobachtung des Kunstsystems selbst. Legt man dies zugrunde, wird das Problem der Kunstfreiheit ein marginales, das im folgenden ausgespart werden kann.

Die Verfassung sieht direkt in Art. 5 II GG und in anderen Verfassungswerten auch Grenzen der Rundfunkfreiheit vor. Hier wird insbesondere über die Menschenwürde zu reden sein, deren Verletzung ja oft beklagt wird, wenn in Filmen Menschen zerstückelt und zersägt werden. Art. 1 I GG verpflichtet den Staat zu Achtung und Schutz der Menschenwürde (grundlegend zum Begriff der Menschenwürde Geddert-Steinacher 1990). Die Menschenwürdegarantie ist kein Grundrecht mit bestimmtem Anwendungsfeld, sondern gilt für alle Lebensbereiche. Es handelt sich um ein Rechtsprinzip, ein Optimierungsgebot: Alle Aktivität des Staates muß auf bestmögliche Verwirklichung der Menschenwürde zielen. Der Inhalt der Schutzverpflichtung kann nicht positiv, sondern nur durch die Verletzung bestimmt werden. Das Bundesverfassungsgericht verwendet dazu die von Dürig geprägte Objektformel, die an die Kantische Formulierung des kategorischen Imperativs als pragmatischem Imperativ anknüpft: Die Würde des Menschen ist verletzt, wenn er nicht als Person mit Eigenwert, sondern als Objekt eines anderen behandelt wird (so schon BVerfGE 5, 85, S. 204). Der Staat darf dies zum einen nicht selbst bewirken und muß zum anderen die Bürger vor derartigen Angriffen Dritter schützen.

Gewaltdarstellungen werfen eine Frage auf, die auf ein dogmatisches Problem der so verstandenen Menschenwürdegarantie verweist. Kann die Menschenwürde verletzt sein, wenn Gewaltopfer und -täter (Schauspieler, aber bei Reality-TV auch "Normalbürger") mit dem Vorgang selbst und der Sendung des Beitrags einverstanden sind? Faßt man die Menschenwürdegarantie richtigerweise als subjektive Norm auf, so fällt die Antwort auf die Frage eindeutig aus: Wenn und soweit ein Subjekt eine Handlung willentlich ausführt, kann es ex definitione keine Würdeverletzung darstellen, solange die Entscheidung bewußt und autonom getroffen wird und die Würde Dritter nicht verletzt ist.[10] Auch daß eine Sendung die Men-

9 Kritisch zu dieser Konstruktion Herkströter 1992, S. 28; sowie Geis 1992, S. 27.

10 Das Bundesverfassungsgericht und die Rechtswissenschaft haben unterschiedliche Ansätze entwickelt, um diese Konsequenz zu vermeiden. Zum einen wird in der Literatur vertreten, das Schutzobjekt der Menschenwürde sei nicht der konkrete Mensch, sondern vielmehr ein Menschenbild oder die gesamte Menschheit (vgl. Dürig in Maunz/Dürig/Herzog/Scholz, Kommentar zum Grundgesetz, Art. 1, Rz. 17, 22.) Ein Verstoß könnte daher auch vorliegen, wenn der konkrete Mensch einwilligt. Das Bundesverfassungsgericht sieht in Art. 1 GG ebenso wie in den anderen Grundrechten neben dem subjektiven einen objektiven Gehalt. Nach seiner Ansicht kann ein einzelner nur insoweit auf sein subjektives Recht verzichten, als dadurch der

schenwürde eines - erwachsenen - Zuschauers beeinträchtigt, ist fernliegend (Laschet 1994, S. 169f.).

Für einen ganz anderen Bereich kann die Diskussion um Menschenwürde sinnvoll sein, nämlich affektbezogene Sendungen aus dem Genre (echtes, nicht-nachgespieltes) Reality-TV oder Game-Shows, in denen konkrete Personen unvermittelt und unvorbereitet gewisse Anteile Ihrer Persönlichkeit durch das Fernsehen nach außen preisgegeben finden. Hier kann nach einem Verstoß gegen - im Lichte der Menschenwürde auszulegende - Persönlichkeitsrechte der Betroffenen gefragt werden.[11]

Wenn in der öffentlichen Debatte von Menschenwürde geredet wird, dann ist im Grunde nicht ein Verständnis vom Schutz subjektiver Personalität, sondern guter Geschmack und Anstand gemeint. Dies wird aber nicht vom Grundgesetz geschützt und reicht nicht aus, um die Freiheiten aus Art. 5 GG zu beschränken. Das seit 1. August 1994 geltende Verbot der Darstellung von Sterben und Leiden in menschenunwürdiger Weise, unabhängig von der Einwilligung der Personen, ist daher nicht als Ausprägung der grundgesetzlichen Menschenwürdegarantie zu rechtfertigen.

Es bleibt also beim Jugendschutz als zentralem Argument für die Regulierung von Gewaltdarstellungen, das auch im Grundgesetz ausdrücklich vorgesehen ist. Das Recht von Kindern und Jugendlichen auf freie Entfaltung ihrer Persönlichkeit wird durch Art. 2 I in Verbindung mit Art. 1 I GG geschützt (grundlegend Engels/Hoffmann-Riem/Schulz 1995). Darunter fällt auch das Recht auf Schutz und Hilfe, um sich zu eigenverantwortlichen Personen innerhalb der sozialen Gemeinschaft entwickeln zu können, das hat das Bundesverfassungsgericht schon früh festgestellt. Es besteht also ein verfassungsrechtlich geschütztes Interesse an ungestörter Entwicklung der Jugend. Dies berechtigt und verpflichtet den Staat, bestimmte Einflüsse von Kindern und Jugendlichen fernzuhalten, die zu nicht korrigierbaren Fehlentwicklungen führen können. Bei der unter Sozialwissenschaftlern viel diskutierten Frage, ob und welche schädlichen Auswirkungen Gewaltdarstellungen auf die kindliche Entwicklung haben, ist der Gesetzgeber aber relativ frei. Er muß nicht warten, bis die Gutachter unterschiedlicher Positionen sich geeinigt haben (BVerfGE 21, 336 (347); 79, 51 (63); zum Jugendschutz als Schranke vgl. Hoff-

objektive Gehalt nicht beeinträchtigt wird. Im Rahmen von Art. 1 GG hat das Gericht noch nicht explizit zur Frage des Verzichtes Stellung genommen. Seine Entscheidungen lassen aber erkennen, daß der objektive Gehalt der subjektiven Verfügbarkeit hier nur wenig Grenzen setzt (vgl. BVerfGE 49, 286 (298); BVerfGE 17, 342 (346)). Eine noch weitergehende Position hat das Bundesverwaltungsgericht in seinem ersten, vieldiskutierten Peepshow-Urteil vertreten. In einem - der Frage von geschmacklosen Fernsehdarstellungen nicht unähnlichen - Fall hatte das Gericht entschieden, daß die Freiwilligkeit der Entscheidung eine Verletzung der Menschenwürde nicht ausschließt. "Die Würde des Menschen ist ein objektiver, unverfügbarer Wert, auf dessen Beachtung der einzelne nicht wirksam verzichten kann." (BVerwGE 64, 274 (278)). Ein solch objektiviertes Verständis ist aber dieser "Grundnorm der Subjektivität schlechthin" nicht angemessen. In diesem Sinne auch allgemein Geddert-Steinacher 1990, S. 78f.; und bei der Übernahme des Menschenwürdebegriffes in die Programmgrundsätze Laschet 1994, S. 167ff.

11 Die LfR hat zu diesem Problemfeld ein sozialwissenschaftlich-juristisches Forschungsprojekt initiiert.

mann-Riem, AK, Rz. 105ff.; Gernert 1987, S. 135ff.; vgl. zum Stand der Gewaltwirkungsforschung Kunczik 1993, S. 98).

Allerdings beginnen die Probleme schon dabei herauszubekommen, welche Vorstellung von "richtiger" Entwicklung, welche normativen Maßstäbe vorausgesetzt werden dürfen. Ein pluraler Staat kann keine Normen "richtiger" Sozialisation - etwa religiöse oder bestimmten Moralvorstellungen verpflichtete Werte - vorgeben, die bei der Entwicklung Jugendlicher immer beachtet werden müssen. Auch wird der Gesetzgeber ebenso wie bei der Einstellung zur Pornographie nicht einen bestimmten augenblicklichen gesellschaftlichen Konsens rechtlich festschreiben dürfen.

Auch wenn ein so verstandener Jugendschutz zur Regulierung von Gewaltdarstellungen berechtigt, muß immer beachtet werden, daß Erwachsenen nicht mehr Kommunikationsinhalte vorenthalten werden, als durch den Jugendschutz erforderlich (vgl. BVerfGE 21, 336 (348)). Rechtlich wäre wohl eine wirksame Codierung von Gewalt und Pornographiesendungen, die den Erwachsenen die Entscheidung über den Zugang zu diesen Programmangeboten überläßt, der angemessene Schutz. Praktisch ist dies wohl keine Alternative, da die Kindern den Decoder sicher eher beherrschen als die Eltern.

Bei allen Kontrollen von Programminhalten darf das Zensurverbot (Art. 5 I 3 GG) nicht verkannt werden: Es wäre verfassungswidrig, wenn Veranstalter Programme im Vorwege einer staatlichen Stelle oder auch einer Medienanstalt[12] vorlegen müßten, die dann über ein Sendeverbot oder die Plazierung entscheidet. Ähnlich wie beim Film kann dies aber über Einbindung von Selbstkontrollorganen realisiert werden.

Angesichts dieser Verfassungslage erscheinen zwar die Eingriffe durch § 131 StGB und § 3 RfStV noch hinnehmbar, weitere Verbote aber kaum. Das Verbot ganzer Sendegattungen oder die Limitierung der Zahl von Leichen pro Tag - Vorschläge aus der aktuellen Gewaltdebatte - läßt das Grundgesetz nicht zu. Insbesondere das Berichterstattungsprivileg darf nicht aufgegeben werden.

Rechtlich erschwert werden weitere Maßnahmen durch ein anderes Verfassungsprinzip, nämlich den sog. Bestimmtheitsgrundsatz. Alle Regelungen - und gerade die, die sich in Grundrechten wie der Rundfunkfreiheit auswirken - müssen so formuliert werden, daß ihre Anwendung für alle Betroffenen klar ist. Dies ist schon bei den jetzigen Regelungen schwer. So mußte das Bundesverfassungsgericht die groteske Frage klären, ob Zombies Menschen im Sinne von § 131 StGB sind (BVerfGE AfP 1992, S. 356ff. - "Tanz der Teufel").

Ergebnis dieses kurzen verfassungsrechtlichen Überblicks ist also, daß Verschärfungen der regulativen Normen schnell an verfassungsrechtliche Grenzen stoßen.

12 Auch die staatsfreien Landesmedienanstalten sind Adressaten des Zensurverbotes, vgl. Wagner 1990, S. 86f.; Hoffmann-Riem 1984, S. 360; a.A. v. Münch 1992, Art. 5 Rn. 42.

3.2 Bedenken gegen die Wirkung von Verschärfungen

"Der Mörder wird mit lebenslanger Freiheitsstrafe bestraft." § 211 Strafgesetzbuch ist ein Musterbeispiel für eine traditionelle, regulative Norm: Für die Übertretung eines Verbotes wird eine konkrete Sanktion ausgesprochen.[13] Daß etwas ähnliches für die Regulierung von Programminhalten nicht nur verfassungsrechtlich bedenklich ist, sondern auch vergleichsweise wirkungslos bleibt, berücksichtigt das Rundfunkrecht schon lange. Während es möglicherweise auch § 211 StGB zu verdanken ist, daß sich die Zahl der Morde in der Bundesrepublik in relativ kleinen und konstanten Grenzen hält, wäre von einer Norm wie "Wer schlechtes Programm macht, wird mit Zwangskonsum seines Programms bestraft" vermutlich nur wenig gestaltende Kraft zu erwarten.

Gründe für diese regulativen Probleme können die Ergebnisse der Steuerungstheorie andeuten. Alle Untersuchungen über die Steuerungsfähigkeit des Rechts im Bereich Rundfunk zeigen, daß sich hier die Eigenlogiken von Wirtschaft und Publizistik durchsetzen. Die Differenzierung der Gesellschaft in eigensinnige Teilsysteme, die sich wechselseitig nicht mehr transparent sind, stellt auf der gesellschaftlichen Makroebene eine Steuerungsrestriktion dar (näher dazu Grothe/Schulz 1994, S. 73ff.).

Es wäre ein Mißverständnis anzunehmen, daß durch die Teilung in Teilsysteme die wechselseitige Beeinflussung der gesellschaftlichen Bereiche abnehmen würde. Im Gegenteil. Und auch daraus entsteht ein weiteres Hindernis für Regulierung. Die systemische Abgrenzung führt zu einer stärkeren wechselseitigen Abhängigkeit auch von Publizistik und Politik. Dabei beobachtet nicht nur die Politik die Publizistik mit dem Versuch, ihr Funktionieren zu verändern; umgekehrt versucht ebenso die Publizistik die Mediengesetzgebung zu beeinflussen. Auch diese Steuerung wird unter den Bedingungen der systemischen Differenzierung nicht sicher funktionieren, kann aber Politik in diesem Feld durchaus irritieren.

Geht man bei der Suche nach Steuerungsrestriktionen auf die Ebene der Akteure herunter, so sind die Normadressaten anders als beim Tötungsverbot des § 212 StGB zuvörderst nicht einzelne Menschen, sondern kollektive Akteure. Gesetzgebung sieht sich daher einem Netzwerk von machtvollen Organisationen gegenüber, die zur Verfolgung ihrer Interessen ihre publizistische und wirtschaftliche Potenz einsetzen können.

Zudem ist es mit der Verhinderung des Schlimmsten im Programm nicht getan, wir wollen ein qualitativ hochwertiges Programm. Die Motivierung zu positivem, kreativem Verhalten aber - auch das lehrt die Steuerungsforschung (Mayntz 1987,

13 Natürlich haben auch derartige strafrechtliche Normen einen kommunikativen Effekt, der zunehmend von der Strafrechtslehre erkannt wird und dort als sog. "Positive Generalprävention" firmiert. Dies besagt, daß jede Strafrechtsnorm durch ihre Existenz und Anwendung auf die Erwartungsstrukturen innerhalb der Gesellschaft Einfluß nehmen und so indirekt ein Normziel - die Verhinderung der Straftat - fördern kann; vgl. Jescheck 1988, S. 61; Hassemer 1981, S. 295ff.

S. 98) - ist am schwersten und mit regulativen Normen nur völlig unzureichend zu erreichen.

Schließlich - selbst wenn man all dies überwinden könnte - bliebe ein Problem der Normformulierungen in diesem Bereich: Gerade Programminhalte sind nicht im vorhinein festlegbar und beschreibbar. Programmformen wandeln sich ständig, und wenn ein Politiker mit der Initiative zum Verbot von Reality-TV Erfolg gehabt hätte und ein entsprechendes Gesetz bereits verabschiedet wäre, hätte er doch verloren: Reality-TV spielt längst keine große Rolle mehr, es ist von anderen wohl nicht minder problematischen Formen abgelöst worden.

Zudem ändern sich nicht nur die Programme ständig, sondern auch die gesellschaftlichen Wertmaßstäbe, an denen sie gemessen werden. Und schließlich setzt eine effektive Gesetzgebung eine Beobachtung der Erkenntnisse der Sozialwissenschaften über die verschiedenen Arten von Gewaltdarstellungen und ihre Folgen voraus.[14] Auch das wird in einem starren, regulativen Gesetz schwer zu leisten sein.

Daß die Landesmedienanstalten bei der Rundfunkaufsicht wenn nicht für Papier-, so doch für Papptiger gehalten werden, liegt zu einem guten Teil an den hier genannten Gründen.[15] Weitere regulative Normen zur Eindämmung von Gewaltdarstellungen scheinen aus dieses Sicht wenig erfolgversprechend.

3.3 Bedenken gegen den rechtspolitischen Sinn von Verschärfungen

Recht ist kein Instrument, um Menschen, die den Fernseher ein- und ausschalten können, bestimmte geschmackliche Vorgaben zu machen. Der Rezipient ist prinzipiell frei in der Entscheidung - der "souveräne Bürger" ist sicher in vieler Hinsicht eine Fiktion, aber eine notwendige. Jugendliche als per se "unmündige" Bürger sind hier natürlich auszunehmen, daher haben viele regulative Programmnormen ihren Schutz als Ziel.

Die "Achtung der Menschenwürde", gemeint als "Wahrung der guten Sitten", hat nicht nur keine verfassungsrechtliche Basis, sondern erweist sich m.E. auch rechtspolitisch als inadäquat. Wie die Gesellschaft die Inhalte ihrer Medien an ihre Wertvorstellungen koppelt, ist ihre Aufgabe. Das kann vom Recht nicht erzwungen, wohl aber - wie die folgenden Überlegungen zeigen sollen - gestützt werden.

Nicht zu unterschätzen ist auch die Mißbrauchsgefahr weiterer Regulierungen. Eine Ausdehnung der Verbote beispielsweise auf Berichterstattung würde dazu führen, daß Journalisten bei der Darstellung von Leiden im Krieg nicht mehr frei ihren publizistischen Intentionen folgen könnten. Ein Einfallstor für staatliche

14 Eine Erfassung des Gegenstandes wird mehrere Ebenen berücksichtigen müssen: Darstellungsebene: Fiktional/real, neutral/verherrlichend, selbstzweckhaft/dramaturgisch begründet, Täter-/Opferperspektive, etc.; auf der Rezipientenseite: Alter, Rezeptionssituation, Sozialisation, etc.

15 Auch Vergleiche mit der Rundfunkaufsicht in anderen westlichen Industrieländern zeigen, daß die Probleme sich ähneln und daher wohl eher auf die soziale Realität als auf die rechtliche Konstruktion oder gar bestimmte Interessen oder Personen zurückgehen, vgl. Hoffmann-Riem 1995.

Einflußnahme auf Nachrichten würde geöffnet, das lieber geschlossen bleiben sollte.

Dieses kurze rechtspolitische Resümee läßt weitere regulative Eingriffe gegen Gewalt auf dem Bildschirm nicht sinnvoll erscheinen.

4 Alternative Wege der inhaltlichen Rückbindung

Traditionelle eher regulative Bindungen des Fernsehprogrammes sind summa summarum nicht vielversprechend. Muß man also die gesellschaftliche Verpflichtung des Fernsehens aufgeben und ihm freien Lauf lassen? Dieser Schritt wird nicht nötig sein. Die Lösung kann zweistufig aussehen. Zunächst muß es weiterhin gegen "gefährliche" Programminhalte "harte Regelungen" geben. Dabei reichen m.E. die bestehenden im wesentlichen aus.

Daneben gewinnt aber in Regelungsbereichen wie dem Inhalt von Fernsehprogrammen eine andere - kontextbezogene[16] - Form von Steuerung an Bedeutung, die nicht - oder nicht unmittelbar - auf rechtliche Erzwingbarkeit bezogen ist. Gemeinsam ist allen Ansätzen, die zur Ergänzung[17] regulativer Steuerung entwickelt wurden, daß sie nicht auf die Vermeidung von rechtlichen Sanktionen als Motiv normgerechten Verhaltens setzen.[18] Dagegen bauen derartige Regelungen auf außerrechtliche Sanktionen wie Verlust von öffentlichem Ansehen, oder lassen eine Aktion, die der Normadressat gerne ausführen möchte, nur unter der Bedingung zu, daß er die vom Recht gewünschte Handlung ausführt.[19] Diese Art der Beeinflussung ist - wie das Beispiel öffentliches Ansehen zeigt - auch ohne Recht möglich, kann aber rechtlich gestützt werden.

Es bietet sich dabei an, eine Komponente von Recht zu nutzen, die bereits an einigen Stellen erwähnt wurde, ohne sie explizit einzuführen: der kommunikative Aspekt. Sind rechtliche Normen bekannt, kann man in der öffentlichen Diskussion auf sie Bezug nehmen. Sie können als Rechtfertigung dienen, kritisiert und konkretisiert werden, ein Diskutant kann ihre Interpretation durch seine Opponenten in Zweifel ziehen usf. In diesem Sinne haben Programmgrundsätze auch dann eine

16 Es gibt in der Steuerungsdiskussion unterschiedliche Begriffe für die erdachten Ergänzungen von traditioneller Regulierung, hinter denen sich auch unterschiedliche Blickwinkel und Schwerpunkte verbergen. So wird von dezentraler Kontextsteuerung (Willke 1987, S. 3ff.), prozeduralem Recht (vgl. Eder 1990, S. 155ff.), kultureller Rahmensteuerung (Voigt 1987, S. 14ff.) gesprochen; auch das Konzept reflexiven Rechts (Teubner 1989, S. 81ff.) kann in dieser Richtung verstanden werden.

17 Viele der allgemein zur Lösung der "Steuerungskrise" ersonnenen Instrumente sind keine Alternativen zum Recht insgesamt, nicht einmal zum regulativen Recht, sondern Ergänzungen; vgl. Schuppert 1990, S. 231ff.

18 Daß sich auch in der Rechtssoziologie die Erkenntnis durchgesetzt hat, daß die kontrafaktische Stabilisierung von Erwartungen nicht nur durch Sanktionen geschehen kann, öffnet den Weg für spezifische Instrumente für unterschiedliche soziale Situationen; Luhmann 1987, S. 60f., insb. Fn. 68.

19 So steht Rundfunkveranstaltung in Deutschland unter Erlaubnisvorbehalt. Rundfunkregulierung erfolgt in weiten Teilen über die Zulassungsentscheidung, vgl. Hoffmann-Riem 1991b, S. 417f.

Funktion, wenn sie für eine rechtliche Durchsetzung nicht taugen. Sie sind Fixpunkte der rundfunkpolitischen Diskussion um Programmqualität.

Die Verschränkung von Kontextsteuerung und regulativer Steuerung läuft aber nicht nur über den kommunikativen Aspekt von Recht. Auch die regulative Komponente kann ein auf Kontextsteuerung beruhendes Normenprogramm abstützen, wenn sie nicht mehr direkt das endgültige Ziel (hier: das Fernsehprogramm) zu beeinflussen sucht, sondern in die Diskussions- und Handlungsprozesse eingreift, die in der Gesellschaft für die Erreichung des Ziels bestimmend sind. So indem sie bestimmten Personen oder Gruppen den Zugang zu Entscheidungsgremien eröffnet oder entzieht, indem sie Informationen durch Offenbarungspflichten für die öffentliche Diskussion verfügbar macht, indem sie Personen oder Gruppen mit Informationen oder Geld privilegiert und ähnliches mehr. All dies ist im Rundfunkrecht und anderen Rechtsgebieten bereits Praxis, ohne daß es so benannt wird.[20]

Dies scheint ein gangbarer Weg, um zu verhindern, daß sich die Medieninhalte von der Gesellschaft unabhängig machen und sie einseitig dominieren. Kontextsteuerung bietet Chancen, auch Medieninhalte an gesellschaftliche Entwicklungen zu koppeln und sie für Veränderungen offen zu halten. Dies gilt für weit mehr als nur Gewaltdarstellungen, nämlich auch für andere medial reproduzierte Muster wie Stereotypen und Gefühlsschablonen. Um ein mediendominiertes Einrasten in einer Spirale von Gewalt und Klischees zu verhindern, muß der Einfluß gesellschaftlicher Kräfte auf die Medien verstärkt werden.

Man wird sich unter den dargestellten Bedingungen allerdings damit abfinden müssen, daß das Recht keine Gewähr für die Entwicklung in die eine oder andere Richtung bietet (Vgl. Grothe/Schulz 1993, S. 71). Man kann gesellschaftsverträgliche Inhalte nicht rechtlich erzwingen, wohl aber ihre Entwicklung durch Recht fördern und initiieren.

Im folgenden werden ohne Anspruch auf Vollständigkeit und Systematisierung einige Instrumente genannt, die in Zukunft den gesellschaftlichen Einfluß verstärken könnten.

4.1 Selbstkontrolle

Als Ergänzung zur Kontrolle durch die Landesmedienanstalten (oder im Falle von § 131 StGB durch Staatsanwalt und Gericht) kann eine Selbstkontrolle aussichtsreich sein. Sie hat - bei dem bekannten Nachteil, den Bock zum Gärtner zu machen - immer den Vorzug, daß die Formulierung der Vorgaben von Insidern geleistet wird. Außerdem ist so die Einbindung von Expertenwissen leichter möglich als in einem starren Gesetz. Es kann flexibler auf die Gefahrenpotentiale reagiert werden, die die Medienforschung zutage fördert.

Selbstkontrolle kann allerdings die gesellschaftliche Bindung nur dann unterstützen, wenn durch regulative Rahmenvorkehrungen gesichert wird, daß die Interessen der Öffentlichkeit angemessen berücksichtigt werden (Rossen 1994,

20 Zu den Typen der Steuerungsprogramme im Rundfunk vgl. Hoffmann-Riem 1990.

S. 229ff.). Auch die Arbeit der etablierten Foren der Selbstkontrolle, wie dem deutschen Presserat oder dem Werberat, sind nicht in jeder Hinsicht ermutigend und verweisen auf strukturelle Defizite derartiger Einrichtungen (vgl. Wiedemann 1994, S. 82ff.; dies. 1990, S. 15ff.; Eisermann 1993).

Das Beharren auf althergebrachter Steuerung hat allerdings im Bereich des Jugendschutzes nur dazu geführt, daß die Fernsehveranstalter die Freiwillige Selbstkontrolle Fernsehen (FSF; die Satzung des FSF ist abgedruckt in: Medienspiegel-Dokumentation 15, 1993. Zur Konstruktion vgl. Rossen 1994, S. 224) weitgehend ohne öffentliche Einflußnahme gegründet haben. Hätte man die Bedeutung von Selbstkontrolle erkannt, so hätte man auf Vorgaben über Mitgliedschaften, Verzahnungen mit der Kontrolle der Landesmedienanstalten usw. hinwirken können. Die Verzahnung wird mit der Novelle des Rundfunkstaatsvertrags in § 3 VI nun in Ansätzen begonnen.

4.2 Jugendschutzbeauftragte und Beiräte

Eine zweite Möglichkeit ist es, die Regulierung in die Unternehmen selbst zu tragen. Die Möglichkeit, gesellschaftliche Verantwortung durch dem Unternehmen zugeordnete Instanzen wie Beiräte zu sichern, ist durch das Bundesverfassungsgericht auch für privaten Rundfunk prinzipiell anerkannt (grundlegend BVerfGE 57, 295 (329f.) - FRAG). Ähnliches ist in Form der Einführung von Jugendschutzbeauftragten in Rundfunkunternehmen z.T. bereits auf freiwilliger Basis geschehen und wird nun durch die Staatsvertragsnovelle (§ 3a RfStV) zur Pflicht.

Sollen derartige Maßnahmen greifen, muß das Recht dafür sorgen, daß der Beauftragte in die relevanten unternehmensstrategischen Entscheidungsprozessse einbezogen wird und mit hinreichender Tausch- und Drohmacht ausgestattet ist, daß sich seine Position unternehmensintern durchsetzen kann. Aber anstatt aus den Erfahrungen beispielsweise mit den Umweltschutzbeauftragten zu lernen, die es schon seit Mitte der siebziger Jahre gibt (zu den Erfahrungen Rehbinder 1988, S. 109ff.), ist im Rundfunk bislang lediglich eine eher halbherzige Lösung geschaffen worden. Bis auf die schlichte gesetzliche Forderung, die Jugendschutzbeauftragten in relevanten Feldern "angemessen zu beteiligen", ist die Position des Beauftragten nicht abgesichert.

Um seine Arbeit dennoch effektiv zu gestalten, muß er von anderen gestützt werden; die Zusammenarbeit mit der gemeinsamen Stelle Jugendschutz der Landesmedienanstalten, mit den Aufsichtsgremien usw. wäre wünschenswert, um seine Position zu festigen. Zu große Nähe zu öffentlichen Institutionen kann sich allerdings auf der anderen Seite als Nachteil erweisen, da er seine Funktion nur erfüllen kann, wenn er im Unternehmen nicht zum Fremdkörper wird. Den Jugendschutzbeauftragten steht ein heikler Balanceakt bevor.

4.3 Image als Steuerungsinstrument

Schließlich wird bislang bei rechtlichen Regelungen die Ebene des Unternehmensimages als Steuerungsmedium unterschätzt. Es wurde bereits darauf hingewiesen, daß der Verlust von Ansehen eine schärfere Sanktion sein kann, als sie das strikte Recht je durchsetzen könnte. Große Unternehmen - da sind sich Marketingexperten einig - können heutzutage nicht nur auf kurzfristige Produktverkäufe setzen, sie müssen mittel- und langfristig denken. Dabei spielt eine Rolle, wie sie von der Bevölkerung oder bestimmten Bevölkerungsgruppen angesehen werden (Haedrich 1993, S. 253f.).

Für diese Tendenz gibt es im Rundfunk konkrete Belege: Die Werbeagentur Lintas verfügt beispielsweise heute über eine Abteilung, die das Image von Sendern und Sendungen bewertet und dies an die Werbekundschaft weitergibt. Die Folgen für die Einflußnahme sind weitreichend: Bislang konnte man mit guten Gründen sagen, daß eine öffentliche Debatte über bestimmte Sendungen oder Sendungstypen wenig nützt, solange die Sendung von vielen (und kaufkräftigen) gesehen wird und sich über die Werbung damit Geld verdienen läßt. Nun zählt nicht mehr allein die Quote und der Marktanteil, sondern auch das Image, und das läßt sich durch eine öffentliche Debatte beeinflussen. Das Öffentlichmachen von Mißständen im Programm bekommt damit größeres Gewicht. Zudem sorgt diese Form der Rückbindung von Programmen an das Publikum für eine kulturelle Brechung, eine Auseinandersetzung mit den bestehenden Werten, die bei einer rein quotenbezogenen Kopplung unberücksichtigt bleibt.[21] Darauf hinzuwirken, das etwas öffentlich wird, ist allerdings nicht leicht - schließlich ist PR eine eigene Profession.

Von Image als Steuerungsressource könnten auch Vorschläge wie die Etablierung einer Stiftung Medientest, eines Medienrates - wie sie die sog. Weizsäcker-Kommission unterbreitet hat (Groebel u.a. 1994, Kap. V., Abschnitt 6) - oder vergleichbarer Organisationen profitieren. Aber auch die Landesmedienanstalten könnten mehr als bisher auf Öffentlichkeit setzen und dabei rechtlich unterstützt werden. So könnte die Einführung von Hearings beispielsweise vor Lizenzverlängerungen, die regelmäßige Veröffentlichung von Rügen usw. ein Forum für öffentliche Debatten über Programmqualität darstellen. Bislang arbeiten die Landesmedienanstalten im Hinblick auf Programmkontrolle relativ wenig öffentlichkeitsbezogen.

Das einzelne Unternehmen, daß einen gesellschaftlichen Konsens über Programminhalte bricht, muß Gegenstand öffentlicher Debatten werden.

21 Näher zur Veränderung der Rückkopplung innerhalb der Publizistik durch Images Grothe/Schulz 1994, S. 76f.

4.4 Aktivierung des Publikums

In diesem Zusammenhang könnte etwas wirksam werden, was in der Bundesrepublik - anders als z.B. in den USA - bisher geringen Einfluß hat: Publikumsverbände, die das Programm beobachten und kritisieren. Bislang beschränkten sich die formalen Mitwirkungsmöglichkeiten auf Programmbeschwerden (vgl. Ricker 1992; Radke 1991, S. 400ff.). Möglicherweise ist das vergleichsweise geringe Engagement auch auf die mangelnden Einflußmöglichkeiten zurückzuführen. Mittlerweile gibt es allerdings erkennbare Tendenzen, sich bei Medienthemen zu engagieren.[22] Änderungen des Rundfunkrechts könnten den Trend in diese Richtung verstärken. Zu denken ist hier an eine Erweiterung des Beschwerderechtes, z.B. die Pflicht, die Beschwerden von Publikumsverbänden in den Gremien zu beraten und förmlich zu bescheiden, sofern dies nicht bereits für alle Beschwerden vorgesehen ist. Auch die Möglichkeit zur Abmahnung rundfunkrechtlicher Verstöße durch die Publikumsverbände nach dem Modell des Wettbewerbsrechts[23] und schließlich ein Rederecht bei den vorgeschlagenen Hearings könnten erörtert werden. Regelungen in diesem Bereich dürfen aber nicht verkennen, daß es sich bei den durch die Verbände artikulierten Positionen jeweils um ungebrochene Einzelinteressen und nicht um die Stimme "des Publikums" handelt.

4.5 Journalistische Selbstbeobachtung

Innerhalb der Rundfunkunternehmen wirken redaktionelle Mitarbeiter an der Entscheidung mit, was gesendet wird und was nicht. Ein Ansatzpunkt für gesellschaftliche Einwirkung kann daher ihr Handeln sein. Aus- und Weiterbildung der Journalisten wird damit zum gesellschaftlichen Anliegen. Nur wenn die Redakteure wissen, welche Gefahrenpotentiale in bestimmten Filmsequenzen beispielsweise für Vorschulkinder liegen können, weil für sie eine unkritische Perspektivenübernahme normal ist, können sie angemessen reagieren.

Aber die Entscheidungen problembewußter Journalisten können nur wirksam werden, wenn sie über ein gewisses Maß an Entscheidungsautonomie verfügen. Damit wird die alte Debatte um publizistische Mitbestimmung wiederbelebt, die ursprünglich aus der Sicht einer "inneren Pressefreiheit" der Journalisten geführt wurde (vgl. Hoffmann-Riem 1979). Daß die Absicherung journalistischer Autonomie ein legitimes Mittel darstellt, gesellschaftliche Bindung des Rundfunks sicherzustellen, hat das Bundesverfassungsgericht mit Blick auf Pluralismussicherung bereits festgestellt (BVerfGE 83, 238 (319ff.) - NRW). Auch die Gewährleistung anderer Bindungen z.B. aus Gründen des Jugendschutzes kann durch journalistische Autonomie gestärkt werden.

---

22 Unterschiedliche Gruppen sind aktiv, z.B. Verbrauchervereinigung Medien/AG für familienfreundliches Fernsehen, Bayrische Landfrauen, Aktion "rote Karte" u.a.

23 Dabei sind aber die Besonderheiten des Rundfunkrechts zu wahren, vgl. dazu grundlegend Hoffmann-Riem 1991a.

4.6 Förderung erwünschter Programme

Wenn die Gesellschaft Programme will, die sie aufgrund der ökonomischen Besonderheiten des Rundfunkmarktes durch wirtschaftliche Nachfrage allein nicht bekommt (zu den Besonderheiten des Rundfunkmarktes Seufert 1994, S. 172ff.), kann sie sie fördern. Dies geschieht bereits durch die Gebührenfinanzierung des öffentlich-rechtlichen Rundfunks oder Förderung von Offenen Kanälen und nichtkommerziellem Lokalfunk. Es spricht aber nichts dagegen, die bislang eher auf die Kinoproduktionen gemünzte und auf künstlerische Innovation und Stärkung der regionalen Identität abzielende Filmförderung (zur Rechtsgrundlage der Filmförderung auf Bundesebene Friccius 1991, S. 806ff.; zur Praxis Prodoehl 1993, S. 159ff.) verstärkt auch auf den Bereich der Fernsehproduktion zu übertragen. Dafür spricht neben vielem anderen auch die Vermutung, daß die Rundfunkregulierung, will sie effektiv bleiben, über kurz oder lang nicht mehr beim Veranstalter sondern beim Produzenten ansetzen muß. Die Förderung von Fernsehproduktionen hat allerdings - wie jede Medienförderung - mit dem Problem zu kämpfen, daß staatliche Subventionierung schnell in staatliche Bevormundung münden kann. Die für Mediensubvention geltenden verfassungsrechtlichen Beschränkungen (BVerfGE 80, 124 (134f.); Hoffmann-Riem 1989, S. 842f.) setzten der Art möglicher Förderprogramme Grenzen. Perspektivisch ist es eine Überlegung wert, ob nicht regelhaft bestimmte Programmangebote wie beispielsweise hochwertige Kindersendungen öffentlich gefördert werden könnten.[24]

5 Fazit

Die Einflußnahme auf Art und Ausmaß der Gewaltdarstellungen im Fernsehen stellt sich als ein Ziel dar, an dem Chancen und Grenzen der Regulierung von Programminhalten deutlich werden. Die Möglichkeiten von strikter Regulierung erweisen sich als verfassungsrechtlich begrenzt und auch in ihrer Wirkung limitiert. Die Instrumente, die als Reaktion auf Regulierungsversagen auch in anderen Bereichen der Gesellschaft ersonnen wurden, lassen sich auf den Bereich der Programmregulierung übertragen und werden dort auch bereits verwendet oder zumindest diskutiert. Besonders das Image von Rundfunkunternehmen wird als Steuerungsressorce aber noch wenig genutzt, und auch die Artikulationsmöglichkeiten des Publikums sind begrenzt. Alternative Maßnahmen müssen allerdings durch ein darauf eingestelltes Recht abgestützt werden, wenn sie dazu dienen sollen, den gesellschaftlichen Einfluß auf die Entwicklung des Fernsehprogramms auch und gerade im Bereich der Gewaltdarstellungen zu verstärken.

24 Sog. "positiver Jugendschutz", vgl. Hoffmann-Riem 1991b, S. 425ff.

Literatur

Bosmann, W. (1989): Programmgrundsätze für den privaten Rundfunk. In: Zeitschrift für Urheber- und Medienrecht, S. 6-16.

Brockhorst-Reetz, B. (1989): Repressive Maßnahmen zum Schutze der Jugend im Bereich der Medien Film, Viedeo und Fernsehen. München.

Eder, K. (1990): Prozedurales Recht und Prozeduralisierung des Rechts. In: Grimm, D. (Hg.): Wachsende Staatsaufgaben - sinkende Steuerungsfähigkeit des Rechts. Baden-Baden, S. 155-186.

Eisermann, J. (1993): Selbstkontrolle in den Medien - der deutsche Presserat und seine Möglichkeiten. Berlin (WZB-Paper FS III, S. 93-102).

Engels, S./Hoffmann-Riem, W./Schulz, W. (1995): Rechtliche Regulierung von Fernsehwerbung für Kinder - Verfassungsrechtliche Aspekte. In: Aufenanger, S./Charlton, M./Hoffmann-Riem, W./Neumann-Braun: Kinder und Werbung. Band II. Opladen. (Im Erscheinen).

Friccius, E. (1991): Zur Novellierung des Filmförderungsgesetzes. In: Media Perspektiven, S. 806-809.

Geddert-Steinacher, T. (1990): Menschenwürde als Verfassungsbegriff. Berlin.

Geis, M.-E. (1992): Josefine Mutzenbacher und die Kontrolle der Verwaltung. In: Neue Zeitschrift für Verwaltungsrecht, S. 25-34.

Gernert, W. (1987): Jugendmedienschutz - Entwicklung und aktueller Stand. In: Recht der Jugend und der Bildung, S. 135-147.

Groebel, J./Hoffmann-Riem, W./Köcher, R./Lange, B.-P./Mahrenholz, E. G./Mestmäcker, E.-J./Scheidhauer, I./Schneider, N. (1994): Bericht zur Lage des Fernsehens. Gütersloh.

Grothe, T./Schulz, W. (1993): Reflexives Recht - ein innovatives Regelungskonzept für das Rundfunkrecht? In: Jarren, O./Marcinkowski, F./Schatz, H. (Hg.): Landesmedienanstalten - Steuerung der Rundfunkentwicklung? Jahrbuch 1993 der Arbeitskreise "Politik und Kommunikation" der DVPW und der DGPuK. Münster/Hamburg, S. 63-83.

Grothe, T./Schulz, W. (1994): Steuerungsperspektiven auf das duale Rundfunksystem In: Jarren, O./Holgersson, S./Schatz, H.: Dualer Rundfunk in Deutschland. Jahrbuch 1994 der Arbeitskreise "Politik und Kommunikation" der DVPW und DGPuK. Münster/Hamburg, S. 63-78.

Haedrich, G. (1993): Images und strategische Unternehmens- und Marketingplanung. In: Ambrecht, W./Avenarius, H./Zabel, U. (Hg.): Image und PR. Kann Image Gegenstand einer Public Relations-Wissenschaft sein? Opladen, S. 251-262.

Hartlieb, H. von (1991): Handbuch des Film-, Fernseh- und Viedeorechts, 3. Auflage. München.

Hassemer, W. (1981): Einführung in die Grundlagen des Strafrechts. München.

Hellstern, G.-M./Hoffmann-RiemW./Reese, J. (Hg.) (1989): Rundfunkaufsicht - Vol. 16/III Begleitforschung des Landes Nordrhein-Westfalen zum Kabelpilotprojekt Dortmund. Düsseldorf.

Herkströter, D. (1992): Rundfunkfreiheit, Kunstfreiheit und Jugendschutz. In: Archiv für Presserecht, S. 23-31.

Hoffmann-Riem, W. (1979): Innere Pressefreiheit als politische Aufgabe. Baden-Baden.

Hoffmann-Riem, W. (1984): Medienfreiheit und außenpluraler Rundfunk. In: Archiv für öffentliches Recht, S. 304-368.

Hoffmann-Riem, W. (1989): Kommentierung zu Art. 5 Abs. 1, 2 GG. In: Wassermann, R. (Hg.): Kommentar zum Grundgesetz für die Bundesrepublik Deutschland - Reihe Alternativkommentare, Band 1, 2. Aufl. Neuwied.

Hoffmann-Riem, W. (1990): Erosionen des Rundfunkrechts. München.

Hoffmann-Riem, W. (1991a): Rundfunkrecht neben Wirtschaftsrecht. Baden-Baden.

Hoffmann-Riem, W. (1991b): Schutz der Kommunikationsfreiheiten durch Rundfunkaufsicht: Ziele, Instrumente, Erfahrungen. In: Staatswissenschaften und Staatspraxis, S. 405-443.

Hoffmann-Riem, W. (1995): Licensing and Supervision of Broadcasting (im Erscheinen).

Holgersson, S. (1993): Programmkontrolle der Landesmedienanstalten: Anspruch und Umsetzung. In: Jarren, O./ Marzinkowski F./Schatz H.(Hg.): Landesmedienanstalten - Steuerung der Rundfunkentwicklung? Jahrbuch 1993 der Arbeitskreise "Politik und Kommunikation" der DVPW und der DGPuK. Münster/Hamburg, S. 153-166.

Jescheck, H.-H. (1988): Lehrbuch des Strafrechts, AT, 4. Aufl. Berlin.

Karpen, U./Hofer, K. (1992): Die Kunstfreiheit des Art. III 1 GG in der Rechtsprechung seit 1985. In: Juristenzeitung 1992, S. 951-956 und S. 1060-1066.

Kindermann, H. (1988): Symbolische Gesetzgebung. In: Grimm, D./Maihofer W. (Hg.): Gesetzgebungstheorie und Rechtspolitik. Jahrbuch für Rechtssoziologie und Rechtstheorie XIII. Opladen, S. 222-238.

Kreile, J./Detjen, S. (1994): Rechtliche Vorgaben für die Kontrolle von Gewalt- und Sexdarstellungen im Rundfunk. In: Zeitschrift für Urheber- und Medienrecht, S. 78-87.

Kunczik, M. (1993): Gewalt im Fernsehen - Stand der Wirkungsforschung und neue Befunde. In: MediaPerspektiven, S. 98-107.

Laschet, R. (1994): Programmgrundsätze für den kommerziellen Rundfunk.

Leipziger Kommentar zum Strafgesetzbuch (1988), Band 4, § 131 bearbeitet von v. Bubnoff, 10. Auflage. Berlin.

Luhmann, N. (1993): Das Recht der Gesellschaft. Frankfurt/M.

Luhmann, N. (1987): Rechtssoziologie, 3. Aufl. Opladen.

Maunz, T./Dürig, G. u.a.: Kommentar zum Grundgesetz, Loseblatsammlung, Art. 5 Absatz 1,2 bearbeitet von Roman Herzog, Art. 5 Absatz 3 bearbeitet von Rupert Scholz. München.

Mayntz, R. (1987): Politische Steuerung und gesellschaftliche Steuerungsprobleme - Anmerkungen zu einem theoretischen Paradigma. In: Ellwein, T./Hesse, J.-

J./Mayntz, R./Scharpf, F. W. (Hg.): Jahrbuch zur Staats- und Verwaltungswissenschaft. Bd. 1. Baden-Baden, S. 89-110.

Meirowitz, K. (1993): Gewaltdarstellungen auf Videokassetten. Berlin.

Münch, I. v. (1992): Grundgesetzkommentar, Band I, 4. Auflage. München.

Prodoehl, H. G. (1993): Filmpolitik und Filmförderung in Deutschland. In: Media Perspektiven, S. 159-168.

Radke, K. (1991): Die öffentlich-rechtliche Programmbeschwerde als Rundfunkpetition. In: Zeitschrift für Urheber- und Medienrecht, S. 400-412.

Rehbinder, E. (1988): Reflexives Recht und Praxis. Der Betriebsbeauftragte für Umweltschutz als Beispiel. In: Grimm, D./Maihofer, W. (Hg.): Gesetzgebungstheorie und Rechtspolitik. Opladen, S. 109-129.

Ricker, R. (1992): Rundfunkkontrolle durch Rundfunkteilnehmer. Opladen.

Rossen, H. (1994): Selbststeuerung im Rundfunk - Modell FSK für Kommerzielles Fernsehen. In: Zeitschrift für Urheber- und Medienrecht, S. 224-236.

Samson, E./Rudolphi, H.-J./Horn, E.: Systematischer Kommentar zum Strafgesetzbuch, Loseblattsammlung, § 131 bearbeitet von Rudolphi. Frankfurt/M.

Schulz, Wg. (1993): Gewaltdarstellungen im Fernsehen im Spannungsfeld zwischen Jugendschutz und Kommunikationsgrundrechten. In: Rundfunk und Fernsehen, S. 339-358.

Schuppert, G. F. (1990): Grenzen und Alternativen von Steuerung durch Recht. In: Grimm, D. (Hg.): Wachsende Staatsaufgaben - sinkende Steuerungsfähigkeit des Rechts. Baden-Baden, S. 217-249.

Seufert, W. (1994): Mehr Markt in Hörfunk und Fernsehen? In: Jarren, O./Holgersson, S./Schatz, H.: Dualer Rundfunk in Deutschland. Jahrbuch 1994 der Arbeitskreise "Politik und Kommunikation" der DVPW und DGPuK. Münster/Hamburg, S. 169-178.

Stock, M. (1993): Gewaltproblematik und Rundfunkaufgabe. In: Zeitschrift für Urheber- und Medienrecht, S. 379-385.

Teubner, G. (1989): Recht als autopoietisches System. Frankfurt/M.

Voigt, R. (1987): Grenzen rechtlicher Steuerung. Zur Brauchbarkeit des Rechts als Steuerungsinstrument. In: ders. (Hg.): Recht als Instrument der Politik. Opladen, S. 14-34.

Wagner, C. (1991): Die Bedeutung von Filmfreigaben nach dem JÖSchG für die Jugendschutzkontrolle der Landesmedienanstalten. In: Zeitschrift für Urheber- und Medienrecht, S. 299-304.

Weigend, T. (1994): Strafrechtliche Pornographieverbote in Europa. In: Zeitschrift für Urheber- und Medienrecht, S. 133-140.

Wiedemann, V. A.-M. (1994): Die 10 Todsünden der freiwilligen Presseselbstkontrolle. In: Rundfunk und Fernsehen, S. 82-94.

Wiedemann, V. A.-M. (1990): Freiwillige Selbstkontrolle der Presse in ländervergleichender Sicht. In: Mestmäcker, E.-J. (Hg.): Selbstkontrolle und Persönlichkeitsschutz in den Medien. Gütersloh, S. 15-32.

Willke, H. (1987): Kontextsteuerung durch Recht? Zur Steuerungsfunktion des Rechts in polyzentrischer Gesellschaft. In: Glagow, M./Willke, H. (Hg.): Dezentrale Gesellschaftssteuerung. Pfaffenweiler, S. 3-26.

Die Landesmedienanstalten in der Pflicht?

Susanne Grams

Die Diskussion um das Thema Gewalt im Fernsehen ist älter als der Private Rundfunk, obwohl es den Anschein hat, als wäre sie erst mit den neuen Programmen entstanden. Das mag viele Gründe haben, die sicherlich nicht alle ihre Ursache in der veränderten Fernsehwirklichkeit haben. "Früher war alles besser", ist das unverwüstliche Argument, das gerade für die Wahrnehmung des Fernsehens seine Aktualität nicht verloren hat und so treffend ein oft undifferenziertes aber lebendiges Unwohlsein mit dem neuen Medium beschreibt.

Sich zum Thema Gewalt im Fernsehen aus Sicht der Landesmedienanstalten zu äußern, ist eine undankbare Aufgabe. Landesmedienanstalten machen nicht das Programm, sie sind nicht der Gesetzgeber, sondern "nur" Sachwalter des Rechts, mit Kontrollbefugnissen und Aufsichtsinstrumenten. Aus dieser Rolle heraus haben sie wiederholt darauf hingewiesen, daß der Verbesserung des Jugendschutzes besondere Bedeutung zukommt. Daher liegt es wohl auf der Hand, daß sie leicht zum Mühlstein sich widerstreitenden Interessen werden.

Die Bestimmungen zum Jugendschutz greifen schon tief in die Programmplanung der Fernsehveranstalter ein, während eine öffentliche Diskussion noch restriktivere Maßnahmen gegen Gewaltdarstellungen im Fernsehen fordert. Aber es melden sich auch diejenigen zu Wort, die "den besonderen Film" nicht erst nach 23.00 Uhr sehen wollen.

Wo auch immer diese Diskussion geführt wird, erhebt sich die Frage, wer trägt die Verantwortung und wer kontrolliert? Hier kommen die Landesmedienanstalten ins Spiel; sie sind also in der Pflicht.

1 Landesmedienanstalten

Landesmedienanstalten sind die Zulassungs- und Aufsichtsbehörden für den privaten Rundfunk. Mit Einführung des dualen Rundfunks wurden nach und nach in allen Bundesländern Landesmedienanstalten eingerichtet. Es sind nunmehr fünfzehn, da sich Berlin und Brandenburg auf eine gemeinsame Einrichtung verständigt haben. Sieht man von einigen landesspezifischen Regelungen ab, so sind die Landesmedienanstalten im wesentlichen ähnlich aufgebaut. Jede Medienanstalt hat ein Gremium, das die Zulassungsentscheidungen trifft und die Aufsicht und Kontrolle ausübt. Bis auf die Medienanstalt Berlin-Brandenburg sind die Gremien aus Vertretern gesellschaftlich relevanter Gruppen zusammengesetzt. In Berlin-Brandenburg nimmt die Aufgaben ein aus sieben unabhängigen Personen bestehendes Gremium war, die aufgrund ihrer Erfahrung und Sachkunde von den jeweiligen Parlamenten gewählt wurden.

Fast alle Landesmedienanstalten haben zur Wahrnehmung ihrer unterschiedlichen Aufgaben Ausschüsse gebildet. Die Aufsicht und Kontrolle liegt somit in vielen guten Händen.Trotzdem haben sie schon sehr frühzeitig erkannt, daß sie nur in der Gemeinsamkeit aller eine wirksame Aufsicht ausüben können. Der Jugendschutz war dabei das erste Feld, in dem es zu einer erfolgreichen Zusammenarbeit kam. Noch vor dem Inkrafttreten des ersten Rundfunkstaatsvertrages am 30. Januar 1987[1] wurde ein Arbeitskreis "Jugendschutz" gegründet, in dem alle Landesmedienanstalten durch ihre zuständigen Referentinnen oder Referenten vertreten waren. Damit konnte sichergestellt werden, daß alle Landesmedienanstalten an den Entscheidungen mitwirken und alle Fernsehveranstalter nach den gleichen Maßstäben beurteilt werden.

Der Arbeitskeis hat also schon frühzeitig praktische Erfahrungen in der Anwendung und Umsetzung der Jugendschutzbestimmungen sammeln können und daraus sehr bald Vorschläge für gemeinsame Richtlinien (Gemeinsame Richtlinien der Landesmedienanstalten zur Gewährleistung des Jugendschutzes - Jugendschutzrichtlinien - vom 14. September 1992) gemacht, die dann von den Gremien aller Landesmedienanstalten ratifiziert wurden.

2 Jugendschutzrichtlinien

Die Richtlinien sind die Grundlage für die Organisation des Jugendschutzes, sie regeln das Verfahren zur Genehmigung von Ausnahmen und sie verpflichten die Veranstalter auf eine besondere Sorgfaltspflicht bei der Programmgestaltung.

Die Richtlinien heben die Verantwortung der privaten Rundfunkveranstalter bei der Auswahl ihrer Sendungen und der Programmgestaltung hervor. Sie betonen die Eigenverantwortung bei der Bewertung von Filmen und Serien und verpflichten die Veranstalter zur sachkundigen Auswahl vor der Ausstrahlung. Dazu müssen die Veranstalter darlegen, wie sie dieser Verantwortung organisatorisch entsprechen können. Diese schon frühzeitig von den Landesmedienanstalten geforderten Maßnahmen, haben dazu geführt, daß die Veranstalter eigene Jugendschutzbeauftragte in ihren Häusern installierten. Mit der ersten Novellierung des Rundfunkstaatsvertrages vom 31. August 1991[2] hat diese Forderung zu der gesetzlichen Bestimmung geführt, daß alle Veranstalter bundesweit verbreiteter Fernsehprogramme einen Beauftragten für den Jugendschutz berufen müssen. Allerdings tun sich nun die öffentlich-rechtlichen Anstalten, wie es scheint, etwas schwer in der Umsetzung.[3]

1 Der "zweite" Rundfunkstaatsvertrag ist am 31. August 1992 in Kraft getreten.

2 Die Novellierung ist am 1. August 1994 in Kraft getreten.

3 Während alle privaten Fernsehveranstalter mit Inkrafttreten der neuen Bestimmung einen Jugendschutzbeauftragten benannt haben, stand auf der Liste der elf ARD-Anstalten zwei mal kommissarisch und ein Beauftragter, ansonsten N.N., das ZDF hatte ebenfalls noch keinen benannt (Funkkorrespodenz vom 5. August 1994, Nr. 31-32).

3 Gemeinsame Stelle Jugendschutz und Programm

Der Arbeitskreis Jugendschutz wurde zur Gemeinsamen Stelle Jugendschutz und Programm weiterentwickelt. Die gemeinsame Arbeitsebene besteht nun aus der Geschäftsführung und dem Arbeitskreis. Drei Landesmedienanstalten nehmen die Geschäftsführung wahr, im Arbeitskreis sind alle Landesmedienanstalten vertreten. Der Vorsitz wechselt.

Die Schaffung Gemeinsamer Stellen[4] erbrachte den wesentlichen Fortschritt, daß sich die einzelnen Landesmedienanstalten zugunsten der Gemeinschaft eingeschränkt haben. Auch diejenigen Landesmedienanstalten, die in der Abstimmung zwischen den Landesmedienanstalten eine andere Auffassung vertreten, sind an die Mehrheitsmeinung gegenüber dem von ihr zugelassenen Veranstalter gebunden. In grundsätzlichen Fragen kann eine Landesmedienanstalt abweichend von der Mehrheitsmeinung entscheiden. Nimmt sie dieses Recht in Anspruch, können die anderen Landesmedienanstalten, die den von dieser Entscheidungen betroffenen Veranstalter durch eine eigene Sendelizenz[5] zugelassen haben, aufsichtlich tätig werden.

Die Möglichkeit, abweichend von der Empfehlung der Gemeinsamen Stelle zu entscheiden, hat ihren Grund darin, daß der Rundfunkstaatsvertrag eine bindende Mehrheitsentscheidung nicht vorsieht, er läßt die aufgrund des Landesmedienrechts bestehende Entscheidungskompetenz der jeweiligen Landesmedienanstalten unberührt. Die freiwillige Selbstbindung der Landesmedienanstalten muß daher dort ihre Grenze haben, wo eine Landesmedienanstalt nicht nur eine andere Auffassung vertritt, sondern die Mehrheitsmeinung aus besonderen Erwägungen nicht mittragen kann. In der praktischen Anwendung hat es einige Fälle gegeben, in denen eine Landesmedienanstalt anders als der Arbeitskreis entschieden hat.

Die Zusammenarbeit im Föderalismus hat im Bereich des Jugendschutzes ihre Bewährungsprobe bestanden. Kleinere Landesmedienanstalten wirken gleichberechtigt an den Entscheidungen mit und auch diejenige Anstalt, die originär für die Aufsicht eines Veranstalters zuständig ist, hat nur eine Stimme.

Zu den Aufgaben der Gemeinsamen Stelle Jugendschutz und Programm gehören unter anderem

- Beratung aller Sendebeiträge, zu denen Programmbeschwerden oder der Verdacht eines Verstoßes vorliegen
- Beratung aller Anträge auf Ausnahmegenehmigung
- Regelmäßige Kontakte mit den Jugendschutzbeauftragten der Sender und des
- VPRT (Verband privater Rundfunk und Telekommunikation)
- Koordinierung der Forschung im Bereich Jugendschutz und Programm
- Durchführung von Veranstaltungen

4 Neben der Gemeinsamen Stelle Jugendschutz und Programm gibt es noch gemeinsame Stellen für Werbung und für Vielfaltssicherung.

5 Dies betrifft die Veranstalter, die in einem Bundesland auf einer terrestrischen Frequenz senden.

- Entwicklung und Abstimmung von kontinuierlichen Programmbeobachtungen
- Entwicklung und Fortschreibung der Jugendschutzrichtlinien.

4 Rechtliche Bestimmungen

Seit dem Inkrafttreten des ersten Rundfunkstaatsvertrages gibt es ein einheitliches Jugendschutzrecht für den Rundfunk insgesamt. Man hat dabei auf das allgemeine Jugendschutzrecht zurückgegriffen; auf die Filmbewertung der FSK (Freiwilligen Selbstkontrolle der Filmwirtschaft) einerseits und auf die Indizierung der BPS (Bundesprüfstelle für jugendgefährdende Schriften) andererseits, ohne daß dadurch jedoch eine direkte Zuständigkeit der FSK oder der BPS gegeben ist. Das Recht greift jedoch die Jugendschutzbewertungen der FSK und der BPS auf und knüpft daran Wirkungen. Es begründet ein Verfahren, das diese Verweisungen rundfunkrechtskonform ausgestaltet und den Besonderheiten der Programmgestaltung Rechnung trägt.

Jugendschutz im Rundfunk wird durch die Festlegung von Sendezeiten gewährleistet. So bestimmt das Gesetz, daß Sendungen, die geeignet sind, das körperliche, geistige oder seelische Wohl von Kindern oder Jugendlichen zu beeinträchtigen, nicht verbreitet werden dürfen, es sei denn, der Veranstalter trifft aufgrund der Sendezeit Vorsorge, daß Kinder oder Jugendliche der betroffenen Altersstufen die Sendungen üblicherweise nicht wahrnehmen (§ 3 Abs. 2 Rundfunkstaatsvertrag). Dem liegt also die Annahme zugrunde, daß je nach Altersstufe Kinder und Jugendliche nur zu bestimmten Zeiten vor dem Fernseher sitzen. Dies mag für die Mehrzahl der Kinder und Jugendlichen wohl zutreffen, für den Einzelfall ist es eine Fiktion.

Feste Sendezeiten sind festgelegt für Filme, die bereits eine Kennzeichnung haben. So dürfen Filme, die mit "ab 16 Jahren" gekennzeichnet sind, nicht vor 22.00 Uhr gesendet werden, Filme mit der Kennzeichnung "nicht unter 18 Jahren" erst nach 23.00 Uhr.

Von den festen Sendezeiten sind Ausnahmen möglich, wenn hierfür besondere Gründe vorliegen.

Der Staatsvertrag enthält aber auch absolute Sendeverbote. Dazu gehören die strafrechtlich relevanten Tatbestände der Pornographie, der Verherrlichung oder Verharmlosung von Gewalt, die Mißachtung der Würde des Menschen, aber auch die nur rundfunkrechtlich relevanten Bestimmungen wie das Verbot der Kriegsverherrlichung und der Auffangklausel der offensichtlichen schweren Jugendgefährdung. Mit der am 1. August 1994 in Kraft getretenen ersten Novellierung des Rundfunkstaatsvertrages vom 31. August 1991 sind nun auch Sendungen unzulässig, die sterbende oder schweren körperlichen oder seelischen Leiden ausgesetzten Menschen in einer die Menschenwürde verletzenden Weise darstellen.(§ 3 Abs. 1 Nr. 5 Rundfunkstaatsvertrag). Hiermit hat der Gesetzgeber auf die äußerst kritisch geführte Diskussion zum neuen Genre des "Reality TV" reagiert.

Verbessert wurde auch die Regelung für Filme, die keine oder eine Kennzeichnung unter 16 Jahren haben. Zwar wurde der Forderung der Landesmedienanstalten, für Filme mit einer Altersfreigabe ab 12 Jahre sowie für Filme, Serien und ähnliche Beiträge feste Sendezeitbeschränkungen vorzusehen, nicht entsprochen, doch stellt die Neufassung nun klar, daß diese Sendungen nicht zu jeder Zeit gesendet werden dürfen, sondern einer besonderen Sorgfaltspflicht des Veranstalters unterliegen.

5 Bewertung

Zur Bewertung, ob eine Sendung zulässig und für welche Altergruppe sie geeignet ist bzw. ab welcher Sendezeit sie gesendet werden darf, greift der Gesetzgeber auf die Regelungen im JÖSchG (Gesetz zum Schutz der Jugend in der Öffentlichkeit) zurück, indem er an die Kennzeichnung durch Altersfreigaben für Kino- und Videofilme anknüpft.[6]

Die Filmkennzeichnung gibt es schon fast so lange, wie es Filme gibt. Sie wird von den obersten Landesjugendbehörenden bzw. der FSK (Freiwillige Selbstkontrolle der Filmwirtschaft)[7] vorgenommen. Durch deren langjährige Spruchpraxis haben sich Kriterien für die Zuordnung von Filminhalten zu bestimmten Altersstufen herausgebildet. Da Kino und Fernsehen allerdings unterschiedlich rezipiert werden, lassen sich die Entscheidungen der FSK nicht in jedem Fall auf das Fernsehen übertragen. So kann ein Film durch die Größe der Leinwand in einem dunklen Vorführraum oder durch die Anwesenheit vieler Personen anders auf den kindlichen Zuschauer wirken, als wenn der Film zu Hause mit dem Teddy im Arm auf dem Sofa angesehen wird, dort aber möglicherweise alleine und unvermittelt in ein Filmgeschehen hineingezapt.

Die Landesmedienanstalten haben die Kriterien zur Gewährleistung des Jugendschutzes nicht neu erfunden, sie haben sie für das Fernsehen kompatibel gemacht und fortentwickelt. Dies hat zur Erstellung eines Kriterienkataloges[8] geführt, in dem versucht wurde, die Faktoren von Entscheidungen zu erkennen und aufzuzeigen. Erarbeitet wurden Entscheidungshilfen, keine abgeschlossene Klassifikationsanleitung, wie es für diesen, von so vielfältigen Faktoren bestimmten Bereich wohl auch nur möglich ist.

Als wesentliche Kriterien für die Bewertung eines Films gehören die folgenden Punkte.

---

6 Filme und Videokassetten, die in der Öffentlichkeit vorgeführt werden sollen oder zu der Kinder oder Jugendliche Zugang haben, müssen mit einer entsprechenden Altersstufe gekennzeichnet sein (§§ 6 und 7 JöschG).

7 Die Kennzeichnung eines Films oder einer Videokassette wird vom Vertreter der obersten Landesjugendbhörde vorgenommen. Die Freiwilligen Selbstkontrolle der Filmwirtschaft (FSK) ist die für die Filmprüfung zuständige Organisation.

8 Veröffentlicht im Jahresbericht 1991, Arbeitskreis Jugendschutz der Landesmedienanstalten.

1. Zu den Aspekten der Gewaltdarstellungen zählen
   - die Dimensionen der Darstellung (physische, psychische und strukturelle),
   - die Kontextabhängigkeit (Rahmenhandlung, Handlungsträger, verknüpfte Erscheinungsformen),
   - die Darstellung (konkret, abstrakt, anonym) und
   - die Einstufung der Gewalt (legitimiert, gerecht, ungerecht, spekulativ).
2. Die gesellschaftlich/moralischen Werte heben im Jugendschutz auf den Gefährdungsbereich der sozialethischen Desorientierung ab. Daher wurde in dem Leitfaden neben den Aspekten der Gewaltdarstellung auch versucht, zu den Aspekten der Werteproblematik konkrete Festlegungen zu treffen. Erfaßt sind die Bereiche
   - Wertigkeit des Lebens
   - Rechtsempfinden
   - Gleichberechtigung der Geschlechter
   - Gleichberechtigung auf interkultureller Ebene
   - Religiöse Aspekte
   - Minderheitenschutz.
3. Aspekte der Struktur und Dramaturgie fließen auch schon bei der Betrachtung eines Films unter den vorgenannten Kriterien mit ein. Sie lassen sich aber auch losgelöst betrachten und haben bei der Beurteilung einer möglichen Gefährdung eine eigene Relevanz. Dazu gehören
   - die Handlung des Films (verständlich, nachvollziehbar/motiviert),
   - Konfliktlösungsstrategien (akzeptabel, nicht akzeptabel)
   - Identifikationsobjekte (positiv, negativ)
   - Spannungserzeugung und -auflösung.

Der Katalog dient als Handlungsanweisung bei der Bewertung von Filmen und Sendungen. Er ersetzt nicht die Bewertung im Einzelfall; er ist die Summe aller Aspekte, die für eine umfassende und verantwortliche Beurteilung geprüft und gewichtet werden müssen. Die Punkte entstanden aus der praktischen Diskussion heraus und sind der Versuch, die Entscheidungsprozesse an einheitliche Standards zu binden und diese offenzulegen.

6 Ausnahmegenehmigungen

Will ein Veranstalter einen Film zu einer anderen als der rechtlich zulässigen Zeit senden, so muß er einen Antrag auf Ausnahmegenehmigung bei seiner zuständigen Landesmedienanstalt stellen. Von dort geht der Antrag zur Gemeinsamen Stelle Jugendschutz und Programm. Über Anträge auf Ausnahmen, d.h. also, Filme dürfen trotz einer Altersfreigabe von "ab 16 Jahren" bzw. "nicht unter 18 Jahren" schon vor 22.00 Uhr bzw. 23.00 Uhr gesendet werden, wird im Einzelfall entschieden. Handelt es sich um einen vergleichsweise alten Film, reicht zur Beurteilung häufig schon aus, die damalige Begründung der FSK zu lesen. In Zweifelsfällen, wenn der Film Gewaltdarstellungen enthält oder von Gewalt geprägt ist, wird der Film angesehen.

Um von der Bewertung durch die FSK abzuweichen, müssen besondere Gründe vorliegen. Diese können ein deutlich erkennbarer Wertewandel sein oder in der besonderen Berücksichtigung des Mediums Fernsehen liegen. Eine Ausnahme kann auch dann erteilt werden, wenn der Film im Vergleich zur ursprünglichen Fassung deutlich geschnitten ist, wobei der Arbeitskreis sensibel darauf achtet, ob die Bewertung aufgrund von einigen gewalthaltigen Szenen erfolgte oder ob der Gesamtkontext des Films die Alterseinstufung verursacht hat. Eigene Schnittauflagen macht der Arbeitskreis nicht.

Die Beurteilung, in welchem Umfang ein Wertewandel stattgefunden hat, der eine Ausnahme rechtfertigt, ist in bezug auf Gewaltdarstellungen nicht eben leicht zu treffen. Der Rundfunkstaatsvertrag nimmt ihn für Filme an, deren Bewertung länger als 15 Jahren zurückliegen. Soweit sich das auf Filme bezieht, deren Kennzeichnung aufgrund der Darstellung von Familie, Ehe und zwischenmenschlichen Beziehungen erfolgte, haben sich die gesellschaftlichen Normvorstellungen in den letzten 20-30 Jahren erheblich geändert. Dies gilt aber nicht in gleichem Maß für Gewaltdarstellungen und für von Gewalt geprägte Filme. Die Darstellungsformen, der technische Aufwand und die dramaturgischen Stilmittel haben sich im Verhältnis zu alten Filmen zwar erheblich verändert, die kontextbezogene Gewalt war früher nicht unbedingt harmloser oder ist heute nicht in jedem Fall brutaler.

Bei der Bewertung lassen sich subjektive Wahrnehmungen nur schwer durch objektive Prüfkriterien ersetzen. Gerade bei der Bewertung von Gewaltdarstellungen können auch aktuelle Ereignisse eine nicht unbedeutende Rolle spielen. Niemand ist davon frei, einen Film über die Entführung eines Kindes auch dann noch objektiv zu beurteilen, wenn ein ähnlich gelagerter Fall aktuell passiert ist. Der Arbeitskreis hat versucht, seine Entscheidungskriterien auszuwerten und sie in dem oben erläuterten Kriterienkatalog zusammengetragen.

7 Zahl der Anträge auf Ausnahmegenehmigung

Die Zahl der Anträge auf Ausnahmegenehmigung stieg von 1988 bis 1991 von unter 100 Anträgen auf fast 500 Anträge pro Jahr an. 1992 und 1993 ging sie dann allerdings wieder auf 300 bzw. 180 zurück. 1994 werden es ca. 200 Anträge sein. Überwiegend (85 %) wurden für Filme mit der Alterskennzeichnung "ab 16 Jahren" Anträge auf Ausnahmegenehmigung gestellt. Die am häufigsten beantragte Sendezeit lag zwischen 18.00 und 21.30 Uhr.

Das Verhältnis der abgelehnten zu den gestatteten Anträgen ist abhängig vom Alter der Filme. Je älter der Film desto höher ist die Quote der Genehmigungen. Für Filme von vor 1950 liegt sie bei fast 100 Prozent. Im Schnitt wird eine Genehmigungsquote von 86 Prozent erreicht, was auf eine sorgfältige Vorarbeit auf Seiten der Veranstalter hindeutet.

8 Indizierte Filme

Leider hat sich in der öffentlichen Diskussion die Meinung verfestigt, zuviel Gewalt im Fernsehen liege allein daran, daß in den privaten Programmen indizierte Filme gezeigt würden. Manchmal ist man versucht zu sagen: "Schön wäre es". Zur Zeit stehen auf der Liste der Bundesprüfstelle, die nach dem GjS (Gesetz über die Verbreitung jugendgefährdender Schriften) die Indizierungsbehörde ist, ca. 2300 Filme. Davon sind aber nur 400 Filme überhaupt für eine Ausstrahlung im Fernsehen geeignet. Im Verhältnis zum gesamten Programmangebot fällt die Anzahl der indizierten Filme nicht besonders ins Gewicht.

Der Gesetzgeber hat die Ausstrahlung indizierter Filme für nach 23.00 Uhr zugelassen, wenn keine offensichtliche schwere Jugendgefährdung unter Berücksichtung aller Umstände zu befürchten ist (§ 3 Abs. 3 Rundfunkstaatsvertrag). Die Entscheidung trifft der Veranstalter in eigener Verantwortung. Er hat sie zu dokumentieren und den Landesmedienanstalten auf Verlangen vorzulegen (5.3 Jugendschutzrichtlinien).

Viele indizierte Filme haben auch eine Altersfreigabe der FSK. Da der Gesetzgeber weder der Kennzeichnung durch die FSK noch der Indizierung durch die BPS einen Vorrang einräumt, haben die Landesmedienanstalten dies in ihren Richtlinien korrigiert. Für die Ausstrahlung eines indizierten Films gilt die Indizierung als im Sinne des Jugendschutzes vorrangig.

Im Programmalltag spielt die Ausstrahlung indizierter Filme keine so gravierende Rolle, wie es durch die veröffentlichte Meinung zu vermuten ist. Indizierte Filme werden nicht vor 23.00 Uhr gesendet. In der Regel werden indizierte Filme geschnitten und zwar in den Szenen, die die Indizierung offenkundig veranlaßt haben. Der Anteil der indizierten Filme am Gesamtangebot ist vergleichsweise gering. Daher stehen indizierte Filme auch nicht im Mittelpunkt der Aufsicht. Wesentlich höhere Aufmerksamkeit gehört den Sendezeiten, zu denen Kinder und Jugendliche hauptsächlich vor dem Fernseher sitzen.

9 Aufsichtsmaßnahmen

Verstöße werden durch die Gemeinschaft der Landesmedienanstalten in Form ihrer Gemeinsamen Stellen und Arbeitskreise festgestellt. Die Umsetzung liegt in der landesrechtlichen Kompetenz und Zuständigkeit der Landesmedienanstalt, die den in Rede stehenden Veranstalter die Satellitenzulassung erteilt hat.[9]

Die Palette der Aufsichtsmaßnahmen reicht von der einfachen Beanstandung bis zum zeitweiligen oder gänzlichen Entzug der Sendelizenz. Ob letzteres allerdings ein adäquates Aufsichtsinstrument ist, wurde in der Praxis noch nicht gete-

9 Das ist für Sat 1 Rheinland-Pfalz, RTL Niedersachsen, Pro 7 Schleswig-Holstein, Der Kabelkanal Bayern, RTL 2 Hessen, Deutsches Sportfernsehen Bayern und für n-tv Berlin-Brandenburg.

stet. Daneben können Verstöße auch mit Geldbußen bis zu 500.000 DM geahndet werden. Gering sind allerdings auch hier noch die praktischen Erfahrungen, da der erweiterte Bußgeldkatalog erst mit der Novellierung der Rundfunkstaatsvertrages, also erst ab 1. August 1994, in Kraft getreten ist.

Diverse Beanstandungen hat es aber bereits gegeben. In den Jahren 92/93 wurden insgesamt drei Filme wegen des Verstoßes gegen § 3 Abs. 1 Nr. 3 RfStV (Pornographie) beanstandet. Vierzehnmal wurde gegen § 3 Abs. 2 RfStV (Sendezeit) verstoßen, vier mal wurde eine Beanstandung wegen des Verstoßes gegen § 23 Abs. 1 RfStV (Programmgrundsätze) ausgesprochen, und in einem Fall wurde gegen § 23 Abs. 3 Satz 1 RfStV (Journalistische Grundsätze) verstoßen. Knapp zwei Drittel der Fälle kann dem Bereich "Gewaltdarstellungen" zugeordnet werden.

10 Zusammenarbeit mit den Rundfunkveranstaltern

Sieht man vom Verfahren ab, so haben sich die öffentlich-rechtlichen Rundfunkanstalten nach denselben rechtlichen Bestimmungen zu richten wie die privaten. Trotz gleicher materieller Vorschriften liegt der wesentliche Unterschied zwischen beiden Systemen darin, daß der öffentlich-rechtliche Rundfunk selbst durch seine eigenen Gremien über die Belange des Jugendschutzes entscheidet, während der private Rundfunk einer externen Kontrolle durch die Landesmedienanstalten unterliegt. Um bei der Umsetzung und Anwendung der Jugendschutzbestimmungen zu vergleichbaren Ergebnissen zu kommen, haben sich die Landesmedienanstalten immer wieder darum bemüht, mit den öffentlich-rechtlichen Anstalten zu einem gemeinsamen Erfahrungsaustausch zu kommen. Leider wurde dieses Anliegen nicht in gleichem Maße von ARD und ZDF geteilt, so daß es bis heute keine Gesprächsebene zwischen der Gemeinsamen Stelle Jugendschutz und Programm und den zuständigen Personen oder Gremien bei ARD und ZDF gibt.

Natürlich liegt es auch ein Stück weit in der Natur der Sache, daß sich der Kontakt mit den privaten Rundfunkveranstaltern völlig anders gestaltet, obwohl oder gerade weil die privaten Veranstalter von den Entscheidungen der Landesmedienanstalten betroffen sind. Hier gibt es regelmäßig Gespräche und einen effektiven Erfahrungsaustausch. Gerade zu Beginn, als der Jugendschutz noch nicht im Vordergrund der Programmentscheidungen der Veranstalter stand, konnten einige Probleme vorab geklärt werden. Die Durchsetzung der Belange des Jugendschutzes gegenüber den privaten Veranstaltern wird jedoch erschwert, wenn es eine entsprechende Transparenz im Bereich des öffentlich-rechtlichen Rundfunks nicht gibt. Ein vernünftig verstandener Jugendschutz lebt aber von der Akzeptanz aller.

11 Gesamtschau

Kinder und Jugendliche sehen fern. Ihren Belangen gerecht zu werden, ist das Anliegen der Landesmedienanstalten. Sie haben sich frühzeitig in die Diskussionen eingemischt und zu den jeweiligen Rechtsänderungen erheblich beigetragen.[10] Sie sind jedoch nicht der Auffassung, diesem Anliegen vorwiegend durch Verbote gerecht zu werden. Leider treffen die Probleme auf viel breitere Bereiche, die differenzierte Lösungen erfordern. So kann ein einzelnes Programm, ohne die Grenzen des Zulässigen zu überschreiten, unproblematisch sein. Anders sieht es aber aus, wenn zehn oder gar zwanzig Programme ähnlicher Intensität angeboten werden und die Fernbedienung zum Regisseur wird. Dies ist mit den Mitteln der Aufsicht nicht mehr lösbar.

Die Forderung ging daher an die Privaten, Verantwortung gegenüber ihren Jugendlichen wahrzunehmen und Abstand von der Schwelle des Zulässigen zu halten. Dieser Appell und die öffentliche Diskussion haben Früchte getragen. Die privaten Fernsehveranstalter haben eine Selbstkontrolleinrichtung gegründet. Seit April 1994 arbeitet die FSF (Freiwillige Selbstkontrolle Fernsehen). Ihre Aufgabe und Ziel ist es, "durch sachgerechte und differenzierte Begutachtung von Sendungen - in der Regel vor deren Ausstrahlung - eine Gefährdung oder Beeinträchtigung von Kindern und Jugendlichen, etwa durch soziale und/oder ethische Desorientierung, zu verhindern. Durch ihre Arbeit möchte die FSF den Sendern Orientierungshilfen in Jugendschutzfragen anbieten" (Ziele und Aufgaben der FSF, Stand 24. Mai 1994).

Die Landesmedienanstalten konnten wegen ihrer gesetzlichen Aufsichtspflicht keine institutionelle Zusammenarbeit mit der FSF eingehen. Davon unberührt ist aber eine Zusammenarbeit zur Verständigung über die Kriterien und zur Verbesserung des Programmgeschehens insgesamt.

Die rechtlichen Möglichkeiten der Landesmedienanstalten, aktiv in die Programmhoheit der Rundfunkveranstalter einzugreifen, sind (aus gutem Grund) beschränkt. Sie haben aber ihr Instrumentarium genutzt, so daß heute sogar von ihren scharfen Kritikern eine Verbesserung festgestellt wird. Faktoren, die dies beeinflußt haben, sind aufgezählt. Für die Zukunft bleibt zu überlegen, ob die vielen Institutionen (FSK, BPS, FSF, Landesmedienanstalten, Private Rundfunkveranstalter, ARD und ZDF), die alle direkt oder indirekt von den Belangen des

10 Jugendschutz und Programmqualität im dualen Rundfunk - Erklärung der Konferenz der Gremienvorsitzenden und der Direktorenkonferenz der Landesmedienanstalten vom 12. Februar 1993; DLM (Direktorenkonferenz der Landesmedienanstalten) zu Gewalt im Fernsehen vom 20. September 1993; Weimarer Beschlüsse der Landesmedienanstalten zum Jugendschutz und zur Novellierung des Rundfunkstaatsvertrages vom 27. November 1993.

Jugendschutzes tangiert sind, zur weiteren Verbesserung eine gemeinsame Ebene finden könnten. Auch wenn der Status quo mittlerweile seine akzeptablen Spielregeln gefunden hat, birgt er doch die Gefahr, klare Zuständigkeiten zu verwischen, den "Schwarzen Peter" dem jeweils anderen zuzuschieben und die eigene Verantwortung nicht immer bewußt wahrzunehmen.

Ausblick

Gewaltdebatten als naive Pädagogik: Eine Polemik zur Gewaltdiskussion

Hans J. Wulff

Ich erinnere mich an einen Fernsehauftritt einer CDU- oder SPD-Abgeordneten, die sich gegen Oliver Stones Film "Natural Born Killers" exponiert und sein Verbot gefordert hatte - sie hatte ihn zwar nicht gesehen und wollte ihn auch gar nicht sehen, sah die gezeigten Geschehnisse dennoch aber für so skandalös an, daß eine Indikation vorzunehmen sei. Damit entzog sie einer vernünftigen Auseinandersetzung um den Film natürlich den Boden - ausgerechnet bezogen auf diesen Film: die angestrengt-verzweifelte Satire um Medien und amerikanische Mythologie, das wütende Pamphlet eines konservativen Moralisten!

Das Lamento führt aber in die Irre. Der Auftritt der Volksvertreterin hätte auch funktioniert, wenn es den Film gar nicht gegeben hätte - weil es eigentlich um ganz etwas anderes ging: um eine moralisch-politische Hygienevorstellung nämlich.

1 Gewaltdebatten als Alltagskommunikation

Filme bilden gesellschaftliche Zustände nicht nur ab - sie sind auch selbst wiederum Gegenstand und Ausgangspunkt gesellschaftlicher Kommunikations- und Lernprozesse. Das Reden über Filme und das Argumentieren mit Filmen sind ein Feld kommunikativer Praxis, in dem es um Sinnhaftes geht und in dem sogar Sinn entsteht. Indem man über einen Gegenstand redet, redet man auch über eigene Standorte, Verbindlichkeiten, Überzeugungen. Ein Ausgangspostulat: *Alltagskommunikationen sind immer auch reflexiv auf die Grundlagen des eigenen "In-der-Welt-Seins" gerichtet.* Jede Alltagskommunikation hat doppelten Boden - sie handelt, rein von der Oberfläche gesehen, über Gegenstände; aber sie handelt auch über die Voraussetzungen, warum ein Gegenstand überhaupt Gegenstand und Anlaß einer Kommunikation sein kann.

Wissenschaftler, Journalisten, Jugendschützer sind Teilnehmer und Teilhaber an diesem umfassenden Prozeß wie alle anderen auch. Die Frage ist, in welchem Umfang sie sich ihrer selbst versichern, wenn sie über ihre Gegenstände reden. Eine Wissenssoziologie der Film- und Fernsehwissenschaft müßte sich um die Bedeutungen und Funktionen kümmern, die mediale Produkte (und Medien überhaupt) in der Alltagspraxis verschiedener Adressatenkreise haben. Ein Weg unter anderen, und ein Königsweg dazu, sich an solche Bedeutungen und Funktionen heranzuarbeiten, ist die Untersuchung von *Kommunikation über und mit* Filmen.
Die These, die ich hier verfolgen will, weil sie mir einen aufschlußreichen Blick auf die Gewaltdebatten selbst möglich macht, ist unmittelbar mit einem solchen Ansatzpunkt zu verbinden: Die Verstricktheit der Filme (bzw. von Meinungen über Filme) in die gesellschaftliche Praxis betrifft auch Wissenschaftler, auch sie

sind Mitglieder eines Adressatenkreises! Und ihr Reden über den Gegenstand erweist sich allzuoft als eines, das Überzeugungen, Werturteile, Standorte reflexiv zu bestimmen sucht, die *Element sozialer Praxis sind - und keine Eigenschaften des besprochenen Gegenstandes.*
Über die Strategien ist noch wenig bekannt, mit denen in der vorgeblichen Besprechung medialer Gegenstände tatsächlich über Dinge gesprochen wird, die weit vom Film wegführen - man gerät direkt hinein in einen Diskurs, in dem es um Normen, Herrschaft, um Konzeptionen von "Kindheit" und dergleichen mehr geht.[1] Die Debatten um Mediengewalt sind Elemente eines Diskurses, in dem es um Sinnstiftung auf einer anderen Ebene geht, als empirische Aussagen auf ihren Wahrheitsgehalt hin zu überprüfen.
Mehr als fünfzig Jahre behavioristische Psychologie haben den Fragehorizont eingeengt und festgelegt, was zu bereden ist, wenn man an das Problem der Gewaltdarstellung denkt. Zu fragen ist selbstverständlich nach "Wirkungen", nach der Möglichkeit der Verrohung, nach der Beeinflußbarkeit unserer Kinder. Zu suchen ist nach physiologischen Reaktionen auf dargestellte Gewalt. Die Entwicklung der Kriminalität und der realen Gewalt ist mit der Entwicklung der Medien oder ihrer Inhalte kurzzuschließen. Man operiert und argumentiert mit diversen Modellen des kurz- oder langfristigen Nachlebens einer Gewaltwahrnehmung...
Was dabei nicht gesehen und nicht bedacht wird: daß die Gewaltdarstellung inszeniertes Geschehen ist, daß sie für Adressaten gemacht ist, daß sie nie für sich, sondern immer in Horizonten von "Sinn" steht. "Gewalt" ist ein Gegenstand der Gesellschaft und der Kultur und der Geschichte - ein *fait social*, das besser als ein Gegenstand der Interpretation denn als ein Gegenstand der Realität beschrieben wäre. Wendet man sich den Konventionen der Gewaltdarstellung zu[2], zeigt sich der paradoxe Hintergrund der erzählten Gewalt: Sie zerstört nicht Gesellschaft, sondern hilft dazu, sie zu befestigen und zu sichern, weil sie die Adressaten in einen Erlebens- und Denkprozeß hineinbewegt, in dem Tugenden verhandelt werden und sich eine Moral aus der Geschichte ableitet. Eine Untersuchung der Funktionen, in denen Texte im Alltagsgebrauch stehen, zeigt, daß man nicht einzig darauf sehen darf, was Filme denn abbilden, sondern daß man danach fragen muß, was mit einer Darstellung in einer Rezeption geschieht. Die *effektive* Information steht oft zu dem, was abgebildet wird, in einem *paradoxen Verhältnis* - viele Gewaltfilme zeigen den Einbruch des Gewalttätigen in normales Alltagsleben, um rückzuversichern, daß Gewalt in normalem Alltagsleben keinen Platz hat (darüber habe ich an anderer Stelle ausführlich berichtet; vgl. Wulff 1985).
Von diesem schwierigen Verhältnis weiß die öffentliche Rede über Gewaltdarstellung in der Regel nichts (und will auch gar nichts davon wissen). Von "Wirkungen" reden viele, als seien sie *natürliche* Implikaturen von Texten, als

1 Einen ähnlichen Zugang zur Gewaltdiskussion skizziert Lutz Hachmeister, ohne dem allerdings nachzugehen. Vgl. Hachmeister 1994, bes. S. 49ff.

2 Ich habe in einem längeren Essay zu diesen Problemen eine ganze Reihe solch konventioneller Strategien dargestellt; an gleicher Stelle finden sich weitere Bemerkungen zur paradoxen Bedeutungsstruktur der Alltagserzählung; vgl. Wulff 1985.

seien sie eindimensional kausal ableitbar aus einem Dargebotenen. Dagegen sind sie doch Produkte von Interpretationsleistungen, in denen möglicherweise mehr von den Bezugssystemen des Interpreten als von den Strukturen des Textes wirksam wird! Das Abgebildete ist das Gegebene; daß es nur das Material ist, aus dem Adressaten erst noch etwas machen müssen: Das entzieht sich der Kontrolle, ist kaum beobachtbar. Wie armselig und buchhalterisch sind die diversen Versuche, zum Zweck der Inhaltsanalyse die "Gewalteinheit" zu definieren - zwei Jungen raufen auf dem Schulhof: Gewalt? Gewalt I, II oder III? Oder keine Gewalt? Ausdruck von Sympathie und Liebe womöglich?

Die Gepflogenheiten des Sprechens über Mediengewalt verdienen es, festgehalten zu werden:

1. Nicht über effektive Informationen sprechen!
2. Auch nicht über paradoxe Schlußfiguren!
3. Das Abgebildete für das positiv Gegebene nehmen!
4. Über "Wirkungen" sprechen, dabei "Wirkungen" als "natürlich" und "kausal" den Ausgangstexten zuordenbar ansehen!
5. Von der Tatsache absehen, daß wir selbst es sind, die über einen Text sprechen!

Fünfzig Jahre Behaviorismus, Kommunikationswissenschaft und hermeneutische Schlichtheit tun ihr Werk: Wir sind so daran gewöhnt, an die *Dinge* in Rede zu denken, daß wir übersehen, daß sie "*in Rede*" stehen und damit ihren Charakter verändern.[3] Das Reden über diese Dinge ist alltägliches Handeln, Allerweltskommunikation, und steht damit in den gleichen funktionellen Rahmen, in denen alle Alltagskommunikationen geschehen: Sie sichern Realität, versichern ihren Teilnehmern, daß sie den Boden einer gemeinsamen Wirklichkeit teilen, und sie konstituieren einen Blick auf Wirkliches so, daß man damit umgehen kann.

2 Wahrheit, Erfindung und Stimmigkeit

Nochmals: Der verborgene und rein funktionelle Gegenstand alltäglicher Kommunikation ist die Frage, "*als was*" etwas zu gelten hat. Das leitet von der Fixierung auf die besprochenen Gegenstände weg. Für das Alltagshandeln, insbesondere das alltägliche Sprechen und Erzählen, ist nicht zentral, worüber gesprochen wird, sondern vielmehr, was die Teilnehmer einer solchen Situation sich damit

3 Die Neuorientierung der Frageperspektive, die ich hier andeuten will, führt zu zum Teil abenteuerlich anmutenden Schlußfolgerungen; verwiesen sei hier auf Dieter Lenzens überaus anregende und klarsichtige These: "Über Kindheit läßt sich nur reden, wenn man über Erwachsene spricht. Über Kindheit zu reden heißt, daß Erwachsene reden. Insofern reden Erwachsene, wenn sie über Kindheit reden, über sich selbst. Daß sie überhaupt über Kindheit reden und schreiben [...], ist mehr Ausdruck dessen, daß nicht die Kindheit ihnen, sondern sie selbst sich zum Problem geworden sind. (Über Fensterscheiben sprechen wir, wenn sie verschmutzt oder zerbrochen sind.)" (1985, 11) - unter Zuhilfenahme mythologischer Deutungsmuster findet er zu überraschenden Interpretationen des Sprechens über Kindheit.

leisten: *sich ihrer Auffassungen der Wirklichkeit rückzuversichern.*[4] Es geht nicht um die Darstellung der Welt, sondern um Kommunikation und die Prozesse, in denen sich Menschen der Sinnkonstruktionen versichern, die sie im Kopf haben. Es geht also nicht um Gegenstände - die haben immer nur *relative Geltung*; fallen sie aus dem Wissenszusammenhang heraus, werden sie verboten, verdrängt oder aus dem Blick verloren, spielen sie für das Erzählen und für die Alltagskommunikation keine Rolle mehr. Die *Belegstücke*, an denen sich die gesellschaftliche Auseinandersetzung entzünden und die diskursive Produktion von Sinn beginnen kann, müssen nicht einmal existieren, können imaginiert, phantasiert und erfunden sein. Die meisten, die über "Natural Born Killers" polemisiert haben, haben den Film ebensowenig gesehen wie die konservative Abgeordnete, die ich am Beginn erwähnte - worüber reden sie dann aber, wenn nicht über Wertvorstellungen und stereotypische Annahmen darüber, wie Medien in gesellschaftliche Entwicklungen hineinwirken? Ein ähnlich krasses Mißverhältnis klafft zwischen den Beiträgen des sogenannten "Wirklichkeitsfernsehens" und den Lamenti derjenigen, die die schamlose Darstellung von Leid, Blut und Tod als Indikator dafür ausgeben, daß die kommerziellen Medien einer grenzenlosen Dekultivierung beitrügen. Die Nachfrage lohnt: Wer hat "Reality-TV" tatsächlich gesehen, bevor er sich eine Meinung dazu gebildet hat?

Auch hier die Gegenthese: Die "reality based stories" des Wirklichkeitsfernsehens sind Helferpropaganda, sind moralische Abhandlungen über Gefahr, Solidarität und göttliche Fügung (vgl. Wulff 1995). Das Schreckgespenst eines böse-voyeuristischen Fernsehens entstammt allzuoft dem Kopf derjenigen, die das Fernsehen als einen Gegenstand benötigen und notfalls erfinden, an dem ein Diskurs über Werte (und meist auch: über gesellschaftliche und kulturelle Macht) entfacht werden kann.

Neu ist diese Verlagerung nicht. Die Diskussion um Mediengewalt ist schon diverse Male geführt worden, mit dem impliziten Ziel, einen Blick auf ganz andere Gegenstände möglich zu machen - auf "Jugend", "Gewalt", "Angst- und Ekelgrenzen", das Problem der "Autorität" in der Gesellschaft (oder: der "autoritativen Gesellschaft") usw. Der These folgend, ist das Phänomen in Rede nur Anlaß und vordergründiges Thema, um mittelbar über anderes zu verhandeln. Ich möchte hier den Gegenstand in Rede und in Frage als Anspielungsmarke dahinterstehender Wissenskontexte lesen; um sie geht es. Es hat keinen Sinn, die in der Diskussion verwendeten Hypothesen über Medienwirkungen, Nutzungsgewohnheiten, psychische Konstitution von Jugendlichen usw. herauszuarbeiten, um dann mit entsprechend anderen "wissenschaftlichen" oder "empirischen" Argumenten und Behauptungen zu antworten. Das könnte man leicht tun, und das ist in der Regel die Devise, der kritische Medienwissenschaftler folgen, wenn sie in die Debatte eingreifen wollen. Das ist legitim, aber es ist auch folgenlos. Denn dabei wird eines

---

4 In allen Richtungen der verstehenden Soziologie - von Max Weber bis zur Ethnomethodologie - ist dieses Postulat immer wieder als grundlegend herausgestellt worden; eine Problemgeschichte der soziologischen Analyse des Alltagserzählens fehlt allerdings bis heute. Vgl. dazu Wulff 1985, S. 10ff.

ausgeklammert: die funktionale Anbindung der Debatte an den Wissens- und Kommunikationszusammenhang derjenigen, die diese Debatten kontrollieren. Ob die Daten, die Modelle und die Beispiele "*stimmen*" oder nicht, ist nicht das Problem. Das Problem ist, ob die Daten, Modelle und Beispiele "*stimmig*" sind. Das erfordert ganz andere Argumentationen und Aufmerksamkeiten als die, die wir gewohnt sind.

Die Rolle der Stimmigkeit wird im historischen Kontrast greifbar. Spätestens seit dem 18. Jahrhundert sind die Erfahrungen des Entsetzens, des Schreckens und des Ekels aus dem öffentlichen Leben verbannt worden, und es formierten sich die Genres des Horrors und der Phantastik als ein imaginäres Feld von Kunstproduktion, auf dem sich die Ungeheuer, die der Schlaf der Vernunft gebiert, auch weiterhin tummelten.[5] Das war früher durchaus anders, das Grausame ein Teil des Gemeinschaftslebens - aber auch dort stand es in einem Rahmen von Sinn und Kommunikation. So kann man in Chroniken oder Berichten, die von öffentlichen Hinrichtungen erzählen, überraschende Details von Zuschauerreaktionen nachlesen. Bei der sechsstündigen Hinrichtung Ravaillacs, der Heinrich IV. erdolcht hatte, waren die Damen, die sich im Publikum fanden, in der Regel mit Riechfläschchen oder anderen belebenden Essenzen ausgerüstet: Wenn man schon in Ohnmacht fiel, wollte man doch möglichst schnell wieder bei Sinnen sein, um nichts zu verpassen (vgl. Deries 1975, S. 130ff., sowie darüber hinaus Baumann 1989, S. 46ff.). Gleichwohl waren die Damen keine Barbaren, sondern nahmen Teil an einem kollektiven Ritual, dessen verborgener Hintergrund wiederum ein Diskurs über öffentliche Ordnung war: Eine Hinrichtung war die öffentliche Demonstration staatlicher oder rechtlicher Macht. Eine Hinrichtung zeigte, was mit Leuten geschieht, die die Normen einer Gesellschaft verlassen haben, und dieser *Aspekt des Zeigens* war mindest so wichtig wie der der *Strafe*. Offensichtlich traf die Institution "Hinrichtung" auf ein Publikum, das dieses blutige Geschehen in ganz anderer Art und Weise aufnehmen und in seine Alltagshorizonte integrieren konnte, als das heute noch möglich wäre. Die Dimension des Spektakulären jedenfalls fehlt den Hinrichtungen von 1945, und die Antwort der Zeitgenossen ist nicht Interesse und Faszination, sondern Abwendung und Schrecken (vgl. z.B. Ruhl 1984, S. 123ff.).

---

5 Die Literatur zur Entstehungsgeschichte der Horror- und phantastischen Literatur (und der entsprechenden Sujets der bildenden Kunst) und ihren Bedingungen ihrer Entstehung ist sehr umfangreich; vgl. beispielhaft Thomsen & Fischer 1980; vgl. Baumann 1989, der zahlreiche Motive in die abendländische Kulturgeschichte zurückverfolgt; vgl. schließlich Dörner 1975, der die geistes- und ideologiegeschichtlichen Zusammenhänge zwischen der Entstehung der phantastischen Literatur und der Internierung des Wahnsinns am Ende des 18. Jahrhunderts aufzeigt.

3 Phantasie

Die Geschichte der Gewaltdarstellung ist weiterhin ein Desideratum, die sicherlich mit vielen eigentümlichen Erscheinungen zu rechnen hat. Hier aber kann es nicht um die Geschichtlichkeit des Phänomens gehen, sondern um das Ineinanderhaken von Darstellung und Wissen, Verschweigen und Phantasie, Tabu und Überschreitung. In der Pornographie wird ähnlich wie in den Horror-Genres oft mit einem Darstellungsverfahren operiert, das darauf aus ist, das *Phantasie-Potential* des Lesers/Zuschauers zu nutzen und in die Hervorbringung des "pornographischen Effekts" einzubeziehen. Der Psychiater, der einen Strich, einen Kreis, einen Kringel, ein Dreieck und verschiedene andere Figuren aufzeichnete und die stereotype Antwort "Eine nackte Frau!" auf alles erhielt, "Sie haben schmutzige Phantasien!" konterte und mit "Wer malt denn die ganzen Schweinereien?!?" zurückgewiesen wurde: das ist eine Geschichte, die dieses betrifft - wer ist eigentlich der Pornograph?

Die dramaturgische Weisheit: *Je mehr eigene Phantasie ins Spiel kommt, desto mehr ist der Proband gefesselt, angeregt und mit Spannung gebunden!* läßt sich auch den Darstellungen von Schrecken, Horror und Ekel in den Dokumenten der diversen Gewaltdebatten ablesen (ohne daß dies bislang experimentell getestet wäre). Einige Faustregeln: Folge der Dramaturgie der Indizien! Nutze den Schrekken dessen, was nicht dargestellt ist! Zeige Wirkungen und lasse Ursachen erschließen! Die Strategie kann man vielfältig beobachten und in zahlreichen Momenten der Textstruktur festmachen.

Dazu ein erstes Beispiel aus der Debatte, die Mitte der 80er Jahre anläßlich der Splatter-Filme geführt wurde: Die ZDF-Sendung "Mama, Papi, Zombie" (1985) wird eröffnet mit einem Ausschnitt aus einem der beschworenen "Schlächter-Filme": eine Kampfszene, aus dem Lautsprecher Geräusche der Auseinandersetzung. Zu erkennen ist kaum etwas, ein "Kampf" eben. Dann aber: eine Kinderstimme überspricht die Tonspur: "...und jetzt kippt er ihm Salzsäure in den Mund, um ihn unschädlich zu machen..." Ohne diese Erläuterung bliebe das Bild leer. So aber wird ein verwackeltes und unscharfes Bild mit einem "imaginären Stimulus" überlagert, der Phantasieprozeß kann einsetzen. Gesehen hat man nichts außer dem, was man selbst investiert hat. Ein Kind spricht die Erläuterung, spricht Dinge aus, die nach geltendem Kodex "nicht in Kindermund" gehören. Dieser dramaturgische Kunstgriff setzt eine ganze Fülle von Informationen frei - ein Kind hat das gesehen! Wie ungerührt es dieses bespricht! Ein Kind dient als Führer in das Schreckensland der Horror-Videos! Diese (und andere) erschlossene Informationen greifen der späteren Argumentation vor - da wird es um Verrohung der Kinder gehen, ihre Ungeschütztheit und Verletzlichkeit, die Notwendigkeit der Prävention... Viele dieser (später explizit ausgeführten) Argumente sind schon in der Eingangssequenz der Reportage dramaturgisch umspielt worden.

Ähnlichen Phantasieaufwand stimuliert eine Broschüre, die das Ministerium für Arbeit, Gesundheit und Soziales des Landes Nordrhein-Westfalen herausgegeben und massenhaft verteilt hat (1984). Das Titelbild zeigt vier Kinder vor einem Fernsehapparat; sie sind in bläuliches Todeslicht getaucht. Ein Junge hat sich, wie zur Flucht bereit, in eine Ecke des Sofas gedrückt; in der anderen Ecke kuschelt sich ein Mädchen mit entsetzt-abwehrendem Gesicht an einen Plüsch-Teddy; ein zweites Mädchen hat die Augen geschlossen und hält sich beide Hände vor den Mund, als wäre ihm schlecht; auf dem Boden vor dem Sofa schließlich sitzt ein weiterer Junge, der mit offenem Mund und angstlust-geweiteten Augen in die Röhre starrt. Der Clou an dem Bild: was der Monitor zeigt, sieht der Bildbetrachter nicht. Eine Leerstelle, und damit eine Aufforderung: Denk dir aus, was die Kinder sehen und was diese Reaktionen auslöst! Die Beispiele ließen sich ohne Probleme vermehren. Allein die überall verbreiteten Beschreibungen von Filmszenen dürfen als "imaginäre Stimuli" gewertet werden, als Aufforderungen und versteckte Anweisungen: Stell dir vor, wie das im Bild aussieht!

Folgt man dem bis hier Gesagten: dann stellen die Leser solcher Broschüren und die Zuschauer solcher Sendungen sich die Belege und Beispiele der Debatte selbst her. Die Berichterstatter dienen lediglich als Zeugen, sie haben sich dem Schrecken schon einmal ausgesetzt. Genießt ein solcher Zeuge genügend Vertrauensvorschuß, ist er "genügend bürgerlich": dann kann man auch seinem Urteil trauen: "Sie können sich nicht vorstellen, wie detailgenau..." Auf diesen sozialen Prozeß, der zwischen Referenten und Zuhörern ablief, hat kaum jemand geachtet, als die Videodiskussion noch Konjunktur hatte. Gleichwohl ist er als entscheidender Rahmen anzusehen, in dem solche Produkte wie die genannte Sendung, die Broschüre, einige Sammelbänder mit den schlimmsten Blutszenen (sinnlos, weil: ihren Kontexten entbunden) und dergleichen mehr überhaupt erst ihre Wirk-Potentiale aufbauen können. Man kann sich das in einem kleineren Gedankenspiel vergegenwärtigen: Der eine Referent - mittleren Alters, plakativ katholisch, er trägt einen Anzug; der andere Referent - Ende zwanzig, mit grünem Bartwuchs, modische Lederhosen; das Publikum sind Eltern von Schulkindern, durchweg bürgerlicher Herkunft. Beide Spezialisten halten ein Referat. Im ersten Vortrag soll das Verbot der Schmutz-Videos betrieben werden, im zweiten die Wirkungslosigkeit behauptet werden (in einem Vergleichstest: umgekehrt). Wem glaubt man wie? Wie werden Meinungen allein schon dadurch kommuniziert, daß einer einem Image zugehört, ein anderer einem anderen?

Doch dieser Blick in die Vermittlungspraxis der Video- und Gewaltdiskussion zeigt nur einen weiteren Rahmen, der das in Rede Gestellte modifiziert und und die alltagspraktischen Bedeutungen oder Funktionen des Gesagten absteckt. Es geht eben auch (oder: vor allem?) darum, Images und Meinungen und Haltungen miteinander zu verknüpfen; man erfährt nicht nur etwas über jugendlichen Medienkonsum, sondern auch darüber, wie ein Erwachsener beschaffen ist, der sich Sorgen macht.

4 Schlimme Exempla

Zurück zu den dramaturgischen Strategien dieser Debatten. Ein Prinzip kennzeichnet sie in besonderem Maße als eine Erscheinungsform alltäglichen Erzählens: das *Argumentieren mit der didaktischen Erzählung vom schlimmen Beispiel*. Das ist eine Form von kasuistischer Beweisführung. Zwei Beispiele möchte ich geben, das erste aus der "Kino-Debatte" im Ersten Weltkrieg, das zweite aus der Video-Debatte der 80er Jahre.

Der Oberarzt Dr. Dobrick schrieb in der Zeitschrift "Die Irrenpflege", daß die "sittliche Kräfte zerstörenden Wirkungen der Schundfilms" insbesondere die Jugend bedrohten und belegt:

> "Ein anderer Fall betrifft den sogenannten Vorbecker Knabenmord: Ein sechzehnjähriger Bauerbursche ermordete ohne sichtlichen Grund den viereinhalbjährigen Sohn seines Brotherren. In eingehender Weise wurde versucht, das Motiv der Tat aufzudecken. Da wurde schließlich ermittelt, daß der Täter ein eifriger Kinobesucher war und wenige Tage vor der Straftat zwei Filme gesehen hatte, in denen ein Überfall von Indianern auf Weiße geschildert war und Situationen vorkamen, die in manchen Einzelheiten eine auffallende Ähnlichkeit mit den Umständen bei der Tat des Angeklagten zeigten. Der Untersuchungsrichter hielt es für höchst wahrscheinlich, daß diese beiden Films auf den Angeklagten einen derartig suggestiven Eindruck gemacht, daß er unbewußt unter ihrem Einfluß stehend ohne sonstiges Motiv den von ihm sonst gern gesehenen Knaben seines Dienstherren niederstieß. Der Angeklagte erhielt zehn Jahre Zuchthaus" (Dobrick 1914-15, S. 98).

Die Moral von der G'schicht ist naheliegend: Man halte sich vom Kino fern! Warum wirkt diese Geschichte heute naiv und durchsichtig, warum reagieren wir amüsiert? Nicht, daß wir die Geschichte und ihre Moral nicht verstünden! Nein, wir wissen einfach, daß das mit dem Kopier-Effekt im Kino so einfach nicht funktioniert: Vom Western-Gucken hat noch keiner das Reiten gelernt, ja, noch nicht einmal eine positive Einstellung dazu lernt man!

Die gleiche Geschichte vom schlimmen Beispiel, einige Jahrzehnte später, ein anderes Medium. Zeitgenossen reagierten nicht amüsiert; aber warum?

> "Sie hält das elektrische Küchenmesser mit beiden Händen fest. Andächtig setzt sie es an der bleichen Männerschulter an. Das Gerät, es ähnelt einer kleinen Kettensäge, frißt sich in das Fleisch. Das surrende Geräusch des strapazierten kleinen Motors wird intensiver. Das Mädchen ist jung, Tränen rinnen über ihr Gesicht. Sie ist nackt, ebenso wie ihr Geliebter, den sie gerade erschlagen hat, weil er sie verlassen wollte. Sie liegt auf ihm und leckt dabei sein Blut von den weißen Kacheln des Küchenbodens. Dann trägt sie seinen Arm zur Tiefkühltruhe. Sie wird seinen Fuß, sobald sie ihn zerkleinert hat, gebraten und mit einer Soße garniert, verspeisen und die Knochen in der Kaffeemühle zermahlen. Keine Angst, es ist alles nur Kino. Die Szene spielt in einem der vielen Videofilme, die Jugendliche goutieren; ein Brutalvideo, zu leihen in jeder Videothek. / Eine Plastiktüte mit der Werbeaufschrift einer Videothek fanden vor kurzem auch Arbeiter der Stadtverwaltung Mönchengladbach im Botanischen Garten. Statt Videokassetten barg die Plastiktüte tiefgefrorene Leichenteile, aus der Fiktion war Realität geworden. Die sechsundzwanzigjährige Martina Z. hatte das Menschenfleisch, bevor sie es aus ihrer Wohnung schaffte, zehn Monate in ihrer Tiefkühltruhe gelagert" (Die Zeit, 12. März 1984, S. 65).

Natürlich hatte die Frau eine Kollektion von "Maneater"-Filmen.

Sicherlich: das ältere Beispiel behauptet explizit einen Zusammenhang von Fiktion und Realität, das jüngere vermeidet das und arbeitet mit blanker Analogie. Aber warum und wie macht der Leser das mit? Was versteht man eigentlich?

5 Naive Pädagogik

Nochmals die These: Solche Alltagsargumentationen und -erzählungen dienen der *mittelbaren Thematisierung* ganz anderer lebensweltlicher Größen und Orientierungen, als sie im Text *expressis verbis* benannt sind. Derartige Geschichten inszenieren eine einfache und evident erscheinende Hypothese vom "Lernen", vom "labilen Jugendlichen", vom "Recht des Jugendlichen auf Jugendschutz" und sind somit *Dokumente einer "naiven Pädagogik"*. Es werden aber auch solch modale Größen umspielt wie "kulturelle Werte", "Achtung vor dem menschlichen Leben", "Verzerrung des Wirklichkeitsbildes", sogar die romantische Topik der "amour fou" wird angespielt.

Das komplexe Hintergrundgeflecht von Wissen und Meinen, das den alltagshermeneutischen Horizont derartiger Erzählungen ausmacht, kann und soll hier nicht in extenso betrachtet werden. Wichtig ist hier nur die Behauptung, daß dieses Wissen in die Erzählung eingeht und zugleich den funktionellen Rahmen konstituiert, der sie zu einer "sinnvollen" Erzählung macht. Der These folgend, *ist dieses Wissen der Gegenstand der Videodebatte*, und nicht das Korpus der Filme, die Rezeptionsgewohnheiten der Jugendlichen usw. Diese Filme, oder genauer: Beschreibungen dieser Filme sind nur der *Anlaß einer Alltagskommunikation* - die auf die geltenden Übereinkünfte, die als gemeinsam unterstellte Wirklichkeit und deren Bestätigung hinauswill.

Nimmt man den weiteren Horizont, in dem diese alltagspädagogischen Behauptungen und Ansichten stehen, stößt man schnell auf eine Modalität sozialen Rigorismus, an der man studieren kann, wie im Besprechen sozialer Gegenstände der Anspruch auf soziale Macht entsteht. Zwei Standard-Schlüsse finden sich, die auf unterschiedlichen Voraussetzungen basieren, aber die gleiche Implikation haben. Der erste, in strikter Vereinfachung:

1. Neue Medien sind schlecht, üben verderblichen Einfluß aus, verbreiten Schlimmes.
2. Gerade die schutzlosen Jugendlichen sind dem Einfluß gewissenloser Medienmacher ausgesetzt.
3. Darum muß ein Schutzmechanismus (zu deutsch: Zensur) greifen, der verhindert, daß noch mehr Unheil angerichtet wird.

Der zweite, ebenso schlicht gemacht:

1. Jugendliche sind moralisch instabil und zu keiner Verantwortung fähig.
2. Sie benutzen Gegenstände "zur Unterhaltung", die für den Erhalt unserer kulturellen Werte unabsehbare Folgen haben.
3. Darum muß... (s.o.)

Die *conclusio* des zweiten Schlusses unterscheidet sich kaum von der des ersten, auch wenn das Kernargument fast auf's Gegensätzliche hinausläuft: Im ersteren Fall muß die Jugend vor dem Schund, im zweiten die Kultur vor der Jugend geschützt werden.
In beiden Fällen ist die Gewaltdebatte eine Verständigung der an ihr Beteiligten darüber, was für wertvoll oder schutzwürdig erachtet werden soll, wie gesellschaftliche Kontrolle über einen solchen (subversiven) Bereich ausgeübt werden kann, wie man eine Gesellschaft "sauber" hält. Die Politik der Sexualität, die in den verschiedenen "Aktionen Saubere Leinwand" in den sechziger Jahren aufschimmerte, findet sich in ähnlicher Form auch beim prohibitiven Umgang mit der Gewalt. Dabei geht es aber eigentlich gar nicht um die Gewalt oder um die Sexualität: Es geht darum, welche Haltung man einnehmen soll, welche Meinungen man zu haben hat, wofür und wogegen man sein will. *Es geht um die alltagskommunikative Überprüfung der Geltung dessen, was man im Kopf hat.* Und das ist durchaus auch im Sinne der Umzirkelung einer politischen und moralischen Korrektheit zu verstehen, die es einzulösen gilt, und der Reflexion von innergesellschaftlicher Macht. (Wie schon gesagt: Wer präventive Maßnahmen zum Schutze von Kultur oder Kindern durchsetzen will, muß sich der Macht bemächtigen oder sie schon haben.) Die Durchsicht der Medienartikel in der *Bild* und der *BZ*, die publizistischen Echos auf solche Studien wie die von Glogauer, Groebel oder Merten: Es ist letzten Endes gleichgültig, wo die Suche beginnt - man stößt auf Dokumente, die einem pädagogischen Diskurs angehören, in dem das Verhältnis der Erwachsenen zu den Stoffen, Bildern und Geschichten, mit denen sich Kinder und Jugendliche umgeben, geklärt wird: meistens zuungunsten der Jüngeren.
Eine Sekundäranalyse wäre aufschlußreich: Texte und Aussagen zur Mediengewalt nicht darauf zu beziehen, ob sie stimmen, mit experimentellen Wirkungsuntersuchungen konform gehen, dem einen oder anderen Wirkungsmodell zugehören, sondern sie als Elemente eines Diskurses lesen, in dem eine Selbstverständigung über Ethik und Moral, über die Gefährdung kultureller Werte, über die Verantwortlichkeit oder Beeinflußbarkeit oder Wehrlosigkeit von Kindern geführt wird.

Literatur

Baumann, H. D. (1989): Horror. Die Lust am Grauen. Weinheim/Basel.

Deries, J. (1975): Geißel und Rute. Körperstrafen und ihre Anwendung. München.

Dobrick (1914-15): Die Kinogefahr. In: Die Irrenpflege 18, 14, S. 91-100.

Dörner, D. (1975): Bürger und Irre. Zur Sozialgeschichte und Wissenschaftssoziologie der Psychiatrie. Frankfurt.

Hachmeister, L. (1994): Das Programm ist das Programm. Mentalitäten und Stereotype im medienpolitischen Feld. In: Monkenbusch, H. v. (Hg.): Fernsehen: Medien, Macht und Märkte. Reinbek, S. 38-62.

Lenzen, D. (1985): Mythologie der Kindheit. Die Verewigung des Kindlichen in der Erwachsenenkultur. Versteckte Bilder und vergessene Geschichten. Reinbek.

Ruhl, K.-J. (Hg.) (1984): Deutschland 1945. Alltag zwischen Krieg und Frieden. Darmstadt/Neuwied.

Thomsen, C. W./Fischer, J. M. (Hg.) (1980): Phantastik in Literatur und Kunst. Darmstadt.

Wulff, H. J. (1985): Die Erzählung der Gewalt. Untersuchungen zu den Konventionen der Darstellung gewalttätiger Interaktionen. Münster, 2. Aufl. 1990.

Wulff, H. J. (1995): Von Opfern und Helden. Essay über Wirklichkeitsfernsehen. In: Montage/AV 4, 1, 1995 (im Druck).

Inhalt: Gewalt
Ein Fazit der Erforschung "gewaltiger" Medieninhalte

Eva Schabedoth

Läßt man die hier versammelten Beiträge seriöser Forschung zum Thema Gewalt und Medien kritisch Revue passieren, so bietet sich keineswegs das in der Öffentlichkeit immer wieder gezeichnete Bild einer von widersprüchlichen Erklärungsmodellen und entsprechend disparaten Befunden geprägten Wissenschaftsdiziplin. Dieser Eindruck kommt vor allem dadurch zustande, daß innerhalb der öffentlichen Diskussion bestimmte Verwertungsinteressen den Blick einseitig auf einfache Erklärungsmodelle lenkten, obgleich die Komplexität des Forschungsgegenstands ein vielschichtiges und differenziertes Herangehen erfordert. Den Medieneinfluß relativierende, ihn dabei aber auch gleichzeitig hinsichtlich seines Charakters präzisierende "Je nachdem"- Ergebnisse sorgfältig angelegter Studien werden dabei vor dem Hintergrund kausallogisch-deterministischer Zusammenhangsvermutungen als beliebig oder widersprüchlich mißinterpretiert. Zusätzlich befördert wird dies noch durch ein mangelndes Bewußtsein für die jeweilige Reichweite empirisch ermittelter Daten, genauer: für die Tatsache, daß aus den nicht immer identischen Erklärungszielen empirischer Gewaltstudien entsprechend unterschiedliche Prämissen, Hypothesen, Operationalisierungen, methodische Vorgehensweisen und damit Ergebnisse folgen.

Vor dem Hintergrund methodologischer Unkenntnis muß auch die Kontroverse um die angebliche Leichenzählerei in Inhaltsanalysen gesehen werden. Solange die den Codierungen jeweils zugrundeliegende Definition von Gewalt als auch die Untersuchungseinheit offengelegt werden, ist nachprüfbar, auf welchen inhaltlichen Teilaspekt des in Frage stehenden medialen Angebots sich die Untersuchung beziehen soll. Geht es also, wie in den meisten dieser Inhaltsanalysen, einzig um die Feststellung der *Quantität von* (intentionalen und/oder nicht-intentionalen) *Gewaltakten* in Medienangeboten, kann es in der Diskussion nur um die Frage gehen, ob die verwendeten Kategorien plausibel, trennscharf und erschöpfend genug sind, um das angestrebte Ziel der Untersuchung zu erreichen. In der Praxis werden Ergebnisse solcher Untersuchungen jedoch häufig im Kontext von Wirkungsannahmen interpretiert, und zwar auf zweierlei Weise. Zum einen scheint zumindest in der Laienöffentlichkeit der Irrglaube unausrottbar, man könne von Inhaltscharakteristika bereits auf deren Wirkung schließen. Auf der Grundlage dieser Annahme wird aus entsprechenden Inhaltsanalysen im allgemeinen ohne viel Federlesens gefolgert, daß ein Medienangebot umso gefährlicher sei, je mehr Gewaltakte es enthielte, selbst wenn, wie es meistens geschieht, die Verfasser der Studien auf die Unzulässigkeit solcher Schlußfolgerungen hinweisen. Doch auch der methodenkritische Einwand gegenüber dieser Art von Inhaltsanalysen, quantitative Erhebungen einzelner, aus dem Zusammenhang gerissener inhaltlicher Merkmale könnten das entsprechende Kommunikat nicht adäquat abbilden, weist deutlich über deren Grenzen hinaus. Er stellt implizit die Frage nach der *Relevanz* der erhobenen Inhaltscharakteristika *hinsichtlich möglicher Wirkungen* auf Rezipienten. Dies ist in bezug auf Inhaltsanalysen, deren Aufgabe die Bestimmung der quantitativen Verteilung eines bestimmten Merkmals im Medienangebot ist, eine unsinnige Debatte. "Den Medieninhalt adäquat abbilden" heißt in der empirischen Kommunikationsforschung seit Berelson, die im Hinblick auf ein bestimmtes Erkenntnisziel relevanten Kommunikatmerkmale (vgl. Berelson 1952) systematisch zu erfassen und zu beschreiben. Auf dieses eingeschränkte Ziel beziehen sich auch die Validitäts- und Reliabilitätsmessungen innerhalb der Methode der Inhaltsanalyse.

Abgesehen also vom Nachweis methodologischer Regelverletzungen im Einzelfall, kann eine Kritik an der bisherigen Praxis der Inhaltsanalyse innerhalb der Gewaltforschung sinnvoll nur an der grundsätzliche Frage nach dem Erkenntniswert solcher vornehmlich quantitativer Messungen einzelner Merkmale ansetzen. Anders ausgedrückt: Welchen Wert haben *Inhaltsanalysen*, die im Medienangebot Gewaltakte zu quantifizieren suchen, *außerhalb des Kontextes von Wirkungsstudien*? Warum sollte es etwa interessieren, wieviele Morde pro Sekunde Sendezeit vorkommen, wenn daraus nichts im Hinblick auf mögliche Wirkungen auf Rezipienten abgeleitet werden kann und soll?

Ein gängiges Pro-Argument lautet, daß durch die Erstellung von sog. "Violence Profiles" der Medien erstens eine strukturelle Beschreibung des jeweiligen Ist-Zustandes der Gewalthaltigkeit von Medienangeboten und zweitens, eine regelmäßige Wiederholung vorausgesetzt, die diachronische Analyse dieses Gewaltanteils ermöglicht würde. Aus beidem ließen sich medienpolitisch und programmstrukturell wichtige Erkenntnisse gewinnen. Von einer Verwirklichung einer solchen Absicht ist bislang allerdings in Deutschland wenig zu erkennen. Im Gegenteil verhindert die bisherige Praxis nicht aufeinanderbezogener Adhoc-Inhaltsanalysen mit entsprechend wenig vergleichbaren Stichprobenziehungen und Operationalisierungen des Gewaltbegriffs weiterhin genau dies.[1] Zudem läßt sich gerade unter dem Stichwort "Violence Profiles" die Notwendigkeit von "angebotsstrukturellen" Inhaltsanalysen nur schwer begründen. Zumindest die Erhebungskategorien der "Violence Profiles" Gerbnerscher Prägung, auf die sich im Zusammenhang damit wohl bezogen werden soll, sind alles andere als ohne Bezug auf mögliche individuelle oder gesellschaftliche Auswirkungen derselben definiert. Ihnen liegt vielmehr explizit die (Wirkungs-) Annahme zugrunde, daß Medieninhalte, speziell die fiktionalen Angebote des Fernsehens, ein bestimmtes, gegenüber der Wirklichkeit gesellschaftlicher Tatbestände verzerrtes Bild vermitteln, mit entsprechend negativen Konsequenzen zumindest für die Vielnutzer des betreffen-

1 Abgesehen davon: Daß Gewaltdarstellungen *quantitativ* zugenommen haben, kann dabei auch ohne entsprechende Daten allein aus der Tatsache der Programmvermehrung seit Einführung des Dualen Systems gefolgert werden. Und zur Beantwortung der Frage, ob die Darstellung von Gewalt in den Medien tatsächlich auch *qualitativ* eine andere Dimension angenommen hat, wie in diesem Zusammenhang zusätzlich behauptet wird, bedarf es dann doch weitaus differenzierterer Inhaltsanalysen als bisher.

den Mediums. Die "Violence Profiles" dienen im Gesamtzusammenhang der Kultivierungsforschung deshalb vor allem dazu, Bezugsgrößen für nachfolgende Rezipientenbefragungen zu liefern. Der in fiktionalen Angeboten vorgefundene, von der Realität in systematischer Weise abweichende Anteil bestimmter gesellschaftlicher Randgruppen an Tätern und Opfern etwa ist dabei nicht *per se* ein bedeutungsvolles Datum, sondern geht als Antwortvorgabe ("Fernsehantwort") einer entsprechenden Frage in standardisierte Rezipientenbefragungen ein. Trotz aller grundsätzlicher Kritik (vgl. z.B. die Kontroverse Gerbner - Hirsch 1981) stellen die Studien des Kultivierungsansatzes deshalb ein geradezu exemplarisches Beispiel dafür da, auf welche Weise eine komplexe Fragestellung mit Hilfe eines "Methoden-Mix", hier: einem Ineinandergreifen von Inhaltsanalyse und Befragung, angegangen werden kann.

Analysen der Angebotsstruktur dienen im allgemeinen dem Zweck, die Erfüllung normativer Vorgaben in bezug auf bestimmte Programmformen oder -elemente zu überprüfen. In diesen Fällen spielt bei der Kategorisierung der medialen Angebote zu Recht keine Rolle, was die betreffenden Sendungsgattungen in den Augen der Rezipienten darstellen und welchen Inhalt sie transportieren. So läßt sich etwa das Unterhaltungsangebot eines Fernsehsenders etwa mit Hilfe der Bestimmung "fiktional", und innerhalb dieser Kategorie auf Grund der jeweiligen Erscheinungsform in Spielfilme, Serien, Shows etc., *formal* grob von nichtfiktionalen Elementen trennen und quantifizieren.[2] Doch "Gewalt" ist kein Strukturmerkmal wie Unterhaltung, Information oder Werbung, sondern ein potentielles, sowohl inhaltlich-thematisch als auch formal-darstellerisch zu definierendes Merkmal *aller* Programmangebote. Die grundsätzlich doppelte Kontextbezogenheit jeder medial vermittelten Gewalthandlung[3] macht es dabei nötig, unterschiedliche Definitionen mindestens für fiktionale und nicht-fiktionale Programmangebote zu entwickeln; vergleichende Aussagen über den Gewaltanteil verschiedener Programmformen sind dann nur noch schwer möglich.

Bei aller Betonung des angebotsstrukturellen Charakters bisheriger Inhaltsanalysen zur Gewaltthematik sollte nicht übersehen werden, daß diese ausschließlich im Rahmen einer Forschung von Interesse sind, bei der es um die Frage der potentiellen Gefährlichkeit gewalthaltiger Medienangebote für die Verfassung der Gesellschaft als Ganzes *und* um mögliche individuelle Auswirkungen, sei es auch nur für spezielle Rezipientengruppen wie etwa Kinder, geht. Und das bedeutet, daß der zur Diskussion stehende mediale Input in seiner ganzen Komplexität erfaßt werden muß, um Aneignungsformen und Verarbeitungsweisen der Rezipienten nicht nur adäquat beschreiben, sondern auch erklären und verstehen zu können. Bei den weitreichenden Konsequenzen, die ein Nachweis schädlicher Auswirkun-

2 Die Grenzen einer rein formalen Klassifikationen sind jedoch schnell erreicht bei Genrezuordnungen und unklaren Mischformen, wie sie etwa Reality TV-Shows und morgendliche Infotainment-Sendungen darstellen. Strenggenommen ist auch der Begriff "fiktional" bereits eine inhaltliche Bestimmung.

3 Inhaltliche Ebene: beispielsweise die Unterscheidung von intentionalen oder nicht-intentionalen Gewaltakten; und formal-darstellerische Ebene: Gewaltakte als Dokumentation, Gewalt in Zeitlupe etc.

gen potentiell haben könnte, ist dabei größte Sorgfalt angebracht. Die Frage bleibt also: Welchen, wenn überhaupt relevanten Ausschnitt medial vermittelter Wirklichkeit bilden die primär auf die quantitative Erfassung bestimmter, zumeist aus dem Kontext gelöster Gewalthandlungen ausgerichtete Inhaltsanalysen in diesem Zusammenhang ab?[4] Zunächst einmal scheint die Kategorienbildung hauptsächlich von der Vorstellung geleitet, daß aus einem quantitativen Mehr einer bestimmten, in dem betreffenden Zusammenhang als besonders signifikant erachteten, inhaltlichen Eigenschaft ein Mehr an potentieller Gefährlichkeit für Rezipienten folgt. Die meisten bisherigen Inhaltsanalysen fußen mindestens implizit auf der quantifizierende Annahme eines "Je, desto"-Verhältnisses. Ob und unter welchen Randbedingungen es solche kumulativen Effekte gibt, könnten allerdings nur Längsschnittstudien zeigen: Wie das Beispiel Gerbner gezeigt hat, erbringt die in Querschnittsuntersuchungen übliche Operationalisierung des Langzeiteffekts mit Hilfe der "Vielseher"-Variable allenfalls widersprüchliche Ergebnisse (vgl. die Kontroverse Gerbner/Hirsch 1981).

Innerhalb der Wirkungsforschung herrscht mittlerweile Konsens, Medienrezeption als einen aktiv bedeutungsgenerierenden Prozeß aufzufassen, als Spezialfall sozialen Handelns, in welchem eine Vielzahl situativ bedingter, sozio-kultureller und individuell lebensgeschichtlicher Anforderungen, Erfahrungen und Bedürfnisse in der Wahrnehmung und Interpretation von Medieninhalten zusammenspielen. Das gilt es nicht nur im Zusammenhang einer einzelnen konkreten Rezeptionssituation zu beachten, sondern gerade auch in Längsschnittuntersuchungen, denn mit der Veränderung der Lebenssituation eines Rezipienten ändern sich nicht nur wesentliche soziodemographische Randbedingungen der Medienrezeption, sondern in Abhängigkeit davon vor allem die Bedeutsamkeit bestimmter Medieninhalte. Daraus folgt, jedenfalls diesseits radikal-konstruktivistischer Positionen, nicht die alleinige Herrschaft des Rezipienten über die Medieninhalte, - was Inhaltsanalysen überflüssig machen würde -, sondern vor allem neue, hohe Ansprüche an die Erfassung von Struktur, Form und Inhalt audiovisueller Massenmedienprodukte.[5] Das bislang verwendete inhaltsanalytische Instrumentarium

---

4 Wozu sie *benutzt* werden können, sah man unlängst anhand der Debatte um zwei, zu unterschiedlichen Ergebnissen gelangten Inhaltsanalysen zum Gewaltanteil in Fernsehprogrammen (Groebel/Gleich 1993; Merten 1993): zu PR-Zwecken der als jeweilige Auftraggeber firmierenden Sender. Damit wurden auch die einer Parteinahme unverdächtigen beteiligten Wissenschaftler unversehens Opfer einer Instrumentalisierung, die eher am Rande nur die Aufklärung eines gesellschaftlich bedeutsamen Sachverhalts zum Ziel hatte.

5 Die bislang wenig differenziert betriebene Erhebung von Gewaltdarstellungen könnte man mit der zunächst plausibel erscheinenden These verteidigen, daß sich hinter jedem manifesten Gewaltakt immer auch andere, subtilere verbergen, diese deshalb immer implizit mitgemessen werden. Mit anderen Worten: Die Anzahl der Morde etwa habe Indikatorfunktion für die Gesamtgewalthaltigkeit eines Medienangebots, ähnlich wie bestimmte chemische Leitsubstanzen in der Praxis der Schadstoffmessung die gleichzeitige Anwesenheit weiterer schädlicher Substanzen signalisieren. Doch während in letzteren Fall die Korrelation des Auftretens dieser Substanzen zuvor in langen Testuntersuchungen statistisch signifikant nachgewiesen wurde, ist die Annahme einer Indikatorfunktion von manifesten Gewaltakten bislang rein hypothetisch, mithin eher ein weiteres Argument *für* differenzierte Inhaltsanalysen.

eignet sich dafür nur wenig, und das gehört m. E. zu den größten Defiziten der Gewaltforschung. Selbst im Bereich der allgemein weniger zur quantifizierenden Verallgemeinerung neigenden experimentell orientierten Medienforschung werden komplexe Inhalte zu "Stimuli" vereinfacht, wie sie in realen Rezeptionssituationen niemals vorkommen. Mag das auch für bestimmte reduzierte Fragestellungen seine Berechtigung haben: Es sind nicht einzelne Stimuli, auf die real existierende Rezipienten in konkreten Rezeptionssituationen treffen, sondern vielschichtige, im Wortsinn mehrdeutige Kommunikate. Erst vor dem Hintergrund eines möglichst differenziert erfaßten medialen Angebots an Interpretationsfolien, Deutungsmustern und Themenkonstruktionen aber werden Zuwendungsmotivation und damit Bedeutungszuweisungen der Rezipienten erkennbar, medieninduzierte Effekte von anderen unterscheidbar.

Insgesamt fehlt es der empirischen Kommunikationsforschung immer noch an Erfahrung auf dem Gebiet der Analyse audiovisueller Medienangebote, vor allem, wenn diese aus dem Bereich fiktionaler Unterhaltung stammen. Forschungsansätze wie etwa die Kultivierungsthese können nicht darüber hinwegtäuschen, daß der Hauptgegenstand dieser Diziplin nach wie vor Fragestellungen aus der politischen Massenkommunikation sind, Denkweise und methodisches Instrumentarium dementsprechend vor allem aus der Beschäftigung mit hoch formalisierten und standardisierten Medienangeboten wie Nachrichten resultieren. Die neuerdings zunehmende Einbeziehung kognitionspsychologischer Befunde auf der einen und filmwissenschafticher Theorieangebote sowie allgemein kulturtheoretischer Ansätze auf der anderen Seite verspricht dabei im Rahmen der Gewaltforschung eine positive Weiterentwicklung.

Literatur

Berelson, B (1952): Content Analysis in Communication Research. Glencoe, Ill.

Gerbner, G. u.a. (1981): Die angsterregende Welt des Vielsehers. In: Fernsehen und Bildung, S. 16-42.

Groebel, J./Gleich, U. (1993): Gewaltprofil des deutschen Fernsehprogramms. Eine Analsyse des Angebots privater und öffentlich-rechtlicher Sender. Opladen.

Hirsch, P. (1981): Die "angsterregende Welt" des Nichtsehers und andere Unstimmigkeiten. In: Fernsehen und Bildung, S. 43-63.

Merten, K. (Comdat-Institut) (1993): Darstellung von Gewalt im Fernsehen. Programmanalyse 20. 3. - 3. 4. 93. Untersuchung im Auftrag von RTL (unveröff. Manuskript).

Grundlagen und Perspektiven der Gewalt-in-den-Medien-Forschung

Mike Friedrichsen

Das vorliegende Buch wird die Diskussion über die Wirkung von Gewaltdarstellungen in den Medien nicht beenden können. Ganz im Gegenteil, die Autoren haben neue Ergebnisse und Zusammenhänge präsentiert, die den Blickwinkel des Problemfeldes erweitern sollten. Insbesondere die unterschiedliche Herangehensweise an die Thematik verdeutlicht, wie umfangreich und interdisziplinär das Feld der Gewalt-in-den-Medien-Forschung angelegt ist. Gerade das scheint jedoch eines der Hauptprobleme in diesem Forschungsbereich zu sein. Vor lauter Ergebnissen und Behauptungen verliert der an der Thematik Interessierte schnell den Überblick, eine Struktur scheint nicht vorhanden zu sein. Psychologen, Soziologen, Kommunikationswissenschaftler, Politologen und Erziehungswissenschaftler beschäftigen sich zumeist autonom mit dem Problem Medien und Gewalt. Deshalb ist es zur Zeit nicht schwer zu prognostizieren, daß die Diskussion über Gewalt in den Medien - insbesondere bezogen auf das Fernsehen - auch weiterhin in der Öffentlichkeit geführt werden wird. Als jüngste Beispiele für die Bedeutung des Themas lassen sich die Einführung eines runden Tisches gegen ständige Gewalt im Fernsehen durch die Bundesregierung sowie die Einführung einer Freiwilligen Selbstkontrolle Fernsehen (FSF) durch die privaten Fernsehanbieter anführen. Daher sind gerade die Wissenschaftler gefordert, für eine solide Plattform dieser Auseinandersetzung zu sorgen. Keine wissenschaftlichen Schnellschlüsse oder medienwirksame Statements sind notwendig, vielmehr sollten möglichst empirisch gesicherte Erkenntnisse auf gut gebettetem theoretischen Fundament zur Versachlichung und vielleicht sogar zur Lösung des Problems "Gewaltdarstellungen in den Medien" beitragen.

Von welchen gesicherten Erkenntnissen kann nun ausgegangen werden? Und lassen sich (theoretische) Perspektiven der Gewalt-in-den-Medien-Forschung, insbesondere aus der Sicht der Kommunikations- und Medienforschung, aufzeigen? Aufbauend auf die bereits in den vorangegangenen Beiträgen geleisteten Antworten sollen mit diesem abschließenden Beitrag die konkreten Probleme dieses Forschungsbereiches zusammengefaßt werden.

1 Gesicherte Erkenntnisse zur Wirkung von Mediengewalt

Zunächst ist es unbestritten, daß es einen relativ hohen Anteil an Gewaltdarstellungen in den Medien - dabei ist vor allem das Fernsehen gemeint - gibt (vgl. in diesem Band: Kübler; Gleich; Friedrichsen/Jenzowsky). Die Studien von Groebel/Gleich (1993) und Merten (1993) liefern dafür - differenziert nach Sendern - eindrucksvolle Belege. Allerdings sind damit keine Aussagen über Wirkungen möglich, denn zwischen der in gängigen Inhaltsanalysen festgestellten Quantität der Gewaltakte und der von Zuschauern wahrgenommenen Violenz besteht kein konsistenter Zusammenhang (Kunczik 1993a, S. 22; in diesem Band: Schabedoth). Vom Ausmaß der festgestellten Gewalt kann nicht auf Wirkungen geschlossen werden. Insgesamt wird jedoch gerade im Zusammenhang mit fiktiven Gewaltdarstellungen im Fernsehen Gewalt häufig als normale, alltägliche Verhaltensstrategie gezeigt. Es werden Handlungsmodelle angeboten, die demonstrieren, wie mit Hilfe illegitimer Mittel (Gewalt) als legitim anerkannte Ziele (Wohlstand, Macht, Prestige, Gerechtigkeit) erreicht werden. Somit kann nicht bestritten werden, daß es vereinzelt zu Nachahmungstaten kommen kann. Seit Goethes jungem Werther werden solche Nachahmungseffekte diskutiert. Beispielsweise legten sich vor wenigen Jahren in den USA Kinder nachts auf den Mittelstreifen von Landstraßen, weil dies in einem Disney-Film als Mutprobe demonstriert wurde. Der Film wurde kurz darauf von Disney eingezogen, und die Szene wurde entfernt. An dieser Stelle stellt sich zu Recht die Frage, ob der Film tatsächlich alleiniger Auslöser der Nachahmungstat war (vgl. in diesem Band: Brosius/Esser). Dies kann insofern verneint werden, weil in der sozialwissenschaftlichen Forschung kaum monokausale Annahmen getroffen werden. Es müssen bei den Erklärungsversuchen zur Wirkung von medialen Gewaltdarstellungen weitere Einflußfaktoren - z.B. Elternhaus, Schule etc. - berücksichtigt werden. Dazu gehören nicht zuletzt auch die gesellschaftlichen Rahmenbedingungen (vgl. in diesem Band: Mansel; Schulz; Kübler; Vollbrecht).

Als weitere Wirkungen von Gewalt neben der Nachahmung werden auch Abstumpfung, Tolerierung von Gewalttaten und schließlich die Gewaltanwendung selbst diskutiert. Relativ eindeutig ist die Forschungslage im Zusammenhang mit der Katharsisthese. Eine durch das Ansehen gewalthaltiger Medieninhalte bewirkte Aggressionsminderung aufgrund des Abfließens des Aggressionstriebs gibt es offensichtlich nicht. Allerdings sei an dieser Stelle auf eine neue - bisher nicht veröffentlichte - Studie von Grimm (1995) hingewiesen, der zu dem Ergebnis kommt, daß violente Medieninhalte auf den Rezipienten infolge von "Einfühlungsstreß" umso aggressionshemmender wirken, als sie Folgen von Gewalthandlungen realistisch zeigt und nicht spielerisch verharmlost. Demnach liegt die Identifizierung mit dem Opfer näher als die Übernahme von gewalttätigen Handlungen. Im Mittelpunkt dieser Studie steht der Vergleich zwischen Spielfilm- und Nachrichtengewalt. Entsprechend der Unterscheidung zwischen "fiktiver" und "realer" Gewalt stellte Grimm fest, daß grausame Bilder umso aggressionshemmender auf das Zuschauerverhalten wirken, je dichter sie an der Realität sind. Ein weiteres zentrales Ergebnis seiner Studie liegt in der Erkenntnis, daß Gewaltdarstellungen umso abschreckender wirken, je näher sie an die Realität heranrücken. Diese Studie ist deshalb so interessant, weil sie in der gegenwärtigen Gewaltdebatte völlig aus dem Rahmen fällt. Besonders diskussionswürdig ist Grimms Aussage, daß Gewalt nur dann - wenn überhaupt - problematisch werde, wenn sie nicht oder nur unrealistisch gezeigt werde. Allerdings sei an dieser Stelle darauf hingewiesen, daß Grimm neben kurzfristiger Aggressionshemmung langfristig die Zunahme sogenannter antisozialer Tendenzen bei den Probanden feststellte.

Weniger eindeutig ist die Forschungslage im Zusammenhang mit der Habitualisierungsthese, wonach durch den ständigen Konsum von Fernsehgewalt die Sensibilität gegenüber realer Gewalt abnimmt und diese schließlich als normales Alltagsverhalten angesehen wird. Ursächlich dafür sind vor allem widersprüchliche Forschungsergebnisse und Validitätsprobleme innerhalb der jeweiligen Untersuchung. Aber es soll an dieser Stelle nicht bezweifelt werden, daß Gewaltdarstellungen in den Medien unter bestimmten Bedingungen die Wahrscheinlichkeit des Auftretens von Gewalt erhöhen (Stimulationsthese).

Die höchste Akzeptanz zur Erklärung der Wirkung von violenten Medieninhalten genießt zur Zeit die von Bandura (1973) entwickelte kognitive Lerntheorie (vgl. in diesem Band: Kunczik). Dabei wird davon ausgegangen, daß Handeln durch Denken kontrolliert wird, daß verschiedene Merkmalskombinationen von identischen Modellen übernehmen und sich auch zu je neuen Verhaltensweisen kombinieren können. Grundsätzlich gilt für das Erlernen von Aggression, daß neben der Persönlichkeitsstruktur zunächst die unmittelbar familiale Umwelt sowie die Subkultur bzw. die Gesellschaft, in der man lebt, die Quellen sind, aus denen aggressives Verhalten erlernt wird. Erst an dritter Stelle treten dann die massenmedial angebotenen symbolischen aggressiven Modelle hinzu (Kunczik 1993a, S. 23).

Gewaltdarstellungen haben somit auf die große Mehrheit der Rezipienten offenbar keine oder nur schwache Effekte, aber bei bestimmten Problemgruppen können womöglich starke Wirkungen auftreten (vgl. Kunczik/Bleh/Maritzen 1993).

Insgesamt kann resümiert werden, daß direkte Wirkungen von medialen Gewaltdarstellungen nur in Einzelfällen zu belegen sind. Indirekte Wirkungen können durch

- Abstumpfung gegenüber der Alltagsgewalt,
- Akzeptanz von Gewalt als "normale" Konfliktlösung,
- Veränderung der Weltsicht (Gewalt ist "menschlich") und
- durch ein angstbesetztes Weltbild (vgl. u.a. Gerbner 1981)

erklärt werden. Die Erkenntnisse der bisherigen Forschung über die Wirkungen von violenten Medieninhalten lassen sich an dieser Stelle wie folgt zusammenfassen:

- Gewaltdarstellungen in den Medien tragen nicht zum Abbau von Aggressionen bei (einziger Widerspruch zur Zeit: Grimm 1995).
- Die These der Wirkungslosigkeit violenter Medieninhalte - Mediengewalt zieht auf der individuellen Wirkungsebene keine reale Gewalt nach sich - wird kaum noch vertreten.
- Kriminelle oder aggressive Verhaltensweisen sind nicht zwangsläufig auf gewalthaltige Medieninhalte zurückzuführen.
- Die Verstärkung von bereits vorhandenen Einstellungen bzw. Aggressionen ist wahrscheinlicher als deren Induktion.

- Bei der Beurteilung von Medieninhalten und ihrer Wirkung auf den Rezipienten müssen soziale und gesellschaftliche Rahmenbedingungen berücksichtigt werden.
- Es muß unterschieden werden in kurz- und langfristige Medienwirkungen.
- Lebenswelten und Personenmerkmale der Rezipienten haben Einfluß auf die Zusammenhänge zwischen medialen Gewaltdarstellungen und Einstellungen bzw. Verhalten.
- Die Betrachtung der Gewaltinhalte reicht nicht aus, auch die Darstellungsformen müssen beachtet werden.

Auf Basis dieser Erkenntnisse kann prognostiziert werden, daß eine Verringerung der medialen Gewaltdarstellungen nicht zwangsläufig zu einer Lösung der Gewalttätigkeit in der Gesellschaft führen dürfte. Aber bei bestimmten Problemgruppen bzw. bestimmten Personen können massive negative Effekte von violenten Medieninhalten wissenschaftlich nachgewiesen werden. Hiebei bleibt die Frage zu klären, ob sie sich nicht andere "Gewaltvorlagen" besorgen würden, wenn sie Gewalt nicht in den Medien finden würden.

2 Entwicklung der für die Gewalt-in-den-Medien-Forschung relevanten Forschungsansätze

Trotz des Wissens um die genannten Erkenntnisse wird vor allem dem Medium Fernsehen immer wieder eine signifikante Bedeutung für eine steigende Gewaltbereitschaft bzw. -toleranz in der Gesellschaft zugesprochen. Wie stark diese Wirkung jedoch wirklich ist, konnte bisher nicht befriedigend erforscht werden (Kunczik 1993b). Die Neuorientierungen innerhalb der Medienwirkungsforschung könnten aber schon in absehbarer Zukunft gerade im Zusammenhang mit der Gewalt-in-den-Medien-Debatte zur Verbesserung des Forschungsstandes beitragen. Seit Anfang der 80er Jahre ist ein Wandel der Forschungsparadigmen zu beobachten (Riechers 1995). Dabei wird zunehmend postuliert, daß Medienwirkung nur in Wechselbeziehung mit individueller Disposition, sozialem Umfeld, situationalem und normativem Kontext definiert werden kann (Sturm 1982; Groebel 1988; Renckstorf 1989; Vorderer 1992; Rogge 1993). Während beim traditionellen Wirkungsansatz das Medium und die Stimuli im Vordergrund standen, wird nun das Publikum und deren Auseinandersetzung mit den Medienbotschaften betrachtet. Aus einem medien-zentrierten Modell entwickelte sich ein publikumszentriertes Modell (Renckstorf 1977, 1989; Vorderer 1992). In zahlreichen Studien konnte nachgewiesen werden, daß der Rezipient nicht passiv und reaktiv in seinem Umgang mit Medienbotschaften ist, sondern die Mediennutzung in ein subjektmodelltheoretisches Konzept integriert und die Medienbotschaften in diesem Zusammenhang interpretiert (vgl. Renckstorf 1977; Renckstorf/Teichert 1984; Kübler 1989). Daraus entwickelte sich die Perspektive, den Rezipienten als ein aktives, selektives und die rezipierten Medieninhalte bewertendes Subjekt zu begreifen, der die Medieninhalte produktiv kognitiv verarbeitet (vgl. Renckstorf 1977; Vorderer 1992; in diesem Band: Hasebrink).

2.1 Der Uses-and-Gratifications-Ansatz

Die theoretische Neuorientierung mündete zunächst in dem sogenannten *uses-and-gratifications-approach*. Die Grundannahme dieses Ansatzes beruht auf der Vorstellung eines aktiven und selbstbestimmt handelnden Zuschauers. Medienwirkungen sind demnach von den Erwartungen und Bedürfnissen der Rezipienten bei der Zuwendung zu bestimmten Medieninhalten abhängig (vgl. Palmgreen 1984; Renckstorf/Teichert 1984; Schönbach 1989; Kübler 1989; Vorderer 1992). Das Medium besitzt für den Rezipienten somit eine funktionale Bedeutung. Die Rezipientenbedürfnisse und deren Befriedigung (Gratifikation) werden durch den Kommunikator sichergestellt.

Allerdings wurde in Studien zu diesem Ansatz festgestellt, daß Fernsehen keineswegs immer aktiv und bedürfnisorientiert genutzt wird. Die habitualisierte, passive Rezeption spielt für die Rezipienten eine (mindestens) genau so große Rolle wie die aktive und selektive Rezeption (vgl. Kübler 1989; Vorderer 1992).

Ein weiteres theoretisches Problem liegt in der den Medieninhalten zugesprochenen Funktion. Gegen die Vorstellung einer rein pragmatischen Bedürfnis-orientierung spricht jedoch, daß bereits die Fernsehrezeption an sich - unabhängig vom konkreten Inhalt und dem Nutzen, den der Rezipient daraus zieht - Bedeutung für den Zuschauer erlangt (Grunig 1979). Die Fernsehrezeption kann einen mit einem Gespräch vergleichbaren Stellenwert einnehmen und ist somit als eine Form sozialen Handelns, wenn auch nur als eine Sonderform, zu verstehen. Groebel (1989) stellte zu dieser Form des Erlebens durch Medien unter Berücksichtigung der Motivationen zur Medienrezeption fest:

> "Medienerlebnisse werden gesucht, weil sie leichter herzustellen sind als vergleichbare reale Situationen, weil sie [...] eine höhere Intensität und Dichte haben können und nicht zuletzt, weil sie "risikoloser" sind."

Diese Form der *para-sozialen Interaktion* (vgl. Teichert 1973; Renckstorf 1989), die dem Zuschauer Muster der Identifikation und - auf affektiver Ebene - Gefühlsbefriedigungen bietet, die im Alltag sonst nicht erreicht werden können, bzw. vom Zuschauer aufgrund der Vermeidung negativer Nebenerscheinungen (z.B. Angst und Unsicherheit) auch nicht erreicht werden wollen, implizieren ein Verhalten des Rezipienten, das aufgrund seiner Strukturen *handlungstheoretisch orientiert* ist (vgl. Teichert 1973; Sturm 1982; Charlton/Neumann 1988; Renckstorf 1989; Vorderer 1992; Riechers 1995). Mit der para-sozialen Medienrezeption ist für den Rezipienten das Fehlen einer Handlungsrelevanz verbunden. Rezipienten können an sozialen Situationen partizipieren, ohne aufgrund der Interaktionssituation auf die Gegenseite in irgendeiner Form reagieren zu müssen. Auf dieser Ebene der indirekten Erfahrungen (vgl. Rogge 1988) können des weiteren auch aggressive, destruktive Persönlichkeitsinhalte ohne Furcht vor Sanktionen ausgelebt bzw.

durchlebt werden. Aufenanger (1994) bezeichnet die para-soziale Interaktion der Medienrezeption als "Sonderfall allgemeinen Handelns".

Die grundsätzlichen Schwächen des uses-and-gratification-Ansatzes liegen in der fehlenden Berücksichtigung

- der Bedeutungszuweisung hinsichtlich rezipierter Medieninformationen;
- der subjektiven Interpretationen durch die Rezipienten;
- des sozialen (Rezeptions-) Rahmens, der die Beweggründe für die Rezeption maßgeblich mitgestaltet.

Die Gesamtheit dieser Kritikpunkte verdeutlicht, daß der uses-and-gratifications-Ansatz, auch wenn er konsequent den aktiven Zuschauer postuliert, und somit einen großen Anteil an der veränderten wissenschaftlichen Betrachtung von Medienwirkungsprozessen hat, dem komplexen Zuschauerverhalten mit all seinen individuellen, sozialen, gesellschaftlichen und kontextuellen Zusammenhängen in nicht ausreichendem Maße gerecht werden kann (Vorderer 1992; Riechers 1995).

Kübler sieht zudem in der Methodik des uses-and gratifications-Ansatzes eine grundlegende Schwäche:

> "Da die (in der Regel standardisierten) Befragungen [...] nur die individuellen Konstruktionen der Probanden aufgreifen (können), bleiben auch sämtliche situativen, akzidentellen und interaktiv auftretenden Momente der Medienrezeption unberücksichtigt. Sie fallen in den alltäglichen Kontexten mehr oder weniger unbemerkt und/oder habitualisiert an [...]" (Kübler 1989, S.14).

Zweifellos ist es möglich, daß die Rezipienten in der Befragungssituation sozial erwünscht antworten, womit Küblers Argument bestätigt würde. Zudem ist es unrealistisch, davon auszugehen, daß die Rezipienten alle Bedürfnisse, oder besser Motivationen, die für die Bewertung und Interpretation von Gewaltdarstellungen von Bedeutung sind, verbalisieren können (Riechers 1995). Es bedarf unbestritten äußerst komplexer und differenzierter Forschungsdesigns, um diese Bedürfnisse und/oder Motivationen messen zu können. Doch gerade im Zusammenhang mit der Erforschung der Relevanz und möglicher Folgen von Gewaltdarstellungen sollte diese Perspektive intensiv weiterentwickelt werden.

2.2 Der handlungstheoretische Ansatz

Bereits Mitte der 70er Jahre etablierte sich in der Kommunikationsforschung die Ansicht, daß Mediennutzung unter dem Aspekt des allgemeinen sozialen Handelns analysiert werden kann (vgl. Teichert 1973; Renckstorf 1989; Charlton/Neumann 1988, 1989; Vorderer 1992; Aufenanger 1994). Demnach wird Medienrezeption als eine Situation sozialen Handelns verstanden und die Medien und ihre Botschaften sind in den sozialen Kontext der Rezipienten zu integrieren. Der Rezipient nutzt die Medien abhängig von seinem personalen, situativen und kontextuellen Zusammenhang und interpretiert sie des weiteren vor dem Hintergrund der ihm zur Verfügung stehenden Bedeutungsmuster (vgl. Teichert 1973; Renckstorf 1989; Sander/Vollbrecht 1989). Zu Recht wird jedoch von Bonfadelli (1981) ergänzt, daß Medienrezeption auch ein Bestandteil des alltäglichen Lebens ist und somit seinen Anteil an der Sozialisation des Individuums hat. Weiterhin werden nicht nur individuelle Aspekte, wie Motivationen, Kognitionen und Emotionen, sondern auch situative und gesellschaftliche Zusammenhänge als wichtige, die Medienwirkung mitbeeinflussende Komponenten, in dem Ansatz berücksichtigt. Hunziker (1988) stellt dazu fest:

> "*Der handlungstheoretische Ansatz* geht davon aus, daß soziales Handeln an einer subjektiven Sinngebung orientiert ist. Das Erkenntnisinteresse richtet sich darauf, diese Sinngebung, also die Handlungsmotivation, in ihrem sozialen Zusammenhang zu verstehen."

Mit anderen Worten lassen die Medieninhalte immer wieder andere bzw. neue Deutungen durch den Rezipienten zu. Es sei an dieser Stelle nochmals darauf hingewiesen, daß diese Reproduktion bzw. Einordnung sozialen Lebens abhängig von den jeweiligen Fähigkeiten des Subjekts zur Bedeutungszuweisung und weiteren Faktoren wie Situation, Kontext und Rezeptionsrahmen ist. Entsprechend verhält es sich mit der Interpretation und Einordnung von Medieninhalten, die durch den individuellen sozialen Rahmen konstruiert werden. Und genau dieser soziale Zusammenhang sollte bei der Untersuchung der Wirkungen von Gewaltdarstellungen nicht unberücksichtigt bleiben.

2.3 Der strukturanalytische Ansatz

Eine Weiterentwicklung der handlungstheoretischen Überlegungen stellt der Mitte der 80er Jahre entwickelte strukturanalytische Ansatz dar (vgl. Charlton/Neumann 1989; Aufenanger 1994). Allerdings lassen sich auch einige deutliche Unterschiede konstatieren. Grundsätzlich wird im Rahmen strukturanalytischer Ansätze versucht, durch die "... Analyse von Fallstrukturen jene Regeln zu verstehen [...], die Handlungen und Interaktion hervorrufen" (Aufenanger 1994). Es wird zwar von der Einzelfalluntersuchung ausgegangen, diese wird aber weitergehend "im zweiten Schritt die Regelhaftigkeit der in kontextfrei, formulierten allgemeiner Sprache, also Handlungsweise über viele Beobachtungssituationen hinweg prüfen" (Charlton/Neumann 1989). Diese Methodik, über die Einzelfallanalyse zu verallgemeinernden Aussagen zu gelangen, unterscheidet den strukturanalytischen Ansatz von den vorher genannten. Er stellt somit eine Fortentwicklung der oftmals zu allgemein gehaltenen Ansätze dar, wenngleich geprüft werden muß, durch welche Instrumentarien allgemeingültige Aussagen ermöglicht werden könnten.

Ein wichtiger Bestandteil des strukturanalytischen Ansatzes ist die Forderung - dies gilt auch für die handlungsstheoretisch-orientierten Ansätze - nach einem langfristigen Untersuchungszeitraum. Querschnittanalysen, womöglich noch solche mit Laborcharakter, sind dagegen Forscher weder den komplexen Forschungsfragen angemessen, noch lassen sich dadurch prozessuale Veränderungen deutlich machen.

Aufenanger (1994) beschreibt drei Bedeutungsebenen für die Medienrezeption, die dieser Ansatz analysiert:

- die Bedeutung der Medien für die Lebensbewältigung und zur Identitätsbildung und -wahrung unter dem Aspekt der Mediensozialisation;
- die Einbettung der Medienrezeption in einen situativen und kulturellen Kontext als den strukurellen Aspekt der Rezeption;
- die Auseinandersetzung des Rezipienten mit einem Medienangebot als der prozessuale Aspekt der Rezeption.

Bei der Betrachtung dieser Bedeutungsebenen wird deutlich, daß der strukturanalytische Ansatz den Forschungsanspruch unterschiedlicher Forschungsdisziplinen integriert (vgl. Riechers 1995). Dieser Anspruch läßt sich in den Arbeiten von Groebel, Kunczik und vielen anderen, die die interdisziplinäre Forschungsweise fordern, wiederfinden und erfährt durch den struktur-analytischen Ansatz eine theoretische Einbettung, die umfassend und Kommunikator-orientiert an die Problematik von Gewaltdarstellungen, deren Wahrnehmung und deren möglicher Auswirkungen herangeht.

3 Ansätze zur Medienrezeption und die Darstellung von Gewalt

Die oben erörterten Ansätze lassen sich in der Entwicklung der Ansätze zur Erforschung von Gewaltdarstellungen in den Massenmedien wiederfinden. Insbesondere die *klassischen* Theorien zur Medienwirkung von Gewalt spiegeln den Forschungsanspruch des Wirkungsansatzes wider. Er erstreckt sich auf die Untersuchung von singulären, kurzfristigen Effekten, die zudem oftmals aus Laborbedingungen hervorgingen. Weder wurden hierbei die die Rezeption "begleitenden" Umstände berücksichtigt, noch wurden die komplexen Voraussetzungen der Rezipienten miteinbezogen.

Die Veränderungen in der Vorstellung von Medienwirkung fanden ihren Niederschlag - natürlich - auch in der Erforschung von Gewaltdarstellungen. Dies beweist sich zum einen durch eine strukturiertere Betrachtung des Medieninhaltes, z.B. in Form der *funktionalen* Inhaltsanalyse und des weiteren durch den Einbezug des situativen, sozialen und gesellschaftlichen Rezeptionshintergrundes (vgl. Gunter 1985; Rogge 1993; Riechers 1995).

Der Rezipient, seine Umgebung, der Rezeptionskontext und auch das Medium entwickelten sich - synchron zu den veränderten Ansprüchen an die Medienforschung - zu komplexen, vielschichtigen Subjekten, denen, wie bereits erwähnt, durch die Zusammenfassung verschiedener Untersuchungsmethoden, die aus verschiedenen Forschungsdisziplinen zusammengefaßt wurden, Rechnung getragen wird. Der Rezipient ist der wichtigste Faktor bei der Erforschung von Gewaltdarstellungen geworden. Abhängig von der individuellen Konstellation, den sozialen Rollen- und Interaktionssets (vgl. Renckstorf 1989) wird das Medium mit seinen transportierten Inhalten betrachtet.

Die Motivationsforschung, genau wie die Erforschung emotionaler Vorgänge wie Angst, Unsicherheit, aber auch die Reizsuche und der "Spaß" an Gewalt (vgl.

hierzu die Sonderausgabe Fernsehen und Bildung 1978; Groebel 1982; Rogge 1988, Groebel 1989; Schorb/Anfang 1989; Bente/u.a. 1992) sind verstärkt Themen, die im Zusammenhang mit der Darstellung von Gewalt in den Medien auftreten.

Methodologisch betrachtet, drängen die dargestellten Ansätze nicht auf eine Vernachlässigung der insbesondere quantitativ erhobenen Ergebnisse, sondern sprechen vielmehr von der Notwendigkeit der Kombination quantitativer und qualitativer Erhebungsmethoden, da diese Kombination offenbar am ehesten zu adäquaten Ergebnissen führen kann. Verzerrungen, hervorgerufen durch sozial erwünschte Aussagen und solchen, die selbst in offenen Fragen nicht verbalisiert werden können, weist eindrücklich auf eine Kombination beider Untersuchungsinstrumentarien hin. In qualitativen Untersuchungen, wie z.B. Gruppendiskussionen, können Aspekte zutage treten, die der quantitativen Forschung verborgen blieben. Fragen der Validität und auch Reliabilität stellen sich allerdings bei der qualitativen Forschung ebenso wie bei der quantitativen (z.B. Verzerrung durch Interviewertechnik). Allein die große Erfahrung in der Anwendung quantitativ methodischer Instrumentarien sollte nicht dazu führen, die qualitative Forschung in ihrer Aussagefähigkeit geringer einzustufen.

Kritisch bemerkt werden muß, daß es noch viel zu wenig Langzeitstudien zur Gewalt-in-den-Medien-Debatte gibt. Da Gewaltdarstellungen jedoch nicht so massiv auf den Zuschauer wirken, daß man Ursache (hier Medienrezeption) und Wirkung (z.B. gesteigerte Aggression) und im Extremfall Delinquenz nachweisen könnte, sollte verstärkt auf Langzeitstudien gesetzt werden, um zumindest Wirkungen tendenzieller Natur nachweisen zu können.

3.1 Das Problem der Definition des Gewaltbegriffs

Medieninhalte werden erst durch die Bedeutungszuweisungen der Zuschauer zu einem komplexen, nicht generalisierbaren und interpretierbaren Inhalt. Ein wesentliches Defizit in der Forschung zu Gewalt-in-den-Medien ist das Fehlen einer einheitlichen Definition von Gewalt (vgl. in diesem Band: Kunczik; Gleich). Auch wenn zwischen einer normativen Definition und der jeweils subjektiven des Zuschauers Unterschiede bestehen, so ist doch eine Operationalisierung ohne eine Eingrenzung der zu untersuchenden Elemente nicht möglich, ohne daß die Aussagekraft der erzielten Ergebnisse darunter leidet.

Nach wie vor mangelt es oft an der Vergleichbarkeit von verschiedenen Studien zur Gewalt, da durch unterschiedlich verwendete Gewaltbegriffe oder -definitionen auch verschiedene Forschungsgegenstände untersucht werden (Schorb/Theunert 1982; Theunert 1987; in diesem Band: Friedrichsen/Jenzowsky). Ein einheitlicher und klar definierter oder formulierter Untersuchungsgegenstand liegt bisher nicht vor, anders als etwa in der Wahlforschung, wo der Akt des Wählens und die Motivation hierzu untersucht werden ("Wählen" läßt sich klar definieren als die Ausübung des aktiven Stimmrechts).

Gewalt wird hingegen oft nur in Tautologien ("gewalttätiges Handeln") oder aber mit sich widersprechenden Definitionen erklärt. An dieser Stelle soll nicht noch einmal über die Grenze diskutiert werden, an denen eine Normüberschreitung als Gewalt interpretiert wird, ein Hinweis auf die Diskussionen um den Gewaltbegriff in den verschiedenen Fachrichtungen soll genügen. Ein Problem dieses vagen Gewaltbegriffes stellt sich zudem in kommunikationswissenschaftlichen Studien immer wieder: Forscher halten sich zum Teil nicht an ihre eigenen Definitionen, halten sich manchmal überhaupt mit Definitionen zurück. So stellte Theunert in einer Literaturstudie fest,

> "daß nur in einem Viertel der zugrundegelegten Forschungsarbeiten Gewalt explizit definiert werden, aus einem weiteren Viertel sich Definitionen implizit ergeben, in aber 50% aller Forschungsarbeiten keine Definitionen des Gewaltbegriffes enthalten sind" (Theunert 1987, S. 22).

Auch in den Richtlinien für die Sendungen des "Zweiten Deutschen Fernsehens" (1992) und in den ARD-Richtlinien zur Sicherung des Jugendschutzes (1992) lassen sich keinerlei Verweise auf eine Definition von Gewalt finden. Die ARD verwendet Begriffe wie *psychische/physische* und *latente/reale* Gewalt (ARD 1993a, 1993b), ohne im Vorfeld darauf einzugehen, welche Sachverhalte mit diesen Begriffen verbunden werden. ARD und ZDF verweisen in einer gemeinsamen Stellungnahme zur Gewaltdarstellung in den Medien (1994) darauf, daß die "Formulierung eines verbindlichen Codes für Gewaltdarstellungen [...] relativ abstrakt ausfallen [muß]. Wo genau die Grenze der Tolerierbarkeit liegt, kann konkret nur von Fall zu Fall entschieden werden [...]. Mit dem bloßen Zählen von Mord- und Leichenszenen ist es hierbei jedoch nicht getan".

Unbestritten sollte sein, daß eine normative Definition von Gewalt der Zuschauerwahrnehmung nicht angemessen sein kann. Trotzdem hätten die Rundfunkanstalten - ausgehend vom wissenschaftlichen Verständnis von Gewalt - begründen müssen, welche der Komponenten in ihre Bewertung als gewalthaltig einfließen, und welche sie als nicht gewalthaltig betrachten. In ihrer Kurzfassung des Schlußgutachtens der Gewaltkommission stellen beispielsweise Schwind/Baumann/Schneider/Winter (1990) die Begrenzung des Gewaltbegriffs der Kommission dar. Ob diese Begrenzung des Gewaltbegriffs sinnvoll oder zu einschränkend ist, soll an dieser Stelle nicht diskutiert werden, doch zumindest begründet die Kommission ihre Vorstellung von Gewalt.

Es gibt gerade in letzter Zeit unzählige Vorschläge zur Definition von Gewalt, die aufzuzählen an dieser Stelle nicht möglich ist. Ihnen gemeinsam ist die Einsicht, daß es ohne transparente und empirisch umsetzbare Definitionen nur mühsam Fortschritte in der empirischen Forschung geben kann. Die Tatsache der vielen heterogenen Definitionen des Begriffes Gewalt - Bandura spricht von "... a stroll through the semantic jungle ..." (Bandura 1973; vgl. auch Groebel/Gleich 1993) - verdeutlicht nicht nur, daß es sich um einen sehr komplexen Bereich handelt, sondern daß, "...violence does not represent a unitary process or a single set of events or happenings with common antecedents or consequences" (Gunter 1985).

Die Übertragung der verschiedenen Komponenten von Gewalt auf die medialen Inhalte gestaltet sich äußerst schwierig. Es ist keine lineare, der Definition entsprechende Übertragung möglich. Der filmische Kontext, in welchen Gewalt eingebettet ist, übt Einfluß auf die spezifische Wahrnehmung und Interpretation des medialen Inhaltes aus. Normativ als Gewalt definierte Handlungen bzw. Szenen werden in veränderten Kontexten oftmals vom Zuschauer nicht als Gewalt eingeordnet.

Eine normative Verwendung des Gewaltbegriffs kann des weiteren zu Problemen führen, wie sie Gerbner (1977) bei der Erstellung seines Gewaltprofils deutlich wurden (vgl. Gunter 1985, 1994; Merten 1993). Für Gerbner bedeutete Gewalt, was "the overt expression of physical force against others or self, or the compelling of action against onels will on pain of being hurt..." zeigt (Gerbner 1977). Psychische Gewalt, wie Drohungen und Beleidigungen, wurden nicht erfaßt. Allerdings wird psychische Gewalt, z.B. in Form von verbalen Attacken oder Einschüchterung, sehr wohl vom Zuschauer wahrgenommen und als solche eingeordnet (vgl. Rogge 1993). Rogge stellte u.a. fest, daß 40% der Befragten - in diesem Fall Kinder - die Lindenstraße als "brutale Sendung" empfanden, weil man da "so viel streitet". Es fehlen somit Ansätze, die Verhalten in einem speziellen Kontext und situativem Bezug betrachten.

3.2 Die Wahrnehmung von Gewaltdarstellungen

Ein normativer Gewaltbegriff kann kaum auf Formen medialer Gewalt übertragen werden (vgl. Kunczik 1978). Eine solche "funktionale Produktanalyse" (Rogge 1993) wäre ein am Reiz-Reaktions-Schema verhaften bleiben und würde dem Zuschauerverhalten nicht gerecht. Aufgrund der Determinanten individuelle Disposition, soziales Umfeld, Rezeptionsumfeld und situativer Kontext führt die Rezeption jedesmal zu einer anderen Wahrnehmung, Einschätzung und Interpretation violenter Medieninhalte.

Inhaltsanalysen können hervorragend als Maßstab dafür gelten, in welchem Maße objektiv festgelegte Gewalt tatsächlich vom Zuschauer wahrgenommen werden kann. Es läßt sich zudem feststellen, wieviel Gewalt im jeweiligen Medium vorhanden ist. Auf Basis von Inhaltsanalysen können jedoch keine Aussagen über Effekte auf den Zuschauer erfolgen.

Zuschauer haben keine festgelegte Vorstellung von filmischer Gewalt (vgl. Altrogge/Amann 1991). Die Wahrnehmung und Einschätzung von Gewalt ist unter anderem auch vom filmischen Kontext abhängig. Dabei spielt das Genre in der Bewertung medialer Inhalte eine große Rolle. Vor allem ist die Realitätsnähe bzw. -ferne des gesamten Handlungszusammenhangs oder auch einzelner Szenen von Bedeutung (vgl. Diener/Woody 1981; Van der Voort 1986).

In mehreren Studien konnte festgestellt werden, daß Gewalt in Zeichentrickfilmen für den Rezipienten nicht den gleichen Stellenwert besitzt wie Gewalt in Fernsehserien oder -filmen (vgl. Gunter/Winstone 1993; Gunter 1994). Demnach gibt es bei den Rezipienten sehr unterschiedliche Bewertungs- und Interpretationsmuster. Dies trifft insbesondere auf die Differenzierung in *fiktionale* und *reale* Gewalt zu. Rogge (1993) fand heraus, daß Kinder das *fiktionale* Genre sogar bevorzugen, da aufgrund der Realitätsferne eine Übertragung auf die eigene Lebenswelt bzw. -situation nicht gegeben ist. Die Rezeption von Cartoons oder auch Sportsendungen wird demnach wegen der nicht möglichen Transformation auf die eigene Lebenssituation als weniger verunsichernd und angsteinflößend erlebt als beispielsweise Familienserien.

Beim Rezipienten existiert weder ein durchgängiger Gewaltbegriff, noch läßt sich Gewalt ohne kontextuellen und individuellen Bezug beschreiben. Ein Teil des individuellen Kontexbezuges ist die subjektive Deutung medialer Inhalte durch den Zuschauer (vgl. Altrogge/Amann 1991). Greift man auf subjektive Deutungsmuster zurück, so müssen außerdem die soziodemographischen Variablen berücksichtigt werden, da diese sich signifikant auf die Wahrnehmung und Einordnung von Medieninhalten auswirken (vgl. Wober 1992; Rogge 1993; Gunter/Winstone 1993; Luca 1993; Gunter 1994).

Eine wichtige Dichotomie bei der Bedeutungszuweisung medialer Inhalte innerhalb des filmischen Kontextes ist die Unterscheidung in *legitime/illegitime* Gewalt. Selbst bei gleicher Intensität und Auswirkung des Verhaltens ist die Bewertung - aufgrund disparater Intentionen der Ausführenden - unterschiedlich. Bei der Einordnung in legitim bzw. illegitim, sind sowohl gesellschaftliche, als auch individuelle normative Ansätze bestimmend. Auch die Intensität des Angriffs und der daraus folgenden Konsequenzen wirken sich auf die subjektive Wahrnehmung aus. Der Einsatz von Gewalt ohne Hilfsmittel (Messer oder Pistole) wird allgemein - insbesondere bei tödlichem Ausgang - als erheblich brutaler eingeschätzt als das Erschießen eines Opfers (vgl. Gunter 1985, 1994; Van der Voort 1986; Groebel/Gleich 1993). Diese Einschätzung wird jedoch durch die Darstellung von Verletzungen, Blut und Leiden des Opfers beeinflußt. Je detaillierter und realistischer dieses dargestellt wird, desto stärker werden derartige Szenen als gewalttätig wahrgenommen (vgl. Gunter 1985; Groebel/Gleich 1993).

Zu Beginn der 80er Jahre wurde die These formuliert, daß die fortdauernde Diskussion über vermutete Auswirkungen medialer Gewalt diese zu dem wichtigsten filmischen Stilmittel machen könnte (vgl. Diener/Woody 1981; Gunter 1985; Van der Voort 1986; Diener/Woody 1992; Wober 1992). Programmgestalter und Produzenten argumentieren gerne damit, daß die Einschaltquoten von Sendungen mit hohem Gewaltvorkommen dokumentieren, daß Gewalt ein beliebtes und gern gesehenes filmisches Element ist. Folgt man dieser Agrumentation, müßte sich das der Gewalt zugesprochene Gewicht in der Beliebtheit der Sendungen ausdrücken. Diener und Woody (1981; vgl. auch Wober 1992) fanden bei einem Vergleich der "Nielsen-Ratings" mit 62 als gewalthaltig eingestuften Programmen heraus, daß kein kausaler Zusammenhang zwischen der Anzahl von Gewalt und der Beliebtheit beim Rezipienten besteht. Bei der Betrachtung von Gewaltdarstellungen muß somit der Handlungsrahmen, das Genre und der dramaturgische Rahmen berücksichtigt werden. Denn erst durch diese Wechselbeziehung erhält Gewalt eine Relevanz.

> "Viewers may not spontaneously refer to the violence in a Programme in post-viewing question and/or discussion sessions, but this does not rule out the possibility that their feelings about a Programme are influenced by the presence of violence per se, certain forms of violence or by other Attributes of content in ways of which they are not always aware" (Gunter 1985).

Aber auch weitere wichtige dramaturgische Elemente, die Wirkungen - im Zusammenhang mit Gewalt - auf den Rezipienten haben können, wie Humor, Informationsgehalt, Action, Spannung, Sex, und Realismus müssen zukünftig stärker berücksichtigt werden. (vgl. Diener/Woody 1981; Gunter 1985; Van der Voort 1986; Anfang/Schorb 1989; Hasebrink/Doll 1990; Hasebrink 1990; Wober 1992; Gunter/Winstone 1993; in diesem Band: Mikos).

Die Ergebnisse der Studien von Gunter/Stipp (1992) und Wober (1992) zeigen, daß ein Großteil der Rezipienten Gewalt in Filmen ablehnt und die Diskussion über dieses Thema als wichtig und keinesfalls übertrieben einschätzt. In einer im Auftrag des Nachrichtenmagazins *Focus* (1994) durchgeführten Umfrage meinten 79% der Deutschen, es gäbe zuviel Gewalt im Fernsehen. Die Gefahr der negativen Beeinflussung von Kindern sahen sogar mehr als 91% der Befragten als gegeben, obwohl sie sich selbst als nicht gefährdet einstuften. Wurde jedoch nach einzelnen - rezipierten - Sendungen gefragt, zeigte sich ein Unterschied in der Bewertung von Gewalt. Ein überraschend großer Teil der Befragten erachtete Gewalt als notwendig für die jeweiligen Sendungen und meinte, daß es nicht gut wäre, Kindern jegliche Form der Gewalt vorzuenthalten.

Die Vorstellung des Medienerlebens der Rezipienten zeigt sehr deutlich eine subjektorientierte Betrachtung des Zuschauers. Erleben ist weiterhin in hohem Maße auch mit dem Entstehen von Emotionen verbunden. Und das Erleben von Emotionen ist - natürlich neben weiteren Faktoren - ein sehr wichtiges Moment bei der Rezeption von Gewaltdarstellungen in den Medien. Als sehr wichtige Merkmale für die Wahrnehmung und Einschätzung der Gewaltszenen gelten Spannung, Realität und die Einflechtung emotionaler Bezüge (vgl. Diener/Woody 1981; Rogge 1988; Groebel 1989; Wober 1992; Vorderer/Wulff/Friedrichsen 1995). Spannung, die beim Zuschauer oftmals auch mit Hilfe der dazugehörigen Musik Erregung auslöst - die zu Bewertungen kognitiver und emotionaler Art führen kann -, wird häufig mit Action - formal gekennzeichnet durch schnelle, kurze Schnitte und kurz hintereinander wechselnden Kameraeinstellungen - in Verbindung gebracht. Zwar wiesen Diener/Woody (1992) in einer Untersuchung zur Beliebtheit dramaturgischer Elemente nach, daß Action/Spannung nicht für die Beliebtheit einer Sendung stehen, doch Schorb/Anfang (1989) kamen zu den Ergebnissen, daß diese Elemente nicht nur besonders gut erinnert werden, sondern fast immer mit Gewalt in Zusammenhang gebracht wurden (zum Teil lag sogar eine synonyme Verwendung von Gewalt und Spannung vor). Offenbar betrachten die Rezipienten den filmischen Zusammenhang von Spannung/Action und Gewalt als normale Kombination und sehen Gewalt in dieser Konstellation als notwendiges und vertretbares Element eines Filmes an (vgl. Gunter/Stipp 1992).

4 Resümee

Die Problematik der Gewalt-in-den-Medien-Forschung läßt sich mit einem treffenden Fazit aus 100 Jahren Diskussion wie folgt beschreiben:

> "Eine Intensitätszunahme der Diskussion ist zum einen immer dann auszumachen, wenn neue oder auch nur sogenannte neue Medien den gesellschaftlichen Kommunikationsraum hinzukommend erweitern; zum anderen, wenn von gesellschaftlichen "Unpäßlichkeiten" multipler Genese abgelenkt werden soll bzw. muß und kaum ein vergleichbar adäquater "Sündenbock" so postwendend einfach zu benennen ist wie eben gerade die Medien. Eine Intensitätsabnahme bzw. geradezu Nichtexistenz des Phänomens zeigt sich, entspricht Gewalt gewissermaßen der programmmatischen Grundlage eines Systems, welches sich gesamtstrukturell einzig über diese zu konsolidieren vermag.
> Die Gesamtthematik, einmal elementar betrachtet, ist somit im alltäglichen Diskurs vordringlich eine Frage von Interessen, wobei nur zu oft qualitatives Differenzierungsvermögen gegen quantitatives Verlautbarungsgehabe eingetauscht wird. Unter diesem Unstern wird von je her auch die Medien-Gewalt-Diskussion geführt. Ein objektiver Reflektionsversuch der eigentlichen Interdependenz von Gewalt und Medien erhält dagegen nach wie vor nur schwerlich eine Chance. Diese diskursive Malaise müßte nicht sein, stellte man sich doch nur einmal die (r)evolutionäre Frage, was bzw. wer zuerst existierte: die Gewalt oder die Massenmedien, die Ursache oder die Wirkung? Das speziell letztere Korrelation kontextuell nicht unproblematisch ist, sei zugegebenermaßen zwar eingeräumt, denoch wurde sie aber schon deshalb formuliert, um einmal die Behauptung einbringen zu können, daß es sicherlich leichter fallen dürfte, eine konkrete Ursachenbenennung von Gewalt zu artikulieren, als deren vermeintliche Wirkung nach erfolgter medialer Darstellung; die schwammigen Wirkungsforschungsessenzen belegen das leider eindrucksvoll" (Fischer/Niemann/Stodiek 1994, S. 242).

Sicherlich lassen sich im Einzelfall direkte Wirkungen von Gewaltdarstellungen in den Medien nachweisen (z.B. Nachahmungseffekte). Doch sollte hierbei berücksichtigt werden, daß aus diesen wenigen Fällen keine Allgemeingültigkeit abgeleitet werden kann. Vielmehr sollte - wie beschrieben - gerade in diesen Einzelfällen der Kontext der zur Nachahmung neigenden Person näher betrachtet werden. Unter Umständen lassen sich dann Strukturen nachweisen, die zu derartigen Effekten führen.

Über das Problem der Definition von Gewalt hinaus bleiben nach Früh (1995, S. 172) grundsätzliche Forschungsfragen offen:

> "Kann in einem Wirkungszusammenhang eine Fernsehszene als Gewalt wirksam werden, wenn sie der Rezipient gar nicht als solche identifiziert? Oder ist in einem Medienangebot Gewalt enthalten, wenn das Publikum keine Gewalt erkennt? Wenn aber nicht sicher ist, ob das Publikum diese Inhalte auch als Gewalt erkennt, ist es sinnvoll, im transaktionalen Sinne das wirksame Gewaltpotential zu evaluieren, das heißt, als interpretiertes normatives Gewaltangebot zu beschreiben."

Früh schlägt deshalb die *dynamisch-transaktionale* Perspektive vor, die die oben beschriebenen Forschungsansätze integriert und in einigen Aspekten ergänzt. Dabei ist vor allem der Transaktionsbegriff von Relevanz, da "Wirkungen dabei nicht als einseitige, kausale Beeinflussung einer Größe durch eine andere gesehen werden, sondern als Interaktion zweier oder mehrerer Faktoren, wobei diese sich nicht nur wechselseitig, sondern auch selbst verändern" (Früh 1995, S. 173). Im Zusammenhang mit dem von Früh verwendeten Wirkungsbegriff - er unterscheidet in einen normativen und einen transaktionalen Aspekt - verspricht dieser Forschungsansatz - nicht zuletzt aufgrund seiner interdisziplinären Ausrichtung - eine konkrete Weiterentwicklung in der kommunikationswissenschaftlichen Betrachtung der Gewalt-in-den-Medien-Problematik.

Insgesamt bleibt festzuhalten, daß die Medien nur einer von mehreren Einflußfaktoren sein können. Gerade die Analyse der Einflußfaktoren - sofern diese in ihrer Gesamtheit überhaupt bekannt sind - untereinander und vor allem in bezug zu den Medien sollte zunächst im Mittelpunkt des Forschungsinteresses stehen. Die mediale Gewalt mit ihren qualitativ doch sehr unterschiedlichen Darstellungsformen kann und soll nur ein Bestandteil unseres täglichen Lebens sein. Eine Antwort auf die Frage, welche Konstellationen zur Nachahmung, Gewaltakzeptanz und gar Gewaltausübung führen können, sollte nicht bei selbsternannten bzw. alltagserfahrenen "Experten" gesucht werden. Seriöse und fundierte Aussagen bedürfen einer komplexen Forschungsstrategie, die nur im Verbund interdisziplinarischen Denkens - das sollte eine wichtige Erkenntnis aus der Lektüre des vorliegenden Buches sein - möglich ist. Damit ist nicht zuletzt auch die Forderung nach einer Systematik der in den unterschiedlichen sozialwissenschaftlichen Bereichen zugrundeliegenden theoretischen und methodischen Gundlagen verbunden. Nur so kann zukünftig in der Gewalt-in-den-Medien-Forschung mit für die Gesellschaft fruchtbaren Ergebnissen gerechnet werden.

Literatur

Altrogge, M./Amann, R. (1991): Videoclips - die geheimen Verführer der Jugend. Schriftenreihe der Landesmedienanstalten. Berlin.

Anfang, G./Schorb, B. (1989): Was machen "Airwolf" und "Knight Rider" mit ihren jugendlichen Zuschauern? Eine Untersuchung zweier Fernsehserien und ihrer Beurteilung durch Jugendliche. In: Medien und Erziehung, 33 (3), S. 132-143.

ARD (1993a): ARD-Grundsätze gegen Verharmlosung und Verherrlichung von Gewalt im Fernsehen vom April 1993. In: Media Perspektiven, Dokumentation I/93, S. 1-3.

ARD (1993b): Gemeinsame Position der ARD-Intendanten und Gremienvorsitzenden zur Darstellung von Gewalt in den Medien vom April 1993. In: Media Perspektiven, Dokumentation I/93, S. 4-5.

Aufenanger, S. (1994): Strukturanalytische Rezipientenforschung - Familienwelt und Medienwelt von Kindern. In: Hiegemann, S./Swoboda, W. (Hrsg.): Handbuch der Medienpädagogik. Theorieansätze-Forschungsgeschichte-Perspektiven. Opladen.

Bandura, A. (1973): Aggression. Eine sozial-lerntheoretische Analyse. Stuttgart.

Bente, G./u.a (1992): Fernsehen und Emotion. Neue Perspektiven der psychophysiologischen Wirkungsforschung. In: Medienpsychologie, Jg. 4, S. 186-204.

Bonfadelli, H. (1981): Die Sozialisationsperspektive in der Massenkommunikationsforschung. Berlin.

Charlton, M./Neumann, K. (1988): Massenkommunikation als Dialog. Zum aktuellen Diskussionsstand der handlungstheoretisch orientierten Rezeptionsforschung. In: Communications, Jg. 14, Heft 3, S. 7-38.

Charlton, M./Neumann, K. (1989): Strukturanalytische Rezeptionsforschung. Theorie, Methode und Anwendungsgebiete. In: Baacke, D./Kübler, H.D. (Hrsg.): Qualitative Medienforschung: Konzepte und Erprobungen. Tübingen, S. 177-193.

Diener, E./Woody, L.W. (1981): Television violence, conflict, realism, and action. A study in viewer liking. In: Communication research, 8 (3), S. 281-306.

Doll, J./Hasebrink, U. (1990): Zur Programmauswahl von Fernsehzuschauern. Die Bedeutung von Einstellungen gegenüber Sendungstypen. In: Rundfunk und Fernsehen, 38, S. 21-36.

Fernsehen und Bildung (1978): Sonderheft.

Fischer, H-D./Niemann, J./Stodiek, O. (1994): Zur Geschichte der Medien-Gewalt-Diskussion im deutschsprachigen Raum während der letzten einhundert Jahre - kritische Synopse einer zyklisch auftretenden Entrüstung. Forschungsprojekt im Auftrag von RTL-Deutschland, unveröffentlichter Schlußbericht. Bochum.

Focus (1994): Heft 26, S. 142-148.

Früh, W. (1995): Die Rezeption von Fernsehgewalt. In: Media Perspektiven, Heft 4, S. 172-185.

Gerbner, G. et al. (1977): TV violence profile No. 8. In: Journal of communication, 27.

Gerbner, G. et al. (1981): Die "angsterregende Welt" des Vielsehers. In: Fernsehen und Bildung, S. 16-42.

Grimm, J. (1995): Fernsehgewalt. Psychologische und soziale Effekte negativer Darstellungsinhalte. Opladen.

Groebel, J. (1982): "Macht" das Fernsehen die Umwelt bedrohlich? Strukturelle Aspekte und Ergebnisse einer Längsschnittstudie zu Fernsehwirkungen. In: Publizistik, Jg. 27, S. 152-165.

Groebel, J. (1988): Sozialisation durch Fernsehgewalt. Ergebnisse einer kulturvergleichenden Studie. In: Publizistik, Jg. 33, S. 468-480.

Groebel, J. (1989): Erlebnisse durch Medien. Reizsuche in der Realität und in der Fiktion. In: Kaase, M./Schulz, W. (Hrsg.). Massenkommunikation. Sonderheft der Kölner Zeitschrift für Soziologie und Sozialpsychologie. Opladen, S. 351-363.

Groebel, J. (1993): Was beeinträchtigt und gefährdet Kinder und Jugendliche? In: Unabhängige Landesanstalt für das Rundfunkwesen (ULR). Jugendmedienschutz. Alles im Griff oder alles im argen? Kiel.

Groebel, J./Gleich, U. (1993): Gewaltprofil des deutschen Fernsehprogramms. Eine Analyse des Angebots privater und öffentlich-rechtlicher Sender. Opladen.

Gunter, B. (1985): Dimensions of television violence. Aldershot.

Gunter, B. (1994): The Question of Media Violence. In: Bryant, J./Zillmann, D. (Hrsg.): Media Effects. Advances in Theory and Research. Hillsdale, NJ, S. 163-211.

Gunter, B./Stipp, H. (1992): Attitudes about Sex and Violence on Television in the United States and in Great Britain: A Comparison of Research Findings. In: Medienpsychologie, 4, S. 267-286.

Gunter, B./Winstone, P. (1993): Sensitivity to Offence on Television: the Significance of Demographic, Attituinal and Programme Preference Factors - Wahrnehmung und Beurteilung von Gewalt im Fernsehen. In: Medienpsychologie, 5 (3), S. 190-202.

Hasebrink, U. (1990): Neue Fernsehzuschauer? Bestandsaufnahme des Zuschauerverhaltens zum Ende der 80er Jahre. In: Rundfunk und Fernsehen, 38, S. 264-275.

Hunziker, P. (1988): Medien, Kommunikation und Gesellschaft. Darmstadt.

Kübler, H.D. (1989): Medienforschung zwischen Stagnation und Innovation. Eine Skizze des Diskussionsstandes aus der Sicht qualitativer Forschung. In: Baacke, D./Kübler, H.D. (Hrsg.): Qualitative Medienforschung. Konzepte und Erprobungen. Tübingen, S. 7-71.

Kunczik, M. (1978): Brutalität aus zweiter Hand. Köln/Wien.

Kunczik, M. (1993a): Werden Bilder zu Vorbildern? Zur Wirkung von Gewaltdarstellungen. In: Tendenz, Heft III, S. 22-25.

Kunczik, M. (1993b): Gewaltdarstellungen. Ein Thema seit der Antike. In: Media Perspektiven, Nr. 3, S. 108-113.

Kunczik, M. (1994): Gewalt und Medien. Köln/Weimar/Wien.

Kunczik, M./Bleh, W./Maritzen, S. (1993): Audiovisuelle Gewalt und ihre Auswirkungen auf Kinder und Jugendliche. Eine schriftliche Befragung klinischer Psychologen und Psychiater. In: Medienpsychologie, 5, S. 3-19.

Luca, R. (1993): Zwischen Ohnmacht und Allmacht. Unterschiede im Erleben medialer Gewalt von Mädchen und Jungen. Frankfurt.

Merten, K. (1993): Darstellung von Gewalt im Fernsehen. Inhaltsanalyse 11.-17.11.1992. Abschlußbericht. Untersuchung im Auftrag von RTL. COMDAT, Münster.

Palmgreen, P. (1984): Der "Uses and Gratification Approach. Theoretische Perspektiven und praktische Relevanz. In: Rundfunk und Fernsehen, 32 (1), S. 51-62.

Renckstorf, K. (1977): Neue Perspektiven in der Massenkommunikationsforschung. Beiträge zur Begründung eines alternativen Forschungsansatzes. Berlin.

Renckstorf, K. (1989): Mediennutzung als soziales Handeln. Zur Entwicklung einer handlungstheoretischen Perspektive der empirischen (Massen-) Kommunikationsforschung. In: Kölner Zeitschrift für Soziologie und Sozialpsychologie, S. 314-336.

Renckstorf, K./Teichert, W. (1984): Der "Uses and Gratifications Approach": ein Statement. In: Renckstorf, K./Teichert, W. (Hrsg.): Empirische Publikumsforschung. Fragen der Medienpraxis - Antworten der Medienwissenschaft. Hans-Bredow-Institut, Hamburg, S. 82-87.

Riechers, Ute (1995): Die Bedeutung von Gewaltdarstellungen im Fernsehen für den jugendlichen Zuschauer. Unveröffentlichte Magisterarbeit, FU Berlin.

Rogge, J.-U. (1988): Gefühl, Verunsicherung und sinnliche Erfahrung. Zur Aneignung von populären Medien im Prozeß der Zivilisation. In: Publizistik, 33, S. 243-263.

Rogge, J.-U. (1993): Wirkungen medialer Gewalt. Wirkungstheorien an Fallstudien (nochmals) überdacht. In: medien praktisch, 17 (1), S. 15-21.

Sander, U./Vollbrecht, R. (1989): Mediennutzung und Lebensgeschichte. Die biographische Methode in der Medienforschung. In: Baacke, D./Kübler, H.D. (Hrsg.): Qualitative Medienforschung. Konzepte und Erprobungen. Tübingen, S. 161-176.

Schenk, M. (1987): Medienwirkungsforschung. Tübingen.

Schönbach, K. (1989): Die Bekanntheit des Dr. Eitmeyer. Eine exemplarische Analyse der Erklärungskraft von Medienwirkungsmodellen. In: Kaase, M./Schulz, W. (Hrsg.): Massenkommunikation. Theorien, Methoden, Befunde. Kölner Zeitschrift für Soziologie und Sozialpsychologie, Sonderheft 30, S. 459-472.

Schorb, B./Theunert, H. (1982): Gewalt im Fernsehen. In welcher Form tritt sie auf? Wie gehen Jugendliche damit um? In: Medien und Erziehung, 26 (6), S. 322-331.

Sturm, H. (1982): Der rezipienten-orientierte Ansatz in der Medienforschung. In: Publizistik, 27, S. 89-97.

Sturm, H. (1989): Medienwirkungen - ein Produkt der Beziehungen zwischen Rezipienten und Medium. In: Groebel, J./Winterhoff-Spurk, P. (Hrsg.): Empirische Medienpsychologie. München, S. 33-44.

Teichert, W. (1973): "Fernsehen" als soziales Handeln (II). Entwürfe und Modelle zur dialogischen Kommunikation zwischen Publikum und Massenmedien. In: Rundfunk und Fernsehen, 21(4), S. 356-382.

Theunert, H. (1987): Gewalt in den Medien - Gewalt in der Realität. Gesellschaftliche Zusammenhänge und pädagogisches Handeln. Opladen.

Voort, T.V.A., van der (1986): Television violence: A child's-eye view. Lisse.

Vorderer, P. (1992): Fernsehen als Handlung. Fernsehfilmrezeption aus motivationspsychologischer Perspektive. Berlin.

Vorderer, P./Wulff, H.J./Friedrichsen, M. (1995): Suspense: Conceptualizations, Theoretical Analyses, and Empirical Explorations. Hillsdale, NJ.

Wober, M. (1986): The Lens of Television and the Prism of Personality. In: Bryant, J./Zillmann, D. (Hrsg.): Perspectives on media effects. Hillsdale, NJ, S. 205-232.

Wober, M. (1992): Violence and appreciation: the Broken Chain. In: Medienpsychologie, 4 (1), S. 15-24.

Autorenverzeichnis

Herausgeber:

Friedrichsen, Mike; Dr., Dipl.-Vw., M.A., Institut für Publizistik- und Kommunikationswissenschaft an der Freien Universität Berlin, Arbeitsbereich Kommunikations- und Medienforschung; Arbeitsgebiete: Politische Kommunikation, Markt- und Meinungsforschung, Medienökonomie, Medienwirkungsforschung

Vowe, Gerhard; Dr., Geschäftsführer, des Studiengangs Journalisten-Weiterbildung an der Freien Universität Berlin und Privatdozent an der Humboldt-Universität zu Berlin; Arbeitsgebiete: Innenpolitik, Kommunalpolitik, Kommunikationspolitik

Autoren:

Aufenanger, Stefan; Dr., Professor am Fachbereich Erziehungswissenschaften, Universität Hamburg; Arbeitsgebiete: Medienpädagogik, Moralentwicklung, Moralerziehung

Brosius, Hans-Bernd; Dr., Dipl.-Psych., Privatdozent am Institut für Publizistik der Johannes Gutenberg-Universität Mainz; Arbeitsgebiete: Wirkung von Nachrichten, langfristige Medienwirkungen, Wirkung von Gewalt

Esser, Frank; Dipl.-Journ.; Medien- und Kommunikationswissenschaft der Universität Mannheim; Arbeitsgebiete: Journalismusforschung, Medienwirkungsforschung

Gleich, Uli; Dipl.-Päd., Wissenschaftlicher Mitarbeiter am Institut für Kommunikationspsychologie/Medienpädagogik der Universität Koblenz-Landau; Arbeitsgebiete: Gewaltdarstellungen in den Medien, Werbepsychologie, (para-) soziale Beziehungen zu Fernsehpersonen

Grams, Susanne; Referentin für Programmangelegenheiten bei der Anstalt für Kabelkommunikation, Berlin

Hasebrink, Uwe; Dr., Geschäftsführender Referent am Hans-Bredow-Institut für Rundfunk und Fernsehen, Hamburg; Arbeitsgebiete: Fernsehzuschauerforschung, Mediennutzung, Bildungsfernsehen, Medien in Europa

Jenzowsky, Stefan; Studentischer Mitarbeiter, Institut für Publizistik an der Freien Universität Berlin, Arbeitsbereich Kommunikations- und Medienforschung

Kliment, Tibor; Dr., Referent in der Medienforschungsabteilung des Hessischen Rundfunks, Frankfurt/M. Arbeitsgebiete: Empirische Kommunikationsforschung, Soziale Bewegungen

Kübler, Hans-Dieter; Dr.; Professor für Medienwissenschaft an der Fachhochschule Hamburg, Fachbereich Bibliothek und Information

Kunczik, Michael; Dr., Professor am Institut für Publizistik der Johannes Gutenberg-Universität Mainz; Arbeitsgebiete: Gewalt und Medien; Kommunikatorforschung

Mansel, Jürgen; Dr., Dipl.-Soz.; Fakultät für Pädagogik, Universität Bielefeld; Arbeitsgebiete: Sozialforschung, Jugendsoziologie, Kriminologie, Streßforschung, Migration

Mikos, Lothar; Dr., zur Zeit Vertretung einer Professur am Institut für Theaterwissenschaft mit dem Schwerpunkt Ästhetik und Geschichte des Fernsehens, Freie Universität Berlin; Arbeitsgebiete: Medientheorie und -analyse, populäre Kultur

Schabedoth, Eva; Dipl.-Soz., freie Kommunikations- und Medienforscherin; Arbeitsgebiete: Unterhaltung im Fernsehen, empirische Kommunikationsforschung

Schulz, Wolfgang; Jurist, Hans-Bredow-Institut für Rundfunk und Fernsehen; Arbeitsgebiete: Medienrecht, Kommunikationspolitik, Theorie der Massenkommunikation

Schulz, Wolfram; Dipl.-Pol., Institut für Publizistik- und Kommunikationswissenschaft an der Freien Universität Berlin, Arbeitsbereich Kommunikations- und Medienforschung; Arbeitsgebiete: politische Kommunikation, Medien in Lateinamerika

Stafski, Bruno; Dipl.-Psych., Soz.päd. (grad.), Analytischer Kinder- und Jugendlichen-Psychotherapeut, Erziehungs- und Familienberatungsstelle (EFB) des Bezirksamts Zehlendorf; Therapeut in freier Praxis

Vollbrecht, Ralf; Dr., Dipl.-Päd., zur Zeit Vertreter einer Professur für allgemeine Pädagogik, Universität Gesamthochschule Essen; Arbeitsgebiete: Jugendforschung, Medienforschung, Biographieforschung

Wulff, Hans-Jürgen; Dr., Akademischer Rat am Institut für Publizistik- und Kommunikationswissenschaft an der Freien Universität Berlin, Arbeitsbereich Kommunikationstheorie und Semiotik; Arbeitsgebiete: Film- und Fernsehtheorie